U0442227

博雅

21世纪法学应用型规划教材

民法

Civil Law

李建伟 著

图书在版编目(CIP)数据

民法/李建伟著. —北京:北京大学出版社,2016.5
(21 世纪法学应用型规划教材)
ISBN 978-7-301-26859-9

Ⅰ. ①民… Ⅱ. ①李… Ⅲ. ①民法—中国—高等学校—教材 Ⅳ. ①D923

中国版本图书馆 CIP 数据核字(2016)第 025054 号

书　　名	民法 MINFA
著作责任者	李建伟　著
责任编辑	李　倩
标准书号	ISBN 978-7-301-26859-9
出版发行	北京大学出版社
地　　址	北京市海淀区成府路 205 号　100871
网　　址	http://www.pup.cn
电子信箱	law@pup.pku.edu.cn
新浪微博	@北京大学出版社　@北大出版社法律图书
电　　话	邮购部 62752015　发行部 62750672　编辑部 62752027
印 刷 者	北京富生印刷厂
经 销 者	新华书店 787 毫米×1092 毫米　16 开本　42.75 印张　886 千字 2016 年 5 月第 1 版　2016 年 5 月第 1 次印刷
定　　价	85.00 元

未经许可,不得以任何方式复制或抄袭本书之部分或全部内容。

版权所有,侵权必究

举报电话:010-62752024　电子信箱:fd@pup.pku.edu.cn

图书如有印装质量问题,请与出版部联系,电话:010-62756370

一切为了更好地理解中国民法的基本概念与体系

——为法学本科生而写的民法教科书

(代前言)

这本《民法》的体例编排、内容取舍与叙述详略,皆以突出注释性、应用性、通识性为要,同时具有强烈的针对包括司法考试在内法律考试的应试指导性特征。本书内容取舍大体以教育部公布的16门核心法学课程之民法学科大纲以及司法部颁布的国家司法考试民法部门大纲的内容为依据,涵盖两个大纲的基本内容,但在形式与体例编排的先后顺序上又不完全拘泥于以上两个大纲的既定结构,而是着力强调和尊重我国现行民事立法体系。比之常见的大学本科教育的民法教材,在体例编排与内容取舍等方面进行了一系列创新尝试,以实现我们所希望的注释法学教材之定位。

1. 为突出相关制度的关联性和体系性,适当合并一些章节和内容板块。如将违约责任与缔约过失责任合在一节里来写,是民法教材很少见到的,但这样写更有利于读者体系性把握合同责任。我国民事立法尚无债法总则,《合同法》的总则规定很大程度上起到了债法总则的作用,关于合同的履行、合同的保全、合同的移转、合同的变更与消灭等立法规范,实际上分别起到了债的履行、债的保全、债的移转、债的变更与消灭等立法规范的作用。本书关于债法总则的基本内容尽量置于债的总则章节中展开,但相应的立法规范却主要参考《合同法》的总则规定。在每一章节的内容编排上,以有利于读者更好地理解现行立法为出发点来编排。如"担保物权"一章,既充分尊重了《担保法》的章节编排顺序,又在内容上注重各个制度之间的关联,循序渐进,以读者惯常的思维逻辑方式来逐步展开叙述。

2. 为契合初学民法者的知识需求,以及应对包括法律职业资格考试在内的各类法律考试的特点,突出详略的得当性,删并部分章节。如将大纲中有关继承法律制度的几个章节的内容合并为一章,作为本书的第七部分第三十三章"继承制度"而存在。又如将大纲中的"所有权"与"共有"等章节合并为本书的第十二章"财产所有权"。

3. 在叙述上,力求简洁、易懂,尽可能少地陈述相关概念。较之同类教材,本书的概念性介绍是最少的,但对于法理、法律规范、实例的结合却做了相当的强调。对于一些纯粹理论性、概念性介绍,一般不予展开或者不予收录,此为减轻读者的阅读负担而设计。

4. 关于民法理论的阐述,作者特别注意到了详与略的动态结合,根据作者多年的一线教学经验,根据读者的需要,需详则详,需略则略。换言之,主要根据读者的需求而非知识本身来决定详略的程度。这正是本书的内容详略取舍所不同于其他民法教材的最大原因。这里的教学经验,既包括作者在大学法学院里本科生、研究生的教学经验,也包括各类民法讲座与社会教学的经验。我们发现,法学专家认为不存在理解难度的问题,往往初习法者理解很困难,而法学专家认为存在理解难度的问题,往往初习法者理解没困难;有些段落,法学专家认为自己写明白了,但读者的理解却跑向了反向的十万八千里,而法学专家喋喋不休反复强调的问题,读者却觉得很好理解,还纳闷你干嘛车轱辘话反反复复地重复呢?这真是一个有意思的现象。本书的作者,对于民法所学,绝不敢自称专家,但自诩民法教学经验丰富,并无夸张。这就是本书的底气所在,当然也会形成本书在内容取舍上的最大特色。

5. 在基本理论的阐述过程中,为保证读者的精确理解而防止陷入不知所云或张冠李戴之窘境,确立了以典型的生活中的事例为依托来阐释理论的叙述构架。可以说,所谓避免理论与生活两张皮的理论联系实际的写法,于本书得到了最坚定的贯彻。所以本书使用数百个举例段落,也是其他民法教材难以看到的,也是本书的精华之一。

总之,以上安排,足以保证本书在与主流民法教科书的框架及其内容保持一致的同时,又保持自己鲜明的特色与特点,实现集注释性、应用性、通识性于一身的法学教材之基本定位。但至于在多大程度上实现了以上设定的诸目标,尚需各位读者阅读的检验。无论如何,作者都将继续努力,在以后版本的修订中力争更完美的实现以上既定目标。

教材的编写,主要不是知识的创新,而是既有知识积累的传承与总结。诸如民法学这样一个传承两千多年的成熟学科,任何一个知识点的信息量都是海量的,所以对于著者而言,成败一在于信息的取舍,二在于叙述的技巧与方法。尽管如此,任何一位著者都要真诚地感谢前人的创造与贡献,本人更为如此。在本书编写过程中,主要参考了 30 多部民法著作,在本书的附录部分一一列明,在此再一次对作者们致敬并表示感谢。

李建伟
2016 年 3 月 16 日

中国主要民事立法与司法解释文件及缩略语表

（括号内为其文中简称）

1.《中华人民共和国民法通则》(《民法通则》)

2. 最高人民法院《关于贯彻执行〈中华人民共和国民法通则〉若干问题的意见（试行）》(《民法通则意见》)

3. 最高人民法院《关于审理民事案件适用诉讼时效制度若干问题的规定》(《诉讼时效规定》)

4.《中华人民共和国物权法》(《物权法》)

5.《中华人民共和国不动产登记条例》(《不动产登记条例》)

6. 最高人民法院《关于审理建筑物区分所有权纠纷案件具体应用法律若干问题的解释》(《区分所有权解释》)

7. 最高人民法院《关于审理物业服务纠纷案件具体应用法律若干问题的解释》(《物业纠纷解释》)

8.《中华人民共和国担保法》(《担保法》)

9. 最高人民法院《关于适用〈中华人民共和国担保法〉若干问题的解释》(《担保法解释》)

10.《中华人民共和国合同法》(《合同法》)

11. 最高人民法院《关于适用〈中华人民共和国合同法〉若干问题的解释（一）》(《合同法解释一》)

12. 最高人民法院《关于适用〈中华人民共和国合同法〉若干问题的解释（二）》(《合同法解释二》)

13. 最高人民法院《关于审理商品房买卖合同纠纷案件适用法律若干问题的解释》(《商品房买卖合同解释》)

14. 最高人民法院《关于审理城镇房屋租赁合同纠纷案件具体应用法律若干问题的解释》(《房屋租赁合同解释》)

15. 最高人民法院《关于审理技术合同纠纷案件适用法律若干问题的解释》(《技术合同解释》)

16. 最高人民法院《关于审理建设工程施工合同纠纷案件适用法律问题的解释》

(《建设工程合同解释》)

17. 最高人民法院《关于审理旅游纠纷案件适用法律若干问题的规定》(《旅游纠纷解释》)

18. 最高人民法院《关于审理买卖合同纠纷案件适用法律问题的解释》(《买卖合同解释》)

19.《中华人民共和国侵权责任法》(《侵权责任法》)

20. 最高人民法院《关于审理名誉权等案件若干问题的解答》(《名誉权解答》)

21. 最高人民法院《关于确定民事侵权精神损害赔偿责任若干问题的解释》(《精神损害赔偿解释》)

22. 最高人民法院《关于审理人身损害赔偿案件适用法律若干问题的解释》(《人身损害赔偿解释》)

23. 最高人民法院《关于审理道路交通事故损害赔偿案件适用法律若干问题的解释》(《交通事故赔偿解释》)

24. 最高人民法院《关于审理利用信息网络侵害人身权益民事纠纷案件适用法律若干问题的规定》(《网络人身侵权解释》)

25.《中华人民共和国继承法》(《继承法》)

26. 最高人民法院《关于贯彻执行〈中华人民共和国继承法〉若干问题的意见》(《继承法意见》)

27.《中华人民共和国婚姻法》(《婚姻法》)

28. 最高人民法院《关于适用〈中华人民共和国婚姻法〉若干问题的解释(一)》(简称《婚姻法解释一》)

29. 最高人民法院《关于适用〈中华人民共和国婚姻法〉若干问题的解释(二)》(简称《婚姻法解释二》)

30. 最高人民法院《关于适用〈中华人民共和国婚姻法〉若干问题的解释(三)》(简称《婚姻法解释三》)

31.《中华人民共和国收养法》(《收养法》)

32.《中华人民共和国土地管理法》(《土地管理法》)

33.《中华人民共和国土地管理法实施条例》(《土地管理条例》)

34.《中华人民共和国城市房地产管理法》(《房地产管理法》)

35.《中华人民共和国环境保护法》(《环境保护法》)

36.《中华人民共和国水法》(《水法》)

37.《中华人民共和国矿产资源法》(《矿产资源法》)

38.《中华人民共和国森林法》(《森林法》)

39.《中华人民共和国草原法》(《草原法》)

40.《中华人民共和国渔业法》(《渔业法》)

41.《中华人民共和国野生动物保护法》(《野生动物保护法》)

42.《中华人民共和国消费者权益保护法》(《消费者权益保护法》)
43.《中华人民共和国产品质量法》(《产品质量法》)
44.《中华人民共和国道路安全法》(《道路安全法》)
45.《中华人民共和国民事诉讼法》(《民事诉讼法》)
46. 最高人民法院《关于适用〈民事诉讼法〉若干问题的意见》(《民诉意见》)
47. 最高人民法院《关于适用〈中华人民共和国民事诉讼法〉的解释》(法释(〔2015〕5 号,简称《民事诉讼法解释》)
48.《中华人民共和国仲裁法》(《仲裁法》)
49.《中华人民共和国公司法》(《公司法》)
50.《中华人民共和国公司登记管理条例》(《公司登记管理条例》)
51.《中华人民共和国合伙企业法》(《合伙企业法》)
52.《中华人民共和国个人独资企业法》(《个人独资企业法》)
53.《中华人民共和国中外合资经营企业法》(《中外合资经营企业法》)
54.《中华人民共和国中外合作经营企业法》(《中外合作经营企业法》)
55.《中华人民共和国外资企业法》(《外资企业法》)
56.《中华人民共和国企业破产法》(《企业破产法》)
57.《中华人民共和国证券法》(《证券法》)
58.《中华人民共和国票据法》(《票据法》)
59.《中华人民共和国商业银行法》(《商业银行法》)
60.《中华人民共和国保险法》(《保险法》)
61.《中华人民共和国海商法》(《海商法》)
62.《中华人民共和国反不正当竞争法》(《反不正当竞争法》)
63.《中华人民共和国劳动法》(《劳动法》)
64.《中华人民共和国劳动合同法》(《劳动合同法》)
65.《中华人民共和国民用航空法》(《民用航空法》)
(注:上列法律、法规和司法解释凡 65 件,在本书正文中,一概用其简称。)

CONTENTS
民 法 目录

第一编 民法总则

第三编　物　　权

第四编　债法总则

第五编　债权各论

第六编　侵权责任

第七编　婚姻继承法编

第一编
民 法 总 则

>> 第一章 <<

民法概述

民法,在大陆法系现代国家法律体系中居于中枢地位。民法是市场经济的基本法,民法是实体法,民法是私法,民法更是权利法。德国学者冯·图尔曾说:“权利是私法的核心概念,同时也是对法律生活多样性的最后抽象。”权利构建了民法的核心内容,整个民法就是以权利为中心而构建的体系。学习民法就是学习民事权利体系。对民事权利体系的立法、理论分类及其各自特征的掌握是学习民法的起点。

与民事权利紧密相连的概念是民事义务与民事责任。三者的逻辑联系在于:有民事权利,必有相应的民事义务,反之亦然;违反民事义务,必然产生相应的民事责任。这三个概念及其分类,既是民法的基本概念,也是民法的基本常识。基于认识问题的逻辑顺序,学习民法先从民事权利、民事义务、民事责任的抽象理论开始。

民法的基本原则是民事立法、民事司法、民事执法、民事守法和民事活动的总的指导思想和根本法律准则。民法的基本原则虽然不直接涉及当事人的具体权利义务,但其效力贯穿于整个民法制度和规范之中,且基本原则属于强行性规范,不允许当事人排除适用。关于民法基本原则在司法中的应用,一般来说,基本原则只能在缺乏具体的法律规则或填补漏洞或者有更强理由足以证明应用规则会出现极端不公正的情况下才能直接使用。人民法院或仲裁机构在处理民事纠纷时,有具体法律规定的,应依照该规定或参照最相类似的规定;在缺乏可供适用的具体法律规则时,应当依据与法律、行政法规的强制性规定以及与公序良俗不相违背的习惯;无此习惯的,再依照民法的基本原则并参照法理处理。非常抽象概括的基本原则的使用给了法官一定的自由裁量权,这也是民法贯彻意思自治的一个必然结果。

第一节 民法的概念

一、民法的起源及其含义

民法起源于简单商品经济获得相当发展的古代罗马社会。“民法”一词源自古代罗马法,系由拉丁语的“ius civile(市民法)”直译而来,意为对于市民相互关系加以规制的法。经过两千多年人类历史演进的陶冶,民法逐步成为调整世界各国不同社会形态下与市场经济相适应的财产关系和人身关系的基本法律规范。

民法,是调整平等主体之间的财产关系和人身关系的法律规范的总和,有形式意义与实质意义之分。形式意义上的民法,仅指系统编纂的民法典;实质意义上的民法是指一切调整平等主体间的财产关系和人身关系的法律规范的总称,包括民法典和其他民事法律、法规。在我国,实质意义上的民法又称为广义上的民法,除《民法通则》外,还有《物权法》《合同法》《侵权责任法》《知识产权法》《婚姻法》《继承法》等。由于我国还没有颁布民法典,所以严格说还不存在形式意义上的民法。《民法通则》属于"实质上的、广义上的民法",是"民法典"的上位概念,不能并列。

二、民法的特征

1. 民法是市场经济的基本法

民法所调整的财产关系和人身关系是与市场经济发展水平的要求相适应的。本质上,民法就是把一定社会里市场经济发展的客观要求直接上升为法律规范。市场经济的基本规则是主体的地位平等性,民法调整的正是平等主体之间的财产、人身关系。法律关系主体地位的平等性,是民法同行政法、诉讼法等其他法律部门区别的重要标志之一。

2. 民法是私法

作为调整民事主体间财产关系和人身关系的法律规范的总和,民法构成私法的核心。私法奉行私法自治,民事主体有权在法定范围内根据自己的意志从事民事活动,通过法律行为构建法律关系。法律行为是实现私法自治的工具,它建立了一种在法律范围内由当事人自主调整法律关系的模式,而尽可能地赋予当事人行为自由是市场经济和意思自治的共同要求。在私法领域奉行私法自治的理念,还意味着"法无明文禁止即为允许"的规则广泛适用于民法领域。私法自治还意味着包括基本人权在内的私权神圣不可侵犯,国家应当充分尊重和保障民事权利不可侵害的观念。民法是私法,表明民事法律规范主要是任意性规范,当事人的约定优先于法律规定,民事立法要尽量减少强行性规范,努力扩大任意性规范的适用范围。

3. 民法是权利法

现代法治的精神,在于对权利的合理确认和对权利的充分保障,这有赖于民法功能的充分发挥。民法最基本的职能在于对民事权利的确认和保护。从历史角度看,民法就是为了对抗公权力的干预、保障公民权利不受侵犯而产生的。现代民法体系的构建以权利为基本的逻辑起点,通过权利确认当事人的行为规则。权利表现为行为的自由,但权利止于他人的权利,所以民法确立诚信、权利不得滥用等原则以平衡权利的冲突。无救济即无权利,所以通过民法的方法提供司法救济。

4. 民法是实体法

作为实体法,民法既是行为规范又是裁判规则。民法作为行为规范主要具有两方面的功能:确立交易规则和确立生活规则。同时民法规则也是法院正确处理民事纠纷所依循的裁判准则。

三、民法的调整对象

《民法通则》第 2 条规定:“中华人民共和国民法调整平等主体的公民之间、法人之间、公民和法人之间的财产关系和人身关系。”这明确了民法的调整对象在于平等主体之间的财产关系和人身关系。

(一) 民法调整的财产关系

民法调整的财产关系,是指平等的民事主体在从事民事活动的过程中所发生的以财产所有和财产流转为主要内容的权利义务关系。这种财产关系的特点是:

1. 主体上,民法所调整的财产关系的主体在法律地位上具有平等性。这是由商品经济活动的平等性所决定的。

2. 内容上,民法所调整的财产关系主要包括财产所有和财产流转关系。前者是指民事主体因对财产的占有、使用、收益和处分而发生的社会关系;后者是指民事主体因对财产进行交换而发生的社会关系。财产所有关系是财产流转关系发生的前提和民事主体追求的直接后果,财产流转关系是实现财产所有关系的基本方法。

3. 利益实现上,民法调整的财产关系主要体现等价有偿的基本要求。商品经济活动要求民事主体在进行商品生产、交换的过程中取得对方财产的,须支付相应对价,从而使社会物质资料的再生产和扩大再生产成为可能。

(二) 民法调整的人身关系

民法调整的人身关系,是指民事主体之间发生的以人格关系和身份关系为主要内容的权利义务关系。人身关系的特点是:

1. 在内容上,民法调整的人身关系主要是指人格关系和身份关系。人格关系是指因民事主体之间为实现人格利益而发生的社会关系。人格利益是民事主体的生命、健康、姓名(名称)、肖像、名誉等利益,在法律上体现为人格权,如生命权、健康权、姓名权(名称权)、肖像权、名誉权等。身份关系是指民事主体之间因彼此存在的身份利益而发生的社会关系。身份利益是指民事主体之间因婚姻和血缘(包括自然的血缘和法律拟制的血缘)而形成的利益,在法律上体现为配偶权、亲权、监护权等。

2. 民法调整的人身关系与财产关系密切相关。虽然人身关系本身并无直接的财产内容,但有时候是特定财产关系发生的前提条件,如身份权是亲属之间取得财产继承权的前提。此外,对人身权的侵害可能给民事主体带来财产损失,受害人有权追究侵权人的财产责任。

第二节　民法的渊源及其适用

民法渊源
- 制定法
  - 宪法中的民法规范
  - 民事法律(狭义)
  - 行政法规中的民法规范
  - 地方性法规中的民法规范
  - 司法解释
  - 部门、地方规章中的民法规范
  - 国际条约中的民法规范
- 习惯
- 法理
- 判例

一、民法的渊源

民法的渊源这一概念可以从不同的角度理解,通常意义上是指民法的效力渊源,即根据民法的效力来源而划分的民法形式,包括制定法、习惯等。

(一) 制定法

1. 宪法中的民法规范

《宪法》作为国家的根本法具有最高的法律效力,也是民事法律的立法依据。《宪法》的原则规定,如关于所有权、民事主体基本权利和义务的规定,既是民事法律的立法根据,其自身也是调整民事关系的法律规范。

2. 民事法律

民事法律是由全国人大及其常委会制定颁布的民事立法规范,如《民法通则》《物权法》《合同法》《担保法》《侵权责任法》《婚姻法》《继承法》等。

3. 国务院制定发布的民事法规

如《婚姻登记条例》,也是民法的重要表现形式,效力仅次于宪法、民事法律。

4. 地方性法规、自治法规、经济特区法规中的民事规范

这些法规中也包含民事规范,但其不得和法律、行政法规相抵触,且只在制定者管辖的地域内生效。

5. 国家司法机关对民法规范的解释

最高人民法院所作的民事司法解释对各级法院处理民事案件具有约束力。如最高人民法院《关于贯彻执行〈中华人民共和国民法通则〉若干问题的意见(试行)》(以下简称《民通意见》)等。

6. 国务院各部委依据法律、行政法规所制定的行政规章以及部分地方政府依据法律、法规所制定的地方规章

行政规章和部门规章也可以作为民事司法裁判的参考。如《房屋登记办法》,就

是建设部依据《物权法》和《城市房地产管理法》等法律制定的规范房屋登记行为和保护权利人合法权益的行政规章。

7. 国际条约中的民法规范

我国缔结或参加的国际条约具有与国内法同样的拘束力,也是我国法律渊源之一。如我国加入的《联合国国际货物销售合同公约》。

(二) 习惯

习惯,是人们长期以来逐渐养成的、一种不易改变的思维倾向、行为模式和社会风尚。习惯与习惯法是两回事,只有得到国家认可的习惯才叫习惯法。根据习惯所形成、作用的范围不同,有地区习惯、行业习惯、民族习惯和国际惯例之分。《民法通则》第 142 条第 3 款规定:“中华人民共和国法律和中华人民共和国缔结或者参加的国际条约没有规定的,可以适用国际惯例。”可见,国际惯例是我国民法的正式渊源。在国内法上,民事立法对习惯未作一般规定,但《民族区域自治法》明确承认民族习惯由国家认可,具有法律效力。此外,最高人民法院指导性文件认可的习惯也具有法律效力。如最高人民法院以司法解释的形式承认的房屋典权。

(三) 关于法理

在古罗马有过“引证法”,确认当时的五大著名法学家的法律学说具有与法律同等的效力。我国古代的“春秋决狱”,就是董仲舒以孔子所作的鲁国编年史《春秋》经义附会法律规定定罪判刑。关于法理能否作为我国民法的渊源,理论上尚存争议,但司法实践尚不承认之。

(四) 关于判例

在普通法系上,判例法是指法院以前在具体案件的判决中所适用的法律原则与规则。根据“遵循先例”原则,法院遇到与此前类似的案件时,必须遵循以前判决中适用的原则与规则,所以判例与判例法在普通法系往往在同一意义上使用,是正式的法律渊源。但大陆法系不承认判例法是正式的法律渊源。我国也不采用判例法制度,可谓有判例而无判例法,先前的判例仅具有参考作用。

(五) 几种法源之间的关系

我国台湾地区现行“民法典”第 1 条规定:“民事,法律所未规定者,依习惯;无习惯者,依法理。”王泽鉴先生评述本条,认为具有三个重要规范意义:(1) 规定民事(私法关系)的法源及其适用次序;(2) 就法学方法论而言,克服了 19 世纪的法实证主义,肯定制定法的漏洞,明定其未规定者,得以习惯或法理加以补充;(3) 当事人本于私法关系起诉请求保护其权利,法院不得以法无明文规定而拒绝裁判。就民法以上法源的关系而言,直接法源包括制定法(成文法)与习惯、法理(不成文法);此外尚有所谓间接法源,指判例及法理(学说)。

在我国大陆,民法的法源仅指制定法与习惯。

二、民法的效力范围

法律的效力范围,讲的是法律在什么区域、什么期限内对什么主体适用的问题。民法效力范围,讲的也是这个意思。

(一)民法的时间效力范围

民法的时间效力范围,是指民法生效时间和失效时间,以及民法对其生效前发生的民事法律关系有无溯及力。

1. 生效时间

主要有两种情况:(1)自民法规范公布之日起生效;(2)民法规范公布后经一段时间后再生效。我国民法的生效时间多属后一种情况,如《合同法》于1999年3月15日通过,自1999年10月1日起施行。

2. 失效时间

主要有以下几种情况:(1)新法直接规定废除旧法,如《合同法》第428条规定,自《合同法》施行之日起,《经济合同法》《涉外经济合同法》《技术合同法》同时废止;(2)由国家机关颁布专门的规定宣布某些法律失效,如《最高人民法院关于废止2007年底以前发布的有关司法解释(第七批)的决定》规定,废止2007年底以前发布的27件司法解释;(3)旧法规定与新法相抵触的部分自动失效,如《民法通则》第58条第2项所规定的"限制法律行为能力人依法不能独立实施的民事行为无效"因与《合同法》第47条第1项所规定的"限制民事行为能力人订立的合同,经法定代理人追认后,该合同有效"相抵触而自动失效。

3. 溯及力问题

我国民事法律规范贯彻"法不溯及既往"的原则,一般没有溯及力,除非法律规范有明文规定。

(二)民法的空间效力范围

法律的空间效力范围就是指法律在哪些地方发生法律效力。概括言之,我国民法适用于我国领土、领空、领海,包括我国驻外使馆,以及在我国领域外航行的我国船舶和航空器。具体言之,法律规范的效力一般及于制定者管辖的领域。因此,民事法律规范制定的机关不同,其适用的领域也不同。

1. 全国人大及其常委会制定颁布的民事法律,国务院及其所属各部、委、局、署、办等机关制定并颁布的民事法规,适用于我国的全部领域,即适用于我国的领土、领空、领海,包括我国的驻外使馆以及在我国领域外航行的中国船舶和航空器。但法律法规中明确规定只适用于某一地区的除外。

2. 凡属地方人大与政府据各自权限颁布的民事法规规章,只在其管辖领域内发生效力,在其他区域不发生效力。

(三)民法的对人效力范围

民法的对人效力范围,就是民事法律规范对于哪些人具有法律效力,主要有以下几种情况：

1. 我国民法对居住在中国境内的中国公民或设立在中国境内的中国法人，具有法律效力。

2. 我国民法对居留在我国境内的外国人、无国籍人和经我国政府准许设立在中国境内的外国法人，原则上具有法律效力，但根据我国缔结或参加的国际条约、双边协定的规定或经我国认可的国际惯例有不同规定的除外。我国民法中某些专门由中国公民、法人享有的权利能力，对外国人、无国籍人或外国法人不具有法律效力。

三、民法适用的基本规则

广义的民法适用，是指运用民法规范调整社会关系，包括民法的遵守和司法适用。基于民法渊源的多元化考虑，民法的适用遵循以下基本规则：

1. 上位法优于下位法

效力位阶较高的规范性法律文件与效力位阶较低的规范性法律文件发生冲突的，适用前者。如宪法优于法律，法律优于行政法规，行政法规优于地方性法规，地方性法规优于地方政府规章等。

2. 新法优于旧法

该原则是解决同一位阶规范之间适用关系的，如新法颁布后，旧法没有被废止，则旧法继续有效，如两部法律涉及相同或相似内容，则应当适用新法。

例如，《民法通则》(1986 年)与《合同法》(1999 年)关于无效合同，可变更、可撤销合同的类型规定不一致的，应以后者为准。又如，《担保法》(1995 年)与《物权法》(2007 年)关于担保物权的规定不一致，也以后者为准。再如，《民法通则》与《合同法》关于欺诈、胁迫、乘人之危的合同的效力规定不一致，以后者为准，但《民法通则》的规定并未被废止，其上述规定仍适用于合同以外的其他法律行为。

3. 特别法优于普通法

具有相同位阶效力的法律之间，特别法优于普通法而适用。比如《民法通则》与《公司法》都有关于企业法人的规定，但有关公司法人的法律问题，优先适用后者，在后者没有规定时才适用《民法通则》关于法人制度的规定。

4. 法律文本优于法律解释

法律文本与法律解释的含义一般不冲突，如有冲突，以前者为准。如《民法通则》优于《民通意见》。

5. 强行法优于任意法

如针对同一事项存在效力等级相同的强行性规范与任意性规范，适用这一原则；如分别规定不同的事项，则不存在两者的冲突问题。

第三节　民法的基本原则

民法的基本原则：
- 平等原则
- 意思自治原则
- 公平原则
- 诚实信用原则
- 公序良俗原则
- 禁止权利滥用原则

民法的基本原则,是民事立法、司法、执法、守法和民事活动的总的指导思想和根本法律准则。民法的基本原则虽不直接涉及当事人的具体权利义务,但其效力贯穿于整个民法规范之中。基本原则属于强行性规范,不允许当事人排除适用。民法的基本原则,多数对于全部民事法律关系都适用,有些不是对全部而是对基本部分适用,但并不影响其基本原则的性质。如等价有偿原则就只对反映商品交换关系这一基本民事关系适用,而对赠与关系、继承关系不适用。

民法基本原则在司法实践中的具体适用,一般来说只能在缺乏具体的法律规则或填补漏洞或为了实现个案的正义的情况下才能直接适用。这是因为,抽象概括的基本原则的适用给予法官过大的自由裁量权,如允许法官直接适用民法基本原则来裁判案件,会增加法律的不确定性。法院或仲裁机构在处理民事纠纷时,有具体法律规定的,应依照该规定或参照最相类似的规定;缺乏可供适用的具体法律规则时,依据与法律、行政法规的强制性规定以及与公序良俗不违背的习惯;无此习惯的,再依照民法的基本原则并参照法理处理。

一、平等原则

平等原则是指民事主体在法律地位上是平等的,其合法权益应当受到法律的平等保护。平等原则是民法的基本原则,也是民法的首要原则。民法采纳该原则不仅集中体现了民法调整对象和调整方法的特点,表现了民法的基本价值理念,而且充分反映了市场经济的本质要求和现代法治的基本精神,有利于强化对财产的平等保护。《民法通则》第3条规定“当事人在民事活动中的地位平等”,具体内容包括:

1. 公民的民事权利能力一律平等。这就是说任何公民都平等地享有民事权利能力,而不论其在民族、性别、年龄、宗教信仰等方面是否存在着差异。除法律有特别规定外,任何组织和个人都不得限制和剥夺公民的民事权利能力。

2. 不同的民事主体参与民事关系,适用同一法律,具有平等的地位。即使是国家作为民事主体从事民事活动,也必须受民法规范的约束,与其他民事主体的地位保持平等。

3. 民事主体产生、变更或消灭民事法律关系时必须平等协商,任何一方当事人都不得将自己的意志强加给另一方当事人。

4. 民事权利平等地受法律保护,任何人因他人的行为使自己的权利遭受损害,都有权要求他人承担责任。

二、意思自治原则

意思自治又称私法自治,是指民事主体依法享有在法定范围内的广泛的行为自由,并可以根据自己的意志产生、变更、消灭民事法律关系,具体体现为结社自由、所有权行使自由、合同自由、婚姻自由、家庭自治、遗嘱自由以及过错责任等。

意思自治原则是民法的最高指导原则和其他制度构建的基础,并奠定了民法作为市民社会基本法的基础地位。民法的主体制度就是在意思自治的基础上形成的,因为法律赋予且确保每个人都具有在一定的范围内通过法律行为特别是合同来调整相互之间关系的可能性,这就要求有行为能力制度。而法律行为和代理制度则是意思自治原则的展开,是实现意思自治的工具和手段。意思自治原则的内涵主要包括:

1. 赋予民事主体在法定范围内的广泛行为自由。具体是指:当事人有从事或不从事某种民事活动的自由;当事人有选择其行为内容和相对人的自由;当事人有选择其行为方式的自由;当事人有选择权利救济方式的自由。

2. 允许当事人通过法律行为调整相互间的关系。这就是民法中的任意性调整方法,即它不确定具体的行为准则来要求各个民事主体照此行事,而只是划定了一个界限和范围,允许民事主体在此范围内自主行为,同时法律承认当事人之间通过自主协商而达成的合意具有优先于任意性法律规范的效力。由此,法律行为制度作为观念的抽象,统辖了合同、婚姻、遗嘱和收养等具体的设权行为规则,形成了民法中不同于刑法、行政法等法定主义体系的独特法律调整制度。

3. 确立了国家机关干预民事主体的行为自由的合理界限。依意思自治原则,法无明文禁止即为自由,只要民事主体的行为不违反法律、行政法规的强制性规定和公序良俗,国家即不得干预。由此,意思自治原则划定了民事主体与国家机关各自的权限。当然,任何意思自治都不是绝对的自由,而是相对的、有限制的自由。如现代民法对合同自由的限制,即其适例。

必须说明的是,私法自治原则主要体现在合同法领域,物权法领域由于奉行“物权法定原则”,使得私法自治原则适用的空间受到了一定限制。当然,物权人对于物的处分(包括事实上的处分和法律上的处分)自由仍是私法自治原则在物权法领域的重要体现,因此,将私法自治视为民法核心原则是毫不为过的。

三、公平原则

公平原则是公平观念在民法上的体现。

首先,它要求民事主体本着公平正义的观念实施法律行为。

其次,它还是民事活动的目的性评价标准。当一项民事活动是否违背公平原则难以从行为本身和行为过程作出评价时,就需要从结果上是否符合公平的要求来评价。如果交易的结果造成当事人间极大的利益失衡,除非当事人自愿接受,否则法律将作适当的调整。

再次,它还是一条法律适用的原则,即当民法规范缺乏规定时,可以根据公平原则来设立、变更和终止民事法律关系。

复次,它又是一条司法原则,即法官的司法判决要做到公平合理,当法律缺乏规定时,应根据公平原则作出合理的判决。

最后,它还是解释意思表示和法律所应当遵循的原则。

举例 甲、乙是邻居,甲急病住院急需钱,乙拿出1万元送上门并说:"先用着,以后再说。"后甲病愈,乙追要1万元钱,甲称受赠之钱可以不还,但乙称当初是借钱给甲,现要追还。此处对乙的意思表示解释为借贷而非赠与,就更符合公平原则的要求。

《民法通则》第4条、《合同法》第5条均规定公平原则。公平原则在民法中具体体现在:

1. 在合同法中的运用

主要表现在等价有偿与显失公平制度中。等价有偿,是指民事主体在财产关系活动中,要按照价值规律的要求进行等价交换,实现各自的经济利益。如在从事移转财产的活动中,一方取得财产与其履行的义务,在价值上大致是相等的。当然,除法律另有规定外,民法并不干预当事人无偿移转财产或放弃民事权利,如赠与行为。合同法将显失公平作为可变更、可撤销的合同,可见非自愿的显失公平行为是可以变更和撤销的。

2. 在物权法中的运用

在添附制度中,取得添附物的人应当补偿失去该物的人的损失,若损失不能确定,就根据公平原则来补偿。又如,在相邻关系中,一方必须容忍另一方不动产所有人或使用人的权利的必要延伸或轻微损害,这一制度的基础正是公平原则。

3. 在侵权法中的运用

举其要者:(1) 公平责任,即当事人对损害的发生都没有过错的,由当事人分担责任;(2) 完全损害赔偿,即加害人的赔偿数额应与受害人的损失相符;(3) 损益相抵,即受害人基于损失发生的同一原因而获得利益的,应在其应得的损害赔偿额中扣除其所获得的利益部分。

四、诚实信用原则

诚实信用(Good Faith)原则要求民事主体在从事民事活动时应该诚实、守信,正当行使权利和履行义务。其内容具体体现为:(1) 任何当事人要对他人诚实不欺、恪守诺言、讲究信用;(2) 当事人应依善意的方式行使权利,在获得利益的同时应充分尊重他人的利益和社会利益,不得滥用权利,加害于他人。诚信原则作为市场活动的基本准则，是协调各方当事人之间的利益，弘扬道德观念，保障市场有秩序、有规则进行的重要法律原则。

诚实信用原则和公平原则一样，是市场经济活动中的重要道德规范，也是道德规范在法律上的表现。诚实信用原则主要反映商业道德，主要适用于交易关系，因此诚实信用原则是债与合同法的主要准则，债法中的其他原则，如情势变更、禁止暴利、禁止权利滥用、附随义务等原则，都源于诚信原则，并受其指导。

《民法通则》第 4 条规定，民事活动应当遵循诚实信用原则。《合同法》第 6 条、第 60 条对此均有规定。诚实信用原则作为现代民法的“帝王规则”，具有强大的法律功能。

1. 确立行为规则的功能

在合同法领域，诚实信用原则产生的附随义务是合同义务的重要来源。在物权法领域，诚信原则是物权行使的基本准则。在侵权法领域，诚实信用原则是确定行为人是否对他人负有义务的依据。现代侵权法确定的安全保障义务，意味着从过去“无害他人”的普遍义务转变为在特定情况下要求行为人“适当地爱他人”，以维护人与人之间的和平友爱。尤其是现代侵权法承认了商业侵权的概念，在商业领域中违反诚实信用原则的欺诈行为也认定为侵权，这表明诚实信用原则的适用范围在侵权法领域也得到了扩大。

2. 填补法律和合同漏洞的功能

如法律适用存在法律漏洞，法官可以运用诚实信用原则对法律的漏洞作出填补。如当事人对合同条款没有约定或约定不明确，法官也可以依据诚实信用原则来填补这些合同漏洞。

3. 衡平的功能

诚实信用原则要求平衡当事人之间以及当事人与社会之间的各种利益冲突和矛盾。例如，卖方交付货物在数量上轻微不足或质量上有轻微瑕疵且未致对方明显损害的，可使出卖人承担违约金等责任，但不应导致合同解除，否则对卖方不公平。

4. 解释的功能

在法律与合同缺乏规定或规定不明确时，法官可依据诚实信用原则来解释法律与合同。我国《合同法》第 125 条即规定诚实信用原则是合同解释的基本原则之一。

5. 降低交易费用和增进效益的功能

五、公序良俗原则

公序良俗，由“公共秩序”和“善良风俗”构成，对应于《民法通则》第 7 条和《合同法》第 7 条规定的“社会经济秩序”“社会公共利益”与“社会公德”。

公共秩序就是现存社会的秩序，违反公共秩序的行为通常也就是违反强行法规定的行为，这类行为往往直接违反现行法律的强行性规范，如买卖毒品、走私军火等，应以违反法律、行政法规的强行性规定为由宣告行为无效。但对于违反社会公共利益的行为，即使现行法律没有明确规定，也应当以违反公共秩序为由宣告无效，如买卖“洋垃圾”的行为。

社会公德是指由全体社会成员所普遍认可、遵循的道德准则。同公共秩序类似，有很多道德规则已经表现为法律的强行规定，如不得遗弃老人，但仍有许多道德还没有被法律所涵盖，所以有必要通过善良风俗这一条款尽可能将其引入到民法体系中来。我国司法实践中禁止遗弃虐待家人、禁止订立有违公德的遗嘱、禁止有伤风化违背伦理的行为、禁止有损人格尊严的行为、禁止限制婚姻自由的行为和约定等，概属此类。

举例 乙因病需要换肾，其兄甲的肾脏刚好配型成功，甲、乙的父母和甲均同意由甲捐肾。因甲是精神病人，医院拒绝办理。后甲意外死亡，甲、乙的父母决定将甲的肾脏捐献给乙。依据公序良俗原则，我们可以判断，在甲死后，其父母决定将甲的肾脏捐献给乙的行为是无效的。这是因为，在甲死后，按照民法基本理论，自然人死亡后，其遗体构成民法上特殊的物，该物的处理不同于一般的物，如果属于动产、不动产等一般意义上的物，其近亲属直接继承，然后予以处分当然不存在任何法律障碍，但是遗体以及遗体的任何组成部分都属于特殊的物，对其处分应该严格遵守公序良俗原则，任何违背公序良俗的行为都是无效的。本案中，如果任由无、限制行为能力人的监护人处分无行为能力人和限制行为能力人的遗体，则会产生不可想象的社会效果，将会产生严重的道德问题，这是违背公序良俗原则的。所以，本案中甲之父母在甲死后决定将甲的肾脏捐献给甲之弟的行为也应该是无效的。

六、禁止权利滥用原则

该原则要求民事主体在民事活动中必须正确行使民事权利，不得损害他人的利益和社会公共利益。

第四节　民事法律关系

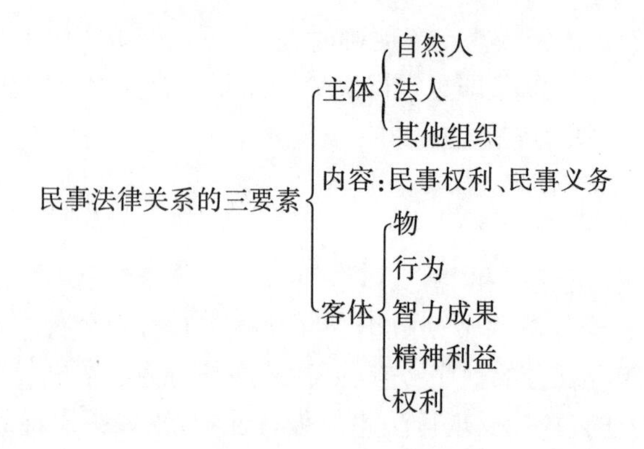

一、概念

民事法律关系,是指以民事权利、义务为内容的法律关系,是由民事法律规范所调整的社会关系。具有以下特征:

1. 民事法律关系以民事权利和民事义务为内容。以民事权利和民事义务为内容是民事法律关系与其他法律关系的重要区别。

2. 民事法律关系是平等主体之间的关系。民法调整平等主体之间的财产关系和人身关系,这就决定了参加民事法律关系的主体地位平等。同时,由于主体地位平等,决定了其权利义务一般也是对等的,一方在享受权利的同时,也要承担相应的义务。

3. 民事法律关系主要是财产关系。民法以财产关系为其主要调整对象,因而民事法律关系也主要表现为财产关系。民事法律关系也有人身关系,但不占主导地位。

4. 民事法律关系的保障措施具有补偿性和财产性。民法调整对象的平等性和财产性,也表现在民事法律关系的保障手段上,即民事责任以财产补偿为主要内容,惩罚性和非财产性责任不是民事责任的主要形式。

5. 民事法律关系具有一定的任意性。私法自治原则的应用使得民事法律关系在发生、变更、消灭和内容上都具有较强的任意性,当事人的约定优先于法律规定,只要不违背法律强行性规定和公序良俗,当事人就可以依法协商,自由确定其权利义务关系。

二、要素

民事法律关系的要素包括主体、内容和客体,缺一不可。民事责任不是法律关系的要素而是违反民事义务的法律后果,属于一种新的法律关系。如违约责任就是合同关系被违反后产生的一种法律后果,其本身也是一种法律关系。

1. 主体

民事法律关系的主体,就是民事法律关系的当事人,指参加民事法律关系、在民事法律关系中享有民事权利、承担民事义务的人。民事主体包括自然人、法人、其他组织,以及在发行国债等特殊场合下的国家。个体工商户、农村承包经营户、个人合伙属于自然人的特殊表现形式,“其他组织”包括法人的分支机构、合伙企业、个人独资企业、不具有法人资格的企业等(参见最高人民法院《关于适用〈中华人民共和国民事诉讼法〉若干问题的意见》第40条,以下简称《民诉意见》),这些组织依法成立,有一定的组织机构和财产,无独立的责任能力,也不具备法人资格,但作为民事主体和民事诉讼主体存在。在具体法律关系中,民事主体因其参与的法律关系的不同而具有不同的身份,如所有人、债权人、债务人、继承人等都是对民事主体的具体描述。

2. 内容

民事法律关系的内容,是指民事主体享有的民事权利和承担的民事义务,是民法调整的社会关系内容在法律上的反映。

3. 客体

民事法律关系的客体,是指民事法律关系主体享有的民事权利和承担的民事义务所共同指向的对象。民事法律关系的客体主要有:

(1) 物。物权的客体即表现为物,包括动产与不动产,以及作为特殊物的货币与有价证券。

(2) 行为。债权的客体即表现为一定的行为,包括作为与不作为。比如,买卖合同之债的客体即为交付行为,运输合同的客体即为运输行为,委托合同的客体表现为受托完成一定事务的行为。

(3) 智力成果。智力成果是知识产权(著作权、商标权、专利权)的客体。

(4) 精神利益。人身权的客体是精神利益,包括人格利益、身份利益、自由价值、尊严价值等。

(5) 权利。在法律明文规定的特定情况下,权利亦可成为民事法律关系的客体,如物权法上的权利质权的客体就是某种权利(如股权质押,股权作为权利本身成为质权的客体)。

(6) 营业。此处的营业是指营业财产,也即保障商事主体开展营业活动的有组织的一切财产以及在营业活动中形成的各种有价值的事实关系的总和。营业转让是一种常见的商事交易方式,营业转让法律关系的客体正是营业。

大多数民事法律关系的客体是物,所以一些国家的民法典将物规定在民法总则中,以概括表征民事法律关系的客体。

三、民事法律关系的发生

(一) 民事法律关系发生的条件

民事法律关系的形成、变更与消灭,需要具备一定的条件,也即民事主体、民事法律规范与法律事实。民事法律规范是形成、变更与消灭民事法律关系的法律依据,但法律规范只规定民事主体权利义务关系的一般模式,不是现实的法律关系本身,民事法律事实才是联系民事法律规范与民事法律关系的中介。

民事法律事实,是指依法能够引起民事法律关系发生、变更和消灭的客观事实。民事法律关系实际上是民事法律规范的规定和实际发生的民事法律事实的共同结果。依据是否以人们的意志为转移,法律事实可以分为事件和行为。

1. 事件

这是指与主体的意志无关的、能够引起民事法律关系的形成、变更与消灭的客观事实,又分为自然事件与社会事件。前者如人的死亡、动物的走失,分别引起婚姻关系与所有权关系的消灭。后者如罢工,一群铁路工人的罢工能够引起铁路货物运输合同违约法律关系的发生,罢工虽是工人的意志行为,但与运输合同双方当事人的意志无关。

2. 行为

这是指能够引起民事法律关系的形成、变更与消灭的民事主体有意志的行为。按其发生的法律结果是否为该民事主体所意欲追求的,可以分为法律行为和事实行为两类。

(1) 法律行为。这是民事主体基于意思表示,旨在发生、变更或消灭民事法律关系的行为,其中符合法律要求的法律行为称为民事法律行为,其核心特征是民事主体有意识地建立、变更、消灭民事法律关系,并通过一定的行为将内心的意思表达出来。民事法律行为作为表示行为的一种,是合法行为,但表示行为还包括不合法的表示行为,即无效的、可变更可撤销的和效力待定的法律行为。

(2) 事实行为。这是指行为人在实施一定行为时,主观上没有发生、变更或消灭民事法律关系的意思,但客观上依据法律规范能够引起一定的民事法律后果的行为。债权法上的侵权行为、无因管理行为、部分不当得利行为、缔约过失行为,物权法上的添附行为、无主物的先占行为、埋藏物和隐藏物的发现行为、遗失物的拾得行为、无权处分物的善意取得行为,知识产权法上的创作行为、发明创造行为等,都属于事实行为。[①]

民事法律关系的产生、变更和消灭有两种复杂的情形,需要引起注意:① 同一个法律事实引起多种民事法律关系的产生、变更与消灭。比如,工伤致死,不仅同时导致劳动合同关系、婚姻关系的消灭,还导致劳动保险合同关系、继承关系的产生;② 两个以上的法律事实相互结合引起同一个民事法律关系的产生、变更与消灭。例如,遗嘱继承法律关系的发生,需要立遗嘱的行为和遗嘱人死亡这两个法律事实。这种引起民事法律关系的产生、变更或消灭的两个以上的法律事实的总和,称为“事实构成”。

(二) 非民事法律关系

众所周知,只有受法律规范调整的社会关系才会形成法律关系。这就意味着:

首先,法律作为社会规范的一种,并不调整一切社会关系,如道德、宗教关系就不归法律调整。

其次,民法作为诸多法律部门之一,只调整平等主体之间发生的财产关系和人身关系。法律关系主体地位的平等性,是民法同诸如行政法、刑法等其他许多法律部门相区别的重要标志之一,从而民事法律关系也就区别于行政法律关系等其他法律关系。

最后,能够引起民事法律关系发生的只能是包括事件、法律行为与事实行为在内的民事法律事实,民事法律事实以外的其他事实,不会在当事人之间产生具有民事法律规范意义上的社会关系。

可见,并不是社会生活中所有平等主体之间的财产关系和人身关系都归民法调整,民法只调整平等主体之间的具有法律约束力意义的人身、财产关系。诸如“好意

---

① 关于法律行为与事实行为的区别,详见第五章的有关介绍。

施惠”[①]等归属于道德规范层次调整的社会关系,与民法无涉,也就不会在当事人之间形成民事法律关系。又如,婚约属于道德调整的范畴,不能产生民事法律关系,不属于民事法律事实。如“甲对乙说:如果你考上研究生,我就嫁给你”,这种情形属于婚约,不受民法调整,不能成立民事法律关系。

四、民事法律关系的主要分类

(一) 财产法律关系与人身法律关系

民法以财产关系和人身关系为调整对象,民事法律关系也相应作此划分。这是民事法律关系最基本的分类。

财产法律关系是民事主体之间因财产的归属和流转而形成的、具有直接物质利益内容的民事法律关系。如财产所有权关系、抵押关系、地役权关系、占有关系、买卖关系等。

人身法律关系是指民事主体之间因人格和身份而形成的民事法律关系。如因人的姓名、名称、名誉、荣誉而发生的关系,因发明、发现以及创作出科学、文学、艺术作品而发生的具有身份性质的关系等,均属之。这类关系不具有直接的物质利益内容,这是与财产法律关系的基本区别。但这不是说人身法律关系与物质利益完全没有关系,比如名誉权得到保护的,可以给权利人带来物质利益;反之,如受到侵害,可能给权利人造成财产损失。

(二) 绝对法律关系和相对法律关系

根据民事法律关系的义务主体的范围,作此分类。

绝对法律关系,是指在权利人之外,一切不特定人均为义务人的民事法律关系。在这类法律关系中,权利人行使、实现权利不需要义务人的协助,义务人承担的义务一般表现为消极不作为,即不实施任何妨碍权利人行使和实现其权利的行为,如人身权关系、物权关系等均属此类。在物权关系中,权利人直接支配物、不需要义务人实施积极行为配合,义务人为权利人之外的一切不特定人,其义务是消极性的。可见物权是一种绝对法律关系。

相对法律关系,是指与权利人相对应的具体、特定的民事法律关系。在这类法律关系中,权利人实现权利必须有特定的义务人协助,义务人的义务一般是实施某种积极行为。如在债权关系中,债权人的债权必须由债务人的一定行为配合才能实现,虽然在债权关系中,债务人也可以为数人,但总是特定的,其义务通常是积极的行为,所以债权关系属于相对法律关系。

---

① 关于“好意施惠”行为的实质,见第五章的相关介绍。

第五节　民事权利、义务与责任

民事权利的分类体系：
- 财产权、人身权与综合性权利
- 绝对权与相对权
- 既得权与期待权
- 主权利与从权利
- 专属权与非专属权
- 支配权、请求权、抗辩权、形成权
- 原权利与救济权

四大权利家族列举：

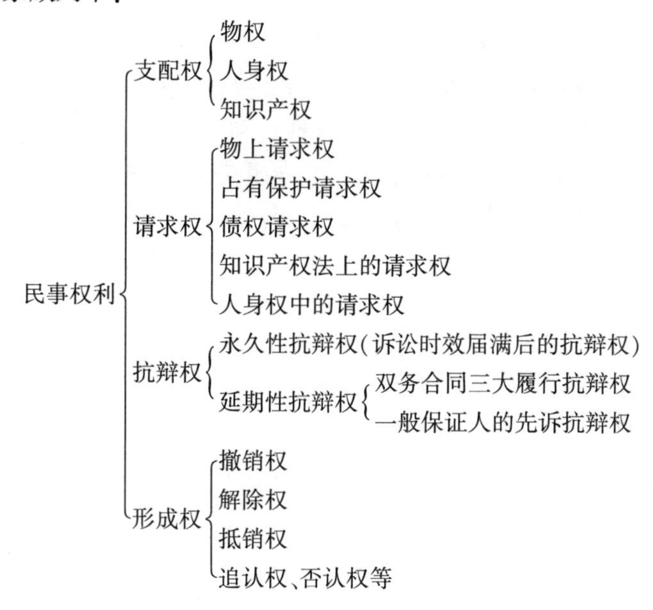

一、民事权利

民事权利，是指民事主体为实现某种利益而为或不为某种行为的可能性。法律赋予主体一定的民事权利，实际上是确定人们享有、实现某种利益的范围或限度。在法定限度内，权利主体可以依自己的意志享有某种利益，或者依自己的意志去实现某种利益，由此表现出权利的意志因素，反映出权利人的行为自由。

民事权利依照不同的标准有多种分类，对其分类的展开可以更深入认识民事权利本身。

（一）财产权、人身权和综合性权利

根据权利的内容作此划分，这是民事权利的最基本分类。

1. 财产权。财产权是指以财产利益为内容，直接体现某种物质利益的权利，主要

包括物权与债权。财产权的权利主体限于现实地享有或可以取得财产的人,不像人格权那样人人皆得享有。财产权不具专属性,可以转让、继承和抛弃。

2. 人身权。人身权是指以人身所体现的利益为内容的、与权利人的人身不可分离的民事权利,包括人格权与身份权,前者包括人格尊严权、人身自由权、生命权、健康权、身体权、姓名权、名称权、肖像权、名誉权、荣誉权、隐私权、婚姻自主权等,后者主要指配偶权、亲(子)权、亲属权等。人身权一般具有专属性,尽管个别人格权如企业的名称权或个别人格权的部分权能如肖像权的权能可以转让,但人身权作为整体一般不能转让、抛弃或继承。

3. 综合性权利。综合性权利的内容既包括财产利益又包括人身利益,其专属性也不十分强烈,如知识产权作为整体或部分权能大多可以转让。一般认为知识产权属于综合性权利。关于继承权,在现代民法上继承的对象只能是财产,故继承权就其内容看属于财产权,但其与人身权密切相关,因为其基于继承人特定的身份关系而产生。

综合来看,这三类权利的主要区别有三:(1) 权利的内容不同:财产权直接以财产利益为内容;人身权以人身利益为内容;综合性权利的内容则兼含了财产利益与人身利益。(2) 可否转让不同:财产权一般属于非专属权,可以转让和继承;人身权一般是专属权,不能转让和继承;综合性权利有的可以转让,有的则不可以。(3) 保护方法不同:财产权受到侵害时主要适用财产救济方法,如返还财产、赔偿损失等;人身权受到侵害主要通过恢复被破坏的关系来保护,如恢复名誉、赔礼道歉等。

(二) 绝对权与相对权

根据权利的义务人的范围不同作此分类。

绝对权是指义务人不确定、权利人无需通过义务人实施一定的行为即可实现的权利,如物权、知识产权、人身权。由于绝对权的权利人可以向一切人主张权利,可以对抗除他以外的任何人,故称对世权。

相对权是指义务人为特定人,其内容必须通过义务人实施一定行为方可实现的权利,如债权。由于相对权的权利人只能向特定的义务人主张权利,对抗的是特定的义务人,故称对人权。

二者的区别在于:

1. 绝对权的义务人不特定,相对权的义务人特定。

2. 绝对权法律关系中的权利义务不对应,权利人享有权利但无义务,义务人负有义务但不因此而享有权利;在相对权法律关系中,双方主体的权利义务具有对应性。

3. 绝对权具有排他性,在遭受侵害时可以针对任何第三人提出主张与提起诉讼;但相对权是只能针对特定人产生效力的权利。

4. 绝对权大多是公开的,故适用权利公示原则,并受到侵权法的保护;相对权都是一种不公开的权利,仅在特定当事人之间具有约束力,故不具有公示性,相对权人一般不得向第三人主张侵权责任。

5. 绝对权受到侵害,其救济方法首先要考虑恢复原状,而后才是赔偿损失;而对相对权的侵害通常采用损害赔偿的补救方式。

(三) 既得权与期待权

以民事权利的成立要件是否已经全部实现为标准作此分类。

既得权,是指成立要件已经全部实现的权利。期待权,是指成立要件尚未全部实现,将来有实现的可能性的权利。一般来说,权利都是既得权,期待权主要包括以下情形:

1. 在所有权保留买卖中,买受人付清价款之前对标的物的所有权所享有的期待利益。

2. 在附生效条件、期限的合同中,在条件尚未成就或期限到来之前,当事人一方就合同债权所产生的期待利益。

3. 保险合同中受益人的权利,即在保险合同生效之后、保险事故发生之前受益人所享有的保险利益。

4. 继承人的权利,具体有两种情况:(1) 在遗嘱成立之后,遗嘱继承人和受遗赠人对遗嘱继承或受遗赠的财产享有期待权;(2) 在遗赠扶养协议成立以后,受遗赠人对遗赠人用于遗赠的财产所享有的权利。上述权利只有在遗嘱人或遗赠人死亡后,才转化为既得权。

(四) 主权利与从权利

以民事权利的依存关系为标准作此分类。

在相互关联的两个民事权利中,其中一个如能够独立存在,就是主权利;与此相对应,如另一个脱离主权利就不能独立存在,就是从权利。例如,为担保借贷债权的实现而设立的保证之债的债权为从权利,被担保的贷款债权为主权利。担保法上的抵押权、质权、留置权、定金合同债权等均为从权利。主权利与从权利的主从关系主要体现在:主权利存在,从权利才能存在;主权利因履行、抵销、免除等原因而消灭,从权利同时消灭;主权利无效,从权利亦无效;从权利不能与主权利分离而单独转让。

相关法律规范 担保合同是从合同,相应地保证债权与担保物权相对于所担保的主债权都是从权利。《担保法》的以下条文体现了这一从属关系。第5条第1款规定:“担保合同是主合同的从合同,主合同无效,担保合同无效。担保合同另有约定的,按照约定。”第22条规定:“保证期间,债权人依法将主债权转让给第三人的,保证人在原保证担保的范围内继续承担保证责任。保证合同另有约定的,按照约定。”第50条规定:“抵押权不得与债权分离而单独转让或者作为其他债权的担保。”第52条规定:“抵押权与其担保的债权同时存在,债权消灭的,抵押权也消灭。”第74条规定:“质权与其担保的债权同时存在,债权消灭的,质权也消灭。”第88条规定:“留置权因下列原因消灭:(1) 债权消灭的;……”

（五）专属权与非专属权

以民事权利与主体之间是否存在专属关系为标准作此划分。

专属权，是专属于某特定民事主体的权利，如人格权、身份权均属之。专属权的性质决定了专属权不得让与、抛弃和继承，但有极个别例外，例如企业的名称权可以转让。

非专属权，是不属于某特定民事主体专有的权利。非专属权可以转让、抛弃和继承。财产权多属于非专属权，故可以转让、抛弃和继承。但也有例外，如依《物权法》第46、47、50、52条的规定，矿藏、水流、海域、城市的土地、无线电频谱资源、国防资产专属于国家所有。

（六）支配权、请求权、抗辩权、形成权

以民事权利的作用为标准作此分类，这是民法理论上的最重要分类。

1. 支配权

支配权，是权利人可以直接支配权利客体、排斥他人干涉的权利。物权、知识产权与人身权是典型的支配权，其共同特点表现在：

（1）客体是特定的，包括物、智力成果、身份利益、人格利益。

（2）权利主体是特定的，如张三拥有一栋房子，该房屋所有权人就是张三一人。

（3）义务主体则是不特定的，支配权是针对这个世界上除权利主体以外的任何其他主体，故又称对世权、绝对权。

（4）实现权利不需要义务人的积极作为，义务人只负担消极不作为义务。

（5）具有排他效力，故又称绝对权。

（6）支配权常常是确认之诉的对象。比如两人就一栋房屋的所有权归属产生争议，就需要确认之诉来确定法律上的归属。支配权受侵害的，也会产生给付之诉，如物权、知识产权、人身权受侵害产生损害赔偿请求权，权利人提起给付之诉请求赔偿。此时，支配权就是该请求权的基础性权利（《物权法》第33、37条）。

2. 请求权

请求权，是权利人要求他人为特定作为或者不作为的权利。请求权的权利人不能对权利客体直接支配，必须通过义务人的行为才能实现其利益，这决定其特点包括：

（1）具有相对性，请求权只能向特定的义务人提出，要求其履行义务，不及于他人；

（2）具有非公示性，由于效力只及于特定当事人之间，故第三人无权知情；

（3）请求权作为独立的实体权利，连接了实体法和程序法。给付之诉是民事诉讼的核心，而给付之诉的基础正是请求权；

（4）请求权可以作为独立的权利，也可作为实体权利的某项内容（权能）。请求权大多为实体权利，如物权请求权、人身权请求权，但也可能只是某项权利的内容，如债权请求权只是债权的内容，债权除了请求权权能外，还包括接受履行等权能，且债权请求权因时效而消灭时，债权虽减损其力量，但仍然存在，债务人已为履行之给付的，不得以不知时效为由,请求返还。

请求权与债权的关系是:请求权是债权的主要内容,但债权又不限于请求权,债权的权能除了请求权之外,还包括受领等权能。所以,债权请求权因时效而消灭或者不受保护时,债权仍然可以继续存在(自然债权),债务人仍为履行给付的,不得以不知时效经过为理由而主张返还。请求权既然可以是某权利的内容,说明它是基于基础权利而发生的,有基础权利,才能有请求权。请求权因基础权利的不同可分为:

(1) 债权请求权。具体包括合同履行请求权、违约损害赔偿请求权、缔约过失请求权、侵权赔偿请求权、无因管理之债请求权、不当得利返还请求权;

(2) 物权(物上)请求权。具体包括返还原物请求权、停止侵害请求权、排除妨碍请求权、消除危险请求权等;

(3) 占有保护请求权。包括占有物返还请求权、排除妨碍请求权、消除危险请求权;

(4) 知识产权法上的请求权。主要指知识产权受到侵害而产生的停止侵害、排除妨碍、消除危险请求权等;

(5) 人身权上的请求权。人格权上的请求权主要是指人格权受到侵害所产生的停止侵害、排除妨碍、消除危险、赔礼道歉等请求权。身份权上的请求权主要包括扶养请求权、赡养请求权等。

上述诸请求权中最重要的是前三个,即物权请求权、债权请求权和占有保护请求权,三者之间有许多区别:(1) 发生的基础权利不同:分别基于债权、物权与占有而生;(2) 权利主体不同:分别是债权人、物权人、占有人;(3) 与时效期间的适用关系不同:债权请求权适用诉讼时效期间,物权请求权不适用诉讼时效期间与除斥期间,占有保护请求权中的占有物返还请求权适用除斥期间(《物权法》第 245 条第 2 款);(4) 制度功能不同:债权请求权的功能在于补偿债权所受到的损害,物权请求权、占有保护请求权在于回复到物权与占有被侵害前的状态。

3. 抗辩权

抗辩权,是对抗他人请求权的权利。抗辩权与请求权是并生与对应的概念,若将请求权喻作矛,抗辩权则为盾,无权请求,自然不存在抗辩权。抗辩权是:

(1) 私权。故当事人是否行使应该完全由其自由决定,如当事人不主动援引,应理解为自动抛弃之,此时法院不得依据职权主动审查抗辩事由是否存在。

(2) 对抗对方请求权的权利。是故,请求权行使的目的在于防御而非攻击,在此有必要区别抗辩与反请求(反诉),如仅仅对抗使得对方的权利暂时或永久不能实现,则属于抗辩而不是反请求。反请求是提出了独立的请求。例如,在房屋租赁合同中承租人提出出租人交付的房屋无法使用而拒付租金,则承租人只是提出了抗辩而非提出反请求;如承租人提出因出租人交付不合格的房屋致其受到损害,要求出租人赔偿损失,则属于提出反请求。抗辩权的行使不仅可以对抗对方的履行请求,还可以排除已方违约责任的存在。如在合同的先履行抗辩权中,后履行一方在被对方要求履行时,通过行使先履行抗辩权不仅使对方的请求权暂时不能实现,还证明自己不构成违约行为从而不承担违约责任。

(3) 须以请求权已经行使为前提。未受矛的攻击,自然无需挺盾。如没有对方请求权的行使或对方的请求权不成立,抗辩权就没有必要行使。如此说来,抗辩权的行使应有一定期限的限制,因为请求权是有时效限制的,作为其反面的抗辩权也应有期限限制,否则会使已经形成的法律关系处于不确定状态。该期限可以法定,否则应推定为在合理期限内行使,逾期视为抗辩权丧失。

我们还可以从抗辩权与反诉的区别中一窥抗辩权的基本特征。依照《买卖合同解释》第44条的规定,如出卖人履行交付义务后诉请买受人支付价款,买受人以出卖人违约在先为由提出异议的,人民法院应当按照下列情况分别处理:(1) 买受人拒绝支付违约金、拒绝赔偿损失或者主张出卖人应当采取减少价款等补救措施的,属于提出抗辩;(2) 买受人主张出卖人应支付违约金、赔偿损失或者要求解除合同的,应当提起反诉。

举例 甲、乙约定甲应于2月1日交货,乙应于收货后1个月内付款。后甲按期交货,但在2月15日即向乙提出当日付款的请求,此时乙无须行使先履行抗辩权,因为甲的请求权不成立;如在3月1日以后,甲还未按期交货但也未向乙提出付款请求,乙也无须向甲提出先履行抗辩权;如此时乙要求甲交货,是行使请求权而非抗辩权。

抗辩权可以从不同角度作如下分类:

(1) 实体法上的抗辩权与程序法上的抗辩权。根据抗辩权的法律依据不同作此分类。实体法规定的抗辩权,如《合同法》第66—69条规定的同时履行抗辩权、先履行抗辩权、不安抗辩权以及《担保法》第17条规定一般保证人的先诉抗辩权,还有诉讼时效制度上的时效届满后债务人享有的抗辩权等,均属之。需要指出,从实体角度观之,抗辩与抗辩权不是一回事,抗辩所包括的事由极为广泛,而抗辩权则有其特定的含义。

程序法上的抗辩权是指被告针对原告的诉讼请求从程序上提出的异议,如对管辖的异议、对合议庭组成人员的异议、对诉讼请求的异议等。程序法上的抗辩有的与实体法上的权利无关,有的则以实体法上的权利为基础,但又区别于实体法上的抗辩权。二者的区分意义在于,程序法上的抗辩权可以由法官依据职权审查,实体法上的抗辩权由当事人自行决定行使与否,法官不得干预。

(2) 永久性抗辩权与延期性抗辩权。根据抗辩权作用的效力不同作此分类。前者指权利人有永久阻止他人行使请求权的权利,如诉讼时效届满后,债务人对债权人请求履行时以诉讼时效届满为由而行使的抗辩权。后者指权利人仅能使对方的请求权在一定时间内不能实现的抗辩权,如上述《合同法》《担保法》规定的四种抗辩权。

有别于否认权。需要说明,抗辩权的作用在于"对抗"而非否认,所以抗辩权行使本身并不能导致他人的权利消灭。抗辩权的行使,以请求权存在且提出请求为前提,这样一来,在他人未提出请求权之前自然无抗辩权适用的余地。自然地,在权利已告消灭时也无须适用抗辩权。如甲欠乙债,到期已偿还,后乙忘记已经偿还之事,再一次向甲请求偿还,甲方自然可予以拒绝,否认其权利存在,这在性质上称为否认权,不属于抗辩权。

4. 形成权

形成权,是权利人依自己单方意思表示使民事法律关系发生、变更或消灭的权利。本质上,形成权一经行使即可产生相应的效力,不需对方作出某种行为。

使民事法律关系发生的,如法定代理人行使追认权,使被监护人的法律行为发生效力。使民事法律关系变更的,如债务人行使选择权,使选择之债转为简单之债。使民事法律关系消灭的,如合同当事人一方行使解除权,导致合同终止。

形成权必须通过行使才能产生效力,否则虽然权利人享有该权利,但法律关系不会发生任何变动。形成权的行使不以相对人的同意为要件,故对相对人的影响甚大,只有及时行使才能使法律关系尽快明确,为此需要在法律上规定除斥期间。依此期间,权利人逾期不行使将导致权利的消灭。如果法律规定了期间,即是形成权的存续期间;没有规定的,依当事人的约定期间;无约定的,应当在合理期间内行使,否则权利即告消灭(《合同法》第 95 条)。

形成权的生效不以相对人的同意为要件,但后者有权提出异议。该异议也必须在法定、约定的期间内提出,否则不受支持。理解这一点,就很好理解最高人民法院《合同法解释(二)》第 24 条,该条规定,当事人对《合同法》第 96、99 条的合同解除或者债务抵销虽有异议,但在约定的异议期限届满后才提出异议并向人民法院起诉的,法院不予支持;当事人没有约定异议期间,在解除合同或者债务抵销通知到达之日起 3 个月以后才向法院起诉的,人民法院不予支持。

另外,形成权的行使还要遵循如下两条规则:(1) 不得附条件或期限。所以才有《合同法》第 99 条第 2 款的规定,即当事人主张抵销的,应当通知对方。通知自到达对方时生效。抵销不得附条件或者附期限。(2) 一经行使不得撤销。因为行使形成权的意思表示一旦到达对方即生效,故无所谓撤销。但在到达对方之前,意思表示尚未生效,故可以撤回。

债权人的撤销权是否为形成权的争议。关于《合同法》第 74、75 条的合同保全中债权人撤销权的性质,有形成权说、请求权说、折中说、责任说、诉权说等多种学说,存在争议。通说认为,“对于(合同保全中的)债权人的撤销权的性质,理论界的通说是折中说,也即该撤销权既非请求权,也非形成权,是一种具有综合性质的权利。”这一说法的理论背景是理论上对债权人撤销权的性质定位。具体到《合同法》第 74 条,债权人行使撤销权的效力体现在两个方面:(1) 使债务人与第三人的行为或者债务人的单方行为得以撤销;(2) 请求法院执行债务人回归的财产以清偿债务。前一种效力是形成权的效力体现,后一种效力则是请求权的效力体现。因此,债权人撤销权并非单纯的形成权。

形成权理论上可以作多种分类,但最重要的是分为通过诉讼行使的形成权与非通过诉讼行使的形成权。前者,权利人必须提起诉讼,经过法院的确认发生法律关系变动的效果,如《合同法》第 54、74 条及《婚姻法》第 11 条规定的法定撤销权须经过法院诉讼,才能使合同、行为及婚姻撤销。通过诉讼行使的形成权,是民法上形成权的例外形式,大多数的形成权通过非诉讼的方式即可发生效力,如《合同法》第 18、47、48、186、192、193 条规定的撤销权,第 17 条规定的撤回权,第 93、94 条规定的解除权等。

《合同法》规定的形成权汇总一览:

(1)《合同法》第 2 章"合同的订立"有 3 个条文:① 要约的撤回(第 17 条);② 要约的撤销(第 18 条);③承诺的撤回(第 27 条)。以上三个形成权私下行使,无须通过诉讼。

(2)《合同法》第 3 章"合同的效力"有 4 个条文:① 第 47、48 条:限制行为能力人、无权代理人订立的效力待定合同中,法定代理人、被代理人的追认权、否认权以及相对人的撤销权,但相对人的催告权不属于形成权,因为催告行为不直接导致法律关系的变动。② 第 51 条:无权处分人订立的效力待定合同中权利人的追认权,以上三个条文的形成权的行使私下进行即可,不需通过诉讼;③ 第 54 条:可变更、可撤销合同中,一方或者双方的变更、撤销权。此项权利只能通过诉讼行使且有法定的除斥期间,不得私下行使。

(3)《合同法》第 6 章"合同的权利义务终止"有 3 个条文:① 单方解除权(第 95 条),权利人需要在约定或者在合理期限内行使,对方有异议的可以在约定的期限内或者 3 个月内提起确认之诉;② 抵销权(第 99 条);③ 免除权(第 105 条,对于免除属于单方行为与否,存在争议,通说肯定之)。以上三个形成权都可以私下行使,无须通过诉讼方式。

(4) 分则的规定。"合同法分则"编有很多关于各类合同变更、解除权等的具体规定,略之,此处只分析第 11 章"赠与合同"中的两个撤销权:① 任意撤销权(第 186 条);② 法定撤销权(第 192、193 条)。以上两个撤销权都是私下行使(通知对方)即可,都有严格的法定除斥期间。

(七) 原权利与救济权

根据民事权利是原生的还是派生的,民事权利可分为原权利与救济权。原权利是民事法律关系中存在的权利,如买卖合同生效后一方请求另一方履行合同的权利。救济权是在原权利受到侵害,或有受到侵害的现实危险时发生的权利,如买卖合同未获履行时,一方对于另一方享有的违约损害赔偿请求权。救济权是基于原权利而派生出的权利,目的在于救济被侵害的原权利。

二、民事义务

民事义务的分类体系
- 法定义务与约定义务
- 积极义务与消极义务
- 基本义务与附随义务

民事义务,是依照法律规定或当事人约定义务人为一定的行为或不为一定的行为以满足权利人利益的法律拘束。民事义务的实质,是当事人为实现他方的权利而受行为限制的界限。以下分类有助于加深对民事义务的理解。

(一) 法定义务与约定义务

以民事义务发生的根据为标准作此分类。法定义务,是法律规定的民事主体应负的义务,如法定代理人的代理义务。约定义务,是由当事人协商确定的义务,约定的义务不违法即受法律保护,如买卖合同当事人关于交付义务的约定。

(二) 积极义务与消极义务

以民事义务人行为的方式为标准作此分类。积极义务,又称作为义务,是义务人应作出一定积极行为的义务,如交付义务。消极义务,又称不作为义务,是义务人必须为消极行为或容忍他人行为的义务,如竞业禁止协议中的不作为,又如地役权合同中供役地人的容忍义务等。

(三) 基本义务与附随义务

在合同法中,以义务基础不同为标准,义务可分为基本义务与附随义务。基本义务,是指根据合同约定或者法律规定所产生的给付义务,包括主给付义务和从给付义务。附随义务,是合同当事人依据诚实信用原则所产生的根据合同的性质、目的和交易习惯所应当承担的照顾义务、通知义务、协助义务等。

举例　张三购买李四的名犬一只,双方为此签订合同。卖方李四对张三负有三项义务:交付名犬本身,交付与名犬身份相关的血统证、饲养许可证等,告知该名犬基于以往特殊疾病史而导致的特殊饮食禁忌。这三项义务分属于主给付义务、从给付义务与附随义务。

依据《买卖合同解释》第25条的规定,出卖人没有履行或者不当履行从给付义务,致使买受人不能实现合同目的,同样构成根本违约,买受人得主张解除合同。

在现代民法中,民事义务不断有新的发展,主要表现在三个方面:

1. 合同法中义务的来源多样化

传统合同法认为仅仅只是当事人约定的义务才能称为合同义务,违反约定的义务才是违约责任。现代合同法上的合同义务来源多样化,导致违约责任概念的改变,认为以下也是合同义务:(1) 法律规定的当事人必须遵守的强行性义务;(2) 附随义务,附随义务基于诚信原则而产生,体现在合同的履行及合同终止之后。

2. 侵权法中安全注意义务的发展

在现代侵权法上,行为人除负有一般的不得侵害他人人身和财产的义务之外,还在特殊场合下负有一种作为的义务,即行为人应当尽到对特定人的安全保护义务。违反此义务的场合,包括行为人违反了在先行为所产生的保护义务,以及经营者违反了特定的经营场所对特定的顾客所负有的安全保护义务。《侵权责任法》第4章的规定表明我国法律也确认安全注意义务,广泛适用于经营者对消费者、社会活动组织者对活动参加者、学校对未成年学生等多种关系中。

3. 物权法中公法义务的扩张

20世纪以来对所有权所采取的公法限制取得重大进展,许多国家通过制定公法规范对财产所有权进行限制,如环境法、公害防治法、城市规划法对私有物业和财产的限制,此谓"所有权的社会化",以体现个人利益与社会利益、国家利益的协调立法思想。

三、民事责任

民事责任的分类体系:
- 合同责任、债权责任与其他责任
- 财产责任与非财产责任
- 无限责任与有限责任
- 过错责任与无过错责任
- 单独责任与共同责任
- 按份责任、连带责任与不真正连带责任

民事责任的基本形式:
- 停止侵害
- 排除妨害
- 消除危险
- 返还财产
- 恢复原状
- 损害赔偿
- 消除影响、恢复名誉
- 赔礼道歉

(一) 概念

民事责任,是民事主体不依法履行民事义务而承担的不利法律后果。民事责任具有以下特征:

1. 其发生以民事主体违反民事义务、侵害他人的民事权益为前提。

2. 既是对国家的责任也是对当事人的补偿,兼具强制性和一定的任意性。民事责任属于公力救济,须由法院通过公权力进行强制性确定,并依赖国家强制力获得实现,此为强制性。但对于合同责任等约定责任,允许当事人在法律允许的范围内预先约定责任内容,对于侵权责任等法定责任,也允许当事人在责任确定后达成和解协议处分其权利,此为任意性。

3. 具有财产性。民事责任以财产责任为主,以非财产责任为辅。

4. 具有补偿性。民事责任以当事人一方补偿对另一方的损害为主要目的,区别于刑事责任的惩罚性本性。

(二) 基本分类

1. 合同责任、侵权责任与其他责任

根据责任发生根据的不同作此分类。合同责任是指不依约履行合同义务而产生的责任。侵权责任是指因侵犯他人的人身、财产权益而产生的责任。其他责任就是合同责任与侵权责任这两类基本责任之外的其他民事责任,如不当得利返还责任、缔约过失责任等。

2. 财产责任与非财产责任

根据民事责任是否具有财产内容作此分类。财产责任是指由加害人承担财产上的不利后果,使受害人得到财产上补偿的民事责任,如损害赔偿责任。非财产责任是指为防止或消除损害后果,使受损害的非财产权利得到恢复的民事责任,如消除影响、赔礼道歉等。

3. 无限责任与有限责任

根据承担民事责任的财产范围作此分类。无限责任是指责任人以自己的全部财产承担的责任,如合伙人对合伙债务承担的责任,投资人对个人独资企业债务的责任等,以其所有的财产作为责任财产来负担清偿责任。有限责任是指债务人以一定范围内或一定数额的财产承担的民事责任,如股东对有限公司债务承担的责任,仅以其投资为限。

4. 过错责任与无过错责任

根据责任的构成是否以当事人的过错为要件作此分类。

过错责任,是指行为人违反民事义务并致他人损害时,应以过错作为责任的要件和确定责任范围的依据的责任。依过错责任原则,若行为人没有过错,虽有损害发生,行为人也不负责任;在确定责任范围时也要考虑受害人是否具有过错,受害人具有过错的事实可能导致加害人责任的减轻和免除。行为人的过错与否,一般由受害人举证,但在特殊场合下法律直接要求行为人举证自己没有过错,否则推定为有过错,此谓过错推定。过错推定责任不属于独立的责任类型,而属于过错责任的一种特殊形式。在我国侵权责任法上,一般侵权行为采用过错责任(《侵权责任法》第 6 条)。在我国合同法上的违约责任,特殊的合同类型采用过错责任。

无过错责任,是指行为人只要给他人造成损失,不问其主观上是否有过错都应承担的责任。无过错责任具有客观归责的意味,其实质是使民事主体对于自己意志以外的行为也要承担不利的法律后果,所以仅适用于法律明确规定的场合。在我国,合同法上的违约责任原则上适用无过错责任,侵权法上的特别侵权行为适用无过错责任原则(《合同法》第 107 条、《侵权责任法》第 7 条)。

5. 单独责任与共同责任

根据承担民事责任的主体数量的不同作此分类。单独责任是指由一个民事主体独立承担的民事责任,多数责任属于单独责任。共同责任是指两个以上的人共同实施违法行为并且都有过错,从而共同对损害的发生承担的责任,如两个加害人对同一个受害人共同承担的责任。

6. 按份责任、连带责任与不真正连带责任

共同责任进一步可分为按份责任、连带责任与不真正连带责任。

按份责任,是指多数当事人按照法律规定或者合同约定,各自承担一定份额的民事责任。在按份责任中,债权人如请求某一债务人清偿的份额超出了其应承担的份额,债务人可以拒绝。至于按份责任人的内部份额划分,如法律没有规定或合同没有约定,则推定为均等。

连带责任,是指多数当事人按照法律规定或者合同约定,连带地向权利人承担责任。如因违反连带合同债务或者共同实施侵权行为而产生的责任,各个责任人之间对外具有连带关系,应当承担连带责任。在连带责任中,债权人有权要求债务人中的任何一个人承担全部或部分的责任,债务人不得推脱。任何一个连带债务人对于债权人做出部分、全部清偿的,都将导致责任的相应部分或全部消灭。

所谓债务的连带性,是对于债权人的外部关系而言而不是针对内部关系而言的。任何连带责任在债务人内部关系上都是按份责任。同按份责任一样,如果法律没有规定或合同没有约定这种份额,则推定为均等的责任份额,如果哪一个债务人清偿债务超过了自己应承担的份额,有权向其他债务人作相应的追偿,这种权利叫代位求偿权。

连带责任只在两种情况下成立:(1) 法律的明确规定,如《侵权责任法》关于共同侵权情形下的连带责任的规定;(2) 当事人双方的明确约定。除此之外,不得认定为连带责任。

举例 北京甲厂和北京乙厂都需要柴油,两厂与锦州丙燃料公司签订了一份合同,约定锦州燃料公司在1个月内供给0号或10号柴油1000吨,每吨价格为1600元。在柴油运到后,甲厂与乙厂再按4∶6分配。该合同之债是连带之债。

甲、乙与丙签订了一份购销合同,约定丙供给甲、乙原油3000吨,每吨价格为2500元,原油运到甲、乙所在地车站后,甲和乙按4∶6比例分配并按该比例付款。该合同之债是按份之债。

想一想这两个例子的区别何在?

不真正连带责任,是指各债务人基于不同的发生原因而对同一债权人负有以同一给付为标的的数个债务,因一个债务人的履行而使全体债务均归于消灭,此时数个债务人之间所负的债务即为不真正连带责任。

例1 甲委托乙保管一台彩电,乙在保管期间借给丙使用,丙使用时故意摔毁。如此,乙对甲的违约损害赔偿责任与丙对甲的侵权损害赔偿责任,构成不真正连带

责任。

例 2　甲有一台彩电，乙、丙二人合谋将其摔毁，则乙丙构成连带责任。

认识不真正连带责任与真正连带责任的关系，有利于加深对前者的理解。结合上述举例，二者的相似之处如下：

（1）数个债务人的给付内容相同。如上两个例子中，如甲的彩电损失是 1 万元，那么例 1 中，乙、丙的赔偿责任是一样的，甲可以要求乙或者丙承担 1 万元的赔偿责任；在例 2 中，甲也可以要求乙或者丙承担 1 万元的赔偿责任。可见在不真正连带责任中，某个债务人履行全部债务后，其他债务人的债务亦因此消灭。在这一点上，似乎与连带责任并无区别。

（2）债权人只能要求一次赔偿。虽然债权人享有数项债权，但一旦实现了某个请求权，即不应再向其他债务人提出请求。如例 1 中，甲不得分别或同时从乙、丙身上各得 1 万元赔偿；在例 2 中，亦是如此。

二者的区别如下：

（1）产生原因不同。前者的数个责任是各个独立的债务，基于不同的发生原因而独立存在；而后者通常基于共同的原因如共同侵权行为而产生。

（2）存在目的不同。在前者，各个债务人之间没有共同的目的，主观上也无联系，给付内容相同纯粹出于偶然。在后者，多个债务人依其意思或法律规定为了共同的目的而结合起来，各个债务都是为了达到此共同目的的手段。正因为不真正连带责任的构成不需法律规定或当事人约定，而是在具体的案件中由法院根据不同的法律关系来决定的，所以立法没有出面直接规定这种责任形态。

（3）诉讼方式不同。在前者，债权人只能选择其中的某个债务人提起诉讼，法院可以列其他债务人为第三人，但不能将数个债务人列为共同被告，实际上起诉不同的债务人的诉的种类都是不一样的，如上例 1，甲诉乙基于违约，甲诉丙则基于侵权。在后者，当然可以提起共同诉讼将数个债务人列为共同被告。

（4）最终责任人不同。在前者，可能只有一方债务人为最终责任人，故某一方债务人承担责任后可以向另一方债务人追偿，反之则不可以。如上例 1 中，若甲先诉乙，乙承担违约赔偿责任后显然可以向丙追偿，如甲先诉丙，丙承担侵权赔偿责任后，一切都结束了。在后者，数个债务人都是最终的责任人，都将承担一定数额的责任。

（三）民事责任的竞合

1. 概念

民事责任竞合有广狭义之分，狭义上的责任竞合又称选择性竞合，指基于同一事实发生了多项请求权，权利人只能选择其中一项行使（《合同法》第 122 条）。从权利人的角度看，因对方不法行为的多重性而使其相应享有多重请求权，故这一现象又称为请求权竞合，其特征在于：

（1）责任竞合因某一个违反义务的行为引起。若行为人分别实施多个违法行为，分别违反不同法律规定并符合不同的责任构成要件，则行为人承担不同的法律责任，而不是责任竞合。

(2) 某一违反义务的行为同时符合两个以上的责任构成要件。

(3) 多个责任之间存在冲突。一方面各个责任的内容不尽相同,另一方面冲突意味着数个责任不能相互吸收、并存。比如在侵权责任与违约责任的竞合场合下,违约金、定金等违约责任形式不能为侵权责任所包容,精神抚慰金也不能为违约责任所包容。

(4) 权利人只能选择其中一项请求权行使。这意味着即便权利人最终选择的请求权不足以对其遭受的损害提供充分的救济,也不能再选择行使另一请求权。相应地在诉讼中,受害人只能依据一项请求权提起诉讼,如该项诉讼请求被驳回,受害人不能再依据另一种请求权提起诉讼。

2. 加害给付

《合同法》第122条所规定的违约责任与侵权责任的竞合,又称加害给付,其构成要件为:(1) 当事人之间存在合同关系,一方实施了违约行为;(2) 一方的违约行为侵害了对方的人身或者合同履行利益以外的其他财产权益。需强调的是,只有因给付的标的物不合格造成一方其他财产损害的才构成加害给付,仅仅标的物本身有瑕疵而未引起其他财产损害,只是一个瑕疵给付问题,仅构成违约责任。同样的道理,人身利益本就是独立于合同履行利益以外的,因标的物不合格而致对方人身损害的,也构成加害给付。

举例 某消费者从超市购回鲜鸡蛋一盒,当天打开一只发现它已经坏掉的,超市仅为瑕疵给付产生违约责任;若直接打到一锅煮好的汤里,结果坏掉了一锅汤,或者消费者已经喝下了坏蛋汤,结果患上急性肠胃炎,则超市构成加害给付。

在加害给付的场合下,违约责任与侵权责任在归责原则、举证责任、责任形式与范围、诉讼时效、构成要件、诉讼当事人、免责事由与诉讼管辖等方面均有不同,这些差别的存在使得权利人选择不同诉讼请求将产生不同的后果。请求对方承担何种责任由权利人选择,这是合同法领域贯彻意思自治的体现。《合同法解释(一)》第30条规定,当事人起诉后,在一审开庭之前还可以变更诉讼请求。

如何鉴别责任竞合的规范 例如,《消费者权益保护法》第40条第1款:“消费者在购买、使用商品时,其合法权益受到损害的,可以向销售者要求赔偿。销售者赔偿后,属于生产者的责任或者属于向销售者提供商品的其他销售者的责任的,销售者有权向生产者或者其他销售者追偿。”第2款:“消费者或者其他受害人因商品缺陷造成人身、财产损害的,可以向销售者要求赔偿,也可以向生产者要求赔偿。属于生产者责任的,销售者赔偿后,有权向生产者追偿。属于销售者责任的,生产者赔偿后,有权向销售者追偿。”第3款:“消费者在接受服务时,其合法权益受到损害的,可以向服务者要求赔偿。”上述第1、3款分别规定的是销售者、服务者对于消费者的违约责任,第2款则规定的是加害给付情形下的销售者、生产者对于消费者或者其他受害人的违约责任与侵权责任的竞合形态。

(四) 基本形式

民事责任以损害赔偿为中心,但也包括了其他多样化的责任形式。

1. 停止侵害

加害人正在实施侵害他人财产、人身的行为的,受害人得依法请求停止侵害行为,这实际上是要求侵害人不实施(不作为)侵害行为。

2. 排除妨碍

行为人不法实施的侵害行为使受害人无法正常行使自己的财产权、人身权的,受害人有权请求排除妨碍。如违法设置路障的,行人可以请求设障人除去路障。

3. 消除危险

行为人的行为对他人的人身、财产安全造成潜在威胁的,权利人可以要求其采取有效措施消除危险。如甲乙相邻,甲拆房时独留下临近乙房屋的危墙一堵,很是威胁乙的房屋安全。所谓“城门失火,殃及池鱼”,消除危险能够防患于未然,是一种积极的民事责任形式。

4. 返还财产

该形式广泛适用于合同责任、侵权责任与不当得利返还等场合,具体包括两种情况:(1)返还不当得利(《民法通则》第92条)。由于货币作为一般代位物的特殊性,如侵占或不当得利的对象是他人货币的,只能发生不当得利而非原物的返还。(2)返还原物。不法侵占他人财产的,应当返还原物(《民法通则》第117条)。

5. 恢复原状

广义的恢复原状,是恢复权利被侵害前的原有状态,如通过消除影响使被侵害的名誉得到恢复。狭义的恢复原状,是将损害的财产修复,即通过修理,恢复财产原有的状态。恢复原状的适用以有修复的可能与必要为前提,如玉碎即不能复原。恢复原状在不同场合的适用具有不同的内涵。合同法上,恢复原状主要适用于合同无效、被撤销或部分被解除的场合,通过恢复原状使当事人的权利义务状态达到合同订立前的状态。物权法上,恢复原状意在使权利人恢复对物的原有的支配状态。侵权法上,通过修理、重作、更换等方式使权利人的损失得以补偿。

6. 损害赔偿

损害赔偿,是指行为人因违约、侵权行为给他人造成损害的,以财产赔偿受害人所受损害的一种责任形式。广泛适用于违约、侵权等责任领域。

7. 消除影响、恢复名誉

这是侵害人身权的场合下所承担的责任形式,在适用时应当明确其范围(如全国还是某地区范围内)和方式(口头、书面或其他形式)。

8. 赔礼道歉

也是适用于侵害人身权的场合下的责任形式,包括口头与书面等形式,赔礼道歉依靠国家的强制力保障实施,故应在判决书中写明。

四、民事权利的救济

民事权利的救济,也就是民事权利的保护,按照保护措施的性质分为公力救济与自力救济。民事权利的公力救济,就是权利受到侵犯时,由国家机关给予保护,主要指通过诉讼救济民事权利,诉讼方式包括确认之诉、给付之诉和形成之诉。民事权利的自力救济,是权利人采取各种合法手段保护自己权利不受侵犯,保护手段包括自卫行为(如正当防卫和紧急避险)和自助行为。自力救济方法受到法律的严格限制,权利人只能以法律许可的方式并在法律允许的限度内自力救济自己的权利。

第六节 民法规范

一、民法规范的逻辑结构

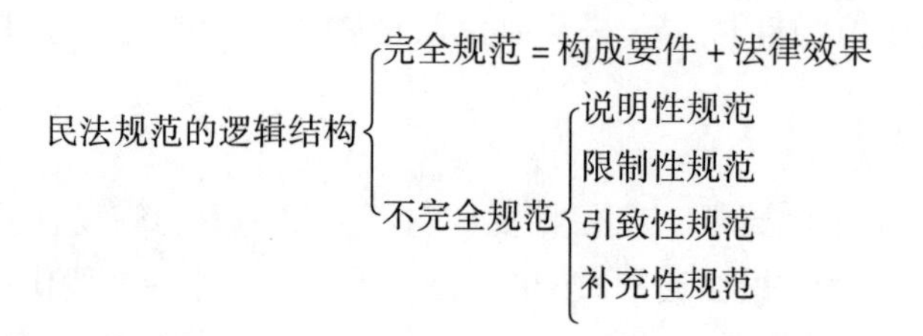

(一) 完全规范

一个完全的法律规范以假设命题表述,分为构成要件与法律效果两个组成部分,基本结构是"如果……那么"的格式:如果存在特定的构成要件 S,那么就会出现特定的法律效果 T,用符号表示就是:S→T。其中,构成要件的内容包括规范对象与情境描述,法律效果则包括应然规制及被规制的行为模式。例如,《物权法》第 191 条第 2 款规定,"抵押期间,抵押人未经抵押权人同意,不得转让抵押财产,但受让人代为清偿债务消灭抵押权的除外。"前段构成要件以"抵押人、抵押权人、受让人"为规范对象,若存在"抵押期间,抵押人未经抵押权人同意"的描述情景,则发生后段的法律效果,即分为两种情况而定,一般情况是"不得转让抵押财产",但有一个例外是"受让人代为清偿债务消灭抵押权的除外。"

(二) 不完全规范

虽然任何一部民事立法文件都有不少的完全规范,但更多的是不完全规范。不完全规范或者未规定构成要件,或者缺乏法律效果,故其适用需要与其他规范相结合。不完全规范有很多类型,其中按照功能不同而划分,常见的几类不完全规范是:

1. 说明性规范

说明性规范包括两种情形,一是描述规范,即对应于其他规范中的概念或者类型作出详细描述,所描述的对象多为构成要件,以立法定义最为典型,如《物权法》第 2 条第 2 款规定,"本法所称物,包括动产与不动产",又如《侵权责任法》第 2 条第 2 款规定,“本法所称民事权益,包括生命权、健康权、姓名权、名誉权、荣誉权、肖像权、隐私权、婚姻自主权、监护权、所有权、用益物权、担保物权、著作权、专利权、商标专用权、发现权、股权、继承权等人身、财产权益。”二是填补规范,即根据不同案件类型对一般性术语进行特定化或进一步填补其内容,旨在进一步明确法律效果。比如《物权法》第159条以下对于地役权效力的进一步规定。

2. 限制性规范

法律规范的构成要价如果过于宽泛,字面含义超过规范的实际效用领域的,需要另一个法律规范对其作出必要限制,此即为限制性规范。限制性规范的基本结构是:假设(前一规范)的构成要件S之外,尚有存在某种特殊的X因素,则不适用针对S所赋予的法律效果。如《合同法》第18条前半句规定,“要约可以撤销”,但实际上联系下文可知并非所有的要约均可以被撤销,这就是第18条的涵涉范围过于宽泛,因而第19条随即作出限制:“有下列情形之一的,要约不得撤销:(一)要约人确定了承诺期限或者以其他形式明示要约不可撤销;(二)受要约人有理由认为要约是不可撤销的,并已经为履行合同作了准备工作。”

3. 引致性规范

某些规范未包含实质性的构成要件或者法律效果方面的内容,而是指示引用其他法律规范,此之谓引致性规范。这一类规范的立法技术在于避免繁复的立法表述,引致的对象,可能是构成要件与法律效果一并引致,也可能仅就法律效果进行引致。前者如《物权法》第229条规定,“权利质权除适用本节规定外,适用本章第一节动产质权的规定”,类似的还有同法的第222条第2款、第207条等。后者如《合同法》第113条第2款规定,“经营者对消费者提供商品或者服务有欺诈行为的,依照《中华人民共和国消费者权益保护法》的规定承担损害赔偿责任。”

4. 补充性规范

民法实行意思自治,当事人的约定优先于法律的任意性规定而适用。但是在某些情况下,当事人缺乏相关的意思表示或者意思表示不明的,需要补充性规范对于当事人的意思表示缺漏予以补充,通过合理推定当事人的意思表示来竭力维持当事人作出的法律行为的效力。最典型的莫过于《合同法》第62条的规定,“当事人就有关合同内容约定不明确,依照本法第六十一条的规定仍不能确定的,适用下列规定:(一)质量要求不明确的,按照国家标准、行业标准履行;没有国家标准、行业标准的,按照通常标准或者符合合同目的的特定标准履行。(二)价款或者报酬不明确的,按照订立合同时履行地的市场价格履行;依法应当执行政府定价或者政府指导价的,按照规定履行。(三)履行地点不明确,给付货币的,在接受货币一方所在地履行;交付不动产的,在不动产所在地履行;其他标的,在履行义务一方所在地履行。(四)履行期限不明确的,债务人可以随时履行,债权人也可以随时要求履行,但应当给对方必要的准备时间。(五)履行方式不明确的,按照有利于实现合同目的的方式履行。(六)履行费用的负担不明确的,由履行义务一方负担。”

(三) 立法的体系性与规范的不完全性

在同一法律秩序下,规范之间的相互呼应乃是体系内在的要求,不仅不完全规范、即便完全规范也不过是规范意义链的一环而已,若无其他相关法律规范与之相配合,依然无法得到理解与适用。① 在此意义上,上述完全规范与不完全规范之分类,也仅就形式逻辑的不同而区分,并不具有真正实质意义上的根本区别。比如,《物权法》第191条虽为涵括了构成要件与法律效果的完全规范,但在裁判适用时,仍然需要判断何谓"未经抵押权人同意",同意的内容为何?何谓"转让抵押财产",究竟是指订立转让抵押财产的合同,或是抵押财产的物权变动,何谓"代为清偿债务消灭抵押权",无不需要结合上下文的各项规范来理解,才能得到逻辑圆满的解释。就此而言,在规范意义脉络里,似乎并不存在"完全规范"。可以说,规范关联的体系化程度越高,彼此唇齿相依的程度也就越高,单个规范的"不完全性"也就愈加突出。此正所谓"一旦有人适用一部法典的一个条文,他就是在适用整个法典"。②

二、民法规范的分类

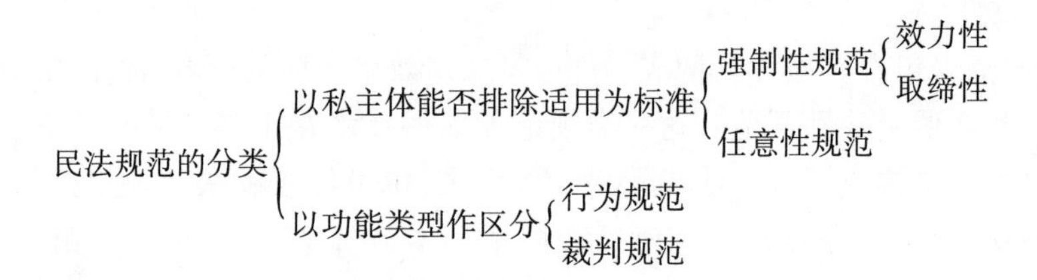

(一) 强制性规范与任意性规范

1. 分类标准及识别

根据不同的标准,法理学教科书将法律规范分为很多种类型,与公、私法的分类相对应,私法上的法律规范的最重要分类是强制性规范与任意性规范。强制性规范,是指私法主体不得以其意志排除适用的法律规范,反之,就是任意性规范。进一步的,根据强制性规范的内容又可以分为两类,禁止私法主体为一定行为的规范,称为禁止性规范;强制私法主体为一定行为的规范,称为命令性规范。如果从立法用语的判断来看,任意性规范的常见字眼是"可以""有权"等;强制性规范就规范语言的表述来看,命令性规范的常见字眼是"必须""应当";禁止性规范的常见字眼是"不得""禁止"。

他山之石 关于公司法的规范结构或者说公司法律规范的分类,有很多主张。美国学者爱森伯格将公司法规范分为三类:赋权性规范(enabling rules),即公司参与人依照特定的方式采纳该类规则,即赋予其法律效力;任意性(补充性)规范(suppletory rules),即管制特定的问题,除非公司参与人明确不采用该规则;强制性规范(mandatory

① 朱庆育:《民法总论》,北京大学出版社2013年版,第50页。

② 语出德国法学家R.施塔姆勒,转引自朱庆育:《民法总论》,北京大学出版社2013年版,第50页。

rules)，即强行管制特定的问题，不容公司参与人不采纳或者变相不采纳。[①] 加拿大学者柴芬斯的分类与此大同小异，从规范适用的条件的角度将公司法规范分为三类：许可适用规范，也称“可以”规范(opt out)；推定适用规范，也即“可以放弃”规范(opt in)；强制适用规范，也称“必须”或者“必须不”规范。[②] 这两个分类思路中，关于任意性规范与强制性规范的外延界定大体一致，但又有所分歧，关键在于赋权性规范的定位。按照爱森伯格的定义，赋权性规范并不自动适用，只是在公司选择适用的时候(如通过章程条款)才得以适用——在此意义上似有任意性规范的特征，但另一方面，一经选定即不得变更——这就是它归属于强制性规范的原因。[③] 在不得被排除适用方面，赋权性规范与命令性规范、禁止性规范是一样的，在法律文本的表述上也类似，也常带有“必须”“应当”“不得”等字眼，但在被违反后的民事效力方面存在差异。比如《公司法》关于股东会、董事会的会议规则，经常使用“必须”“应当”字眼，但这些规定的本意并非强制公司机关必须怎样做的意思，而是确立一个判断行为是否生效的裁断标准[④]，在此意义上，赋权性规范可能并不存在真正“违反”的问题。

借鉴赋权性规范的理论，民法上对于强制性规范的一个有意义的再分类，与私人自治、行政管制与司法干预相对应，依照法律规范实施主体的不同，分为私人自治规范、行政强制规范与司法干预规范。私人自治规范，就其本意是指体现与维护私人自治、赋予私人主体自主选择、自主决策的行为规则，多数表现为任意性规范，如《公司法》第115条规定，“公司董事会可以决定由董事会成员兼任经理”，但有时候也体现为强制性规范(主要是赋权性规范)。比如，《公司法》第101条规定：“股东大会应当每年召开一次年会。有下列情形之一的，应当在两个月内召开临时股东大会……”：此处使用了“应当”一词，在性质上归属为强制性规范，却没有任何“国家强制”的含义，反而应该理解为自治规范：如股东大会没有照此规定召开，不会引起任何行政权的介入以及行政处罚措施，也没有司法权的介入，只是促发下一步的自治行为——如有些股东提议召开临时股东大会或者自行召集股东大会(第102条)。《公司法》上类似的规范表述还有很多，由于种种原因，很多公司自治规范都适用了“应当”“必须”“不

---

① 参见〔美〕M. V. 爱森伯格：《公司法的结构》，张开平译，载王保树主编：《商事法论集》第3卷，法律出版社1999年版，第390—442页。

② 〔加〕布莱恩·R. 柴芬斯：《公司法理论：公司法：理论、结构和运作》，林华伟等译，法律出版社2001年版，第233—234页。

③ 另一种解释，将赋权性规范定义为“界定私法上形成及处分权利义务边界的规范”，即“权限规范”，权限规范的效力是私法主体不得排除的，所以列入强制性规范。参见苏永钦：《私法自治中的国家强制》，载《中外法学》，2001(1)。

④ 比如，按照《公司法》第22条的规定，股东会、董事会的会议召集程序、表决方式违反法律、行政法规或者公司章程的，得被股东请求人民法院予以撤销。

得”的字眼[①],可以将这些带有“应当”“必须”“不得”字眼的规范理解为强制性规范,但不宜一概理解为代表着国家强制,违反这些规范也不必然引起公权力的干预。

行政强制规范与司法干预规范都属于国家强制性规范,对它们的违反会引发公权力对公司事务的介入,区别在于,前者指法律规范中体现行政权力的意志、为维护公共利益等公法目标而强制私人主体须遵守且不得以章程、协议等方式排除适用的规范,后者指法人组织内部利益以及部分特定的外部利益冲突无法由参与人自行解决的时候,许可参与人各方采取诉讼方式,从而引发司法权作为中立方介入私人之间事务纠纷解决的规范。

何谓倡导性规范? 在民法、商法学界都有学者提出,不具有强制效力的规范中除了任意性规范之外,还有一种倡导性规范,即“提倡与诱导当事人采用特定行为模式的法律规范”,典型例子如《合同法》第10条第2款关于合同书面形式的规定,第12条关于合同条款的规定,第132条第1款关于出卖人处分权的规定,以及《公司法》第5条关于公司承担社会责任的规定等。论者提出,倡导性规范与任意性规范的区别有二:一是倡导性规范的功能在于提倡与诱导,任意性规范无此功能;二是任意性规范可作裁判规范,倡导性规范无此功能。但这一概念的提出也受到很多质疑,主要的质疑有三:其一,任意性规范与强制性规范之划分,在于规范的拘束力,也即当事人能否依其意志排除规范的适用,但倡导性规范站在立法者的立场着眼,分类标准既然不同,并列已显突兀。其二,倡导性规范能否作为裁判依据,尚不能武断结论之,商法学界即有不少文献论证《公司法》第5条关于公司承担社会责任的规定作为裁判依据的可能性。其三,倡导性规范自身的价值有限。比如《合同法》第10条第2款关于合同书面形式的规定,书面形式分为法律要求的书面与当事人选择的书面,其中当事人选择的书面与立法者的倡导并无关系,属于当事人意思自治之结果,如当事人一方后来未能遵守双方的约定,为何不能成为裁判规范呢?至于法律明确要求的书面,就我国司法实践经验来看,似乎解释为强制性规范为妥,即便置入合同法的立法体系而言,解释为强制性规范也更符合规范体系脉络。如后文的第36条“履行补正”的规定即表明,合同的形式瑕疵可能构成合同成立之障碍,否则,又何来要求当事人事后“补正”?这样的解释思路,足以表明法定书面形式要求也并非仅仅是立法者的“建议”而已。

---

① 公司的内部治理被公认为公司自治的主要领域,但关于股份有限公司的“组织机构”的四节(第四章第二节至第五节)的27个条文(第98—124条),有15个条文在至少一处或者多处使用了“应当”“必须”“不得”,还有4个条文虽未使用以上字眼,但按照中文的表达当然理解为不得做其他选择的强制性规范(第113条第1款、第118条第2款、第122—123条),以上合计19个强制性规范条文,占比超出70%。此外,关于国有独资公司的组织机构的特别规定的5个条文(第66—70条),均使用了“不得”“必须”“应当”“经…… 同意”的字眼。与股份有限公司相比,有限公司作为中小型、封闭性公司,内部治理更被视为公司自治的天然领域,但关于其“组织机构”的章节(第二章第二节)的21个条文(第36—56条),有9个条文在至少一处或者多处使用了“应当”“必须”“不得”,另有2个条文虽未使用以上字眼,但按照中文的表达当然理解为不得做其他选择的强制性规范(第38条、第56条),合计占比也达到了52.4%。

2. 强制性规范的再分类:效力性强制规范与取缔性强制规范。

《合同法》第52条第5项规定,“违反法律、行政法规的强制性规定”的,合同无效。最高人民法院《合同法解释二》第14条进一步限缩解释确认为“合同法第五十二条第(五)项规定的‘强制性规定’,是指效力性强制性规定”。这一解释条款出台的背景,正是强制性规范进一步区分为效力性强制性规范与取缔性强制性规范。

一般认为,强制性规范以三种情况出现。第一种情况,强制性规范本身直接规定了违法行为的效力;第二种情况,强制性规范本身没有直接明确规定违法行为的效力,但引致或结合其他法律规定,其他法律规定明确规定了该违法行为效力;第三种情况,强制性规范本身没有直接明确规定违法行为的效力,也没有引致到其他具体的法律规定中,更没有其他法律规定对其效力予以明确规定。由此可见,违反强制性规范的法律行为的效力到底如何,既不都是一刀切的,也不都是确定无疑的。背后的法理依据,正是强制性规范进一步区别为效力性规范和取缔性规范(或管理性规范)。

所谓效力性规范,指法律、行政法规明确规定违反了这些强制性规范将导致法律行为无效、可撤销等存在效力瑕疵的规范;或者法律、行政法规虽然没有明确规定违反这些强制性规范后将导致法律行为的效力瑕疵,但是违反了这些强制性规范后如果使法律行为继续有效将损害国家、社会公共利益的规范。所谓取缔性规范或曰管理性规范,指法律、行政法规没有明确规定违反此类强制性规范将导致法律行为的效力瑕疵,而且违反此类规范后如果使法律行为继续有效也并不损害国家或者社会公共利益,而只是损害当事人利益的规范。

区分标准正在讨论之中。结合《合同法》第52条的规定,对于强制性效力性规定的区分方法,王利明教授提出三分法:第一,法律、法规规定违反该规定,将导致合同无效或不成立的,为当然的效力性规定;第二,法律、法规虽然没有规定,违反其规定,将导致合同无效或不成立,但违反该规定若使合同继续有效将损害国家利益和社会公共利益,这也属于效力性规定;第三,法律、法规没有规定:违反其规定,将导致合同无效或不成立,虽然违反该规定,但若使合同继续有效并不损害国家利益和社会公共利益,而只是损害当事人利益的,属于取缔性规范(管理性规范)。应该说,这一“三分法”具有重要启示意义。但是,无论学理上还是司法实践中关于两类强制性规范的区分标准,都尚未成熟,尚处于不断的讨论之中。

如果说违反法律、行政法规中的效力性强制性规范,将导致法律行为的无效等效力瑕疵状况,那么就意味着违反法律、行政法规的取缔性强制性规范,将不会引起私法效力上的否定性评价,但可能会引发公法上的否定性评价。所谓取缔性规范,是指取缔违反之行为,对违反者加以行政处罚乃至刑事制裁,以禁遏其行为。所以,只有违反了效力性强制性规范的法律行为才会导致无效等否定性效力评价,对于违反了取缔规范的法律行为,可以由行政机关对当事人施以行政处罚,乃至引致刑事处罚,但不能否定其私法效力。

举例 《城市房地产管理法》第45条、第54条分别要求商品房预售合同和城市房屋租赁合同必须办理备案登记。法律设此规范的用意在于保护买受人、承租人的利益,以及有利于规范房地产市场的行政管理。所以,此处要求办理备案登记的规范应该属于取缔规范而非效力规范,当事人没有办理该备案登记手续不应导致合同无效。某经济特区市人大常委会制定了一部《市房屋租赁管理条例》,内有一条:"凡在本市出租房屋,不经房产管理部门登记的,租赁合同无效。"适逢该市居民甲于2001年将私房出租给打工者乙,二人订立书面租赁合同但未经登记。后在履行中发生纠纷,甲诉至法院。法院认为,该合同违反了上述《条例》的强行法规范,依法判决租赁合同无效。问:法院的判决有无问题?为什么?

解析 问题很大,主要有二:其一,从裁判看,法院以地方性法规为依据判决合同无效,违反《合同法》第52条第5项及《合同法解释(一)》第4条。其二,从立法看,《城市房地产管理法》第53条虽然强行要求房屋租赁应当事后登记备案,但这属于取缔性规范,仅将房屋租赁合同登记作备案性质(即行政管理的手段)的规定,违反这一规定的将发生公法上的不利后果等,但并不当然导致私法上的行为无效;而地方性法规将该登记要件规定为合同生效要件,意味着将狭义法律上的取缔性规范改头换面为效力性规范了。总之,该市居民的行为在民法上妥当与否暂且不论,该地方性法规本身却有"违法"之大嫌。

3. 国家强制与强制性规范的关系

现代私法部门多少都包含一些强制性规范,比如我国的物权法领域就有不少的强制性规范,而在公司法、证券法等商法——民法特别法的领域内,强制性规范的比重相对较高。民法上的国家强制(也即公法性)与强制性规范之间的关系,具有双重性。一方面,国家强制与强制性规范具有某种天然的联系,国家强制在法律上的实现方式有二,一是界定人们行为的界限,也即界定公权力与私权利之间边界的权限规范,二是强制人们为或不为一定行为的界限,也即行为规范;另一方面,与国家强制对立的私人自治,在法律规范上主要体现为任意性规范,但也包括部分的强制性规范(也即赋权性规范)。[①] 赋权性规范以形式上的强制性内容出现在民法法律文本上,意旨在于促进私人自治,与代表国家强制的行政监管、司法干预之间没有直接联系,只不过民法基于节约交易成本的考虑,为各方当事人提供一套具有效率优势的通用自治模式与行为规则。所以,前文所分析的规范各类私人主体的赋权性规范,虽然大量使用"不得""必须""应当"等立法用语,但就其实质仍为私人自治规范,自无疑义。

---

① 苏永钦教授认为,私法中的大多数条文为赋权性规范,虽具有效力上的强制性,但其功能在于建立自治的基础结构,为裁判者提供裁断效力的依据,而不在于影响人民的生活,指示人们为此种行为不为彼种行为。或者说,赋权性规范的意义在于为人民提供一套私法自治的游戏规则,而并不"管制"人民的行为。据此来看,以管制人民行为为目的的强制性规范在私法上是极少数的。参见苏永钦:《私法自治中的国家强制》,载《中外法学》,2001年第1期。

因此,国家强制主要的但不是全部体现为强制性规范,二者之间不可以划等号,就如同私人自治与任意性规范之间也不可以划等号是一个道理。

4. 民法上的国家强制限度

随着所谓私法公法化现象的发展,绝对的私法自治是不存在的,现代民法都呈现出一定程度的国家强制,区别仅在于强制的深度与广度。国家强制作为一种公权力的强制手段,具有侵扰市场秩序、侵害私人自由之倾向,必须予以严格的限制,最好的限制方法就是法治。借鉴域外主要市场经济国家的法治经验,我国民法上的国家强制的限度,可以从以下几点描述。

(1) 适用范围的有限性。民法为私法,凡私人自治能够自行解决而不违反法律强制性规定的领域,任何形式的国家强制都不应该存在。国家强制对于民事行为的规制有事前、事中与事后之别,事前规制体现了最严厉的强制思想,如企业法人的主体资格、营业资格的行政许可,事中规制是施加于企业组织、营业过程中的控制,如企业年度报告、非法经营查处、产品质量抽查等,事后规制体现为私法主体就已经发生的行为承担相应的法律责任,如吊销营业执照、裁判公司解散等。一般而言,行政管制涵盖事前、事中与事后,司法干预仅限于事后。正在进行中的商事主体登记制度改革,就是大规模消减事前规制,强化事中与事后规制。

(2) 强度的合目的性。一般而言,行政管制比司法干预体现出更强烈的国家意志力,威胁私人自治的倾向性更为强烈,所以行政强制更需要被强调强制手段、程度与目的的成比例性。适用范围的有限性与强度的合目的性,合称为国家强制的必要性原则,是国家强制的质与量的关系,不可偏废。必要性原则强调国家强制在满足目的的所需最小范围与强度内存在,避免国家强制的逾矩始终是现代民法的基本要求。

(3) 强制的状态依存性。民法上的任何一项国家强制措施都是具体的、随自身相关制度环境变化的,也就是状态依存的,不存在统一的最佳模式。在我国,1999 年《合同法》出台之前的《经济合同法》《技术合同法》等合同立法文件的强制性规范过多、任意性规范严重缺失,导致合同自由的空间逼仄,为人诟病。比如,《经济合同法》第 3 条规定"经济合同,除即时清结者外,应当采用书面形式",这是对于当事人选择合同形式的自由的严重干预,其后 1999 年的《合同法》第 10 条规定,"当事人订立合同,有书面形式、口头形式和其他形式。法律、行政法规规定采用书面形式的,应当采用书面形式。当事人约定采用书面形式的,应当采用书面形式。"这就基本上将合同形式的选择自由权还给了当事人,在一增一减之间扩大了私法自治的空间。

(二) 行为规范与裁判规范

按照法律规范的功能类型作区分,法律规范规定的意旨,若在要求受规范之人取向于它们而为行为,则它们就是行为规范;相应地,如果法律规范之意旨在于要求裁判法律上争端之人或者机关以它们为裁判之标准进行裁判,则即为裁判规范。

简言之,行为规范可以介入个人行为过程,旨在为其受约束的一般民众提供规范导向,而裁判规范可以进入法院裁决过程之中,旨在为法院提供裁断基准。由于法院进行裁判时自然的需要以行为规范作为判断基准,否则行为规范所导向、预示的法律后果将不能在裁判中贯彻,从而失去导向功能,故行为规范在逻辑上应该同时为裁判规范,但反过来,裁判规范转为裁判者而设,并不必然是行为规范。纯粹的裁判规范有很多,如合同法上的情势变更、过失相抵、损益相抵等规则,公司法上的董事赔偿责任的酌减等。

单纯裁判规范的举例 按照债的相容性、相对性等基本原理,如果一个出卖人就一个物先后订立多份买卖合同,也即发生了"一物多卖"的情形,这些买卖合同都是有效的。但明眼人都知道,如果这写合同都具有可履行性,也只有其中的一份合同可以得到适当履行(清偿)。那么,究竟哪一份合同能够得到清偿呢?对此,最高人民法院《买卖合同解释》第9条、第10条分别针对动产多重买卖、不动产多重买卖作出了规定,其中第9条规定为:"出卖人就同一普通动产订立多重买卖合同,在买卖合同均有效的情况下,买受人均要求实际履行合同的,应当按照以下情形分别处理:(一)先行受领交付的买受人请求确认所有权已经转移的,人民法院应予支持;(二)均未受领交付,先行支付价款的买受人请求出卖人履行交付标的物等合同义务的,人民法院应予支持;(三)均未受领交付,也未支付价款,依法成立在先合同的买受人请求出卖人履行交付标的物等合同义务的,人民法院应予支持。"很显然,这一条款规定了多重动产买卖合同情形下的履约顺位及其相应的法律效果。但是,关于履约顺位的这一规定,到底理解为当事人的行为规范兼法院的裁判规范,抑或仅仅为法院的裁判规范?既对当事人的利益攸关,也对法院的裁判事关重大,更关乎民法规范的理论体系完善。

根据债的平等性原理,多重买卖下的多份买卖合同其实都有得到履行的平等机会,但到底哪一份合同得到清偿,也即哪一个买受人得到该物的所有权,实际上取决于出卖人的履约选择。出卖人做出选择的逻辑,是利益(比如哪一个买受人的出价更高)与成本(比如哪一个合同约定的违约金更低)的精明算计,是纯粹从理性的利己主义出发的一个选择,也即他的选择是任意的,不存在任何的既定规则,因为任何一部法律都没有强行规定给出卖人一个必须遵从的履约顺位规则。这样一来,如何来理解上述《买卖合同解释》第9条规定的先后顺序呢?正确的解释是:《买卖合同解释》第9条为纯粹的裁判规范,其适用的前提是:多重买卖合同订立之后,出卖人没有做出行为选择或者已经做出一定行为选择的情况下,发生了多个买受人请求履约的冲突纠纷,法院受理案件之后,根据这些合同所处的不同情况,确立诸合同各自所处的履约顺位,最后做出哪一个买受人应该得到优先清偿、哪些买受人可以请求出卖人承担债的不履行责任的裁判。

第七节 民法的解释

一、法律解释概述

法律规范的解释,也即法律解释,此处指向民法解释,是民法规范适用过程中不可回避的一个环节。

(一) 法律为什么需要解释

法律解释有广义与狭义之分。广义的法律解释,是指面向具体案件事实探求法律规范之目的、内容,以及补充法律漏洞的方法,以期案件获得妥当法律适用的作业。狭义的法律解释,则仅限于对法律规范目的、内容的探求,不包括弥补法律漏洞方法。狭义的法律解释是19世纪概念法学对法律解释所持的观念。概念法学以立法权与司法权分立,成文法至上、法典之外无法源为其思想基础,否认法律解释的创造性,认为法官的职责在于忠实执行法律,法官判案只能按形式逻辑"三段论"法作逻辑推演;遇法律规范有疑义时,法官也只能通过法律解释探求立法者明示的或可推知的意思,任何借法律解释之名增减或变通法律规范,皆属"逾分",应严加禁止。按这一观念,恶法亦法,均应在审判实践中予以适用。如果法律欠缺对待处理案件的具体规定,则视为法律对当事人的权利不予保护。

进入20世纪以来,随着市场经济的深刻发展与全球化,人类社会生活变得越来越复杂,面对层出不穷的新问题,成文法不敷所用的局限性日益暴露。成文法国家的应对之策,一方面加快了法典的修订频率,另一方面又确认了法官的补充立法权。如1907年制定的瑞士《民法典》第1条规定:"(一)凡本法文字上或解释上有相应规定的任何法律问题,一律适用本法。(二)如本法无相应规定时,法官应依据惯例;如无惯例时,依据自己作为立法人所提出的规则裁判。(三)在前款情况下,法官应依据经过实践确定的学理和惯例。"与此立法趋势相适应,法学理论上开始了对19世纪概念法学的保守观念的猛烈批评,并最终形成了新的法律解释观念,即广义的法律解释观念。广义的法律解释观念的核心,在于承认了法律解释的创造性。按多数学者的见解,法律解释的创造性表现在三个方面:其一,法律漏洞的弥补;其二,原则规定及一般条款的价值补充;其三,恶法的回避。承认法律解释的创造性,即意味着将法律解释的功能由单纯探求法律规范意旨(目的、内容)扩展到进而对法律进行漏洞补充,价值补充、回避恶法等方面。

(二) 法律解释的对象与和目的

法律解释的对象,是指被解释者所解释的法律规范,此处的法律规范是广义上的。在我国,最高人民法院对法律作出的司法解释,如最高人民法院《关于贯彻执行民法通则若干问题的意见》,与地方法院针对具体个案所作的裁判解释不同,前者对于地方各级法院的审判活动具有普遍的拘束力,也具有法律渊源的效力,其自身也可以作为法官、学者、当事人进行法律解释的对象。

法律解释的目的,是指解释者运用法律解释手段所欲取得的结果。一般认为,法律解释的目的是探求法律规范的意旨,也即立法者的意思或隐藏于法律内部的合理意思。司法适用中的任何法律解释都是面向具体个案进行的,无论法官的解释还是当事人的解释,都面向诉讼中的具体个案,意在使个案获得妥当的法律适用,实现个案处理的公正性,这就是法律解释的最终目标。

(三) 法律解释的基本分类

对法律解释,可以按不同标准分类。

1. 按解释者的不同,法律解释基本区分为立法解释、司法解释、裁判解释、与学理解释。立法解释的解释者是立法者、立法机关自己。民法的司法解释的解释者,在我国就是指最高人民法院,最高人民法院作为最高审判机关,对于各级人民法院在适用法律过程中实际产生的或者可能产生的疑问,也即对于法律当中需要解释的地方,为了维护法律的统一性,作出一些解释是必要的。裁判解释是法官、仲裁员(以下统一称为法官)面向裁判个案对拟适用法律所作的解释。学理解释是指学者在学术著作或者在其他学术场合,面向某一具体案件所作的学术性解释。在四种法律解释中,惟有学理解释是对当事人不具有拘束力的有权解释,其余三种解释是对任何人都发生法律拘束力的有权解释。但是,学理解释对于以上三种解释都可能产生一定影响力,尤其对于裁判解释具有较大的影响力。学理解释对于法官、仲裁员的重要影响有二:其一,法官自其学习法律开始就不断受学理解释的熏陶,在裁判实践中也会较多选择某种学理解释作为自己的裁判解释;其二,法官会特别重视学理解释,这不仅因为学者的理论功底深厚,还因为学理解释的学术性、相对中立性与较强的可信性。

2. 按解释方法的不同,可将法律解释区分为:文义解释;体系解释;法意解释;类推解释;扩张解释;限缩解释;当然解释;目的解释等。

对于民事法律规范的个案适用而言,法律解释的最有意义的分类,是根据解释者追求的解释目的不同,也即是阐明法律规范的意旨,还是弥补法律具体规定的不足,而将法律解释区分为阐明法律规范意旨的法律解释与补充法律漏洞的法律解释。

二、法律解释对法律适用的意义

法律解释对法律适用具有十分重要的意义。一个案件的正确处理须具备两个条件:一是案件事实清楚;二是适用法律得当。而要使案件获得妥当的法律适用,则必须要有妥当的法律解释。可以说,使案件获得妥当的法律适用是法律解释追求的最终目的,而妥当的法律解释则是案件获得妥当的法律适用的前提条件。由此可见,法律解释是法律适用的基本问题,它贯穿于法律适用之中,与法律适用密切关联。台湾学者王泽鉴先生在其《民法实例研习:基础理论》一书中说:“凡法律均须解释始能适用”,一语道出了法律解释对法律适用的重要意义。法律均须解释,始能适用,追根溯源,是因为法律规范自身的局限性造成的。

1. 法律规范的表现形式与内容之间的矛盾。在制定法中,法律规范的内容以法律条文的语言文字作为其表现形式,受制于表现形式——语言文字的局限性,可能出现法条的语言文字不能确切表达立法者意思的情况,也可能出现法条的语言文字歪曲反映立法者意思的情况。当这些情形出现时,就需要通过法律解释来探明法律规范的内容。当然,即使法律条文所使用的语言文字准确表达了立法者意思,也存在通过语义解释来进一步阐明法律规范内容的空间。

举例 《民法通则》第43条规定:“企业法人对它的法定代表人和其他工作人员的经营活动,承担民事责任”。此处的“经营活动”一词,对立法者意思的反映就是歪曲的,应该表述为职务行为(不限于经营性为)或者类似的概念。

2. 立法的不完备性。立法者在制定一部法律时,应该有一个明确的立法目和规范计划,但由于立法者主观认识的局限性及其他客观因素的制约,制定法在具体法律规范的设计与表述上较之其立法目的和规范计划,难免发生以下偏差,导致法律规范内容上的不完整性。应当规定的问题没有规定,出现这种情况的原因有二,一是立法者对某些问题欠缺应有的认识,二是即使有所认识,立法者亦可能不为规定,故意留白或者留待其他法律去规定。

3. 立法的滞后性。较之判例法,制定法稳定性有余而灵活性不足。制定法的滞后性主要表现在以下两个方面,一是制定法不能对生活中出现的新问题立即作出反应,常常欠缺对新问题的法律规范。二是制定法不能迅速修订、删除过时的规定,以适应新形势的要求。我国民法在这方面的滞后性也是十分突出的。20世纪80年代按计划经济体制要求制作的一些规定,如《民法通则》第7条关于民事活动不得破坏国家经济计划的规定,第58条关于违反国家指令性计划的经济合同无效的规定,第91条关于合同权利、义务的转让不得牟利的规定等,早已不适应市场经济体制的要求,但至今仍然保留在法律之中。

4. 立法部门之间的规范冲突。所谓规范冲突,是指对同一问题在不同的法律、法规中有不同的法律规范。比如,关于担保物权的很多规定,《民法通则》《担保法》《物权法》以及最高人民法院颁布的有关担保物权的司法解释之间,在很多问题上的规定相互冲突,让人们莫衷一是。对冲突规范必须通过法律解释加以调和,方能适用。否则,个案的裁判就会失去公正性。

三、不同解释者的法律解释

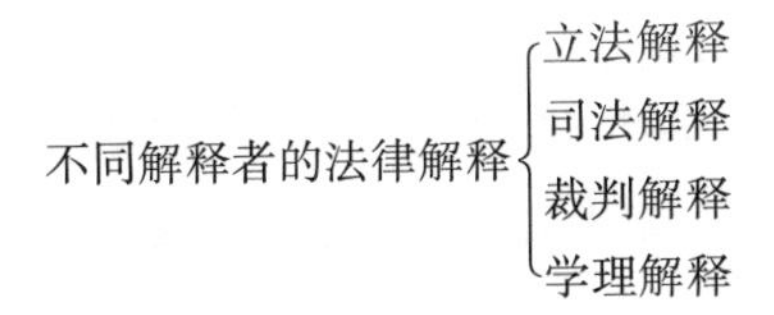

1. 立法解释

立法机关不需要专门的权限来进行解释,立法权就是最好的依据。既然立法机关拥有立法权,那么在必要的时候由其对它制定的法律进行一些解释,理所当然,且当然具有普遍的效力。立法解释的实质,就是立法机关依据立法权针对一般的社会关系制定的法律规则,也即立法解释本质上属于立法,立法解释文件就是法律。

举例 2014年11月1日,全国人民代表大会常务委员会颁布"关于《中华人民共和国民法通则》第九十九条第一款、《中华人民共和国婚姻法》第二十二条的解释",内容如下:基于此,对民法通则第九十九条第一款、婚姻法第二十二条解释如下:公民依法享有姓名权。公民行使姓名权,还应当尊重社会公德,不得损害社会公共利益。公民原则上应当随父姓或者母姓。有下列情形之一的,可以在父姓和母姓之外选取姓氏:(一)选取其他直系长辈血亲的姓氏;(二)因由法定扶养人以外的人扶养而选取扶养人姓氏;(三)有不违反公序良俗的其他正当理由。少数民族公民的姓氏可以从本民族的文化传统和风俗习惯。现予公告。"

一般而言,谁是某一部法律的立法者,谁就是该法律的立法解释者,但也有立法者授权其他部门立法解释的,在此情形下,被授权者所作的解释也是立法解释。比如在我国的很多行政法规的最后解释权条款中,可以见到国务院授权负责起草该法律草案的某个部委行使立法解释的规定。

2. 司法解释

最高人民法院作出司法解释的依据是司法权,准确地说是最高审判权。按照最高人民法院颁布的《关于司法解释工作的规定》【(2007)法发〔2007〕12号】,司法解释采用"解释""规定""批复"和"决定"等四种形式,其中,对在审判工作中如何具体应用某一法律或者对某一类案件、某一类问题如何应用法律制定的司法解释,采用"解释"的形式。根据立法精神对审判工作中需要制定的规范、意见等司法解释,采用"规定"的形式。对高级人民法院、解放军军事法院就审判工作中具体应用法律问题的请示制定的司法解释,采用"批复"的形式。修改或者废止司法解释,采用"决定"的形式。

司法解释具有普遍的效力,它与法律规范一样都是针对一般关系设定的普遍适用的行为准则与裁判规则,各级法院都要遵照执行。如果哪一个法院审理该类型的案件,不遵照最高人民法院针对该类型关系所做的司法解释,这本身构成不当适用法律,构成上诉理由。既然司法解释具有的效力相当于法律的普遍效力,也就可以说司法解释具有准立法的性质。此处的"准"字有两层含义,一是"不是",司法解释首先不是立法,其次,"可将其当作是",也即在法源意义上可以将司法解释当作法律法规看待。

3. 裁判解释

裁判解释的解释者就是审理个案的法官,解释依据是其对于本案的裁判权。实际上,每一个法官裁判某个案件,如不对法律进行解释就无法裁判。与前两种解释针对一般的社会关系进行解释不同,裁判解释仅仅针对本案,也即法官受理的某个待决案件,这就是裁判解释的“个案针对性特征”。[①] 既然如此,裁判解释显然不具有普遍的效力,其效力仅及于本案的当事人,无论原、被告们是否赞同法官的这个裁判解释,这个解释都将以判决的形式强行生效,当事人必须服从。但是,这个解释对于同类型的其他案件并没有约束力,即便与本案事实完全相同的其他同类型案件。

从裁判解释的存在形式看,与立法解释、司法解释还有不同之处,后二者都有一个解释性文件,但法官进行裁判解释是在判决当中的,他并不脱离对本案的判决而单独制定一个什么解释文件。

4. 学理解释

学理解释的解释者是法学者,其并没有什么解释权限,只是从事学术研究的需要与产品。学理解释针对的往往是假设的或者已经实际发生的案件,由此区别于裁判解释的对象——待决案件,但由此学理解释也具有个案针对性这个重要特征。[②]

学理解释不具有任何约束力,但仍然具有重要的法学意义。考虑到民法是由相互间有严密逻辑关系的许多概念、原则与制度构成的,很不容易理解与适用,法学者进行的学理解释的作用,一是给法学生以示范,二是为法官提供参考。在我国的审判实务中,对于一些重大疑难案件尤其在法理上有重大存疑的案件,往往一方或者双方当事人会邀请数位法学者开个研讨会进行集体学理论证,形成一份学者论证意见书,为法官的裁决提供重要参考,这正是学理解释发挥作用的例证,如果该意见书被法官采纳为裁判依据,则说明学理解释取得了间接的效力。

在民法研究中,有一个专门学问叫作“民法解释学”,也叫“法学方法论”,民法解释学或者法学方法论所说的解释,就是指裁判解释与学理解释。以下所讲的法律解释方法,如果没有特别指明,都指向裁判解释。

四、裁判解释的主要方法

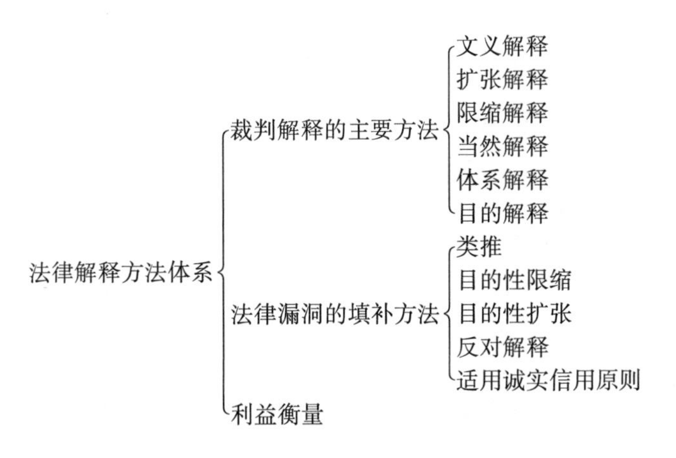

---

① 梁慧星:《裁判的方法》,法律出版社 2003 年版,第 68 页。

② 同上书,第 71 页。

法官裁判具体案件,需要找寻作为“大前提”的法律规范,并根据作为“小前提”的具体案情对所找寻到的法律规范予以解释,此时属于探求法律规范意旨内容的法律解释,也即裁判解释。法官在探求法律规范意旨、内容时,主要运用以下的法律解释方法。

1. 文义解释

文义解释,是指通过揭示法律条文用语之通常文义或特定含义,来阐明法律规范意旨、内容的法律解释方法。法律规范的内容以所使用的语言文字作为其表现形式,因此欲了解其内容,必先由文义解释入手。这就是人们公认文义解释为首要解释方法的原因。通过文义解释,阐明法律规范所用词语的意义,特别是其使用的核心词汇的意义,方能确定法律规范的内容。法律规范所使用的用语,通常取之于日常生活用语,也有法学专门给予定义的专门术语。前者如父母、子女、夫妻、姐、妹、兄、弟、土地、房屋、矿藏、水等是;后者如民事权利能力、民事行为能力、公民、法人、民事法律行为、代理、时效、所有权、知识产权、债权等是。因此,作文义解释时应注意区分两种不同的法律用语,对取之于日常生活的用语,应按通常的文义而为解释;而对法律或法学给予特别定义的专门术语,则应按法律或法学所给定义而为解释。

我国民法上有非常多的专门术语,大多由外文翻译而来,所用汉字大都不能准确表达原文的含义,切忌望文生义。例如,不能把“法人”望文生义义地解释为“法律人”,而应按《民法通则》第 36 条的规定解释为“具有民事权利能力和民事行为能力,依法独立享有民事权利和承担民事义务的组织。”

举例 《侵权责任法》第 78 条规定:“饲养的动物造成他人损害的,动物饲养人或者管理人应当承担侵权责任,但能够证明损害是因被侵权人故意或者重大过失造成的,可以不承担或者减轻责任。”本条规定的意旨是在饲养动物侵权行为中,被侵权人具有“故意或者重大过失”的,可以导致饲养人、管理人免责(不承担或者减轻责任)。这里既然明确规定免责事由仅限于“被侵权人故意或者重大过失”,按照文义解释,被侵权人具有“一般过失”的,自然不成为饲养人、管理人免责的免责事由。

文义解释是法律解释的基本解释方法。要探求法律规范的内容,在任何情况下均须首先使用文义解释方法。但是,由于语言的局限性,即使立法者在立法当时精心挑选了字眼词汇,有时也难准确表达其规范意旨与规范范围,如果立法者选词不当,就更会为解释者探求立法真意设置障碍。因此,解释者在进行法律解释时,既应尊重法条的文义,又不能拘泥于法条的文义。当运用文义解释不能确定法律规范的意义内容时,或者文义解释之结果有违立法本旨时,应选用其他解释方法进行解释,以寻求法律规范法真意。如前引《民法通则》第 43 条规定:“企业法人对它的法定代表人和其他工作人员的经营活动承担民事责任”。此处如拘泥于“经营活动”之文义,必得出有违立法本旨的结论。

2. 扩张解释

扩张解释,是指将失之狭窄的文义加以扩张,以求正确阐释法律规范法的意旨内容的法律解释方法。

法律条文之文义是否失之狭窄,不能凭解释者主观想象,而应将法条所使用的词语的文义范围与其规定的目的范围加以比较,然后作出判断。例如,前面所举《民法通则》第43条,就整个法律条文的内容我们可以看出,该条法律规范追求着这样一个立法目的:使企业法人对其法定代表人和其他工作人员以企业法人名义所进行的一切活动,即企业法人法定代表人和其他工作人员履行职务的一切行为负责。与这一目的范围比较,其使用的"经营活动"一语的文义显然失之过窄。因为"经营活动"按其通常文义,最狭窄的仅指企业的营业活动,即购销活动,甚至不包括生产活动("经营活动"经常与"生产活动"并列使用而称之为"生产经营活动");即使包括生产活动,仍失之过窄。例如,企业法人派车送员工出去春游,路途撞伤行人,其损害赔偿责任显然应由企业法人承担,而不应由司机承担;但司机应企业法人委派开车送员工春游的活动,并不属于"生产经营活动"。。由此观之,对《民法通则》第43条应作如下扩张解释:企业法人应对其法定代表人和其他工作人员履行职务的行为承担民事责任。

3. 限缩解释

限缩解释方法,是指将失之宽泛的法条文义加以限缩,以正确阐释法律规范的意旨、内容的法律解释方法。限缩解释与扩张解释的解释目标似乎相反,但实质相通:通过解释使失之宽泛或狭窄的法条文义与法律规范之目的范围趋于一致。因此,在为限缩解释时,法条文义之范围是否失之宽泛,仍不能主观臆断,而应将法条所用的词语之通常文义范围与法律规范的目的范围加以比较、衡量。

举例　我国台湾地区的谤韩案。中唐时期的大文豪韩愈曾经被贬到潮州为官,任上为当地百姓做过很多好事。台湾地区有份《潮州文献》的刊物,在其1976年10月第2卷第4期发表《韩文公、苏东坡给予潮州后人的观感》一文,文中批评韩愈具有古代文人的风流才子习气,在妻妾之外不免寻花问柳,结果不幸染上花柳病,离开潮州不久即死于硫磺中毒,云云。文章发表后,韩愈的一个后裔名叫韩思道的人,向台北地方法院提诉控告作者郭寿华"诽谤死人罪"(台湾地区"刑法"第二十七章第312条"侮辱与诽谤死者罪",规定"对于已死之人,犯诽谤罪者,处一年以下有期徒刑,拘役或一千元以下罚金"。第314条规定,"本章之罪,须告诉乃论"。也即诽谤死者罪属于不告不理的自诉案件)。那么,谁具有诉权呢? 按照台湾"刑事诉讼法"第234条规定,得告诉刑法第312条所列罪名的主体包括"已死者之配偶、直系血亲"等一系列主体。本案经法庭审理,查明原告韩思道乃系韩愈第39代孙,认为符合上列条文所说的"直系血亲",于是做出被告人诽谤死人罪的判决,判处罚金一笔。该判决一经宣布,即引起岛内强烈反响,批评者众,但法院系统多有为判决辩护者,理由是:既然法律明文规定死者的"直系血亲"享有诉权,原告作为韩愈的39代孙,完全符合"直系血亲"的文义。

后来有原本支持该判决的法官反省,认为当初自己不懂法律解释方法,法律条文规定的“直系血亲”的文义过宽，已经远远超出了立法本意，不应该将本案的39代孙包含进去，也即此时应该对于法律条文规定的“直系血亲”作限缩解释，限缩其文义范围。[①] 应该说，这一反省是正确的，因为法律设立诽谤死人罪的立法本意，原不在于保护死者，而是保护与死者存在较为紧密感情联系之生者。本案原告与死者相距1100余年，长达39代，显然不符合刑法设立该罪的立法本意，理应予以代际的必要限制(如3—5代之内)，此即为限缩解释。

4. 当然解释

当然解释方法，是指将法律未明文规定的事项与已明文规定的事项比较，通过说明两事项性质相同，甚至未明文规定的事项较之已明文规定的事项更有适用理由，从而径行适用该法律规范的一种法律解释方法。

运用当然解释方法进行法律解释的条件是：某法律规范虽未明定某事项或某情况可以引起其规定的法律效果，但某事项或某情况实属该法律规范的目的范围之内。如某事项或某情况虽与法律规范的事项或情况类似，但已超越了该法律规范的目的范围，则不能运用当然解释方法。

当然解释方法通常在两种情况下采用：

(1) 列举式法律规范所列事项不全，如某事项与已列举的事项同在该法律规范的目的范围之内，即可运用当然解释方法将该法律规范直接运用于其未列举到的某事项。这种当然解释的理论依据，是“举一反三”的道理。例如，《民法通则》第49条列举规定了几种应由企业法人承担民事责任和应由其法定代表人承担行政责任或刑事责任的情况，如果某案件的法律事实虽未被《民法通则》第49条列举到，但其违法性与已列举到的几种情况相同，即可采用当然解释方法，将《民法通则》第49条规定的法律后果直接适用于该案件。

(2) 法律就性质较轻的行为规定了某种法律责任或者就某项权利的取得规定了较宽松的条件，如果个案当事人的行为的性质重于法律的规定，或者个案当事人创造的条件已超越了法律规范的条件，其承担法律规范的责任或取得法律规范的权利自属当然。这种当然解释的理论依据，是众人皆知的“举重以明轻”或者“举轻以明重”的普通道理。

举例 “举重以明轻”的例子：《物权法》第97条规定，“处分共有的不动产或者动产以及对共有的不动产或者动产作重大修缮的，应当经占份额三分之二以上的按份共有人或者全体共同共有人同意，但共有人之间另有约定的除外。”此处要求处分(买卖、赠与、抵押等导致物权变动的行为)按份共有财产的，需要2/3以上份额的按份共有人的同意，但没有规定按份共有财产的租赁行为规则，那么如果遇到一个案例，对共有财产的出租行为也经过了共有份额2/3以上的共有人的同意，那么是否有效？答案

① 杨仁寿：《法学方法论》，中国政法大学出版社2013年版，第1—3页。

应该是肯定的,因为“处分应当经占共有份额2/3以上的共有人的同意,出租行为较处分为轻,当然可以为之”。“举轻以明重”的例子:依《民法通则》第123条的规定,高度危险作业致人损害,即使作业人主观上无过错,亦要承担损害赔偿责任。如果个案的被告在进行高度危险作业时主观上有过错,就更应承担第123条规定的损害赔偿责任,毫无疑义。

5. 体系解释

体系解释方法,是指以被解释的法律规范在立法体系中的位置来阐明其规范意旨和内容的一种解释方法。

制定法是按一定的逻辑体系编制起来的。就表现形式看,一个制定法按编、章、节、条、款、项之顺序加以编制,各编、章、节、条、款、项之间存在一定逻辑联系。就规范内容看,一个制定法的法律规范有原则规定、一般规定、具体规定之分,表现出一定的位阶性。不同位阶之间的法律规范存在上位性规定控制下位性规定、下位性规定是上位性规定具体化的逻辑联系。在制定法之间,也存在宪法、部门法、单行法、行政法规、司法解释之自上而下的层层控制与具体化的逻辑联系。由于制定法的各规定之间无论在表现形式上或规范内容上都存在一定的逻辑联系,因此在对某一法律规范进行解释时,绝不能将其孤立看待,必须充分考虑它在法律体系中的位置及与其他相关规定的联系,把体系因素作为探求法律规范意旨、内容和控制解释结果的重要因素。

举例 《侵权责任法》第三章“不承担责任和减轻责任的情形”第26条规定:“被侵权人对损害的发生也有过错的,可以减轻侵权人的责任。”此为关于被侵权人过错作为免责事由的一般规定。第十章“饲养动物损害责任”的第78条规定:“饲养的动物造成他人损害的,动物饲养人或者管理人应当承担侵权责任,但能够证明损害是因被侵权人故意或者重大过失造成的,可以不承担或者减轻责任。”此为关于饲养动物侵权这一具体侵权行为中被侵权人过错作为免责事由的具体规定,具有一般规定与具体规定的上下阶关系。由于民法上的过错包括故意、重大过失与一般过失,据此我们不难得出结论:被侵权人具有一般过失的,一般情形下可以作为免责事由,但不适用于饲养动物侵权行为。进一步地,第十章“饲养动物损害责任”第80条规定:“禁止饲养的烈性犬等危险动物造成他人损害的,动物饲养人或者管理人应当承担侵权责任。”这一条文与第78条相比,第78条属于“饲养动物损害责任”的一般规定,第80条则属于具体规定,那么问题就出来了,第78条关于“但能够证明损害是因被侵权人故意或者重大过失造成的,可以不承担或者减轻责任”的规定是否适用于第80条,按照体系解释方法,答案是不适用,因为第80条属于特别规定,也即对于“禁止饲养的烈性犬等危险动物造成他人损害的”,即使“能够证明损害是因被侵权人故意或者重大过失造成的”,也不能当然得出“动物饲养人或者管理人可以不承担或者减轻责任。”的结论来。基于同理,第78条与第89条的体系解释方法原理,也适用于本法第79条的规定“违反管理规定,未对动物采取安全措施造成他人损害的,动物饲养人或者管理人应当承担侵权责任。”

当个案的法律适用面临几个互相矛盾的冲突规范时,也可采用体系解释方法予以消除。如前所述,法律规范具有位阶性。依其位阶性下位性规范应受上位性规范之控制。当下位性规范违反体系,背离上位性规范的精神时,可以用上位性规范的精神对下位性规范进行解释,使之符合上位性规范的要求,即体系的要求。同位阶的法律规范相冲突时,也可通过体系解释方法,按上位阶规范的精神加以协调。

6. 目的解释

目的解释方法,是指以法律规范的立法目的为依据,来阐明法律规范意义内容的法律解释方法。

法律以人的社会生活关系为调整对象,且很多时候是能动地作用于人的社会生活关系,因此任何法律均有一定的立法目的,并受该目的的支配。在法律目的与法律内容之间,存在着法律目的决定法律内容,法律内容服务于法律目的的相互关系。正是法律目的与法律内容的这种相互关系,使法律目的具有了解释法律内容的价值。法律目的,包括整个法律的立法目的,个别法律制度和个别法律规范的立法目的,对法律规范的内容都具有解释的价值。法律目的对法律规范内容的解释价值表现在:(1) 法律目的可以说明法律规范内容的价值。例如,《民法通则》第58条为什么要规定无民事行为能力人实施的民事行为无效?这是因为无民事行为能力人无意识能力,不能正确判断和维护自己的利益,为保护他们的利益不受损害,所以作此规定。(2) 法律目的具有澄清法律规范内容疑义的价值。(3) 法律目的具有衡量、判断法律规范之是否妥当的价值。如果一项法律规范违反法律目的,包括整个法律的目的,其所在法律制度的目的,或者其自身应有之目的,其妥当性就值得怀疑。

关于宣告死亡申请人是否应该有顺序之争 《民法通则》第23条规定了死亡宣告制度,申请人是被宣告人的利害关系人,但没有规定申请人的顺序。后来的最高人民法院《民法通则意见》第25条规定了顺序:"申请宣告死亡的利害关系人的顺序是:(一) 配偶;(二) 父母、子女;(三) 兄弟姐妹、祖父母、外祖父母、孙子女、外孙子女;(四) 其他有民事权利义务关系的人。"对此规定的合理性一直存在批评。如果从目的解释的角度,我们不难论证规定申请人顺序的不当性。宣告失踪与宣告死亡这两项制度的立法目的迥然有别,前者的目的是保护失踪人的利益,后者的目的是保护利害关系人的利益。既然如此,死亡宣告的法律效果与谁提出申请没有关系,以此目的来作为判断标准,可以断言最高人民法院的解释规定违背了这一立法目的,因为规定了这一先后顺序就意味着,第一顺序的不申请,后顺位的就无权申请,以此类推,一个人长期下落不明,其配偶基于感情原因或者其他不正当目的,就是不提申请,则后果将是继承不能开始、婚姻迟迟不能消灭,其配偶借此实现控制其财产之不正当目的,损害其合法继承人、债权债务关系人的利益。在此,我们借助于目的解释,就可以论证出宣告死亡申请人不应该设置顺序的正确解释意见。[①]

① 参见梁慧星:《裁判的方法》,法律出版社2003年版,第124—126页。

四、法律漏洞的填补方法

（一）法律漏洞填补

法官裁判案件的时候要去找寻法律规范，其结果通常有二，一是有法律规范，但需要确定其适用范围，明确其内容意义，区分其构成要件与法律效果，这即是狭义的法律解释；二是没有法律规范，精确的说不是指待决案件之处理欠缺任何法律依据，而是指欠缺具有直接针对性的具体法律规范（若待决案件的处理欠缺任何法律依据，运用法律解释方法补充法律漏洞也就无从谈起，因为此时没有被解释的法律对象），则需要法官自己创设一个规则，创设规则当然要依据一些方法与理论，这一套作业就叫法律漏洞补充。可见，法官进行法律漏洞补充的作业是被动的，法官受理的案件没有法律规范可资援引，也不能以法律没有规定为由拒绝裁判，此时就只有一个选择，那就是创设一个规则来裁判本案。

（二）填补法律漏洞的诸方法

1. 类推

类推解释方法，是指以法律规范的类推适用为目的的法律解释方法。所谓类推适用，是指对法律无直接规定的事项（甲），选择关于类似事项（乙）的法律规范，而移转适用之。即将针对甲事项的法律规范的目的范围加以扩张，使之适用乙事项。至于类推解释之理论依据——“类似问题应有相同的法律处理”，乃正义的要求，无须解释求证。

法律类推适用之作业程序可分为三个阶段：确认案件事项（乙）无直接法律规范，存在法律漏洞；寻找类似事项（甲）的法律规范；将该法律规范对甲事项规定的法律效果移转适用案件乙。类推解释作业的展开是在第三阶段进行的。

类推解释与当然解释的区别在于。在当然解释，对甲事项的法律规范虽未言明可适用乙事项，但乙事项仍然在该法律规范的目的范围之内。因此，于当然解释时，对乙事项并无法律漏洞，依当然解释将甲事项的法律规范适用于乙事项，为直接适用而非间接适用。在类推解释时，乙事项不在甲事项法律规范的目的范围之内，乙事项欠缺直接的法律规范，存在法律漏洞。因此，类推解释时须在说明乙事项与甲事项类似的基础上，将甲事项的法律规范的目的范围加以扩张，由此引出一项能包容乙事项的、目的范围更宽的上位性规则。此上位性规则为类推解释之结论，然后将它适用于乙事项。

《公司法》第149条规定：“董事、监事、高级管理人员和执行公司职务时违反法律、行政法规或者公司章程的规定，给公司造成损害的，应当承担赔偿责任”。但是我国法律对未改制为现代公司的全民所有制企业、集体所有制企业的法定代表人、其他负责人则无此规定。这一规定的目的范围局限于有限公司与股份有限公司的董事、监事和高级管理人员，因此也存在将该规定类推适用于全民所有制企业、集体所有制企业及其他企业的法定代表人和其他负责人的问题。类推适用的途径是：依类推解释方法将《公司法》第147条的目的范围加以扩张,得出"企业法人的法定代表人和其他负责人违法损害企业法人利益的,应当承担损害赔偿责任"之解释结论,然后将解释结论适用于个案中应当担责的当事人。

2. 目的性限缩与目的性扩张

目的性限缩,是以限缩法律规范的目的范围,以排除对某事项的适用为目的的法律解释方法。例如,《担保法》第24条规定,"债权人与债务人协议变更主合同的,应当取得保证人书面同意,未经保证人书面同意的,保证人不再承担保证责任。保证合同另有约定的,按照约定。"这一规定的行为模式与行为结果之间的不匹配,是显而易见的。因为主合同变更的情形非常复杂,从对于保证人承担责任的轻重影响来看,有加重责任的,也有减轻责任的,也有无甚影响的,如果在未加重保证人责任的情况下,保证人也就完全免责了,显然不符合立法意旨,所以对于该规定应作目的限缩性解释。根据后来的最高人民法院《担保法解释》第30条等的规定,如果此种变更减轻了债务人的债务,则保证人仍然应该对于减少后的债务承担责任,如果加重了债务人的债务,则对于加重部分保证人不承担责任,但对于原来承诺担保的债务部分,仍然要承担保证责任。

目的性扩张,是指法官在适用法律解决个案时,发现有关法律规范因涵盖的案例类型过于狭窄,可以扩大有关法律规范的适用范围,以使得特定案件纳入其适用范围之内。例如,《合同法》第74条第1款规定,"因债务人放弃其到期债权或者无偿转让财产,对债权人造成损害的,债权人可以请求人民法院撤销债务人的行为。债务人以明显不合理的低价转让财产,对债权人造成损害,并且受让人知道该情形的,债权人也可以请求人民法院撤销债务人的行为"。此处所说的"放弃其到期债权",是否包括放弃未到期债权;"以明显不合理的低价转让财产",是否包括高价购买财产,都存在理论争议。但从立法目的来看,法律规定撤销权的目的就在于赋予债权人针对债务人不正当减少责任财产、损害债权人利益的行为的一种保全方式,由于债务人实施的放弃未到期债权以及高价购买财产的行为也都直接减少了其责任财产,所以这两种情况应该包含在第74条规定之中。

目的性限缩、目的性扩张与类推都是补充法律漏洞的解释方法,但补充的法律漏洞的性质正好相反。类推所补充的漏洞为"公开漏洞",而目的性限编、目的性扩张所补充的法律漏洞为"隐蔽漏洞"。所谓"公开漏洞",是指对某问题,按社会生活的要求或法律内在体系的要求,法律应积极规定而竟然没有规定而形成的法律漏洞。对应积极规定而未规定的问题,其规范之欠缺明显,不仅未为已有的法律规范所掩盖,反而为已有的法律规范所衬托,故称为"公开漏洞"。如上例关于全民所有制企业、集体所有制企业的法定代表人和其他负责人违法损害企业利益应负赔偿责任的规定,其法律规范的欠缺无论从社会生活要求方面审视或是从法律内在体系要求方面审视,都十分明显,故属于公开漏洞。所谓"隐蔽漏洞",是指对某项法律规范的适用,依法律的内在目的,应设定某种限制而未设定该项限制所形成的法律漏洞。按事理,事物总有一般与特殊之分,因此法律在对某事物作一般规定的时候,也应对事物中的特殊情况作例外规定。如对特殊情况的例外规则未作规定,亦为法律漏洞,但特殊情况之例外规则的欠缺,往往为法律对该事物的一般规则所掩盖,故为隐蔽漏洞。例如,对无权代理的处理,假如仅有"无权代理不能发生代理的效力"的一般规定,而无关于"表见代理也可以有效"的例外规定,那么法律对无权代理的效力规定体系就是不完整的,因为表见代理也是一种无权代理,如对其效力没有规定,为"无权代理不能发生代理效力"的一般规则所掩盖,故为隐蔽漏洞。

3. 反对解释

所谓反对解释,是指对法律所作正面规定为反面解释,以获得可兹处理某一反面事项之解释结论的法律解释方法。比如,《民法通则》规定年满 18 周岁为成年人,从反对解释来看,不满 18 周岁的人,应不是完全行为能力人。再比如,某案中一个保姆请求获得老雇主的部分遗产,继承法对此没有规定,法官依据继承法关于继承的规定,说原告不是法定继承人也不是遗嘱继承人,因此无权获得继承人的遗产。这里运用的就是反对解释方法。同理,审理胎儿损害赔偿请求权的案件中,法官往往引用《民法通则》第 9 条的规定:自然人的权利能力始于出生终于死亡。胎儿从母体分离谓之出生,出生之前的胎儿属于母体之一部,不是权利主体,当然不享有民事权利,故驳回胎儿的损害赔偿请求权。此处就是对第 9 条所作的反对解释。

4. 适用诚实信用原则

面对法律漏洞,法官如果采用上述诸方法尚不能填补漏洞,则可以直接依据诚实信用原则裁判,以诚实信用原则作为评价标准,以衡量本案事实。诚实信用原则的实质,在于要求一切民事主体在不损害他人利益与社会公共利益的前提下追求自己的利益。诚实信用原则为法官树立了一条判断标准:如当事人的行为符合诚实信用原则,即可认定其有效并予以保护;反之,即否定其效力,甚至进一步追究其法律责任。直接适用诚实信用原则的依据,在于诚实信用原则乃是授权条款,现代民法的立法者有意授权法官运用诚实信用原则去裁判那些法律上没有具体规定的案件。

举例[①]　某省高院的一个案件,基本事实是:债务人向债权人借款 200 万元用于购买设备,由保证人提供保证。但在借款期限届满后,债权人不向债务人请求还款,而是与债务人协商达成一份抵押协议,约定以债务人所有的全部资产设定抵押以担保过去该债务人所欠该债权人的陈年旧债。这种情形下,保证人向法院起诉,要求法院判决免除保证责任,理由是:由于债权人与债务人之间达成抵押协议的结果,如果保证人承担了保证责任,其对于债务人的追偿权势必落空。

本案显然属于法律漏洞,民法通则、担保法以及后来的物权法都没有相应的规定。一审法院的判决书写道:本案借款合同期限届满以后,债权人不但不向债务人追索欠款,反而与债务人协商达成抵押协议,将债务人的全部资产设定抵押用于担保债务人

① 参见梁慧星:《裁判的方法》,法律出版社 2003 年版,第 178 页。

的与本案借款合同无关的陈年旧债。债务人与债权人之间的设定抵押权的行为，违背了诚实信用原则，使得保证人承担保证责任后依法享有的追偿权不能实现，损害了保证人的合法利益。因此，根据民法通则关于诚实信用原则的规定，判决免除保证人的保证责任。此案依据诚实信用原则所作的判决，在民法方法论上具有重要意义。

五、利益衡量

利益衡量，又称利益平衡、利益考量，是指对于某一法律关系各方当事人的利益以及当事人与社会公共利益之间进行考量，结合社会环境、经济状况、价值观念等对各方当事人的利害关系作比较衡量，作出哪一方当事人应该受到保护的 判断，以寻求各方利益的平衡，从而维护社会实质正义的实现。

利益衡量是自 20 世纪 60 年代开始兴起的一种极重要的法学方法论，不同于探求法律规范意旨内容的法律解释，也不同于补充法律漏洞的法律解释，后二者都存在有待解释的对象——可供适用的法律规范，只是存在法律漏洞或者不明确，故需要采用探求法律规范意旨内容的法律解释或者补充法律漏洞的法律解释来确定法律规范的内涵，但在利益衡量的场合下，可供适用的法律规范是不存在的。当然，在法律存在明显漏洞的情况下，也采用利益衡量方法以填补漏洞。利益衡量的实质是赋予法官自由裁量权，要求法官以立法者的立场来考虑各种利益的冲突而选择法律的适用以公平解决法律纠纷。所谓“则法义甚明，只有一种解释之可能性，自须尊重条文之文字。若有许多解释可能性时，法官自须衡量现行环境及各种利益之变化，以探求立法者处于今日立法时，所可能表示之意思，而加以取舍”。[①] 法律本身是不确定的，法官应当享有一定的造法权限，而法官在造法过程中应当进行利益衡量。

利益衡量的主要步骤包括：(1) 确定法律规范的含义是否明确，如果是明确的，则无需利益衡量。(2) 如果法律规范的含义不明确，则从具体事实的利益出发，考量立法者在制定该法律规范时所可能作的利益衡量。(3) 根据利益衡量来确定可以适用的规则。利益衡量的上述操作过程，可以概括为实质判断加法律依据。在作出实质判断哪一方应当做出保护后，寻求法律依据，如果找到了法律依据，则将该依据(法律规范)当作大前提，本案事实作为小前提，依照逻辑三段论推理得出本案判决结论。如果实质判断作出后，实在找不出法律依据的，意味着该实质判断无法实现合法化，此时应该反过来检讨实质判断是否正确，重新进行实质判断。

例 1　关于不明抛掷物致人损害的责任承担问题，就是利益衡量的最佳例证。有人认为，由于不能确定何人所为，因此应当由受害人全部承担该损失，有人认为应该由二层以上住户承担责任，有人认为全体住户都应该分担责任，但能够证明没有可能实施抛掷行为的除外。后一种意见较为理性，因为更好地体现了利益衡量的理念。理由

① 杨仁寿：《法学方法论》，台北三民书局 1995 年版，第 123—124 页。

在于:(1) 如有受害人无辜自担损失,极为不公平,相比之下,全体住户更具有分担损失的能力,由其分担更为公平,这体现了公平原则;(2) 如果不对抛掷行为进行归责,就无法保护公共安全,维护全社会成员的公共利益,且对于此类危险行为是一种放纵;(3) 住户也确有一定的安保义务与能力采取一定的措施来预防此类行为的发生,如不承担责任,无助于对损害的预防。

例2[①]　某地法院保护保姆利益的案件,基本事实是:凶犯王某向公司会计彭某借款不成,心生怨恨,于某夜潜入彭家将彭某夫妇及3岁幼女杀害,并重伤保姆蒋某致残,使其丧失劳动能力。王某事后自杀身亡。彭某夫妇留下一笔遗产。保姆蒋某向法院起诉请求从该遗产中支付其医药费与生活费。经请示,上级法院的意见是:蒋某在彭家当保姆期间被凶犯致残,而彭某夫妇也同时遇害,蒋某并非因保护雇主一家的生命、财产安全或者其他利益而被杀伤,故要求从雇主的遗产中补偿其医药费、生活费等,并无法律依据;如果调解不成,应判决驳回其诉讼请求。本案中,审理法院其实也知道蒋某的请求并无法律依据,那为什么还要向上级法院请示呢?显然是该法院已经作出保姆蒋某应当受到保护的实质判断。最后通过调解,蒋某的请求得到满足。

第八节　民法的适用

民法的适用,就是指国家司法机关依照法定职权与程序适用民法规范处理案件的活动。民法是市民社会和市场经济的主要法律规范,在法律体系中居于最为重要的地位。市民社会生活的活跃和市场经济的发展,不仅要求民事立法的完善,也要求民法实现的完善。“徒法不足以自行”,在司法实践中正确适用民法,不仅关系着当事人的合法财产权益和人身权益,而且关系着整个市民社会和市场经济的安全、秩序和效率,并最终影响到市场经济的发展和市民社会的繁荣。民法的正确适用涉及诸多的问题。不仅涉及民法适用的一般方法、技巧问题,而且涉及司法者对民法价值目标、体系功能以及个别规范的解释与理解问题。本专题的相关内容主要参考与借鉴了李开国教授主编的《民法实践教程》(西南政法大学教材,四川人民出版社1996年版)一书的有关论述,在此表示感谢!

许多人面对案情稍微复杂一点的民事案例,马上一头雾水,总感到头绪太多,好比面对一团乱麻一时不知道从何处分解,几经挣扎思索,好像总算抓住了一点头绪,思路再稍微往前一步,马上又觉得这一可怜的头绪与其他的法律事实或者法律关系的联系还是剪不断、理还乱。这实际上是不知道如何分析纷繁复杂的民事法律关系。这是许多初习民法的人经常面临的一道障碍。

司法实务中实分析显著的特征是,每一个实例不仅仅涉及一个法律关系,往往是牵涉到不同的法律关系,需要适用不同部门法的不同法律规范来解决。所涉及的知识

---

① 参见梁慧星:《裁判的方法》,法律出版社2003年版,第187—188页。

点可能是单纯些的直线型,但也可能是树冠形的,要求人们能够在法律关系的海洋里正确分析,条分缕析,理出头绪,而后正确适用民法规范,得出裁判结论。实际上,再难的司法实例,再复杂的法律关系,都是由一个个单纯的法律关系组成的,要学会将其还原为一个个具体的法律关系,将看似复杂的问题简单化,在抽丝剥茧中理顺案例中的法律关系。我们的思维工作包括:统筹分析案情,发现并定性法律关系,界定涉及哪些法律制度,确定解决案例的法律规范,经过裁判的逻辑推理过程得出裁判结论。当然,说来容易做时难,关键在于练就一双慧眼以发现法律关系,找出法律争议点,娴熟于裁判的逻辑推理。这是每一位研习民法者必须具备的知识能力基础,必须经历的涅槃过程。为此,我们专设一节,从方法论的角度来系统叙述民事法律关系体系分析与民法规范的适用,以帮助读者早日掌握民事法律关系体系分析与民法规范适用的能力。

一、民法适用的程序

一个民事案件的正确处理需要具备两个条件:一是案件事实准确、清楚,二是适用法律规范正确。案件事实不清或适用法律不当,都不可能对案件作出恰当的裁判。民事案件的处理过程,是一个先认定案件法律事实,后适用民法规范进行裁判的过程。在司法实践中,通过法庭调查、辩论等形式查清案件争议事项来认定案件法律事实,是适用民法规范作出裁判的前提条件,而判决则不过是以被选择适用的民法规范为大前提,以认定的案件法律事实为小前提进行逻辑推论的结果。由此可见,民法适用的一般作业程序是:先认定案件法律事实,然后选择适用的法律,最后以被选择适用的民法规范为大前提,以认定的案件法律事实为小前提进行逻辑推论,作出裁判。

(一)认定案件法律事实

案件的法律事实是适用法律的事实依据。因此,案件审理的第一步是认定案件法律事实。在民事诉讼中,认定案件法律事实是对当事人争议事项的真伪加以判断,并对肯定下来的真实事项给予法律评价,进行相应的正确定性,为案件的法律适用作好寻法准备的作业程序。这一作业程序大致可以分为判断争议事项真伪和对肯定下来的真实事项给予法律评价两项内容。

1. 判断争议事项的真伪

判断事项真伪是对原被告双方当事人就案件陈述的诸事项是否真实可靠加以审查和评判的作业。真实性是法律评价的基础,案件争议事项的真伪不清、是非不明,就根本不可能从法律上作出正确评价和裁判。一个错误的裁判,往往建立在事实不清、颠倒黑白乃至指鹿为马的基础上。因此,判断争议事项真伪是案件审理的一项重要作业。

民事诉讼实行"谁主张,谁举证"的原则,举证责任由主张事项存在的一方当事人承担。但是,这并不意味着法官对判断争议事项的真伪没有责任。当事人提出的证明材料是否真实可靠、合法有效,需要法官进行核实;其证明材料能否证明其主张事项的存在,也需要法官从逻辑上加以判断。对事关案件判决的重要事项,如凭借当事人的陈述和证明材料不能判断其真伪的,法官还有必要通过调查研究,努力将其真伪查清辨明。

2. 对案件事实的法律评价与定性

法律评价是在判断案件争议事项真伪的基础上,对已作认定的真实事项(以下称案件事实)的法律意义所作的评价。如果说判断真伪的作业在于查清案件事实的话,那么,法律评价的作业则在于明确案件事实的法律性质。在民事诉讼中,原告、被告双方当事人不仅可能为使诉讼获得有利自己的结果而作虚伪的陈述,而且也可能为主张自己的权利,说明纠纷发生、发展的经过而事无巨细,作冗长的陈述。判断真伪的作业所完成的任务,仅仅是去伪存真的任务,即剔除陈述中虚伪事项、肯定其中真实事项的任务。而肯定下来的真实事项,是否都具有法律意义,都能作为法律适用基础的法律事实,以及能作为什么法律事实而适用法律等,则有待于法律评价这项作业。对法律评价这一环节,应注意以下几点:

(1) 法律评价的对象和目的

法律评价的对象是案件事实。评价的目的在于剔除案件事实中不具有法律意义的成分,认定其中能引起一定民事法律效果的法律事实,并取向于民法规范使之类型化,为下一步的寻法作业创造条件。

(2) 法律评价的标准

对民事案件的事实进行法律评价,自然应取向民法规范及民法原理,以民法规范及民法原理为标准(舍此标准,即无法评价案件事实的民事法律意义,更遑论类型化问题),与民法规范规定的法律要件进行比较。例如,对请求确认合同无效的民事纠纷的案件事实,自然应取向于《民法通则》第55条规定的民事行为有效要件和《合同法》第52—53条规定的7种无效合同(条款)进行法律评价,否则,就无法判断该案事实是否构成了可以确认合同无效的法律事实。而对侵权案件的案件事实进行法律评价,则只有取向于民法理论所阐明的一般侵权责任的四个构成要件或者特别侵权责任的三个要件,才能确定被告的行为是否构成了侵权行为。

(3) 法律评价的内容和方法

对案件事实进行法律评价主要有两项内容:

一是,评价案件事实是否具有民事法律意义。这项作业的目的在于剔除不具有民事法律意义的案件事实,认定具有民事法律意义的案件事实。例如,对一个请求适用违约定金罚则的合同纠纷案件,被告方是否有违约行为、合同是否有违约定金的约定以及是否交付了该定金等案件事实,是具有民事法律意义的;而违约是否造成了原告的损失及违约与损失之间是否有因果关系等案件事实则是没有民事法律意义的。

二是,法律评价的另一项作业内容是评价案件事实的法律特征,并根据其法律特征加以概括,使之类型化,与民法规范中的法律要件具有可比较性。这项作业的最终目的是要用陈述句把案件事实属于哪种民事法律事实表述出来。例如,对一个违约案件,根据其案件事实的法律特征将其表述为"本案事实是一个迟延履行合同的民事法律事实”。为什么对事实的法律评价需要细化到如此程度呢？这是由民法规范的类型化特征所决定的。民法不仅将民事权利、义务、责任划分为若干类型，而且也相应地将引起民事权利、义务、责任发生的法律要件划分为若干类型。例如，将引起违约责任的违约行为划分为不履行、迟延履行、瑕疵履行、部分履行行为等具体情形。

因此，对案件事实的法律评价不能停留于对它有无民事法律意义的判断上，还应当进一步分析它的法律特征，作出其属于哪一类民事法律事实的判断。只有这样，才能将案件事实与民法规范中的法律要件进行比较，按图索骥，寻找案件适用的法律。

在作业方法上，对案件事实进行法律评价，需要借助民事法律事实的有关知识，善于适用类比、归纳的逻辑方法，对案件事实进行由此及彼、由表及里的分析研究，使不规则的、甚至是零乱的案件事实条理化。在此基础上，透过现象看本质，把握案件的实质，对案件事实的法律意义作出正确的评价。需要指出的是，在司法考试中，判断争议事项的真伪这一作业环节基本上是不存在的，这是司法考试复习应试工作与司法实践裁判案件工作的最大区别所在，因为司法考试的命题中选择题与案例分析题的题干部分都会对案情作出明确无误的交代，无须考生坐在厅堂之上费神费力地判断争议事项。

但是，对于案件事实的法律评价与定性这一作业环节却至关重要，也恰恰是许多考生所不擅长的。许多考生常犯的错误有三：

一是将不能发生民事法律关系的事实（即非法律事实）当作民事法律事实看待；

二是将 A 法律事实误当作 B 法律事实；

三是搞不清楚在诸民事主体之间存在多少层民事法律关系，要么不适当地增加、要么不适当地减少特定主体之间的民事法律关系的层次。

（二）寻找案件适用的法律规范

在完成认定案件法律事实的作业后，即可开始寻找适用的法律规范。为案件寻找适用的法律，是法官以案件法律事实为依据，凭借自己对民法体系及规范的理解，为案件的处理寻找可适用民法条文的作业过程。在判例法国家与成文法国家，法官的寻法作业很不相同。在判例法国家，民法规范寓于判例的浩瀚长河之中，只要找到了与本案法律事实基本相同的前案判决，也就找到了处理本案的民法规范。而在成文法国家，民法规范寓于民法典条文之中，只有找到足以解决本案争议问题的、可构成一项完整规范的全部相关条文，寻法作业才算完成。

在成文法国家，民事制定法的体系特征及形式与内容的相互关系，既给寻法作业带来了一定的方便，同时也给寻法作业造成了相当的困难。在形式上，民事制定法通常由一个基本法（民法典或民法通则）和若干特别法（单行民事法规和同时具有民事性质和行政性质的综合性法规）组成。每一个法律或法规都有其名称和编、章、节标题，不少国家的民事立法还有条文要旨。这些醒目的法律（或法规）名称、编、章、节标题和条文要旨，无疑给寻法提供了线索，带来了方便。但是，民事制定法的体系化要求又常常使得民法规范的内容与形式错位，从而给寻法带来一定的困难。在民事制定法中，形式上的基本单位是由款、项、目组成的民法条文（也有不分款、项、目，由一段文字组成的简单条文），内容上的基本单位是可以解决某一具体民事问题的由若干相关规定组成的规范（也有由一个规定组成的简单规范）。所谓内容与形式错位，就是说作为民法内容基本单位的民法规范与作为民法形式基本单位的民法条文常常不一致，并非一个条文就表述一项规范。例如，民事制定法为避免规定的重复和矛盾，常常使用一些民法概念、术语来表述法律规定的主项或谓项。这种情况不仅增加了对法律规定理解的困难，而且使得处理某一具体问题的相关法律规定常常被置于制定法的不同编、章、节之中，甚至不同的法律、法规之中，给寻法作业带来相当的困难。

由民事制定法的特征所决定，要克服民事制定法寻法的困难，为案件寻找到可适用的法律，寻法者必须具有民法体系知识，善于适用民法解释方法，了解民法规范的结构及与民法条文的相互关系，掌握寻法的操作程序及基本方法。这里我们着重研究后面两个问题。对于民法体系与民法适用的关系问题，详见后文；对于民法解释与适用的问题，则应当另文专门论述。

1. 民法规范的结构与寻法

将案件法律事实与法律规定中的主项——法律要件进行比较，看二者是否一致，是寻法作业的重要环节。因此，了解民法规范的结构及与民法条文的关系，对寻法作业具有重要意义。

民法规范是民法内容的基本单位。所谓民法规范，是指民法针对某一具体民事问题而制定的行为规则。民法在内容上正是由这些行为规则组成的有机体。民法规范指出在某一特定民事条件下，民事主体可以为什么行为，应当为什么行为，不应当为什么行为，如果应当为的行为不为，或者为了不应当为的行为，又应当承担什么责任。当民事主体在该民事问题上发生纠纷时，民法规范同时又是法官解决当事人纠纷的裁判规则。民法规范视其解决的民事问题的繁简程度，在制定法上或者表现为一项法律规定，或者表现为相关联的数项法律规定。

举例　解决一般的伤害问题（完全民事行为能力人致人伤害的问题），《民法通则》第119条的规定足以构成一项完整的民法规范，而解决无民事行为能力人、限制民事行为能力人致人伤害的问题，或者饲养的动物致人伤害的问题，由这些伤害问题的特殊性所决定，《民法通则》第119条的规定就不足以构成一项完整的民法规范，必须把该规定与《民法通则》第133条的规定或者第127条的规定结合起来，才能构成一项完整的民法规范。因为这些特殊伤害问题较一般伤害问题复杂，不仅要解决伤害如何赔偿的问题，还要解决伤害由谁赔偿的问题。而《民法通则》第119条的规定只解决了伤害如何赔偿的问题，没有解决这些特殊伤害由谁赔偿的问题。

解决某一具体民事问题的民法规范可能由数个相关法律规定构成的情况说明，民法规范虽然是民法内容的基本单位，但还不是民法内容的最小单位。民法内容的最小单位是法律规定。在制定法中，法律规定是指能相对独立地发挥规范功能的关于在某种条件下应当产生某种法律效果的法律判断。一项法律规定在语言表述上包括主项、谓项和模态词三个组成部分。主项表述法律要件,谓项表述法律效果,模态词是将主项和谓项连结起来的判断性词语,如“可以”“应当”“不可以”等。

在制定法中,法律规定是由法律条文加以表述的,但是法律条文在表述法律规定时,出于法律体系化的需要、语言的节省或行文的方便,并不规则,大致有以下几种不同的情况:

(1) 一个条文表述一项完整的法律规定

例1 《物权法》第44条关于征用的规定,第一句话“因抢险、救灾等紧急需要,依照法律规定的权限和程序可以征用单位、个人的不动产或者动产”,表述征用法律要件;第二句话“被征用的不动产或者动产使用后,应当返还被征用人。单位、个人的不动产或者动产被征用或者征用后毁损、灭失的,应当给予补偿”,表述征用的法律效果,两句话结合起来就构成了一项完整的法律规定。

(2) 一个条文表述多项法律规定

例2 《民法通则》第49条关于企业法人6种违法责任的规定和《合同法》第52条关于5种无效合同的规定,都是一个条文表述多项法律规定的例子。这类条文为行文的方便,常常将法律规定的主项与谓项倒置。

(3) 一个条文形式上表述了一项法律规定,但实际上需要与相关条文整合才能构成一项完整的法律规定

例3 《民法通则》第65条关于委托书授权不明的规定,从形式上看是完整的,但由于规定的谓项使用的是法律概念“连带责任”,实际上需要与《民法通则》第87条的有关规定作如下整合才能形成一项完整的规定:因委托书授权不明的代理行为发生的债务,被代理人和代理人都有全部清偿的义务,清偿了债务的被代理人或代理人有权要求没有清偿债务的代理人或被代理人偿还他应当承担的份额。

例4 《物权法》第166条规定:需役地以及需役地上的土地承包经营权、建设用地使用权部分转让时,转让部分涉及地役权的,受让人同时享有地役权。《物权法》第167条规定:供役地以及供役地上的土地承包经营权、建设用地使用权部分转让时,转让部分涉及地役权的,地役权对受让人具有约束力。《物权法》第158条又规定:地役权……可以向登记机构申请地役权登记;未经登记,不得对抗善意第三人。据此,可以整合以上三项规定得出一项完整的规定:一项未经登记的地役权,其需役地、供役地转让的,虽然需役地的受让人继续享有地役权,但不得对不知情的供役地的受让人主张。

(4) 一个条文表述法律规定的主项,一个条文表述法律规定的谓项,需要把两个条文整合起来才能构成一项完整的法律规定

例5 关于侵犯肖像权的法律规定,就需要对《民法通则》第100条和第120条作如下整合才能形成:以营利为目的擅自使用他人肖像的,肖像权人有权要求停止使用,

赔偿损失。

民法规范与民法规定，民法规定与民法条文的上述关系告诉我们，在寻法时必须善于进行法条的整合作业，将民法条文整合为案件拟适用的法律规定，并将拟适用的相关法律规定组合为足以解决案件全部争议问题的完整规范。

2. 寻法作业的操作程序与基本方法

寻法作业是以案件法律事实为基础，面向制定法的法律条文，反复比较、尝试的过程。寻法作业在操作程序上可大体分为以下三个阶段。

（1）预测

预测是确定寻法方向的作业。预测的基础是案件法律事实。因此，认定案件法律事实后，即可根据案件法律事实预测本案适用的法条在制定法中可能存在的位置。在预测的位置如果找到了案件适用的法条，预测之作业即告结束；如果没有找到案件适用的法条，即应进行新的预测与寻找。

要准确预测可适用法条的存在位置，寻法者的知识和经验具有重要意义。这里所说的知识，主要是指民法体系知识和民法渊源知识。有了这两方面的知识，即可准确预测可适用的法条存在哪个法律、法规之中及哪个法律、法规的哪一章节之中。一个长期从事民商事审判工作的资深法官，凭过去累积的办案经验也可以准确预测。在案件法律事实类型相同时，甚至无须预测和查阅法律、法规资料，直接把过去成功案例适用的法条搬过来适用于本案，也是可以的。但是，对于一无知识二无经验的人来说，要在无数法律、法规的无数法律条文中寻找到系争案件适用的法条，不啻于大海捞针。

（2）法条整合

法条整合，是指将不完整的、不规则的法条整合为完整的、规则的法律规范。整合的目的在于清楚表述法律规定的主项和谓项，使之形成一个从形式上一看而知的完整的逻辑判断，以便于适用案件法律事实与判断的主项（法律要件）进行比较，为下一步的逻辑涵摄作业做好准备。

在哪些情况下需要进行法条整合，在哪些情况下不需要进行法条整合？我们在前面分析法律规定与法律条文的相互关系时，曾列举了四种不同情况。除第一种情况外，在其余三种情况下都需要进行法条整合。例如，当寻找到的法条是一个包含多项法律规定的复杂条文时，就需要将拟适用于本案的法律规定从中抽出来，并按“主项、模态词、谓项”的逻辑结构加以整合。如果寻找到的法条是一个不完全条文时（包括前述第三、第四两种情况），就需要进一步寻找相关的法条，并对两个条文进行整合，使之成为一项完整的法律规定。

（3）逻辑涵摄

逻辑涵摄是用已整合的法律规定的主项——法律要件，与案件法律事实进行比较，看案件法律事实能否为法律要件所涵摄的作业。逻辑涵摄作业的目的在于从逻辑上检查所找到的法律条文能否真正适用本案。在进行此项作业时，可能遇到以下几种情况，应分别进行处理：

其一,法律要件与案件法律事实的内涵、外延一致:在这种情况下,案件法律事实为法律要件所涵摄,寻法成功,法律适用之作业可转入推论、判断阶段。

其二,法律要件与案件法律事实的内涵、外延不一致:在这种情况下,案件法律事实不能为法律要件所涵摄,寻法失败,必须重新进行寻法作业。

例1 甲、乙、丙出资设立一股份公司。公司经营期间,甲要将自己持有的公司300万股转让给丁,乙、丙不同意并主张优先购买权,遂起纠纷。对本案的处理如适用《公司法》第72条的法律规定,就不恰当。因为该法律规定的法律要件——有限公司的股权转让,不能涵摄案件争议的对象——股份公司的股份转让。

其三,法律要件与案件部分法律事实一致,部分法律事实不一致:在这种情况下,法律要件涵摄了案件部分法律事实,可以适用,但是需要为不能涵摄的案件法律事实寻求相应的法律规定。这种情况,常常发生于同一案件存在多个争议事项的复杂案件。如前已作分析的无民事行为能力人、限制民事行为能力人致人伤害的案件,饲养的动物致人伤害的案件等特殊侵权案件。

其四,案件法律事实虽为法律要件所涵摄,但是法律要件较之案件法律事实显得过分抽象:在这种情况下,应另寻具体法律规定予以适用,如无具体法律规定,也可通过法律解释而适用该抽象规定。

例2 在认定被篡改的遗嘱是否有效时,如适用《民法通则》第55条关于民事行为有效要件的抽象规定,就不恰当。因为《继承法》第22条对此有明确的具体规定。但是,在认定一份被篡改的委托授权书是否有效时,由于无具体的法律规定,则可以通过法律解释而适用《民法通则》第55条的规定。在这里,通常的解释方法是:面向具体的案件事实使抽象的法律规定具体化,或者面向抽象的法律要件使具体的案件事实抽象化,从而使法律要件与案件法律事实趋于一致。

(三)推论与裁判

寻法作业成功后,法律适用之作业程序即进入最后阶段——推理与裁判的阶段。这一阶段的作业目标与前面两个阶段有所不同。前面两个阶段的作业目标集中于案件法律事实和法律规定的法律要件,看案件法律事实能否被某法律规定的法律要件所涵摄。而进入推论、裁判阶段,则须将作业目标转移到法律效果上,使被选择适用的法律规定的法律效果归属于系争案件,并使之具体化,落实到纠纷当事人头上。

1. 推论

推论是适用逻辑推理的方法,使被选择的法律规定的法律效果归属于案件法律事实的作业。在这里,推理的大前提是被选择适用的法律规定,小前提是本案法律事实,结论是根据大前提与小前提的逻辑涵摄关系而获得的被选择适用的法律规定的法律效果应当归属于本案法律事实的判断。在这种演绎推理中,由于作为结论的判断是根据大前提与小前提的逻辑联系作出的,因此结论是否正确取决于:大前提是否正确;小前提是否正确;小前提能否为大前提的主项所涵摄。其中任何一项错误,都会导致结论的错误。由此可见,在法律适用中,认定案件争议事项的真伪,明确案件事实的法律性质,寻找正确的和在逻辑上能够涵摄案件法律事实的法律规定,对案件的处理具有何等重要的意义。

2. 裁判

裁判是在适用三段论逻辑推理方法,对本案法律事实应当产生的法律效果获得结论性判断的基础上,具体确定案件当事人权利、义务或责任,并制成裁判文件的作业环节。

裁判作业的主要目标是将通过逻辑推理而获得的结论性判断的谓项——法律效果结合案件事实而具体化。在法律规定中,不仅判断的主项——法律要件是类型化的、抽象的,而且判断的谓项——法律效果也是类型化的、抽象的。例如,关于某种侵权行为或违约行为的法律效果,就常常适用《民法通则》第134条规定的十种民事责任形式中的某一种或某几种来表述。通过三段论式逻辑推理而获得的结论性判断,其主项虽然借助逻辑推论的小前提而具体化了,但其谓项是直接从作为大前提的法律规定中搬过来的,则仍然是类型化的、抽象的。因此,通过逻辑推理而获得的结论性判断只能作为案件裁判的准据,而不能简单地搬来作为案件的裁判。为了解决当事人的具体纠纷,必须将结论性判断中的抽象性法律效果面向案件事实而具体化。

在裁判作业中,将法律效果具体化,是以解决当事人具体民事纠纷为目的,将案件结论性判断中的仅具有定性特征、不具有定量特征的抽象性法律效果,转化为既有定性特征的、又有定量特征的,命令案件当事人为某种行为或者禁止案件当事人为某种行为的指令。

举例　根据案件具体情况,将停止侵害、排除妨碍、消除影响、支付违约金、赔偿损失等侵权行为的抽象法律效果,转化为责成案件当事人停止什么侵害,以什么方法排除什么妨碍,通过什么途径,消除什么影响,支付多少违约金,赔偿多少损失的具体指令等。

如何将法律效果具体化?基本准则是:法律、行政法规或者司法解释规定了具体办法的,应按规定的具体办法(如违约金或赔偿金的计算方法)结合案件的具体情况使法律效果具体化;没有规定具体办法的,则只有以案件事实为依据,结合当时当地的具体社会条件,合情合理地来确定案件当事人应当承担的具体法律后果。

最后需要说明的是,前面对民法适用作业程序的分析研究大都是以简单民事案件为参照物。对存在多个相关争议事项的复杂民事案件,应当首先明确案件当事人争执的焦点,并围绕这一焦点开展认定法律事实,寻找法律规定,进行逻辑推论等作业,然后再围绕相关争议事项开展上述作业。最后将获得的数个结论性判断连结起来,作为案件裁判的准据。

二、民法适用的方法

在民法适用作业的三部曲中,正确认定案件事实对正确适用法律固然十分重要,但是正确认定案件事实毕竟只是法律适用的前提,与法律适用本身有所区别,应让诸民事诉讼法学、证据法学去研究。民法适用着重研究的问题,应是如何将民法规定应用于具体案件的适用方法问题,以及在找不到可适用于本案的具体规范时,如何适用法律解释方法将抽象规范用于处理具体案件,以填补法律漏洞的问题。因此,在基本掌握民法适用作业程序后有必要对这些问题作进一步的研究。接下来要研究民法适用的方法问题。

民法适用的方法有二:一是顺序分析法,二是请求权分析法。

(一) 顺序分析法

所谓顺序分析法,是指以案件事实发生的先后,依次检讨其法律关系,在明确各个法律关系的关联性及当事人权利义务的基础上,适用有关法律规定对案件进行处理的方法。这一方法最适用于遗产转继承案件、死者留有多份遗嘱的遗嘱继承案件。其他类型案件,如一案中存在先后发生的多个法律事实及法律关系时,亦可适用。

(二) 请求权分析法

所谓请求权分析法,是指从当事人的诉讼请求出发,以案件事实为根据,检讨当事人的诉讼请求是否具有法律依据即请求权基础,从而依法支持或驳回当事人诉讼请求的民法适用方法。请求权分析法之适用在操作步骤上有三:

1. 判断当事人的诉讼请求在民法请求权体系中为何种请求:物上请求、占有请求还是债权请求等。

2. 以前一判断为基础,寻找有关法律规定,查清该项请求权构成的法律要件。如合同债权人的给付请求权的构成要件有:(1) 合同成立(具备要约与承诺,当事人意思表示一致);(2) 合同有效(不具有《合同法》第 52 条、第 53 条所列的情形)。

3. 将该项请求权构成的法律要件与案件事实进行比较,看案件事实是否符合该法律要件。如符合,当事人提出的诉讼请求为正当之请求,应予以保护;如不符合,当事人提出的诉讼请求为不正当之请求,则不应给予保护。

关于适用请求权分析法的上述具体步骤,兹举一例予以说明。

举例 公民丙组建一建筑工程队,挂靠某建筑公司乙。某年丙以乙的代理人的名义与某单位甲订立一份宿舍楼的建筑承包合同。合同由甲方打印、签名盖章后交由丙找乙签名盖章。几天后,丙返回的合同书只有丙作为乙公司的代理人的签字,没有乙公司的印章和法定代表人的签字。甲方问及原因,丙谎称公司法定代表人出差不在,并说:“我这个工程队的实力你们是清楚的,有啥不放心的,我保证履行合同,给你们把宿舍楼建好就行了。”实际上,丙想对乙瞒过这项工程,以规避公司收取管理费。以后丙如期开工,甲单位遂不再过问合同未由乙公司盖章之事。工程进行到一半,甲方刚刚向丙支付了中期工程费用,丙即要求甲增加工程费用 10 万元,理由是合同订的工程费用太低(经查,丙当初为揽到工程,接受的工程建设费确实偏低)。甲方拒绝增加工程建设费,丙即停止工程建筑,撤走工程队。数月后,甲方向法院起诉,请求乙方公司和代理人丙完成宿舍楼之建筑工程。诉讼中,乙方公司拒绝追认丙与甲订立的合同。

适用请求权分析法来解决本案的法律适用问题,按其步骤应逐个回答以下问题:

(1) 本案甲方的诉讼请求为何种请求? 解析:合同债权人之给付请求。

(2) 合同债权人之给付请求权发生的一般法律要件是什么? 解析:依《合同法》第 44 条和《民法通则》第 55 条的规定,合同之债发生的一般法律要件是:① 合同成立;② 合同有效。

(3) 代订的合同,其效力如何? (根据本案甲方的诉讼请求,应提出这一问题。因为甲方的诉讼请求既包括对本人乙公司的给付请求,又包括对代理人丙的给付请求。)解析:根据《合同法》第 48 条和《民法通则》第 66 条第 1 款的规定,代订合同应有本人的授权。未经本人授权而以本人名义订立的合同,经本人追认的,由本人(被代理人)承担民事责任;未经本人追认的,由行为人承担民事责任。

(4) 本案甲方对乙公司和对丙的给付请求有无法律障碍? 解析:将合同债权发生的一般法律要件以及代订的合同对本人(被代理人)发生效力或对行为人发生效力的特殊法律要件与本案事实进行比较,可以得出如下结论:甲方与丙订立的建筑承包合同,其成立当无疑义。但是,该合同对乙公司的法律效力存在法律障碍,因此甲方要求乙公司履行合同的诉讼请求不受支持。而甲方要求丙履行合同的诉讼请求,依《民法通则》第 66 条第 1 款关于未经追认的无权代理行为,由行为人承担民事责任的规定,当无法律障碍,应受支持。当然,此判断结论还涉及对《民法通则》第 66 条第 1 款之上述规定的法律解释问题。

在请求权分析法与顺序分析法的相互关系上,请求权分析法为寻法的基本方法,适用于一切民事纠纷案件。因为任何民事纠纷案件原告方都会提出一定的诉讼请求,被告方也会提出一定的反诉请求,民事案件的审理过程实际上是以事实为根据,以法律为准绳审查当事人的诉讼请求能否依法成立的过程。因此,对任何民事纠纷案件,原则上都可以从当事人提出的诉讼请求出发,开展以寻法为核心的适用法律的作业。而顺序分析方法则不过是辅助性的寻法方法。换句话说,是于一案存在多个连续发生的法律事实时配合请求权方法而加以适用的方法,顺序分析方法的适用并不排除请求权方法的适用。

为说明顺序分析方法与请求权方法协同适用的情况,我们结合一个极其常见的例题来作较为深入的检讨。

举例　甲将其所有的一幅名画寄存于朋友乙处,后乙急于用钱就擅自卖与不知情的丙,小偷丁又自丙处入室盗窃卖与戊,后丁被公安机关抓获供出案情。甲丙知情后均要求戊返还名画,遭戊以已系花钱买得之由拒绝。遂起纠纷。由于该案当事人甲、丙均要求戊返还古画,因此检讨该案的法律适用问题,依请求权方法须就甲的诉讼请求与丙的诉讼请求分别进行。而依顺序分析方法,则须首先检讨甲的诉讼请求。

1. 甲对戊返还古画的诉讼请求能否依法成立?

(1) 甲对戊返还古画的诉讼请求为何种请求?解析:甲与戊无债权关系,甲对戊返还古画的请求只能属于物上请求权的返还原物请求权。由于物上请求须以物权为基础,因此对甲的诉讼请求须进一步检讨。

(2) 甲请求戊返还古画有无物权上的依据?解析:由于古画由甲占有到戊占有,系由乙、丙、丁三人的行为所致,换句话说中间经历了连续发生的多个法律事实,因此要检讨甲对戊有无请求返还原物的权利,还须适用历史的方法依次检讨甲对乙有无权利、甲对丙有无权利、甲对丁有无权利。① 甲对乙有无权利?解析:甲将古画交乙保管,依保管合同关系,甲对乙享有两项权利:一是请求乙返还古画的权利;二是如古画因乙的故意行为或过失行为而毁损灭失,有请求乙赔偿损失的权利。但甲请求乙返还古画,因乙对古画占有的丧失已无可能,因此甲对乙只能行使请求赔偿损失的权利。② 甲对丙有无权利?解析:甲与丙无合同关系、无因管理关系及不当得利关系,于债权法上无请求丙返还古画的权利。在物权法上甲有无请求丙返还古画的权利,则取决于丙能否取得古画的所有权。丙自乙受让古画的占有,在债权法上由于乙转让古画的行为属于无权处分行为,该行为不能对甲发生债的效力,因此丙不能依债的关系取得古画的所有权。但是,在物权法上,丙受让古画的占有符合善意取得的法律要件,能够取得古画的所有权。甲对古画的所有权因丙的善意取得而消灭,因此也就丧失了请求丙及其后手丁与戊返还古画的物权基础。

(3) 甲对其损失有何种救济措施?解析:就甲的诉讼请求而言,本案之法律适用虽可检讨致甲有无请求戊返还古画的权利为止,但就本案的全面处理言,尚需进一步检讨甲对其损失有何救济措施。甲对古画的所有权,虽因丙构成善意取得而消灭,但甲因此而遭受的损失,既可依合同法的规定而获得救济,又可依侵权行为法的规定而获得救济。依合同法的规定,乙的无权处分行为导致了其返还保管物的义务不能履行,甲有权要求乙赔偿因其债务不能履行而使甲遭受的损失。依侵权行为法的规定,乙的无权处分行为构成了对甲财产所有权的侵犯,甲也有权要求乙赔偿因其侵权行为而使甲遭受的损失。(注:关于此处甲乙之间是否构成不当得利之债,存有争议,本书不拟展开讨论。)

2. 丙对戊返还古画的诉讼请求能否依法成立?

(1) 丙对戊返还古画的诉讼请求为何种请求?解析:返还原物的物上请求。

(2) 丙有无请求戊返还古画的权利?解析:通过前面甲对丙有无请求权问题的检讨我们已经明确,丙已根据物权法上的善意取得制度取得了古画的所有权。因此对丙是否有权请求戊返还古画的问题,我们只需检讨自丙取得古画所有权以后发生的问题:① 丙对古画的所有权是否因丁的盗窃行为而消灭?解析:丙对古画的所有权不因丁的盗窃行为而消灭。丁侵夺丙对古画的占有,丙既可依物权法之规定请求丁返还原物，又可依侵权行为法之规定请求丁赔偿损失。② 戊能否取得古画的所有权？解析：依物权法善意取得制度的规定，善意受让盗窃物、遗失物的占有，不能取得占有物的所有权。因此，古画仍属丙所有，丙有权请求戊返还。

(3) 戊返还古画后，对其所受的损失有何救济措施？解析：丁转让盗窃物的行为是无效行为，收受戊交付的价金无法律上的原因，因此戊有要求丁返还价金的权利。

综合适用请求权方法和顺序分析方法对本案进行上述检讨后，也就可以为本案的处理提出如下结论性意见：乙依甲寄托保管的意思占有甲的古画，之后擅自转让给丙，丙受让时为善意，符合善意取得的法律要件，因此丙取得古画的所有权；戊受让丁转让的古画虽属善意，但转让人丁系非依所有人丙之意思而占有古画（盗窃），不符合善意取得的法律要件，因此戊不能取得古画的所有权；由于古画的所有权属于丙，因此丙有权请求戊返还古画；甲对古画的所有权因丙之善意取得而消灭，因此，甲无要求戊返还古画的权利；乙的无权转让行为导致了甲的所有物于法律上灭失，侵害了甲的所有权，甲有权请求乙赔偿损失；丁转让古画的行为无效，收受戊交付的价金无合法之原因，因此戊有权请求丁返还价金。

（三）适用请求权分析法的条件

请求权分析法的适用要求具备以下条件：

1. 要确定当事人的诉讼请求为何种请求，须掌握请求权检讨之逻辑次序；

2. 要认定案件事实是否足以支持当事人的请求，即案件事实能否构成作为当事人提出该项请求的权利基础的法律事实，须掌握该项请求权发生的法律要件；

3. 于民事案件的被告对原告的起诉请求提出抗辩或原告对被告的反诉请求提出抗辩时，则要求民法适用的检讨者善于对当事人的请求与抗辩进行辩证思考，以确定对案件进行检讨的出发点。

多数案件，无论是从当事人一方的诉讼请求出发或者是从另一方的抗辩出发检讨案件的法律适用，其检讨的内容都是一样的。例如，一方当事人请求另一方当事人履行合同义务，另一方当事人提出合同无效的抗辩，无论是从请求角度进行检讨还是从抗辩的角度进行检讨，检讨的内容都是当事人间订立的合同是否有效。但是，也有一些案件，从抗辩角度进行检讨，较之从请求角度进行检讨更直接、更简便。又如，债权人请求保证人清偿债务，保证人提出先诉抗辩。如果从债权人请求角度出发检讨债权人有无请求保证人清偿债务的权利，势必首先检讨保证合同是否有效成立，然后再检讨债权人在未请求法院强制执行债务人财产前是否有权请求保证人清偿债务。而从保证人之抗辩角度出发检讨保证人有无先诉抗辩权，则无须检讨保证合同是否有效成立，只须检讨保证人依保证合同的约定或法律的规定所承担的保证责任是一般保证责任或者连带保证责任，省去许多环节。

（四）请求权检讨的次序

适用请求权分析法检讨民事案件的法律适用，应按以下逻辑次序进行：

1. 合同上的请求权

适用请求权分析法检讨民事案件的法律适用,应首先检讨当事人的诉讼请求是否为合同上的请求。如当事人的请求或抗辩有合同上的依据,即可确定本案法律适用的范围,排除物权法规范与侵权行为法规范对本案的适用。因为合同上的请求与抗辩之存在,是阻却其他请求与抗辩发生的前提条件。例如,财产所有人请求财产占有人返还财产,如财产占有人对财产的占有有合同上的依据(租赁或借用),即可阻却财产所有人的物上请求权,排除物权法规范对本案的适用。

2. 无因管理上的请求权

把无因管理上的请求权列在合同上的请求权之后、其他请求权之前,是因为有效成立的合同如委托合同与雇佣合同可阻却无因管理规范对案件的适用,而无因管理的成立又可阻却物权法规范、侵权行为法规范对案件的适用。例如,财产所有人不得根据其物上请求权请求无因管理人返还原物、排除妨碍,只能依无因管理规范请求无因管理人移交因无因管理而取得的利益。无因管理为适法行为,无因管理人对所有人财产的占有与处分不构成对所有权的侵犯,不适用侵权行为法之损害赔偿规范。

3. 物上请求权

物上请求权应排在合同上的请求权、无因管理上的请求权之后的理由已如前述。物上请求权何以要排在不当得利请求权、因侵权行为而发生的请求权之前?答案在于此二项请求权与物权变动密切联系。在因无权处分行为而发生的物权关系中,财产所有人之所有权是否丧失与财产占有之受让人能否取得占有物的所有权,是决定损害赔偿请求权与不当得利请求权是否发生的前提条件。因此,对这类案件的审理必须先从物上请求权的角度检讨物权变动的情况,然后才能确定当事人间是否发生了损害赔偿关系与不当得利关系。如上例,乙擅自转让甲的财产给丙,要确定甲、乙、丙之间的权利义务关系,就必须先从物上请求权的角度检讨丙是否取得了受让物的所有权。如丙依物权法善意取得制度的规定取得了受让物的所有权,甲的物上请求权消灭,甲对乙之损害赔偿请求权成立;如丙不能依善意取得的法律要件取得占有物的所有权,甲的物上请求权继续存在,丙取得请求乙返还不当得利(价金)的权利。

4. 不当得利请求权

不当得利请求权之所以要放在合同上的请求权与物上请求权之后进行检讨,是因为不当得利发生的原因十分复杂,合同履行过程中债务人为额外给付、合同无效与被撤销,以及物权变动等,都可能引起不当得利。先从合同上请求权、物上请求权出发检讨案件的法律适用,有利于确定一方当事人之得利与另一方当事人受损是否构成不当得利。把不当得利请求权排在侵权行为所生的请求权之前进行检讨,是因为不当得利之成立可以阻却侵权行为之成立。如上例,丁盗窃丙的名画卖与戊,丙请求戊返还名画,戊以向丁买受为由进行抗辩。对此纠纷如何处理?由于丙、戊之间无合同关系,势必首先从物上请求权出发检讨丙有无请求戊返还名画的权利。当认定丙对戊有请求返还名画的权利后,依事物发展之逻辑又势必进一步检讨戊对其损失有何救济措施。

当检讨这一问题时，由于丁、戊之间存在买卖合同关系，又势必将检讨之注意力集中于该买卖合同关系上。通过对该买卖合同关系的检讨，我们会发现，戊有两项救济措施：

（1）主张买卖合同无效，请求丁返还不当得利（价金）；

（2）在承认买卖合同有效的前提下，出卖人丁违反其权利瑕疵的担保义务，请求丁承担违约责任。

至此也就可以排除戊通过侵权行为法获得救济的可能性。如不相信这一结论，非要检讨丁盗窃和出卖名画的行为是否构成对戊的侵权行为，我们会发现，丁的上述行为所加害的对象是丙的财产所有权，只构成对丙的侵权行为。只不过在本案中，丙通过行使物上请求权避免了损害后果的发生。如丙不能通过行使物上请求权取回名画，则另当别论——可依侵权行为法的规定请求丁赔偿损失。

5．因侵权行为而发生的请求权

此项请求权之所以放在最后检讨，其原因在于：

（1）此项请求权是基于物权关系、知识产权关系、人身权关系的义务主体违反其义务，构成对权利主体权利之侵害而引起的。因此，要检讨此项请求权是否成立（即侵权行为是否成立），须首先检讨当事人在物权、知识产权关系、人身权关系中的权利义务，看义务主体的行为是否违反其义务，构成了对权利主体权利的侵害。

（2）侵权行为是违法行为，除引起受害人请求停止侵害、消除影响、赔偿损失等权利外，不能作为发生合同关系、无因管理关系、不当得利关系、物权关系、知识产权关系、人身权关系等民事权利义务的前提条件。因为这些民事权利义务关系都是由适法事实而引起的。

一言以蔽之，因侵权行为而发生的请求权是民事权利义务关系的义务主体违反其义务的结果，而不是引起民事权利义务关系发生的原因，因此应当把它放在其他请求权之后检讨，而不应当把它放在其他请求权之前检讨。

三、民法请求权体系的把握

能否熟练地适用请求权分析法检讨民事案件的法律适用，关键在于能否把握民法请求权体系以及这一体系中主要请求权的内容、其构成的法律要件和可得抗辩的事由。由于把握民法请求权体系对民法的适用至关重要，因此，有必要在研究民法适用方法时，对民法请求权体系作些检讨。

民法上的请求权，按其性质可以分为多种，但主要是两类：

（一）债权法上的请求权

1．合同之债请求权

（1）合同债权人的给付请求权

① 内容：由当事人订立的合同确定。主要有：

——请求交付标的物及移转标的物的所有权或使用权（转移标的物所有权、使用权的合同，如买卖合同、租赁合同）。

——请求返还借贷物或借贷之金钱(借贷合同)。

——请求移转知识产权或许可使用作为知识产权客体的智力成果(知识产权转让、许可使用合同)。

——请求完成一定工作并交付工作成果(交付工作成果的合同,如承揽合同)。

——请求提供一定劳务(提供劳务的合同,如运输合同)。

② 法律要件:

——合同成立,其要件是:具备要约与承诺,即当事人意思表示一致。

——合同有效,其要件是:行为人具有相应的民事行为能力;意思表示真实;不违反法律或者社会公共利益。

③ 可得抗辩之事由:

——权利障碍抗辩:合同不成立;合同无效;合同可以被撤销。

——权利消灭抗辩。合同债权人的请求权因抵销、提存等原因而消灭;合同履行不能;债务人享有解除合同的权利。

——债务人享有抗辩权:诉讼时效抗辩权;履行抗辩权;保证人的先诉抗辩权。

(2) 缔约过失之债请求权(因合同不成立、无效和被撤销而发生的请求权)

① 内容:

——请求返还财产;

——请求赔偿损失;

——请求将双方所得的财产收归国家、集体所有或者返还第三人。

② 法律要件:

——合同不成立,缔约一方存有过失,详见《合同法》第 42 条、第 43 条规定的情形;

——合同有无效之事由:详见《合同法》第 52—53 条所列各情形;

——合同有可撤销之事由:详见《合同法》第 54 条所列各情形。

③ 抗辩事由:

——合同已有效成立。

(3) 因合同违约而发生的请求权

① 内容:

——请求继续履行;

——请求采取补救措施如修理、重作、更换;

——请求赔偿损失;

——请求支付违约金;

——请求承担定金罚则。

② 法律要件:

——请求继续履行的法律要件:须有违约行为;须债务人不存在履行不能的情形;是否需要违约人有过失?应该视该类合同的违约归责原则而定。《合同法》第 107 条规定:合同违约责任的归责原则是无过错责任。但个别类型的合同如赠与、保管、仓储、委托等合同适用过错责任原则,所以具体情况视合同类型而定。下同。

——请求采取补救措施的法律要件:须有违约行为;

——请求赔偿损失的法律要件:须有违约行为;须有损失存在;违约行为与损失之间须有因果关系;

——请求支付违约金的法律要件:须有违约金条款的约定;须有违约金条款约定的违约行为的发生;

——请求承担定金罚则的法律要件:须有定金条款的约定且已经支付了定金;须有定金条款约定的违约行为的发生。

③ 抗辩事由:

用以对抗合同债权人给付请求的事由,几乎都可以作为违约抗辩的事由。除此之外,尚有以下抗辩事由:

——不可抗力;

——债权人的故意或过失;

——违约方无过失(仅仅适用于过错归责的合同类型);

——法律规定或者当事人约定的其他事由。

2. 无因管理之债请求权

(1) 内容

① 本人的请求权:

——本人有请求管理人移交因无因管理而取得的权益;

——无因管理人故意或过失致本人损害的,本人有请求赔偿损失的权利。

② 无因管理人的请求权:

——请求本人偿还因无因管理而支出的必要费用;

——请求本人清偿因无因管理而发生的债务;

——请求赔偿因无因管理而遭受的损失。

(2) 法律要件

① 须有管理他人事务的事实;

② 须有为他人管理的意思;

③ 须无为他人管理事务的义务(约定义务和法定义务)。

3. 不当得利之债请求权

(1) 内容

受损人有请求不当得利人返还不当得利的权利。

(2) 法律要件

① 一方获得利益;

② 他方受有损失;

③ 利益与损失之间有因果关系;

④ 获利须无合法根据。

4. 侵权之债请求权

(1) 内容

① 物权受侵害的,物权人根据其受损害之情形,有权请求停止侵害、赔偿损失;

② 知识产权受侵害的,有权请求停止侵害、消除影响、赔偿损失;

③ 公民身体受到伤害的,有权请求赔偿医疗费、因误工而减少的收入,残废者生活补助费等费用;造成死亡的,还有权请求支付丧葬费、死者生前扶养的人必要的生活费等费用;精神损害赔偿金等;

④ 公民姓名权、肖像权、隐私等人格利益,以及公民、法人的名誉权、荣誉权受到侵害的,有权请求停止侵害、恢复名誉、消除影响、赔礼道歉、赔偿损失。

(2) 法律要件

一般侵权责任的构成,即受害人请求权之发生,须具备以下要件:

① 有致害行为;

② 须有损害后果;

③ 须致害行为与损害后果之间具有因果关系;

④ 须致害行为人主观上有过错。

适用无过错责任原则和公平责任原则的特殊侵权责任,受害人请求权的发生无须侵权行为人主观上有过错。

(3) 抗辩事由

① 客观方面的抗辩事由:不可抗力;意外事故;受害人的过错;第三人的过错;受害人同意。

② 主观方面的抗辩事由:国家机关或公务人员依法执行职务;正当防卫;紧急避险;自助行为。

(二) 物权法上的请求权

1. 物上请求权

(1) 返还原物请求权

① 法律要件:

——请求权人对请求返还的标的物须有包含占有权能的物权;

——占有人对标的物的占有属于无权占有;

——须原物尚存。

② 抗辩事由:指占有人的占有属于有权占有,主要包括:

——占有人因善意取得、添附等原因原始取得占有物的所有权;

——占有人对标的物的占有有合同上的根据(租赁合同、借用合同、质押合同等);——占有人对占有物享有留置权。

(2) 排除妨碍、消除危险请求权

① 法律要件:须有妨碍之事实或妨碍之危险。

② 抗辩事由:依相邻关系的法律规定或当事人的约定,物权人对行为人的行为负有容忍义务。

(3) 恢复原状请求权

① 法律要件:

——须有财产损坏之事实;

——须损坏的财产有修复的可能。

② 抗辩事由:

对一般人而言,可引用侵权责任的免责事由进行抗辩。对物之合法占有人(如保管人、运送人、质权人、留置权人)、使用人(如承租人、借用人)、善意占有人而言,还可引用以下事由进行抗辩:

——物之损坏系出于不可抗力或意外事故;

——物之损坏系出于合理使用的磨损;

——物之损坏系出于物之自然因素;

——物之所有人未尽维修义务。

2. 占有保护请求权

(1) 内容

① 占有被侵占的,占有人有权请求返还原物;

② 占有被妨害的,占有人有权请求排除妨害;

③ 占有有被妨害之虞的,占有人有权请求消除危险;

④ 侵占或者妨害占有行为已经造成损害的,占有人有权请求损害赔偿。

(2) 抗辩事由

——自侵占发生之日起超过1年的,占有人返还原物的请求权消灭。

可以说,民法之谓博大精深者,很大程度上体现在民法请求权体系的庞杂与精妙,上面所列举的仅为其中最主要者。而所谓主要与非主要,又是仅仅凭编著者一人之价值观念来判断的,实有挂一漏万之嫌(如占有保护请求权未在请求权检讨的次序讨论中列出)。上文对民法上的请求权及其抗辩作一大致勾勒,与其说是要为读者提供一份民法适用的清单,不如说是要为读者在基本掌握民法原理的基础上,从民法实务与民法应用能力出发一窥民法庙堂之瑰玮的一个逻辑思路。

思维拓展

【重要知识点】

民法的调整对象,如何理解平等主体之间的人身与财产关系的特征与范围;民法的基本原则,尤其是意思自治、公平与诚实信用原则;民事法律关系的发生要件;民事法律事实的分类;非民事法律关系发生的情形;民事权利的分类,主要是支配权、请求权、抗辩权与形成权的特征、类型与适用;民事责任的分类,主要是按份责任、连带责任与不真正连带责任的区别;民事责任的竞合,主要是加害给付情形下的侵权责任与违约责任的竞合处理;民法解释的诸方法;民法司法适用的主要步骤与逻辑。

【实例解析】

案例 甲公司在城市公园旁开发预售期房,乙、丙等近百人一次性支付了购房款,总额近8000万元。但甲公司迟迟未开工,按期交房无望。乙、丙等购房人多次集体去甲公司交涉无果,险些引发群体性事件。面对疯涨房价,乙、丙等购房人为另行购房,无奈与甲公司签订《退款协议书》,承诺放弃数额巨大利息、违约金的支付要求,领回原购房款。经咨询,乙、丙等购房人起诉甲公司。

法律问题 按照民法上公平正义的有关要求,本案如何解决较为妥当?

法理解析 法院的基本立场,应该认定《退款协议书》的订立显失公平,为保护购房人的利益,法院应当依据购房人的要求撤销该协议,由甲公司支付利息和违约金。这里需要稍作说明的是,公平原则在合同法领域所体现出的一个具体法律规则就是显失公平规则:对于当事人双方的利益显著违反公平原则的法律行为,可以申请人民法院、仲裁机构予以撤销。本案中的《退款协议书》明显违背购房人的真实意愿,故不属于当事人真实意思表示,依《民通意见》第72条的规定,一方当事人利用优势或者利用对方没有经验,致使双方的权利与义务明显违反公平、等价有偿原则的,可以认定为显失公平。本案中,甲公司利用交易中的优势,迫使购房者签订《退款协议书》,承诺放弃数额巨大利息、违约金的支付要求,该协议显失公平,故可以按照显失公平的规则来解决本案。

【立法前沿问题】

中国民法典的制定步骤①

王利明教授谈中国民法典的制定步骤:一部优秀的民法典应当是一本公民权利的宣言。通过制定一部民法典来全面确认和保障公民的基本民事权利,有助于广泛地吸纳全社会成员有序参与法治建设进程,真正使法治精神深入人心。目前,我国已经制定了合同法、物权法与侵权责任法等基本民事法律,在民法总则、人格权法、债法总则制定出来之后,民法典的基本内容已经确立,关键是要依据科学的民法典体系对既有的民事立法内容进行体系化整合,并最终形成民法典。具体来说,以法律关系为中心来构建民法典,民法典应当首先设立总则,总则之中应当包括法律关系的基本要素,即主体、客体、法律行为、责任。民法典的分则以法律关系的内容(即民事权利)为中心

① 《如何制定一部系统完整的民法典?》,载《人民法院报》2015年2月7日第二版。

展开，分则部分包括人格权法、亲属法、继承法、物权法、债权总则和合同法、侵权责任法。

按照此种体系来整合我国现行法律，建议民法典的制定重点应当从如下几个方面着手：

第一，制定民法总则。民法典应当设立总则，民法总则就是统领整个民法典并且普遍适用于民商法各个部分的基本规则，它统领整个民商立法，因而构成民法典中最基础、最抽象的部分。总则应当在民法通则的基础上制定。《民法通则》虽然不是以法典形式颁布，但其调整的都是基本的民事制度和民事权利；尤其是《民法通则》基本涵盖了所有民法典总则的内容，只不过基于现实需要在其中增加了部分民法分则的内容（如所有权、债权）。在某种意义上，它的确发挥了民法典的部分功能，并且其大部分内容仍然可以适用于我国的现实情况。因此，应该对其进行进一步的修改和整理，将其纳入到民法典的相应部分。换言之，在制定民法典时，不宜彻底抛弃民法通则，而应剥离其中的民法共性规范，作为民法典总则的蓝本。总则是民法典的总纲，纲举目张，整个民商事立法都应当在总则的统辖下具体展开。

第二，制定一部体系完整的人格权法。传统大陆法系民法典不存在独立的人格权编，本身是有缺陷的，因为民法本质上是权利法，民法分则体系完全是按照民事权利体系构建起来的，民事权利主要包括人身权与财产权两大部分，后者分为物权与债权，它们均独立成编，人身权主要是以人格权为主，却未单独成编，其规则或规定在主体制度中，或散见于侵权责任制度之中，这就造成了一种体系失调的缺陷。可以说，传统民法过分注重财产权，反映其"重物轻人"的不合理性。要消除这一缺陷，人格权即应在民法典中独立成编，这也符合人格权保护在现代民法中的发展趋势。在人格权法中，还要完善具体人格权制度。在此方面，除了进一步规定并完善《民法通则》所确认的生命健康权、名誉权、肖像权、姓名和名称权、婚姻自主权等人格权之外，还应当重点规定以下三种权利：一是隐私权。两大法系都已经将隐私权作为基本的民事权利加以规定，甚至上升为一种宪法上的权利加以保护。我国《民法通则》虽然在法律上第一次建立了人身权制度，但并没有规定隐私权。这是立法的一大缺陷。二是个人信息权。在信息社会和大数据时代，个人信息已成为个人重要的权利，且是个人享有的一项人权。法律保护个人信息权的意义在于，保障个人在信息化时代，旨在保护个人对其信息的控制，扩大其对信息的利用，促进个人的全面发展。三是网络环境下的人格权。互联网的发展，使我们进入了一个全新的信息时代。博客、微博的发展，使信息传播进入了全新的时代。据统计，目前我国已有6.32亿网民，其中手机网民5.27亿。如此众多的网民，在促进社会发展、传递信息方面，起到了重要的作用。但同时，利用网络披露他人隐私、毁损他人名誉等行为也是大量存在。因此，有必要在人格权法中对网络环境下的人格权作出特别的保护性规定。

第三，制定债法总则。法国学者达维德指出，"债法可以视为民法的中心部分"。一方面，债权总则有利于整合债法自身的体系，它不仅适用于合同之债，还可以适用于非合同之债,能使不当得利、无因管理、缔约过失等债的形式在债法中找到了其应有的位置,确立相应的法律规则。另一方面,债是市场经济中最活跃的因素,一旦新类型的债超出了现有规范,债权总则即起到拾遗补阙的作用,在此意义上,债权总则有利于完善民事权利的体系。在大陆法系体系中,民法典中债法的典型模式是将侵权行为、合同、不当得利、无因管理等都纳入债的范畴,以至于《德国民法典》等法典中的债权总则内容十分复杂庞大,从立法的科学性上说,其中许多内容并不都真正属于债权总则的内容。故而,我国民法典体系不一定要借鉴此种模式的经验,债权总则并不需要追求形式上的完整性。在我国合同法、侵权责任法已经自成体系的情况下,未来民法典中的债法总则不宜将分别调整合同法总则与侵权责任法总则的规则纳入其中,而只应对各种债的关系的一般规则作出规定,因此,与传统大陆法系民法典债法总则相比,我国未来民法典的债法总则在内容上将更为抽象,其规则具有更强的普遍适用性。尤其是,债法总则的设立不应当影响到合同法、侵权责任法体系的完整性。在我们未来民法典债编的制定过程中,并不是要抛弃我国合同法、侵权责任法既有的立法成果而重新制定债法总则。相反,应当在保持我们现有的合同法、侵权责任法立法框架和经验的基础上,使其融入到我们未来的民法典之中,从而制定出我们的民法典。因此,民法典中的债法总则与合同法、侵权责任法将共同成为民法典分则的组成部分。

在完成上述三项工作之后,需要通过整合完善合同法、物权法等民事法律,将它们统一纳入民法典并分别作为分则的各编。为此,应当按照科学、合理的民法典体系,以法律关系为中心,整合已经制定出来的现行民事单行法,并按照法典化的要求,对其必要的修改、补充和完善,在此基础上颁行一部系统、完整的民法典。

【重点法条】

(1)《民法通则》第2—7、106—117、134条。

(2)《合同法》第3—7条。

>> 第二章 <<

自然人

民事主体包括自然人、法人与其他组织,在个别场合下国家也可成为民事主体。其中自然人与法人是最重要的两类民事主体。

民法上的自然人制度,最重要的内容就是自然人的民事权利能力与行为能力制度,此外还有监护、宣告失踪、宣告死亡以及住所制度。

民事权利能力,是指民事主体依法享有民事权利和承担民事义务的资格。简言之,有民事权利能力,才有成为民事主体的可能(前提),该民事主体才能享有民事权利和承担民事义务与责任。法律行为能力,是指民事主体能以自己的行为取得民事权利、承担民事义务的资格。简言之,法律行为能力为民事主体享有民事权利、承担民事义务提供了现实性,只有具有法律行为能力,该民事主体才能以自己的意思来设定民事权利、义务与责任。民事权利能力、法律行为能力属于抽象理论范畴,但这是学习民法学的基础与起步,与其联系最密切的就是第五章要讲的法律行为的效力。

为弥补未成年人、精神病人的法律行为能力欠缺,民法特设监护制度,目的在于对未成年人、精神病人的人身、财产及其他合法权益进行监护和保护。关于监护的性质,究竟属一种权利还是一种职责,存在争议。通说认为,监护即为被监护人利益而设,并无监护人任何利益,故属职责。

如果一个自然人长期下落不明,与其相关的人身、财产关系会很尴尬地处于长时间的悬而未决状态,于己、于人、于社会都是不利的,民法为此设立宣告失踪、宣告死亡制度,以暂时或者永久性地结束失踪人人身、财产关系的不确定状态,保护失踪人的利益兼及利害关系人的利益。宣告失踪、宣告死亡是实体民事制度,故《民法通则》规范之,同时又是一种非诉的特别程序,故《民事诉讼法》亦规范之,可谓具实体法与程序法于一体。

除上述传统民法关于自然人制度的规定外,《民法通则》最大的制度创新恐在于关于自然人特殊表现形式也即个体工商户、农村承包经营户与个人合伙的规定,这是独具中国特色的制度,也是符合中国社会现实的规定。

第一节　民 事 能 力

- 自然人的民事能力
  - 民事权利能力
    - 原则：始于出生，终于死亡
    - 特殊规则
      - 胎儿的特留份
      - 死者的人格利益
      - 结婚、劳动等特殊权利能力
  - 民事行为能力
    - 无行为能力
    - 限制行为能力
    - 完全行为能力
  - 民事责任能力

一、自然人的概念

《民法通则》同时使用“公民”和“自然人”两个概念，但二者在本质和外延上都有区别。《民法通则》使用的“公民”的概念和范围，与我国《宪法》中规定的“公民”是完全一致的，公民是指具有一国国籍的自然人。《宪法》第33条规定：“凡具有中华人民共和国国籍的人都是中华人民共和国公民。”《民法通则》所称的“自然人”，则是泛指在我国领域内的一切具有自然生命形式的人，包括中国公民和外国人、无国籍人。显然，从法律的角度来看，在一个国家中生活的自然人，不等于就是该国的公民；“自然人”在外延上大于“公民”。从立法技术的科学性角度来看，民事法律规范使用“自然人”比使用“公民”更合理些。后来的《合同法》即摒弃了“公民”的用法，使用了“自然人”的概念。

二、关于民事能力的几个基本概念

（一）权利能力与权利

这两个概念联系紧密又有区别，二者的关系表现在：(1) 权利能力是民事主体享有权利、承担义务的资格，是一种法律上的可能性，本身并不意味着主体已经享有某种具体的权利，实现了现实的利益；(2) 权利能力是法律直接赋予每一个主体的，与主体自身不可分割，不得转让、抛弃、继承，而具体的权利多由个人决定，多数民事权利可以转让、抛弃、继承；(3) 在存续期间上，权利能力始于民事主体的出生或成立，终于主体的死亡或终止，伴随民事主体的存续过程，而民事权利的存续由特定的法律事实决定，与民事主体的存续没有关系。

（二）权利能力与行为能力

权利能力是成为民事主体的资格，行为能力是能够以自己的行为从事民事活动的资格，它以意思能力的存在为基础。没有权利能力，就失去了主体资格，也就谈不上行为能力；但具有权利能力，而没有行为能力，也就不能通过自己的行为去享有权利承担义务了。另外，权利能力具有普遍性，人人平等，不受限制和剥夺，但行为能力不具有普遍性,可能因人而异,受到法律规定、自身意志的限制。

(三) 权利能力、责任能力与诉讼权利能力

责任能力就是独立承担民事责任的资格,以主体享有独立的财产为前提。诉讼权利能力是指能够成为诉讼当事人的资格。一般而言,具有民事权利能力一定具有诉讼权利能力,但不具有民事权利能力也未必不具有诉讼权利能力。自然人、法人与国家这三个民事主体在独立的意思能力、独立的财产与独立的责任能力、独立的诉讼权利能力上是统一的,但对于其他组织而言,虽仅具有相对独立的意思能力与财产,不具有独立的责任能力,但作为独立的诉讼主体是没有问题的。比如,法人的分支机构、合伙企业、个人独资企业等虽没有独立的责任能力,但在民事诉讼法上都是独立的诉讼当事人。

三、自然人的民事权利能力

(一) 权利能力的一般规定

自然人的民事权利能力,指法律赋予自然人享有民事权利、承担民事义务的资格。自然人享有主体地位的标志是具有民事权利能力。自然人正因为具有民事权利能力,才享有法律上的人格,进而参加民事法律关系,取得民事权利,承担民事义务。自然人的权利能力具有普遍性、平等性和不可剥夺性等特征,不得转让、抛弃和继承。

《民法通则》第 9 条规定:"公民从出生时起到死亡时止,具有民事权利能力,依法享有民事权利,承担民事义务。"据此,自然人的民事权利能力始于出生,终于死亡,可见自然人享有民事权利能力的时间与其生命的存续时间完全一致。

何谓出生?出生作为一种法律事实,属于自然事件,需符合以下要件:(1) 与母体相分离;(2) 活着出生;(3) 为人所生,至于是否具备人形不必考虑。关于出生的时间,有阵痛说、露出说、独立呼吸说等学说,我国民法以独立呼吸作为判断出生时间的标准。关于自然人出生时间的确认依据,《民通意见》第 1 条规定:"公民的民事权利能力自出生时开始。出生的时间以户籍证明为准;没有户籍证明的,以医院出具的出生证明为准。没有医院证明的,参照其他有关证明认定。"这一司法解释,对解决在审判实践中如何准确认定自然人的出生时间的问题具有重要意义。

死亡是自然人民事权利能力终止的法定事由。自然人死亡后,不复有从事民事活动、参加民事法律关系的可能性和必要性,不必再保留民事权利能力。死亡也是一种自然事件,包括生理死亡和宣告死亡。自然人死亡后应由医院或有关部门开具死亡证明书,故死亡时间应以其记载的时间为准。但死亡毕竟是一个事实问题,如果死亡证书记载的时间与真实的死亡时间有出入,应以后者为准。关于自然人生理死亡的时间主要有三种学说,即心脏停止跳动说、呼吸停止说、脑死亡(脑电波消失)说,目前已有八十多个国家、地区承认了脑死亡标准,我国目前还采呼吸停止说,这在司法实践中给植物人相关的民事法律关系的处理带来了困难。

（二）权利能力的特殊规定

自然人的民事权利能力始于出生，不受自然人年龄大小的限制，此为一般的民事权利能力。此外，还有自然人的特殊民事权利能力，也就是指受自然人年龄限制的民事权利能力。《婚姻法》第6条规定，“结婚年龄，男不得早于22周岁，女不得早于20周岁”；《劳动法》第15条还规定，自然人参加劳动的民事权利能力一般应在16周岁以上。这些就是自然人结婚、劳动民事权利能力的特殊限制。所以理解这一点，就不难理解“15岁的少年与某公司签订的一份劳动合同属于无效的合同，而非效力待定的合同”这一句话了，因为这属于主体欠缺权利能力而非仅仅欠缺行为能力的问题。

（三）两个特殊问题的处理

1. 对胎儿利益的特殊保护

既然自然人的民事权利能力始于出生，尚未出生的胎儿还不具备民事权利能力，不能享受权利承担义务。但胎儿的利益应受到法律的保护，理所当然，对此各国有不同的做法。我国采胎儿特留份制度。《继承法》第28条：“遗产分割时，应当保留胎儿的继承份额。胎儿出生时是死体的，保留的份额按照法定继承办理。”这表明胎儿本身不具有权利能力，法律不能为了保护胎儿的某种特殊利益就去改变权利能力的法理而赋予胎儿权利能力，但在不改变权利能力规则的前提下，采用灵活方法对胎儿的特殊利益予以特殊保护。

（1）继承时的特留份利益，即不论遗嘱继承还是法定继承，必须为胎儿保留必要的份额。

（2）胎儿的健康生存利益受到侵害的保护问题。比如加害人侵害孕妇致使胎儿先天性残疾的，可以通过两种途径解决：① 胎儿活体出生后，可以作为主体独立提出赔偿请求；② 出生后是死体的，由母亲提出赔偿请求，这是因为胎儿出生前应视为母亲身体的一部分，如因为母亲身体受侵害而致使分娩死胎的，此种损害完全可以通过母亲健康权保护而获救济，无须单独对胎儿的权利能力作出规定。可见，法律之所以规定保护胎儿的利益，实质是为未来的民事主体的利益采取的预先保护措施，而这种预先保护措施必须以将来的胎儿活体出生为前提。

2. 对死者的利益保护

依上述理论，自然人死亡后即不存在权利能力，故也不再享有任何民事权利。但在司法实践中需要对死者的某些利益进行特殊的保护。

关于自然人死后所享有的利益的性质，学理上有不同看法：（1）权利说，认为某些民事权利不因主体的死亡而丧失，如著作权中的署名权永远存续，财产权在死后50年仍然受到保护；（2）利益说，认为不存在无主体的权利，人死后受到法律保护的应当是利益而不是权利；（3）反射利益说，认为一般情况下权利因主体的死亡而消灭，但在特殊情况下，为了保护社会公共利益，仍然需要对死者的名誉、隐私以及著作权等利益进行保护，因为此种公共利益保护的反射使其近亲属享有一定利益。我国立法主要采第三种学说，同时在著作权问题上采第一种学说。如最高人民法院《关于审理名誉权案件若干问题的解答》和《精神损害赔偿解释》,都强调对死者名誉等利益的保护。这样一来就提出了一个问题,法律保护死者名誉的法理基础是什么?通常认为,对于死者某些利益的保护,不是基于死者是否具有民事权利能力,而是基于社会公共利益的考虑。析言之,民事权利以利益为内容,这一利益是个体利益与社会利益的结合。自然人死亡,其生前享有的权利束中,个人利益不再受法律保护(此处不包括财产权利中的利益,财产权可以继承),但社会利益仍需要法律保护。但此处社会利益受到侵害,法律并不主张人人皆可追究,而认为应折射到与死者存在密切人身关系的特定人群身上,如死者的近亲属。据此,不法侵害死者名誉的行为,一般情形下仅由死者的近亲属请求法律保护,除非在危害到社会整体利益的情况下,社会其他主体方可主张追究。

司法解释的立场 《精神损害赔偿解释》规定,自然人死亡后,其近亲属因下列侵权行为遭受精神痛苦的,可以向法院起诉请求赔偿精神损害:(1)以侮辱、诽谤、贬损、丑化或者违反社会公共利益、社会公德的其他方式,侵害死者姓名、肖像、名誉、荣誉;(2)非法披露、利用死者隐私,或者以违反社会公共利益、社会公德的其他方式侵害死者隐私;(3)非法利用、损害遗体、遗骨,或者以违反社会公共利益、社会公德的其他方式侵害遗体、遗骨。需要明确的是,在程序上,自然人因侵权行为致死,或者自然人死亡后其人格或者遗体遭受侵害的,死者的配偶、父母和子女以及其他近亲属向法院起诉请求赔偿精神损害的,列其配偶、父母和子女或者其他近亲属为原告,而不是列死者为原告。在实体上,原告获得的精神损害赔偿金归其所有,而不是作为死者的遗产处理。可见,此处法律一方面强调保护特殊场合下的与死者相关的特殊利益,另一方面并不承认死者的民事主体资格。

四、自然人的民事行为能力

(一)概念

自然人的民事行为能力,指法律确认自然人以自己的行为行使民事权利和设定民事义务,并且能够对自己的民事行为承担民事责任的资格。这一概念具有以下特征:

1. 民事行为能力是由法律规定的,是否享有及在什么范围内享有都不取决于当事人的主观意愿,当事人亦不得自行限制、转让或抛弃。

2. 民事行为能力与自然人的年龄、智力状态相联系。民事行为能力是自然人以自己的行为进行民事法律活动或为自己的行为后果承担责任的能力,要具备之,须以独立识别和判断的意思能力为前提。意思能力是指自然人可以判断自己的行为后果的能力,一定的年龄和正常的智力正是意思能力的标志。规定自然人的民事行为能力,根本宗旨有二:(1)保护无行为能力人、限制行为能力人的利益,因为他们欠缺独立行为的能力,因而其利益易受损害;(2)保护交易安全和秩序。《民法通则》依自然人的年龄、智力状态等因素,将自然人的民事行为能力分为三类。

概念辨析 行为能力与责任能力不是一回事。责任能力是对自己的过错行为承担责任的能力，包括侵权责任能力、违约责任能力及其他责任能力。行为能力与责任能力联系密切，凡具有民事行为能力者，均具有责任能力，故通常情况下民事行为能力与侵权行为能力相一致，如完全行为能力人有侵权行为能力，可以独立承担侵权责任；但有时又是不一致的，如依《民法通则》第133条，限制行为能力人在一定范围内享有民事行为能力，但因其侵权行为造成的法律责任，由监护人承担，而非由本人承担。

（二）三种民事行为能力

1. 完全行为能力

完全行为能力，指法律赋予达到一定年龄且智力状态正常的自然人通过自己的独立行为进行民事活动的能力。《民法通则》第11条规定："18周岁以上的公民是成年人，具有完全民事行为能力，可以独立进行民事活动，是完全民事行为能力人。16周岁以上不满18周岁的公民，以自己的劳动收入为主要生活来源的，视为完全民事行为能力人。"对这条规定应从两个方面理解：

（1）年满18周岁且智力正常的自然人为成年人，法律赋予其完全行为能力的资格，可以独立进行各种民事活动，属于完全行为能力人；

（2）16周岁以上不满18周岁且智力正常的自然人，如已经参加各种形式的社会劳动，且以其劳动收入为主要生活来源，表明其已经能够判断自己行为的社会后果，具备独立处理个人事务和独立承担民事责任的条件，这部分自然人视为完全行为能力人。何属于"以自己的劳动收入为主要生活来源"？《民通意见》第2条规定："16周岁以上不满18周岁的公民，能够以自己的劳动取得收入，并能维持当地群众一般生活水平的，可以认定为以自己的劳动收入为主要生活来源的完全民事行为能力人。"这里的"视为"属于法律上不可推翻的推定，亦即"即是"，其所从事的法律行为的效力适用有关完全行为能力人的规定。

完全行为能力人可以独立从事各种民事活动，除非法律有特别规定，该民事活动不会因为其欠缺行为能力而导致效力上的瑕疵。

2. 限制行为能力

限制行为能力，是法律赋予那些已经达到一定年龄但尚未成年和虽然成年但精神不健全、不能完全辨认自己行为后果的自然人所享有的可以从事与自己的年龄、智力和精神健康状况相适应的民事活动的能力。根据《民法通则》第12—13条，限制行为能力人分为两种：

（1）10周岁以上不满18周岁的未成年人。他们可以进行与其年龄、智力相适应的民事活动，其他民事活动由法定代理人代理或者征得法定代理人的同意。关于如何认定这类民事活动是否与其年龄、智力相适应，《民通意见》第3条规定，"可以从行为与本人生活相关联的程度、本人的智力能否理解其行为，并预见相应的行为后果，以及行为标的数额等方面认定"。

（2）不能完全辨认自己行为的精神病人。他们可以进行与其精神健康状况相适应的民事活动，其他民事活动由法定代理人代理或者征得法定代理人的同意。不能完全辨认自己行为的精神病人可以进行哪些与他的精神健康状况相适应的民事活动？《民通意见》第4条规定，“可以从行为与本人生活相关联的程度、本人的精神状态能否理解其行为，并预见相应的行为后果，以及行为标的数额等方面认定”。

据有关法律规定，限制行为能力人所从事的法律行为的效力，又分为三种情况，应分别处理：

(1) 与其行为能力相适应的法律行为是有效的。首先，在其意思能力范围内的法律行为有效，包括理发、乘坐公交车、少女购买脂粉等。限制行为能力人具有一定的认识能力，在此范围内的为日常生活所必需的行为，当然有效。其次，在法定代理人确定的目的范围内，对自己财产的处分行为有效。如暑假期间子女外出旅游时父母给其1万元供其花费，可以认为父母概括授权子女在特定的范围内处分这笔财产。再次，依法请求支付劳动报酬有效。既然16周岁以上的未成年人可以订立劳动合同，那么请求劳动报酬权是应有之义。最后，纯获利益的行为有效，包括成为赠与合同的受赠人、遗嘱中的受遗赠人、人身保险合同的受益人等。《民通意见》第6条规定：“无民事行为能力人、限制民事行为能力人接受奖励、赠与、报酬，他人不得以行为人无民事行为能力、限制行为能力为由，主张以上行为无效”讲的就是这个意思。

(2) 超出行为能力所订立的合同，是效力待定的(《合同法》第47条)。

(3) 超出行为能力从事的单方法律行为，是无效的。如《继承法》第22条规定，限制行为能力人所订立的遗嘱(单方法律行为)是无效的，与无行为能力人所订立的遗嘱的效力一样。

一个常见的误解　对于限制行为能力人所从事的法律行为的效力，很多初学者可能受到《合同法》第47条规定的影响，单向思维地认为都是效力待定的，其实这是很不全面的，错误有三：(1) 限制行为能力人从事的超出行为能力的行为，才有效力瑕疵的问题；(2) 从法律适用的角度，《合同法》第47条仅仅适用于合同行为的领域，不能适用于合同以外的行为，如遗嘱、婚姻、抛弃等行为；(3) 对于遗嘱、抛弃等单方行为而言，其效力体系本身只有无效、有效之分，没有效力待定的类型。

3. 无行为能力

无行为能力，是指完全不具有以自己的行为从事民事活动以取得民事权利和承担民事义务的资格。《民法通则》第12—13条规定两种无行为能力人：不满10周岁的未成年人，完全不能辨认自己行为的精神病人。

无行为能力人都由法定代理人代理民事活动，自己不能独立为民事活动，否则因其欠缺行为能力而致该行为无效。

特别提示　依其字面意思，无行为能力人所从事的任何民事行为都是无效的，但在司法实践中一般认为，无行为能力人可以实施以下两种行为：(1) 纯获利益的行为，如接受压岁钱等赠与(《民通意见》第6条)；(2) 日常生活必需的细小法律行为，如小学三年级的小学生花3元钱购买冰棍等处分零花钱的行为。

（三）民事行为能力的宣告

《民法通则》第19条第1款规定："精神病人的利害关系人，可以向人民法院申请宣告精神病人为无民事行为能力人或者限制民事行为能力人。"对于精神病人作为无行为能力人、限制行为能力人的认定，适用民事诉讼法上的特别程序。此种宣告的要件与程序包括：

1. 被宣告人为精神病人。这里的精神病人包括精神病患者和痴呆人。精神正常的成年人不是民事行为能力宣告的适用对象。

2. 须经利害关系人申请。此处的利害关系人，包括被申请人的近亲属，如配偶、父母、成年子女等，也包括与被申请人存在其他民事利害关系的人，如债权人。

3. 须经法院宣告。只有法院才有职权应申请人之申请而依法作此宣告。如被法院宣告为无行为能力人、限制行为能力人的精神病人恢复或部分恢复民事行为能力的，经本人或者利害关系人申请，法院应当撤销宣告。

第二节　住所与身份证明

一、住所的概念及意义

住所，即自然人长期居住的场所。民法上的住所具有重要的法律意义，被誉为"法律关系的中心地"，举其要者：

1. 确定自然人的民事主体状态。如宣告失踪、宣告死亡，都以自然人离开住所地下落不明为前提。

2. 决定债务的清偿地。如《合同法》第62条第3项的规定。

3. 决定婚姻登记的管辖地。依《婚姻登记条例》规定，婚姻登记地为申请人住所地。

4. 在涉外民事关系中确定法律适用的准据法。《涉外民事关系法律适用法》对此有多处规定。

5. 决定诉讼管辖法院与司法文书送达地。

关于住所的确定，依《民法通则》第15条，公民以其户籍所在地的居住地为住所，经常居住地与住所不一致的，经常居住地视为住所。经常居住地是指自然人最后离开住所连续居住1年以上的地方，但住医院治病的除外（《民通意见》第9条）。自然人由户籍所在地迁出后至迁入前，无经常居住地的，仍以其原户籍所在地为住所。据此，每个公民只能有一处住所。

二、户籍与身份证明

户籍是记载自然人姓名、出生、性别、籍贯、民族、职业、婚姻状况、住址等，反映自然人基本情况的法律文件。

身份证是证明16周岁以上的自然人的姓名、性别、民族、出生、住址等居民身份资格的法定文件。

第三节　监　　护

- 未成年人的监护人
  - 法定监护人
    - 父母
    - 祖父母、外祖父母
    - 成年兄姐
  - 指定监护人：其他亲属、朋友
  - 有关组织监护人
  - 委托监护人

一、概念

监护，是为保护无行为能力人、限制行为能力人的人身和财产权利而由特定主体对其予以保护、管理和监督的制度。监护在法律性质上是一种民事权利还是一种职责，存有争论，主要观点包括权利说、义务说和职责说。从《民法通则》第18条的规定看，监护是一种资格，在内容上主要体现为职责而非权利。实际上，在描述未成年人与其父母之间的关系上，监护（职责）与亲权（权利）是从不同角度进行的，是一个问题的两个方面。亲权在人身方面的权能包括保护权、教育权和惩戒权，在财产方面的权能包括财产管理权、使用收益权、处分财产上的代理权。法律设立监护制度的目的在于保护无行为能力人、限制行为能力人的合法权益，以维护社会秩序的稳定。监护的具体功能有三：(1) 对被监护人的行为能力予以补充，由监护人代为或协助其进行民事活动；(2) 对被监护人的人身和财产等合法利益予以保护照顾；(3) 对被监护人进行监督和管束，防止其侵害社会和他人。

根据监护权产生根源的不同，分为法定监护、指定监护和委托监护。法定监护，是由法律直接规定监护人范围和顺序的监护。指定监护，是指在有法定监护资格的人之间对担任监护人有争议时，由有权机关指定监护人的监护。委托监护，是由协议设立监护人的监护，故属于意定监护。委托监护可以是全权委托，也可以是限权委托。

二、监护人的设定

（一）未成年人的监护人

根据《民法通则》第16条及《民通意见》第11—22条，未成年人的监护人设定分为几种情况：

1. 法定监护人

首先，父母是未成年人的当然法定监护人。此监护关系因出生而始，不因父母离婚而受影响。依《民通意见》第21条，夫妻离婚后，与子女共同生活的一方无权取消对方对该子女的监护权;但未与该子女共同生活的一方,对该子女有犯罪行为、虐待行为或者对该子女明显不利的,法院可以取消其监护权。

若父母双亡,或者双双丧失监护能力,或者双双被取消监护人资格的,由下列顺序的有监护能力的人担任监护人:(1) 祖父母、外祖父母;(2) 成年兄姐。这两类人员担任监护人仍系法定义务,顺序在先者排斥顺序在后者。同一顺序的有两个或两个以上且均有监护能力的,彼此可以协议确定一人或数人担任。如争当或者相互推诿的,应当为未成年人指定监护人。指定的方式有两种:(1) 由有关组织指定;(2) 由法院指定。"有关组织"就是指未成年人父母所在单位或未成年人住所地的居委会、村委会等基层组织(《民法通则》第16条第3款)。当事人不服上述有关组织指定的,可向法院起诉。如未经有关组织指定而直接向法院起诉,不予受理。可见,有关组织的指定是必经程序。

有关组织、法院在指定未成年人的监护人时,应依《民法通则》第16条第2款的顺序:前一顺序有监护资格的人无监护能力或者由其担任监护人对被监护人明显不利的,可以根据对未成年人有利的原则,从后一顺序中有监护资格的人中择优确定。如未成年人有识别能力,还应征求其意见。监护人一旦指定,不允许自行变更。如擅自变更,则由原被指定的监护人和变更后的监护人共同承担监护责任。

2. 指定监护人

未成年人没有上述法定监护人的,可由未成年人的"其他亲属、朋友"担任监护人。这些人担任监护人非法定义务,除需具备监护能力外,还需具备两个条件:(1) 他们自愿;(2) 征得有关组织的同意。此处的"其他亲属、朋友"不以"近亲属"为限,如姨、舅、未成年人父母的朋友等,均无不可。

3. 有关组织担任监护人

未成年人没有上述法定监护人,也没有其他亲属、朋友愿意担任监护人的,由上述有关组织或者民政部门担任监护人。

4. 委托监护人

依《民通意见》第22条的规定,上述监护人在必要时可以将监护职责部分或全部委托他人,但此时委托人仍是监护人。值得注意的是,未成年学生与幼儿园、学校等教育机构之间属于管理与被管理、教育与被教育的关系,不存在委托监护关系,校方并不因教育者的身份而成为委托监护的受托人。

一个常见的误解 教育机构与未成年学生的法律关系。《侵权责任法》第38条规定:"无法律行为能力人在幼儿园、学校或者其他教育机构学习、生活期间受到人身损害的,幼儿园、学校或者其他教育机构应当承担责任,但能够证明尽到教育、管理职责的,不承担责任。"第39条规定:"限制法律行为能力人在学校或者其他教育机构学习、生活期间受到人身损害,学校或者其他教育机构未尽到教育、管理职责的,应当承担责任。"可见,教育机构对于未成年学生负担的是教育、管理职责,严格区别于监护职责,有些场合下其之所以对未成年学生承担责任,是因为未尽到"教育、管理职责"。

(二) 精神病人的监护人

精神病人的监护人的设定程序与原理,和上述未成年人的监护人并无不同,但在监护人的范围和顺序上稍有差异。根据《民法通则》第17条,为精神病人设定监护人有两种情况:

1. 法定监护人

依次为:有监护能力的配偶;父母;成年子女;有监护能力的其他近亲属;关系密切的其他亲属、朋友有监护能力并且本人愿意承担监护责任,经精神病人的所在单位或者住所地的居民委员会、村民委员会同意的。

2. 指定监护人

适格者限于精神病人的近亲属,其顺序依次为:有监护能力的配偶;父母;成年子女;兄弟姐妹、祖父母、外祖父母、孙子女、外孙子女。上述近亲属可以就监护人的担任进行协商,协商一致的,不必指定监护人;如有争议,则由精神病人的所在单位或者住所地的居委会、村委会在近亲属中指定监护人。被指定者对指定不服的,可以向法院起诉,由法院依法以判决方式维持或撤销原先的指定。如法院判决撤销原指定的,应同时另行指定监护人。

三、监护人的职责

监护制度的目的与功能决定了监护人的职责。依《民法通则》第18条、《民通意见》第10条,监护人的职责主要包括以下七项:保护被监护人的身体健康;照顾被监护人的生活;管理和保护被监护人的财产;代理被监护人进行民事活动;对被监护人进行管理和教育;代理被监护人进行诉讼;承担因不履行监护职责致使被监护人实施侵权行为而给他人造成损害的赔偿责任。以上各项职责,可以分为三类:代理被监护人实施法律行为;保护被监护人的人身、财产和其他合法权益;教育、监督和管教被监护人。

监护人依法行使监护权履行监护职责,受法律保护,任何组织、个人均无权干涉。监护人的监护权遭到侵害的,监护人有权提起诉讼,请求法院给予必要的保护,排除侵害。但另一方面,监护人不履行监护职责(不作为)或侵害被监护人的合法权益的(恶意作为),应当承担的责任包括:造成被监护人财产损失的,赔偿损失;应有关人员或单位的申请,法院可以撤销其监护资格。

值得注意的是,这里的监护人对于被监护人的赔偿责任,严格区别于《民法通则》第133条规定的监护侵权赔偿责任,也即因被监护人侵权而产生的监护人对受害人(第三人)的赔偿责任,比如,依《民法通则》第18条第1款,除为被监护人的利益外,不得处理被监护人的财产。依此规定,某童星的片酬收入很丰厚,其父从其收入中拿出一部分钱为其情人购房一幢,其父的行为即为恶意行使监护职责积极侵害被监护人权益的行为,其父(监护人)承担的是对该童星(被监护人)的赔偿责任,这区别于另一种责任——因为童星在校园里侵害另一个孩子而导致其父作为监护人对于受害人(第三人)的侵权赔偿责任。

四、监护的终止

监护的终止有多种情形,大致可分为三种:

1. 自然终止

包括:(1) 被监护人已经成年或精神康复而获得完全行为能力的;(2) 监护或被监护人一方死亡的;(3) 监护人丧失了行为能力的。

2. 剥夺资格

即前述"监护人不履行监护职责或侵害被监护人合法权益的,人民法院应有关申请可撤销监护人的资格。撤销原监护人的监护资格时,人民法院还应依法另行指定监护人"。

3. 辞去监护

监护人有正当理由依法定程序辞去指定监护。一般而言,辞去监护适用于指定监护、委托监护,而不适用于法定监护的情形。

第四节　宣告失踪与宣告死亡

宣告失踪的主要内容

- 要件:失踪事实满2年的
- 程序:利害关系人申请;法院受理、审理与公告;宣告
- 效力
  - 指定财产代管人
  - 失踪人的财产代管
  - 失踪人的义务履行
  - 代管人充当诉讼当事人
- 失踪宣告的撤销:代管人职责终止

一、宣告失踪

宣告失踪,是自然人下落不明满法定期限,经利害关系人申请,由法院宣告其失踪并对其财产实行代管的法律制度。一个人长期下落不明,与其相关的诸财产法律关系就会处于悬而未决的状态,长此以往对失踪人本身以及相对人乃至于全社会的利益均为不利,故需要有制度出面解决与其相关的财产法律关系。宣告失踪制度之目的,即是在法律上以推定方式认定自然人失踪,从而结束失踪人与相对人财产关系的不确定状态,维护公民的财产权利及社会经济秩序的稳定。宣告失踪兼具实体制度与程序制度的双重性质,受《民法通则》与《民事诉讼法》的双重规范。

(一) 宣告失踪的条件

自然人失踪的事实是宣告失踪的基本条件。失踪事实包括两个方面:(1) 自然人离开自己的住所或居所没有任何音讯,例如有人外出,一去不返,不知下落何在;(2) 这种无音讯状态持续时间满2年。

2年的期限从失踪人最后离开住所或意外事故发生之日的次日开始计算；战争期间下落不明的，下落不明的时间从战争结束之日的次日开始计算（《民法通则》第154条第2款）。

举例　渔民张大于2009年6月1日出海打鱼而一去不返，下落不明。截止到2011年6月1日即算失踪事实满2年（2009年6月2日至2011年6月1日），申请人最早可以在2011年6月2日申请法院宣告失踪。

（二）宣告失踪的程序

1. 利害关系人的申请

利害关系人是指与下落不明人存在民事权利义务关系的人，根据《民通意见》第24条，有权申请自然人为失踪人的利害关系人包括：配偶、父母、子女、兄弟姐妹、祖父母、外祖父母、孙子女、外孙子女，以及其他与被申请人有民事权利义务关系的人，如该人的合伙人、债权人、债务人、所在单位等。上述人等不存在先后顺序，只要其中有一个人提出申请，其他未申请的利害关系人即使反对，也不影响法院的受理。法院遵循“不告不理”的原则，不能依职权主动宣告之，哪怕某个自然人符合了宣告失踪的条件。

2. 法院的受理与公告

宣告失踪只能由法院判决，任何其他机关、个人无权作出宣告失踪的决定。根据《民事诉讼法》第166、168条的规定，利害关系人应到失踪人住所地的基层法院提出失踪宣告申请；法院依法受理宣告自然人失踪申请案后，首先应发出寻找失踪人的公告，公告期为3个月（注意：《民通意见》第34条关于公告期为半年的规定已失效）。

3. 判决宣告

公告期满，受理法院根据宣告失踪的事实得到确认与否作出宣告失踪的判决或驳回申请的判决。一旦作出宣告失踪判决，失踪自然人即为失踪人。

（三）失踪宣告的效力

自然人被宣告失踪后，其效力仅仅涉及特定的财产法律关系，也即失踪人的财产管理和财产义务的履行。《民法通则》第21条规定：“失踪人的财产由他的配偶、父母、成年子女或者关系密切的其他亲属、朋友代管。代管有争议的，没有以上规定的人或者以上规定的人无能力代管的，由人民法院指定的人代管。失踪人所欠税款、债务和应付的其他费用，由代管人从失踪人的财产中支付。”对此规定的理解与应用，应注意以下问题：

1. 财产代管人的指定

可以担当财产代管人的人员范围很宽泛，失踪人的配偶、父母、成年子女或者关系密切的其他亲属、朋友均无不可。上述人员不存在先后顺序，也不存在谁申请失踪谁即为财产代管人的逻辑。参照《民通意见》第30条，在指定财产代管人时，应遵循对失踪人的财产有利的原则，可以是一人，也可以是数人，但“不宜作代管人的”除外。

所谓“不宜”，是指该人已有的行为表明，由其担当财产代管人，有可能做出不利于失踪人的财产利益的行为。例如某甲失踪期间，其父已经有侵占某甲财产的行为，则其父即“不宜担当财产代管人”。财产代管人应具有完全法律行为能力。失踪人没有上述财产代管人，或他们没有能力作为代管人，或不宜作为代管人的，法院可指定他人或有关组织为财产代管人。无行为能力的人、限制行为能力人失踪的，其监护人即为当然的财产代管人，无须另行指定。财产代管人在代管期间丧失管理能力，或无力履行代管职责，或拒不履行代管职责，或利用代管之便侵害失踪人财产权益的，经利害关系人申请，法院可以裁决变更财产代管人。

2. 失踪人的财产管理

设立财产代管人的一个重要目的，在于管理失踪人的财产。财产代管人应妥善管理失踪人的财产，不得利用和擅自处分失踪人的财产。如果代管人不履行代管职责造成失踪人的财产损失，或者侵害失踪人的财产利益，失踪人的利害关系人可以向法院请求财产代管人承担民事责任。

3. 失踪人的义务履行

失踪人的义务包括失踪人失踪前所应缴纳的税款、所欠债务，以及失踪期间所应支付的其他费用如赡养费、抚养费和因代管财产所产生的管理费等必要费用。在失踪期间，失踪人的义务由财产代管人从失踪人的财产中以支付财产的方式来履行。

4. 财产代管人的法律地位

依《民通意见》第32条，财产代管人拒绝支付失踪人所欠的税款、债务和其他费用，债权人提起诉讼的，法院应将代管人列为被告。相应地，财产代管人向失踪人的债务人要求偿还债务的，可以作为原告提起诉讼。换言之，财产代管人是具有诉讼主体资格的。

举例　张三为失踪人，失踪前欠下王五债款5000元，后李四被指定为财产代管人。则王五可以直接起诉李四，若李四败诉，则可以直接从其管理的张三的财物中变卖一部分，得钱5000元用于偿债；如李四拒不执行生效判决，则执行局可以从其管理的张三的钱财中强制执行之。此例，实体上的债权人与债务人为王五和张三；民事诉讼原、被告主体为王五和李四；责任财产（被执行的财产）仍然是张三的财产。

（四）失踪宣告的撤销

自然人被宣告失踪是依据其下落不明的失踪事实，一旦失踪事实消除，法律上继续认定该自然人失踪即丧失了事实根据，故应撤销对该自然人的失踪宣告。《民法通则》第22条规定：“被宣告失踪的人重新出现或者确知他的下落，经本人或者利害关系人申请，人民法院应当撤销对他的失踪宣告。”这一规定既表明了撤销失踪宣告的条件，又表明了撤销失踪宣告的程序。撤销失踪宣告的条件表现为两种情形：被宣告失踪人重新出现；他人确知失踪人的下落。后者是指失踪人的亲属、朋友、同事通过各种渠道得知了失踪人的确切下落。

撤销失踪宣告的程序，首先应由失踪人本人或者其利害关系人向法院提出撤销失踪宣告的申请，法院审核该申请，确认失踪事实消除以后依法作出撤销失踪宣告的判决。失踪宣告一经撤销，代管人的代管权随之终止，应将其代管的财产及收益交还给原失踪人，并负有告知代管期间对财产的管理和处置详情的义务。

二、宣告死亡

宣告死亡的主要内容
- 要件
  - 一般失踪满 4 年的
  - 意外失踪满 2 年的
  - 意外失踪且取得有权死亡证明的
- 程序：利害关系人申请；法院受理、审理、公告；宣告
- 效力
  - 失踪人死亡，权利能力终止
  - 婚姻关系自然解除
  - 子女可被配偶单方送养给他人
  - 继承开始
- 死亡宣告的撤销的效力
  - 被宣告死亡人的权利能力自始恢复
  - 婚姻关系原则上的自行恢复
  - 已成立的收养关系不得单方解除
  - 请求返还被继承分割的原物
  - 请求过错人赔偿损失

宣告死亡，是指自然人下落不明达到法定期限，经利害关系人申请，法院宣告其死亡的法律制度。宣告失踪仅仅解决失踪人的财产法律关系，尤其是财产管理问题，但不能解决因失踪人生死不明而引起的包括人身关系在内的其他民事法律关系的不确定问题，而宣告死亡制度使这一问题得到终局解决。从制度目的而言，如果说宣告失踪重在保护失踪人的利益，宣告死亡则重在保护被宣告死亡人的利害关系人的利益。

（一）宣告死亡的条件

与宣告失踪一样，宣告死亡也要求有自然人失踪的事实，但要求的时限不一样。依《民法通则》第 23 条、《民事诉讼法》第 167 条，具体分为三种情形：

1. 在一般的失踪情形下，下落不明满 4 年的。
2. 因意外事故失踪的，下落不明满 2 年的。
3. 因意外事故下落不明，并经有关机关证明不可能生存的。

在通常情形下，下落不明的期限从自然人下落不明事实出现的次日开始计算；战争期间的，下落不明的时间自战争结束之日的次日开始计算；在意外事故的情形下，自然人下落不明的期限从事故发生的次日开始计算（见《民法通则》第 154 条第 2 款）。

（二）宣告死亡的程序

1. 利害关系人的申请

依《民通意见》第 25 条的规定，利害关系人包括：配偶；父母、子女；兄弟姐妹、祖父母、外祖父母、孙子女、外孙子女；其他有民事权利义务关系的人，如合伙人、债权人、

债务人、所在单位等。特别注意的是,按照第 25 条的规定,宣告死亡的利害关系人是有严格先后顺序的,即前一顺序的利害关系人未申请或不同意申请宣告死亡的,后一顺序的利害关系人不得申请;如有申请,法院将不予受理或驳回申请。对此规定的合理性,理论界存在不同看法。我们认为,强调申请人的先后顺序,虽不乏其合理性的考虑,如对失踪人的配偶的充分尊重等,但弊端也很明显。实践中,有的配偶基于感情或其他不正当目的,一直不提出申请,如不允许其他利害关系人提出申请,其合法利益必将遭受侵害,这有违宣告死亡制度之本旨。在此意义上,《民通意见》第 25 条规定的顺序是有违宣告死亡的制度本旨的。

关于宣告死亡与宣告失踪的关系,依照《民通意见》第 25、29 条,宣告失踪与宣告死亡的关系要点如下:(1) 宣告失踪不是宣告死亡的必经程序。同时符合二者申请条件的,一方面,利害关系人可不经申请宣告失踪而直接申请宣告死亡;另一方面,利害关系人只申请宣告失踪的,法院应当宣告失踪,而不得主动依职权宣告死亡。(2) 同一顺序且同处第一顺序的利害关系人,有的申请宣告死亡,有的申请宣告失踪的,则应当受理宣告死亡的申请。比如,丧偶的张三失踪 5 年多了,其父、子分别申请宣告失踪与宣告死亡,则法院应该受理宣告死亡申请。(3) 不同顺序的人有不同申请的,受理死亡申请需要严格遵循法定的先后顺序。比如,李四失踪 5 年多了,其妻、子分别申请宣告失踪与宣告死亡,则法院应该受理其妻的宣告失踪申请,原因在于宣告死亡申请遵循先后顺序。

2. 法院的受理与公告

法院受理合格的利害关系人的书面申请后,应发出寻找失踪人的公告。依《民事诉讼法》第 168 条,该公告期间一般为 1 年;因意外事故下落不明,并经有关机关证明该自然人不可能生存的,为 3 个月。

3. 死亡宣告

公告期间届满,法院根据被宣告死亡的事实得到确认与否,作出宣告死亡的判决或驳回申请的判决。依《民通意见》第 36 条,判决宣告之日为被宣告死亡人的死亡日期。

(三) 宣告死亡的效力

通说认为,自然人的宣告死亡应发生与自然死亡相同的效力,具体包括四个方面:宣告死亡人丧失民事主体资格,其民事权利能力和行为能力终止;其原先参加的民事法律关系归于消灭,如婚姻关系自然解除;其配偶可以自行决定将未成年子女送养他人;其个人合法财产变为遗产,继承开始。

但宣告死亡与自然死亡毕竟不同,宣告死亡只是对失踪人死亡的法律推定和拟制,而该推定可能与事实不符。这在实践中主要有两种情形:(1) 某人被宣告死亡,事实上他仍生存,此时仍认定其享有民事权利能力和相应的行为能力,可以从事法律行为,其实施的法律行为仍然有效。对此多数学者认为,对《民法通则》第 24 条第 2 款应解释为有空间效力上的限制,即原住所地空间的民事权利能力终止,但被宣告死亡人在其存活地的民事权利能力没有终止。(2) 某人确实自然死亡了,但宣告死亡确定的死亡日期和自然死亡日期有所不同。对此,《民通意见》第 36 条第 2 款规定,被宣告死亡所引起的法律后果仍然有效,但自然死亡前实施的法律行为与被宣告死亡引起的法律后果相抵触的,则以实施的法律行为为准。

举例 前一种情形,假设张三在家乡杀人后畏罪潜逃多年,某年 3 月 1 日被宣告死亡,实际上他一直在某边陲小镇卖羊肉串,间或做一点以石头冒充翡翠的骗人生意。那么,从民法角度评价张三在小镇上的两类行为,必须承认其具有权利能力与行为能力,至于其效力状态,买卖羊肉的行为(法律行为)有效,买卖翡翠的行为(欺诈的法律行为)属于可撤销的行为。后一种情形,例如,某甲在某年 6 月 1 日被宣告死亡,尔后其财产依法定继承被分割,后证明其实际死亡于 9 月 1 日,且在 8 月 31 日立下遗嘱规定其遗产全部归其朋友某乙。那么,某甲的法定继承人应将分得的遗产返还给受遗赠人某乙。

(四) 死亡宣告的撤销

宣告死亡只是法律上的推定,当被宣告死亡的人重新出现或者有人确知他没有死亡时,经本人或者利害关系人(此处无顺序上的限制)申请,法院应当撤销对他的死亡宣告,死亡宣告的撤销将产生如下效力。

1. 被宣告死亡人的权利能力恢复

死亡宣告被撤销后,本人应该视为“活人”一个,他并没有丧失民事权利能力,所以在被宣告死亡期间其有资格为相应的法律行为,比如 A 省的村民某甲 2009 年被宣告死亡,其实某甲在此期间在 B 省当小贩贩卖西瓜,后回乡,2011 年被撤销死亡宣告,那么某甲在 B 省的贩卖西瓜行为是有效的,法律承认某甲在此期间具有民事权利能力。

2. 婚姻关系的自行恢复

依《民通意见》第 37 条,被宣告死亡的配偶未再婚的,夫妻关系从撤销死亡宣告之日起自行恢复。但若配偶已再婚的,应保护现存婚姻关系,如配偶再婚后又离婚或再婚后配偶又死亡的,也不能自行恢复婚姻关系。

3. 已经成立的收养关系不得单方主张解除

依《民通意见》第 38 条,被宣告死亡人在被宣告死亡期间,其子女被他人依法收养的,撤销死亡宣告后,仅以未经本人同意而主张收养关系无效的,一般不应准许,除非收养人和被收养人都同意。

4. 请求返还原物

依《民法通则》第 25 条、《民通意见》第 40 条的规定,撤销死亡宣告后,本人可请求返还财产,但原物已经由第三人合法取得的,第三人可不予退还。因继承而取得财产的自然人或组织,应当返还原物;原物不存在的,给予适当补偿。

需注意,此处是要求“原物已经由第三人合法取得”,重心在于“合法取得”,与第三人善意恶意、有偿无偿均无关系,因为此处不涉及无权处分的问题。设王某被宣告死亡后,其三辆汽车分别被三个儿子法定继承分割。长子保留之,次子卖给张三,三子赠给女友。后王某又返还家乡,原死亡宣告被撤销。此时三辆车的处理是:长子继承的那辆车返还给王某;次子继承的那辆车,次子与张三均不负返还义务,但次子需将卖款返还给王某;三子与女友一般也均不负返还义务,只是三子需要给予王某适当的补偿。

5. 请求赔偿损失

依《民通意见》第39条的规定,利害关系人隐瞒真实情况致使他人被宣告死亡而取得其财产的,除应返还原物和孳息以外,还应对其给他人造成的损失予以赔偿。

总结以上规定的法理逻辑:凡原宣告死亡的判决发生的效力已经涉及第三人的,即使该判决被撤销,仍然不能回复原状,意在保护第三人;如果尚未涉及第三人的,则应当回复到宣告死亡前的状态。

第五节 “两户”与个人合伙

一、“两户”

所谓“两户”,就是指个体工商户和农村承包经营户,他们都是自然人参与民商事活动的特殊主体形式,实质上仍然属于自然人的范畴。

(一) 个体工商户

根据《民法通则》第26条,我国公民在法律允许的范围内依法经核准登记,从事工商业经营的,为个体工商户。个体工商户的民事主体地位,可以从以下几个方面进行描述。

1. 个体工商户是个体经济的一种法律形式。由于个体工商户是以公民个人财产或家庭财产为经营资本的,财产所有者与经营者和劳动者不分离,因此其性质属于个体经济的范畴。

2. 个体工商户的生产经营范围只限于工商业,在法律允许的范围内从事生产经营活动。

3. 个体工商户必须依法核准登记。个体工商户需要具备一定条件并履行一定的法律程序才能取得此种主体资格。

4. 个体工商户对外以户的名义独立进行民事活动。个体工商户无论是由公民个人经营还是家庭经营,对外均以在工商行政管理机关登记注册的“户”的名义独立进行民事活动,取得民事权利承担民事义务。

5. 个体工商户具有民事诉讼主体资格。《民事诉讼法解释》第59条的规定,“在诉讼中,个体工商户以营业执照上登记的经营者为当事人。有字号的,以营业执照上登记的字号为当事人,但应同时注明该字号经营者的基本信息。”

(二) 农村承包经营户

根据《民法通则》第 27 条,农村集体经济组织的成员在法律允许的范围内,按照承包合同规定从事商品经营的,为农村承包经营户。农村承包经营户的民事主体地位,可以从以下几个方面进行描述。

1. 农村承包经营户是农村劳动群众集体所有制经济的分散经营方式的法律形式。因而农村承包经营户不属于个体经济范畴,而是农村集体经济组织的一种生产经营方式的法律表现。

2. 农村承包经营户从事的是商品经营活动。农村承包经营户进行生产经营,主要是以商品交换为目的,不是为了满足家庭消费需要。

3. 农村承包经营户按照与集体组织订立的承包合同从事经营活动。从农村承包经营户的角度看,须按照承包合同规定的内容从事经营活动,否则须承担相应的法律责任。

4. 在以下两个主要场合下,农村承包经营户以"户"的名义从事民事活动。一是农村土地承包经营权的变动场合,包括土地承包经营权的取得、转让、租赁、互易等,二是农村宅基地使用权的取得。

5. 农村承包经营户在其他场合下,都是以自然人个人(通常是户主,也可能是家庭的其他重要成员)的名义独立为法律行为。比如,一个专门从事蔬菜种植业的农村承包经营户,在种子采购、化肥购买、蔬菜出售等场合下,都是个人名义从事民事活动的,无论是个人经营还是家庭经营,并非都以"户"的名义独立参加民事法律关系,取得民事权利承担民事义务。

6. 农村承包经营户不具有民事诉讼主体资格。我国的《民事诉讼法》及其司法解释都从未承认农村承包经营户的诉讼主体资格,在司法实践中,也不存在农村承包经营户以"户"的名义参与民事诉讼的案例。

(三) "两户"对外承担的财产责任

作为特殊的民事主体形式,"两户"可以在法律允许的范围内以"户"的名义独立从事民事活动,取得民事权利承担民事义务,故在对外承担民事责任时,要以"户"的财产作为责任财产,具体的法律规则是:

1. 自然人个人出资、独立经营、收益归己的"两户",对外所欠债务应以该自然人的个人财产承担偿还责任。

2. 以自然人个人名义申请登记的"两户",用家庭财产共同投资,或者收益的主要部分供家庭成员享有的,其债务由家庭共有财产清偿。

3. "两户"系由部分家庭成员出资经营和收益的,对外所欠债务由这部分家庭成员对外负连带清偿责任。

4. 在夫妻关系存续期间,一方从事个体经营或承包经营的,其收入为夫妻共同财产,对外所欠债务应以夫妻共同财产清偿。

5. 全体家庭成员共同出资、共同经营、共同收益的"两户",对外所欠债务由家庭共有财产承担清偿责任。

6. 依《侵权责任法》第35条等规定,"两户"雇佣的人员在进行雇佣合同规定的生产经营活动中造成他人损害的,其雇主是当事人,并对受害人承担赔偿责任。

二、个人合伙

(一)两类合伙组织

合伙的要义在于两个以上的民事主体按照协议共同出资、共同经营、共同享有利益、共同承担亏损。实践中我国存在两类合伙,即个人合伙(协议型合伙)与合伙企业(企业型合伙),分别受《民法通则》与《合伙企业法》的调整。这两类合伙在上述的合伙要义方面没有区别,但在组织形式等方面存在明显的区别。企业型合伙也即合伙企业,具有较强的组织性,属于我国民法上的其他组织的一种,也是企业的一种类型,具有独立的民事主体资格;但个人合伙(协议型合伙)仅具有合同关系,属于债法的调整范畴。以个人合伙为中心来描述,二者的主要区别体现在:

1. 合伙人的身份要求不同

与"两户"一样,《民法通则》将个人合伙当作自然人的一种特殊主体形式,所以个人合伙的合伙人只能是自然人。但依照《合伙企业法》第2条的规定,合伙企业的合伙人可以是自然人、法人和其他组织,即使是国有独资公司、国有企业、上市公司以及公益性的事业单位、社会团体也可以成为有限合伙人。

2. 设立条件不同

既然是自然人的特殊主体形式,法律对于个人合伙的成立要求就很低。《民法通则》第31、33条原则上要求必须有书面协议和经过工商行政管理部门核准登记,但《民通意见》第50条又降低要求,变通规定,"当事人之间没有书面合伙协议,又未经工商行政管理部门核准登记,但具备合伙的其他条件,又有两个以上无利害关系人证明有口头合伙协议的",法院仍可认定为合伙关系。何谓"具备合伙的其他条件",《民通意见》第46条作了简单要求,即"公民按照协议提供资金或者实物,并约定参与合伙盈余分配,但不参与合伙经营、劳动的,或者提供技术性劳务而不提供资金、实物,但约定参与盈余分配的,视为合伙人"。可见,只要具备合伙的实质要件,就可以被认定为合伙人,对其形式上和组织规范上的要求很低。反之,依照《合伙企业法》第1章的规定,设立合伙企业必须具备书面合伙协议、有合伙企业的名称和生产经营场所等条件,且向工商机关办理登记注册手续,核发营业执照后方可成立。

3. 法律地位不同

个人合伙的各个合伙人之间的关系基本上是一种合同关系,不具有组织性和团体性,其经营的开展可以起字号也可以不起字号,即使起字号且以字号名义从事经营活动,但法律仍然不承认其独立的主体地位,所以不能成为独立的诉讼主体。《民事诉讼法解释》第60条规定,"在诉讼中,未依法登记领取营业执照的个人合伙的全体合伙人为共同诉讼人。个人合伙有依法核准登记的字号的,应在法律文书中注明登记的字号。全体合伙人可以推选代表人;被推选的代表人,应由全体合伙人出具推选书”。可见该条规定没有承认个人合伙的诉讼主体资格(废止了《民通意见》第45条的规定)。反之,合伙企业具有较强的组织性、团体性特征,法律要求必须具有名称(字号)、组织管理机构等方可登记注册,法律当然也承认其独立的民事主体和诉讼主体地位。依《民事诉讼法解释》第60条规定,依法登记领取营业执照的合伙企业,属于“其他组织”的一种,以自己的名义独立参加诉讼。

4. 合伙人的关系类型不同

个人合伙的全体合伙人对外都承担无限连带责任,合伙企业中的普通合伙企业的全体合伙人遵此规定,但有限合伙企业中可以且必须有合伙人承担有限责任。

5. 其他组织规范的不同

比如,是否建立商业账簿不同。合伙企业乃正规的商业组织,具有相当的稳定性,必须建立商业账簿,但个人合伙多是临时性、偶然性的合同关系,组织简陋便宜,就是一个草台班子,法律未要求其必须设立商业账簿。此外,清算程序也不同。合伙企业终止的必须依法清算,清算结束后才能办理注销登记手续(《合伙企业法》第86条),个人合伙终止的,法律未要求办理清算手续。

通俗地说,什么叫临时性、偶然性的草台班子式的个人合伙呢?请看一例:两个上海商人王平与张力去国外某地旅游时偶遇,共同发现当地的一种石头原料的旅游商品热卖,极具商业敏锐力的二人当即决定终止旅游,掏出各自身上所有的钱款共同采购这种商品,第二天回沪后二人协力销售,第三天即告售罄,获利极丰,第四天二人“二一添作五”分掉盈利。1个月后国内购买者纷纷病倒,经查,二人贩卖的该商品含有毒性辐射,后二人对此承担无限连带责任。本例中,什么书面合伙协议、工商登记、字号、组织机构等统统来不及具备或者说二人也不准备具备,但并不影响个人合伙关系的形成与认定,所以最终按照合伙规则对外承担责任。这也正是个人合伙法律制度的价值所在。

下文的内容,如未予特别说明,是专就个人合伙而言的。

(二) 个人合伙制度的基本内容

实际上,《民法通则》上的个人合伙制度的基本层面与《合伙企业法》关于普通合伙企业的规定基本相同。简要介绍如下:

1. 合伙成立

两个以上自然人按照口头或者书面合伙协议各自提供资金、实物、技术等,合伙经营、共同劳动。合伙协议构成个人合伙成立和存在的基础。共同投资是个人合伙成立的物质前提和形成合伙财产的方法,投资对象可以是资金和实物,也可以是技术或劳务等。

2. 合伙财产

根据《民法通则》第32条的规定,合伙财产由两部分构成:合伙成立时由各合伙人向合伙投入的资金、实物等;合伙经营过程中积累起来的财产。合伙财产具有以下特点:统一性,由全体合伙人共同管理和使用;整体性,合伙终止前,合伙人不得请求分割合伙的财产;相对的独立性,合伙财产归全体合伙人共有,而不是归合伙组织所有。

一个争议 合伙的共有财产在法律性质上究竟属共同共有财产还是按份共有财产,我国民法学界、商法学界尚无定论。罗马法规定合伙财产为按份共有,德国民法与台湾地区"民法"规定为共同共有。《民法通则》对此没有作出规定。从《民法通则》第32条及《合伙企业法》的第3章看,以及基于维护合伙组织和合伙财产的连续性与稳定性的角度看,承认其为共同共有是必要的。但不可否认,合伙财产也具有一定的按份共有的特征,比如,从合伙成立之日起,各个合伙人的份额都是确定的;收益通常也是按照份额进行分配的;份额也是可以转让的。

3. 合伙经营

依《民法通则》第34条,个人合伙的经营活动,由合伙人共同决定,合伙人有执行和监督的权利。合伙人可以推举负责人,合伙负责人和其他人员的经营活动,由全体合伙人承担民事责任。

4. 入伙和退伙

入伙,是指在合伙存续期间,非合伙人申请加入合伙并取得合伙人身份的行为。《民通意见》第51条规定:"在合伙经营过程中增加合伙人,书面协议有约定的,按照协议处理;书面协议未约定的,须经全体合伙人同意;未经全体合伙人同意的,应当认定入伙无效。"入伙的新合伙人对入伙前,以及入伙后的合伙债务都承担无限连带责任。退伙,是指合伙人退出合伙组织从而丧失合伙人的资格。《民通意见》第52—54条规定,合伙人退伙,书面协议有约定的,按书面协议处理;书面协议未约定的,原则上应予以准许。对外,退伙人对原合伙的债务应当承担无限连带责任,即使退伙人在内部已分担合伙债务。关于出资的退还,入伙的原物在退伙时原则上应予以退还;一次清退有困难的,可以分批分期清退;退还原物确有困难的,可以折价处理。

5. 合伙的债务承担

合伙债务,是在合伙经营过程中由合伙所承担的债务。在对外关系上,合伙债务首先应以合伙财产清偿;合伙财产不足以清偿的,各合伙人承担无限连带清偿责任,不受各合伙人对合伙财产的出资比例或合伙协议中约定的债务承担份额的限制。对外偿还全部、部分合伙债务的合伙人,对超过自己应担的债务数额,有权向其他合伙人追偿。简言之,合伙人对合伙债务对外承担无限连带责任,对内则表现为按份之债。

各合伙人的应担份额的确定原则:有约定从约定;无约定或约定不明确的,可以照出资比例承担;无出资比例约定的,可按照实际的盈余分配比例承担。对造成合伙经营亏损有过错的合伙人,根据其过错程度相应多承担责任。

思维拓展

【重要知识点】

一般、特殊民事权利能力的含义;胎儿、死者的特殊保护措施及其性质;三种法律行为能力人所从事的行为效力体系;未成年人的监护人类型;监护人的监护职责;宣告失踪的程序与法律后果,财产代管人的法律地位;宣告死亡的程序与法律后果;撤销死亡宣告的四方面的法律后果;个体户的民事主体、诉讼主体地位与责任承担;个人合伙在成立方面与合伙企业的不同,个人合伙制度的基本内容。

【实例解析】

案例　胎儿受伤案纠纷。2001年7月20日傍晚,当时已经怀有身孕6个多月的王某,在散步时被后面驶来的明某的摩托车撞到。王某被迫提前两个月早产了女儿小佩。在出生医学证明书上,孩子的健康状况被评为差,体重仅有2公斤。她的父母和刚出生33天的女儿便一纸诉状将明某告上了法庭,请求法院依法判决明某赔偿孩子的生命健康权伤害费、孩子父母亲的医药费、护理费及精神损失费,共计6万多元人民币。法院认定了碰撞与早产存在着因果关系。但法院认为,在碰撞发生时小佩尚未出生,不具有法律上的"人"的身份。而孩子的父亲吴某,也不是侵权的直接对象,故此,法院判决被告明某赔偿王某医药费等经济损失共计人民币5455元,驳回了婴儿小佩及其父吴某的诉讼请求。

法理分析　关于胎儿利益是否应受保护以及如何保护,这是一个各国和地区的民法上由来已久的争议问题。从上述裁决可以看出,法院之所以驳回婴儿小佩及其父吴某的诉讼请求,是因为小佩在碰撞时是胎儿,尚未出生,不是民法上的人,不具有权利能力;而其父亲没有受到直接损害,当然也不能获得赔偿。类似的案例还有很多,与前述判决相反,法院支持了这两个案件中原告的诉讼请求。但是,法院所援引的判决理由并不是基于"胎儿可作为民事主体,具有权利能力",而是调解结案或者采"人格延伸保护说"。在我国司法实践中,由于缺乏明确的法律依据,导致法庭难以援用合适的判决理由,从而使此类案件判决不一。

关于胎儿保护的立法与学说,各国和地区的民法都要回答如下问题:胎儿是否为民法上的人,是否具有权利能力?概括起来主要有以下几种立法模式:一是总括保护主义。凡涉及胎儿利益保护时,视其已出生。如《瑞士民法典》第31条规定:(1)权利能力自出生开始,死亡结束。(2)胎儿,只要其出生时尚存,出生前即具有权利能力。我国台湾地区"民法"第7条也规定:胎儿以将来非死产者为限,关于个人利益之保护,视为已出生。二是个别保护主义。胎儿原则上是无权利能力的,但例外情形下可以享有权利能力。如继承、遗赠等视为有权利能力。此为法国、德国、日本民法所采。如《德国民法典》第1923条第2项规定:“在继承开始时尚未生存但已被孕育成胎儿的人,视为在继承开始前已经出生。”第844条第2项之后段规定:“即使在侵害发生时该第三人已被孕育成胎儿但尚未出生,也发生该项赔偿义务。”三是绝对主义。即不承认胎儿有权利能力,不是民事法律关系上的主体。1964年的《苏俄民法典》采此主义。

我国《民法通则》第9条规定:“公民从出生时起,到死亡时止,具有民事权利能力,依法享有民事权利,承担义务。”由此可见,我国立法倾向于绝对主义,胎儿也不具有民事权利能力,不得为民事主体。我国学者为解决实践中的困境,通过比较法上的分析与借鉴,提出了肯定说和否定说两类主张。肯定说即认为应赋予胎儿民事权利能力。梁慧星教授在《民法总论》一书中写道:对保护胎儿利益来说,总保护主义最有力,个别保护主义次之,由以第三种主义最次。观之德、日等国,学者尚以个别保护主义对胎儿利益保护不力,而主张用总括保护主义,可见我国《民法通则》所采绝对主义不合时宜,乃毋庸置疑。故建议制定民法典时用总括保护主义,来强化对胎儿利益的保护。否定说即主张不应赋予胎儿以权利能力,但持该观点的学说,各自又有不同的主张。王利明教授提出了“依附母体保护说”,即胎儿本身不具有权利能力,法律不能为了保护胎儿的某种特殊利益而改变权利能力制度,赋予权利主体资格。杨立新教授提出了“人格延伸保护说”,不承认胎儿的民事主体地位,而是从人身权延伸保护的角度解决对胎儿利益的保护问题。“人身权延伸保护的客体是人身法益,而非权利本身,所谓法益,是指应受法律保护的利益。”龙卫球教授主张“预先保护说”,认为“传统民法均是在坚持胎儿没有权利能力的基础上,在有关方面对胎儿做特殊保护。”

上述各学说各有其利弊,若在我国现行民法框架下解释这一法律问题,需要指出,如法律承认胎儿享有权利能力,就是对其独立的生命价值的肯定,这样一来的话,堕胎的合法性必然遭受质疑。此时,如何平衡胎儿生命权与妇女生育权之间的冲突,成为一个棘手的法律问题。

在德国,有学者提出“生命法益”的概念来解决这一难题,不无新意。如德国学者Planck所说,胎儿生命法益本身并非权利,吾人仅可谓任何人对此等法益享有权利。生命法益系先于法律而存在,系人性之表现与自然创造的一部。生命所表现者,系生物自体之本质,生物自体因此而获取其内容,任何人对生命法益均享有权利,故得主张不受任何妨害或阻碍。任何对人类自然成长之妨碍或剥夺,皆构成对生命法益之侵害,所谓对健康之侵害,即系对生命发展过程之妨碍。换言之,法律可以不承认胎儿的民事主体地位,胎儿不享有民事权利能力,但是其应当享有健康出生与成长的正当利益。这种“生命法益”与权利能力有别,在胎儿时期便可享有。这样一来,不用改变现有的权利能力制度,而是从一个新的视角来保护胎儿利益,而且,侵犯胎儿生命权与堕胎行为之间的冲突可以得到避免,还有,这种“生命法益”不仅仅局限于人身利益,还应包括某些财产利益，从而为胎儿提供更周全的保护。①

【立法前沿争议】

“民法总则”如何规范合伙制度？

围绕合伙组织应该采用“二分法”抑或“三分法”，在制定“民法总则”过程中产生了争议。所谓“二分法”，是指是指将合伙组织分为合同型合伙与企业型合伙，持此之外不存在第三种形态；所谓“三分法”，是指除了前述的合同型合伙与企业型合伙之外，还存在一种所谓的“非企业组织型合伙”，此类合伙超出了合同型合伙仅具有契约形态的存在，具有一定的组织形式，但又没有达到合伙企业的组织要求，也无需商事登记，可以起字号也可以不起字号，可以归为其他组织的一种。我们认为应该采用“二分法”，也即认为合伙组织除了分为合同型合伙与企业型合伙之外，不存在第三种形态，因为所谓的非企业组织型合伙既然无需商事登记，可以起字号也可以不起字号，那么试问：这一类的合伙的组织性何来？为何还要承认其主体资格呢？详言之：(1) 具有较强组织性的，应该归属于合伙企业，经商事登记机关登记为合伙企业，适用《合伙企业法》。我们认为，1986年《民法通则》之所以规定合伙组织，也即承认一部分合伙具有主体性、组织性，就是因为当时没有《合伙企业法》，在1997年《合伙企业法》颁行之后，这一类合伙组织的主体性已经获得了解决。(2) 不具有组织性的，就是合伙协议，属于债法的范畴，归属于将来的“合同编”调整；而且，合伙协议的调整对象并不限于个人合伙，还有个人与法人、其他组织，其他组织与法人、其他组织、法人与法人的合伙协议，一体适用合伙协议。

这样一来，合伙企业与合伙协议的区分很简单明了：是否经过了商事登记。实际上，合同型合伙入法，最直接的立法规范目的就是解决责任承担问题，也即认定为几个人为合伙关系的，对于合伙经营产生的债务要承担无限连带责任。合同型合伙以合同之债的形式进入民法典，已经足以解决这一问题了。

【重点法条】

(1)《民法通则》第9—26、29—35条。

(2) 最高人民法院《关于贯彻执行〈中华人民共和国民法通则〉若干问题的意见(试行)》第1—2、6、9—10、12、14—25、28—32、36—42、45—48、50—54条。

(3)《合同法》第9、117、134条。

(4) 最高人民法院《关于适用〈中华人民共和国民事诉讼法〉的解释》第52条、59—60条。

---

① 《论胎儿利益民法保护的完善》[J/OL]，载110法律咨询网，http://www.110.com/ziliao/article-64000.html2009-03-03；梁慧星：《民法总论》，法律出版社2011年版，第88—89页；王利明：《民法总则研究》，中国人民大学出版社2003年版，第336—337页；杨立新：《人身权的延伸法律保护》，载《法学研究》1995年第2期；龙卫球：《民法总论》，中国法制出版社2001年版，第203—204页。

>> 第三章 <<

法人与其他组织

法人,是传统民法上与自然人并列的两大法定民事主体之一。法人制度的基本内容包括法人组织的特征、分类以及法人与其法人机关、法定代表人、法人成员、法人雇员之间的法律关系,此外还有法人的组织程序包括成立、变更与终止等。法人的制度不仅是民法的基本制度,更是商法、经济法尤其是公司法、破产法、外资企业法的基础性制度。依国内法学院的各科学习顺序,在大一的民法总论课堂上总觉得法人制度很抽象,到大二或者大三研习公司法时,方有恍然大悟之现实存在感。的确,虽然现代民法用法人一词指代社会上的彼此迥异的多类民事主体,但其概念乃是发轫于股份公司组织,且现代社会最重要的法人仍然非公司法人莫属。在此意义上,研习者几乎可以在每一个环节自觉地以现代公司组织这一实体作为法人这一抽象范畴的现实倒影,会增加很多认识上的便利与质感。

第一节 法人概述

一、法人的基本概念

法人,是相对于自然人而言的另一类法定民事主体。《民法通则》第 36 条第 1 款规定:“法人是具有民事权利能力和法律行为能力,依法独立享有民事权利和承担民事义务的组织。”从这一规定看,法人具有以下法律特征:

1. 法人是社会组织

所谓社会组织,是指自然人按照一定的宗旨和条件建立起来的具有明确的活动目的和内容,有一定的组织机构的有机体。作为民事主体的法人或为多个自然人组成的社会集合体,或是以一定数量的财产集合为基础组成的社会组织。

2. 法人是依法成立的社会组织

依法成立,是一定的社会组织能够成为民事主体的基本前提。惟有此,一定的组织才能得到法律的承认而取得法律上的人格,才能称其为法人。

3. 法人是具有民事权利能力和行为能力的社会组织

法人具有民事权利能力和行为能力,表明法人能够享有民事权利承担民事义务,能够独立地从事民事活动。只有具有民事权利能力和行为能力的社会组织，才能取得法人资格。而且，即使取得法人资格的社会组织，也并非在任何场合下都以法人的身份进行活动，如某市政府在进行行政行为时就不是以法人的身份而是以行政主体的身份出现的，而只有在民事活动如购买办公用品，或进行民事诉讼活动时，才以法人的身份出现。

4. 法人是依法独立享有民事权利承担民事义务的组织

主要表现在：

(1) 独立人格。法人的民事主体资格与组成法人的成员的民事主体资格彼此独立，某个、某些成员的死亡或退出，不影响法人的存续。

举例　甲、乙、丙三人各出资20万元设立丁有限公司。丁公司成立后，甲死亡或退出，并不影响丁公司作为独立的法人存在。但若丁公司为合伙企业，则不能脱离甲、乙、丙的人格而独立存在。同样，个人独资企业也不能脱离投资人的人格而独立存在。

(2) 独立财产。法人的独立财产是法人成立的物质基础，也是其独立人格与独立责任的物质保障。法人的财产独立，是指法人所有的或依法经营管理的全部财产，独立于其成员或者出资者的其他财产。

举例　甲、乙、丙三人各有100万元的个人财产，各拿出20万元作为出资设立丁有限公司，则甲、乙、丙的各自出资归丁公司所有，三人作为出资人丧失出资的20万元财产所有权，以此为对价获得丁公司的股权。丁公司对三人共同出资的60万元出资财产享有所有权。相较之下，合伙企业与个人独资企业并不具有独立财产，合伙人对合伙企业财产形成共有关系，而在个人独资企业中，投资人财产与个人独资企业的财产是不分的，个人独资企业的财产一直属于投资人所有。

(3)独立责任。如法人违反民事义务，造成他人损害，由法人独立承担民事责任。法人的财产不足以清偿债务时，法人的出资者不承担责任(法律另有例外规定的除外)。独立承担民事责任是法人具有独立人格和独立财产的必然结果。独立责任，是法人制度的突出优点，也是法人的重要特征。法人承担独立责任也就意味着两层含义：一方面，法人对于自身的债务承担的是无限责任，也即法人以其全部财产作为责任财产来对外承担责任，这意味着法人拥有的独立财产是其承担清偿债务责任的最高限额；另一方面，法人成员对于法人的债务承担有限责任，如有限公司、股份公司的股东仅仅以其出资为限承担法人的债务清偿责任。公司的股东作为出资人仅在其出资额范围内对法人的债务承担清偿责任，就是所谓的有限责任。

相关规定　《民法通则》第48条规定："全民所有制企业法人以国家授予它经营管理的财产承担民事责任。集体所有制企业法人以企业所有的财产承担民事责任。中外合资经营企业法人、中外合作经营企业法人和外资企业法人以企业所有的财产承担民事责任，法律另有规定的除外。"这是我国立法对法人承担无限责任(独立责任)

的肯定。《公司法》第3条第2款规定:“有限责任公司的股东以其认缴的出资额为限对公司承担责任;股份有限公司的股东以其认购的股份为限对公司承担责任。”这是我国立法对法人成员承担有限责任的肯定。

二、法人的性质

关于法人的性质,自18世纪以来主要有法人拟制说、法人否认说、法人实在说等学说。其中在大陆法系较为流行的学说是法人实在说。该说认为,法人并非法律的虚构,也并非团体意识与利益,而是一种客观存在的主体。这一学说又分为“组织体说”与“有机体说”。我国立法采法人实在说,承认法人与自然人一样是独立的民事主体,具有民事权利能力与行为能力。

三、法人的分类

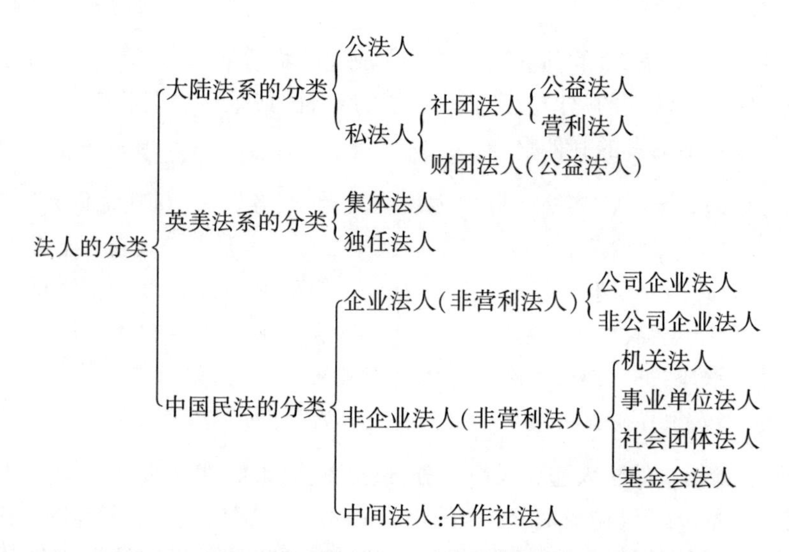

不同法系和国家由于法律传统与思维方式的不同,采用不同的标准对法人进行不同的分类。

(一) 大陆法系的法人分类

1. 公法人与私法人

这是最基本的分类,以法人设立的法律根据为标准进行分类,凡依公法设立的法人为公法人,如行政管理机关;凡依私法设立的法人为私法人,如公司。

2. 社团法人和财团法人

依法人的内部结构的不同,私法人又分为社团法人和财团法人。社团法人是以人的存在为成立基础,并以章程作为活动依据的法人,如公司、社会团体法人等;财团法人是以捐助的财产为成立基础,并以捐助的目的和设立的章程为活动依据的法人,如基金会法人。

3. 公益法人和营利法人

依据法人的成立目的的不同,社团法人再分为公益法人和营利法人。公益法人是以公共利益为目的的社团法人,如学校;营利法人是以营利为目的的社团法人,如公司。当然,公益法人在广义上还包括财团法人。

（二）英美法系的法人分类

英美法的思路与大陆法有所不同,没有社团法人、财团法人的概念,而是根据法人资格的享有者是由若干成员组成的集体还是担任某一职务的特定人,将法人分为集体法人和独体(独任)法人。前者是由多数人组成且可永久存在的集合体,如市政府、公司等。后者是由担任特定职务的一人组成的法人,如英国的牧师、主教、英国国王等。

（三）我国的法人分类

《民法通则》首先根据法人设立的宗旨和所从事的活动的性质将法人分为两类:(1) 企业法人;(2) 非企业法人,包括机关法人、事业单位法人与社会团体法人。此处的企业法人,也就是营利法人,非企业法人,也就是非营利法人。

1. 企业法人

企业法人,也即营利法人,是以营利为目的,独立从事经营活动的经济组织,主要就是指企业法人。营利性是企业法人的根本特征,因此企业法人相当于大陆法上的营利法人。此处的营利性有两层含义:(1) 法人本身可以从事营利性活动并努力获取盈利;(2) 将所获取的盈利分配给法人成员。

起初《民法通则》第41条囿于20世纪80年代的立法思路,将企业法人分为全民所有制企业法人、集体所有制企业法人、私营企业法人以及中外合资经营企业法人、中外合作经营企业法人和外资企业法人等。这主要是按照所有制和出资者的国籍的不同进行的分类。随着20世纪90年代现代企业制度立法的逐步完善,企业法人又被分为公司企业法人和非公司企业法人。

公司法人,是按照《公司法》的要求设立和运作的企业法人,包括股份有限公司和有限责任公司两种形式。非公司企业法人,主要指依据《全民所有制工业企业法》设立的国有企业法人,如国家电网公司、中国石油化工(集团)总公司等。非公司企业法人不受《公司法》的调整,如国家电网公司这一类的全民所有制企业法人适用《全民所有制工业企业法》。

2. 非企业法人

(1) 机关法人。机关法人,是依法享有国家赋予的公权力、以国家预算作为独立的活动经费、具有法人地位的中央和地方各级国家机关。机关法人相当于大陆法上的公法人,因行使职权的需要而享有相应的民事权利能力和行为能力,在一些场合下也是一种民事主体。

国家机关为何成为民事主体?国家机关主要从事公权力活动,代表国家从事行政、司法、检察、军事等公务活动,此时它与相对人之间不属于民事关系。但是,机关因行使职权的需要不可避免地会参与一些民商事活动,如购置办公用品、租用或者建筑办公房屋等,此时它就是一种民事主体,与相对人处于平等地位,相互间的关系就是民事关系。国家机关有独立的经费,该经费是由国家预算拨款而来,是其参加民事活动的物质基础。需要指出的是,机关不能进行与行使职权无关的民商事活动,否则视为超越法人的民事权利能力。比如某市政府为组织会议需要可以到菜市场买些瓜果回来,但不能去菜市场贩卖瓜果。

(2) 事业单位法人。事业单位法人,是从事非营利性的、社会公益事业的各类法人,如歌舞团、学校、医院、报社、出版社等从事文化、教育、卫生、体育、新闻、出版诸种事业的单位。事业单位法人的基本特征是:一般不以营利为目的,有独立的经费或财产。

(3) 社会团体法人。社会团体法人,是由自然人或法人自愿组成,从事社会公益、文学艺术、学术研究、宗教等活动的各类法人。其范围十分广泛,包括人民群众团体、社会公益团体、学术研究团体、文学艺术团体、宗教团体等。它们的基本特征是:由成员依法自愿结合组成;从事非营利性的活动;有独立的经费或财产。

关于基金会法人的归属,在我国基金会法人作为特殊社会团体法人而存在。国务院《基金会管理条例》第 2 条规定,基金会是指利用自然人、法人或者其他组织捐赠的财产,以从事公益事业为目的,按照本条例的规定成立的非营利性法人。其主要特征是:① 财产来源于社会捐赠,包括面向公众募捐的基金会(称公募基金会)和不得面向公众募捐的基金会(称非公募基金会)。② 基金会法人没有法人成员。设立人或捐赠人将财产捐赠给基金会后,不成为基金会的法人成员。基金会的管理人员只是基金会法人的雇员,也不是基金会法人的成员。实际上,基金会法人类似于大陆法上的财团法人,根本没有成员。③ 公益性。基金会法人以从事公益事业为目的,不得从事营利活动。

以上诸法系不同分类的关系,举例说明:股份公司,在大陆法上属于私法人、社团法人、营利法人,在英美法上属于集体法人,在中国法上属于企业法人。公募基金会,在大陆法上属于私法人、财团法人、公益法人,在英美法上属于集体法人,在中国法上属于非企业法人、社会团体法人。注意不要将大陆法上的社团法人与中国法上的社会团体法人混为一谈。

3. 中间法人

中间法人的典型形态就是合作社法人。合作社作为一类特殊的法人,不同于传统社团法人分类中的两类法人——营利社团法人与非营利社团法人。营利性需从两个层面予以理解,一是行为层面,即企业对外营利,企业通过经营等行为获取利润,同时将通过经营行为赚取的利润向其成员分配。二是目的层面,即企业进行经营行为的根本目的在于获取盈利,追求企业自身经济利益(在很大程度上也意味着股东经济利益)最大化。从域外法立法看,《德国民法典》第 21 条对非营利社团定义如下:以其目的不指向经济上的营业经营为限,从该条款可以得出,只要在目的层面上存在营利以外的目的的，即为非营利社团。合作社作为法人，从行为层面观之，其有对外盈利的行为，通过与外部第三人（包括非社员）的交易获取利润，并将可分配盈余根据交易量（额）及资本报酬有限原则分配给社员。因此，合作社的营利经营行为与一般的企业并无本质差别，但是，合作社在交易过程中针对交易对象予以区别对待——针对社员不存在盈利行为，针对非社员则存在盈利行为。从目的层面观之，无论是合作社发展历史还是各国合作社立法实践，均强调组建合作社的目的在于促进社员的经济、社会和生活和文化发展，与一般企业通过盈利行为达到利润最大化的目的显然存在本质差别。因此，合作社作为法人一般不视为营利法人，也不视为非营利法人，而当作中间状态的中间法人。

我国尚未制定统一的《合作社法》，只有一部《农民专业合作社法》，规定了农民专业合作社具有法人地位。在当前社会实践生活中还存在大量消费合作社、医疗合作社、住宅合作社、保险合作社、利用合作社、农村资金互助合作社等形形色色的特殊合作社类型。这些具体类别的合作社因没有法律依据而基本处于“无法可依”的状态。合作社与有限公司、股份有限公司、个人独资企业等民商事主体相比，特殊性在于：通过社员经济参与、民主管理等共同经营活动使社员（非合作社自身或资本投资股东）的经济状况得以改善、社会地位得以提升、生活水平得以提高、文化生活得以丰富。上述“理想式”的目的与单纯的“公司本身利润最大化以及公司股东经济利益最大化”的公司存续目的之间存在较大差异。无论是从合作社的发展历史，抑或世界范围内的合作社立法体例来看，促进社员经济、社会、生活及文化发展是合作社定义中的核心内容。因此，合作社是一种强调社员民主管理的互助性团体，营利与否不是其鲜明特色。

（四）本国法人与外国法人

根据法人的国籍可以分为本国法人与外国法人。比如，依《公司法》第 2 条的规定，凡依照中国法律，在中国设立的法人，为中国公司法人；反之，在中国之外依据外国法设立的公司，为外国公司法人。因此，外国人在中国设立的法人如外资企业，比如微软（中国）有限公司，应为中国（本国）法人而非外国法人。

第二节　法人的组织过程

法人的组织过程（以公司法人为例）：

法人的组织过程(以公司法人为例):

设立期间
存续期间
清算期间
终止事由发生
(解放或破产)
成立
变更
终止
设立登记
变更登记
注销登记
设立活动
营业活动
清算终止

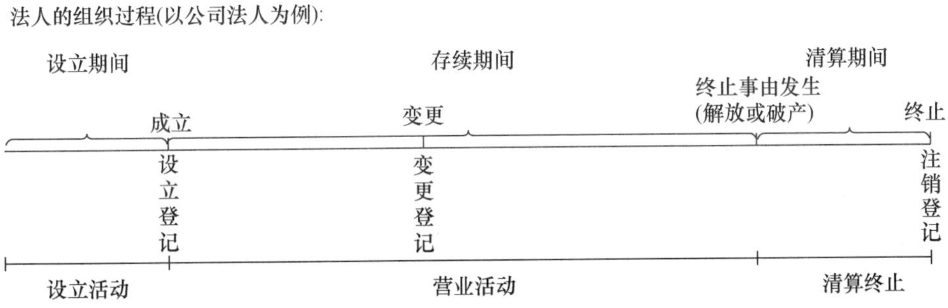

法人的组织过程,就是指一个法人从设立,到成立、存续、变更,一直到终止的全部“生命”过程。虽然法人尤其是社团法人在法理上可以永远存续,但现实中也不存在“永远的”法人,法人与自然人一样,也有其生命周期,甚至各类法人的“平均寿命”还不及人类的平均寿命。

一、法人的成立

(一) 法人的成立与设立

法人的成立,是法人取得民事权利能力与行为能力的法律事实,类似于自然人的出生。法人的成立需经法定程序,即须经设立和法人资格、营业资格的取得两个阶段。

法人的设立是指创办法人组织,使其具有民事主体资格而进行的连续准备行为,是法人成立的前置阶段。关于法人的设立与法人的成立的关系,需要明确:

1. 联系

法人的设立一般要有合法的设立人,以及设立基础和设立行为本身合法等要件;法人的成立一般具备依法成立,有必要的财产或经费以及有自己的名称、组织机构和场所等要件。因此,法人设立成功的,会导致法人成立,但法人设立不当然导致法人的成立,当设立失败时,法人不能成立。

2. 区别

法人在设立阶段,尚不具备民事主体资格,“设立中的法人”属于无权利能力社团之一,不具有法人资格也不具有营业资格,故设立人不可以以“设立中的法人”的名义从事经营活动,否则该经营行为无效,由此产生的法律责任由行为人(设立人,如公司的发起人)承担无限连带责任,因为设立人之间准用合伙人之间的法律关系。但为促成法人的成立,设立人可以以“设立中的法人”的名义从事与法人设立相关的活动,如租赁办公场地、招聘职员等,此类活动所产生的债权债务,法人成立后由法人承受;若法人不能成立,由设立人连带享有和承担。在法人成立后,即享有民事主体资格,可以从事核准登记的经营活动,由此所生债权和债务由法人享有和承担。

(二) 法人设立的原则

法人的设立必须遵循一定的原则。历史上法人的设立原则上有如下几种:

1. 放任主义

也称自由设立主义,即法人的设立完全听凭当事人的自由,国家不加以干涉或限制。按此,设立法人不需具备任何形式要件,只要具备法人的实质要件即可。

2. 特许主义

特许主义是指法人的设立需要有专门的法令或国家的特别许可,如经英国女王颁布的特许状而成立的英国广播公司(BBC)。

3. 行政许可主义

又称核准主义,指法人设立时除了应符合法律规定的条件外,还要经过行政主管部门的批准。

4. 准则主义

也称登记主义,指由法律规定法人的成立条件,法人设立时,如具备法定的条件,无须主管部门批准,直接向登记机关登记后法人即告成立。如果法律规定的法人成立条件倾向于严格限制,则称为严格准则主义。

5. 强制主义

也称命令主义,是指国家对于法人的设立实行强制设立,即在一定行业或一定条件下,必须设立某种法人。

我国对于不同类型的法人采取不同的设立原则。对于企业法人,多数适用严格准则主义,特殊行业如银行、保险公司、信托公司等适用核准主义。对于机关法人的设立采用强制设立主义。对于事业单位、社会团体法人的设立,根据《民法通则》第 50 条第 2 款,分别采用两种不同的原则:不需要办理法人登记的,其设立采用特许主义;需要办理法人登记的,一般要经过主管部门审查同意,即适用核准主义。

(三) 法人设立的条件

法人设立的结果是法人成立,但并非只要有设立行为就会导致这一结果的产生。只有依法进行的设立行为才会导致法人的成立。法人成立的条件包括程序要件和实质要件。前者,如企业法人的设立需要办理法人登记等;关于后者,《民法通则》第 37 条规定:"法人应当具备下列条件:(1) 依法成立;(2) 有必要的财产或者经费;(3) 有自己的名称、组织机构和场所;(4) 能够独立承担民事责任。"这一规定是法人成立的一般实质要件,对于不同类型的法人,单行法还有特别规定。

(四) 法人资格的取得

依《民法通则》第 50 条的规定,以强制主义设立的机关法人于设立时即取得法人资格,不需登记。事业单位、社会团体法人依法不需要办理法人登记的,从设立时起即取得法人资格;依法需要办理法人登记的,经核准登记领取法人证书之日起取得法人资格。企业法人均须办理法人登记,自领取企业法人营业执照之日起取得法人资格。我国立法不区分企业法人的法人资格与营业资格,企业法人取得法人资格的同时也就取得了营业资格,从此法人得以自己的名义从事经营活动。

二、法人的变更

法人的变更,是法人在存续期间内所发生的人格、组织、宗旨等重大事项的变化。法人的变更是法人存续期间内经常发生的现象,其结果可能直接导致法人人格的消灭或法人的民事能力改变。下文以公司法人为例说明有关原理。

(一) 法人人格的变更

法人人格的变更,包括法人的合并和分立。

法人合并,是两个以上的法人根据法律规定或合同约定合并为一个法人的现象,具体又分为两种形式:(1) 新设合并,即两个以上的法人合并为一个新法人,原法人的人格消灭,原法人的权利义务由新法人享有承担;(2) 吸收合并,即一个或多个法人归入到一个现存的法人之中,被合并法人的人格消灭,存续的法人人格依然存在,被合并的法人的权利义务由存续的法人享有和承担。

法人分立,是一个法人分为两个以上的法人的现象,具体也有两种形式:(1) 创设式分立,即一个法人分成两个以上的法人,原法人消灭;(2) 存续式分立,即原法人存续,并分出一部分财产设立新法人,几个法人分出一部分财产共同成立一个新法人,也属于存续式分立的情形。在法人分立后发生法人人格的变化,同时在法人分立后,其权利义务由分立后的法人依法或者依约享有和承担。法人分立也需要履行一系列的法定程序。

法人分立、合并与法人存续、法人清算的关系:法人发生分立、合并的,“可以但不必然”导致法人的民事主体资格消灭。举例来说,A 公司分立为 B、C 两公司的,A 公司消灭;但 A 公司分立为 A、B 两公司的,显然 A 公司并不消灭。再举例,A、B 两公司合并为 C 公司的,A、B 公司均消灭;但 A、B 两公司合并为 A 公司的,B 公司消灭,A 公司并不消灭。还要明确的是,由于公司分立、合并后仍然由存续的法人继续享有权利承担责任,所以即使法人因为分立、合并而导致消灭的,也仍然不需要进行清算。比如,上例中 A 公司分立为 B、C 两公司而导致的 A 公司消灭的,不需要清算;A、B 两公司合并为 A 公司而导致 B 公司消灭的,也不需要清算。

法人的合并和分立都需要履行一系列的法定程序,以保护原法人的债权人的利益,这种保护包括程序保护与实体保护。如《公司法》第 174 条规定,公司合并应当由合并各方签订合并协议,并编制资产负债表及财产清单;自作出合并决议之日起 10 日内通知债权人,并于 30 日内在报纸上公告;债权人自接到通知书之日起 30 日内或者未接到通知书的自公告之日起 45 日内可以要求公司清偿债务或者提供相应的担保。

(二) 法人组织形态的变更

法人组织形态的变更,是指在不消灭法人人格的前提下法人从一种组织形态转为另一种组织形态的现象。如依照公司法的规定,有限责任公司与股份有限公司之间在符合法定条件的前提下可以实现相互的组织形态转换。

(三) 法人宗旨的变更

法人宗旨的变更,就是法人目的事业的变更。由于我国公司法人登记不存在目的事业的登记,就可能直观体现为公司的经营范围变更。法人宗旨的变更不会影响法人的人格,但它会直接导致法人的民事行为能力的变更。

三、法人的终止

法人的终止,也称法人的消灭,即法人丧失民事主体资格,不再具有民事权利能力和行为能力的状态。以公司法人为例,其终止原因有二:一是破产,二是解散。就后者而言,导致公司解散的原因又有五个(《公司法》第 181 条):(1) 约定解散,公司章程规定的营业期限届满或者公司章程规定的其他解散事由出现;(2) 决议解散,股东会或者股东大会决议解散;(3) 组织变更解散,因公司合并或者分立需要解散;(4) 行政解散,依法被吊销营业执照、责令关闭或者被撤销;(5) 司法解散,法院在解散公司之诉中裁决公司解散。

在发生破产或者解散的终止原因后,公司法人的营业资格即告消灭,但其法人人格不立即消灭,只有经过清算才归于消灭,清算期间的公司法人被称为“清算法人”。《民法通则》第40条规定:“法人终止,应当依法进行清算,停止清算范围外的活动。”清算是非经营性活动,在清算期间,“清算法人”仅具有从事与清算活动相关的民事权利能力和行为能力,不得再从事经营活动。依照《民法通则》《公司法》《破产法》等规定,公司法人进行清算期间,清算组织或者管理人作为一种不具有法人地位的“其他组织”,代表清算法人进行有关民事诉讼活动。

清算结束后,清算人负责向登记机关办理注销登记,并应在指定的媒体上予以公告。注销登记手续办理完结后,法人最终消灭,法人资格最终丧失。

四、法人的登记

法人登记是行政主管机关对法人成立、变更、终止的法律事实进行登记,以为公示的制度。法人登记主要包括设立登记、变更登记和注销登记。

1. 设立登记:生效主义

企业法人的设立登记,是其取得法人资格和营业资格的双重生效要件,登记主管机关是各级工商行政管理局。依法应办理登记的事业单位法人和社会团体法人,只有经过设立登记才能取得法人资格。事业单位的登记管理机关,是县级以上各级政府的编制管理机关。社会团体法人的登记管理机关,是县级以上各级政府的民政部门。

2. 变更登记:对抗主义

法人变更登记,就是将法人的法定事项的变化情况向登记机关办理登记、公告的手续。对于因登记而取得法人资格的企业法人、部分事业单位法人和社会团体法人,其登记事项发生变更的应予以登记,登记机关与设立登记机关相同;对于非因登记而取得法人资格的机关法人、部分事业单位法人和社会团体法人,其变更不须登记。

登记事项发生变更后的变更登记,效力在于对抗第三人,即不经登记不影响相应事项发生变更的效力,但不得对抗善意第三人。

甲有限公司董事会7月1日作出决议,撤销乙的董事长职务,同时选举丙为新董事长,但到了8月1日才办理法定代表人的变更登记手续。对此应认定,乙自7月1日不再是甲公司董事长,但若乙在7月1日到8月1日之间对外以法人代表身份代表甲公司与不知情的丁公司订立了一份购销合同,则丁可以请求适用《合同法》第50条主张该合同有效。

3. 注销登记:生效主义

法人注销登记的机关与设立登记相同。因登记而成立的企业法人、事业单位法人、社会团体法人,其终止均应办理注销登记。惟经注销登记,企业的法人资格始能消灭,换言之,注销登记乃是企业的法人资格消灭的生效要件。反之,未经清算、注销登记程序而由股东自行解散的企业法人,在法律上视为继续存在,债权人仍得以该法人为被告而诉之。

第三节 法人的民事能力

一、法人的民事权利能力

(一) 概念

和自然人一样,法人也具有民事权利能力。法人的民事权利能力是法人作为民事主体参加民事活动的资格,无此资格不能参加民事活动。与自然人相比,法人的民事权利能力具有以下特点:

1. 开始与消灭的时限不同

法人的民事权利能力,始于法人成立,终于法人终止。不同于自然人的民事权利能力始于自然人出生,终于自然人死亡。

2. 范围不同

专属于自然人的某些民事权利能力的内容,如继承、接受扶养的权利等,法人不可能享有;而专属于法人的民事权利能力的某些内容,如银行法人开展信贷业务、股份公司公开发行股票的权利,自然人不能享有。

3. 民事权利能力的差异程度不同

原则上,自然人之间的民事权利能力一律平等。但法人的民事权利能力具有差异性,不同的法人的民事权利能力在范围上是不一样的,如机关法人不得从事营利活动。

(二) 对法人的民事权利能力的限制

1. 自然性质的限制

自然性质的限制,是指因法人与自然人在性质上有所差异所产生的对其民事权利能力的限制。就人格权而言,以自然人的身体存在为前提的生命权、身体权、健康权等,法人不能享有。反之,不以自然人身体存在为前提的名称权、名誉权,法人可享有。就身份权而言,以自然人的身份为前提的亲权、亲属权、配偶权,法人不得享有;反之,不以自然人的身份为前提的受遗赠权等,法人可享有。就财产权而言,自然人以身份为前提所享有的继承权,法人也不得享有。

2. 法律的限制

立法基于不同类型的法人性质而对某些法人的民事权利能力予以限制,如机关法人不得从事营利活动。此外,《破产法》对清算法人权利能力也有限制,即不得再开展经营活动。

3. 法人自身意思的限制

此处的法人自身意思,主要是指法人章程规定的"法人目的"条款。法人目的(corporate purposes),指设立公司意欲从事的事业,因其需要记载于公司章程之内,故又称目的条款(purpose provisions/ clauses,object clauses)。"法人目的"条款由法人成员通过一致决议或者多数决通过,明确了法人的性质与存在目的,决定着法人享有民事权利和负担民事义务的范围。以企业法人为例,企业法人的民事权利能力受其目的的限制,法人目的外的行为不能有效。这里所说的法人目的,应理解为法人性质所决定的目的,区别于企业法人核准登记的经营范围。

企业法人的经营范围　需要指出,我国民法不登记各类法人的目的,而是登记法人的经营范围。《民法通则》第42条规定:"企业法人应当在核准登记的经营范围内从事经营。"1993年《公司法》第11条第3款强调,"公司应当在登记的经营范围内从事经营活动……"同条第2款:"公司的经营范围由公司章程规定,并依法登记……"应当指出,对法人经营范围的限制,并非对法人的权利能力的限制,法人超出核定的经营范围从事民事活动的,该行为并非当然无效。1999年《合同法解释(一)》第10条规定:"当事人超越经营范围订立合同,人民法院不因此认定合同无效,但违反国家限制经营、特许经营以及法律、行政法规禁止经营规定的除外。"依此,法人超出经营范围订立的合同,原则上是有效的,不能因其超出经营范围而认定超出"民事权利能力",从而认定其无效。可见,企业法人核准登记的经营范围与民事权利能力之间不能划等号。还需要指出,企业法人核准登记的经营范围与此处我们讨论的法人目的范围也不是一回事。

需要特别明确的是,对于法人的民事权利能力而言,除了受到以上三个方面的限制外,不受其他任何限制。

(三) 有关越权规则

如上所述,按照"法不禁止即自由"的私法理念与法律行为准则,只要法律不设限制,法人依其自然性质与自由意志可以为的行为均得为之。原则上,现代民法倾向于概括性地赋予法人尤其是营利性社团法人(典型代表是公司法人)广泛的权力,承认法人"享有与自然人相同的从事一切必需或者必要的活动以执行其营业或者事务的权力,除非法人章程另有规定",也即授权法人根据情况对某些权力进行自我限制。根据私法的基本理念以及各国实践的一般做法,法人权利能力范围受到来自三个方面的限制,也即上文提到的自然性质的限制、法律的限制与法人自身意思(法人目的)的限制。法人可以依据自身的意志来限制自己的权利能力,符合私法自治原则的理念,只是两大法系采用了不同的路径设计。

1. 大陆法上的法人目的理论

大陆法系民法、公司法普遍将目的条款作为公司法人章程的绝对必要记载事项之一,英美法却很少这样做。法人目的范围是法人权利能力的具体表现,但是权利能力是否受法人目的范围的限制,是各国法所面临的普遍问题。这涉及法人目的条款的性质判断。历史上,大陆法一度采用目的范围限制权利能力的原则,但演变至今最终被放弃,各国现行法普遍承认公司法人目的以外的行为有效。1968 年欧共体《第 1 号公司法指令》第二节“公司缔结债务的能力”第 9 条第 1 款明确规定,“公司机关实施的行为对公司具有拘束力,即使这些行为超越了目的范围;除非这些行为超越了法律赋予或者法律许可赋予这些机关的权力范围”。这一指令已为欧盟各国所采纳。

大陆法史上关于法人目的范围的诸学说 (1) 权利能力限制说。认为目的条款限制法人权利能力,公司在目的范围之外没有权利能力;目的范围外的行为绝对无效,公司不能通过追认使其有效。该说与英美法早期的越权理论如出一辙。(2) 行为能力限制说。认为目的条款仅限制其行为能力,公司超越目的范围的行为虽然超越其行为能力,但仍在权利能力范围内,因此不是绝对无效,可借助事后变更章程的方式使之有效。此说的缺陷很明显,如允许主体自行决定其行为能力的有无,则法律行为的效力缺乏确定性,不利于交易安全。(3) 内部责任说。认为目的条款仅为一种内部约束,于公司外部不生任何效力。董事为公司目的外的行为,须对公司承担相应的责任,但公司与第三人的行为本身绝对有效。该说彻底保护了第三人的利益,因为即使第三人知道董事越权,公司也得承受董事越权行为的后果,但却忽视了对公司利益的保护,利益衡量严重失衡,亦不可取。(4) 代表权限制说。认为目的条款限制法人机关的代表权,而不限制法人的权利能力和行为能力;法人超越目的范围的行为是缺乏代表权的行为,原则上应为有效,只是董事须对公司承担相应的法律责任;只有在第三人知道或应当知道董事越权的情况下,公司才可以主张无效,但章程记载本身不可以作为推定第三人知道的证据。该说在当事人利益平衡方面胜出其他学说一筹,为绝大多数大陆法国家采用,也与英美法的现行政策相通。

在此背景下,一些大陆法系国家还要求公司法人的章程必须规定目的条款,其意义如何?在代表权限制说的理论框架内,目的条款的意义可以总结为:

其一,维护股东预期利益。股东可以据此了解其出资被用于何种目的,在公司内部要求资本用在经营范围之内,并据此预测投资风险、作出投资决策。此即股东预期利益理论。

举例 A 是甲公司的股东,甲公司由多数股东 B、C 负责经营管理,A 希望该公司仅仅从事药品的零售业务、绝不涉及其他业务,且坚持在公司章程中设置该目的条款。这当然是允许的。该条款在公司内部能对 B、C 发生拘束力,虽然可能并不能绝对地对抗善意第三人。将来经股东会决议改变公司目的范围时,不同意该决议的 A 股东有权利要求公司回购股权(如我国《公司法》第 74、142 条)。

其二,对管理层具有约束力。管理层超越目的范围从事经营活动造成公司损失的,应该对公司承担损害赔偿责任。这样,目的条款实际上起到了制约管理层的作用。

其三,保护债权人。公司债权人包括债券持有人可据此预测公司经营的前景和风险,从而决定是否和公司发生交易。这样,目的条款就起到了保护债权人的作用。

2. 英美法的越权规则

英美法通过越权规则(ultra vire)来解决这一问题。早期的英国法认为:公司法人的活动不能超越其目的范围,否则无效。这就是普通法上著名的越权规则。早期的越权规则严重损害交易安全,遭到现代英美公司法的遗弃。英国1985年《公司法》规定,善意第三人可以主张公司能力外的行为有效,1989年《公司法》第108条明确规定,“公司的能力不受公司章程的限制”,但“董事会仍有义务遵守公司章程规定的对其权力的任何限制”。由此正式废除了越权理论。美国作为英国法律传统的继受者,也曾长期采用越权理论,但美国1984年《示范公司法》第3.02条规定:“公司可以像自然人那样去做对经营公司业务和处理公司事务有必要的或有利的事情。”第3.04条规定:“不得因为公司欠缺权利能力而对其行为提出无效之诉。”英美法系其他国家、地区的立法也先后废止公司章程必须记载目的条款的要求。至此,越权理论最终遭抛弃。目前,越权理论仅在某些特定情形下适用,如法律可能要求特定行业(如金融业)的公司应当在章程中规定经营范围,且只能从事该行业的经营。

3. 我国的规定与实践

两大法系作出上述殊途同归的调整,其共同的法律背景是,将公司法人的目的范围等同于公司权利能力范围,一方面无异于禁锢了管理层的手脚,违背了公司的营利原则,另一方面也严重损害了交易安全。这一经验对于我国的法律演变具有借鉴意义。

(1) 关于超越经营范围的合同效力问题

我国曾经长期将核准登记的企业经营范围当作其权利能力的范围,要求企业应当在经营范围内从事经营,凡超越经营范围、方式所签订的合同一概无效。1986年《民法通则》第42条、1993年《公司法》第11条均强调,公司应当在登记的经营范围内从事经营活动。这表明立法对公司经营范围采权利能力限制说。1987年7月最高人民法院《关于在审理经济合同纠纷案件中具体适用〈经济合同法〉的若干问题的解答》第4条明确规定,“超越经营范围或者违反经营方式签订的合同应认定为无效合同”。可见,司法实务也采权利能力限制说。这些做法是计划经济体制下的产物,与市场经济体制格格不入。1993年5月,最高人民法院《全国经济审判工作座谈会会议纪要》提出,不应将法人超越经营范围签订的合同一律认定为无效,应区别对待。此外,1999年底最高人民法院颁布的《〈中华人民共和国合同法〉若干问题的解释(一)》第10条规定:“当事人超越经营范围订立合同,人民法院不因此认定合同无效。但违反国家限制经营、特许经营以及法律、行政法规禁止经营规定的除外。”现行《公司法》第12条规定,“公司的经营范围由公司章程规定,并依法登记。公司可以修改公司章程,改变经营范围,但是应当办理变更登记。公司的经营范围中属于法律、行政法规规定须经批准的项目,应当依法经过批准”。这一规定包含了这样几层意思:公司的经营范围由章程确定,并随章程的登记而登记;公司的经营范围可以变更,如需变更,必须修改公司章程并进行变更登记;公司的经营范围中属于法律、行政法规规定须经批准的项目,应当依法经过批准。可以看出,在公法规范上,尚未放弃对公司经营范围的行政管制,经营范围乃公司章程的必要记载事项,公司章程变更经营范围条款的,也要执行公司登记变更手续,否则,适用行政处罚(《公司法》第211条第2款)。但在私法效力方面,这一规定保持了与上述《合同法》及其司法解释的一致,重申代表权限制说,且不再将公司的经营范围与权利能力范围混为一谈,不再仅仅因为公司超越经营范围而认定其签订的合同当然无效。

不要混淆概念之一 此处讨论的越权规则不同于"超越经营范围的合同效力问题"。"超越经营范围的合同效力问题",主要是指公司经营行为违反了法律、行政法规对于公司法人的营业范围的限定;越权规则,则是指公司经营行为违反了公司自身意思,更明确的说是公司管理层违反了公司成员(股东)在章程里表达的限制公司经营领域的意思。所以,不要将中国式的"超越经营范围的合同效力问题"与此处讨论的越权规则混为一谈,越权规则讨论的是公司行为超越了"法人目的事业范围"的效力问题。

(2) 关于公司法定代表人超越代表权限的行为效力问题

1999年《合同法》第50条规定,法人的法定代表人超越权限订立的合同,除相对人知道或者应当知道其超越权限的以外,该代表行为有效。这是关于表见代表的效力规定。

不要混淆概念之二 越权规则不同于表见代表。需要指出的是,不要将公司法定代表人"超越代表权限"所为的代表行为效力规则,与此处讨论的越权规则混为一谈,越权规则讨论的是公司行为超越了"法人目的事业范围"的效力问题。

(3) 关于我国的越权规则

一方面,对于我国公司法人超越法人自身意思限制也即"目的条款"的限制所从事的营业行为的效力问题,是缺乏明确的立法规定的。另一方面,不少公司法人的章程确实规定了明确的"目的条款"。[①] 这样一来,有一个问题就凸显出来——法人的机关作出的超越法人目的范围的行为效力如何认定?急需明确。我们认为,应该汲取上述两大法系的历史教训、借鉴两大法系目前的做法,明确规定法人机关作出的超越法人目的范围的营业行为的,为保护交易安全,公司法人不得主张对抗善意第三人,也即在交易相对人善意且无过失的情形下,该交易行为有效。至于由此受有损失的公司法

---

① 比如,在"世界500强"之一的深圳华为技术有限公司的《华为基本法》(相对于华为的宪章也即最基本的章程条款)的第一章"公司的宗旨"中,第1条"核心价值观"明确规定:"华为的追求是在电子信息领域实现顾客的梦想,并依靠点点滴滴、锲而不舍的艰苦追求,使我们成为世界级领先企业。为了使华为成为世界一流的设备供应商,我们将永不进入信息服务业。通过无依赖的市场压力传递,使内部机制永远处于激活状态。"既然公司宪章规定"永不进入信息服务业",那么如果某一天公司董事会决定进入信息服务业且为此签订了一份大单投资合同。该合同效力如何,需要回答。

人事后在公司内部追究相关管理层的赔偿责任(此时管理层对于公司法人负有违信责任),则是另当别论。

二、法人的民事行为能力

法人的民事行为能力,是法人以自己的意思独立进行民事活动取得权利并承担义务的资格。法人的行为能力与其权利能力既有联系又有区别。法人的权利能力是其作为民事主体的资格,行为能力则是其作为民事主体以自己的名义独立活动参与民事法律关系的资格,两者的联系在于,法人的行为能力以其权利能力为前提,一般情况下,一个法人的行为能力与其权利能力是一致的。

与自然人相比,法人的民事行为能力具有如下特征:

1. 法人的行为能力与其权利能力在存续时间上是一致的,均始于法人成立、终于法人终止。自然人的行为能力取决于年龄、智力状况等因素,故其产生时间与其权利能力不一致,有权利能力的自然人不一定有行为能力。

2. 法人的行为能力与其权利能力在范围上一致。法人的行为能力不能超出其权利能力的范围。自然人的行为能力因受主客观条件的限制,与其权利能力的范围并不一致。

3. 法人实现行为能力的方式也不同于自然人。法人的行为能力以法人机关形成团体意思为前提,其行为能力一般通过其法定代表人来实现,自然人的行为能力一般通过个人自身的活动来实现。

三、法人的民事责任能力

法人的民事责任能力,又称法人的侵权行为能力,指法人在其权利能力范围内对自己所为违法行为承担民事责任的能力或资格。虽然理论上存在否定说与肯定说两种观点,但各国民法大多肯定法人具有责任能力。《民法通则》第37条规定法人必须能够独立承担民事责任,从法律上明确肯定了法人具有侵权行为能力。第43条规定:“企业法人对它的法定代表人和其他工作人员的经营活动,承担民事责任。”《侵权责任法》第34条第1款规定:“用人单位的工作人员因执行工作任务造成他人损害的,由用人单位承担侵权责任。”法人对其工作人员执行职务时的致人损害行为承担民事责任,属于特殊侵权责任,这是因为法人的对外业务活动都是通过工作人员实施的,因此,如果法人的工作人员执行业务的行为造成了损害,法人就应承担民事责任,而不论法人对其工作人员实施的加害行为是否有过错。这就从法律上肯定了法人不仅具有独立的侵权责任能力,而且应当承担独立的侵权责任。

第四节 法人的组织与机关

法人机关 { 意思(权力)机关:如公司股东大会
执行机关:如公司董事会(或执行董事)
监督机关:如公司监事会(或监事) }

一、法人的成员、雇员及法定代表人

(一) 法人成员

法人成员,就是组成法人的人,包括自然人、法人和其他组织。如甲有限公司有股东张三、李四与乙股份公司,则张三、李四与乙即为甲公司法人的成员。一般的法人都有自己的成员,惟有大陆法上的财团法人由一定目的财产的集合而成立,故而没有成员。

法人成员与法人的关系,可以借由公司法人得以说明。首先,法人与法人成员在人格上互为独立,法人一经成立,便脱离法人成员而独立存在,某个、某些法人成员的死亡或离去,不影响法人的独立存在。其次,在财产上,法人成员出资组成法人的独立财产,法人财产与法人成员出资以外的其他财产相互分离。最后,在责任承担上,法人以其财产对外独立承担责任,法人成员以出资为限对法人的债务承担责任,此即谓法人成员的有限责任。

(二) 法人雇员

法人雇员,即法人的工作人员,法人雇员与法人的关系可以从内、外两方面描述。仍以公司法人为例。在内部关系上,雇员与公司法人之间是雇佣(劳动)合同关系,彼此的权利义务关系依劳动合同来确立。在对外关系上,主要有两点:(1) 雇员经法人授权委托对外以法人名义与第三人进行民事活动的,雇员与法人之间属于委托代理关系。如甲公司有业务员乙,乙对外以甲的名义与丙公司签订销售合同时,甲、乙之间系委托代理关系,甲为被代理人,乙为代理人,甲丙为合同当事人。(2) 法人对法人雇员的职务活动享有权利承担义务。这意味着,一方面法人雇员的职务活动所产生的收益,归属于法人;另一方面法人雇员的职务活动所产生的义务以及在经营活动中产生的民事责任,也由法人承担。

(三) 法定代表人

《民法通则》第 38 条规定,法人的法定代表人是依照法律或法人的组织章程的规定代表法人行使职权的负责人。根据《民诉意见》第 38 条,法人的正职负责人是法人的法定代表人;没有正职负责人的,由主持工作的副职负责人担任法定代表人。《公司法》第 13 条规定:"公司法定代表人依照公司章程的规定,由董事长、执行董事或者经理担任,并依法登记。"

法人的法定代表人与雇员的关系可从内、外两方面分别考察。在与法人的内部关

系上,法定代表人可能与法人存在劳动合同关系(如全民所有制企业厂长与法人之间),也可能不存在劳动合同关系(如不少上市公司的董事长与公司之间是委任关系,董事长并不在公司领取薪酬);若存在劳动合同关系,则法定代表人也是法人的雇员之一。在对外关系上,法定代表人与雇员截然不同:雇员以法人的名义对外进行民事活动须有法人委托授权,适用代理法律关系;法定代表人依法对外代表法人进行民事活动时,其职权由法律、章程规定,适用代表法律关系,法定代表人的行为就是法人的行为,即使法定代表人越权,也要适用表见代表制度保护善意第三人的信赖利益。《合同法》第50条规定:"法人或者其他组织的法定代表人、负责人超越权限订立的合同,除相对人知道或者应当知道其超越权限的以外,该代表行为有效。"

二、法人机关

(一) 概念

法人机关,是指根据法律、章程的规定,于法人成立时产生,不需要特别委托授权就能够以法人的名义对内负责法人的生产经营或业务管理,对外代表法人进行民事活动的集体或个人。法人机关是法人的有机组成部分,其本身不是独立主体,不能独立于法人之外而单独存在,而是依附于法人且作为法人的组织机构而存在。

在民法上,法人机关存在的最大意义就在于它是形成、表示和实现法人意思的机构。法人作为一种社会组织,与自然人不同,其意思的形成通常通过其机关形成,其意思的表示或实现也要通过其机关来完成,其意思的实现状况也要由其机关约束和监督。可见,法人机关的意思就是法人的意志,法人机关所为的法律行为就是法人的法律行为,其法律后果由法人承担。简言之,法人机关对外代表法人进行民事活动,是法人的代表机关;对内是负责法人的生产经营或业务管理的机关。

法人机关由单个的个人或集体组成。由单个的个人形成的法人机关称为独任机关,如全民所有制企业的厂长(经理)、小型有限公司的执行董事,由集体组成的法人机关称为合议制机关,如股份公司的股东大会、董事会与监事会。

(二) 构成

一般来说,法人机关由权力机关、执行机关和监督机关等构成。据我国现行法律规定,全民所有制企业的法人机关主要是厂长(经理),身兼权力机关与执行机关。中外合资经营企业的法人机关,包括权力机关董事会和执行机关总经理。公司企业的法人一般包括权力机关[股东(大)会、执行机关(董事会)和监督机关(监事会)]。机关法人和事业单位法人一般是正职负责人,身兼权力机关与执行机关。社会团体法人一般以社员代表大会为权力机关,理事会为执行机关。

(三) 与法人的关系

通说认为,法人机关是法人的组成部分,法人机关在其权限范围内所为的一切行为,均为法人本身的行为,其行为后果由法人承担。法人机关与法人的关系是部分与整体之间的关系。这种关系是代表关系,不同于代理关系。在代理关系中,必须有代理人的意思和被代理人的意思，即存在两个意思。而在法人机关与法人的关系中，只有一个意思，即法人意思。

三、分支机构和职能机构

（一）分支机构

法人的分支机构，是根据法人的意思在法人总部之外的区域设立的实现法人宗旨的业务分部，如公司的分公司，银行的分行、支行等。

在法律地位上，分支机构属于不具有法人资格的其他组织，所以法律要求其名称必须标明与其所属法人的隶属关系。分支机构作为法人的组成部分，业务活动范围以法人经核准登记的目的事业范围为限。在此意义上，在我国，分支机构作为“其他组织”，享有相对独立的民事主体资格与诉讼主体资格。

关于分支机构的诉讼主体资格 依照最高人民法院《民事诉讼法解释》第52条第5项和第53条的规定，法人的分支机构是否具备诉讼主体资格需分两种情形而定，“依法设立并领取营业执照的法人的分支机构”，具备诉讼主体资格；“法人非依法设立的分支机构，或者虽依法设立，但没有领取营业执照的分支机构”，不具备诉讼主体资格某，“以设立该分支机构的法人为当事人”。

在财产关系上，公司需要划拨给分支机构一定的财产作为其相对独立开展业务活动的物质基础，但分支机构不享有独立财产权，其占有、使用的财产不属自己所有，而是法人财产的一部分。

在法律责任承担上，分支机构的业务活动后果由法人承担。具体而言，如果分支机构有亏损，可以先用其名下的财产用于清偿债务，如有不足，则执行法人的全部财产用以清偿分支机构的债务；也可以直接执行法人的全部财产用以清偿分支机构的债务。可以说，分支机构的债务最终由法人承担清偿责任，但正因为分支机构与法人的财产相互不独立，所以绝不能说法人的分支机构与法人之间承担连带责任。

综上可见，分支机构严格区别于法人独资或者参股创立的具有独立法律人格的新法人组织，如母公司的子公司。子公司虽受母公司的控制，但子公司是独立的法人，它与母公司在人格、财产和责任方面都是彼此独立的。

（二）职能机构

法人的职能机构，是根据法人的意思在法人总部设立的执行法人一定意思的主管机构，如常设的人力资源部、财务部、市场部等。在法人内部，法人的职能机构具有一定的管理权限，如人力资源部在人事、薪酬方面享有对雇员的管理权。但在对外关系上，法人的职能机构严格区别于法人的分支机构：法人的分支机构在其核定的经营范围内得以自己的名义从事民事活动，具有一定的民事主体资格、诉讼主体资格；职能机构对外不具有任何民事主体资格，以法人的职能机构的名义对外从事的民事活动应属无效。例如，依《担保法》第10、29条，企业法人的分支机构在法人书面授权范围内提供的保证是有效的，但企业法人的职能机构对外所提供的保证统归无效。

第五节　其他组织

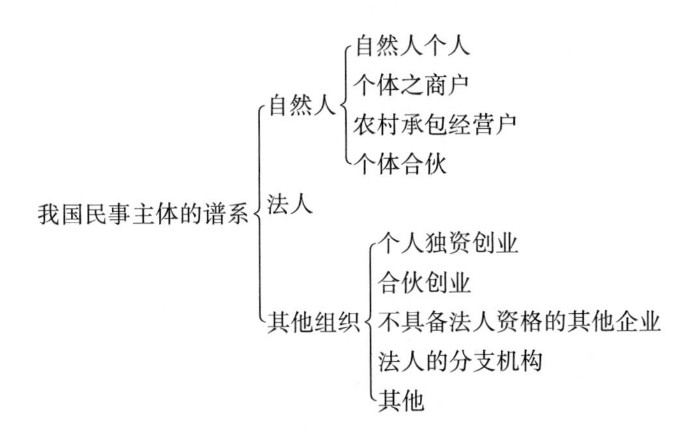

一、基本概念

（一）定义

其他组织，又称非法人组织、非法人团体，是指不具有法人资格，但有一定的组织机构和财产，可以自己的名义从事民事活动的组织。其他组织具有以下特点：

1. 其他组织是一种组织体。其他组织是依法成立的社会组织，不是以自然人个人的名义存在于社会的。而且，其他组织应当是为实现一定的目的而依法设立的具有稳定性的集合体，有自己的名称，组织规则和组织形式，也有自己支配的相对独立的财产。

2. 其他组织是不具备法人条件的组织。其他组织尽管有自己支配的财产，但其财产不具有独立性，也不能够独立承担民事责任。

3. 其他组织具有相应的民事权利能力和民事行为能力。其他组织是为实现一定目的而存在的，为实现其目的需要以自己的名义进行民事活动。因此，其他组织也具有相应的民事权利能力和民事行为能力，可以自己的名义享有民事权利和承担民事义务。

4. 其他组织具有相应的民事诉讼能力。在我国民事诉讼法上，其他组织得以自己的名义独立参加民事诉讼活动，充当民事诉讼主体。

二、其他组织的分类

根据其他组织设立的目的，可以分为营利性法人组织与非营利性法人组织。前者是指以营利为目的而设立的其他组织，如合伙企业、个人独资企业等；后者是指不以营利为目的而设立的其他组织，如学校设立的不具有法人资格的分校等。

根据其他组织设立是否登记，可以分为登记的其他组织与非登记的其他组织。前者是指其成立需要依法办理登记的其他组织，如个人独资企业等，后者是指其成立不需要办理登记或者未办理登记的其他组织。在我国实践中,有的企业设立分支机构经过了依法登记,有的则未经登记。

《民事诉讼法解释》第52条规定,《民事诉讼法》第48条规定的“其他组织”,从存在的形式看分为八类,分别是:

(1)依法登记领取营业执照的个人独资企业;

(2)依法登记领取营业执照的合伙企业;

(3)依法登记领取我国营业执照、又未登记为公司法人的中外合作经营企业、外资企业;

(4)依法成立的社会团体的分支机构、代表机构;

(5)依法设立并领取营业执照的法人的分支机构;

(6)依法设立并领取营业执照的商业银行、政策性银行和非银行金融机构的分支机构;

(7)经依法登记领取营业执照、又未登记为企业法人的乡镇企业、街道企业;

(8)其他符合本条规定条件的组织。

三、个人独资企业

个人独资企业是指由一个自然人投资,财产为投资人个人所有,投资人以其个人财产对企业债务承担无限责任的经营实体。个人独自企业具有以下特点:

1. 个人独资企业是一个企业。个人独资企业是企业的一种形式,具备企业的一般属性,具有典型的组织性,如有自己的名称、财产、住所,须经登记成立。这是个人独资企业区别于个体工商户之处。

2. 个人独资企业由一个自然人投资,由此不同于合伙企业。

3. 个人独资企业不具有法人资格,财产由投资人个人所有,企业财产与投资人的其他财产不作分割。依现行法的规定,个人独资企业的投资没有最低资本的要求。因此,个人独资企业既不同于法人企业,也是区别于自然人一人公司之处。

4. 个人独资企业自主经营。个人独资企业经登记取得营业执照后,依法自主经营,他人不得非法干预。个人独资企业的投资人可以自行管理企业事务,也可以委托或者聘任其他具有民事行为能力的人负责企业事务的管理。受托人或者被聘用的人员应当履行诚信、勤勉义务,按照与投资人签订的合同负责个人独资企业的事务管理。但投资人对受托人或者被聘用人员权职的限制,不得对抗善意第三人。同时,受托人或者被聘用人员不得从事有损于投资人的行为。例如,不得挪用企业的资金归个人使用或借贷给他人;不得擅自以企业财产提供担保;未经投资人同意,不得从事与本企业相竞争的业务;未经投资人同意,不得同本企业订立合同或进行交易。

四、法人的分支机构

法人的分支机构,是指法人为实现其职能而设立的可以自己的名义进行民事活动但不能独立承担民事责任的独立机构。法人的分支机构具有以下特点：

1. 法人的分支机构是法人为实现其职能而设立的机构，是法人的一个组成部分，受法人的统一支配和管理。因此法人的分支机构的名称须冠以其所从属的法人名称，法人分支机构的营业须在法人的业务范围内。

2. 法人的分支机构是相对独立的机构。法人的分支机构虽然是法人的组成部分，但具有相对独立性。例如，法人的分支机构有自己可独立支配的财产、有自己的组织机构、有自己的名称和营业场所，法人的分支机构在办理工商登记并领取营业执照后，有权在法人授权的范围内独立进行民事活动。能够以自己的名义独立从事民事活动，是法人的分支机构与法人的职能机构的主要区别所在。

3. 法人分支机构不能独立承担民事责任。法人的分支机构虽具有相对独立性，但不具有法人资格，因此，法人分支机构独立进行民事活动的法律后果应由法人承担。

思维拓展

【重要知识点】

法人的分类，具体包括大陆法系、英美法系与我国民法的不同分类思路及其相互关系；法人成立原则及其适用；法人终止的原因与程序；法人民事权利能力的范围界定；法人与其成员、雇员、法定代表人、法人机关、分支机构、职能机构之间的法律关系。

【立法前沿问题】

法人分类及其制度再构造的立法课题

1986年的《民法通则》基于发展商品经济的需要，引入了法人制度，且将规范的重心放在了企业法人身上。根据法人是否进行营业活动以及是否具有营利性，将法人直接分为企业法人与非企业法人，企业法人也就是营利法人，非企业法人也就是非营利法人，又再分为机关法人、社会团体法人与事业单位法人。但是经过将近30年的实践，这一分类体系及其配套的规范秩序是否还适合当今社会发展的需要，需要认真考量与重新评估。比如，事业单位法人在现实中所涵盖的类别极其复杂，且彼此之间深具异质性，对照《民法通则》所预设的事业单位法人的特征而言，部分所谓的事业单位法人可谓面目全非，比如文化出版类的事业单位法人正在大规模往企业法人的方向。在此背景之下，对于《民法总则》如何规范法人分类，值得期待。学术界认为法人制度要正视与回应30多年来的改革开放成果，以及现实存在的突出问题，因为民法典中的法人分类将成为一个国家法人制度的顶层设计。

大陆法系的民法典多采纳了社团法人和财团法人的分类，正在起草的中国民法典是否沿用该分类,需要思考。需要注意,财团法人和社团法人在实践中的差别越来越小。财团法人中有人的集合,社团法人中有财产。它们都具有法人构成的同样的基本要素:法人意思表示形成机关和执行机关,并无本质差异。所谓社团法人中的社员权概念主要存在于营利性法人中,而非营利的社团法人中的社员权,主要表现在法人意思形成机制中,与传统财团法人并无特别的差异。如果不采或者不将社团法人和财团法人的分类作为基本分类,而采营利性法人和非营利性法人的分类,并制定一部《非营利法人法》,也是一项适合中国国情的选择。当初《民法通则》并没有采纳财团法人的概念,在三十多年的实践中我国已经逐步形成了一些独特的非营利法人的类型。主要有:民办非企业单位、社会团体法人和基金会三类。在英美法中也无社团法人和财团法人之分,而代之以营利性法人和非营利性法人的分类。

营利性法人和非营利性法人的分类是中国实践中最急需解决的问题,也是最有实践意义的分类。在中国大陆地区的实践中,人们缺乏对营利性法人和非营利性法人的区分的正确认识,错误认识之一:非营利性法人不应从事营利活动,其危害大,典型事例莫如职工持股会。民政部认为职工持股会是社会团体法人,是非营利法人,所以不得从事营利性活动,而持股是营利性活动,所以,取缔了全部职工持股会的设立,在实践中造成重大的危害和混乱。如果民法典采营利性法人和非营利性法人的分类,并对各自的法律特点特别是非营利法人的法律特点予以明确规定,对于澄清实践中的模糊认识和做法将大有裨益。非营利法人的营利活动的权利应当在民法典中予以肯定,民法典应当明确界定什么是非营利法人,非营利性表现在:不分配利润、不分配剩余财产,而不是不从事营业活动。相对应地,税法对两类法人的税收予以了截然不同的法律待遇。

【重点法条】

(1)《民法通则》第36、38—43、50条。

(2)最高人民法院《关于贯彻执行〈中华人民共和国民法通则〉若干问题的意见(试行)》第58条。

(3)《公司法》第2—3、6—14、20条。

>> 第四章 <<

民事权利客体

民事权利的客体：
- 物
- 货币
- 有价证券
- 权利
- 智力成果、商业标记与信息
- 营业

第一节　物及其分类

物的重要分类：
- 动产与不动产
- 特定物与种类物
- 主物与从物
- 原物与孳息
- 流通物、限制流通物与禁止流通物
- 消耗物与非消耗物
- 可分物与不可分物
- 替代物与非替代物
- 单一物、合成物与集合物

一、物的基本概念

物，是指能满足人的需要，并能够为人支配的有体物或自然力。所谓有体物，是肉眼能看到的物质实体，民法上的物绝大多数是有体物，如汽车、汽油等固体物和液体物。但随着现代科技的发展，人类利用自然资源的能力提高，有些自然力也开始成为稀缺性资源，进入了商品交换的领域。如无线电频谱、电力和煤气这些自然力资源虽然肉眼看不见，却也符合物的特征，故也被列入物的范畴。

民法上的物，都具有物理属性，也符合哲学上物的定义，但民法上的物的内涵却要小得多。因此，物理上和哲学上的物，并不一定是民法上的物，民法上的物必须符合以下条件：

1. 具有效用。物具有效用,是指物对于民事主体具有一定的价值,能够满足民事主体的需要。这种价值既可以是经济性价值,也可以是精神性价值。因此,一辆汽车可以成为物,几根青丝可能没有任何经济价值,但由于可能是初恋情人的定情信物,而具有一定的精神性价值,也可以成为物。此外,物的经济价值是否由劳动创造,在所不问。如天然存在的土地、森林、频道,都可作为民法上的物。

2. 能够特定化的有体物或自然力。由于物权是支配权,因此物必须是特定化的,这样物权人的权利范围才能得以确定,否则无法区分具体的权利界限。因此,通常而言,有特定外形的物体作为物是没有问题的,因为它们通常可以相互区分而得以特定化。除了有形的物体以外,可以用物理的方法度量而得以特定化的自然力,也可以成为物,例如,煤气、电力等。知识产权由于其客体是无形的智力成果,因此知识产权不属于民法物权范畴,而受制于专门的知识产权法。

3. 能够被人所支配。物体或自然力只有被人支配和控制时,才能成为民法上的物。因为,当物不具有可支配性时,即使能带来利益,但由于不能为民事主体所独占,因此也不能成为特定民事主体所独占的物。如太阳、月亮,虽有巨大价值,但人对之可望而不可即,且其价值为所有民事主体所共享,不符合物权所规范的归属和利用的法律关系范畴,故不能成为民法上的物。物的这一特征决定了民法上的物与物理学上的物范围的不同。

4. 独立于人体之外。从医学的角度而言,人体也可以属于物的范畴,但是在现代民法中,人体是无论如何也不能成为物的,因为人体一旦成为物,作为民事主体的人自身就成为了客体,这就违反了现代文明社会的伦理道德要求以及现代民法人人平等的基本原则。因此,有生命之自然人的活体及肢体器官不能作为物,至于自然人的尸体及与自然人分离的器官、血液、毛发,在不违背善良风俗和法律规定的情况下,是可以作为物的。如,与人体分离的器官可以成为捐赠的客体,但不能成为买卖的客体;人的尸体可以成为纯粹以悼念为目的的法定继承的客体,但不能成为买卖的客体。

二、物的分类

(一) *动产与不动产*

以物能否移动和移动后是否会损害物的价值为标准作此划分。动产与不动产,是民法上对物的最重要的分类之一,物权法就是按照动产和不动产来规定不同的权利变动制度的。

动产是指能够移动并且不因移动损害价值的物,如家具、金银等;不动产是不能够移动或虽可移动但却会因移动损害价值的物。概括地说,属于不动产的,主要就是土地和地上定着物,如矿藏、水流、海域、树木、庄稼等等。

注意矿藏是不动产,但是矿物则是一般动产,因为前者是埋藏在地下的,而后者被开采出来了;水流是自然界水资源的总称,具有概括性,属于不动产,但自来水和瓶装矿泉水都是一般的动产;树木是长在土地上还没有被砍伐的,所以属于不动产,而木材则是砍伐后的,属于动产;庄稼是长在土地上的还没有收割的,因此属于不动产,而粮食是收割后的,属于动产。

这一区分的法律意义主要在于有助于理解所有权人的范围。不动产中的土地、河流、森林等,只能成为国家或集体的所有权客体,任何自然人或集体组织以外的法人或其他组织,都无法成为这些不动产的所有权人。此外,我国海域、水流这些不动产只能属于国家所有,连集体也被排除在外了。而对于大多数动产而言,所有权人则没有什么限制。

2. 物权的公示方式不同。动产物权的变动,通常以交付为公示方式;而不动产物权的变动,则以登记为公示,不经登记的不发生变动效力或不能对抗第三人。如,不动产抵押权、房屋及建设用地使用权转让,均须办理登记后才生效;地役权只有在办理登记后,才能对抗善意第三人。

直观上看,机动车、船舶和航空器应该属于动产,而且这种直觉也是非常正确的。但是初学法律的人喜欢将其复杂化,认为这些物价值较大,所以就喜欢将其纳入到不动产的范畴中。事实上,我国物权法还是将这些物作为动产来对待的,这意味着这些物权的公示方法仍然是占有(交付),但由于它们价值较大,因此对其附加登记对抗的效力。也就是说这些物要想发生对抗第三人的效力,必须满足两个公示要件,一个是交付,还有一个是登记。如,甲与乙签订汽车买卖合同,甲把汽车交付于乙,但没有过户登记,后甲又将汽车抵押给丙,办理抵押登记。此时丙的抵押权可以对抗乙的所有权,因为乙的所有权没有登记。此外,还有一个值得注意的问题是,我们虽然通常讨论动产的交付,事实上,不动产也是存在交付问题的,只不过由于交付对于不动产物权变动没有多少意义,因此,我们很少讨论不动产的交付问题。但是,这并不意味着在其他场合不动产的交付没有意义,如在不动产买卖过程中,风险承担仍然是以交付为标准的。

3. 可以设立的他物权类型不同。物权中的用益物权,如土地使用权、宅基地使用权、地役权、农村土地承包经营权等,只能在不动产上设定,动产几乎没有出现用益物权的情况。用益物权之所以常见于不动产,这是因为动产价值较小,一般通过直接购买获得所有权,或通过债权租赁方式就可以获得使用的权限,而无须设立复杂的用益物权。在担保物权中,不动产可以设定抵押权,而不能设定质权和留置权;而动产可设定质权和留置权,也可以设立抵押权。

虽然《物权法》第117条规定:“用益物权人对他人所有的不动产或者动产,依法享有占有、使用和收益的权利。”这让我们可能会认为我国的用益物权可以建立在动产之上。根据物权法定原则,物权的种类只能由法律规定,但是我们发现在物权法和其他相关法律制度中,至今还找不到一个建立在动产之上的用益物权。因此,就目前而言,我国的用益物权只存在于不动产之上。

4. 是否发生相邻关系。不动产由于不能移动,相邻的占有人之间如因不动产的利用而产生冲突与矛盾时,就需要法律加以协调。所以,民法上有专门处理不动产相邻关系的条文,以处理截水、排水、通行、通风、采光等相邻关系。动产因能移动,所以不发生特定人之间的相邻关系。

5. 管辖不同。因不动产发生的争议,适用专属管辖。《民事诉讼法》第34条第1项规定:因不动产纠纷提起的诉讼,由不动产所在地人民法院管辖。而因动产引起的民事诉讼,则依普通管辖确定管辖法院,如被告住所地、合同履行地等。

(二) 特定物与种类物

以物是否有特征或是否被特定化而对物作此区分。特定物是独具特征或被特定化的物。特定物既包括独一无二的物,如鲁迅某书手稿、刘海粟的画等,也包括经当事人指定后特定化的种类物,如经挑选后被买方作了标记的家具等。需要指出,特定物既可是依物自身的特点确定的物,如某一份特定的文件,也可以是依当事人的主观意志确定的物,如当事人在偌大的电器商场大厅内特别选定的某台电视机。

种类物,或叫非特定物,是指仅以品种、规格、型号或度量衡加以确定的物。如同一型号的自行车、同一型号的汽油等,没有或者不能与同类物品区别开来,而是以品种、规格、质量或度量衡确认的一类具有共同特征的物。如1吨煤、20公斤五常大米等。一般而言,不动产都属于特定物,只有动产才存在特定物与种类物之分。

这一区分的法律意义,在于有助于理解民事法律关系的专属性。民事法律关系,有的只能以特定物为客体,如租赁、借用合同等,而有的只能以种类物为客体,如消费借贷、货币借贷等。在租赁合同和借用合同期限届满时,承租人和借用人必须归还原物——特定物。相反,在消费借贷或货币借贷合同期限届满时,借贷人只要归还同种数量的物或同值的货币即可,因为所借之物或钱已被处分掉了,不可能也不需要返还原物或原币,况且原物、原币与返还的物、货币是具有共性、可替代的物——种类物。具言之,这一区分在以下法律关系场合下具有意义:

1. 物权的标的物只能是特定物,而不是种类物。

2. 种类物的所有权只能在交付以后转移,而特定物的所有权可以被约定为在交付后转移,也可以在交付前转移。

3. 以特定物为债的给付对象的,在标的物意外灭失时,发生债的履行不能;而以种类物为债的给付对象的,在标的物意外灭失时,一般不发生债的履行不能。只有在种类物全部灭失的情况下,才能发生债的履行不能。

4. 某些法律关系如租赁、借用关系只能以特定物为标的物,而有的法律关系如借贷关系只能以种类物为标的物。

(三) 主物与从物

据两个独立存在的物在法律效力中的主从关系作此划分,能够独立存在的为主物,必须附属于主物的为从物。只有满足以下条件,才能区分为主物和从物:

1. 同属于一个人所有。如果两个物属于不同的民事主体所有,两个所有权相互独立,根本无须讨论主物和从物的关系。

2. 物理形态上各自独立存在。如果两个物处于包含或结合关系,则只能视为一个物,而无须讨论主物和从物的关系。如机动车与发动机、房屋与窗户、机动车和轮胎都不能成为主物和从物的关系,但是机动车和备胎则是主物和从物的关系。

3. 功能上有辅助性。如果两个物具有各自独立的功能,也无须讨论主物和从物的关系。如上衣和裤子就不是主物和从物的关系,但是电视机和遥控器、珠宝和盛珠宝的盒子就是主物与从物的关系。

这一区分的法律意义在于:如果没有相反约定,从物的所有权随主物的所有权一并转移;在没有明确约定的情况下,主物上的抵押权效力也同时及于从物;但在质押权的设立过程中,只有在当事人既交付了主物同时又交付了从物的情况下,才能认为质押权同时及于主物和从物,如果没有交付从物,则只能认为当事人通过自己的行为否认了质押权及于从物的意愿,因而不能及于从物。

(四) 原物与孳息

依产生收益的物与所生收益之间的关系而对物作此区分,原物是指基于自然属性能产生收益的物,而孳息是原物产生的收益。二者之间的联系在于存在出产与被出产的关系,区别在于二者在物理上是分开的。所以,小羊羔出生后,可以称为母羊的孳息,但在出生之前则属于母羊的一部分,而不称为孳息。

1. 天然孳息。依自然属性产生的孳息称为天然孳息,如珍珠就是贝壳的孳息,果实就是果树的孳息,牛奶就是奶牛的孳息。但一定要注意,天然孳息一定要与原物相分离,否则不能叫孳息。因此,果树上的果实并不是孳息,果实尚未独立,此时只是果树的组成部分。同样,贝壳中的珍珠和牛肚子里的牛胎都不是孳息。

2. 法定孳息。依法律规定产生的孳息称法定孳息,如租金、利息和股票的红利。

3. 射幸孳息。是指给付内容具有不特定性的孳息,常见的就是彩票的奖金和(允许博彩国家和地区的)赢取的赌资。

关于孳息的归属,《物权法》第 116 条规定,天然孳息归原物的所有权人所有。这个规定属于一般规范,《合同法》则有特殊规范——第 163 条规定,标的物在交付之前产生的孳息,归出卖人所有,交付之后产生的孳息,归买受人所有。此外,如果既有所有人,又有用益物权人,则归用益物权人所有。这一规定似乎较为特殊,事实上这一规定主要解决我国农村土地承包经营权的孳息归属问题,因为农村土地归集体所有,农民享有用益物权,土地上的生产的粮食此时当然归农民所有才公平。

如果是法定孳息,《物权法》第 116 条规定,按照当事人的约定,没有约定按照交易习惯取得。如租金通常约定是归出租人所有,利息则归货币的出借人所有。

(五) 流通物、限制流通物、禁止流通物

根据法律上的物具有的可流通性作此区分。流通物又称融通物,是指允许作为交易对象,在民事主体之间可以自由流通的物。限制流通物又称限制融通物,是指限定在特定主体之间或特定范围内流通的物。例如文物、外币、麻醉药品、、管制刀具、运动枪支、弹药等属于限制流通物。禁止流通物又称禁止融通物,是指不得为交易的标的物而流通的物。依照我国现行立法与政策,诸如土地、矿藏、水流等国家专有物以及毒品、淫秽物品等属于禁止流通物。

这一区分的主要法律意义在于:流通物可以自由流通,限制流通物只能在限定的范围内流通,禁止流通物不得为交易的标的物。如果以禁止流通物为交易对象或超出限定范围交易限制流通物的,则其交易行为无效。

(六) 消耗物和非消耗物

根据物经使用后形态的变化性作此区分。消耗物又称消费物,是指一次性使用就归于消灭或改变形态和性质的物,如柴米油盐酱醋茶等;非消耗物又称非消费物,是指可以长期多次使用而不会改变形态和性质的物,如房屋、电器等。

这一区分的主要意义在于:消耗物不能反复使用,因而不能成为转移标的物使用权的债的标的物;而非消耗物可以反复使用,因而可以成为转移使用权的债的标的物。例如,租赁合同、借用合同的标的物只能是非消耗物;而消费借贷合同的标的物只能是消耗物。

(七) 可分物与不可分物

根据物在物理性质上是否可分割作此区分。可分物,是指可以分割且分割后不会改变其性质或影响其效益的物,如柴米油盐酱醋茶等生活消费品;不可分物,是指按照物的性质不能分割或者分割后会改变其性质或影响其用途的物,如电器、牲畜等。

这一区分的主要意义在于:

1. 在分割共有财产时,若为可分物,可以采取实物分割的办法;若为不可分割物,则不采用实物分割的办法,只能采取变价或者折价的办法。

2. 债的标的物若为可分物,可以成立可分之债;若为不可分割物,则只能成立不可分之债。

(八) 替代物与非替代物

根据是否具有可替代性作此区分。替代物,是指可以用一种类、质量、数量的物替代的物,如柴米油盐酱醋茶等;非替代物是指不能以他物替代的物,如某处房屋、某个文物等。

辨识 这一区分,与种类物(不特定物)与特定物的区分存在某种密切关系,但不相同。种类物与特定物的区分是交易方法的区别,而替代物与非替代物则是物本身性质的区别。一般来说,替代物为种类物,非替代物为特定物。但是,替代物也可以是特定物,如金钱为替代物,但当金钱以封金的形式出现时,即为特定物,可以成为质权的客体;非替代物也可以是种类物,如赛马为非替代物,但若当事人明确约定了土库曼斯坦的汗血宝马作为赛马10匹,则其为种类物。

这一区分的主要意义在于:替代物一般只能为借贷法律关系的标的物,非替代物则是租赁关系、借用关系等法律关系的标的物。

(九) 单一物、合成物与集合物

根据物的构成形态作此区分。单一物,是指独立为一体的物,如一头牛、一片瓦;合成物,又称结合物,是指由多数单一物结合成一体的物,如一栋房屋、一堵墙;集合物,又称聚合物,是指由多个单一物、合成物结合为一体的物,如一群羊、图书馆的所有图书、一个企业的全部财产等。

这一区分的主要意义在于:单一物、合成物只能就其整体为交易对象,不能就其某一组成部分进行交易,如出售一栋房屋是可以的,但仅仅出售某栋房屋的一面墙,无法操作;集合物可以就集合物整体进行交易,如设定集合地产抵押(《物权法》第181条),也可以就集合物中的单一物或合成物单独进行交易,比如买卖某养殖场的几头猪。

第二节　货币与有价证券

货币与有价证券,是现代民法上两种特殊的物,在民商交易中具有特殊的重要地位。货币与有价证券,在多数场合下视为特殊动产,故而适用法律关于动产的一般规则,但又有其个性特征与规则。

一、货币

在人类实行商品经济以来,货币一直充当着一般等价物,在性质上属于动产、种类物、替代物,因而,货币是一种支付手段、流通手段和补偿手段。由于货币具有一般等价物的特殊功能,有不同于其他物的特殊效力:

1. 货币的价值体现为票面价值,即货币的价值是通过票面上的数额表示的。因此,只要货币票面的价值相同,其价值就是一样的。

2. 货币的占有即等于所有,这就是货币的所有与占有一致原则。也就是说,货币的占有人即被推定为货币的所有权人,丧失货币的占有即丧失货币的所有权。因此,在货币被侵占时,只能发生不当得利返还请求权,而不发生所有物返还请求权。

借钱与借车的区别　既然货币作为所有权的客体,其占有权与所有权合二为一,货币的占有人视为货币所有人;货币所有权的转移以交付为要件。所以,"借钱"与"借车"的含义完全不同,前者,移转的是货币所有权而不是货币的使用权(货币不存在使用权的问题,因为货币作为一般等价物只有交换价值,并无使用价值,或者说货币的使用价值只能寓于它的交换价值之中);后者,移转的是汽车的占有权、使用权。所以,借贷合同在合同法上与买卖合同、赠与合同等并列为移转标的物所有权的合同之一,而借车合同(借用合同)属于移转标的物使用权的合同之一,与租赁合同相并列。

3. 由于货币的所有权和占有权合二为一,因此货币也无法设立动产质押权,除非在特定场合下将一定数量的货币特定化,才可以设立质押权,常见的方式是通过包扎的方式形成“封金”以及在特定的账户中存入一定货币而形成“特户”。

4. 在债法上,货币具有特殊法律效力。货币之债是一种特殊的种类债,货币的使用价值寓于它的交换价值之中,作为一般等价物能交换其他物品、劳务和外币。所以,它较之其他实物具有更大的流通性。在其他类型的债发生履行不能时,都可以转化为货币之债来履行,而货币之债本身原则上只发生履行迟延,不发生履行不能,债务人不得以履行不能而免除付款义务。所以,我国《合同法》第 110 条关于免除实际履行责任的例外规定,排除了货币之债的适用。[①]

二、有价证券

(一) 基本概念

有价证券,是指设定并证明持券人有权取得一定财产权利的书面凭证。有价证券所代表的一定权利与记载该权利的书面凭证合二为一,权利人行使权利,原则上不得离开证券进行。

具体而言,有价证券具有以下特点:

1. 有价证券代表的是财产权利。有价证券与无价证券相对应,具有一定的经济价值,此经济价值由有价证券所代表的财产权利体现出来,而不在于证券本身。证券本身往往体现为一张印制的纸张,甚至无纸化,除非具有收藏价值,否则不具有任何价值。有价证券之所以“有价”,因为它代表着一定的财产权利并可用于交易。所以,有价证券所代表的权利只能是财产权利,而不可能是人身权利。

2. 有价证券与其记载的财产权利须臾不可分离。有价证券所代表的财产权利与证券本身不可分离,具有权利证券化属性。因此,只有持有证券才能享有证券上所记载的财产权利,行使证券上权利须提示证券,转让证券上的权利须交付证券。一旦丧失证券,就不能主张证券上的权利。

3. 有价证券的持有人只能向特定义务人主张权利。有价证券的义务人是特定的,持有人只能向其主张权利。另一方面,对证券持有人负给付义务的人,也不因证券持有人的改变而改变。

4. 义务人有单方的见券即付义务。义务人有向持券人履行债务的义务,该义务往往是单方的见券即付义务,无权要求对方给付对价,也不论持券人是否为真正的权利人,此即所谓的有价证券是“认券不认人”。

(二) 学理分类

1. 根据有价证券所记载权利的性质,分为三种:

(1) 记载债权的有价证券,如票据和债券。票据包括本票、汇票、支票,义务人负有无条件支付所载金额的义务。债券包括国库券、公司债券等,义务人负有到期向债

---

① 《合同法》第 110 条规定:“当事人一方不履行非金钱债务或者履行非金钱债务不符合约定的,对方可以要求履行,但有下列情形之一的除外:(一) 法律上或者事实上不能履行;(二) 债务的标的不适于强制履行或者履行费用过高;(三) 债权人在合理期限内未要求履行。”

权人还本付息的义务。

(2) 记载物权的有价证券,如仓单、提单。仓单、提单的义务人负有向证券持有人交付证券上所载明的物品的义务,取得提单、仓单也就取得了证券上所载物品的所有权。

(3) 记载股份权利的有价证券,如股票。取得股票,也就享有股份上代表的股权,为公司股东。

2. 根据有价证券记载的权利的标的,分为三种:

(1) 金钱有价证券,即证券上的权利的标的为金钱的有价证券,如票据、债券、存款单等。

(2) 物品有价证券,即证券上权利的标的为物品的有价证券,如仓单、提单等。

(3) 服务有价证券,即证券上的权利的标的为提供一定服务的有价证券,如车票、船票、飞机票等。

3. 根据有价证券记载的权利的转让方式,分为三种:

(1) 记名有价证券,即在证券上记明了权利人姓名或名称的有价证券。记名有价证券的权利转让一般须按债权转让的方式进行,有的记名有价证券的转让须办理过户手续,如转让记名股票的,要办理过户登记手续。记名有价证券持有人行使权利时不仅要提示有价证券,还应出示有关的身份证明。

(2) 指示有价证券,即在证券上指明第一个取得证券权利人姓名或名称的有价证券,如指示支票等。指示有价证券的权利人是证券上指明的人,证券义务人只对证券上记载的持券人负履行义务。指示证券的转让,须由权利人背书及指定下一个权利人,由证券债务人向指定的权利人履行。

(3) 无记名有价证券,即在证券上没有记载权利人姓名或名称的有价证券,如国库券和无记名股票等。无记名有价证券上的权利,由持有人享有,得自由转让,可依单纯交付证券的方式进行,持有证券者即为权利人,证券义务人只对证券持有人负履行义务。

(三) 民法上常见的几类有价证券

《物权法》第223条提到,票据、债券、股票、提单、仓单等有价证券可以设定质押。这几类有价证券也正是民法上最常见的有价证券实物类型。

1. 票据。是由出票人依法签发的,约定由自己或委托人于约定时间无条件支付确定金额给持票人或收款人的有价证券。依《票据法》,票据分为汇票、本票和支票。

2. 债券。是国家或企业依法发行的,约定于到期时还本付息的有价证券,分为公债和企业债。公债是国家发行的债券,如国库券,公债不能当作货币使用,但可以自由转让,可以在银行兑现和设定质押。企业债是企业发行的债券,可以转让、设定质押。

3. 股票。是股份公司依法发行的表明股权的有价证券。股票上表明的权利为股权,包括股息和红利收取权、表决权及分配剩余财产权等。

4. 提单。是证明海上货物运输合同和货物已经由承运人接收或者装船,以及承运人保证据以交付货物的单证。提单中载明的向记名人交付货物,或者按照指示人的指示交付货物,或者向提单持有人交付货物的条款,构成承运人据以交付货物的保证。提单既是货物运输合同成立的证书,也是承运货物的物权凭证。

5. 仓单。是仓储保管人应存货人请求签发的证明存货人财产权利的文书。仓单属要式证券,应依法记明有关事项。仓单以给付物品为标的,属物品证券。仓单记载货物之移转须移转仓单始生效力,故仓单又属物权证券。存货人凭仓单提取仓储的物品,也可用背书形式并经仓库营业人签字将仓单上所载明的物品所有权转移给他人。

第三节　其他民事权利客体

在现代民法上,民事权利客体的范围应该保持开放性,不以现行法的规定为限。而且,民事权利客体应该保持良好的流通性及方便利用,非依法律规定,不得禁止或者限制民事权利客体的流通与利用。除了物、货币与有价证券外,现代民商法上还有几种重要的民事权利客体,在此简单讲述。

一、人身利益

人身权的客体是人身利益,包括民事主体依法享有的人格利益与身份利益,都受法律保护。这里的人身利益,也包括死者的人格利益,依法也受到法律的保护。比如最高人民法院《精神损害赔偿解释》第3条规定:“自然人死亡后,其近亲属因下列侵权行为遭受精神痛苦,向人民法院起诉请求赔偿精神损害的,人民法院应当依法予以受理:(一)以侮辱、诽谤、贬损、丑化或者违反社会公共利益、社会公德的其他方式,侵害死者姓名、肖像、名誉、荣誉;(二)非法披露、利用死者隐私,或者以违反社会公共利益、社会公德的其他方式侵害死者隐私;(三)非法利用、损害遗体、遗骨,或者以违反社会公共利益、社会公德的其他方式侵害遗体、遗骨。”

二、智力成果、商业标记与信息

在知识产权法上,广义的知识产权的客体包括发明、实用新型、外观设计、作品、商标、商业秘密等智力成果形式,以及商业标记与信息。信息成为个人信息权等新兴的民事权利的客体,在现代社会具有重要意义。

三、权利

债权、物权等本身也可以成为民事权利的客体。比如以知识产权、债权、股权以及基金份额设立质押的,质权这一他物权的客体即是知识产权、债权、股权。

四、营业

营业,有主观与客观之分。主观上的营业,是指营业活动,即以营利为目的而进行的连续的、有计划的固定类型的活动。客观上的营业,是指营业财产,也即保障营业活动开展的有组织的一切财产以及在营业活动中形成的各种有价值的事实关系的总和,故又称有组织的营业。此处的财产包括积极财产(资产)与消极财产(负债),如各种不动产、动产、无形财产、债权、债务等;此处的事实关系,则包括专有技术(Know-how)、信誉、客户关系、销售渠道、创业年代等。客观上的营业,可以作为转让、租赁、的客体,所谓营业转让中的营业就是指客观上的营业。①

所谓营业转让,是指客观上的营业作为被保持一个整体,从一个主体已转到另一个主体。② 此时营业作为一个总体,与单纯的某项财产或者某些集合财产③的转让都不同,还涉及商号转让、转让人的禁业禁止、受让人继续使用商号的责任的等综合性内容。营业可以全部转让,也可以部分转让,如某一个或者某些分店的营业转让。一般而言,营业转让具有比构成营业财产的各个财产价值总和更有更大的价值,营业一旦解体也就会失去这种价值。因而,不使已有的营业解体,保持其组织的整体性,在商业利益上具有更大的价值。这正是营业转让的制度价值所在。

思维拓展

【重要知识点】

孳息;从物;作为客体的人身利益;作为客体的智力成果;作为客体的行为;作为客体的货币;作为客体的有价证券;营业;营业转让。

【实例解析】

案例1　骨灰分割案。案情:贾某生前曾经婚娶两位妻子,第一位妻子生下大儿子,十数年后因病去世。后贾某续娶第二位妻子,生下二儿子,数年后也因病去世。两个儿子长大成人后,贾某也因病去世。一对原本就不太和睦的兄弟在父亲去世后,为争夺父亲的遗体打起官司,各自都主张自己享有继承权,各自主张将父亲的遗体火化后与自己的母亲合葬在一起,以求得母亲在天之灵有丈夫陪伴,借此寄托对于早逝的

---

① 谢怀栻:《外国民商法精要》,法律出版社2002年版,第236页。

② 赵旭东主编:《商法学》(第2版),高等教育出版社2011年版,第28页。

③ 企业的整体或者部分财产可以成为买卖、租赁、担保的客体。比如《物权法》第181条规定:"经当事人书面协议,企业、个体工商户、农业生产经营者可以将现有的以及将有的生产设备、原材料、半成品、产品抵押,债务人不履行到期债务或者发生当事人约定的实现抵押权的情形,债权人有权就实现抵押权时的动产优先受偿。"这一条规定的集合动产抵押制度,抵押权的客体就是商人(企业、个体工商户、农业生产经营者)名下的所有动产。

母亲的安慰之情。这种情况难倒了法官,这将如何是好?

法律问题 依你的民法智慧与思维,以为如何裁判为上呢?

法理分析 从法理上讲,两个儿子对父亲遗体的继承权是无可非议的,问题是如何处理本案的继承权份额问题,尸体虽然属于物,但毕竟不是一般的物,总不能搞实物分割,一个儿子领走一半吧!最后,聪明的法官想到两个兄弟并不是要真正获得这个遗体的财产性权利,而是获得对遗体的悼念,因此,法官判决将尸体火化后,一人领取一半的骨灰,各自完成自己对于父母亲的心愿。

这一骨灰二分法及其裁判,可谓极富法律智慧,而且不乏人文关怀呢。

案例2 肾脏能否强制移植?案情:张某因病需要换肾脏,遂与王某约定,张某出价25万元,王某将其左肾转让给张某;张某在确定施行手术前20日通知王某,王某在手术日到医院做肾移植手术。后王某反悔,张某则要求王某履约交付左肾。

法律问题 该左肾能够成为物?张某能否要求王某交付左肾?

法理分析 人体器官在与人身分离前,不能成为物,因为其属于人身一部分,而人身不得成为权利的客体;故张某不得要求王某交付左肾,该约定不得强制执行。

案例3 意外的惊喜——牛黄的归属。案情:1996年12月,村民甲与县肉联厂达成口头协议:自养的黄牛两头送县肉联厂宰杀,牛肉款按净肉每斤3元5角的价格结算,牛皮、牛头和牛下水归肉联厂,甲再付肉联厂宰杀费80元。在宰杀过程中,肉联厂的屠宰工人乙在其中一头牛的下水中发现牛黄,重100克,卖得价款5000元。甲知道后与乙、县肉联厂为牛黄款归属发生纠纷,诉至法院。

法律问题 如果你是法官,处理此案的基本思路是什么?

法理分析 先来分析甲与肉联厂的约定的法律关系,该约定属于无名合同,包含两个合同关系,关于牛,属于承揽合同(屠宰);关于牛肉,属于买卖合同关系。牛黄属于牛的天然孳息,既然甲与肉联厂属于承揽合同(而非买卖合同)关系,那么应该采“所有权主义规则”来确定牛黄的归属;由于在承揽合同关系中,甲拥有牛的所有权,所以牛黄归甲所有。

【重点法条】

(1)《物权法》第2、115—116条。

(2)《合同法》第110条、163条。

>> 第五章 <<

法律行为

法律行为是德国民法乃至整个现代民法的标志性概念。现代民法之称博大精深者,其巨大基石就在法律行为理论。如没有法律行为这一概念,德国法系的民法典的"总则"也就不会存在。可以说,习民法者若不深谙法律行为的理论体系,将永远站在民法殿堂之外。或者说,不谙法律行为者可谓不懂民法。

法律行为以意思表示为核心,没有意思表示就没有法律行为,所以意思表示是法律行为的核心要素,理解民法这部意思自治法的精神的钥匙就在此处。意思表示的理论虽然抽象,但其法理应用体现于合同法、继承法、婚姻法、收养法及物权法的多处规定中。中国民法的创见,是在德国人的法律行为概念之上进一步"发展",创立民事行为、法律行为两个概念。这一立法成就的得与失,非定位于基本教材的本书可探讨的,本书的任务就是把中国现行民法上的民事行为、法律行为讲清楚。建议读者多读几遍这一章,以求真正弄懂法律行为制度的精髓,相信会从中受益良多。同时,有钻研精神和理论兴趣的读者也可以将对法律行为知识的掌握程度作为自己民法功底的最好的试金石。如果结合我国《合同法》第2、3章的规定来理解本章的内容,可能更易懂一些。

本章的内容叙述尤其举例,尽最大努力依托我国上述部门法的具体规定,力求将抽象的理论具体化、生活化,最终帮助读者提升民法的理论素养与对民法规范的理解能力。一本民法教材的成败,很大程度上取决于能否用最少的文字深入浅出地把法律行为的基本内容写得流畅明白;考验民法教师授课的优劣,就看其法律行为这一章节能否讲得通俗易懂。极端些说,民法总论的基本内容就是讲述法律行为的理论体系。本章的内容编排与一般的民法教材有很大不同,是作者基于多年授课的一线经验而非传统教材的体例要求而编写的。

第一节 法律行为概说

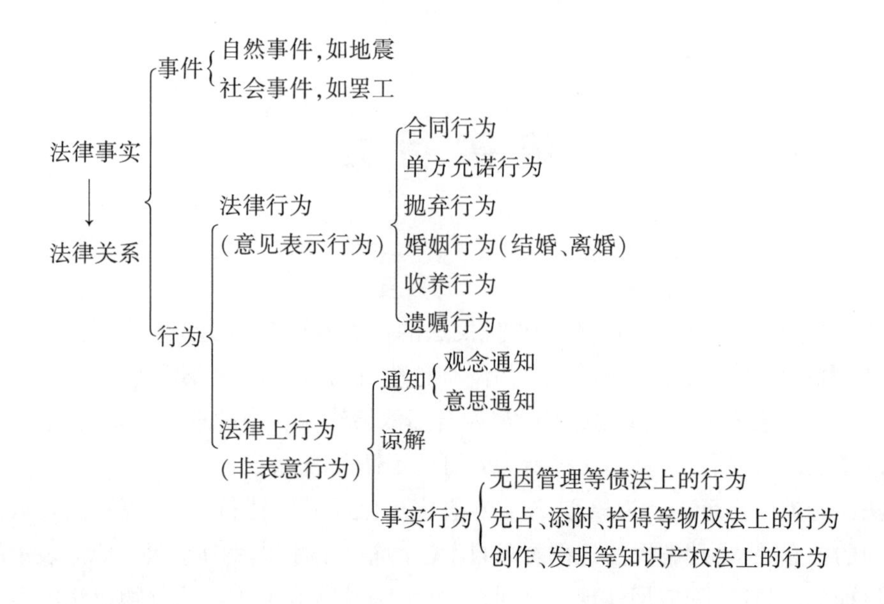

一、基本概念

（一）定义

作为现代民法上最重要的支柱性概念，法律行为一词源于德国民法，萨维尼对其所作的经典定义是："行为人创设其意欲的法律关系而从事的意思表示行为"。后人从之。这一定义强调了法律行为的意思表示要素与所产生的私法效果。

1. 意思表示

意思表示是法律行为不可缺少的核心构成要素。如法律行为能够产生主体预期的后果，按照当事人的意思安排他们之间的权利义务关系，当事人必须能够自主作出意思表示，且这种意思表示能够依法在当事人之间产生拘束力，所谓"当事人之间的约定具有相当于法律的效力"，就是指的这个意思。这也正是法律行为与事实行为的根本区别所在：在一些事实行为中，当事人也可能对其行为后果有一定的意思但没有表达于外（如先占），也有的对其行为后果有一定的意思而且也表达于外了（如自助），但由于不符合法律行为的本质要求而不能发生相应的法律效力，只是产生了法律直接规定的法律后果，因此并不被认为是意思表示。可见，在事实行为中，意思表示既不是其构成要素，也不是被考虑的因素。

2. 私法上的效果

法律行为作为民事法律事实之一，能够引起民事法律关系的发生、变更与消灭。换言之，法律行为并不是可以引起任何法律上的效果，而仅仅是可以产生私法上的效果，而且这种私法上的效果不是法律直接规定的效果，而是当事人所意欲发生的法律效果,这正是意思自治的精髓所在。

需要指出,萨维尼的这一经典定义表明法律行为本身不含有"合法性的要求"。在法律行为的构成中强调合法性的要求,将不适当地突出国家对民事主体行为自由的干预,限制了私法自治。法律行为的本质不在于其合法还是非法,而在于意思自治。实际上,合法性仅仅是法律行为的效力判断标准,而非其本质构成要件。在确定法律行为的效力时必须要强调合法性要件,即"不违反法律、社会公共利益与社会公共道德"。这样,既严格确立了法律行为的生效要件,又严格区分了其效力规则(生效要件)与成立规则(构成要件)。比如,甲、乙二人就毒品买卖事宜达成了意思表示一致,就可以说该买卖合同行为已经成立,也即完成了这项法律行为;至于能否产生法律秩序认可的效力,则是另外一回事。

(二) 对于合同、婚姻、遗嘱与收养等行为的一个抽象

现实生活中不存在"某一"法律行为本身,而仅存在为法律秩序所认可的、因其而存在的各种行为类型,如买卖合同、债权让与、物权契约、订婚、结婚、离婚、遗嘱、收养等行为,都被置于抽象的法律行为概念之下去理解,法律行为的概念是所有在法律秩序中存在的行为类型的抽象,借助于这一概念,民法顺利实现了规定这些行为的成立、生效、效力等各个方面的共同规则的意图。换言之,在获得民法认可、规范之前,这些行为都已存在于人们的交易活动之中,但因法律秩序将其作为形成法律关系的行为类型予以认可而成为"法律行为"。如同刑法上的"无法律则无刑罚"原则一样,这里也适用"无法律既无法律行为"。法律秩序规定了法律行为类型的法定性,当事人所为的法律行为必须符合法定的类型化要求,这确保了法律行为的概念符合私法自治原则。可见,私法自治并不意味着个体可以按照自己的意思随心所欲地形成法律关系,而是只能选择那些为法律秩序所认可的行为类型来进行私法自治的设权行为。

二、法律行为与私法自治

(一) 私法自治的含义

私法自治,是指个体基于自己的意思为自己形成法律关系的原则。私法自治是自主决定这一普世性原则的一部分,为现代私法的一般性原则之一,放眼全球,可以说没有哪一个法律秩序不贯彻私法自治原则,因为如果不存在私法法律关系,那么个体也就不可能通过意思表示来为自己形成法律关系。私法自治行为的效力从根本上来看源自个体的私法自治的设权行为,另一方面也可以说源自法律的规定,因为对私法自治的承认正是法律规定对于构成人类享有自决权这一法律秩序基本原则予以认可的应有之义。[1] 私法自治原则的适用意味着对个体在法律关系形成过程中"自己意愿"的认可,也即,私法自治形成法律关系除基于当事人的"自己意愿"之外,无须其他

① 参见〔德〕维尔纳·弗卢梅:《法律行为论》,迟颖译,中国政法大学出版社2013年版,第3页。

理由。①

（二）合同是私法自治的主要形式

私法自治的“自己意愿”原则，意味着原则上不承认以“自己意愿”为他人形成法律关系的合法性。只是，多数情况下某一法律关系会涉及很多人，因此私法自治形成法律关系的行为通常需要多人的合作，该合作主要是通过合同来实现的。合同是私法自治形成法律关系的主要形式，所以人们经常将“私法自治”与“合同自由”这两个概念用作同义词。

依据合同的理念，合同约定之所以产生效力，是因为缔约当事人皆基于意思自治达成协议，并同意该协议在他们之间的适用，即使合同内容可能会对某一方不利，法律也会赋予其法律效力，这是因为考虑到合同规则是由缔约人自己所制定的。② 合同的“正义”源泉，正在于它是由缔约各方的意思自治且为该意思自治所涵盖。

狭义的合同自由指的是债法上合同自由，也即根据现行法上的规定，债权合同双方当事人可以自由确定其各自承担给付义务的内容，也即合同内容上的设定自由。通常情况下，尽管法律已经对于一些固定类型的合同内容设置了规定，但缔约当事人仍可以在内容上设定不同于这些规定的权利义务关系，只要不涉及法律强制性规范的违反。广义上的合同（契约）自由，是指不仅在债法上，而且在物权法、亲属法与继承法领域中，缔约当事人仍然可以在法律规定的框架内通过私法自治进行设权行为。

举例 实行物权法定主义的物权法上，地役权合同当事人关于地役权的范围、期限、对价的具体约定；婚姻法上，夫妻相对自由地约定婚内财产归属协议与离婚协议中关于财产分割的内容；继承法上，人们可以通过遗嘱或者遗赠抚养协议对自己的财产进行死因处分；收养法上，当事人就子女的送养、收养的细节问题进行的约定，等等。

（三）单方行为、利他合同是私法自治的例外形式

1. 单方行为

个体只有在下列情况下才能够单方面通过私法自治行为形成法律关系：行使一项权利（通常是形成权，如单方解约权）；法律关系仅仅涉及自己的财产（如遗嘱、抛弃所有权）；权利的形成不涉及他人的权利（如对于无主物的先占）；使他人在法律上纯获利益的行为（如发出缔结合同的要约）。

2. 利他合同

即使为第三人的利益，作为一个一般原则，个体一般也不能通过单方面的私法自治行为形成、变更或者消灭一项法律关系，法律或者要求有第三人的同意，或者承认第三人可以拒绝对他有利的法律关系。由此不难理解，为什么通说不认为免除债务行为为单方行为：债权人只有经过债务人的同意也即通过合同行为，才能免除债务人的债务（见《合同法》第105条，对该条的理解，存在争议）；赠与需要受赠人的同意，也即赠

① 〔德〕维尔纳·弗卢梅：《法律行为论》，迟颖译，中国政法大学出版社2013年版，第7页。

② 同上书，第8页。

与不是一个单方行为(这是很多人的常见误解)而是合同行为(见《合同法》第185条);尽管遗嘱指定的继承人在被继承人死亡时依法成为继承人,但他可以拒绝接受遗产(见《继承法》第25条),从而人们可以认为遗产并不归属于拒绝者;未被承诺的要约即失去效力(《合同法》第20条第3项)。

债法中可以允许存在利他合同,但不允许使他人承受负担的合同(《合同法》第64条),即使在利他合同中,也不得将权利强加于第三人,如果他拒绝接受某项权利,则他可以被视为未取得该项权利。

3. 一些特殊的情形

主要是出于交易安全的考虑,民法原则上才将代理人形成法律关系的行为在法律规则上视为被代理人之间以私法自治的方式所实施的行为,一般而言,代理人的设权行为原则上对被代理人生效(《民法通则》第63条第2款)。即使在监护关系中,监护人为被监护人形成法律关系所实施的行为构成履行义务(监护职责所系)的行为,尽管监护人此时享有一定的自主决定权,比如父母可以决定将未成年子女的个人财产为未成年子女的利益作何种投资(《民法通则》第18条第1款),但这种自主决定权的空间被法律严格地限制了,这完全不同于私法自治行为中的按照"自己意愿"自由地形成法律关系;如果超出了法律的限制,比如违反了处分未成年子女的个人财产必须为未成年子女利益这一目的限制,将导致赔偿责任的发生(《民法通则》第18条第1款)。

三、法律行为与法律上行为

(一) 民法上的行为

按照法理学与民法理论,民事法律关系是指由民法所调整的社会关系。按照法理学与民法理论的分类,凡能够引起民事法律关系的发生、变更与消灭的法律事实,称为民事法律事实。在民事法律事实的分类体系中,行为与事件并列,都能够引起民事法律关系的发生、变更与消灭;行为又与事件相对,行为是指法律关系当事人的有意识的行为,事件则指与法律当事人的意志无关的事实,包括自然事件与社会事件。民法上的行为,又分为法律行为与法律上行为。

(二) 法律上行为与法律行为之区分

德国民法典第一草案的《立法理由书》对于法律上行为的记载:"对法律行为概念的界定,致使法律上行为这一特殊类型的产生。法律行为之所以产生法律效果是因为当事人希望产生这一法律效果,与之相对的是那些自动产生法律效果的行为,即那些法律效果依据法律秩序的规定而不是当事人意愿产生的行为"。[1]《立法理由书》所列举的法律上行为包括侵权行为、住所的设定与取消、无因管理、占有的取得与加工等。不言自明,除"行为"这一要素外,《立法理由书》并没有为这一概念确立普适性规则,

---

① 〔德〕维尔纳·弗卢梅:《法律行为论》,迟颖译,中国政法大学出版社2013年版,第32页。

仅就其具体情形予以特别规定。在探讨某一行为构成"法律行为"抑或"法律上行为"时,人们的判断标准是行为人在具体情形中是否具有旨在形成权利的意思。由于法律行为属于抽象概念,所以与其相对的概念法律上行为也必然属于抽象概念,它们携手一起涵盖了法律秩序所规定的法律事实构成。换言之,在民事法律事实概念之下,法律行为与法律上行为构成了互补性的概念分类:如果某一行为引起了法律关系的发生,则该行为属于法律事实;进一步的,如果该行为又不以法律效果的发生为目的,则它属于法律上行为,反之,则为法律行为。

(三)法律上行为的类型化努力

多年来人们一直致力于形成独立的法律上行为体系,但是收效甚微,原因在于这一抽象概念所涵盖的事实情形具有多样性,共同点仅在于它们能够引起民事法律关系的发生、变更与消灭,且都不属于法律行为这一点上,所以所有建立起真正的法律上行为体系的努力,都是非常艰难的,即使在某一类型内部,无论人们如何努力构建,事实构成仍然具有多样性。

尽管如此,一般而言,人们认为,法律上行为可以分类为:

1. 事实行为

(1)不以引起法律上相关后果为目的的事实行为。包括:著作权的创作;物的加工;埋藏物的发现;遗失物的拾得。

(2)具有"自然的""现实的"意思的事实行为。包括有意占有取得与有意占有失去。这类事实行为的行为人具有旨在引起法律效果的"意思",但该效果属于"事实上的后果",也即取得或者放弃对于物的事实管领,这一类意思可以称为"自然的""现实的"意思,但非"法律上的意思""法律行为上的意思"。

引申 为何先占属于法律上行为而抛弃属于法律行为?先占之所以属于法律上行为,是因为其构成要件仅仅要求占有人完成"一个旨在引起事实上后果(也即自主占有)的行为",所有权的取得这一法律效果的发生却不以占有人所为的"有意占有取得"行为旨在引起该法律效果为必要。但所有权抛弃大为不同:在此所有权抛弃的情形下,所有人对于占有的放弃必须以"放弃所有权为目的",所以被视为法律行为。

(3)具有独立意思因素的事实行为。这一类事实行为中,意思因素与事实行为相互独立,且与上述(2)的行为一样,行为同样旨在引起事实上的后果。典型者如住所的设定与取消,无因管理等。

2. 通知

在法律交往中,存在着各种类型的通知,这些通知都属于法律效果的事实构成,主要涉及的是:法律关系的当事人针对某一事实特别是针对过去或未来发生的事件发出告知,人们将这一告知称为观念通知;或者某人以通知的方式请求另一方在某一期限内进行作为或者不作为,并且对违反要求的行为以不利相威胁,或某人宣告自己将采取某种行动(例如拒绝),这就是所谓的意思通知。针对一方请求另一方进行作为或者不作为的通知,民法典通常用的是“催告”这一术语。

这些通知与法律上的意思表示具有三点相同之处:其一,都属于表示;其二,都涉及正在形成过程中的法律关系,如债权让与通知涉及债权法律关系,催告则是敦促对方履行债务给付的请求;其三,都可以使其涉及的法律关系发生变动,比如,即使债权让与无效或者未完成,债务人基于债权让与通知向原债权人所通知的债权受让人履行债务的行为,照样产生债之履行的效力。正因为如此,人们又将通知称为类似法律行为的表示,或者称为准法律行为。但是,通知与法律行为上的意思表示具有关键性的质的区别:通知并不“旨在”引起法律效果,由此也就不构成通知人意欲的法律关系的行为。再退一步讲,“即使通知旨在引起某一后果,例如催告或者一般性的催促,但是一般而言,通知所引起的法律效果恰恰不是其所追求的后果,而是引起其所追求的法律效果之外的其他法律效果。”①正因为如此,通知与事实行为、谅解一样被列为“法律上行为”,与法律行为的概念正好相对。

(1) 意思通知,也即行为人表达一种具有法定的法律效果的主观意思,如对于限制行为能力人订立的效力待定的合同,法定代理人的追认行为,以及相对人的催告行为(《合同法》第47条),又如对于要约的拒绝(《合同法》第20条),等等。

(2) 观念通知,也即单纯的事实通知,典型者如债权让与的通知(《合同法》第80条)、承诺迟到通知(《合同法》第29条)、代理权授予的通知等。

3. 谅解

谅解所涉及的是某人表明特定态度的行为,又可以称为情感表示。典型者如:对受赠人的宽恕、对配偶的宽恕、对继承人的宽恕等。

总结上述内容,可以将民法上的民事法律事实的分类体系图示如下:

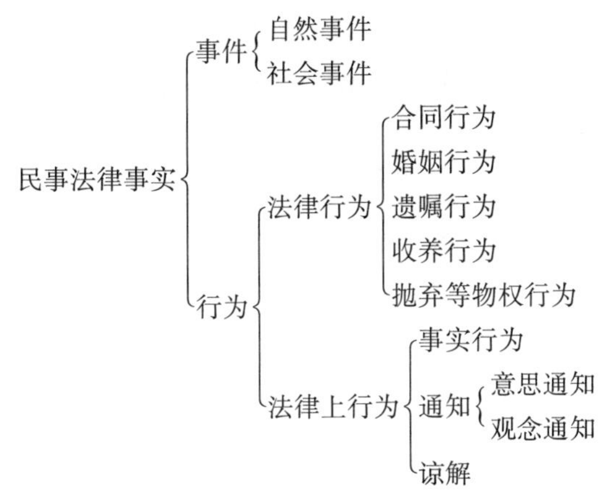

① 〔德〕维尔纳·弗卢梅:《法律行为论》,迟颖译,中国政法大学出版社2013年版,第132页。

四、法律行为的适用界限:法律行为与人际关系

(一) 法律行为不适用于通常的人际关系

众所周知,法律作为一种社会规范,并不调整人类社会的全部社会关系。退一步,作为一个部门法的民法,自无"雄心壮志"调整全部的社会关系,事实上它仅仅调整"平等主体之间的人身关系与财产关系"。再退一步,这就决定了,作为引起民事法律关系发生、变更与消灭的法律事实之一的法律行为,自然不能适用于社会关系的全部领域。事实上,爱情、友情、部分家庭关系以及社会交往中的人际关系等某些领域原本不属于民法(法律)调整的范畴,当然不适用法律行为设权的规则。例如,关于结伴旅行、结伴参加活动、"邀请"等项法律义务。由此,我们可以确保"爱情、友情、部分家庭关系以及社会交往中的人际关系等不致被诉诸法庭,那些就其内容而言不属于法律调整范围的承诺亦不能由执行者强制执行"。

一般而言,爱情、友情、部分家庭关系以及社会交往中的人际关系领域中不涉及财产价值给付的约定不构成法律行为约定,尽管通说认为法律行为的债权合同的标的也可以是不具有财产价值的给付。反过来说,涉及财产利益的,在爱情、友情、部分家庭关系以及社会交往中的人际关系等领域也同样可能出现构成法律行为的约定。比如,约定结伴旅行的甲、乙二人,其中的一方甲按照约定为旅行社支出费用或者承担义务,如他购买车票或者预定旅店,则该关于旅行的约定具有法律行为的性质,尽管另外一方当事人乙不负有与其结伴旅行的义务,然而在特定情况下他必须补偿其同伴甲为其支付的费用,倘使甲根本无法结伴旅行,那么乙甚至必须依据有关合伙制度的规定补偿全部费用。这是因为,甲、乙就旅行的组织而言,业已达成合伙这一法律行为约定。但需要指出,在爱情、友情、部分家庭关系以及社会交往中的人际关系等领域中即使涉及财产价值的给付也不一定具有法律行为的性质,精确地说经常不具有法律行为的性质。比如,抚养协议(以及遗赠扶养协议)是具有法律约束力的债权合同性质的法律行为,但在夫妻之间达成的此类协议是不能接受的,因为夫妻间的抚养义务属于法定义务,不能成为法律约定的对象,而仅属于家庭关系的规则。又比如,父母每月给成年的大学生、研究生子女汇特定数额款项的一般性允诺不构成法律行为,而是仅属于具有家庭关系性质的行为。

(二) 举例之一:委托与友情行为的区分

"委托合同是委托人和受托人约定,由受托人处理委托人事务的合同。"(《合同法》第395条),通说认为这一条的"事务"应该理解为任何一种行为(包括事实行为),这样一来,人们将难以区分委托与不构成法律行为约定的友情行为。加之按照《合同法》第410条规定,受托人可以随时终止委托,这进一步加大了区分的难度,与其他法律关系相比,受托人所受的"约束"微乎其微。因为就履行委托这一主给付义务而言,由于委托随时可以被终止这一特性,考虑该义务是构成委托还是仅属于非法律行为上的且因此不具有约束力的友情约定的区分,显得没有必要。

实际上,对于二者的区分主要意义在于,对不履行、不适当履行委托所承担的法律责任的不同:履行委托乃受托人之义务,所以基于过错不履行委托、不适当履行委托的受托人要承担损害赔偿责任;在友情关系行为中不涉及所约定的友情行为的履行问题,故而一般也就不存在法律责任。

关于二者区分的一个基本原则,在日常生活中,一般不应将某人同意实施某一普通友情行为的行为视为法律行为意义上的接受委托的行为,即使友情行为的当事人在法律行为意义上"愿意受到约束",该友情行为也不构成委托,法律也对此类"约束"不予认可。

举例　乘坐火车的甲请求乙在某一车站叫醒他的约定不构成"委托",因而不能因此而产生委托的法律效果。进言之,当乙忘记叫醒甲时,他无须承担损害赔偿责任。回到《合同法》第396条,即使人们不对其使用的"事务"术语进行限缩解释,也只有那些具有一定重要性的事务才能构成法律行为意义上的"委托",尤其是那些同意进行某一财产上意义的事务才可以被视为"委托"。

(三)举例之二:契约与好意施惠之区别

契约,当事人因意思表示一致而缔结契约,有受其意思表示约束的意思,内心具有法律行为上的效果意思。与契约相区别,好意施惠关系,则是当事人之间就其约定欠缺法律上的效果意思,无受其约定约束之意。可见,二者的区分标准就是当事人之间是否具有法律上的"效果意思",愿受其所约定之事项约束。具体而言:

1. 当事人约定之事项如系有偿者,通常构成契约,例如支付一定报酬,请邻居于出国期间定时浇花;分担油费,搭乘同一辆车环青海湖旅游;邻居数人约定轮流开车上班等。

2. 当事人约定之事项无偿者,则应该分别而论:(1)如当事人仍有受其约束之意,自应成立契约关系,例如民间借贷(《合同法》第211条)、赠与(第185条)、委托(第396条)与保管合同(第366条)等;(2)如当事人并无受其约定约束之意,则为好意施惠关系,例如约定顺道搭载友人到某地,受同事请托代投信件或代购某物,邀请友人散步、郊游或者参加舞会、宴会等。

那么问题在于,无偿的约定事项,当事人究竟有无受约束之意,亦即究竟意在订立契约,抑或仅为好意施惠关系,怎么判断呢?对此,需要解释当事人的意思,斟酌交易惯例与诚实信用原则及当事人的利益,从相对人的观点加以认定。

(四)好意施惠关系对当事人之效力

1. 相对人无给付请求权。好意施惠关系既非契约,则无法律上的约束力,不产生债的关系,自不发生给付请求权。故如甲答允乙可于某日顺道载乙由北京去天津,乙不得因此取得要求甲载乙去天津的请求权。

2. 好意施惠当事人如不履行或者不适当履行,对相对人造成损害的,不负不适当给付之损害赔偿责任;但是否构成侵权责任,则应视具体情形而认定:

(1) 好意施惠之一方,因其故意或者过失侵害相对人之权益的,原则上仍应就其故意或者过失不法侵害他人权益,负损害赔偿责任。但对于过失之认定,应就个案情形来合理认定。例如,顺道搭载友人或者路人,驾车违规肇祸致搭载人受伤的,仍应依《侵权责任法》第2条承担侵权损害赔偿。

(2) 好意施惠之一方并未侵害相对人权利,仅因其不履行或者不适当履行,致使对方遭受"纯粹经济上的损失",比如甲乙约定后者于某日某时顺道搭载前者汽车去机场,由于甲比预先约定的时间晚出发半小时致使乙错过航班,改签航班由此多支付机票款300元。此种情形,由于未侵害相对人权益,自不构成《侵权责任法》第2条规定的侵权赔偿责任,除非施惠者故意借此施惠行为而达到加害于相对人之目的,可以审慎讨论成立侵权责任与否。但此种如此"处心积虑"者,在生活中恐怕极为罕见。

(五) 好意施惠关系中的侵权责任承担及其减免:以友情搭乘为例

好意施惠关系中虽然一般不存在基于法律行为性质的法律关系(契约关系),但不代表着当事人之间不会发生基于法律行为之外的法律事实而产生的其他性质的民事法律关系,事实上可能由于法律上行为而产生相应的民事法律关系,比如因为侵权行为这一事实行为而产生的损害赔偿责任。那么,该类侵权责任的承担以及减免规则如何?下文以友情搭乘为例来说明。

德国的一则案例[①]:原告的妻子在1906年2月5日因车祸受伤,被告是其邻居,前者搭乘后者的马拉雪橇从集市返家,当时原告的妻子仅询问被告:"我可以搭乘吗?"被告以"可以"应答。途中,被告想要超过其他车辆时,马匹突然被挤向一侧,雪橇因此而倒向路边斜坡。原告请求支付其与妻子所遭受的损害,帝国法院终裁驳回其起诉。帝国法院持"默示协议理论"的观点:在某些情况下,同意乘客免费搭乘其车辆的车辆占有人,就乘客因将自己的人身安全托付给车辆所产生的特别危险而言免责,是不言自明的,应被视为默示协议。除"默示协议理论"外,民法近年来一个更有力的解释是严格"自甘冒险理论":当搭乘人明知司机不具备应有的开车技术或者自己所搭乘的车辆具有缺陷时,才能认定搭乘人与车辆占有人具有共同过错,从而减免车辆占有人的责任;而不能仅仅因为搭乘人"意识到搭乘风险扩大"就允许减少基于共同过错所引起的损害赔偿责任。

第二节 意思表示

一、基本概念

(一) 定义

法律行为以意思表示为核心,无意思表示就没有法律行为。所谓意思表示,就是

① 《帝国法院判例集》第67卷,第431页以下。

行为人把意欲发生一定私法效果的内心意思以一定方式表达于外部的行为。这一定义包括三个层次的含义:(1) 此处的“意思”是指设立、变更、终止一定民事法律关系的内心意图;(2) 意思表示是一个意思由内到外的表示的过程;(3) 意思表示根据符合生效要件与否产生不同的法律效力,符合者发生行为人意欲追求的法律效果,否则不发生行为人意欲追求的法律效果。可见,法律行为借由意思表示赋予当事人尽可能广泛的行为自由,充分体现私法自治(意思自治)。意思自治与法律行为结合在一起,法律行为制度由此为意思自治原则提供了巨大的空间。理解民法这部意思自治法的精神的钥匙就在此处。意思表示的理论虽然抽象,但其法理应用体现在合同法、继承法、婚姻法、收养法及物权法的多处规定上。

(二) 法律行为与意思表示的关系

法律行为与意思表示的概念在许多情形中被作为同义词使用。《德国民法典》第一草案的《立法理由书》针对这两个概念在民法典中的适用阐述如下:

“意思表示可以被理解为法律行为中的意思表示。一般而言,意思表示和法律行为这两个表述被作为同义词使用。之所以选择意思表示这一表述,是因为意思表示本身居于首要地位,或者意思表示仅被作为法律行为构成要件的组成部分予以考虑。”

法律行为与意思表示的关系的实态,可以分为三种情形:

1. 法律行为仅由一个意思表示构成

为形成某一个法律关系的自主设权行为仅为“一人”行使自主权的表示,也即只有一个意思表示时,法律行为与意思表示的概念相重合,比如,单方解除合同的意思表示等同于法律行为。

2. 法律行为由多个意思表示构成

通常情况下,法律关系的形成须有多方的合作,典型者如合同,所以就合同而言,应当区分意思表示与法律行为。

3. 除包含一方或者多方的意思表示,法律行为还包含其他事件:双重构成要件与生效前提条件

比如,在德国民法,动产所有权移转需要出让人与受让人针对所有权移转达成合意(物权契约)的意思表示再加上交付所构成,不动产所有权移转需要出让人与受让人针对所有权移转达成合意(物权契约)的意思表示再加上登记所构成,此类法律行为被称为“双重构成要件”。而对于结婚,除了男女双方的结婚合意的意思表示之外,还需要官方机构的直接参与行为(登记),此时,人们也可以将私法自治行为视为法律行为,而官方行为属于独立的法律行为生效要件。

在上述后两种情形下,也即那些由多个意思表示或者由一个意思表示和其他事件构成的法律行为而言,“意思表示”就具有了独立的、特殊的含义。即使人们在法律论证中使用的“意思表示”,也总是会涉及“法律行为”,即法律行为是否生效及其法律效果。“将意思表示独立于法律行为的意义仅仅在于,当法律行为中所出现的问题涉及

意思表示时,将其转化为意思表示的问题更加便于掌握。”①

二、意思表示的构成

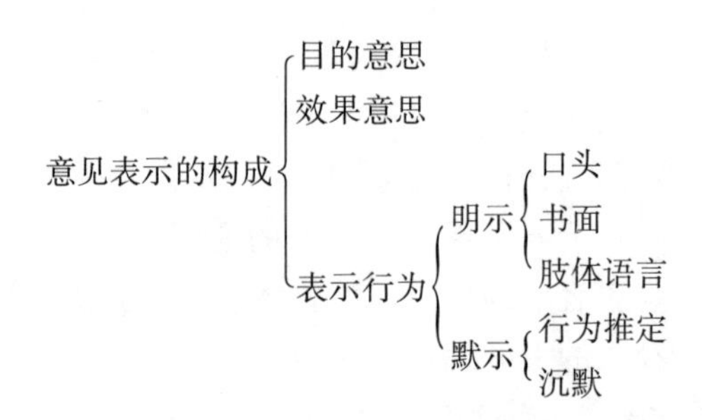

按德国法学家的意见,意思表示分为五个阶段包括五项要素:目的意思、效果意思、表示意思、行为意思和表示行为。我国民法认为五项要素过于繁琐,三项要素说较合理:目的意思、效果意思和表示行为,前二者为主观要件,后者为客观要件。概括地讲,目的意思就是指明法律行为具体内容的意思要素,如合同中的各条款;效果意思就是当事人设立法律关系的意图,如合同行为中的合同目的;表示行为是指意思表示人将效果意思表现于外部的行为。

在一份买卖合同中,买卖双方关于合同标的、价款、数量等条款的约定意思就是目的意思;卖方通过让渡标的物所有权而取得相应价金的意思,以及买方通过让渡一定价金所有权而取得标的物的意思,就是效果意思;买方将自己想取得标的物的意思口头告诉对方,以及卖方将自己想取得价金的意思口头告诉对方,就是表示行为。

(一) 目的意思

目的意思作为法律行为具体内容的意思要素,从内容上决定一项行为能否成立。在此以合同行为为例来说明之。我国《合同法》第 12 条规定:“合同的内容由当事人约定,一般包括以下条款:(一) 当事人的名称或者姓名和住所;(二) 标的;(三) 数量;(四) 质量;(五) 价款或者报酬;(六) 履行期限、地点和方式;(七) 违约责任;(八) 解决争议的方法……”。问题是,任何合同的成立都须具备这八个条款吗? 回答是否定的,很显然赠与合同就不需要第 5 项。那么,是否有必备条款的要求,舍此合同不能成立呢? 回答是肯定的。那么,哪些属于必备条款呢?《合同法解释(二)》第 1 条规定,当事人对合同是否成立存在争议,法院能够确定当事人名称或者姓名、标的和数量的,一般应当认定合同成立。这就明确了一般情形下前三个条款属于必备条款,舍此合同不能成立,至于除此之外的非必备条款具备与否,对合同履行多少会有些影响,但不至于影响合同的成立。就这一规定的法理我们要问,这一规定的依据何在? 回答是:对于合同行为而言,当事人、标的与数量这三个条款就是合同的目的意思。

通过回顾合同订立的过程,来说明何为目的意思。合同的内容是由要约人提出

① 〔德〕维尔纳·弗卢梅:《法律行为论》,迟颖译,中国政法大学出版社 2013 年版,第 32 页。

的,承诺人表示同意就能成立合同,先有要约后有承诺。这样一来,当事人、标的与数量条款首先表现为要约这一意思表示的目的意思。换言之,如要约人提出的“要约”缺失了这三个条款中的任何一个条款(意思),就不称其为要约,也即该要约不成立。这就是目的意思对于意思表示的意义与价值所在。

(二) 效果意思

意思表示的表意人,在内心必然先有发生一定私法效果(合同、遗嘱、婚姻等)的意思,才会作出下一步的表示行为。此处所谓的私法效果,就是指能够发生、变更与消灭民事法律关系的后果。是否发生私法效果,正是法律行为区别于不受民法调整也即不引起民事法律关系发生、变更与消灭的社会行为,如好意施惠,以及虽受民法调整但不以意思表示为构成要件的事实行为的最重要因素。

1. 无效果意思的常见情形之一:不归民法调整的人际关系行为

某教授举办学术讲座时,在礼堂外的张贴栏中公告其一部新著的书名及价格,告知有意购买者在门口的签字簿上签名,某大一新生未留意该公告,以为签字簿是为签到而设,遂在上面签名。此处,新生的签字行为并非意思表示,二者之间并未成立买卖合同,因为新生缺乏买书的效果意思。

我们在日常生活中的很多场合下都要签字,但不同场合下签字的含义可能完全不一样。会议签到的签字,就是不归民法调整的日常行为,因为签到与否不引起任何民事法律关系。再如,在倡议杜绝烟草、不在公共场合吸烟的倡议书上的签字,与会议签到同属此类。但是,在保险合同上的签字,就是民法上的意思表示行为。

2. 无效果意思的常见情形之二:好意施惠行为

好意施惠是日常生活中人与人之间的无偿性、施惠性行为,与赠与类似。但好意施惠的本质特征在于当事人欠缺私法上的效果意思,没有受私法拘束的意思,不会发生私法上的效果,也不受民法调整。实际上民法也调整诸如借用、赠与之类的无偿行为,实质区别在于,好意施惠人向相对方所作表示无意接受法律之约束,作出表示后他可以履行也可以不履行,即使不履行也不承担什么法律责任。

下列“无偿”约定均属于好意施惠关系:(1) 搭便车;(2) 乘客叫醒另一乘客到站下车;(3) 顺路代为投递信件;(4) 邀请参加宴会、舞会、郊游;(5) 请吃饭、看电影等。比如,甲、乙在火车上相识,甲怕自己到站时未醒,请求乙在A站唤醒自己下车,乙欣然同意。火车到达A站时,甲沉睡,乙也未醒。甲未能在A站及时下车,为此支出了额外费用。甲要求乙赔偿损失。对此应如何处理?解析:甲的损失自担,因为甲乙构成好意施惠关系。

3. 无效果意思的常见情形之三:事实行为

如前所述,事实行为虽然能够引起民事法律关系的产生、变更与消灭,但该法律后果是法律直接规定的而不是行为人所意欲追求的,因为事实行为本身不包含行为人的意思表示,自然也就无所谓效果意思。比如,诗人苏某为纪念亡妻而完成一首旧体诗的创作,即取得对该作品的著作权,但苏某在创作时主观上有无意欲取得著作权的追求,在所不问。

(三) 表示行为

表意人必须通过一定的形式将自己的内心意思表示于外,唯此法律关系的对方或者第三人才能知道其内心的意思为何。此处的形式与法律行为的形式是一个意思,依据《民通意见》第 66 条的规定,包括明示与默示形式,前者包括口头语言、书面语言以及肢体语言如点头、摇头或拍卖举牌等,后者包括推定行为与沉默行为。如《合同法解释(二)》第 2 条规定,当事人未以书面、口头形式订立合同,但从双方从事的民事行为能够推定双方有订立合同意愿的,法院可以认定合同订立。这就是关于推定的规定。

三、基本类型

意思表示的基本类型
- 有无相对人
  - 有相对人:要约等
  - 无相对人:设立遗嘱,抛弃等
- 相对人特定与否
  - 对特定相对人:对特定人的要约等
  - 对不特定相对人:悬赏广告等
- 对话与否
  - 对话的:菜市场内的讨价还价
  - 非对话的:邮寄的商业信函要约

(一) 有相对人的与无相对人的

根据意思表示有无相对人作此分类。有相对人的意思表示是指有表示对象的意思表示,如张三发给李四的要约。无相对人的意思表示就是没有表示对象的意思表示,最典型者如设立遗嘱、抛弃物权等。

(二) 对特定人的与对不特定人的

按照意思表示受领人是否特定,有相对人的意思表示进一步作此分类。前者指以特定人为相对人的意思表示,如甲向多年合作伙伴乙一人发出的要约意思表示。后者指向一群不特定人作出的意思表示,如甲为寻回走失的宠物狗,在晚报上刊出的寻狗悬赏广告意思表示。作此区分的意义在于,以特定人为相对人的意思表示,对于非特定人不生效。所以《合同法》第 21 条规定只有受要约人才有资格作出承诺的意思表示。

(三) 对话的和非对话的

在有相对人的双方意思表示中,相对人可同步受领意思表示的,为对话的意思表示,如菜市场内顾客与小贩讨价还价的意思表示。不可同步受领意思表示的,为非对话的意思表示,如甲公司向外地的乙公司发出的需要邮寄的商业信函。

四、发出与到达

（一）发出

意思表示的发出，是指表意人向意思表示受领人作出意思表示，完成为意思表示生效所必需的行为，又称意思表示的成立。以意思表示有无特定的受领人以及是否在对话的方式下作出，意思表示发出的情形可分为：

1. 不需受领的意思表示的发出

只要表意人完成表示行为就认为意思表示已经发出且生效。比如，遗嘱一经设立即告完成，所以也就成立了。当然，由于遗嘱是死因行为，其生效要等到遗嘱人死亡之时。

2. 需要受领的意思表示的发出

对此又分为两种情况，对于以对话方式作出的意思表示的发出，只要相对人或其代理人在场，表意人以口头方式告知其意思即可。对于非以对话方式作出的意思表示的发出，如相对人在场，表意人将书面文件交给相对人或其代理人即可；如相对人不在场，则表意人将信件投寄或转交给第三人，即为意思表示的发出，但因尚未到达而未生效。

（二）到达

意思表示的到达，是指发出的意思表示到达受领人处。对于无相对人的意思表示而言，不存在到达的问题。对于有相对人的意思表示，应区分有无特定的相对人。对于无特定相对人的意思表示，一般也没有到达的问题，原则上意思表示发出时就已经成立并生效，比如悬赏广告经刊登即可。对于有特定相对人的意思表示，以对话方式作出意思表示的，在受领人听到并了解了意思表示时才算作到达；而对于非以对话方式作出的意思表示的生效，大陆法采到达主义，即意思表示到达相对人时生效。此处的“到达”是指根据一般情形和生活观念，已经进入了相对人可以了解的范围，至于相对人是否真的了解则在所不论。比如，甲针对乙发出的要约于6月1日发出了承诺函，乙于6月3日收到，于6月5日才拆开读到，则承诺于6月3日即为生效。

五、意思表示瑕疵

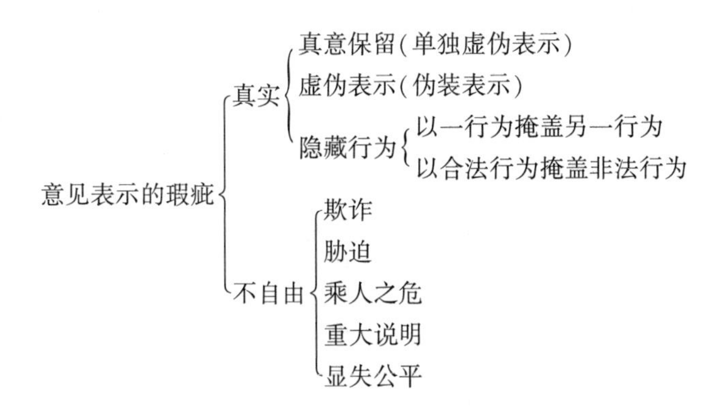

意思表示真实,就是说行为人表现于外部的表示与其内在的真实意志相一致。其要件有两点:内部意思与外部表示一致;出于行为人的自愿。只有行为人意思表示真实,才能保证其所实施的民事行为产生的民事法律后果符合行为人预期的目的,符合其切身利益,有利于建立正常的社会经济秩序。如表意人因受到他人不当干涉或者由于自身原因而不能自由决定其意思,就会造成外在的意思表示与其内心真实意思的不一致,此为意思表示有瑕疵,包括意思缺乏和意思表示不真实。在意思表示瑕疵的情况下如何确定该意思表示的效力,有三种学说:(1) 意思主义,认为应以行为人的内心意思为准,因为没有内心的意思,外在的表示是没有根据的;(2) 表示主义,认为为了保护相对人的信赖及交易安全,应以行为人外部表示为准,因为行为人的内心意思如何,局外人无从知道;(3) 折中主义,认为应根据具体情况,既考虑行为人的内心意思,也要考虑其外部表示,兼顾表意人与相对人的利益。根据折中主义的主导思想,行为人的意思表示瑕疵包括两种情形:

1. 意思表示不自由

由于受到外在原因导致行为人处于意志不自由的状态,使其表示的意思非其真意,这种情形包括欺诈、胁迫、乘人之危、重大误解与显失公平等,将导致民事行为的无效(如《继承法》第22条)或被撤销(如《合同法》第54条),详见本章关于“效力有瑕疵的民事行为”一节。

2. 意思表示不真实

即行为人的外部表示意思不符合其内心的意思。大陆法系民法上的意思表示不真实主要有三种情况:

(1) 真意保留。又称单独虚伪表示、戏谑表示,是指行为人故意隐瞒其真意,而表示出其他意思的意思表示。比如,甲酒后对乙戏言称,如果乙再能喝下5斤白酒,甲的别墅一栋即归乙所有。真意保留的人通常没有设立法律关系的意图,属于典型的意思缺乏,所以该类行为因为没有法律效果意思而不成立。

(2) 虚伪表示。又称伪装表示,指行为人与相对人通谋而为虚假的意思表示。就当事人相互之间而言,虚伪表示是无效的,但为维护交易安全,虚伪表示的当事人不得以其无效对抗善意第三人。比如,甲为了逃避债务,与乙通谋以赠与之名将其房屋一栋转到乙的名下,后乙将此房屋卖给不知情的丙。在此情形下,甲、乙之间的赠与行为无效,但甲乙不得以赠与无效对抗丙,丙可以善意取得房屋的所有权。

(3) 隐藏行为。指行为人将其真意隐藏在虚假的意思表示之下。具体又包括两种情况:① 以一种行为掩盖另一种行为,但两种行为都合法,如甲、乙订了一份名为借用、实为租赁的合同,此时应将当事人的真意解释为被掩盖的行为意思,而隐藏行为本身无效;② 以合法行为掩盖非法目的,该行为无效(《民法通则》第58条)。

第三节　我国民法上的民事法律行为

一、《民法通则》的独创

我国民法上的"民事法律行为"一词对德国法上的法律行为一词，既有传承又有发展。1986年制定的《民法通则》创造性地提出另一个概念"民事法律行为"。该概念取于德国的法律行为，但又被附加了另外一层含义：民事主体设立、变更或终止民事权利义务的"合法行为"(《民法通则》第54条)。可见，《民法通则》将合法性要求作为民事法律行为的构成要件来规定。既然民事法律行为必须是合法行为，那么对于那些无效的、可撤销的、效力待定的法律行为就无法包容，就只能在民事法律行为之上再抽象出一个上位概念：民事行为。

这样一来，所谓民事行为就大体相当于德国法上的法律行为一词了，是指民事主体基于其意志所实施的、能够产生一定民事法律后果的行为。其中，完全具备法律规定生效条件的民事行为，才具有法律确认的效力也即产生行为人预期的法律后果，属于民事法律行为。而不具备法定有效条件的民事行为则不具有法律效力也即可能并不能产生行为人所追求的法律后果，是为有效力瑕疵的行为，具体包括三种：无效的民事行为；可变更、可撤销的民事行为以及效力待定的民事行为。

可见，《民法通则》所规定的民事行为与民事法律行为在形式逻辑上是包容的关系。若从效力状态的角度看，民事行为区分为民事法律行为(有效的民事行为)与效力有瑕疵的民事行为，后者又包括：无效的民事行为，可变更、可撤销的民事行为和效力待定的民事行为等三种。

民事行为这一概念适用于整个民法的广阔领域，在内容上包括引起意定之债发生的合同行为与单方行为(如单方允诺)，引起物权变动的抛弃行为，引起遗嘱继承法律关系发生的遗嘱行为，引起夫妻、亲子身份关系发生的婚姻行为与收养行为，引起合同关系产生的代理行为等。可以说，民事行为这一概念是我国债法、物权法、婚姻法、继承法以及收养法等民法部门法上的通用概念，是这些部门法上的合同行为、物权行为、遗嘱行为、婚姻行为、收养行为等的上位概念，有关民事行为的法律规则自然通用于这些部门法。

二、我国民法上民事法律事实的体系

民事行为属于民事法律事实的一种，与其相对应的是法律上行为，其中主要是事实行为。所谓事实行为，是指行为人不具有设立、变更或消灭民事法律关系的意图，但依照法律规定能引起既定的民事法律后果的行为。从内容分类的角度，常见的事实行为主要有：债权法上的侵权行为、无因管理行为、部分不当得利行为、正当防卫行为、紧急避险行为及自助行为等，物权法上的遗失物的拾得行为、埋藏物的发现行为、先占行

为、添附行为等，知识产权法上的创作行为、发明创造行为等。

事实行为的效力分类。事实行为不存在诸如无效、有效、可撤销、效力待定等效力分类体系，这是其与民事行为的最大区别之一。一方面，事实行为不包含意思表示，另一方面，事实行为的效力是法律规定的而不是行为人意定的，所以其效力如何与行为人本身没有任何关系，也就不会如民事行为那样因为行为人的行为能力有无、意思表示真实与否以及意思表示的内容合法与否，而导致效力上的差别。举例来说，甲、乙、丙三人分别为5、15、55岁，分别进行同样的合同、婚姻、遗嘱等民事行为，其效力差别自然很大，但如果分别作出同样的创作、发明创造、侵权、拾得遗失物、先占等事实行为，其法律后果并无差别。

如此，我国民法上的民事法律事实的体系图示如下：

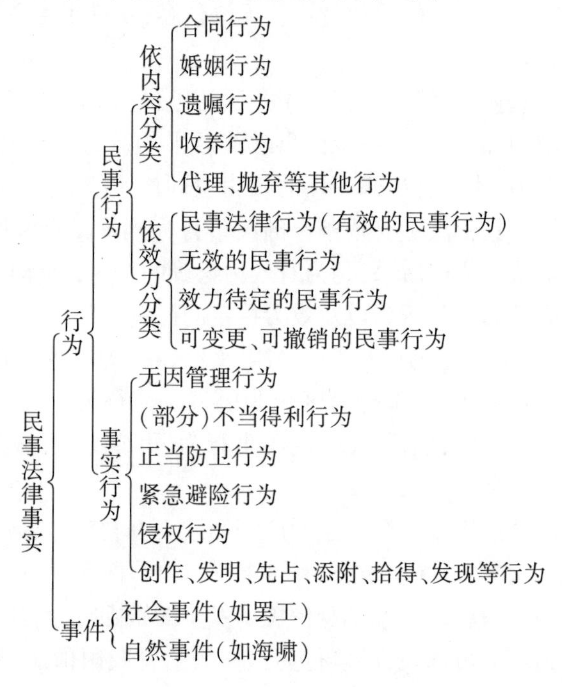

三、民事法律行为的特征

这样，“民事法律行为”作为民事法律事实中行为的一种，因具有如下三项特征而区别于其他各类民事法律事实：

1. 是一种产生、变更、消灭民事法律关系的行为

这样，在法理学上，民事法律行为作为法律行为的一种，就与行政法律行为、民事诉讼法律行为、刑事诉讼法律行为等相并列。

2. 以行为人的意思表示作为核心构成要素

意思表示是指行为人将追求民事法律后果的内心意思用一定的方式表示于外部的活动。比如，旅客在饭店将其要下榻某一房间的想法用口头方式告诉前台接待人员

的表示，就是意思表示。

3. 能够实现行为人所预期的民事法律后果

民事法律行为是一种目的性行为，即以设立、变更或终止民事法律关系为目的。这一目的是行为人在实施民事法律行为之时所追求的预期后果。基于法律确认和保护民事法律行为的效力，行为人所追求的预期后果必然可以实现。可见，民事法律行为的目的与实际产生的后果是相互一致的。

民事法律行为这一概念强调“合法性”要素，是计划经济时代国家政策、法律对于当事人意思自治的过度管制的产物，包含着难以克服的内在逻辑缺陷，使得其使用价值仅仅局限于非常有限的场合。如果没有特别指明或者非为必要，本书尽量避免使用“民事法律行为”这一概念，而是使用“法律行为”这一概念。

第四节　法律行为的分类与形式

法律行为的分类：
- 单方行为、双方行为与决议
- 财产行为与身份行为
- 负担行为与处分行为
- 有因行为与无因行为
- 主行为与从行为

一、法律行为的分类

依不同的标准，法律行为有多种不同的分类，较为重要的有以下几种：

（一）单方行为、双方行为和决议

依法律行为的意思表示的数量及其方式不同，法律行为可以分为单方行为与多方行为，其中后者又分为双方行为（也即契约行为）与决议。

单方行为，指依一方当事人的意思表示而成立的法律行为，主要有两种类型：(1) 行使个人权利的行为，而该行为仅仅发生个人的权利变动，如抛弃（物权）行为；(2) 涉及他人权利的发生、变更或消灭等，如债务的免除、代理权的授予或者撤销、无权代理的追认、遗嘱的订立等。

双方行为，指由两个及其以上的意思表示一致而成立的法律行为，也即契约行为，如买卖合同、融资租赁合同、合伙协议、发起人协议等。双方行为有两个特征：(1) 须有两个或者两个以上的意思表示；(2) 意思表示的内容指向相对或者一致，如买卖合同双方的买与卖的意思表示相对，而合伙协议的各方的意思表示指向同一个方向，为了一个共同的目标；(3) 参与各方的意思表示要达成完全的一致，也即达成合意，只要任何一方不同意，契约即无法达成。

决议，指团体组织为形成集体意思，在遵循一定程序的前提下由组织成员或者组织法人机关的成员在多数决规则下形成一致意思的法律行为。决议有四个特征：

(1) 须有两个及其以上的意思表示;(2) 意思表示的指向一致,如股东会会议作出决议时,各个参与表决的股东须就提案作出意思表示;(3) 意思表示的内容可以不尽一致,如股东会会议作出决议时,各个参与表决的股东就提案作出的意思表示包括同意、反对或者弃权;(4) 一致意思的形成规则是多数决,也即不要求全体意思表示人的意思一致(但也不排斥全体意思表示的一致),只要达到法定或者章定的多数即可。

这一分类的意义,在于正确认定法律行为的成立及其效力。就其成立而言,单方行为,只要一方当事人的意志即可成立;双方行为,需要两个以上的意思表示达成一致也即形成合意才能成立;决议,需要在遵循一定程序的前提下经过多数决形成一致的意思才能成立。就其效力而言,单方行为如遗嘱只存在有效、无效之分,双方行为则有效力待定、可撤销与无效的效力形态,决议则有可撤销与无效的效力形态。

赠与合同与遗嘱(遗赠)之区别 一个不幸的常见误解是很多读者学习民法多年,却还是不自觉地将赠与当作是单方法律行为。赠与既然是合同,当然毫无疑义地属于双方行为,其成立,不仅需要有赠与人的赠与意思,还要有受赠人的接受赠与的意思,且还要二者达成合意(参见《合同法》第185条)。毕竟,有时候,不受不明不白的赠与的大有人在。但是,遗嘱是一个单方行为,只要遗嘱人作出遗嘱的意思即可成立,该意思表示既不需要送达给遗嘱继承人或者受遗赠人,更不需要遗嘱继承人或者受遗赠人作出接受的意思。

(二) 财产行为与身份行为

依法律行为发生的效果是财产性还是身份性,作此分类。

财产行为,是以发生财产上法律效果为目的的行为,其后果是在当事人之间发生财产权利与义务的变动,如处分行为、给付行为等。身份行为,是指直接以发生或丧失身份关系为目的的行为,如结婚、离婚、收养等行为。这一分类的意义在于,身份行为的目的在于取得、丧失身份,往往事关伦理,因而特别强调对当事人意思的尊重,通常不能由代理人代理。

(三) 负担行为与处分行为

依据法律行为所产生的效果而作此分类,这是理解物权法与债权法之间关系的两个核心概念。

负担行为,是以发生债权债务为其效力的行为,亦称债权行为或债务行为,如买卖合同、租赁合同等。处分行为,是直接发生、变更、消灭物权(如抵押合同)或准物权的行为(如债权转让合同)。

这一分类是以承认德国民法上的物权行为为前提的。比如,甲、乙订立一份房屋买卖合同,基于该合同产生的不是物权变动的效果,而是一种债权债务关系,具体内容是:甲得请求乙交付房款(为一定的行为),乙请求甲交付房屋且办理登记(为一定的行为),均为债权,所以该买卖合同为负担行为。后来,甲交付、办理登记房屋给乙,导致房屋所有权转移这一物权变动的效果;乙交付房款给甲,导致货币这一特殊动产所有权移转这一物权变动的效果。此处的登记与交付行为产生的直接依据,不是买卖合同而是物权契约(也即德国人认为买卖双方后来对于物的所有权转移又形成了一份合意,这一合意就是物权契约),据此,乙由登记而取得房屋所有权,甲由交付而取得货币的所有权。此处的物权契约就是处分行为。

一般认为,导致债权消灭的免除行为、导致债权债务移转的债的转让,属于准物权行为,也是广义的处分行为。

负担行为与处分行为的主要区别,在此强调三点:

1. 法律效力不同

负担行为使债权债务发生或变更,而处分行为直接导致权利的转移或消灭,如基于物权契约履行的动产交付或不动产过户登记导致物的所有权变动。

2. 对标的物特定与否的要求不同

负担行为的生效不以标的物特定化为前提,但在处分行为生效之前必须确定。举例来说,甲公司是一个服装生产巨头,批销一批服装给乙,在二人订立买卖合同时,无须指明买卖标的到底是甲的巨大仓库里的哪一批;但在订立转移所有权的物权契约及其交付时,当然需要明确到底是哪一批货物。

3. 对行为人处分权有无的要求不同

行为人不具有处分权的,不影响负担行为的效力;但在从事处分行为时,处分人须有处分权,否则构成无权处分。

法律规范的适用。《物权法》第96条规定:“共有人按照约定管理共有的不动产或者动产;没有约定或者约定不明确的,各共有人都有管理的权利和义务。”《特权法》第97条规定:“处分共有的不动产或者动产以及对共有的不动产或者动产作重大修缮的,应当经占份额2/3以上的按份共有人或者全体共同共有人同意,但共有人之间另有约定的除外。”对于这两个条文的适用,关键在于掌握第97条的“处分”二字,“处分”应该理解为导致物权变动的行为,包括买卖、赠与、互换、抵押等行为,但不包括借用、保管、修理等负担行为。设对于甲乙夫妻共同共有的诸财产,如丈夫甲未经妻子乙同意擅自出卖且办理房屋过户,属于无权处分行为,物权效力将来会存在瑕疵。但是,如丈夫甲未经妻子乙同意擅自出借、出租房屋,则不属无权处分行为,效力不存在瑕疵。因为借用、租赁合同设定的是债权债务关系,不关乎物权的变动,应该适用第96条而非第97条的规定。读者对于后一例的理解或许有些难度。

(四)有因行为与无因行为

在一个互为因果关系的世界里,任何一个法律行为都是有原因的,但其效力是否受到原因的影响存在不同,据此可以分为有因行为与无因行为。

有因行为,是指与原因不可分离的行为,原因无效或者不存在,行为就不能生效。无因行为是指行为与原因可以分离,不以原因为要素的行为。可见无因行为并非没有原因,而是指原因无效不影响行为的效力。这一分类的意义,仍在于行为效力的判断。这一分类只限于财产法上的行为,身份行为不存在此种区分。

由于不承认物权行为的无因性,所以我国民法上的多数法律行为都属于有因行为,例外的,代理权的授予、债权债务转让、票据行为属于无因行为。

举例 甲欠乙100万元,乙将该债权转让给丙,乙、丙之间订立债权转让合同是有原因的,如乙意欲通过此举完成对丙的赠与或者清偿对丙的债务等。但债权转让合同与该等原因彼此分离,即使乙丙之间的赠与合同后被撤销,该原因行为的效力瑕疵不影响债权转让合同本身的效力。所以,设甲已将100万元还给丙,后乙丙赠与合同撤销,该清偿仍然有效。

(五) 主行为与从行为

根据法律行为相互间的附属关系而作此分类。

主行为,指不需要其他行为的存在即可独立存在的法律行为。从行为,指以其他行为的存在为其存在前提的法律行为。例如,对于主债务合同与保证合同而言,前者即是主法律行为,后者则为从法律行为。关于从行为之于主行为的附属性,可以参见主权利与从权利部分的介绍。

此外,法律行为还有几种重要的分类,包括单务行为与双务行为、有偿行为与无偿行为、诺成性行为与实践性行为、要式行为与不要式行为等。这些分类更多地适用于合同法领域,所以有关这些分类的内容留待本书合同法部分讲述。

二、法律行为的形式

法律行为的形式,指法律行为借以表现的方式,它取决于构成该法律行为的意思表示的方式,包括口头、书面、默示等。我国法律中,有关合同的形式规定比有关法律行为的形式规定更为详细,故本节不再就法律行为的形式展开,可参见本书合同法编关于合同形式的介绍。

第五节 法律行为的成立与生效

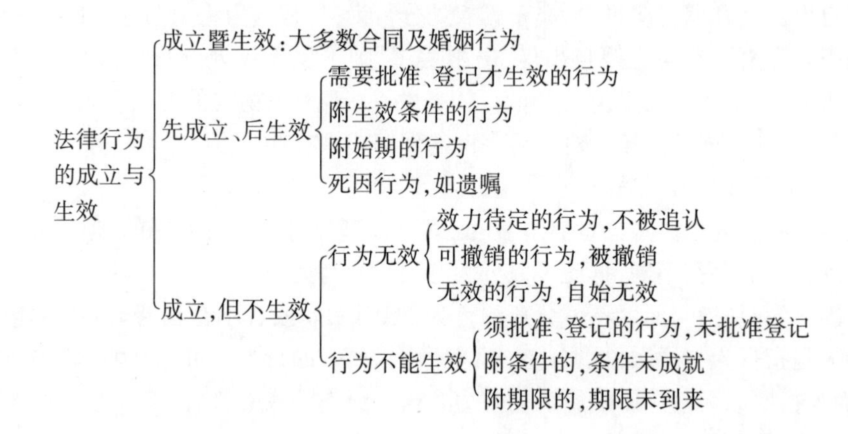

一、法律行为的成立与生效

(一) 概念

法律行为的成立,是指行为人完成了意思表示。就单方行为而言,是指行为人作出或者发出了意思表示;就双方、多方行为而言,是指当事人各自作出了意思表示且达成了一致。

法律行为的生效,是指已经成立的民事行为因符合法定的生效要件,产生法律上的约束力。此处"法律上的约束力",就是行为人意欲发生的私法上的效果。显然事实行为不能发生这样的法律效果。

法律行为的效力分为对内效力与对外效力。对内效力,就是指对当事人产生的法律约束力,如合同的对内效力就是合同成立后任何一方都应当按照约定履行义务,不得擅自变更或解除合同(《合同法》第 8 条)。对外效力,就是指对当事人以外的第三人产生的约束力,如在为第三人利益的合同中,合同对该受益第三人所产生的效力。

(二) 关系

法律行为的成立与生效既有区别又有联系。罗马法曾规定"同时成立原则",即法律行为的成立与其效力同时发生。在现代民法上,尽管多数情形下"同时成立原则"仍然适用,但在民法理论与立法上,已经视为两个概念而加以区分,更重要的是一些场合下,行为的成立与生效确实不是同时完成的。

法律行为的成立,着眼于某行为是否已经客观存在,而生效着眼于法律对已经成立的某行为的效果给予积极评价。因此,法律行为的生效除了当事人意思表示一致之外,还以意思表示的内容及形式的合法为要件。概言之,民事行为的生效以其成立为前提;但成立的民事行为不一定都能生效,生效与否还要看是否具备法定的生效要件。

实质上,法律行为的成立与否纯属一种事实判断,只涉及当事人的私人意思问题,与国家意志无关;而生效与否则属于一种价值判断,实质体现了国家对于当事人意思自治的干预。区分二者的价值有二:

1. 在逻辑体系上,只有区分成立与生效,才能进一步区分民事行为的不成立、被撤销与无效。如行为尚未成立,则不存在效力的判断问题,无论判断某一行为属于何种效力状态,共同的事实前提是该行为已经成立。

举例　甲、乙二人在街上接头,就 10 克海洛因的买卖达成意思一致,则该合同已经成立,但属于无效的合同;如二人正在讨价还价,警察赶到将其擒获,则该买卖合同尚未成立。

2. 在法律后果上,二者也有不同。以合同行为为例,因一方在缔约过程中违反诚信原则而致使合同不成立的,承担缔约过失责任,赔偿对方的信赖利益损失(《合同法》第 42 条)。但对于无效的合同来讲,因其根本违反国家意志,所以一方面产生民事责任(如缔约过失责任、不当得利返还责任等,见《合同法》第 58 条);另一方面还可能引发行政处罚责任乃至刑事责任。

二、法律行为的生效要件

(一) 实质要件

根据《民法通则》第55—56条、《合同法》第52条等规定,法律行为的生效要件区分为实质要件与形式要件。就实质要件,学界有“四要件说”与“三要件说”,前者要求行为人具有相应的行为能力、意思表示真实、内容合法、标的确定与可能,后者仅要求前三个要件。本书采“三要件说”。

1. 行为人具有相应的行为能力

法律行为作为民事主体实现意思自治的载体,法律当然要求当事人具备独立实施相应行为的能力。就自然人而言,完全行为能力人可以单独实施法律行为,但无行为能力人、限制行为能力人单独实施民事行为的效力,需要作具体区分,详细内容可以参见第二章的有关内容。

2. 意思表示真实

意思表示真实,就是说行为人表现于外部的表示与其内在的真实意志相一致。其要求有两点:(1) 内部意思与外部表示一致;(2) 出于行为人的自愿。只有行为人意思表示真实,才能保证其行为产生的法律后果符合预期的目的,有利于建立正常的社会经济秩序。如行为人外在的意思表示与其内心真实意思不一致,则为意思表示不真实,具体包括欺诈、胁迫、乘人之危、重大误解、显失公平等形态,各自导致民事行为效力的瑕疵,详细内容见本章第四节“效力有瑕疵的民事行为”。

3. 行为的内容合法

行为的内容合法表现为不违反法律和社会公共利益、社会公德。具体到司法实践中,包含以下几层意思:

首先,是指不得违反法律、行政法规的规定。这意味着如违反地方性法规、行政规章或地方政府规章的,不会导致民事行为无效,尽管可能招致行政处罚。

其次,是指不得与法律、行政法规的强制性规范相抵触。这意味着行为的内容与法律、行政法规的任意性规范不一致时,不属于民事违法的范畴,因为任意性规范后于当事人的意思表示而适用。

再次,是指不得违反法律、行政法规强制性规范的效力规范。与效力规范相对的是取缔规范(管理规范),这意味着违反法律、行政法规的强制性规范中的取缔规范的,也不会导致民事行为无效。所谓取缔规范,是指取缔违反之行为,对违反者加以行政处罚乃至刑事制裁,以禁遏其行为,但并不否认其在私法上的效力。所谓效力规范,是指不仅要取缔违反的行为,对违反者加以法律制裁,而且对其行为在私法上的效力也加以否认。所以,只有违反效力规范的民事行为才是无效的,对于违反取缔规范的民事行为,可以由行政机关对当事人进行行政处罚,但不能认定在民法上无效。

《城市房地产管理法》第45、54条分别要求商品房预售合同和城市房屋租赁合同必须办理备案登记。法律设此规范的用意在于保护买受人、承租人的利益,以及有利于规范房地产市场的行政管理。此处要求办理备案登记的规范属于取缔规范而非效力规范,当事人没有办理备案登记手续不应导致合同无效。

最后,是指不得违背社会公德、损害社会公共利益。

举例　关于标的之确定与可能。有人认为标的的确定与可能也是法律行为的生效要件。标的确定,是指民事行为的标的自始确定,或能够确定。标的可能,是指民事行为的标的可能实现,否则称为标的不能。若民事行为成立时其标的自始不能,那么该法律行为是不成立还是不生效,存有争议。本书认为标的的确定与可能都属于法律行为的成立要件而非生效要件。比如,《合同法》第 14 条规定构成要约的意思表示的条件之一就是内容具体确定。换言之,如一项意思表示的内容不能具体确定,则不能构成要约,合同之成立也就无从谈起。所以内容确定是法律行为的成立要件,不是生效要件。再如,甲、乙订立买卖合同,内容是甲后天将月球交付给乙,该合同因标的不能而属于意思缺乏(真意保留),故不能成立,当然也就谈不上生效了。

(二) 形式要件

在绝大多数情况下,法律行为只要具备实质要件就发生法律效力,但在某些特殊情况下还须具备特殊形式要件才能发生效力,如中外合资经营企业合同、中外合作经营企业合同须经有关机关批准后才能生效(《中外合资经营企业法》第 3 条、《中外合作经营企业法》第 5 条),向外国人转让中国专利的合同须经有关机关批准并登记才能生效(《专利法》第 10 条),婚姻行为也要经过登记才能生效(《婚姻法》第 8 条)。

需注意,这里所讲的形式要件是指法定的生效要件,也即通常所说的特殊形式要件,有别于法律行为成立的形式要件,也即通常所说的一般形式要件。法律行为的一般形式要件是其成立要件而非生效要件,如《合同法》第 270 条要求建设工程合同应以书面形式订立,当事人违反的,应认定其不成立,既然不成立,也就谈不上生效与否的问题。

第六节　效力有瑕疵的法律行为

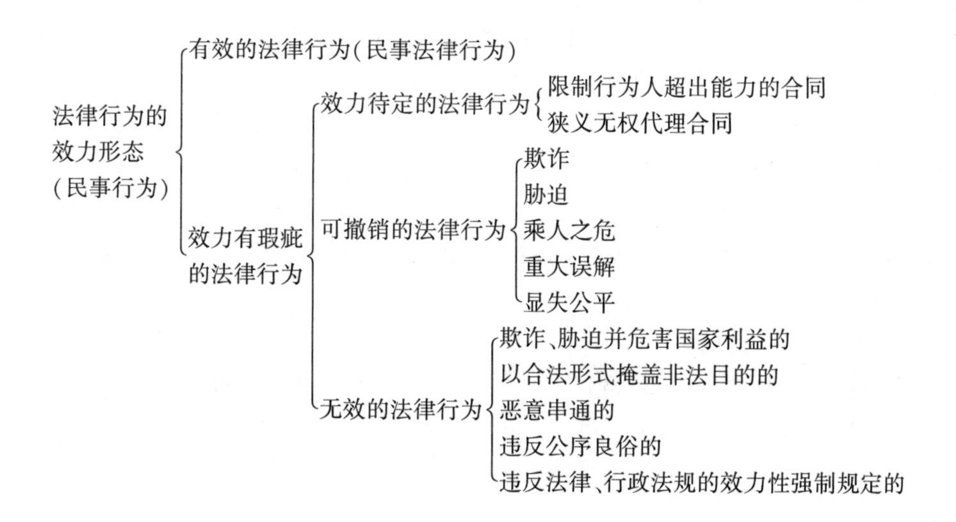

凡不完全具备法律行为生效要件的行为，均属效力有瑕疵的法律行为。但法律行为欠缺生效要件并非一概宣告为绝对无效，现行立法将其分为三种类型，即无效的法律行为，可变更、可撤销的法律行为与效力待定的法律行为。

一、无效的法律行为

（一）概念

无效的法律行为，指因欠缺法律行为的有效条件，因而当然不发生效力的法律行为。无效的法律行为的本质特征在于违法性，法律行为因违法而无效，表明当事人的意思表示不符合国家的意志和利益，因此遭到国家法律的效力否定，不仅不能产生当事人意欲追求的法律效力，且当事人还要依法承担法律责任。

无效的法律行为有全部无效与部分无效之分。后者，是指法律行为的一部分内容不具备生效要件而不能相应生效，但其他部分仍具有效力。《民法通则》第 60 条规定："法律行为部分无效，不影响其他部分的效力的，其他部分仍然有效。"如普通合伙协议中的保底条款无效，但不影响其他条款的效力。

（二）特征

与可变更、可撤销的法律行为及效力待定的法律行为相比，无效的法律行为在效力上具有鲜明的特征。

1. 国家主动干预

这种干预体现在：(1) 法院、仲裁机构不待当事人请求即可主动依职权审查法律行为是否具有无效因素，并可主动确认行为无效；(2) 任何人都可以主张其无效，不限于行为的直接利害关系人。正是在此意义上，无效的法律行为是当然、绝对无效的。

相对无效的法律行为。除法律规定的当然、绝对无效的法律行为之外，理论上还有一种相对无效的法律行为制度，这是指某些法律行为尽管具有违法性，但仅侵害特定第三人的利益，对此类行为如定位为当然、绝对的无效，允许任何第三人都主张其无效，有失宽泛，也不妥当。此时特定的第三人才是具体的利害关系人，"自己是自己利益的最佳判断者"，为维护自己的利益，由其主张该行为无效最为妥当。如《物权法》第 191 条第 2 款规定："抵押期间，抵押人未经抵押权人同意，不得转让抵押财产，但受让人代为清偿债务消灭抵押权的除外。"这一规定表明，即使未经抵押权人同意，抵押人与受让人之间转让抵押物的合同也不是当然无效的，至少在受让人事后代为清偿的场合下该转让合同是有效的；当然，如受让人不愿意代为清偿的话，抵押权人确实有权要求法院撤销该转让合同。可见，这种相对无效的法律行为与一般意义上的无效的法律行为不是一回事。

2. 不具有可履行性

如已履行的，应当通过返还财产、赔偿损失等方式使当事人的财产恢复到行为成立之前的状态(《合同法》第 58 条)。

3. 自始、绝对无效

法律行为一旦被确认无效，就将产生溯及力，使之自成立之时起即不具有法律效力。绝对无效是指行为的违法性无法获得事后的补救从而转化为有效。

（三）法定的类型

在这个问题上，《民法通则》与《合同法》规定的不尽一致。结合这两部法律文件，总结我国民法上的无效的法律行为的类型如下：

1. 行为人不具有行为能力的法律行为

（1）无行为能力人实施的法律行为。具体是指前述纯受利益的行为、处分零花钱的细小法律行为之外的法律行为，均为无效。

（2）限制行为能力人超出行为能力实施的单方法律行为。因为此类行为不涉及相对人的利益保护和交易安全，亦为无效，如抛弃行为。

（3）法人违反法律、行政法规规定的限制经营、特许经营、禁止经营的范围而从事的经营行为，亦为无效。如一家普通商贸公司从事烟草、黄金的批发交易，均为无效。

2. 意思表示不真实的法律行为

依《民法通则》第58条，一方当事人以欺诈、胁迫的手段或者乘人之危，使对方在违背真实意思的情况下所为的法律行为无效。但依《合同法》第52条，一方以欺诈、胁迫手段订立的合同，只有损害国家利益的才为无效的合同，在其他场合下因为欺诈、胁迫以及所有场合下的乘人之危而订立的合同，为可变更、可撤销的合同。从国外立法看，受欺诈、胁迫或乘人之危实施的法律行为应为可撤销的法律行为。《合同法》的规定，更有利于促进交易、鼓励交易，为体现对国家利益的特殊保护，只有该合同损害国家利益的才绝对无效。在合同领域，优先适用《合同法》的上述规定。

3. 恶意串通，损害国家、集体或者第三人利益的法律行为

恶意串通行为的构成要件是：

（1）当事人实施法律行为时有损害国家利益、集体利益或者他人利益的共同主观故意，也即通谋。

（2）各方在实施法律行为时有串通一气、互相勾结的行为，若无这种勾结、串通，法律行为将不可能实施或以另外的内容实施。

（3）该行为的结果损害国家、集体或第三人的利益。如《民法通则》第66条第3款规定，代理人与第三人串通损害被代理人的利益的，为滥用代理权的无效行为，由第三人与代理人对被代理人负连带责任。又如《担保法》第30条规定，主合同当事人双方串通骗取保证人提供保证的，保证无效，保证人不承担民事责任。

4. 以合法形式掩盖非法目的的法律行为

又称隐匿行为，是指当事人以合法的行为或形式掩盖非法的目的或内容的行为。这是一种规避法律的行为，行为具有表面上的合法形式，但隐藏着非法的目的，因而仍是一种无效行为。比如通过合法的买卖、捐赠形式来达到隐匿财产、逃避债务的目的，又如以联营的形式来掩盖非法资金拆借的行为。

5. 损害社会公共利益的法律行为

也即大陆法上所说的违反公序良俗的法律行为。这类法律行为的结果往往对社会公共利益与善良风俗造成损害。常见的有:

(1) 限制他人民事权利能力或行为能力的行为,如约定永远不得结婚的协议。

(2) 干涉他人行为自由或人身自由的行为,比如某夫妻约定,婚后无论何时在任何情况下任何一方不得提出离婚请求,否则提出者即丧失夫妻共有财产的份额。这一规定与离婚自由权理念背道而驰。

(3) 行为本身有悖于起码的社会公共生活要求,如甲乙约定,乙敢在街头裸走3分钟,甲即给乙1000元钱。

6. 违反法律的法律行为

严格地讲,违反法律、行政法规的强行性规范(包括禁止性、命令性规范)的法律行为,方为无效。此处的"法律"作狭义解释,只指全国人大及其常委会颁行的法律。更进一步,应该是指强行性规范中的效力性规范,关于此点,详见本书关于合同效力部分的介绍。

二、可变更、可撤销的法律行为

(一) 概念

可变更、可撤销的法律行为,是指当事人依照法律规定得请求法院、仲裁机构予以变更或者撤销的欠缺某些法定的生效条件的法律行为。

将可变更与可撤销并列是我国民法的一个创举。关于二者的适用关系,依《合同法》第54条第3款、《民通意见》第73条的规定,有两点:(1) 当事人请求变更的,法院、仲裁机构可予以变更但不得撤销;(2) 对于重大误解、显失公平两种情形,当事人请求撤销的,可以酌情予以变更(在前)或者撤销。可见,对同一种行为究竟予以变更还是撤销,首先应尊重当事人的诉请,其次才是司法者的自由裁量权适用。而且原则上变更优先于撤销而适用。这体现了立法促进交易、鼓励交易的考虑。

与其他效力类型的法律行为相比,可变更、可撤销的法律行为具有以下特征:

1. 实质在于意思表示的不真实

法律行为作为实现意思自治的工具,其主要目的在于实现当事人的自由意志,发生当事人预期的法律效果。如意思表示有瑕疵,则法律行为的功能将不能实现,因为此时的意思表示并非当事人的真实意志,自然不能产生当事人意欲追求的法律效果。

2. 国家不主动干预

由于意思表示是否真实往往只有表意人与意思表示受领人知道,外人无从得知,法律也就不宜干预,因此该行为的效力留待当事人决定。在可变更、可撤销的法律行为中,受害的只可能是其中某一方,所以如该方当事人不主动否定行为效力而甘愿承担不利后果,法律也爱莫能助。是故,法律将变更权、撤销权留给了法定的某一方,由其决定是否变更、撤销该行为,法院、仲裁机构采不告不理之立场,不主动依职权变更、撤销该行为，在这一点上严格区别于无效的法律行为。

撤销权人通常是意思表示不真实的表意人本人，具体是指在欺诈、胁迫、乘人之危行为中的受害人一方（《合同法》第 54 条第 2 款），以及重大误解、显失公平场合下的双方当事人（《合同法》第 54 条第 1 款）。

3. 私权的自由行使

变更权、撤销权是专属权，不得转让给第三人行使；变更权、撤销权属实体法上的私权，故可因权利人放弃而归于消灭；变更权、撤销权是形成权，权利人通过单方的意思表示行使之；既为形成权，必适用除斥期间，《合同法》第 55 条规定为 1 年，从权利人知道或者应当知道撤销事由之日起算；该形成权须通过诉讼方式行使，具体表现为撤销之诉，而不能仅通过撤销权人单方的意思表示直接行使。

4. 在被撤销之前是有效的

在被撤销之前，可变更、可撤销的法律行为既非效力待定，也不是自始无效，而是自成立之日起就已经生效，故在行为成立之初的效力形态上，严格区别于效力待定的法律行为与无效的法律行为。当然，一经被撤销即具有溯及力，自始无效。

最终的效力状态情形。结合《合同法》第 54—55 条的规定，可变更、可撤销的法律行为在成立之初是有效的，但在最终的结局上呈现出以下两种走向：

（1）继续有效且最终有效，这是多数情形下的状态，具体包括三种情形：① 弃权的，权利人知道撤销事由后明确表示或以自己的行为表示放弃撤销权；② 逾期的，权利人超出除斥期间没有行使撤销权的；③ 变更的，权利人仅请求变更。变更一方面意味着放弃了撤销权，另一方面变更后，至少该行为的部分内容有效。

（2）自始无效。权利人一旦行使撤销权且被司法机构支持，该行为自始无效。

（二）法定的类型

对于这一问题，《民法通则》与《合同法》的规定仍不一致，前者仅仅规定了重大误解与显失公平两种情形，《合同法》第 54 条还规定了乘人之危以及一般场合下的欺诈、胁迫，理论上统称为意思表示不真实。

1. 欺诈

欺诈，是指因一方故意告知对方虚假情况或故意隐瞒真实情况，诱使对方作出错误意思表示。此处的意思表示不真实，是就受欺诈方而言的。根据《民通意见》第 68 条，欺诈的认定应具备以下条件：

（1）欺诈方有欺诈的故意。此为主观要件。

（2）欺诈方实施了欺诈行为，包括故意告知对方虚假情况（作为）或者故意隐瞒真实情况（不作为）。此为客观要件。

（3）受欺诈方由于受到欺诈而陷入错误认识。这是受欺诈方意思表示不真实的根源。

（4）受欺诈方因为认识错误而做出违反其真实意思的法律行为，也即欺诈方的欺诈行为与受欺诈方实施的法律行为之间存在因果关系。

来自第三人的欺诈 民法上的欺诈具有特定的含义,是指在双方法律关系中一方对于另一方的欺诈,严格区别于来自于第三人的欺诈。现实生活中,交易一方常常利用第三人对交易对方进行欺诈,第三人对法律行为一方当事人欺诈的,除另一方知道或应当知道的视同其自己对于相对人的欺诈,从而构成欺诈外,一般不影响该法律行为的效力。比如,依最高人民法院《关于适用〈中华人民共和国担保法〉若干问题的解释》(以下简称《担保法解释》)第40条,主合同债务人(不是保证合同的当事人而属于第三人)采取欺诈、胁迫等手段,使保证人在违背真实意思的情况下提供保证的,该保证合同有效,只有一种情况下合同无效,即债权人知道或应当知道欺诈、胁迫事实的。推而广之,应该树立这样的观念:第三人实施的欺诈或者胁迫行为,使一方当事人在违背真实意思的情况下进行法律行为的,如相对人知道或者应当知道该行为存在的,受欺诈或者受胁迫方有权请求人民法院或者仲裁机构变更或者撤销该法律行为。实际上,第三人实施的欺诈或者胁迫行为,对于受欺诈或者受胁迫方而言,就是一种相对无效的法律行为。

2. 胁迫

受胁迫而为的法律行为,是指由于一方以给另一方本人及其亲友的生命健康、荣誉、名誉、财产等造成损害为要挟,迫使后者作出违背真实意思的意思表示。此处的意思表示不真实,是就受胁迫方而言的。依《民通意见》第69条,胁迫的构成应具备以下条件:胁迫方有胁迫的故意;胁迫方实施了胁迫行为;受胁迫方因害怕胁迫而被迫作出违背真实意思的意思表示。

胁迫的本质在于对表意人的自由意思加以干涉,所以胁迫行为应具有违法性。常见的行为类型有:

(1) 目的合法,手段违法。如甲对乙说:“若你不按期付款,小心你的孩子。”

(2) 目的违法,手段合法。如甲对乙说:“你必须在法庭上为我作伪证,否则我就告发你受贿的事实。”

(3) 目的违法,手段亦违法。如甲对有妇之夫乙说:“你不向我提前透露招标底价,我将把你和小三的亲密照片公之于众。”

依《民法通则》,受欺诈、胁迫而为的法律行为属于无效的法律行为。但是,根据《合同法》,只有一方以欺诈、胁迫的手段订立且危害国家利益的合同才属于无效的合同;除此之外受欺诈、胁迫而订立的合同属于可变更、可撤销的合同。根据“特别法优于一般法”的原则,以《合同法》的规定为准。

3. 乘人之危

乘人之危,是指因一方乘对方处于危难之机为牟取不正当利益,迫使对方作出不真实的意思表示。此处的意思表示不真实,是就危难方而言的。依《民通意见》第70条,乘人之危应具有以下条件:

(1) 一方当事人处于危难境地。如本人或其亲属已经落水。

(2) 另一方当事人以牟取不正当利益为目的,利用对方的危难情况,提出苛刻的条件,严重损害对方的利益。如趁对方落水,提出 20 万元的救助价码。

(3) 乘人之危的一方主观上是故意的。

(4) 存在因果关系,即危难一方因危难的存在而被迫接受对方提出的苛刻条件并作出违反其真意的意思表示。

根据《民法通则》,乘人之危而为的法律行为属于无效的法律行为。但是,根据《合同法》,乘人之危而订立的合同属于可变更、可撤销的合同。根据"特别法优于一般法"的原则,以《合同法》的规定为准。

4. 重大误解

重大误解,是指由于行为人在对行为的性质、对方当事人以及标的物的品种、质量、规格和数量等方面的错误认识,使行为的后果与自己的意思相悖,并造成较大损失情况下而为的法律行为。此处的意思表示不真实,是就产生误解的某一方而言的。依《民通意见》第 71 条,重大误解应具备以下条件:

(1) 基于自己过失的错误认识。首先,重大误解的事实对象,须是对其所为法律行为的性质、内容和主体等方面的错误认识,如对促使其从事行为的动机存在错误认识则不构成重大误解。其次,重大误解是出于行为人自己的过失而发生,由此区别于故意、胁迫、乘人之危等有对方过错的情形,也区别于因第三人的错误而为的法律行为。

欺诈与重大误解的区别。相同点为表意人一方均有错误认识,且错误认识导致了意思与表示的不一致。区别在于错误认识产生的原因完全不同:前者在于欺诈方的故意误导;后者往往在于表意人自己的疏忽或者经验不足所致。

(2) 因果关系。即基于自己的错误认识而实施了与其真意相悖的法律行为。例如,公民甲自己误把一尊仿制乾隆年间的青花瓷器当作真品,主动向制卖仿古瓷器的对方报价购买。

(3) 误解重大。因误解所实施的法律行为已经或者将会给自己造成较大损失的情况下,才构成可撤销的重大误解行为。为了保证商品交易安全、稳定的秩序,法律将得以请求撤销的误解行为限制在重大损失的范围之内。

5. 显失公平

显失公平,是指由于一方利用自身优势或者由于一方缺乏经验,致使双方的权利义务明显违反公平、等价有偿原则。此处的意思表示不真实,是就结果上处于明显不利的一方而言的。依《民通意见》第 72 条,显失公平的构成应具备以下条件:

(1) 经验不对等。一方故意利用自己所处的法律、贸易、商业等方面的优势,或者另一方在以上方面缺乏经验。显失公平之区别于乘人之危,关键是受害一方还有与对方协商的机会,而在乘人之危的情况下,则是危难一方没有选择地被迫接受对方提出的苛刻条件。

(2) 权利义务不平等。在后果上是否明显违反公平、等价有偿原则,是判定构成显失公平的标准。法律将其严格限定在明显违反公平、等价有偿原则的限度内,因而不允许当事人任意以自己无经验或不了解行情为借口请求撤销法律行为。

（三）撤销权的行使

此处的撤销权，是指权利方依法享有的请求法院、仲裁机关对于可变更、可撤销的法律行为予以撤销的权利。可撤销的法律行为仅仅损害当事人利益，该当事人对此可能在乎也可能不在乎，所以其可能积极主张撤销权，也可能自愿接受行为结果。因此为督促当事人及时行使撤销权，避免可撤销的法律行为的效力长期处于或然状态，法律严格规定了撤销权的消灭事由。

1. 因除斥期间届满而消灭

《民法通则》《合同法》规定撤销权的除斥期间为1年，超出此期间，就意味着撤销权的丧失。

举例 某甲于2000年3月1日在乙商场购得豆浆机一台，当时被告知该豆浆机有10种功能，甲当天买回家后调试，发现只有1种功能。遂于第二天找商场交涉，未果，其后甲每天找商场交涉，均无结果。后于2001年3月3日向法院起诉要求撤销合同，则法院对甲的诉讼请求应不予支持。

关于期间的起算，据《民通意见》第73条，该除斥期间的起算采客观主义，即从“行为成立之日”起，但根据《合同法》第55条第1项，起算采主观主义，“自知道或者应当知道撤销事由之日起1年内行使”。在合同领域，以后者为准。

2. 因权利人放弃而消灭

根据《合同法》第55条第2项，撤销权人自知道撤销事由后明确表示或者以自己的行为放弃撤销权的，该权利即行消灭。

三、效力待定的法律行为

（一）概念

效力待定的法律行为，是指其有效或无效在行为成立时处于不确定状态，尚待享有形成权的第三人同意（追认）或拒绝的意思表示来确定最终结果的法律行为。其效力方面的特征是很鲜明的。

1. 从成立之时起其效力是不确定的

它既非有效，亦非无效，而是处于悬而未决的不确定状态。

2. 最终效力状态的确定，主要取决于享有形成权的人的事后意思表示

形成权人享有追认、否认或撤销的权利，通过实施相应的行为使该行为最终归于生效或者无效。另外，某些事件的发生也可以决定效力待定的法律行为的效力结局。

3. 溯及既往

最终生效的，即确定地溯及于行为成立时有效；最终确定无效的，则确定地自始无效。

（二）法定的类型

《民法通则》未规定该制度，目前我国效力待定的法律行为限于合同行为领域。依《合同法》相关规定，效力待定的合同有两种类型。

1. 行为能力欠缺

依《合同法》第 47 条，限制行为能力人欠缺相应行为能力而订立的合同，为效力待定的合同。事后，如法定代理人予以追认的，则合同自始有效，可以得到履行；法定代理人不予追认或拒绝追认，以及善意相对人主动撤销的，则该合同确定无效。

2. 代理权欠缺

依《合同法》第 48 条，代理人以被代理人的名义对外签订的合同，为无权代理（狭义）合同的，在成立时效力待定。事后经被代理人追认的，该合同自始有效，对被代理人与相对人发生效力；如果被代理人不予追认或拒绝追认，以及善意相对人主动撤销的，该合同自始无效，被代理人与相对人无须履行。

关于处分权欠缺导致的无权处分行为的效力　依《合同法》第 51 条的规定，"无处分权的人处分他人财产，经权利人追认或者无处分权的人订立合同后取得处分权的，该合同有效。"对于这一规定，一直存在理解上的争议：在发生了无权处分行为的情形下，第 51 条到底是规定合同（债权行为）效力的效力待定还是物权效力的效力待定？一直未有定论。2012 年 6 月最高人民法院颁布的《买卖合同解释》第 3 条规定，"当事人一方以出卖人在缔约时对标的物没有所有权或者处分权为由主张合同无效的，人民法院不予支持。出卖人因未取得所有权或者处分权致使标的物所有权不能转移，买受人要求出卖人承担违约责任或者要求解除合同并主张损害赔偿的，人民法院应予支持。"这就明确了最高院的立场：无权处分的合同，是有效的而非效力待定的；但是，虽然合同生效，但买受人能否取得标的物的所有权，则要看权利人追认与否以及善意取得是否构成，所以物权效力上是效力待定的。例如：甲将从乙处租来的机器一台出卖给丙，合同自成立时起即为有效（在甲、丙之间），而非效力待定；但丙最终能否取得机器的所有权，则是效力待定的：如果后乙认为卖价合理而选择要钱不要机器，于是追认，则丙可以取得机器所有权；如果丙自证其构成善意取得，则即使乙不追认，丙也可以取得机器所有权；除去以上两情形，丙恐怕将无法取得机器所有权。

（三）效力最终得以确定的途径

确定效力待定的法律行为效力的民事法律事实包括两类：一是行为，二是事件，前者是指两个形成权的行使。

1. 权利人行使追认权

此处的权利人，包括限制行为能力人的法定代理人、无权代理中的被代理人以及无权处分中的真权利人。他们在事后追认的，合同自始生效；如明示或默示表示拒绝追认的，合同自始无效。追认是一种单方意思表示，无须合同相对人的同意即可发生法律效力。

2. 善意相对人行使撤销权

善意相对人一旦行使撤销权,合同即自始无效。撤销是一种单方意思表示,应向真正权利人表示,无须后者的同意即可发生法律效力。撤销权的行使须及时且须在权利人追认之前,因为一经权利人追认,该合同确定生效,不得再被撤销。

四、三类效力有瑕疵的法律行为的关系

(一) 区别

通过以上分析,这三类行为的真正区别就理清了:三者真正区别的节点就在于行为成立之时;而最终的处理结果上,虽有区别,但也可能会发生某种相同的后果。

1. 行为成立之时

具体而言,三者的区别在于:

(1) 效力待定的法律行为,在其成立之初,其效力是不确定的,故为“待定”。

(2) 可变更、可撤销的法律行为,在其成立之初就是有效的,直到其被撤销之前一直都是具有法律效力的。

(3) 无效的法律行为,在其成立之初就是确定自始无效的。

2. 最终的处理结果

具体而言,三者既有区别又有联系。

(1) 效力待定的法律行为,在最终处理结果上有两条发展路径:一旦被追认,自始有效;一旦被拒绝追认或者被撤销,则自始无效,可谓冰火两重天。

(2) 可变更、可撤销的法律行为,在最终处理结果上也有两条发展路径:原则上,只要不被撤销,继续有效且一直有效下去;一旦被法院、仲裁机构撤销,自始无效,可见也可能冰火两重天。

(3) 无效的法律行为,在最终处理结果上只有一条路,最终无效,不具有可履行性。

可见此处三者的共同点在于,最终都有可能往一条路径发展:自始无效。

无效的合同、合同无效、合同不生效 这里以读者熟悉的合同行为为例,来总结说明这三个概念的不同。无效的合同,是一个特定的立法概念,专指内容违法的合同。在时间点上,是专就一个合同成立时的效力状态而言的。在概念上,无效的合同与有效的合同、效力待定的合同以及可变更、可撤销的合同这三个概念是并列关系,在类型上专指《合同法》第52—53条所罗列的那些法定情形。

合同无效,不是一个特定的法律概念,是就合同的最终处理结果而言的,泛指一切由于效力有瑕疵而导致不能如当事人所愿产生法律约束力的合同现象。从原因上看,导致合同最终无效的具体原因有三种情形:(1) 无效的合同,如毒品买卖合同,自始无效,最终无效,不得履行;(2) 效力待定的合同被拒绝追认或者撤销,如13岁的中学生购买钻戒的合同,因父母拒绝追认而自始无效、最终无效,不得履行;(3) 可变更、可撤销的合同被撤销的,如新婚夫妇被骗购买了一枚假钻,后申请法院撤销而自始无效、最

终无效,不得履行。

合同不能生效,也不是一个特定的法律概念,也是就合同的最终处理结果而言的,泛指一切本来可以生效,但由于某种原因导致不能如当事人所愿产生法律约束力的合同现象。从原因上看,导致合同不生效的具体原因也有三种情形:(1) 附生效条件的合同,最终条件没有成就,如甲乙约定若明天下雨甲就借雨伞给乙,结果次日晴天,该合同成立但不生效,无须履行;(2) 同理,附始期的合同,期限还没有到来,如甲乙签订房租合同约定甲父去世后生效,但若干年过去了,甲父健康如初,乙已去世;(3) 需要办理法律、行政法规要求的登记、批准手续才能生效的合同,后来没有能够完成该等手续的,原因包括国家机关拒绝批准登记,或者当事人事后由于情势有变而没有申请批准登记等,总之,导致合同不能生效,不得履行。所以,在一般的法学文献中,广义上的合同不生效,包括合同无效与合同不能生效。

(二) 无效的法律行为与可撤销的法律行为的法律后果

这两类行为之间的联系集中体现在法律行为被确认无效或者被撤销后的法律后果上。依《民法通则》第 61 条、《民通意见》第 74 条及《合同法》第 56、58—59 条,法律行为被确认无效和被撤销的共同后果表现在:

1. 溯及效力

法律行为被确认无效、被撤销后,从行为成立时就没有法律效力,这一溯及效力,不仅决定了其后双方返还财产、赔偿损失的必要性,而且决定了合同领域内"返还财产"的不当得利性质与"赔偿损失"的缔约过失责任性质。

2. 返还财产

《民法通则》第 61 条规定:"法律行为被确认为无效或者被撤销后,当事人因该行为取得的财产,应当返还给受损失的一方……"返还财产分为单方返还和双方返还,前者指仅一方向对方返还从对方获得的财产,如赠与合同被撤销后,受赠人返还赠与物给赠与人;后者指双方各自向对方返还从对方取得的财产,使财产关系恢复原状,如互易合同双方的相互返还。《合同法》第 58 条还规定,不能返还或者没有必要返还的,应当折价补偿。此处的返还行为在法律性质上属于不当得利的返还。

3. 赔偿损失

法律行为被确定无效、被撤销后,除返还财产外,如无过错方遭受财产上的损失,过错方应予以损害赔偿;如双方都有过错,应当各自承担相应的责任。所谓"各自承担相应的责任",是指按照双方各自的过错程度来确定其在因法律行为无效或被撤销所造成的全部损失中所应承担的份额。此处的赔偿损失属于缔约过失赔偿责任的性质。

第七节 附条件、附期限的法律行为

一、附条件的法律行为

(一) 概念

附条件的法律行为,指当事人设立一定的未来事由作为条件,以该条件的将来成就与否作为决定该法律行为效力产生或消灭根据的法律行为。《民法通则》第 62 条规定:"法律行为可以附条件,附条件的法律行为在符合所附条件时生效。"

例 1 甲、乙某日约定,如明天下雨甲即借伞给乙用。本例中,明天下雨即是借用合同生效的根据。

例 2 甲、乙双方签订有效期为 5 年的房屋租赁合同,合同中约定如甲的儿子于此期间内结婚,该租赁合同即行解除。本例中,甲的儿子结婚事实就租赁合同效力解除的根据。

附条件的法律行为的适用范围极广泛,原则上除了法律禁止、限制的行为外,都可以附条件。不允许附条件的法律行为主要有两类:(1) 基于公序良俗的要求而不允许,如结婚、收养、离婚、认领等身份行为,多不允许附条件;(2) 基于交易安全和法律秩序稳定的要求而不允许。基于交易安全的如票据行为(《票据法》第 33 条)等,基于法律秩序稳定的主要指行使形成权的行为,如债务抵销行为(《合同法》第 99 条)等。由于单方行使形成权将导致法律关系的变动,为了保障法律秩序的稳定,排除不确定状态,故不允许该类行为附条件。

(二) 对条件的限制

在附条件的法律行为中,条件是限制法律行为效力的事实。通说认为,条件必须符合如下要求,才能如当事人所愿发生效力:

1. 将来发生的

如当事人把已知的、已发生的事实作为条件,决定法律行为失效的,视为未附任何条件;如该条件决定法律行为生效的,可推定当事人并不希望从事该法律行为。

例 3 2010 年甲、乙约定,如北京能够举办 2008 年夏季运动会,则甲赠给乙一辆汽车,或者甲乙之间的汽车租赁合同终止。前者,说明赠与合同肯定无疑会生效;后者,说明甲乙不希望继续租车。

2. 发生与否不确定的

如法律行为成立时当事人确定作为条件的事实是将来必定发生的,则该事实为法律行为的期限而不是条件。发生是否具有确定性,是条件与期限的重要区别。

例 4 甲、乙之间签订一份房屋租赁合同,约定甲的老父亲去世时生效,或者甲的女儿出嫁时生效。前者为附期限,后者为附条件,很显然,人都固有一死,但一辈子结婚与否却是不一定的事。

3. 由当事人议定而非法定的

作为条件的事实必须是当事人自己选定的,是意思表示的结果而非由法律规定。凡法律行为中附有法定条件的,应视为未附条件。

4. 合法的

作为条件的事实,不得违反现行法律的规定,不得有悖公序良俗,否则,该法律行为本身应为无效。如甲、乙约定,如果乙谋杀甲的仇人丙成功,则甲赠给丙巨资一笔。该约定显然是无效的。

5. 与行为的主要内容不相矛盾的

条件与法律行为主要内容相矛盾的,则该法律行为本身无效。如甲与乙约定“如果明天我的嗓子不能发音,我就唱歌给你听”即属此类。

(三) 条件的分类

法律行为所附的条件可以进一步加以分类:

1. 按条件的作用,分为延缓条件和解除条件

前者的作用,在于使法律行为产生效力,即法律行为在成立时暂不生效,而当所附条件成就时才生效。解除条件的作用,在于使法律行为解除效力,即法律行为自成立之时即行生效,而当所附条件成就时该效力终止。

例5　上引例1中,甲、乙某日约定如明天下雨甲即借伞给乙用,该借用合同成立时并不生效,只在签订后约定的第二天条件成就——“下雨”事实发生时,借用合同才生效,对当事人产生法律约束力。上引例2中,甲乙5年租期的租房合同中约定如甲在外地工作的儿子于此期间内结婚,该租赁合同即行解除。可以想见该租赁合同在订立(成立)之时就生效了,乙可以搬进去居住,只是在合同约定的条件成就——“出租人的儿子结婚事实”发生时,租赁合同的法律效力随之解除,乙腾房给甲子作婚房用。

2. 按条件的内容,分为肯定条件和否定条件

凡是以约定事实的发生作为条件内容的,就是肯定条件,又称积极条件;而凡是以约定事实的不发生作为条件内容的,就是否定条件,又称消极条件。如上引例1、例2中,“明天下雨”与“儿子结婚”都是肯定条件;反之,甲乙约定“如明天不下雨”甲将借伞给乙用,则甲乙约定的条件为否定条件(不下雨)。

(四) 条件的成就规则

1. 条件成就或不成就的拟制

条件成就与否未确定前的效力。通说认为相对人在条件成就与否未确定前,应有因条件成就而取得权利或利益的希望。如附延缓条件买卖合同的买受人,有因条件成就而取得权利的希望。此种希望或可能性,在学理上,称为期待权。

期待权是与既得权相对应的概念,具有可侵害性。对期待权的侵害,包括以下主要类型:(1) 行为当事人一方对相对人期待权的侵害,包括基于事实行为的侵害与基

于法律行为的侵害,前者指在条件成就前,行为人基于过错致使标的物毁损灭失,对此过错方应对相对人负损害赔偿的责任;后者指在条件成就前,行为人一方处分标的物而侵害相对人的期待权,该侵害期待权的处分行为应属无效,但不得对抗善意第三人。(2) 第三人对当事人期待权的侵害。期待权属于侵权责任保护的客体,第三人侵害当事人的期待权,如符合侵权行为的构成要件,应负侵权损害赔偿责任。通说认为,侵害期待权的损害赔偿请求权的主张,须待条件成就之后行使,此前权利人可以就该侵害行使排除妨碍请求权、预防妨害请求权,以主动保护期待权。

当事人一方为自己的利益不当地促成或者阻止条件成就的,侵害了相对人的期待权,另一方不得就其期待权遭受损害单独提起诉讼,而只能视为条件成就或条件不成就。根据《合同法》第45条第2款,当事人为自己的利益不正当地阻止条件成就的,视为条件已成就;当事人不正当地促成条件成就的,视为条件不成就。这就是条件成就或不成就的拟制。通俗地说,就是有些人为己之私而费尽心机,最终换来的是偷鸡不成白费力气。该拟制的构成要件是:

(1) 阻止条件成就或不成就的人,须为因条件成就或不成就而受利益的当事人。如果为第三人阻止条件的成就或不成就,不为拟制。

(2) 此当事人须以不正当行为阻止条件的成就或不成就。何为不正当?应以诚实信用原则来衡量。

例6 信用不佳的甲提出要向朋友乙借一笔钱款,乙本不愿意但又顾及面子,于是就跟甲说:“你明天一大早就来我家吧,如明早7点我家屋顶上来了喜鹊,冲这个喜我就借给10万块钱。”甲同意。乙话出口后又非常后悔。次日早7点差几分时,甲已经到乙家大门口,看到恰有一群喜鹊停在乙家的屋顶上,此时假设发生两件事情:(1) 乙正要将喜鹊赶走,随甲同来的不知情的甲的儿子拿起弹弓把喜鹊打跑了,至7点再无喜鹊飞来;(2) 乙亲自拿石子砸向喜鹊把一群喜鹊轰跑。本例中,关于甲、乙之间的借款合同的状态分别如何描述?回答:(1) 合同已经成立但未生效,乙可如其所愿拒绝履行之;(2) 合同已经成立且生效,乙须履行之。

2. 条件成就时的效力

附条件的法律行为,其效力因条件而受限制。条件成就后,法律行为当然发生效力,不须再有当事人的意思表示或其他行为。如上引例1中,次日果然大雨滂沱,则借用合同即行生效。

3. 条件不成就时的效力

附延缓条件的法律行为,条件不成就时,该法律行为视为不存在。附解除条件的法律行为,条件不成就时,视为该法律行为不再附有条件,维持法律行为的原有效力。

二、附期限的法律行为

附期限的法律行为,指当事人为法律行为设定一定的期限,并把期限的到来作为法律行为效力发生或者消灭的根据。其实质是在法律行为中附加一定的期限,可以相应地控制法律行为生效或失效的时间,使其更加适应当事人的行为意图。

《民通意见》第76条规定:“附期限的法律行为,在所附期限到来时生效或者解除。”《合同法》第46条也规定:“当事人对合同的效力可以约定附期限。附生效期限的合同,自期限届至时生效。附终止期限的合同,自期限届满时失效。”

根据期限对法律行为效力所起作用的不同,可将其分为:

1. 延续期限

指在法律行为中所设定的决定当事人双方的权利和义务开始行使和履行的期限,故又称“始期”。《合同法》第46条称之为生效期限。

2. 解除期限

指在法律行为中所设定的使已发生法律效力的法律行为消灭其效力的期限,故又称“终期”。《合同法》第46条称之为终止期限。

期限与条件的区别 如前所述,条件是未来不确定的偶然性事实,期限是未来确定的必然性事实,也就是说,条件的事实成就与否是不确定的,期限是肯定会到来的。这样一来,二者的区别是明显的。但有一种情况下有的读者就会有认识误区以至于难以鉴别之。比如,上引例2中,甲乙签订房屋租赁合同,合同中约定如甲的儿子在5年内结婚的,该租赁合同即行解除。这就是好似既有附期限又有附条件的一个例子,实际上属于附条件的合同,因为实际上任何条件都有或明示或默示的期限,但关键还是看该事实是否必然发生。

思维拓展

【重要知识点】

法律行为定义的本质特征;法律行为的含义;事实行为与法律行为的本质区别;处分行为与负担行为的区分;意思表示的三构成要素及其在合同法上的应用;好意施惠行为;意思表示不真实的含义与类型;法律行为成立与生效的关系;无效的法律行为的类型与效力特征;可变更、可撤销的法律行为的类型与效力特征;效力待定的法律行为的类型与效力特征;三种效力有瑕疵行为的效力区别;无效的行为与行为无效的不同含义;附条件与附期限的法律行为的区别;法律行为所附条件的成就规则。

【实例解析】

案例1 由喜鹊决定的一份房屋买卖合同纠纷。案情:甲打算卖房,问乙是否愿买,乙一向迷信,就跟甲说:“如果明天早上7点你家屋顶上来了喜鹊,我就出10万块钱买你的房子。”甲同意。乙回家后非常后悔。第二天早上7点差几分时,恰有一群喜鹊停在甲家的屋顶上,乙正要将喜鹊赶走,甲不知情的儿子拿起弹弓把喜鹊打跑了,至7点再无喜鹊飞来。后来,关于甲乙之间的房屋买卖合同应否履行的问题,二人产生争执,协商不下,诉至法院。

合议庭法官产生了四类意见:其一,认为合同尚未成立,当然无需履行;其二,认为合同无效,自然无须履行;其三,认为合同成立但尚未生效,乙有权拒绝履行该合同;其四,认为合同成立且生效了,乙应当履行该合同,否则承担违约责任。

法律问题 你如何看待以上四种意见?

法理分析 依《合同法》第45条,附生效条件的合同,自条件成就时生效;当事人为自己的利益不正当地阻止条件成就的,视为条件已成就。本案中甲乙买卖合同已经成立,故意见一是错误的。虽然买卖合同成立了,但由于附有"明天早上7点你家屋顶上来了喜鹊"这一生效条件,因此买卖合同成立的当时并未生效。后来的事情发展,不能归于乙不当阻止条件成就,因此不能视为条件已成就。所以合同未生效,任何一方都没有履行该合同的义务,所以意见三可取、意见四错误。

这里重点解释意见二的偏颇之处,才是显示法律行为生效与效力原理的精髓。意见二的错误在于,本合同既不是无效的合同(内容不违法),也不是可撤销的合同或者效力待定的合同最终因为被撤销或者被拒绝追认而无效,所以最终的效力结局无所谓"无效"之说。本质上,它属于附生效条件的合同因为条件未成就而归于不能生效,也可以说是广义上的合同最终不生效,但绝不能说是"无效"。

案例2 搭便车与乘坐出租车之别。

场景1:甲乙邻居,一天甲搭乘乙的便车上班,乙违章行驶车速过快发生车祸,导致甲受伤致残。问:甲如何向乙主张救济?

场景2:甲乙邻居,一天甲搭乘乙的便车去签约,乙自己选择了一条线路赶往目的地,不想途中遇上大堵车,导致甲严重迟到,错过了订约时间,大受损失。问:甲如何向乙主张救济?

场景3:甲一天外出乘坐出租车,司机丙违章行驶车速过快发生车祸,导致甲受伤致残。问:甲如何向丙主张救济?

法理分析 场景1:请求乙承担侵权责任(搭乘车本身属于好意施惠,不成立合同关系,所以无所谓违约责任);场景2:甲无权主张任何救济;场景3:请求丙承担违约责任(存在运输合同关系)或者侵权责任。

进一步的学理解释:好意施惠的允诺或者约定关系既然不属于契约,对当事人无法律上的拘束力,相对人自不能基于施惠之表示而请求施惠人履行。如甲虽表示愿意赴乙地时捎带丙,但丙不能主张有搭乘便车的权利。是否施惠,也以甲的主观为唯一的任意条件。但在丙搭乘便车到乙地后,甲不能主张不当得利。此时甲的施惠表示为丙取得利益的法律上的原因。

但纯粹的施惠关系,也不能完全排除契约以外的责任存在的可能。甲免费搭乘丙到乙地,虽不负运输契约上的安全运送义务,但是侵权行为法上的对他人人身的安全保障义务仍不能免除，其以“病车”上路或者自己酒后驾车造成车祸，丙可以侵权行为为请求权基础请求甲承担赔偿责任。对于好意施惠的情况下侵权责任是否可以缓和或减轻，存有争议，本书认为好意施惠的无偿性决定所施之惠与侵权行为法所保护之法益不具有对价性，施惠之价值不足以使侵权人在故意或重大过失的主观状态下免除或减轻责任。但在行为人主观为一般过失或轻过失，且所损害之利益不大的情况下，考虑到好意施惠为道德所弘扬，可以酌情减轻或免除赔偿责任，此符合公平原则的精神。

【重点法条】

（1）《民法通则》第 54—59、38—43、50 条。

（2）最高人民法院《关于贯彻执行〈中华人民共和国民法通则〉若干问题的意见（试行）》第 65—76 条。

（3）《合同法》第 8、10—14、44—59、61—62 条。

（4）《婚姻法》第 8、10—12、31 条。

（5）《继承法》第 17—22 条。

（6）最高人民法院《关于适用〈中华人民共和国合同法〉若干问题的解释（二）》第 1 条。

>> 第六章 <<

代　　理

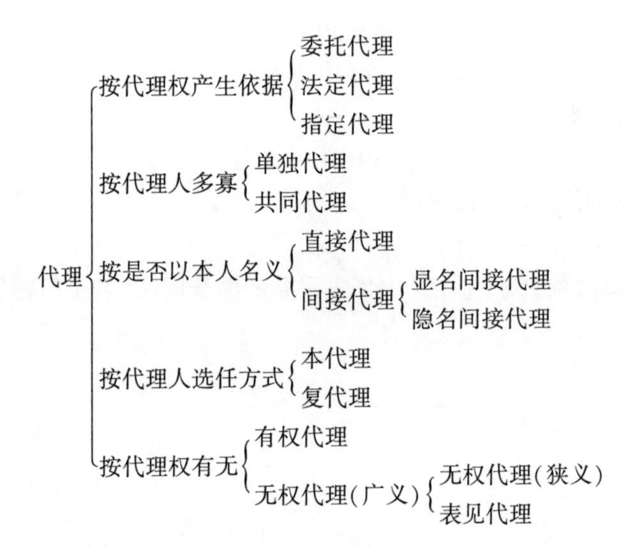

代理的本质,就是一个人借助于他人的聪明才智为自己谋取利益。代理的价值,从古至今都是一致的,就是大大拓展民事主体可以从事的民事活动的空间与时间范围。代理的难题,一直都在代理成本上,对享有代理权、从事代理活动、却不承担代理后果的代理人而言,一直就明白自己是在干花别人的钱为别人办事的行当,所以很容易发生为自己利益而损害被代理人利益之事,这对于被代理人而言就叫代理成本。那么由此决定,代理制度的重要内容就是围绕代理权的授予、代理权的行使及其规制、代理后果的归属而展开的。

虽然从代理权限来源角度,代理可以分为三种,即法定代理、指定代理和委托代理,但法定代理同监护制度内容基本重复,法定代理与指定代理多放在民事诉讼法中研究,故民法上的代理主要研究委托代理。说起委托代理,最纠结的恐怕就是委托(合同,两方当事人之间的交易)与代理(三方行为人之间的关系)之间的关系。最令有些读者纠结的是,为什么"代理人在代理行为中不可以有自己的任何利益"。希望读者通过本章能够理解这句话,这就是看你是否读懂本章的试金石了。

虽然代理制度本身只为被代理人谋利益,但现代民法一直把保护动态的交易安全、维护善意第三人利益当作头等大事，所以就产生了狭义无权代理与表见代理制度了，理解、掌握它们也很重要。

第一节　概　　述

一、概念与构成

（一）概念

根据《民法通则》第63条，代理是指代理人以被代理人的名义，在代理权限内与第三人为法律行为，其法律后果直接由被代理人承受的制度。其中，代他人实施法律行为的人，为代理人；由他人以自己的名义代为法律行为并承受法律后果的人，为被代理人。例如，甲接受乙的委托，以乙的名义与丙签订一份买卖合同，在乙、丙之间形成买卖合同关系。可见，代理活动涉及三方主体，代理法律关系包含三部分内容：一是被代理人与代理人之间产生代理的基础法律关系，如委托合同；二是代理人与第三人所为的法律行为，称为代理行为；三是被代理人与第三人之间承受代理行为的后果，即基于代理行为而产生、变更或消灭的某种法律关系。

在现代社会，代理制度具有多重功能，主要体现为辅助功能与延伸功能。辅助功能主要体现在法定代理、指定代理中，比如法定代理的唯一目的就是代理无行为能力人、限制行为能力人以实现其利益，因为这些人不具有以自己的意思表示实现私法自治的能力。法定代理则弥补了被代理人行为能力的欠缺，是私法自治的补充。延伸功能是指代理制度大大扩展了被代理人活动的空间与时间范围，从而为更多的交易提供了更广阔的天地，使被代理人的能力得以延伸。一个人的时间、精力与能力总是有限的，许多事情不可能亲力亲为，但又必须实现自己的利益，代理制度使得被代理人借助他人（代理人）的力量来实现自己的利益成为可能。尤其是，许多法人的活动都必须通过代理来完成，没有代理制度，法人可谓寸步难行。

代理法律关系的三方主体之间的关系如下图所示：

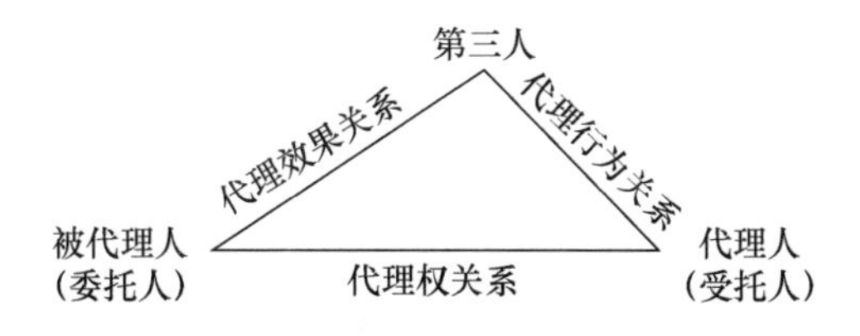

如图所示，对于代理行为的构成，需要强调以下要素：

1. 代理行为法律行为或者准法律行为。举例来说，大学生甲为看电影逃课，委托乙同学代记某老师的民法笔记。此受托行为——代记课堂笔记——不是法律行为（不发生任何民事法律关系），故不属于代理行为。

通过代理人所为的代理行为，能够在被代理人与第三人之间产生、变更或消灭某种民事法律关系,如代订买卖合同而建立了买卖法律关系、代为履行债务而消灭了债权债务关系,这表明代理行为能够产生法律上的意义,且以意思表示作为构成要素。因此,代理行为区别于事务性的委托承办行为,如代为请客吃饭、接送学童、看望病人等,虽然委托人与行为人之间也有委托关系,但通过行为人的受托行为不能在委托人与第三人之间产生民事法律关系,不属于民法上的代理行为。

更进一步讲,此处的法律行为不包括单方法律行为。这是因为代理行为需要有三方当事人(被代理人、代理人、第三人),单方法律行为不可能具备三方当事人的。举例来说,甲委托乙把自己的一台旧电脑扔掉,乙照办。该受托行为属于法律行为(抛弃,单方法律行为),但由于不存在相对人,所以不构成代理行为。所以类似的,诸如订立遗嘱等其他单方法律行为也不适用代理,注意不要讲代书遗嘱行为混淆为代理行为:代书人并非遗嘱人的代理人,他的作用仅仅是书面记录下遗嘱人的口头意思,而没有自己的独立意思(而在代理中,代理人需要表达自己独立的意思)。

2. 代理人为代理行为时的主观上是为被代理人的利益,也即代理人的主观追求是将代理效果归属于被代理人。可见,代理人是代理行为的实施者,而被代理人则是法律后果的承受者,这是代理制度的本质属性。《德国民法典》第164条要求行为人披露其代理意思表示的后果应当归属于谁。举例来说,甲交给乙100元,委托其到楼下商店买一包价值相当的香烟,饥饿的乙下楼用这笔钱到麦当劳为自己买了三个霸王汉堡大快朵颐,用剩余的钱为甲买了一包价值25元的红双喜牌香烟。该例中,买汉堡是为自己利益行事,非属于被代理人的事务,与代理无涉;但买红双喜香烟的行为构成代理行为(无权代理)。

如何识别"代理人主观上是为被代理人的利益" 甲卧床不起,请求朋友乙为他到自己经常光顾的丙的食品店买一些食品。甲给乙去信说在接下来的一些日子里,乙将去丙的商店为自己购买食品,请记账在自己的账上。这样一来,乙去丙的商店采购食品时,有可能是为甲而购买,也可能是为自己而购买,那么,如何识别何时是为甲而购买呢?《德国民法典》第164条规定,代理人为被代理人的利益而为法律行为的主观意思,必须披露该意思表示的后果应当归属于谁。比如,乙为甲而购买食品,他就是指明了甲是后果的承担者,这就满足了第164条的要求。其实,在任何地方,只要在可识别的情况下指出了另一个人作为行为人所成立的法律关系的权利义务的承担者,也便符合了第164条的要求。类似地,按照一般人的认知经验,在商店里的出售行为被视为店员为店主处理事务,有轨电车的乘务员并非为自己签订了运输合同,而是为有轨电车公司签订合同。反之,商店店主通常授予店员出售商品的代理权,但没有授予采购商品的代理权,而在上例中,乙有为甲购买特定食品的代理权,但他不享有比如购买药品的代理权。[①]

---

① 参见〔德〕哈里·韦斯特曼、哈尔姆·彼得·韦斯特曼:《德国民法基本概念》,张定军、葛平亮、唐晓琳译,中国人民大学出版社2013年版,第63—66页。

3. 代理人需以被代理人的名义实施代理行为。这是代理区别于一般法律行为的一个典型形式特征(间接代理除外)，一般法律行为都是行为人为实现自己追求的法律后果而以自己的名义来实施。同样，代理也基于这一特征区别于行纪，因为行纪人是以自己的名义从事行纪业务的。

4. 代理人应在代理权限范围内独立为意思表示。这一特征有两方面含义：(1) 代理人有权独立为意思表示。作为法律行为的特殊形式，代理行为也以意思表示为基本要素，所以应允许代理人独立地决定法律行为的内容和方式。(2) 为了切实保障被代理人的利益，法律要求代理人必须在代理权限范围内独立为意思表示，唯此才符合被代理人的利益。行为人独立进行意思表示，是代理区别于居间与传达行为的显著特征。居间人虽然也接受委托，但不需要对相对人独立作出意思表示，其活动仅仅限于提供信息与媒介。代为转达意思表示的传达人也欠缺独立的意思表示。比如，甲找乙签合同，碰巧乙不在家，遇到乙的邻居丙，甲对丙说："如乙回来请你告诉他我愿意与他签合同"，数小时后乙回家，丙如实转告上述话语，则丙的行为属于传达行为。

(二) 与委托的关系

委托合同，是当事人约定一方(受托人)以另一方(委托人)的名义为后者处理事务的合同(《合同法》第396条)。委托合同属于提供劳务的合同。由于现实生活中的代理行为多属于委托代理，所以不少民法初学者往往觉得委托与代理之间关系密切，乃至于将二者混为一谈。其实委托与代理是两个不同的概念，二者虽有联系但更有区别，而且也不存在必然的联系。简单说，代理是三方(被代理人、代理人与第三人)之间的法律关系；委托作为合同乃两方(委托人、受托人)之间的法律关系。委托合同与代理之间并不存在必然的联系，这可以从三方面来观察：

1. 没有委托，照样可以发生代理关系，如法定代理、指定代理的场合等，被代理人与代理人之间不存在基础法律关系也即委托合同。

2. 存在委托的，受托人从事的不一定是代理行为。这一点比较难理解，关键在于明确代理乃法律行为，而根据《合同法》第396条，受托人受托从事的是"事务"，包括法律行为也包括事实行为以及不具有民事法律关系意义的行为：(1) 受托事务是不产生法律关系的行为，如前述代为请客吃饭的事务性委托行为；(2) 委托人委托给受托人处理的事务为事实行为，如创作行为；(3) 委托人委托给受托人处理的是行纪、居间等其他法律行为，都不产生代理关系。

3. 从具体的功能来看，有必要作出进一步区分的是委托与意定代理权。委托为受托人处理事务的权利与义务提供了基础，而意定代理权为代理人提供了这样一种可能，即从事后果归属于被代理人的行为。因此，委托关系作为委托人与受托人之间的内部关系，须与被代理人与第三人之间的外部关系区分开来：这一内部关系确定了所谓的事务管理权，也即代理人将来被允许做什么样的针对被代理人发生效力的行为；相反，代理权确定的是法律上的可能——决定了代理人为且对被代理人可以作出什么样的对第三人发生效力的行为。[①]

关于二者的联系,应限定在委托代理框架内才有意义,。从行为的识别标准来看,如前所述,委托代理人与被代理人之间往往同时存在委托合同与授权行为,但代理权不来自于双方之间的委托合同,而直接来自于被代理人的单方授权行为,委托合同是作为授权行为的基础法律关系而存在的。实践中,有先签订委托合同后有授权行为的,在逻辑上正因为甲乙之间存在委托合同,所以甲单方授权给乙,乙由此取得代理权;也有授权行为独立于委托合同(双方行为)的,在现实生活中还未达成委托合意但已经委托授权的,并不鲜见。

二、适用范围

(一) 可以适用的范围

《民法通则》第63条第1款规定代理制度的适用范围:公民、法人可以通过代理人进行法律行为。所以,代理广泛适用于公民之间、法人之间以及公民和法人之间。具体包括:

1. 代理为各种法律行为,诸如买卖、承揽、租赁、债务履行、接受继承等,公民、法人均可以委托代理人代为办理。

2. 代理为其他法律部门确认的法律行为,包括代办房屋产权登记、法人登记、商标注册、专利申请等行政行为,代为进行税务登记、交纳税款等财政行为,代理民事诉讼等。但是,如前文分析的,并非所有的法律行为都可以适用代理。

(二) 适用的限制性规定

《民法通则》第63条第3款规定:“依照法律规定或者按照双方当事人约定,应当由本人实施的法律行为,不得代理。”具体表现在:

1. 具有人身性质的行为不得通过代理进行。比如立遗嘱、婚姻登记、收养子女等行为不得适用代理。

2. 法律规定或者双方当事人约定应当由特定人亲自为之的,则不得适用代理。例如,某些与特定人身相关联的债务的履行(演出、授课、讲演等)。

三、种类

(一) 法定代理、指定代理与委托代理

依代理权产生的根据不同,《民法通则》第64条第1款作此区分,这是代理的法定分类。

1. 法定代理

这是根据法律规定而直接产生的代理关系,主要为保护无行为能力人、限制行为

---

① 〔德〕哈里·韦斯特曼、哈尔姆·彼得·韦斯特曼:《德国民法基本概念》,张定军、葛平亮、唐晓琳译,中国人民大学出版社2013年版,第66页。

能力人的合法权益而设定。《民法通则》第 14 条:“无法律行为能力人、限制法律行为能力人的监护人是他的法定代理人”。可见,法定代理人就是监护人。

家事代理　夫妻日常家事代理也被认为是一种法定代理。在生活中夫妻一方以另一方名义或双方共同名义对外从事民事活动的,基于特殊的配偶人身关系产生代理权的权利外观,为保护善意第三人,由法律直接承认在日常家事上夫妻之间互为代理人,夫妻之间关于家事代理权的限制不得对抗善意第三人。所谓日常家事,是指夫妻、未成年子女共同生活所必需的事项,如缴纳水电气费、子女入托等。但对于重大事项不适用家事代理权,如不动产的转让、数额巨大的共有财产赠与等。

2. 指定代理

这是根据法院、行政主管机关的指定而产生的代理关系,如《民事诉讼法》第 57 条规定,无诉讼行为能力人由他的监护人作为法定代理人代为诉讼,如法定代理人互相推诿的,由法院指定其中一人代为诉讼。

3. 委托代理

这是根据被代理人的委托授权而产生的代理关系,相应地,被代理人又称为委托人,代理人又称为受托人。委托代理可以建立在代理人、被代理人之间的特定基础关系如劳动合同关系、雇佣关系、职务关系之上,后者又称为职务代理,即法人工作人员在职权范围内进行法律行为的,无须法人另行授权,法律效果由法人承担(《民法通则》第 43 条)。当然,多数委托代理的基础关系是委托合同,即委托人和受托人约定由受托人处理受托事务的合同,故委托代理又称意定代理。

(二) 单独代理与共同代理

以代理权属于一人还是多人为标准作此划分。单独代理就是代理权属于一人的代理,共同代理就是代理权属于两人以上的代理。在共同代理中,多个代理人之间形成共同关系:对第三人,每个代理人均有权行使全部代理权,每个代理人的代理后果均由被代理人承受;在内部,共同代理人应协商共同行使代理权,因为共同代理人是就共同代理行为向被代理人负责的,比如就过错的共同代理行为对被代理人承担连带责任(《合同法》第 409 条),所以若共同代理人中的一人或数人未与其他代理人协商而实施侵害被代理人利益的行为,此行为不属于共同代理行为,由行为人自己担责(《民通意见》第 79 条)。

(三) 直接代理与间接代理

依据是否以被代理人名义对外为代理行为而作此划分。直接代理,就是代理人以被代理人的名义在授权范围内从事代理活动,代理效果直接由被代理人承担。间接代理,就是受托人以自己的名义处理委任事务,其效果间接或直接归属于委托人的代理。《民法通则》只承认直接代理,后《合同法》第 402—403 条规定间接代理制度,包括显名的间接代理与隐名的间接代理,详细内容见本书“合同法编”关于委托合同的介绍。如无特别说明,本书所讲的代理是指直接代理。

（四）本代理与复代理

1. 概念

根据代理人的选任和产生方式的不同作此划分。本代理，是由被代理人选任代理人或直接依据法律规定、有关机关指定产生代理人的代理，一般的代理都是本代理。

复代理，或称次代理，指代理人为了被代理人利益而转托他人实施代理的行为。与本代理相比，复代理有如下特征：复代理人是行使代理人权限的人，其代理权限不得超过原代理人的权限；代理人以自己名义选任复代理人，代理人对复代理人有监督权、解任权；复代理人是被代理人的代理人，其行为后果直接由被代理人承担；代理人与被代理人均可指示复代理人进行代理行为。复代理涉及四方当事人的关系，如下图所示：

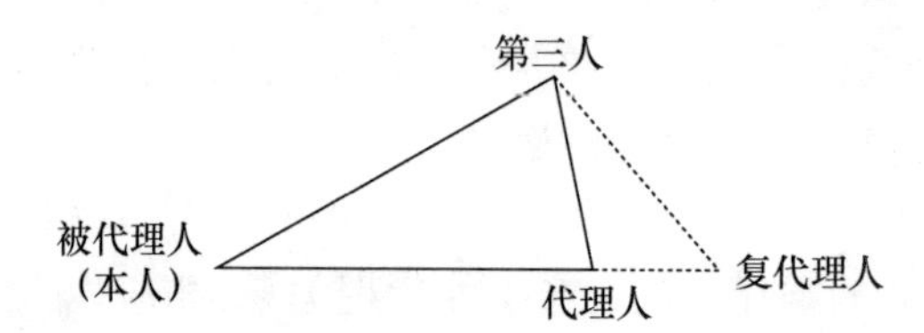

其中，代理人选任复代理人的权利称为复任权。

2. 复任权

代理人复任权的享有与否因代理权发生的根据不同而不同：

（1）委托代理人的复任权。《民法通则》第 68 条规定："委托代理人为被代理人的利益需要转托他人代理的，应当事先取得被代理人的同意。事先没有取得被代理人同意的，应当在事后及时告诉被代理人，如果被代理人不同意，由代理人对自己所转托的人的行为负民事责任，但在紧急情况下，为了保护被代理人的利益而转托他人代理的除外。"《合同法》第 400 条亦有类似规定。可见原则上委托代理人无复任权，除非下列例外情形：本人事前授权的；事前本人同意的；事后本人追认的；紧急情况下，为被代理人之利益的。其中，前三种情形皆取决于被代理人的意志，惟后一情形不取决于被代理人的意志，而由法律强制成立。

根据有关司法解释，此处的"紧急情况"，是指由于急病、通讯联络中断等特殊原因，委托代理人自己不能办理代理事项，又不能与被代理人及时取得联系，如不及时转托他人代理，会造成或者扩大被代理人的损失。

（2）指定代理人的复任权。指定代理人原则上不享有复任权，除非经过指定人同意，不得擅自转委托给他人，否则就其行为对被代理人承担责任。指定代理人不能胜任代理的，应请求指定人取消指定。

（3）法定代理人的复任权。法定代理人享有复任权，自不待言。

3. 代理人的责任

虽然复代理人由代理人以自己名义选任，但复代理是被代理人的代理人，故复代理一经成立，复代理人在人格上独立于代理人，复代理人应就自己的代理行为向被代理人直接负责,因其过错致被代理人损害的,复代理人自行对被代理人承担,与代理人无涉。但是,复代理人毕竟由代理人为被代理人选任,代理人在三个方面须向被代理人承担责任。

(1) 选任责任。代理人应就选任的复代理人的人品、处理代理事务的技能等基本素质向被代理人承担默示担保责任。因为复代理人的品德败坏或缺乏处理代理事务的基本技能而致被代理人损失的,由代理人对被代理人承担赔偿责任。

(2) 指示责任。代理人向复代理人发出指示的,就该指示向被代理人负责。换言之,该指示有错误且致被代理人损失的,代理人承担赔偿责任。

选任责任　甲委托乙携带10万元现金去外地购货,经甲同意乙转委托给当地朋友丙,丙携款即逃。本例中乙应赔偿甲的损失。指示责任:甲委托乙到外地出售大宗水果一批,乙转委托给丙且经甲追认,丙就价格请示乙,该水果的市场价5元/斤,乙指示丙以0.5元/斤出售,水果很快出手,甲损失惨重。本例中乙也应赔偿甲的损失。

第二节　代理权及其行使

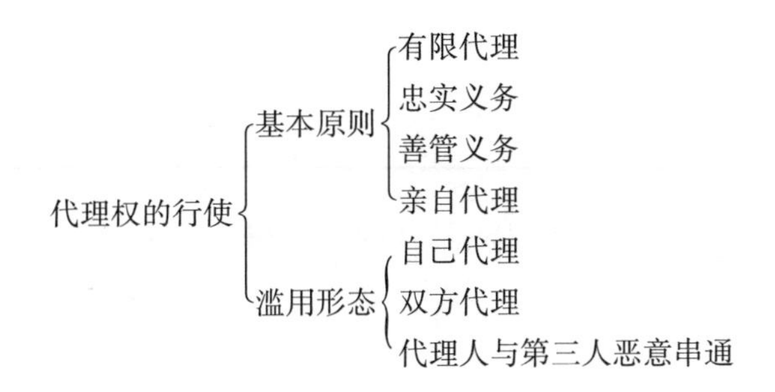

一、代理权的概念

代理权,就是代理人以被代理人名义与第三人实施法律行为,为被代理人设定、变更或消灭民事法律关系的资格。究其法律性质,学理上有民事权利说、资格说、权力说等观点。本书不认为代理权是民事权利,因为权利必包含某种利益,而代理人享有及行使代理权是为了被代理人的利益(代理效果归被代理人),唯独没有也不能有自己独立的利益。所以,代理权名为权利实为一种法律资格,这种资格表现在代理人以被代理人名义而向第三人为独立的意思表示或接受意思表示。

代理制度的核心内容是代理权。代理权作为一种资格,意味着代理人行使代理权本身也是一种义务和职责,这在法定代理中体现得尤为强烈(《民法通则》第18条)。代理权在代理关系中的意义在于:

1. 代理关系存续的前提。代理关系自代理权产生之时确立,并随着代理权的消灭而终止。

2. 行为人取得代理人资格、能以被代理人名义从事法律行为的法律依据。基于代理权的存在,法律才确认代理人所为代理行为的效力,被代理人才承担法律后果。所以代理人是否享有代理权,是相对人所关心的第一要务。

二、委托代理权的产生:授权行为

对于委托代理权的产生根据,近代民法未区分委托合同与授权行为。面对社会生活的客观要求,现代民法明确区分授权行为与委托合同,并明确代理权产生于授权行为。委托合同是双方法律行为,基于委托人(被代理人)和受托人(代理人)双方的意思表示一致而成立,内容是关于由受托人处理委托人事务的约定,故委托合同仅对委托人、受托人具有约束力,不涉及第三人。授权行为乃是单方法律行为,依据授权人的独立意思表示而使代理人取得代理权。所以,授权行为是代理权产生的直接根据,其效力及于被代理人、代理人与第三人,决定着代理行为是否有效。在现实生活中,第三人关心的是以他人名义与自己进行法律行为的代理人是否经过他人授权而拥有代理权,却无需考虑授权的前提是委托合同抑或其他基础法律关系。

三、代理权行使的原则

(一) 基本原则

代理的实质是代理人受人之托拿人钱财为人谋事,所谓“受人之托忠人之事”,其行为的出发点与归宿点都是为人谋利益而不得为自己谋利益。是故,代理人行使代理权必须符合这一利益结构的要求,为此法律要求代理人行使代理权必须遵循一定的行为准则。

1. 有限代理原则

代理人应当在代理权限范围内行使代理权,否则,就构成无权代理,包括无代理权而擅自以他人名义实施代理、超越代理权限实施代理以及代理权终止后以他人名义实施代理。

2. 忠实义务原则

代理制度为被代理人之利益而设,而非为代理人的利益而设,所以代理人应本着这一宗旨行使代理权,对被代理人尽忠实义务,为被代理人争取最有利的法律后果。否则,就构成代理权滥用,包括自己代理、双方代理以及与第三人串通损害被代理人的利益。

3. 善管义务原则

代理人行使代理权应当符合代理人的职责要求,尽到勤勉、谨慎等善良管理人的义务。衡量善管义务的标准在于代理人是否以善良管理人的注意程度,以与处理自己事务一样的方法和注意标准处理代理事务。善管义务的内容包括:(1) 代理人认真工作,尽相当的注意义务;(2) 代理人遵从被代理人的指示进行代理活动,否则属于代理人的过错,由此造成被代理人损失的,代理人承担赔偿责任;(3) 代理人尽报告与保密义务。代理人在代理中和代理后应即时向被代理人汇报工作进度，不得披露或不正当使用被代理人的商业秘密，否则造成被代理人损害的，代理人承担民事责任。

4. 亲自代理原则

代理人原则上应当亲自完成代理事务，不得擅自转委托。代理的适用是建立在被代理人、代理人之间彼此信任的基础之上的，代理权具有严格的人身属性，除非在法律承认的特殊情况下，代理人不得将代理权转委托给他人。

（二）代理权的滥用

滥用代理权，是指违背代理权之本旨，损害被代理人利益而行使代理权的行为。代理权的滥用以代理人拥有代理权为前提，否则不为滥权而为越权（无权代理）。滥用代理权的行为主要有：

1. 自己代理

自己代理，指代理人以被代理人名义与自己进行民事活动的行为。自己代理缺乏实质的相对人，代理人同时以自己名义和被代理人名义在自己和被代理人之间进行民事活动，所以不存在双方意思表示的一致，这既违背代理的特征，也违背双方法律行为的基本条件，更难以保证代理人行为的公正。自己代理行为是否有效，关键取决于是否损害了被代理人的利益。禁止代理权滥用的目的，本是为防止代理人损害被代理人的利益，如损害不存在，当然可以有效，比如父母与未成年子女之间订立的将前者的物品赠与后者的合同。另外，自己代理经被代理人追认的，也可以有效。如公司董事与公司之间的自我交易，若公司章程允许或者股东（大）会同意的，则该交易行为是有效的（《公司法》第 149 条第 4 项）。除上述两种情形外，自己代理行为原则上无效，由此造成被代理人损害的，由代理人承担民事责任。

2. 双方代理

双方代理，指同一代理人代理双方当事人进行同一项民事活动的行为。双方代理的实质，是被代理人的意志与第三人的意志集中于代理人一人，不存在双方的意思表示，更无相互协商，容易给某一方或者双方被代理人造成损害。双方代理原则上无效，除非双方被代理人都同意或者追认。因双方代理行为无效造成被代理人损害的，代理人承担民事责任。

3. 代理人和第三人恶意串通

代理人和第三人恶意串通损害被代理人利益的行为，属于无效的法律行为。所谓恶意串通，指代理人和第三人之间存在通谋；所谓损害被代理人的利益，是指实际造成了被代理人财产利益的损失。《民法通则》第 66 条第 3 款规定："代理人和第三人串通，损害被代理人的利益的，由代理人和第三人负连带责任。"

代理权不当行使导致的六大连带责任：(1) 授权不明时本人与代理人的连带责任（《民法通则》第 65 条第 3 款）；(2) 代理人与第三人串通的连带责任（《民法通则》第 66 条第 3 款）；(3) 恶意第三人与代理人的连带责任（《民法通则》第 66 条第 4 款）；(4) 代理人与本人的连带责任（《民法通则》第 67 条）；(5) 转授权不明时代理人与有

过错的次代理人的连带责任(《民通意见》第81条);(6)共同代理人之间的连带责任(《合同法》第409条)。

四、代理权的消灭

代理权的消灭,指代理人与被代理人之间的代理关系消灭,代理人不再具有以被代理人的名义进行民事活动的资格。对此,《民法通则》第69—70条、《合同法》第411—413条及《民通意见》第82条等规范了这一问题。

(一)委托代理权的消灭原因

1. 代理期间届满或者代理事务完成。这是代理权最常见也是正常的消灭原因。

2. 代理人辞去委托或者被代理人取消委托。由于委托合同本身属于最大信任合同,所以双方当事人均有权随时解除合同(《合同法》第410条),故代理人可以随时辞去委托,被代理人也可以随时取消委托。

3. 代理人死亡、丧失行为能力或者终止。作为委托代理人的自然人突然死亡或丧失行为能力的,代理行为无以为继,没有人继续实施了,委托代理关系当然终止;同理,作为代理人的法人终止的,代理权随之终止。

4. 被代理人死亡。出于保护相关当事人利益的目的,被代理人死亡后,代理权并不当然消灭,委托代理人实施的代理行为因以下情况而有效:(1)代理人不知道被代理人死亡;(2)被代理人的继承人均予以承认;(3)被代理人与代理人约定到代理事项完成时代理权终止;(4)在被代理人死亡前已经进行而在被代理人死亡后为了被代理人的继承人的利益继续完成的事项。

5. 作为被代理人的法人终止。因其已失去民事主体资格,代理权随之终止。

(二)法定、指定代理的代理权消灭原因

1. 被代理人与代理人之间的监护关系消灭。

2. 被代理人或代理人死亡。

3. 代理人丧失法律行为能力。

4. 指定代理的指定人取消指定。

第三节 无权代理

一、概念

理论上,广义无权代理包括狭义无权代理与表见代理,是指在没有代理权的情况下以他人名义实施法律行为。可见广义无权代理并非代理的种类,只是徒具代理行为的表象却因欠缺代理权而不产生代理效力。《民法通则》第66条第1款将无权代理的产生概括为三种情形:

1. 未经授权的代理。这属于“绝对的”无权代理。

2. 代理权终止后的“代理”。代理权基于被代理人的撤销、有效期限届满等原因终止后,原代理人仍以原被代理人的名义实施法律行为的。

3. 超越代理权限的代理。超越代理权限的部分属于无权代理。

广义无权代理的最终后果分三种情形处理:

(1) 构成表见代理的,该行为自始有效;

(2) 构成狭义无权代理,如后经被代理人追认的,该行为亦自始有效;

(3) 如后经被代理人否认或相对人撤销的,该行为自始无效。

二、狭义无权代理

(一) 概念

狭义无权代理的构成要件有三:

1. 行为人的行为符合代理行为的形式特征。包括:行为人以被代理人的名义与第三人为法律行为;行为人与第三人所为的行为不存在违法性;行为人与第三人之间的行为后果意欲归属于被代理人。

2. 行为人没有代理权,这是无权代理的本质。

3. 不存在令第三人相信行为人有代理权的权利外观。这是区别于表见代理的重要标志。狭义无权代理被称为“纯粹的无权代理”,即无权代理人不可能使相对人信赖其有代理权。

与无因管理行为的关系。无因管理的行为可能是事实行为,如替邻居修缮房屋的行为,也可能是法律行为,如替邻居偿还债务的行为。对于后者,管理人事先也未获得被管理人的授权,是否构成无权代理?对此我们认为,如该行为符合无因管理的构成要件,应适用无因管理而不按无权代理处理。这是因为,无因管理本质上是一种助人为乐的行为,无权代理本质上是不合法的行为,在此情况下解释为无因管理而不是狭义无权代理,对管理关系的双方当事人都有利。

(二) 效力

1. 被代理人的拒绝权与追认权

狭义无权代理属于效力待定的行为,依《合同法》第48条,惟有经过被代理人追认的,才对其发生效力。所谓追认,就是被代理人在事后予以承认的单方意思表示。被代理人是否追认,乃是一项权利,称为追认权。该权利实质上是对代理权的补授,从而使狭义无权代理具有与有权代理相同的效果。追认具有溯及既往的效力,即一旦追认,无权代理行为自成立时生效。所以,追认权属于形成权。

既然被代理人可以追认,也就可以否认。一旦被代理人否认,则无权代理行为自始不对被代理人产生效力。否认权的行使有两种方式:(1) 相对人催告前,被代理人直接向相对人表示否认;(2) 接到相对人的催告后,向相对人明确表示(作为)拒绝承认,也可以就相对人的催告拒绝答复(不作为)。

新法优于旧法　《民法通则》第66条第1款规定,被代理人知道他人以被代理人名义实施法律行为而不作否认表示的,视为同意。这一规定意味着被代理人被课以积极“开口”义务,否则即对其生效了。这对于被代理人而言不无苛刻,因为于此场合,最应保护被代理人的无辜,对被代理人的沉默应作有利于其的理解。《合同法》第48条第2款规定,第三人发出催告后的1个月内被代理人未作表示的,视为拒绝追认。无疑,《合同法》更合法理。

2. 第三人的催告和撤销权

催告,就是第三人告知被代理人在一定期限内对无权代理行为予以明确答复。《合同法》第48条第2款规定,第三人可以催告被代理人在1个月内予以追认。一般情况下,如无催告,被代理人无从知道无权代理成立的这一信息,所以通常情形下,先有第三人的催告后有被代理人的追认或者否认。由于催告并不改变现存法律关系,所以与形成权不搭界。

撤销权,是在被代理人追认前,善意第三人解除与无权代理人所为的法律行为的权利。依《合同法》第48条第2款,撤销权仅限于善意第三人享有,且须赶在被代理人追认或者否认之前。如被代理人已经追认,该行为自始有效,当然不得再被撤销,如被代理人已经否认,该行为自始无效,无须再被撤销;反之,善意相对人一经撤销,该行为自始无效,被代理人当然也不得再追认。

3. 无权代理人的责任

如无权代理归于有效,则被代理人与第三人的权利义务关系按照约定处理,无权代理人无须承担责任,自不待言。

如无权代理行为归于无效,可能会因此导致第三人损害,如被代理人、第三人均无过错,无权代理人作为过错方要承担相应责任。该责任的性质素有争议,有侵权责任说、合同责任说、缔约过失责任说、默示担保契约说、法定特别责任说等学说。通说认为,应根据缔约过失责任来解释无权代理人的责任,本书从之。如第三人知道对方无权代理还与其实施法律行为给他人造成损失的,双方负连带责任;如相对人与无权代理人恶意串通损害被代理人利益的,双方对被代理人负连带责任(《民法通则》第66条第3—4款)。

三、表见代理

(一) 概念

表见代理,是无权代理人的代理行为客观上存在使相对人相信其有代理权的情形,且相对人主观上为善意并无过失,因而可以向被代理人主张代理的效力。表见代理本质上属无权代理,法律上确立表见代理规则主要出于保护善意相对人,进而维护交易安全和人们对代理制度的信赖。

(二) 构成要件

表见代理的构成要件,可以从两个角度来分别理解,但殊途同归。

1. 第一个视角,民商法上的外观主义。

外观主义,是指“以交易当事人行为之外观为准,而认定其行为所生之效果”。即是说,由于外观事实致使对方主体对此产生信赖,并因此产生相应的行为;即使外观事实与真实并不一致,仍然依赖外观认定行为的法律效力。外观主义由德国学者首倡,着眼于对交易行为的合理推定,目的在于保护不特定第三人的利益和社会交易安全。

外观主义的发生需要三个主体:行为人、交易相对人、本人。其构成要件有四:权利外观的事实存在;本人与因;交易第三人从事了存在对价的交易行为;交易相对人信赖(善意且无过失)了与真实事实不符的外观事实。

所谓本人与因,是指本人对于外观事实的形成给与一定的原因力,也就是说本人对导致相对人信赖的该外观事实有可归责的原因。它使得法律令本人负担外观主义的不利益无可非难。具体而言,本人与因包含两方面的含义:一是要求本人对行为或信息的外在表现形式(外观事实)承担该外在表现形式引起的法律后果必须具有原因;二是这种原因是行为人本人所赋予的。

外观主义的适用内含着某种利益衡量。在外观主义适用的场合,存在两种相互冲突的利益,也就是真实法律关系当事人的利益(本人利益)和相对人的信赖利益。当这两种合法利益发生冲突时,法律进行抉择的基本方法就是利益权衡。真实的法律状态固然值得尊重,但是这种利益仅是个别利益,而相对人的利益的损害则会损及整体交易秩序,因此牺牲个别利益保障整体利益无疑是商法基于“重效率,保安全”理念的必然选择。本人是法律保护交易安全的外观主义负价值的主体。令本人承担交易安全的消极影响,从公平正义的角度来说,也应当具备来自本人方面的合理性。否则本人安全将频频面临不测之害,最终也必会影响到交易的安全和秩序的实现。因此,本人与因体现了法律在保障交易安全时兼顾公平的思想。

关于本人与因的判断标准,迄今为止,在大陆法系外观主义理论的发展过程中总共出现了三种评价标准:分别是惹起主义标准、过错主义标准、危险主义标准。惹起主义:外观事实的形成只要是由行为人本人的活动引起的,行为人即承担相应的法律后果,而不论其是否存在过错,可以说是一种无过错主义的归责原则,优点是维护了交易安全,缺点是违背了公平原则和自己责任原则,也很难为普通人共通的价值观接受。过错主义:要求行为人仅对自己主观上有过错而导致的行为所发生的后果承担责任,优点是充分考虑到本人的利益,缺点是限制了外观主义的适用范围,不能充分保护交易安全。危险主义:只要是本人的危险领域范围内形成外观事实,从而导致相对人的信赖时,不论行为人是否有过错,都要承担相应的法律后果。从本质上来说,危险主义是惹起主义的一种形态,只要对其适用范围作了一定的限缩。至于选择何种评价标准,实际上就是选择何种衡平利益的手段,选择何种立法价值。现代民商法出于对交易安全的尊重和社会本位的法理念,对本人与因出现了弱化的趋势。比如,在票据的善意取得制度中已不再区分票据的占有委托还是占有脱离而一概适用。(票据具有无因性和文义性)。

在现代民法上,外观主义的典型适用场合主要有:表见代理;表见代表;表见合伙;债权表见让与;善意取得等。

2. 第二个视角,由于表见代理的本质是无权代理,所以表见代理的构成要也可以借助于无权代理来理解。

(1) 第一构成要件,符合无权代理的形式要件,也即行为人的行为符合代理行为的形式特征,以及行为人没有代理权。

(2) 第二构成要件,存在第三人有合理的理由相信行为人具有代理权的权利外观。所谓权利外观,就是被代理人的授权行为已经在外部形成了一种表象,能够让第三人有正当理由相信无权代理人已经获得了授权。对正当理由的判断,通常要考虑基本权限与实际行为的关联性,如行为人从事代理行为时,一般人在此情况下都会相信其有代理权,或者该行为具有足以推定代理人享有权限之事实,可认定为具有正当理由。正当理由存在与否由第三人举证。在我国的司法实践中,有两类情况一般认定为构成代理权的权利外观。

① 行为人与被代理人之间曾经存在授权关系。比如某单位给一些个人出具以下文书或物件:代理证书、单位的印章、单位的介绍信、空白的委托合同书以及其他证明材料如委任状等,后取消授权时又没有回收之,后来行为人出示这些文书给第三人,第三人有理由信赖其有代理权。

② 行为人与被代理人之间曾经存在雇佣等职务关系。比如某单位的某个职位一直由某人担任,某人一直负责该单位与一些业务伙伴的联系,后单位解除某人的职务后未及时通知业务伙伴,某人继续以原职位名义与这些业务伙伴开展业务活动,这些业务伙伴作为第三人有理由信任其有代理权。

(3) 第三构成要件,第三人信赖(善意且无过失)了与真实事实不符的代理权外观。这是为平衡被代理人与第三人之间的利益关系而对第三人提出的主观要求。此处的善意,是指第三人在行为的当时,不知道也不应当知道行为人实无代理权的真相。至于事后知道真相与否,在所不论。此处的无过失,是指第三人不知道行为人无代理权之真相并非因为疏忽大意或者懈怠造成的,而是尽到了合理程度的审查之后仍然无从发现真相。反之,如第三人应当知道行为人无代理权,却因过失而不知,或由于轻信行为人而对其代理权产生了误信,则其对无权代理行为之发生亦负有责任,法律没有理由保护之而陷被代理人于不利境况,这就是法律的利益平衡功能与利益平衡后的制度选择。在司法实践中,第三人对代理人的身份、授权权限并没有必要与被代理人一一核对,但应当认真审核代理人出示的各种证明其具有代理权的文书,否则,如不予审核或审核不严即轻率相信代理人具有代理权,则认定第三人具有过失。例如,第三人知道行为人仅仅是被代理人的一个管家或低级职员,根本不可能代理被代理人签订数额特别巨大的合同,除非得到了特别授权,在此情形下,即使行为人手持空白介绍信等,也不能当然地产生合理的信赖。

举例 甲委托乙前往丙厂采购男装,乙觉得丙生产的女装市场前景看好,便自作主张以甲的名义向丙订购。丙未问乙的代理权限,便与之订立了买卖合同。对此,应认定构成狭义无权代理而不构成表见代理。

甲公司业务经理乙长期在丙餐厅签单招待客户,餐费由公司按月结清。后乙因故辞职,月底餐厅前去结账时,甲公司认为,乙当月的几次用餐都是招待私人朋友,因而拒付乙所签单的餐费。对此,丙餐厅完全可以主张成立表见代理。

甲公司曾委托乙负责购买某几种原材料,后甲撤销了对乙的授权委托,但未收回乙手中的数份盖有甲公司公章及合同专用章的空白合同书。数月后乙凭这几份空白合同书以甲公司名义与丙、丁、戊公司分别签订了原材料购销合同。对此,这三份合同都构成表见代理。

(4) 第四构成要件,本人与因。具体而言,在表见代理成立的情形下,被代理人对于行为人的权利外观之具备具有可归责性,如内部人事管理混乱、对外证明文书管理不严、没有及时回收授权委托书等。相应地,司法实践中对于盗用他人介绍信、盖有合同专用章或公章的空白合同书对外签订合同的情形,一般不认定表见代理。但是,表见代理的构成并不以被代理人的过错为绝对前提,反过来,被代理人的过错也不是表见代理的构成要件。

按照以上构成要件考察,在司法实践中,借用他人名义从事民事活动,如某施工队借用某大型建筑公司的印章对外签订大型工程施工合同的,肯定不构成表见代理。对于此类行为,在实体上,最高人民法院的有关司法解释认定为绝对无效;在责任承担上,《消费者权益保护法》第42条规定:"使用他人营业执照的违法经营者提供商品或者服务,损害消费者合法权益的,消费者可以向其要求赔偿,也可以向营业执照的持有人要求赔偿。"此处借用者与持有人两方承担的是一种不真正连带,这反过来正好说明借用名义的不构成表见代理,因为在表见代理情形下只有一方(被代理人)承担责任。

(三) 效力

《合同法》第49条规定:"行为人没有代理权、超越代理权或者代理权终止后以被代理人名义订立合同,相对人有理由相信行为人有代理权的,该代理行为有效。"这一规定包括两个方面的含义:

1. 被代理人与第三人的关系

在此,表见代理与有权代理并无不同。"该代理行为有效"就是针对被代理人与第三人的关系而言的,即产生有权代理的效力,比如第三人与被代理人之间产生合同法律关系,任何一方不依约履行合同义务的,要对对方承担相应的法律责任。

2. 表见代理人与被代理人的关系

表见代理行为有效,可能会给被代理人带来损害,这显然是由于表见代理人的过错造成的,且不合被代理人的意志,所以,被代理人当然可以要求表见代理人承担侵权损害赔偿责任。

需要指出,由于表见代理实为无权代理,且其构成与否依赖第三人举证,这意味着第三人实际上是享有选择权的:他既可主张成立狭义无权代理,从而追究行为人的相应赔偿责任;他也可以主张成立表见代理,从而要求被代理人履行约定的义务。至于作何种选择,则取决于第三人在具体情形下的利益立场。

思维拓展

【重要知识点】

代理的实质构成要素;代理与委托之间的关系;复代理制度的构成;代理权产生的规则;代理权滥用的实质与类型;狭义无权代理的构成与效力;表见代理的构成与效力;狭义无权代理与表见代理的区分。

【实例解析】

以下五个案例,均涉及代理效力的认定问题,请各位读者分别研判之:

案例1 某公司与某餐厅招待客户餐费案。某公司业务经理乙长期在丙餐厅签单招待公司客户,餐费由公司财务按月结清。后乙因故辞职,当月又带若干人等去餐厅消费若干次,月底餐厅前去公司要求结账时,公司认为,乙当月的几次用餐都是招待私人朋友,因而拒付乙所签单的餐费。遂起纠纷。

案例2 甲、乙公司化肥货款案。甲公司经常派业务员乙成负责与外地客户丙公司的业务联系,订立化肥等化工原料的购销合同。后乙调离公司后,又持盖有甲公司公章的合同书与尚不知其已调离的丙公司订立一份化肥买卖合同,并按照通常做法提走货款,后逃匿。对此甲公司并不知情。丙公司要求甲公司履行合同,甲公司认为该合同与己无关,予以拒绝,遂起纠纷。

案例3 北京东振威龙科技发展有限公司诉北京金光桥电信电子技术公司买卖合同纠纷案。金光桥公司是卖方,东振威龙公司为买方,二者长期存在供货关系。2012年2月底至3月初,张雷鸣作为东振威龙公司职员在公司柜台工作期间以入库单形式签收金光桥至的11台交换机并在入库单上加盖公司柜台号及电话的质保专用章。后金光桥公司要求东振威龙公司付款,后者认为张雷鸣系个人行为不能约束公司为由拒绝,遂起纠纷。终审法院认定,很雷鸣的作为构成表见代理,东振威龙公司承担友付货款义务。

案例4 浙江巨力石化公司诉中国兵工物资集团公司买卖合同纠纷案。兵工公司认为,代表其签字的签名确系其前员工杨晓丽亲笔所写,但杨前述该协议并未获得授权,属无权代理;协议签订时,杨未出示授权书也没有加盖公司印章,巨力公司也明知杨从未代表公司签署过任何合同,应该推定巨力公司当然知晓杨无权代表公司签署协议的职权。法院则认为,杨晓丽作为兵工公司化工部副经理,其职权应该包括了负责公司化工业务的经营销售等工作,故认定杨的行为属于职务行为。

案例5　甲赴宴饮酒后无法驾车回家,遂通过手机服务终端叫代驾服务,十几分钟后持有驾照的乙赶到,并出示了自己为某出租车公司驾驶员的身份。乙代驾其车,途中违章行车致使甲受损害。交管部门认定乙负全责。甲要求该出租公司承担赔偿责任,出租公司以公司明文禁止代驾、乙为获高额报酬而私自代驾为由拒绝,遂起纠纷。

法律问题　以上五个案例的法律适用有无共同之处?

法理分析　虽然有的属于民事代理,有的属于商事代理,但都可以适用或者参照适用表见代理规则来处理。

【重点法条】

(1)《民法通则》第63—70条。

(2)最高人民法院《关于贯彻执行〈中华人民共和国民法通则〉若干问题的意见(试行)》第77—82条。

(3)《合同法》第396、400、410—413条。

(4)最高人民法院《关于适用〈中华人民共和国合同法〉若干问题的解释(二)》第13条。

第七章

时效与期间

- 民法的期间
  - 时效期间
    - 取得时效期间
    - 消灭时效期间（诉讼时效期间）
  - 除斥期间
  - 存续期间
  - 失权期间
  - 或有期间

- 各类民事权利对应的期间
  - 支配权
    - 物权
      - 所有权：不存在期间问题
      - 他物权（担保、用益物权）：存续期间
    - 人身权：不存在期间的适用问题
    - 知识产权
      - 部分有存续期间，如专利、商标权
      - 部分无存续期间，如著作的署名权
  - 形成权：除斥期间
  - 请求权
    - 物上请求权：不存在期间；个别适用失权期间
    - 占有返还请求权：失权期间
    - 债权请求权
      - 原则上适用诉讼时效期间，
      - 但有 3 个例外（存款、债券、出资）
  - 抗辩权：无期间的适用问题

时效与期间是民法上的基本制度，多具技术性。诉讼时效，是指权利人在法定期间内不行使权利即丧失请求法院依法保护的制度。关于诉讼时效制度，由于《民法通则》规定得过于粗浅以及《民事诉讼法》规定的不妥当，致使人们在司法实践中对于其效力与适用多有误解。2008 年 8 月最高人民法院颁布《关于审理民事案件适用诉讼时效制度若干问题的规定》（以下简称《诉讼时效规定》），一方面丰富了诉讼时效的制度内容，另一方面修正了过去的一些错误做法，值得多加研习。除《民法通则》的基本规定外，《合同法》《产品质量法》《环境保护法》《海商法》等单行法也多有关于诉讼时效的规定。

民法上的期间有很多种，除了较为重要的诉讼时效期间外，还有取得时效期间、除斥期间、失权期间、或有期间以及权利存续期间等。其中，取得时效期间属于物权法上的制度，指明了物权原始取得的一种方式。本章在第三节中将讲述除斥期间、失权期间与或有期间等其他期间。

第一节　时效与诉讼时效概述

一、时效概述

(一) 概念

时效,是指法律规定的某种事实状态经过法定时间而产生一定法律后果的制度。作为一种法律事实,时效由三个要件构成:(1) 法定事实状态的存在;(2) 该事实状态连续存在达法定时间的过程;(3) 依法产生相应的法律后果——权利的消灭或者取得,导致民事法律关系的变化。

时效制度的主要功能在于维护社会秩序和交易的安全,具体体现在三个方面:(1) 督促权利人及时行使权利,此所谓"法律不保护权利的睡眠者"也;(2) 维护既定的法律秩序的稳定;(3) 有利于证据的收集和判断,有助于及时解决纠纷。

时效属于民事法律事实中的事件,它是基于一定事实状态在法律规定的一定期间内持续存在而当然发生的,不为当事人的意志所决定。由于诉讼时效属于私法上的事件,所以法院不得主动援用,只能由诉讼原告和被告来决定适用诉讼时效制度与否。

(二) 分类

民法上的时效分为两种,一是取得时效,二是消灭时效。前者又称占有时效,指非所有权人占有财产达法定时间未受所有权人追索而取得该财产所有权。在很多国家的民法上规定,以所有的意思,和平、公然、继续占有他人动产满足一定期限的,可以取得该动产所有权。这一制度,从期间的角度,就被称为取得时效;从所有权的取得角度,就被称为时效取得,属于原始取得的一种方式。后者,在某些国家的民法上直接称为诉讼时效,是指民事权利受到侵害的主体在法定时间内不行使请求权即丧失获得法律保护的权利。二者的区别在于:

1. 后果不同。诉讼时效届满后,权利人丧失的是获得法律保护的权利,取得时效的目的是确定财产权的归属。

2. 适用对象不同。诉讼时效适用于请求权,取得时效主要适用于物权领域。

3. 适用条件不同。诉讼时效的适用条件包括权利人不积极行使权利的事实持续并经过了法定期限。取得时效是财产占有人以自己所有的意思公开、和平、持续地占有他人的动产或不动产,达到一定的期限,从而依法取得相应的物权。

民法上完整的时效制度包括取得时效与诉讼时效,目前我国现行民法尚未规定取得时效制度(在将来的民法典里有望得到补充),而仅规定了消灭时效的一种——诉讼时效。诉讼时效区别于传统消灭时效之处在于,传统消灭时效导致权利消灭,诉讼时效并不导致权利本身的消灭,而仅仅使权利失去诉讼保护或者说使义务人取得诉讼上的抗辩权。下文只讲诉讼时效。

二、诉讼时效的适用效力

（一）适用范围

1. 适用的强制性

关于时效的法律规定属于强制性规范，当事人不得自行以协议加以变更或限制。当事人即使达成此类合意，在法律上亦属无效。《诉讼时效规定》第2条规定："当事人违反法律规定，约定延长或者缩短诉讼时效期间、预先放弃诉讼时效利益的，人民法院不予认可。"

举例 村民王五在集市牲畜栈行内出售一头黄牛，邻村村民马六有意购买，但王五未告知马六该黄牛有病的事实，只说："该牛若出现问题，你应当在4个月内起诉我，过了期间就不能再诉我。"4个月后，黄牛病死。马六可否诉王五？答案为可以。

2. 适用范围的法定性与普遍性

诉讼时效的适用范围只能由法律来规定，排除当事人意思自治的适用余地。在我国，诉讼时效只能适用于请求权中的债权请求权，这意味着诉讼时效不适用于形成权、抗辩权、支配权等，也不适用于物权请求权（排除妨碍、消除危险、返还原物等）与占有保护请求权（《物权法》第34—35、245条）。债权请求权包括合同债权请求权、侵权请求权、不当得利请求权、无因管理请求权、缔约过失请求权等，均适用诉讼时效。合同的确认无效请求权本身不适用诉讼时效，但合同被确认无效后引起的返还财产请求权与损害赔偿请求权适用诉讼时效。但依据《诉讼时效规定》第1条的规定，个别债权请求权免予适用：(1) 支付存款本金及利息请求权；(2) 兑付国债、金融债券以及向不特定对象发行的企业债券本息请求权；(3) 基于投资关系产生的缴付出资请求权；(4) 其他依法不适用诉讼时效规定的债权请求权。此外，国家财产未授权给公民、法人经营、管理的，受到侵害时不受诉讼时效限制（《民通意见》第170条）。

（二）适用效力

诉讼时效的适用效力，即诉讼时效届满所产生的法律后果，各国法上存有不同的处理，有起诉权（程序诉权）丧失说、胜诉权（实体诉权）丧失说、实体债权消灭说、抗辩权发生说等。我国民法采抗辩权发生说，具体而言这种法律后果体现在：

1. 不丧失起诉权

《民诉意见》第153条规定，权利人在超过诉讼时效期间后起诉的，法院仍应予以受理，不得以诉讼时效届满为由不予受理。这是因为法院在受理之后才能查明诉讼时效是否届满。

2. 一经抗辩，驳回原告诉讼请求

法院审理过程中，若被告主张了诉讼时效已经经过的抗辩权，则应当查明诉讼时效是否已经经过。若确已经过，则应判决驳回原告的诉讼请求（而非驳回起诉）；相反，被告不主张抗辩权的，应该判决原告胜诉也即支持其诉讼请求，可见债权人不丧失实体胜诉权。

3. 法院不得主动释明与援用

法院在审理中不得主动援用诉讼时效期间经过的理由而驳回原告诉讼请求。依据《诉讼时效规定》第3—4条，当事人未提出诉讼时效抗辩，法院不应对诉讼时效问题进行释明及主动适用诉讼时效的规定进行裁判。当事人在一审期间未提出诉讼时效抗辩，在二审期间提出的，法院不予支持，除非基于新证据证明对方的请求权已过诉讼时效期间；当事人未按规定提出诉讼时效抗辩，以诉讼时效期间届满为由申请再审或者提出再审抗辩的，法院不予支持。无论如何，法院不得主动释明、援用诉讼时效裁判。

错误的司法解释　《民诉意见》第153条规定："当事人超过诉讼时效期间起诉的，人民法院应予受理。受理后查明无中止、中断、延长事由的，判决驳回其诉讼请求。"这一规定意味着法官可以依职权主动审查诉讼时效是否经过，这是严重不妥的，与诉讼时效的制度精神严重不合。好在这一错误已经被《诉讼时效规定》所纠正。

4. 主张时效抗辩的期间

即使诉讼时效确已经过，但在审判中如被告没有主动主张诉讼时效经过的抗辩权，视为其放弃诉讼时效利益，故在二审、再审中均不得再主张之（除非有新证据者）。这意味着此时此刻法院得判决支持原告的实体诉讼请求。

5. 自然权利继续存在

由于不消灭实体权利，故诉讼时效届满后的权利（又称裸体权利、自然权利）继续存在，义务人已经自愿履行义务的，视为其自愿放弃时效利益，权利人有受领权且受法律保护，不构成不当得利；当事人在时效经过后履行又反悔的，不予支持，也即对方当事人作出同意履行义务的意思表示或者自愿履行义务后，不得以自己无知为由向法院起诉请求权利人返还。

条文与示例　《民法通则》第138条规定，超过诉讼时效期间，当事人自愿履行的，不受诉讼时效限制。《民通意见》第171条规定，过了诉讼时效期间，义务人履行义务后，又以超过诉讼时效为由反悔的，不予支持。《诉讼时效规定》第22条规定：诉讼时效期间届满，当事人一方向对方当事人作出同意履行义务的意思表示或者自愿履行义务后，又以诉讼时效期间届满为由进行抗辩的，人民法院不予支持。

举例　甲于2009年3月1日向乙借款1万元，约定1个月后偿还。事后甲未还，乙也一直未要求甲偿还。2011年5月1日，甲偿还了1万元给乙，后经人点拨说本可以不还，甲恍然大悟，遂找乙追回，乙不理睬。甲即诉至法院请求判令乙返还1万元。那么法院应判决驳回甲的诉讼请求。

6. 放弃时效利益

同样的道理，诉讼时效届满后，债务人虽没有自愿履行但已经做出同意履行的意思表示的，也视为其自愿放弃时效利益，该意思表示有效，导致诉讼时效按其表示的意思重新计算(但这有别于诉讼时效的中断),因为这相当于债务人承认了一笔新债务。

三、诉讼时效与除斥期间的区别

所谓除斥期间,是指某种权利的法定存续期间,权利人若在此期间内不行使权利,期间届满后该项实体权利即告消灭。《合同法解释(一)》第8条、《合同法》第55条规定的“1年”,第75条、第104条第2款规定的“5年”,均为不变期间。

诉讼时效与除斥期间都因时间的经过而引起权利变动,但是,诉讼时效的期间,是指一定事实状态即权利不行使的持续期间,它以该事实状态的发生为起算点,而除斥期间的期间是指一定权利的法定存续期间,它以该权利的取得为起算点。由此产生如下差别:

1. 适用要件

诉讼时效由权利不行使的事实状态和法定期间的经过两个要件构成;而除斥期间的适用只需要一个要件,即法定期间的经过。

2. 适用对象

诉讼时效适用于请求权中的债权请求权;除斥期间一般适用于形成权。

3. 可变与否

由于权利不行使的事实状态取决于权利人对待权利的主观态度和行为,是故诉讼时效存在中断、中止和延长的可能,所以属于可变期间;而除斥期间为法律事先设定,不受权利人行为的影响,因而是固定不变的,所以又被称为不变期间。

4. 法律后果

诉讼时效的完成,仅导致丧失法律保护的后果,具体来说就是债务人取得永久性抗辩权,但显然并不消灭权利本身;而除斥期间的完成则导致权利本身的消灭。

第二节　诉讼时效期间的计算规则

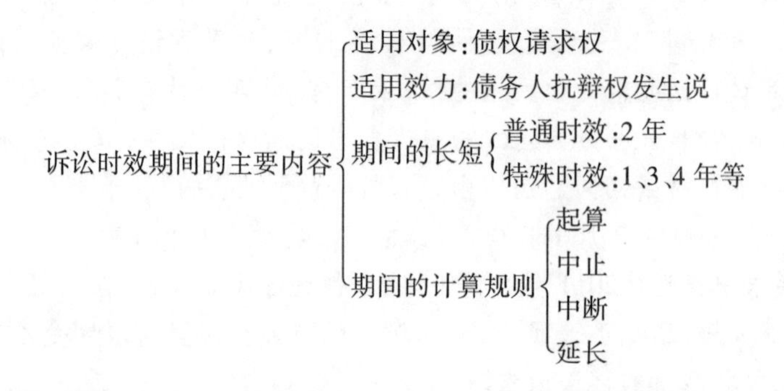

一、期间的长短

按照诉讼时效期间的适用范围和长短的不同,可将诉讼时效期间分为一般诉讼时效期间与特别诉讼时效期间。

(一) 一般诉讼时效期间

根据一般民事法律关系的共性而规定的普遍适用的一般诉讼时效期间,《民法通则》第 135 条规定为 2 年。

(二) 特殊诉讼时效期间

特殊诉讼时效期间,是法律特别规定的仅适用于某些特殊民事法律关系的诉讼时效期间,其优先于一般诉讼时效期间而适用。我国民事立法对特殊诉讼时效期间的规定,又分为以下两种:

1. 短期诉讼时效

短期诉讼时效,是指时效期间不足 2 年的诉讼时效。《民法通则》第 136 条规定以下诉讼时效期间为 1 年:(1) 身体受到伤害要求赔偿的;(2) 出售质量不合格的商品未声明的;(3) 延付或拒付租金的;(4) 寄存财物被丢失或者损毁的。这里需要展开分析第(2)项的情形。依据《产品质量法》第 45 条,因产品存在缺陷造成损害要求赔偿的诉讼时效期间为 2 年,自当事人知道或者应当知道其权益受到损害时起计算。这表明产品责任作为一种特别侵权责任的诉讼时效为 2 年。此 2 年与《民法通则》第 136 条第(2)项 1 年的规定的关系是:后者仅指出售质量不合格的商品未声明的违约之诉(属于合同违约责任)的诉讼时效。所以,在侵权责任与违约责任竞合的情形下,权利人选择不同的诉讼请求,其诉讼时效也有可能不一样。

举例　王某购得一电暖器(商场未声明有质量问题),放置 15 个月后首次使用因漏电而受伤,为此花去医疗费 3000 元,治疗结束后又过 13 个月。据诉讼时效的规定王某应提起何种诉讼请求? 解析:本例,消费者王某的遭遇即符合产品责任(侵权责任)与产品瑕疵责任(违约责任)的竞合,“放置 15 个月”的事实不导致任何诉讼时效期间的经过,因为还没有开始起算(读者自己想一想为什么);但在王某知道权利受侵害之日起又过 13 个月,导致违约之诉诉讼时效期间的经过,所以只能提起侵权之诉才受法律保护。

2. 长期诉讼时效

长期诉讼时效,是指时效期间在 2 年以上的诉讼时效,主要适用于一些调查取证费时耗力的疑难案件或涉外经济纠纷。如《环境保护法》第 42 条和《海商法》第 265 条分别规定环境污染侵权纠纷和船舶油污损害纠纷的诉讼时效期间为 3 年,《合同法》第 129 条则规定国际货物买卖合同和技术进出口合同纠纷的诉讼时效期间为 4 年。

最长保护期间　《民法通则》第 137 条规定的 20 年并非诉讼时效期间,而是权利的最长保护期限,其起算点是“从权利被侵害之日起”,并且不适用诉讼时效的中断、中止的规定。这种期限也不是除斥期间,因为它的发生是以权利被侵害的事实为前提,而不是随权利取得而当然发生的,而且期限届满后,权利人仅失去诉讼保护,权利本身不消灭。

二、起算

一般说来,诉讼时效应从权利人能够行使请求权时起算,而权利人要能够行使其请求权,从客观上看,必须权利确实受侵害;从主观上看,必须权利人知道或应当知道权利被侵害。《民法通则》第137条为此规定:“诉讼时效期间从知道或者应当知道权利被侵害时起计算。”可见立法采用主观立法标准,这一规定是关于诉讼时效期间的起算点最为典型的立法表述,也是判断某一期间是不是诉讼时效期间的重要标志。准确理解这一规定的含义:(1)必须在客观上权利遭受了损害;(2)权利人已经知道或者应当知道其权利遭受了损害;(3)权利人还确切知道自己什么样的权利遭受了损害;(4)权利人知道或应当知道具体的侵害人。

围绕这一表述确立的基本原则,相关司法解释明确以下具体的计算方法:

1.《民通意见》第168条规定,人身损害赔偿的诉讼时效期间,伤害明显的,从受伤害之日起算;伤害当时未曾发现,后经检查确诊并能证明是由侵害引起的,从伤势确诊之日起算。该条是关于人身伤害诉讼时效的特殊规定。

2.《诉讼时效规定》第5条规定,有关同一债务分期履行的情形,并不是分别起算其诉讼时效,而是统一起算其诉讼时效。

3.《诉讼时效规定》第6条规定,未约定履行期限的合同,依照《合同法》第61—62条,可以确定履行期限的,诉讼时效期间从履行期限届满之日起计算;不能确定履行期限的,诉讼时效期间从债权人要求债务人履行义务的宽限期届满之日起计算,但债务人在债权人第一次向其主张权利之时明确表示不履行义务的,诉讼时效期间从债务人明确表示不履行义务之日起计算。

举例 张三曾于1998年3月1日借款20万元给李四,未约定还款期限。2001年3月15日张电话告李:“希望你能在一个月内将钱还给我。”李当即言称:“我刚学过法律,我们之间的债务诉讼时效期间已过了。”言罢即挂电话。问:李四的说法有无道理?

解析 本例属典型的未定履行期限的债权,如李不当场拒绝,则期间应从2001年4月15日起算,2年期间为:2001年4月16日至2003年4月15日;但他当场拒绝了,所以从2001年3月15日起算。可见该债务诉讼时效期间没有经过。李自称学过法律,但可惜学艺不精,闹此笑话。

4.《诉讼时效规定》第7条第3款规定,合同被撤销,返还财产、赔偿损失请求权的诉讼时效期间从合同被撤销之日起计算。

5.《诉讼时效规定》第8条规定,返还不当得利请求权的诉讼时效期间,从当事人一方知道或者应当知道不当得利事实及对方当事人之日起计算。

6.《诉讼时效规定》第9条规定,管理人因无因管理行为产生的给付必要管理费用、赔偿损失请求权的诉讼时效期间,从无因管理行为结束并且管理人知道或者应当知道本人之日起计算;本人因不当无因管理行为产生的赔偿损失请求权的诉讼时效期间,从其知道或者应当知道管理人及损害事实之日起计算。

三、中止

(一) 概念

诉讼时效中止,是在诉讼时效完成以前的法定期间内,因发生一定法定事由使权利人不能行使权利,因而暂停计算诉讼时效期间,待中止事由消除后,继续计算诉讼时效期间。诉讼时效适用的前提是权利人明知权利受到侵害且能够主张权利而主观上怠于行使,认定权利人构成"怠于行使权利"事实,一个前提是知道自己权利受到侵害,另一个前提是其能够行使权利。如在诉讼时效期间权利人因为某种主客观原因无法行使权利,结果造成期间经过而最终对其适用诉讼时效制度,就很不公平,有悖于诉讼时效制度的本旨。所以,一旦发生权利人无法行使权利的事由,该事由的存续期间不应计入诉讼时效期间,而应该扣除,也就是对该事由的存续期间应该暂停计算诉讼时效期间,待该事由消失后,再继续计算此前还剩余的期间。

(二) 事由

诉讼时效的中止事由实行法定主义,当事人超出法律规定自行约定的中止事由无效。《民法通则》第 139 条规定,在诉讼时效期间的最后 6 个月内,因不可抗力或者其他障碍不能行使请求权的,诉讼时效中止。又依据《民通意见》第 172 条、《诉讼时效规定》第 20 条,"其他障碍"涵盖由于权利人的主客观原因致使其无法正常行使权利的诸多情形:(1) 权利被侵害的无民事行为能力人、限制民事行为能力人没有法定代理人,或者法定代理人死亡、丧失代理权、丧失行为能力;(2) 继承开始后未确定继承人或者遗产管理人;(3) 权利人被义务人或者其他人控制无法主张权利;(4) 其他导致权利人不能主张权利的客观情形。

以上中止事由的发生时间,被限定在诉讼时效期间的最后 6 个月。这表明,中止事由发生在诉讼时效期间的最后 6 个月之前的,能否发生中止的效果,分为两种情况:该事由在最后 6 个月之前消失的,不发生中止的后果;该事由持续到最后 6 个月以内的,自该最后 6 个月的第一天即发生中止的效力,待将来中止事由消失后再接着计算 6 个月。

举例 某甲于 2009 年 3 月 1 日打伤某乙,当日花去医疗费 1000 元人民币。同年 8 月 1 日,乙又被某丙重伤成植物人,1 年后伤愈苏醒。问乙至迟应在哪一天起诉甲偿还 1000 元并获支持?

解析 2011 年 2 月 1 日。

(三) 效力

在诉讼时效中止的情况下,中止事由发生前已经经过的时效期间仍然有效,等到时效再进行时,前后期间合并计算。在民法规定的权利最长保护期限内,诉讼时效中止的持续时间没有限制。

举例 设上例中，在2009年10月1日，乙又被丁重伤成植物人，一年后伤愈苏醒。问乙至迟应在哪一天起诉甲偿还1000元并获支持？

解析 2011年3月1日。本例中，甲伤乙且当日发现受伤，时效期间为1年，应从受伤当日起算，本应至2010年3月1日止，3月2日即为超期。但在该期间6个月内(2009年10月1日)乙发生其他障碍致使不能行使权利，因此发生诉讼中止，此时已经过了7个月，尚余5个月。待乙于2010年10月1日苏醒后，应继续计算余下的5个月期间，则截至2011年3月1日。

四、中断

(一) 概念

诉讼时效的适用后果显然对权利人非常不利，所以一个适用前提是"权利人怠于行使权利"，这就意味着，一旦权利人积极行使了权利或者义务人主动认诺债务，则已经经过的期间不应该记入诉讼时效期间之内，而应该"重新计算"（区别于诉讼时效中止的"继续计算"）。这就是诉讼时效的中断制度。由于权利人积极行使权利与义务人认诺债务可以发生多次，故以天为计算单位，理论上在诉讼时效期间内可以发生多次中断(《民通意见》第173条第1款)。

(二) 事由

关于诉讼时效中断的事由，总括起来有三大类：权利人请求；权利人起诉；义务人承认。关于这三个事由，《诉讼时效规定》第10、13、16条分别作出了详细的规定，择其要者：

1. 请求

具有下列情形之一的，应当认定为《民法通则》第140条的"当事人一方提出要求"，产生诉讼时效中断的效力：(1) 当事人一方直接向对方当事人送交主张权利的文书，对方当事人在文书上签字、盖章或者虽未签字、盖章但能够以其他方式证明该文书到达对方当事人的；(2) 当事人一方以发送信件或者数据电文方式主张权利，信件或者数据电文到达或者应当到达对方当事人的；(3) 当事人一方为金融机构，依照法律规定或者当事人约定从对方当事人账户中扣收欠款本息的；(4) 当事人一方下落不明，对方当事人在国家级或者下落不明的当事人一方住所地的省级有影响的媒体上刊登具有主张权利内容的公告的，但法律和司法解释另有特别规定的，适用其规定。在第(1)项情形中，对方当事人为法人或者其他组织的，签收人可以是其法定代表人、主要负责人、负责收发信件的部门或者被授权主体；对方当事人为自然人的，签收人可以是自然人本人、同住的具有完全行为能力的亲属或者被授权主体。

2. 起诉

下列事项之一，人民法院应当认定与提起诉讼具有同等诉讼时效中断的效力：(1) 申请仲裁；(2) 申请支付令；(3) 申请破产、申报破产债权；(4) 为主张权利而申请宣告义务人失踪或死亡;(5) 申请诉前财产保全、诉前临时禁令等诉前措施;(6) 申请强制执行;(7) 申请追加当事人或者被通知参加诉讼;(8) 在诉讼中主张抵销;(9) 其他与提起诉讼具有同等诉讼时效中断效力的事项。

3. 承认

义务人作出分期履行、部分履行、提供担保、请求延期履行、制定清偿债务计划等承诺或者行为的,应当认定为《民法通则》第 140 条的当事人一方"同意履行义务"。

举例　甲于 1996 年 3 月 1 日借给乙 1 万元,约定 1 个月后还钱。乙到期未还,后甲于 1998 年 4 月 1 日电话要求乙还钱,未果;甲又于 1999 年 4 月 1 日请求乙的保证人丙还钱,未果;甲又于 2000 年 4 月 1 日起诉乙,未果;2001 年 4 月 1 日,乙的财产代管人丁向甲表示准备还钱。问此时甲、乙之债的诉讼时效期间何日到期?

解析　2003 年 4 月 1 日(其间共有 4 次中断)。

(三) 效力

一经中断,已经过的诉讼时效期间不算入内而重新计算,并可反复中断,只要不超过最长保护期间 20 年。对于一些特殊情形下的中断效力细节,《诉讼时效规定》第 11—19 条有具体规定。

1. 对同一债权的部分主张的,及于其他债权。

2. 起诉或类似起诉行为(申请仲裁、调解、提出控告),自提出之日开始中断;即使上述机关决定不立案、撤销案件、不起诉,诉讼时效也得中断,中断日从权利人知道或者应当知道不立案、撤销案件或者不起诉之日起计算;刑事案件进入审理阶段,诉讼时效期间从刑事裁判文书生效之日起重新计算。

3. 连带之债的中断,由一人而及于全体。

4. 债权人提起代位权诉讼的,中断的效力一箭双雕。

5. 债的移转,中断效力从通知对方开始计算。

五、延长

诉讼时效延长,是法院查明权利人在诉讼时效期间确有法律规定之外的正当理由而未行使请求权的,适当延长已完成的诉讼时效期间,其特点是:它是发生在诉讼时效届满之后,而不是在诉讼时效过程中;能够引起诉讼时效延长的事由,是由法院认定的;延长的期间,也由法院依客观情况予以掌握。

诉讼时效延长的适用条件是:

1. 延长诉讼时效所依据的正当理由(事由)是由法院依职权确认的。社会生活的复杂性决定了法律不可能将阻碍诉讼时效进行的情况全部地加以规定,当出现中止和中断诉讼时效的法定事由之外的事实即特殊情况,造成权利人逾期行使请求权时,有必要授权法院审查是否作为延长时效的事由,以弥补法律规定的不足。

2. 诉讼时效的延长适用于已经届满的诉讼时效。已完成的诉讼时效期间仍然有效力,而由人民法院决定适当延长一定的期间。

根据《民法通则》的立法本意和有关司法解释,诉讼时效延长的规定适用于“20 年”最长保护期限。需要注意,该 20 年的期间起算点也很特殊,即“自行为发生之日起”。

举例 甲于 1989 年 8 月 1 日被伤害,花去医疗费 1 万元,后在 2008 年 10 月 30 日始得知侵害人为乙,则问:甲起诉乙最迟不得晚于那一天?

解析 2009 年 8 月 1 日。

举例 前一情形下甲曾在 2009 年 2 月 1 日向乙提出赔偿请求,则问:甲起诉乙最迟不得晚于那一天?

解析 仍是 2009 年 8 月 1 日。

第三节 民法上的其他期间

一、除斥期间

(一) 基本概念

除斥期间,又称预定期间,是指法律规定或者当事人依法约定的某种权利预定的存续期间。除斥期间具有以下基本特征:

1. 除斥期间是权利的存续期间。权利人于除斥期间内未行使权力的,除斥期间届满后,其权利即消灭。

2. 除斥期间是不变期间。除斥期间是权利的预定存续期间,这种期间属于不变期间,不适用中止、中断或延长的规定。

3. 除斥期间通常是法定期间。因为除斥期间涉及权利的存续,所以该期间通常是由法律加以规定的。当然,在特殊情况下,法律为满足权利人的利益需求,也允许当事人在法律许可的范围内确定某种权利的除斥期间。例如,当事人约定的合同解除权的行使期间,就属于除斥期间。

(二) 适用范围

除斥期间适用于形成权,而不适用于请求权、支配权、抗辩权。从我国现行法的规定来看,除斥期间的适用主要有以下常见情形:

1. 在可变更与可撤销的民事行为中,撤销权的除斥期间为 1 年;

2. 在债权人撤销权中,撤销权的除斥期间为 1 年;

3. 法律规定或当事人约定的合同解除权的存续期间;

4. 在赠与合同中,赠与人的撤销权的除斥期间为 1 年,赠与人的继承人或者法定代理人的撤销权的除斥期间为 6 个月。

(三) 起算与效力

1. 起算

除斥期间为不变期间,因此,除斥期间的起算具有重要意义。所谓除斥期间的起

算,是指除斥期间应当从何时开始计算。关于除斥期间的计算,通常有2种确定方法:

一是,作为基本原则,除斥期间从权利发生之日起开始起算。例如,合同解除权的行使期间等均自权利发生之日起计算。

二是,作为例外,法律另有规定的,根据法律的规定确定除斥期间的起算。例如,可变更与可撤销的民事行为中,撤销权自权利人知道或者应当知道撤销事由之日起计算,债权人撤销权中的撤销权自债权人知道或者应当知道撤销事由之日计算,赠与合同中的撤销权自权利人知道或者应当知道撤销原因之日起计算,受遗赠人的受遗赠权自知道受遗赠之日计算。

2. 效力

除斥期间届满后,当事人的权利归于消灭。由于除斥期间届满后,当事人的权利归于消灭,所以,在诉讼中,即使当事人不援用除斥期间,法院也应当依职权对除斥期间是否届满予以审查。

二、失权期间

失权期间,是指依照诚实信用原则确定的合理期间,权利人在此期间内不行使权利的,义务人信赖其不会再行使,该权利消灭。失权期间主要适用于财产权利,法律另有规定或者依其性质不能适用的除外。

失权期间可以适用于债权请求权。比如,《合同法》第110条第3项规定,当事人一方不履行非金钱债务或者履行非金钱债务不符合约定的,债权人可以要求履行,但债权人在合理期限内未要求履行的,债务人免除继续履行的义务。此处的"合理期限",即属于失权期间。

失权期间可以适用于物权请求权。比如,《物权法》第107条规定,"所有权人或者其他权利人有权追回遗失物。该遗失物通过转让被他人占有的,权利人有权向无处分权人请求损害赔偿,或者自知道或者应当知道受让人之日起二年内向受让人请求返还原物,但受让人通过拍卖或者向具有经营资格的经营者购得该遗失物的,权利人请求返还原物时应当支付受让人所付的费用。权利人向受让人支付所付费用后,有权向无处分权人追偿。"此处的"自知道或者应当知道受让人之日起二年内向受让人请求返还原物"规定中的"二年内",即属于失权期间,权利人在此期间内未向受让人请求返还原物的,该请求权消灭。

三、或有期间

或有期间,是决定当事人能否取得相应请求权的期间。当事人在或有期间内未依照法律的规定或者当事人之间的约定提出主张的,或有期间届满,当事人不能取得相应请求权。可见,或有期间可以由法律规定,也可以由当事人约定;如果当事人没有约定或者约定不明确的,则适用法律的规定。

或有期间与诉讼时效期间的衔接关系,可以用两种情形来说明:

其一，当事人在或有期间内依照法律的规定或者当事人的约定未提出权利主张的，当事人不能取得相应的请求权，这也算是或有期间已经完成了自己法律使命的一种方式；既然请求权不存在，也就无所谓诉讼时效期间的计算问题。

其二，当事人在或有期间内依照法律的规定或者当事人的约定提出主张的，当事人取得相应的请求权，或有期间即停止计算，因为其已经完成了法律上的使命；当事人取得的相应请求权得适用诉讼时效的，开始进行诉讼时效期间的计算。

最典型的或有期间是保证期间　众所周知，保证合同签订之后，不一定必然发生保证之债。这倒不是仅仅因为债务人到期如约还债；退一步讲，即使债务人到期未依约还债，还得看债权人在保证期间内主张保证之债请求权。关于一般保证，《担保法》第25条第2款明确规定，“在合同约定的保证期间和前款规定的保证期间，债权人未对债务人提起诉讼或者申请仲裁的，保证人免除保证责任。”这就是说，债权人未在保证期间内对债务人提起诉讼或者申请仲裁的，就不能再主张保证之债请求权了。关于保证期间与保证之债诉讼时效期间的衔接关系，《担保法解释》第34条规定的也很清楚，“一般保证的债权人在保证期间届满前对债务人提起诉讼或者申请仲裁的，从判决或者仲裁裁决生效之日起，开始计算保证合同的诉讼时效。”关于连带保证，同条第2款规定，“连带责任保证的债权人在保证期间届满前要求保证人承担保证责任的，从债权人要求保证人承担保证责任之日起，开始计算保证合同的诉讼时效。”

第四节　期　　限

一、期限的含义

期限是指民事法律关系发生、变更和终止的时间。期限包括期日和期间。所谓期日，是指不可分的一定时间，如某年、某月、某日、某时；所谓期间，是指从某一时刻到另一时刻的一段时间。例如，2013年3月20日至2015年6月19日。

民法上的期限，与一定的民事法律后果相联系，是民事法律关系产生、变更和终止的根据，故期间是一种法律事实，具体来说属于事件的范畴。

二、期间的分类

（一）任意性期间和强行性期间

根据期间是否具有强制性作此分类。任意性期间，是指法律允许由当事人自行约定的期间，如合同的履行期间；强行性期间，是指法律直接规定的当事人不得排除其适用的期间，如诉讼时效期间。

（二）确定期间、相对确定期间与不确定期间

根据期间确定性程度作此分类。确定期间，是指日历上的某一时间来确定的期间，如2015年3月1日至3月31日；相对确定期间，是指某一事件或行为的发生而准

确计算的期间,如借条签字后2个月;不确定期间,是指未明确规定而由当事人根据情况来确定的期间,如债权人应给予债务人合理的准备履行债务期间中的“合理期间”。

(三) 连续期间与不连续期间

根据期间的计算方法作此分类。连续期间,是指期间开始后持续不间断的进行计算,不因任何情况的出现而中止、中断计算的期间,如除斥期间;不连续期间,是指期间开始后只计算其中的某些时间或者可以舍去计算某些时间的期间。例如,建设施工合同或者房屋装修合同的双方当事人经常约定,“因故不能施工的时间,不计算在工期内”,这里的“施工时间”即属于不连续期间。

(四) 法定期间、指定期间与意定期间

根据期间确定的根据作此分类。法定期间,是指由法律直接规定的期间,如诉讼时效期间、除斥期间等;指定期间,是指由法院或仲裁机构等确定的期间,如法院判决中规定的偿还债务的期间;意定期间,是指由当事人自行约定的期间,所以也称约定期间,如约定的还债期限。

三、期限的确定和计算

(一) 确定

期限的确定方式大致有四种:一是,规定日历上某一时间,如2003年3月1日;二是,规定一定期间,如1个月、1年;三是,规定某一必然到来的特定时刻,如死亡之日;四是,规定以当事人提出的时间为准,如通知发货之日、债权人要求偿还之日。

(二) 计算

由于期限在民事活动中具有重要意义,《民法通则》第154—155条对期限的计算方法作出统一规定。

(一) 计算单位

根据《民法通则》第154条第1款的规定,民法所称的期间一律按照公历年、月、日、小时计算。按日历连续计算的,一个月以30天计算,不论月大月小;一年均以365天计算,不分平年闰年。

(二) 起算

根据《民法通则》第154条第2款的规定,凡规定按小时计算期间的,从规定的小时起即开始计算。规定按日、月或者年计算期间的,开始的当天不予以计入,而从次日零时开始计算。比如,某个期间为1年,从2011年4月1日开始起算。那么起算日为“2011年4月1日”,该1年期间具体为“2011年4月2日至2012年4月1日”。

(三) 终止

根据《民法通则》第154条第3—4款的规定,期间的最后一天是星期日或者其他法定休假日的,以休假日结束后的次日(第一个工作日)为期间的最后一天。期间最后一天的截止时间为当天的24点,规定有业务时间的,则到停止业务活动的时间截止。

（四）通用技术规则

《民法通则》第155条规定，民法所称的“以上”“以下”“以内”“以前”“届满”的，如无特别说明，均包括本数在内；而所称“不满”“超过”“以外”“以后”等，均不包括本数。

思维拓展

【重要知识点】

消灭时效与取得时效的概念；诉讼时效的适用效力；诉讼时效与除斥期间的区别；诉讼时效期间的长短、起算、中止、中断、延长的技术规则；民法上的期间计算的通用技术规则。

【实例解析】

案情 某“富二代”甲2009年3月8日去某商场为其未婚妻乙购得一枚大钻戒，花去数十万元。回去戴上3天后发现不对劲，经权威机构鉴定该钻戒乃是一枚假钻，于是夫妻二人到商场交涉，商场态度左右飘忽，夫妻也很有耐心，天天找商场交涉，但一直未果。到了2010年3月15日，忍无可忍的甲乙夫妻到法院请求撤销该买卖合同并要求商场赔偿损失。

法律问题 甲、乙夫妻是否会得到支持？如果不，为什么？还有其他救济途径否？

法理解析 该撤销之诉不会得到支持，原因很简单：依照《合同法》第55条的规定，基于欺诈的可撤销合同的撤销权行使具有严格的除斥期间，即从知道或者应当知道受欺诈之日起一年内行使，该期间乃是不变期间。本案中的除斥期间应该为2009年3月12日至2010年3月11日。所以甲在2010年3月15日提起撤销之诉为时已晚。

但是，本案中甲、乙夫妻还可以提起合同违约之诉来保护自己的合法权益。法理逻辑是：可撤销的合同既然不能被撤销，则为自始有效的合同；既然是有效的合同，商场提供的假钻就构成违约行为；依照《民法通则》第136条第2项的规定，产品质量不合格的违约之诉诉讼时效期间仍然为1年，也是从知道或者应当知道权利受侵害之日起算，也即本案的2009年3月11日，但该期间并没有经过。原因在于诉讼时效期间为可变期间，既然甲、乙夫妻一直在与商场交涉，则该诉讼时效期间一直处于中断状态。最后的结论是，甲提起违约之诉要求商场赔偿损失的诉讼请求会得到法院的支持。

【重点法条】

（1）《民法通则》第135—140、154条。

（2）最高人民法院《关于贯彻执行〈中华人民共和国民法通则〉若干问题的意见（试行）》第168、170—172、175—177条。

（3）《继承法》第8条。

（4）《合同法》第129条。

（5）最高人民法院《关于审理民事案件适用诉讼时效制度若干问题的规定》第1—22条。

第二编
人 身 权

\>> 第八章 <<

人身权概述

人身权是指法律赋予民事主体享有的，具有人身属性而无直接财产内容的民事权利。但人身权在享有、行使及救济中会与财产利益发生千丝万缕的联系。人身权分为人格权与身份权。现代法上人格权极为发达，身份权较为萎缩。所以人身权的制度核心是人格权。我国调整人格权的现行法律规范，包括《民法通则》《侵权责任法》以及最高人民法院的《民法通则意见》《名誉权解答》《精神损害赔偿解释》《人身损害赔偿解释》等主要司法解释文件。另外，一些单行法，如《产品质量法》《消费者权益保护法》也有关于公民生命健康身体权的保护规定。关于身份权的规定，则散见于《民法通则》《婚姻法》《继承法》等立法文件中。

第一节　人身权的基本概念

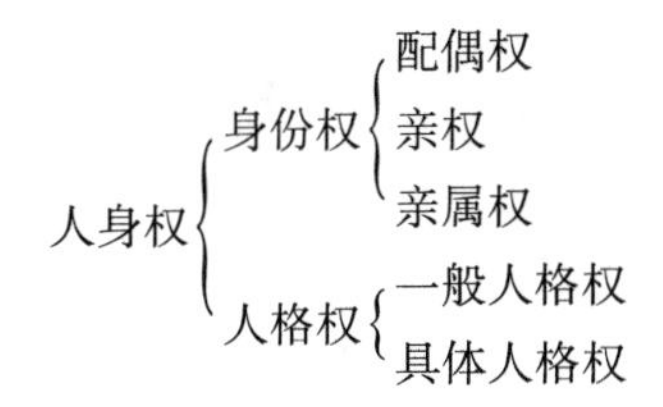

一、人身权的含义

人身权是民事主体基于人格或者身份而依法享有的、以人格利益或者身份利益为内容的民事权利。现代民法上的人身权具有以下特点：

其一，人身权的客体为人身利益。这种人身利益包括人格利益与身份利益，体现的是民法对于民事主体人身利益的确认与保护。

其二，人身权具有固有性。人身权是自然法上的权利，属于固有权。这种固有性首先体现在人身权与民事主体存在的同期性，自然人、法人在其具有法律上的人格时，从自然人的出生到死亡、从法人的成立到终止，自始至终享有人身权；其次表现在民事主体对人身权的无意识性，无论其是否意识到自身人身权的存在，人身权都是客观存在的。

其三,人身权具有法定性。一个国家的民事主体到底享有哪些人身权,需要法律的明确规定,具体到每一种人身权的内容,也需要法律明确,比如一般人格权的内容具有不确定性,其外延一直随着法律的规定或者司法裁决而处于发展状态。

其四,人身权具有非财产性。民事主体享有人身权并不以满足物质利益为目的,而在于满足某种精神利益的需要。人身权的客体是人身利益,此种利益不具有财产的使用价值与交换价值,不能用金钱加以衡量,尽管对于人身权的侵害保护并不排斥金钱赔偿。

二、人身权的内容

一般认为,人身权主要包括三方面的内容:

1. 支配权。民事主体可以按照自己的意志对其人身利益进行支配。比如,自然人可以对自己的身体、姓名与隐私加以控制与处分。具体而言,自然人可以决定将自己的血液、器官捐献给他人,可以决定与人分享自己的隐私等。

2. 利用权。民事主体得为满足自身需要而对人身利益加以利用,比如利用自己的隐私进行文学的共同创作,允许他人利用自己的肖像以获取物质利益回报等。

3. 维护权。也即维护自己人身利益不受他人侵害的权利。比如,自然人有权通过各种方式来维护自己的生命安全,在生命安全遭受侵害时,有权请求公权力救济等。

三、人身权的分类

(一) 人格权

1. 含义

人格权,是指民事主体专属享有的,以人格利益为客体,为维护人格独立所必备的固有权。人格权具有如下特点:

(1) 民事主体终身享有。自然人、法人只要具有法律上的人格,即享有人格权,不能因某种事实而丧失,也不得因某种原因被剥夺。

(2) 民事主体平等享有。基于人格平等之原则,民事主体的人格权也是平等的,自然人不因年龄、性别、智力、受教育程度、宗教信仰、社会地位与财产状况等方面存在的差别而有差别,法人也不因规模大小、成员多少等因素而有所不同。

(3) 以人格利益为客体。人格权的客体是人格利益,人格利益的核心是确保民事主体能够以自己独立的人格参与民事活动,享有民事权利与承担民事义务。

2. 分类

(1) 一般人格权与具体人格权。

根据人格权的客体范围作此分类。一般人格权,是指民事主体依法享有的,以人格独立、人格自由、人格尊严等一般人格利益为客体的人格权。具体人格权,是指民事主体依法享有的,以各种具体人格利益为客体的人格权,如自然人享有的生命权、健康权、身体权、肖像权、名誉权、隐私权等,分别对应的人格利益就是生命、健康、身体、肖像、名誉、隐私等人格利益。一般人格权概念的出现与内涵的日益丰富,标志着现代民法上的人格权法律保护的进步。

作此分类的主要意义在于:具体人格权以具体的人格利益为客体,体现为具体的权利;一般人格权不以具体的人格利益为客体,一般不直接体现为某种具体权利。

(2) 物质性人格权与精神性人格权

根据人格权的客体性质作此分类。物质性人格权,是以体现在人的身体之上的物质性人格利益为客体的人格权,包括生命权、健康权与身体权。精神性人格权,是以非物质性的精神性人格利益为客体的人格权,如姓名权、名称权、肖像权、名誉权与隐私权等。

作此分类的主要意义在于:这两种人格权在主体范围与保护方法上存在差别。物质性人格权仅为自然人享有;精神性人格权的保护方法主要是非财产责任形式,而物质性人格权的保护方法主要是财产责任形式。

(二) 身份权

1. 含义

身份权,是指民事主体基于特定的身份关系产生并专属享有、以其体现的身份利益为客体,为维护此种身份关系所必需的权利。身份权具有如下特点:

(1) 以特定民事主体间的身份关系为基础。身份权的取得与享有都以一定的身份为存在基础,无身份,无身份权;身份不同,相应的身份权也就不同,所谓身份,就是指民事主体在一定的社会关系中所处的地位,如甲乙的夫妻关系,丙丁的父子关系等,这种身份关系只存在于某些特定的民事主体之间。

(2) 不同民事主体的身份差别性。由于身份权以一定的身份为存在基础,所以不同的民事主体所具有的身份也就不同,所享有的身份权不就不同。因此,并非每一个民事主体都平等地享有身份权。

(3) 以身份利益为客体。作为身份权的客体的身份利益,不同于人格利益之处,在于它不仅为权利人的利益而存在,也为相对人的利益而存在,所以身份权往往是权利与义务的综合体。

第二节　人身权的民法保护

一、基本保护方法

民法注重保护人身权,是现代文明社会的进步标志。对于人身权的保护水平,也代表了一个社会的文明程度。民法对于人身权的保护,主要通过两个手段来完成的。

(一) 确认侵害人身权利的行为为侵权行为

民法对人身权进行保护的基础性手段,是将侵害人身权的民事违法行为确认为侵权行为。为此,成文法国家的民法典除在“总则”部分对人格权作出一般规定外,基本上是在侵权行为法中规定具体人格权及其保护方法,非成文法国家则专设侵权行为法部门,对人身权进行专门的保护。

在我国,《民法通则》《侵权责任法》及其他单行法律也将侵害人身权的行为确认为侵权行为,并规定相应的保护措施。

(二) 以损害赔偿为基本保护方法

在人身权遭受侵害的情况下,通过使侵害人承担一定的民事赔偿的方式,补偿受害人的损失,是民法对人身权进行保护的最基本的方式,也是民事保护区别与刑事保护和行政保护的主要标志。人身权的损害赔偿,既包括对人身伤害的财产损害赔偿,也包括侵害人身权的损害赔偿。《侵权责任法》第16条规定,侵害他人造成人身损害的,应当赔偿医疗费、护理费、交通费等为治疗和康复支出的合理费用,以及因误工减少的收入。造成残疾的,还应当赔偿残疾生活辅助具费和残疾赔偿金。造成死亡的,还应当赔偿丧葬费和死亡赔偿金。第20条规定,侵害他人人身权益造成财产损失的,按照被侵权人因此受到的损失赔偿;被侵权人的损失难以确定,侵权人因此获得利益的,按照其获得的利益赔偿;侵权人因此获得的利益难以确定,被侵权人和侵权人就赔偿数额协商不一致,向人民法院提起诉讼的,由人民法院根据实际情况确定赔偿数额。第22条规定,侵害他人人身权益,造成他人严重精神损害的,被侵权人可以请求精神损害赔偿。

除损害赔偿方法的保护方法外,《侵权责任法》第21条规定,侵权行为危及他人人身安全的,被侵权人可以请求侵权人承担停止侵害、排除妨碍、消除危险等侵权责任。第15条规定,诸如停止侵害、恢复名誉、消除影响、赔礼道歉等适用于人身权的保护。通过这些保护方法的单独适用或者合并适用,可以使受害人受到侵害的人身权得到恢复。

二、对于死者人身利益的特殊保护

死者人身利益是指自然人死亡以后,其姓名、肖像、名誉、隐私等利益。法律不仅保护人身权,而且也对死者的人身利益加以保护。《精神损害赔偿》第3条规定:“自然人死亡后,其近亲属因下列侵权行为遭受精神痛苦,向人民法院起诉请求赔偿精神损害的,人民法院应当依法予以受理:(一) 以侮辱、诽谤、贬损、丑化或者违反社会公共利益、社会公德的其他方式,侵害死者姓名、肖像、名誉、荣誉;(二) 非法披露、利用死者隐私,或者以违反社会公共利益、社会公德的其他方式侵害死者隐私;(三) 非法利用、损害遗体、遗骨,或者以违反社会公共利益、社会公德的其他方式侵害遗体、遗骨。”该《解释》的第7条规定:自然人因侵权行为致死,或者自然人死亡后其人格或者遗体遭受侵害,死者的配偶、父母和子女向人民法院起诉请求赔偿精神损害的,列其配偶、父母和子女为原告;没有配偶、父母和子女的,可以由其他近亲属提起诉讼,列其他近亲属为原告。《人身损害解释》第18条规定,受害人或者死者近亲属遭受精神损害,赔偿权利人向人民法院请求赔偿精神损害抚慰金的,适用《最高人民法院关于确定民事侵权精神损害赔偿责任若干问题的解释》予以确定。精神损害抚慰金的请求权,不得让与或者继承。但赔偿义务人已经以书面方式承诺给予金钱赔偿,或者赔偿权利人已经向人民法院起诉的除外。

思维拓展

【重要知识点】

人身权;身份权;一般人格权;具体人格权、死者人格利益。

【案例解析】

案例1　荷花女案。案情:吉某是新中国成立以前天津庆云戏院的当家演员,艺名“荷花女”,1944年不幸病故,年仅19岁。被告魏某自1986年开始以“荷花女”为主人公创作11万字的小说《荷花女》。小说使用了吉某的真实姓名和艺名,并虚构吉某从17岁至19岁病逝的两年间,先后同三人恋爱,“百分之百地愿意”做妾,先后被当时天津帮会头目头子、大恶霸奸污而忍气吞声的情节。《今晚报》自1987年4月18日开始在副刊上连载该小说,并加插图,小说连载过程中,吉某之母陈某以小说插图及虚构的情节有损吉某的名誉为由,先后两次到《今晚报》报社要求停载。但《今晚报》报社以报纸要对读者负责为由再将小说题图修改后,继续连载。

法律问题　死者是否存在人身利益,法律是否应当给予保护?如何保护?

法理分析　吉某虽然去世已久,但事后仍存在着人身利益,如姓名、肖像、名誉、隐私等利益,这些利益均受法律保护,任何人不得损害。被告魏某在创作小说《荷花女》时,使用吉某的真实姓名和艺名,并虚构情节,损害了吉某的名誉。因此,吉某之母陈某作为近亲属有权要求对方停止侵害并承担赔偿精神损害等责任。魏某与《今晚报》报社构成共同侵权,应该承担连带责任。

案例2　误摘肾脏致死案。案情:张某因病住院,医生手术时误将一肾脏摘除。继续住院期间,张某委托律师向法院起诉,要求医院赔偿治疗费用和精神损害抚慰金。在法院审理期间,张某术后感染医治无效死亡。

法律问题　张某的继承人(近亲属)可以向医院提出哪些诉讼请求,请求权的依据是什么?

法理分析　医生因过错误将张某的肾脏摘除,侵害了张某的健康权;术后感染导致张某死亡,侵害了张某的生命权。按照《侵权责任法》第54条的规定,患者在诊疗活动中受到损害,医疗机构及其医务人员有过错的,由医疗机构承担赔偿责任。可见此属于职务侵权的范畴,该侵权责任应由医院对外承担。《人身损害赔偿解释》第1条第1款规定:因生命、健康、身体遭受侵害,赔偿权利人起诉请求赔偿义务人赔偿财产损失和精神损害的,人民法院应予受理。同条第 2 款规定:本条所称赔偿权利人,是指因侵权行为或者其他致害原因直接遭受人身损害的受害人、依法由受害人承担扶养义务的被扶养人以及死亡受害人的近亲属。最高人民法院《人身损害赔偿解释》第 18 条第 2 款规定:(受害人的)精神损害抚慰金的请求权,不得让与或者继承,但赔偿义务人已经以书面形式承诺给予金钱赔偿,或者赔偿权利人已经向人民法院起诉的除外。据此,张某生前已经起诉,可见本案的张某人身损害所导致的赔偿财产损失(如医疗费)是可以继承的。至于精神损害抚慰金,在两种特殊场合下也是可以继承的。

《精神损害赔偿解释》第 7 条规定:自然人因侵权行为致死,或者自然人死亡后其人格或者遗体遭受侵害,死者的配偶、父母和子女向人民法院起诉请求赔偿精神损害的,列其配偶、父母和子女为原告;没有配偶、父母和子女的,可以由其他近亲属提起诉讼,列其他近亲属为原告。自然人因侵权行为致死,死者的配偶、父母和子女向法院起诉请求赔偿精神损害的,列其配偶、父母和子女为原告。可见,张某死后其配偶、父母和子女有权另行起诉请求医院赔偿自己因遭受丧夫(子、父)之痛而带来的精神损害。

本案需要注意的是,上述的第一项精神损害抚慰金产生于张某的健康等人格利益所受到的损害,其近亲属继承而已;上述第二项精神损害是由于张某的非正常死亡所致的其近亲属自身的精神损害,两者请求权基础不同。

【重点法条】

(1)《民法通则》第 98—105 条。

(2) 最高人民法院《关于贯彻执行〈中华人民共和国民法通则〉若干问题的意见(试行)》第 139—141、149—151 条。

(3) 最高人民法院《关于确定民事侵权精神损害赔偿责任若干问题的解释》(简称《精神损害赔偿解释》)第 3、7 条。

(4) 最高人民法院《关于审理人身损害赔偿案件适用法律若干问题的解释》(简称《人身损害赔偿解释》)第 18 条。

(5)《侵权责任法》第 15—16、20—22 条。

>> 第九章 <<

人 格 权

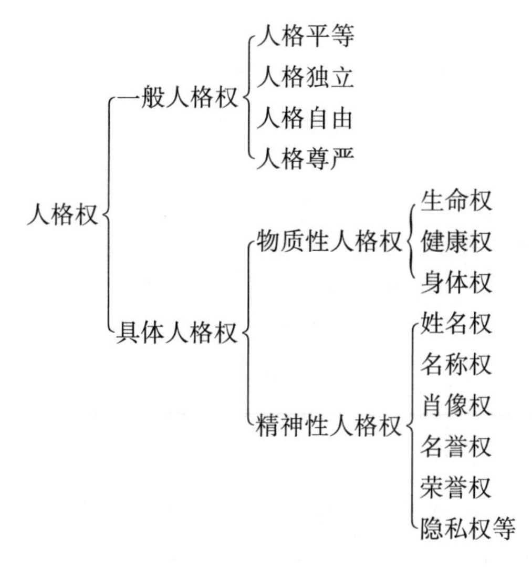

鉴于人格权制度在现代民法上的重要性,关于人格权在未来我国民法典中的立法模式正在被热烈讨论,主流的意见是在民法典中单列一编,系统规定人格权的一般规范、一般人格权与具体人格权的内容。

本章重点掌握一般人格权以及各类具体人格权内容与法律功能。

第一节　一般人格权

一、含义

一般人格权,是指民事主体基于人格平等、人格独立、人格自由以及人格尊严等根本人格利益而享有的人格权。通说认为,一般人格权具有以下特点:

1. 主体具有普遍性。在具体人格权中,有些权利的主体只是自然人,如生命权、健康权、肖像权、隐私权等,有些权利的主体只能是法人或者其他组织,如名称权;而一般人格权的主体则是所有民事主体,自然人、法人及其他组织均平等享有一般人格权。

2. 客体具有高度概括性。具体人格权的客体都具有独特性,具体体现为某种人格利益,如生命利益、健康利益、姓名利益等,但一般人格权的客体是民事主体高度概括的一般人格利益。一般人格利益,就是具体人格利益之外的、无法具体化的人格利益,涵盖了具体人格利益之外的,民事主体应当享有的所有其他人格利益。

3. 所保护的利益具有根本性。人格的平等、独立、自由和尊严,都是民事主体之所以成为民事主体的基本前提,也是民事主体享有其他民事权利包括其他具体人格权的基础。民事主体失去了人格的平等、独立、自由和尊严,就失去了成为民事主体的资格。

4. 内容具有不确定性。一般认为,凡具体人格权能够对民事主体起到保护作用的,则适用具体人格权的规定;只有具体人格权对民事主体无法起到保护作用的,适用一般人格权的规定。从这个意义上说,一般人格权的内容无法事先确定,也不应当先确定。

二、法律功能

一般人格权和具体人格权一起共同构成了完整的人格权。具体人格权所保护的人格利益具有特定性,相应的也就具有了局限性,一般人格权所保护的人格利益具有不确定性,从而具有一般条款的功能,确保人格权制度能够保护民事主体的全部人格利益。具体而言,一般人格权具有以下功能:

1. 衍生具体人格权。一个形象的比喻,一般人格权是具体人格权的母体,从中可以产生出各种具体人格权。近代以来,各种社会条件不断促成对人的更加尊重,民事主体各方面的人格利益逐一成为法律保护的客体,并成为独立的具体人格权。随着社会的不断发展,从一般人格权中还会衍生出新的具体人格权。

2. 解释具体人格权。具体人格权所保护的人格利益虽然具有特定性,但这种人格利益到底包括哪些内涵和外延,有时仍然是不明确的,这时就需要借助一般人格权来展开具体人格权的解释,借此将某些人格利益归入到某种具体人格权的范畴。

3. 补充具体人格权。具体人格权所保护的人格利益具有特定性,彼此间难免出现不衔接甚至漏洞,在某些人格利益遭到侵害,用现行法律确认的具体人格权难以恰当保护,同时又未达到创设新的具体人格权的情况下,一般人格权充当一般条款,发挥必不可少的拾遗补缺的作用。

三、内容

根据我国的司法解释与实践,一般人格权的内容包括人格平等、人格独立、人格自由及人格尊严等四个方面。

1. 人格平等。人格平等,是指民事主体的法律地位彼此平等。每个民事主体不分性别、年龄、种族、民族、贫富、肤色、受教育程度等,彼此都是平等的,没有高低贵贱之分,彼此没有依附关系。

2. 人格独立。人格独立，是指民事主体彼此互相独立，包括意思独立、财产独立以及责任独立。每个民事主体有权独立作出意思表示，独立实施法律行为，同时独立的为自己的行为承担责任。无民事行为能力人和限制民事行为能力人虽然需要他人代理作出意思表示和实施法律行为，但这种代理并不是否认人格独立，行为的后果仍由本人承担。

3. 人格自由。人格自由，是指民事主体可以根据自己的意愿依法实施法律行为，他人不得干涉，不强加自己的意愿给别人。

4. 人格尊严。人格尊严，是指民事主体应当被当作完整的民事主体来看待。人格尊严是所有人格权的核心含义，也是所有具体人格权以及一般人格权中的人格平等、人格独立、人格自由的必然推论和出发点。

第二节　物质性具体人格权

一、生命权

（一）含义

生命权，是指自然人享有的以生命安全和安宁为内容的人格权。生命是自然人作为民事主体的前提和基础，乃自然人的最高人格利益。依照《民法通则》第 98 条规定，自然人享有生命权。

生命权的主体只能是自然人，其客体是生命利益，因此，生命权的最高目的是确保自然人生命的安全和安宁。生命是自然人存在的前提，失去生命，所有的权利、义务与责任都将失去依托。而生命的安宁直接关系到生命存续的质量。因此，民法在保护自然人享有生命安全的同时，还保护生命的安宁，使每个人能够心神安宁、内心祥和。

（二）内容

1. 生命安全维护权。生命安全维护权，是指自然人维护自己生命的安全。当生命安全受到非法侵犯时，得使用一切必要手段保护其生命。

2. 生命安宁维护权。生命安宁维护权，是指自然人对使自己生命处于危险之中的行为，可以使用一切必要手段加以制止。

3. 有限的生命利益支配权。有限的生命利益支配权，是指自然人有权在一定限度内对自己的生命进行处分。例如，为社会公共利益、他人的利益或个人气节而舍生取义、舍己救人等。

二、健康权

（一）含义

健康权，是指自然人以维护身体和心理机能健康为内容的人格权。《民法通则》第 98 条规定，自然人享有健康权。

健康权的主体是自然人,其客体是健康利益。所谓健康,是指人体各种生理机能的完整和健全,没有任何身心障碍。健康权是自然人从事民事活动的基本保证,没有健康的身体,自然人就难以参加民事活动,其民事权利的享有和行使都会受到影响。

(二) 内容

1. 身体机能健康维护权。身体机能健康是自然人享有正常生活,从事正常社会活动的基础。因此,自然人有权采取措施维护自己的身体健康;当身体健康受到他人非法侵权或者威胁时,得采取必要的保护措施。

2. 心理机能健康维护权。心理机能健康同样是自然人享有正常生活,从事正常社会活动的基础。因此,自然人有权采取措施维护自己的心理健康。

3. 健康利益支配权。权利人一方面应当提倡健康的生活方式,善待自己;另一方面,权利人对自己的健康利益享有一定的支配权,比如为社会公共利益、他人的利益而放弃自己的健康利益。

三、身体权

(一) 含义

身体权,是指自然人维护其身体组成部分的完全性、完整性、并支配其肢体、器官和其他组织的人格权。

身体权的主体是自然人,其客体为身体利益。身体是自然人享受法律人格的物质基础,离开了身体,自然人无任何权利可言,不能具备法律上的人格。身体权以身体为客体。最重要的就是保持身体整体的完全性、完整性。虽然我国《民法通则》没有明确列举身体权,但身体权作为独立的人格权是受到我国民法理论与司法实践的承认与保护的,比如最高人民法院《关于确定民事侵权精神损害赔偿责任若干问题的解释》第1条第1项即将身体权与生命权、健康权相并列。

(二) 内容

1. 保持身体组织完整权。完整的身体组织是自然人生命延续的基础,也是正常生活的基础。所以,自然人有权维护自己的身体完整,有权保护自己完整不受伤害。

2. 身体支配权。自然人对自己身体的肢体、器官和其他组织有权加以支配,任何人都无权予以支配。比如,自然人可以为了他人之利益而捐献自己的某个器官。

第三节　精神性具体人格权

一、姓名权

(一) 含义

姓名权,是指自然人享有的决定、使用和依照规定改变自己姓名的权利。《民法通则》第99条第1款规定,自然人享有姓名权。

姓名权的主体是自然人,其客体是姓名利益。所谓姓名,是指自然人的姓氏和名字,是自然人特定化的文字符号。

(二) 内容

1. 姓名决定权。姓名决定权是指自然人决定自己姓名的权利,包括决定姓氏和名字的权利。每一个自然人都有权按照自己的意愿,在法律允许的范围内选择自己的姓名,任何人都不得强迫他人接受某一姓名。当然,自然人出生后,因其尚无民事行为能力,所以,其姓名的决定权往往由其父母或者其他监护人来行使。但自然人在具备相应民事行为能力后,即有权决定自己的姓名。

2014 年 11 月 1 日,全国人民代表大会常务委员会“关于《中华人民共和国民法通则》第九十九条第一款、《中华人民共和国婚姻法》第二十二条的解释”规定,“公民依法享有姓名权。公民行使姓名权,还应当尊重社会公德,不得损害社会公共利益。公民原则上应当随父姓或者母姓。有下列情形之一的,可以在父姓和母姓之外选取姓氏:(一) 选取其他直系长辈血亲的姓氏;(二) 因由法定扶养人以外的人扶养而选取扶养人姓氏;(三) 有不违反公序良俗的其他正当理由。少数民族公民的姓氏可以从本民族的文化传统和风俗习惯。”

2. 姓名使用权。姓名使用权,是指自然人根据自己的意愿使用自己姓名的权利。权利人有权决定是否使用,如何使用自己的姓名。当然,如果法律要求自然人使用正式姓名的,自然人应当遵守该规定。

3. 姓名变更权。姓名变更权,是指自然人依照有关规定改变自己姓名的权利。自然人改变自己的姓名,可以是姓氏的改变,可以是名字的改变,也可以是姓氏和名字一同改变。当然,自然人改变自己的姓名,应当依照法律规定进行。

4. 姓名维护权。姓名利益维护权,是指自然人维护自己的姓名利益,禁止他人干涉、盗用、假冒的权利。任何人不得强迫他人使用不得使用某一姓名、强迫他人改变或限制他人依法改变姓名、不当使用他人姓名等,也不得盗用、假冒他人姓名。所谓盗用姓名,是指不经自然人许可而擅自使用其姓名;所谓假冒姓名,是指未经自然人许可而将其姓名充作自己的姓名,即冒名顶替。

二、名称权

(一) 含义

名称权,是指法人、其他组织、个体工商户等依法享有的决定、使用、改变及转让自己的名称并排除他人干涉的人格权。《民法通则》第 99 条第 2 款规定,法人、个体工商户、个人合伙享有名称权。

名称权的主体是法人、其他组织与个体工商户,其客体是名称利益。所谓名称,是指法人等组织在社会活动中,用以确定和代表自身并区别于其他组织的文字和符号。名称权的取得具有法定性,只能依法定程序取得。同时,名称权的内容具有双重性:一方面,名称权具有人身权的基本属性,是法人等组织组织所固有、必备的权利;另一方面,名称权又具有财产权的属性,能够为权利人带来经济利益。

(二) 内容

1. 名称设定权。名称设定权,是权利人自己设定名称而不受他人干涉的权利。权利人在设立名称时,应当遵照法律的规定,并且应进行登记。

2. 名称使用权。名称使用权,是权利人使用其名称的权利。名称使用权是一种独占的使用权,权利人可以排除他人非法干涉和非法使用。

3. 名称变更权。名称变更权,是权利人依法变更自己名称的权利。名称的变更,可以是部分变更,也可以是全部变更。权利人改变名称的,应当依法办理变更登记。

4. 名称转让权。名称转让权,是指权利人依法转让自己名称的权利。名称权可以全部转让,即将名称权全部转让于他人;也可以部分转让,即将名称使用权转让于他人使用。转让权能是名称权区别于姓名权的显著之处。

5. 名称利益维护权。名称利益维护权,是权利人维护自己的名称利益不受他人侵害的权利。对于干涉名称权、非法使用他人名称的行为,权利人有权采取措施加以保护。

三、肖像权

(一) 含义

肖像权,是自然人享有自己肖像所体现的人格利益为内容的人格权。《民法通则》第100条规定,自然人享有肖像权,未经本人同意,不得以营利为目的使用公民的肖像。

肖像权的主体是自然人,其客体是肖像利益。所谓肖像,是指通过绘画、摄影、雕刻、录像、电影等造型艺术形式使自然人外貌在物质载体上再现的视觉形象。肖像是自然人形象的再现,往往和自然人的品格、魅力等属性联系在一起。当某人的肖像与某种商品联系在一起的时候,人们往往会将该种商品与肖像所体现的该自然人的个人品格、魅力联系在一起。此时,肖像权虽然是人格权,但具有明显的财产利益,具有商业价值。商家之所以热衷于“形象大使”“产品代言人”“品牌代言人”等,正是因为肖像权中含有财产利益。

(二) 内容

1. 肖像制作专有权。肖像制作专有权,一方面表现为肖像权人可以根据自己的需要和他人、社会的需要,通过任何形式由自己或由他人制作自己的肖像,他人不得干涉;另一方面,肖像权人有权禁止他人非法制作自己的肖像。

2. 肖像使用专用权。权利人对自己的肖像有权以任何方式进行自我使用。权利人使用自己的肖像,以获得精神上的满足和财产上的收益,是合法使用。任何人不得干涉。此外,肖像权人有权禁止他人非法使用自己的肖像。任何人未经权利人同意而使用其肖像权的,都构成对肖像使用专有权的侵害。

3. 肖像使用转让权。权利人可以依自己的意志将肖像利用价值转让给他人,由他人使用。他人使用权利人的肖像,须经过权利人的同意。

4. 肖像利益维护权。任何人未经肖像权人同意而利用其肖像的,均构成对肖像权的侵害。但根据我国的司法政策与实践,在下列情况下,虽未经本人同意而使用他人肖像,该使用行为亦为合法:(1) 维护社会利益的需要而使用,如对先进人物照片的展览、针对通缉犯而印制其照片等;(2) 维护权利人利益的需要而使用,如刊登寻人启事而使用的照片等;(3) 为了实时新闻报道的需要而使用;(4) 公众人物肖像的善意使用。

四、名誉权

(一) 含义

名誉权,是指民事主体享有的保护自己的名誉不被以侮辱、诽谤等方式加以丑化的权利。《民法通则》第 101 条规定,自然人、法人享有名誉权。禁止用侮辱、诽谤等方式损害自然人、法人的名誉。

名誉权的主体包括所有民事主体,不仅自然人享有名誉权,法人、其他组织等也享有名誉权。名誉权的客体为名誉利益。所谓名誉,是指社会对特定民事主体的品德、才能、思想、作风、信用、产品与服务信誉等各方面的综合评价。

(二) 内容

1. 名誉保有权。名誉保有权的实质,不是以自己的主观力量左右社会评价,而是通过自己的行为、业绩、创造成果作用于社会,使公众对自己的价值予以公正的评价。因此,权利人不仅有权保持自己的名誉不降低,不丧失,而且在知悉自己的名誉处于不佳状态时,可以用自己的实际行为改进它。

2. 名誉利益支配权。权利人对自己的名誉所体现的利益享有支配权,可以利用自己的名誉依法从事各种社会活动,并获得相应利益。

3. 名誉维护权。权利人可以采取合法措施维护自己的名誉。一方面,对于其他任何人有不得侵害的不作为请求权,任何其他人都负有不得侵害名誉权的法定义务。另一方面,对于侵害名誉权的行为人,权利人基于名誉维护权,可以寻求司法保护。但为了维护社会公共利益或公共道德,根据我国相关立法与司法实践经验,下列行为不构成侵害名誉权:(1) 自然人通过合法途径反映情况;(2) 各级人民代表在会议上的发言;(3) 单位依据职权对自己管理的干部、职工作出涉及个人品德的评价;(4) 履行法律或道德上的义务;(5) 正当的舆论监督及文艺评论;(6) 事先同意的行为。

五、隐私权

(一) 含义

隐私权,是指自然人依法享有的对其个人的、与公共利益无关的私人信息、私人活动或私人空间自主进行支配的具体人格权。

隐私权的主体是自然人,其客体是隐私利益,包括私人信息、私人活动和私人空间。私人信息,也称个人资讯,如身高、体重、女性三围、病历、身体缺陷、健康状况、生活经历、财产状况、社会关系、家庭情况、婚恋经历、学习成绩、缺点、爱好、心理活动、住居、电话号码、宗教信仰、储蓄、档案资料等。私人活动,是一切个人的、与公共利益无关的活动,如日常生活、社会交往、夫妻的两性生活、婚外恋和婚外活动等。私人空间,也称私人领域,是指个人的隐秘范围,如个人居所、旅客行李、学生的书包、日记本、通信等。

(二) 内容

1. 隐私隐瞒权。隐私隐瞒权,是指权利人对于自己的隐私进行隐瞒,不为人所知的权利。对于无关公共利益的隐私,无论有利于权利人的还是不利于权利人的个人资讯,权利人皆可隐瞒,不对他人言明。当然,隐私隐瞒权应当受到公共利益的限制。当隐私权与公共利益发生冲突时,应当依公共利益的要求对隐私隐瞒加以限制,对于公众人物尤为如此。

2. 隐私利用权。隐私利用权,是指权利人对于自己的个人资讯进行积极利用,以满足自己精神、物质等方面需要的权利。利用权是隐私权的积极权能,这种利用权的内容,是权利人自我利用而不是他人利用。当然,权利人利用隐私权不得违反法律及公序良俗。

3. 隐私支配权。隐私支配权,是指权利人对于自己的隐私有权按照自己的意愿进行支配的权利。这种权利主要包括以下内容:(1) 自然人可以依法公开部分隐私;(2) 准许他人对本人活动和个人领域进行察知;(3) 准许他人利用自己的隐私。

4. 隐私维护权。隐私维护权,是指权利人对自己的隐私所享有的维护其不可侵犯性,在受到非法侵害时可以寻求司法保护的权利。这种权利包括以下内容:(1) 禁止他人非法收集个人信息资料,传播个人资讯,非法利用个人情报;(2) 对于私人活动,禁止他人干涉、追查、跟踪、拍照、摄影,禁止非法搅扰;(3) 对于私有领域,禁止他人偷看和宣扬他人日记、身体、通信的内容,禁止非法检查他人行李、书包等,禁止擅自闯入他人住宅尤其是卧室,禁止在居所安装窃听、监视装置等。

六、荣誉权

(一) 含义

荣誉权,是指民事主体获得、保持、利用荣誉并享有其所生利益的权利。《民法通则》第 102 条规定,自然人、法人享有荣誉权,禁止非法剥夺自然人、法人的荣誉称号。荣誉权具有以下特点:

1. 荣誉权的客体是荣誉利益,所谓荣誉,是指民事主体因一定事由而获得的积极评。

2. 荣誉权的主体具有广泛性。荣誉权的主体既可以是自然人也可以是法人,也应该扩张解释为包括其他组织。

3. 荣誉权可因荣誉被取消而灭。荣誉权是民事主体基于某种荣誉称号而取得的权利,当然也就可以基于荣誉称号被取消而归于消灭。

(二) 内容

1. 荣誉支配权。荣誉支配权,是权利人对其所获得的荣誉及其由此产生的利益加以支配的权利。例如,荣誉权人有权保持自己的荣誉称号,有权抛弃自己的荣誉称号,有权取得因荣誉权而产生的物质利益等。

2. 荣誉利用权。荣誉利用权,是权利人利用其所获得的荣誉获取合法利益的权利。权利人可以以一定方式表明自己的荣誉,也可以将荣誉用于生产、经营以及生活的各个方面,并享有由此带来的各种利益。

3. 荣誉维护权。荣誉维护权,是权利人对获得的荣誉称号保持归自己所有,并不受他人侵害的权利。在实践中,侵害荣誉权的行为主要有非法剥夺荣誉称号、侮辱和诽谤他人的荣誉称号、非法侵占他人荣誉、侵害他人荣誉权的物质利益等。

思维拓展

【重要知识点】

生命权;身体权;健康权;名誉权;荣誉权;隐私权;姓名权;名称权;一般人格权。

【实例解析】

案情 某天一早,漂亮的女青年李某来到某摄影中心,委托制作了一本艺术套照。后取回影集后,将其中的几张照片用喷绘的方式翻印了十余张,并专门放大了其中一张挂在家中,还分赠给几位好友。几天后,一位好友到其家中看到墙上的照片,大惊失色地对李某说,“这样的照片怎么能够挂在墙上,照片上的英语单词翻译为中文的意思是‘母鸡,我需要爱啊’”。原来,在李某的影集中几张照片下方印上了英文,不懂英文的她在拿影集时并未注意到封面照片的下方印有一排英文“Hen,I need love”。之后的若干天里,她先后接到多位朋友的电话,有的与她开玩笑,有的则直接提醒她照片下端的英文不妥。李某又询问了几位懂英语的朋友,得到的答复都是“这句英文有贬低人格之意,不能放在照片上”。李某觉得受到了朋友们的嘲笑,人格受到极大的侮辱,名誉受到了损害。于是多次找到摄影中心负责人解决此事,但对方态度不友好且拒绝解释为何出现此现象。

法律问题 摄影中心的行为是否涉嫌侵权,侵害了李某的何种人身权利?

法理分析 侵权构成;侵害了名誉权。

【重点法条】

(1)《民法通则》第98—105条。

(2)《民法通则意见》第139—141条。

>> 第十章 <<

身 份 权

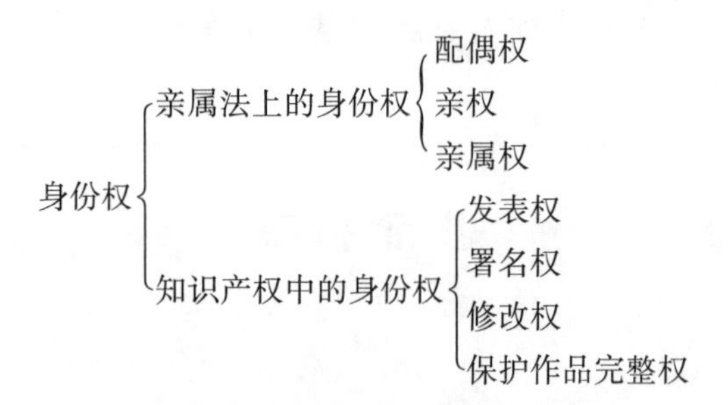

现代法上的身份权,主要是指亲属法上的身份权,在我国,亲属权与配偶权和亲权三位一体,共同构成完整的亲属法上的身份权。身份权,都具有绝对权、对世权、专属权、支配权等基本属性。目前我国立法关于身份权的规定不很系统,散见于多部立法之中,主要有民法通则、婚姻法、收养法、继承法与知识产权法,后者包括著作权法、专利法与商标法等。尽管体现在多个部门法中,但身份权的一般性特征仍然可以被总结出来。

本章重点掌握配偶权、亲权与亲属权,并将相关概念予以区分,比如亲权与监护制度的异同。

第一节 亲属法上的身份权

一、配偶权

(一) 含义

配偶权,是指夫妻之间基于配偶关系而享有的身份权。身份权在内容上的一个典型特征,都是两个民事主体相对应的权利义务关系。相应地,在配偶权中,夫以妻配偶,妻以夫为配偶,双方基于这种特定身份而相互享有配偶权。配偶权的特点可以被总结为:

1. 主体是配偶双方。配偶权是配偶双方的共同利益,因此,双方配偶均为配偶权的主体。这种共同的权利包含两层含义:一是对于配偶利益由配偶双方支配;二是双方配偶互享权利，互负义务。

2. 客体是配偶利益。配偶权所体现的夫妻之间互为配偶的身份利益，只能由权利人专属支配，其他人均不得侵犯。

3. 性质上属于绝对权，具有支配权的属性。配偶权的专属性，自不待言。虽然配偶权的主体为配偶双方，但究其性质不是配偶之间的相对权，而是配偶共同享有的对世权、绝对权。配偶权是一种支配权，但其支配的是配偶之间的身份利益，而不是对方配偶的人身。

（二）内容

配偶权的内容相当广泛，凡基于配偶身份而产生的身份利益，均属配偶权的内容。例如，夫妻姓氏权、住所决定权、同居义务、忠实义务、相互帮助义务、人身自由权、日常事务的家事代理权等。

二、亲权

（一）含义

亲权，是父母双亲基于父母身份而对未成年子女的人身和财产进行管教和保护的身份权。亲权的主要特点是：

1. 亲权是父母对未成年子女的权利。亲权只是父母对未成年子女的权利；若子女已成年，则脱离父母亲权的保护，与父母之间的关系转为亲属权。

2. 亲权既为权利又包含了一定的义务。亲权作为父母与未成年子女之间的身份权，一方面是父母的权利，未成年子女必须服从父母的教养与保护；另一方面，亲权的行使又具有职责的性质，是法定的义务，不得抛弃。

3. 亲权为父母所专有，以教养、保护未成年子女为目的。亲权是专有权，只为父母所专有。亲权的目的具有一定的支配性质，但这种支配性质并非专制的对于未成年子女的人身支配，而是以教养、保护未成年子女为目的的。

（二）内容

亲权分为两大类，一是身上照护权，二是财产照护权。其中，身上照护权主要包括以下内容：(1) 居所指定权，即父母所享有的指定未成年子女的住所或居所的权利，未成年子女不得随意离开父母指定的住所或居所；(2) 有限的惩戒权，即父母于必要时对未成年子女可予以适当程度惩戒的权利，超出法律所承认与容忍的限度，就会构成人身侵权甚至犯罪；(3) 子女交还请求权，即当未成年子女被人拐骗、拐卖、劫持、隐藏时，亲权人享有的请求交还该子女的权利；(4) 身份行为及身上事项的同意权与代理权，即父母享有的代理或同意未成年子女的身份行为和身上事项的权利，如职业许可、收养及送养之承诺、身上事项代理、补正等；(5) 抚养义务，即父母应对未成年子女的身心健康成长提供必要的物质条件，包括哺育、抚育，提供生活、教育的必要费用等；(6) 赔偿义务，即亲权人对于其抚养的未成年子女致他人损害，所应承担的赔偿该受害人损失的义务。

财产照护权主要包括以下内容:(1) 财产管理权,即对未成年子女个人所有财产进行管理的权利;(2) 财产行为代理权,即代理未成年子女财产行为的权利;(3) 使用及收益权,即在不毁损、变更未成年子女财产的前提下,有支配、利益财产并获得收益的权利;(4) 处分权,即为未成年子女的利益而对其个人所有财产进行适当处分的权利。

相关立法参考 《民通意见》第10条规定:监护人的监护职责包括:保护被监护人的身体健康,照顾被监护人的生活,管理和保护被监护人的财产,代理被监护人进行民事活动,对被监护人进行管理和教育,在被监护人合法权益受到侵害或者与人发生争议时,代理其进行诉讼。

三、亲属权

(一) 含义

亲属权是父母与成年子女、祖父母(外祖父母)与孙子女(外孙子女)以及兄弟姐妹之间基于亲属关系而享有的身份权。亲属权具有以下特点:

1. 主体是亲属法上的近亲属。《民通意见》第12条规定,"民法通则中规定的近亲属,包括配偶、父母、子女、兄弟姐妹、祖父母、外祖父母、孙子女、外孙子女。"此处亲属权的主体,是除了配偶之间(配偶权)、父母与未成年子女(亲权)之外的其他近亲属,具体是指父母与成年子女、祖父母(外祖父母)与孙子女(外孙子女)、兄弟姐妹之间。

2. 客体是亲属关系中特定的身份利益。一般亲属虽为亲属,但无明显的亲属身份利益,仅具有法律上的亲属地位,但法律并未赋予其特定的权利义务关系。在近亲属中,配偶的身份利益由配偶权调整,未成年子女与父母的身份利益由亲权调整。除此之外的亲属,包括父母与成年子女、祖父母(外祖父母)与孙子女(外孙子女)、兄弟姐妹之间的身份利益,就是亲属权的客体。

3. 亲属权具有绝对权的属性。亲属权是绝对权,表明亲属之间对亲属身份利益的独占权,除了特定身份关系的近亲属之外,其他任何人都不得侵害,都负有不作为的义务。同时,近亲属之间的亲属身份利益总是存在于相对的亲属之中,权利由相对的近亲属享有和承担。离开相对的其他近亲属,不存在亲属权。

(二) 内容

亲属权主要内容是抚养权。抚养权是亲属权中最主要的派生身份权,关系到亲属一方的生存、健康。总结我国相关立法,抚养权分为三种:

1. 抚养权,即父母对子女的权利义务关系和祖父母(外祖父母)对孙子女(外孙子女)的权利义务关系。

2. 赡养权,即子女对父母、孙子女(外孙子女)对祖父母(外祖父母)的权利义务关系。

3. 抚养权,即兄弟姐妹之间的权利义务关系。

第二节　知识产权中的身份权

知识产权是具有财产权和人身权双重内容的民事权利，其中的人身权为身份权，而不是人格权。具体而言，在著作权中，身份权包括四项：(1) 发表权，即决定作品是否公之于众的权利；(2) 署名权，即表明作者身份，在作品上署名的权利；(3) 修改权，即修改或者授权他人修改作品的权利；(4) 保护作品完整权，即保护作品不受歪曲篡改的权利。

专利权中，身份权主要表现为专利权人有在专利文件中写明自己是发明人或设计人的权利。

商标权中，身份权主要表象为商标权人在商标的使用中有标明自己名称的权利。

发明权、发现权和其他科技成果权中，身份权主要表现为权利人领取荣誉证书、标明权利人身份的权利。

思维拓展

【重要知识点】

配偶权；亲权；亲属权；署名权。

【实例解析】

案例 1　乌先生与梅小姐经人介绍认识多日后喜结连理，并办理了婚姻登记。但婚后一年后，梅小姐与前男友发生了性关系并在外租房同住。乌先生知道后非常气愤，但还是希望梅小姐能够回心转意，但遭到梅小姐的拒绝，并将乌先生诉至法院要求离婚。

法律问题　梅小姐与其前男友的行为是否侵害了乌先生的权利？

法理分析　乌、梅之间乃合法的配偶关系，相互享有配偶权。后者在没有与前者解除婚姻关系的前提下与其前男友同居，违背了夫妻间的忠实义务，侵害了乌先生的配偶权。

案例 2　甲在某妇幼医院产下一男婴，数天后与婴儿丙一起出院，丙由甲、乙夫妇抚养成人。20 年后，由于一次偶然的手术验血，发现丙与甲、乙的血型不符，经鉴定丙与甲、乙没有血缘关系。于是，甲、乙找到妇幼医院，经查明，是由于当年院方管理的疏忽，在新生儿由院方看护期间与另一对夫妇的婴儿"串子"，使得甲、乙抚养了非亲生子丙。

法律问题　医院侵害了甲、乙的何种权利？甲、乙可以请求医院承担精神损害赔偿吗？

法理分析 亲权；可以请求赔偿。

【重点法条】

（1）《民法通则》16—19条。

（2）《婚姻法》第4、13—16、20—30、36—38条。

（3）《继承法》第9—14条。

（4）《民法通则意见》第10、12、20—23条。

第三编
物　权

第十一章

物权总论

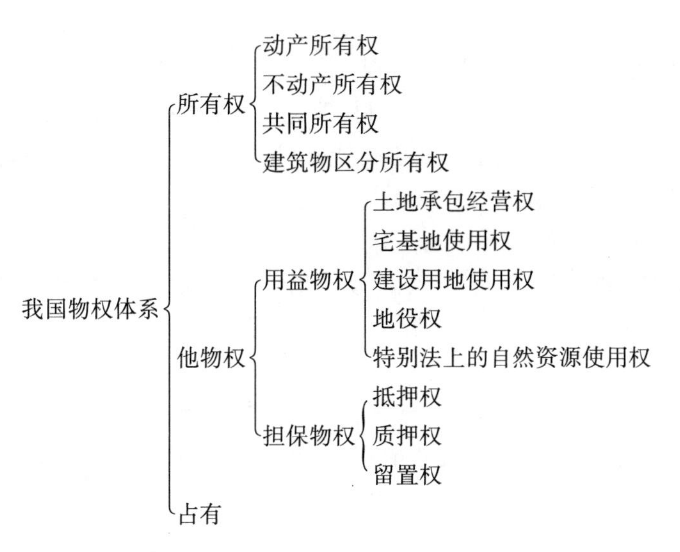

本章主要涉及物权的效力、物权变动和物权的保护等内容。在学习物权的效力时,应在物权与债权对比的基础上,去领悟物权是民事主体(人)对物的权利,物权具有排他性、优先性、支配性、追及性、绝对性、无期限性等特征,并存在着权利法定、公示公信和权利不得滥用等基本原则。物权变动是本章的重点内容,甚至可以说是整个《物权法》的核心知识点。由于我国《物权法》采取了多种变动模式,这一部分的学习就更具有挑战性。我国法律采取了区分原则,却不承认无因性,即物权和债权有着各自的生效条件,物权不影响债权,但债权的效力却影响物权。对于不动产物权,通常采取了登记才能发生物权效力的登记生效主义,但有些又采取了不登记不能对抗第三人的登记对抗主义;动产采取了交付生效主义,对于特殊的动产还采取了登记对抗主义。

第一节 物权概述

一、物权的概念与分类

物权是指权利人对特定的物或权利享有直接支配和排他的权利。物权制度的功能主要是解决人对物的归属和利用关系。

物权可以根据不同标准作如下分类：

（一）自物权与他物权

自物权是权利人对于自己的财产所享有的权利，因其与他人之物无关，所有权是典型的自物权。他物权是对他人财产享有的权利，其内容是在占有、使用、收益或者处分某一方面对他人之物的支配，用益物权和担保物权属于典型的他物权。

作此区分的意义在于二者的内容和效力不同。自物权具有完整性、独立性、无期限性，而他物权是在自物权的基础上建立起来的，具有非完整性、附随性和期限性。

我们对于一个杯子享有所有权时，享有占有、使用、收益、处分的完整权利，并不受制于其他权利的制约（独立性）。此外，只要这个杯子没有损坏的话，我们可以一直享有这个所有权（无期限性）。但是如果别人欠我们的钱，我们对他的一块土地享有抵押权的话，我们只能享有优先受偿的权利（非完整性），并且当我们把享有的债权转让给别人时，这个抵押权也会随之归属于受让人（附随性）。此外，这个抵押权也不能超过我们的债权的期限（期限性）。

（二）动产物权与不动产物权

这是根据物权的客体是动产还是不动产所作的分类。不动产所有权、用益物权、不动产抵押权等是不动产物权，而动产所有权、动产抵押权、动产质权、留置权则是动产物权。

这种分类的意义在于动产物权与不动产物权的取得方法、公示方式等各有不同。一般来说，动产物权的公示方法为占有（交付），而不动产物权的公示方法为（变更）登记。

（三）占有与本权

占有以对物的实际控制、占领为依据，因此不论占有人在法律上有没有支配物的权利，都可以成立。占有人基于占有制度，在事实上控制物，并在法律上享有排除他人妨害其占有的权利以及其他效力，是一种与自物权和他物权的性质相近的权利。本权是指与占有相对而言的，占有事实以外的所有权、建设用地使用权、宅基地使用权、农村土地承包经营权、地役权、抵押权、质权、留置权等物权，都是本权；另外，依其内容享有占有的债权，如租赁使用权、借用权等，也是本权。

这一区分的意义在于二者所要实现的法律价值不同。占有只是一种事实状态，也许占有人本身并不值得保护，但是占有的法律秩序需要给予一定的保护。因此，占有所要保护的是一种秩序而不是占有人的利益；而本权是权利人原本就应该享有的，所要保护的是权利人的利益。

二、物权与债权的关系

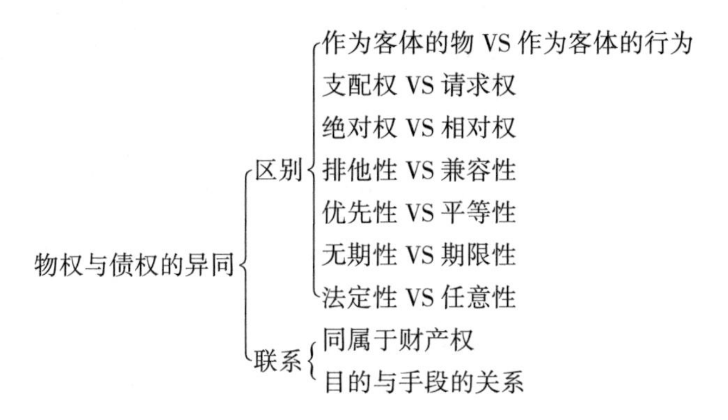

物权与债权有着迥异的性质和效力,物权主要是解决物的归属和利用过程中发生的法律关系,而债权是解决财产变动的法律关系。因此,物权是静态财产权,债权是动态财产权。但二者又同属于财产权的范畴,相互之间有着密切的联系。

(一) 物权与债权的区别

1. 客体不同

物权的客体是物,债权的客体是(债务人的)给付行为。物权是民事主体对物的权利,直观地体现为人与物之间的关系,间接地影响到第三人。而债权是债权人请求债务人给付的权利,直接体现为(债权)人与(债务)人之间的关系,可能会间接涉及到物,但也有可能出现根本不涉及物的情况。这种客体方面的差异最终决定了物权和债权在性质和效力方面的其他差异。比如,物权人可以直接对物进行支配以实现自己的权利内容,而债权人只能请求债务人做出给付的行为;物权法律关系中除了物权人以外的所有的第三人都是物权的义务人,因此物权具有绝对性,而债权只能针对特定的人主张权利,因而具有相对性;物权的义务主体虽然负有义务,但一般都是不作为的义务,而债权法律关系中的债务人的给付行为就可能是积极的给付,也可能是消极的不作为,如竞业禁止协议。

2. 支配权与请求权

物权是支配权,物权人可以依自己的意志就标的物直接行使其权利,无须他人的意思或者义务人的行为的介入。物权人的支配可以通过法律行为来实现,如房屋所有人出卖、出租自己的房屋,或者在自己的房屋上设定抵押权等;也可以通过事实行为来实现,如房屋所有人自行居住。

作为请求权,债权在这一点上与其具有显著不同,债权的实现必须依赖于债务人的行为,债权人不能直接支配标的物。这由此也让我们直观地感受到,物权的效力要高于债权,同时我们也很容易理解为什么债权需要担保,而且通常都会选择物权作为担保方式。

举例　债权人甲和债务人乙之间有一笔借款,甲要想实现自己的债权,必须乙还款才行,仅仅依靠债权人一方的行为根本无法实现债权。如果乙坚决不还的话,甲只能提起诉讼,通过胜诉判决再请求法院对乙的其他财产强制执行以获得清偿。但如果乙向甲提供了质押担保,当乙不能按期清偿债务时,甲可以直接拍卖、变卖质物,无须请求乙的协助,也无须请求法院诉讼或执行。

3. 绝对权与相对权

物权是绝对权,这意味着物权的义务主体通常是不特定的,即除权利人以外任何人都负有不得干涉物权人的义务。债权是相对权,其义务主体是特定的一个或几个人,债权人只能针对特定的债务人主张自己的权利。

既然物权是绝对权,这也意味着物权通常具有追及效力,而债权只能具有相对效力。

举例 甲对一块手表享有所有权,则当甲遗失这块手表,被乙拾得后,甲可以向乙主张返还。如果乙将手表转让给丙(即使丙是善意的情况下),由于此时丙并不能构成善意取得,甲仍然可以向丙主张返还。如果甲将手表借给乙,乙将手表卖给善意第三人丙,则由于丙善意取得,甲对丙没有物权可言,只能对乙按照合同主张违约责任。

需役地人甲与供役地人乙签订地役权合同并且办理登记手续,甲对乙享有地役权;如果供役地人乙将自己的土地转让给丙,则甲继续追及到丙行使地役权。但如果甲乙只是达成协议,没有办理地役权登记手续,甲就只能对乙主张违约责任,而不能向丙主张行使权利了。

由此,也就容易理解物权和债权是否需要公示。物权既然是绝对权,为了让不特定的义务主体知晓物权的状况,它就需要公示,否则第三人无从知道它的权利状况。而债权是一种相对权,第三人不负有义务,债权就无须公示,因为它只需要债权人和债务人知晓就足矣,无须第三人知晓债权的状况。

进而,还可以进一步推导出,债权的生效与物权的生效通常是不一致的,前者是双方达成合意足矣,而后者通常需要公示才能生效。

我们以房屋买卖为例,当房屋买卖合同签订后,债权通常就生效了,但是房屋所有权必须自当事人办理过户登记手续后才能发生效力。

最后,物权与债权的这种区别,也决定了它们是否受侵权责任法的保护。《侵权责任法》第2条洋洋洒洒列举了很多权利,但并不包含"债权"这种相对权,而统统属于绝对权的范畴。因此物权可以获得《侵权责任法》的保护,而债权只能另辟蹊径获得《合同法》的保护了。

能否说所有的物权都具有绝对性?答案是不一定。上文阐释物权绝对性时用了"通常",这说明大多数情况下,物权是一种绝对权,但在某些特殊时候,一些物权并不具有绝对性。这种特殊情况主要出现于采取登记对抗模式下的物权,在其没有登记时只能具有相对性,而不能具备通常的绝对性。比如没有办理登记的地役权,此时它是一种物权,但是地役权人(需役地人)只能对与之签订合同的相对人主张权利,如果后者将其土地使用权转让,地役权人无权对受让人主张。因此,准确地讲,物权具有绝对性仅仅指已经进行了权利公示的物权。

4. 排他性与兼容性

物权的排他性是指同一物上不容许内容不相容的物权并存。例如,一间房屋上不能同时有两个所有权,一块耕地上不能同时设定两个土地承包经营权。在共有关系上,几个共有人共同享有一个所有权,并非一物之上有几个所有权。但有些物权是可以并存的,如担保物权中,一物之上可以设定两个以上的抵押权。而债权的兼容性则意味着一个物上可以存在两个以上的债权。物权的排他性实际上是为了满足物权支配性的需要,如果一个物归属于几个人所有的话,任何一个人都无法对物进行充分地、自由地使用和处分。但是一个物上存在几个债权时,问题并不突出,因为债权人的权利的实现取决于债务人的意愿。最为典型的例子是,在一房二卖的法律关系中,两个合同可以同时有效,但是房屋的所有权只能归属于三个民事主体中的一个,而这又取决于出卖人(债务人)的履行意愿。

5. 优先性与平等性

物权具有优先性包含了两个方面的内容:(1) 物权优于债权,这主要是指在企业破产时,有物权担保的债权要优于无物权担保的债权。(2) 在各个物权之间也存在优先的次序关系,如登记在先的抵押权要优于登记在后的抵押权。数个债权人对一个债务的不同债权之间是不存在优先次序的,即使是产生在先的债权也不能优于产生在后的债权。如甲与乙 5 月 1 日签订了房屋买卖合同,甲第二天又与丙签订了房屋买卖合同,此时乙的债权并不优于丙的债权,二者没有优劣之分。

能否说所有的物权都具有优先性?不能这么说,我们以动产上的几个抵押权如何确定顺序为例来说明。据《物权法》第 199 条,如果是都登记的话,根据登记的先后次序;如果都没有登记的话,此时按照债权比例进行清偿。也就是说在没有登记时,各个抵押权之间就没有先后次序了。其原因很简单,前一种情况下抵押权属于真正的抵押权,贯彻物权优先性;而后一种情况下,由于抵押权没有登记,是“只有物权之名,没有物权之实,实质上是债权”,此时自然贯彻平等性。

6. 无期性与期限性

物权人的物权不受制于时间的限制,可以一直享有下去,当然这仅仅是针对所有权而言的,对于他物权(用益物权和担保物权)都是有期限的。而债权通常是有期限的,如我们的《合同法》规定租赁合同不能超过 20 年,超过的部分无效。

法律之所以规定所有权的无期限性,主要是为了确保所有权人能够自由地行使权利,提高物的使用效率。而法律之所以对债权规定了期限性,主要是为了防止当事人滥用权利而导致对所有权人的侵害,根本上还是确保物权的优先效力。设想一下,若租赁合同是无期限的话,所有权此时事实上已经被架空了,债权已经侵害物权效力了。

7. 法定性与任意性

物权的种类和内容都由法律直接规定,当事人不得自由创设。如我们无法创设不动产质押的物权类型,也无法约定抵押权的行使期间,而只能按照《物权法》的规定,在主债权诉讼时效范围内行使抵押权。而债权则具有任意性,就合同而言,是否签订合同,与谁签订合同,以及签订什么样内容的合同完全由民事主体自由决定。

(二)物权与债权的联系

物权与债权除了有上述的区别以外,还会发生以下的联系:

1. 二者都共同属于财产权,与人身权相对应。这意味着通常情况下,按照我国现行法律,债权和物权被侵害通常都不能获得精神损害赔偿,除非物是具有人格纪念意义的。

2. 二者是目的与手段的关系。债权通常是物权的变动原因,我们通过债权来产生物权变动的结果,所以,债权通常是物权变动的媒介和手段;而物权是债权变化的结果和目的。这也让我们清楚了,物权变动最主要的原因是基于法律行为的变动,即基于债权的变动,如赠与、买卖和互易。所以,我们讨论物权变动时,一般都会牵涉债权(合同),如讨论抵押权时,通常都会涉及抵押合同。

债权的生效是否一定会导致物权的生效?肯定不是。如甲乙订立房屋买卖合同,但没有办理房屋过户登记,此时合同有效,但物权没有发生变动效力。物权的变动是否一定有债权的存在?不一定。因为物权的变动原因,除了债权以外,还有事实行为、事件或纯粹的法律行为。如甲乙的买卖房屋的合同是无效的,通常不能发生物权的变动,但是在构成善意取得的情况下,还是能够发生物权变动的。此时并不是基于债权的物权变动,而是基于善意取得这一法定原因发生的。仔细想想,读者也许会明白,此时的善意取得制度就是为了解决合同无效时物权变动的原因缺乏的问题。纯粹法律行为发生物权的变动主要有抛弃行为,如甲将一本认为没有多少用处的司法考试辅导用书扔掉,此时不存在债权,但却发生了物权的变动。

第二节　物权法的基本原则

根据《物权法》的规定,主要存在下列三个原则:

一、物权法定原则

物权法定原则是对于债权任意原则而言的,是指物权的种类和内容由法律直接规定,不允许当事人依其意思设定与法律规定不同的物权。

究物权法采取物权法定原则之缘由,主要是维护物权和确保交易安全的需要。由于物权是绝对权,通常会涉及第三人的利益,如果允许当事人自由创设物权,会导致物权的种类繁多或物权内容复杂,这会使得第三人无法准确预知物权的变动,也无法作出自己的判断,不仅会给第三人造成损害,而且还给物权的公示增加了困难。此外,也只有让物权的取得人对于物权的种类以及内容确信无疑时,才能提高物的流通性和可转让性,由此提高物的使用效率。

按照《物权法》的规定,物权法定原则包含以下内容:(1) 物权的种类不得创设,即不得创设法律未规定的新的物权种类。例如,对于担保物权,我国法律只认可抵押权、质权、留置权等担保物权形式,不得设立转移占用方式的不动产质押。(2) 物权的内容不得创设,即不得创设与法律规定的内容不同的物权。例如,抵押权的行使期间为所担保的债权诉讼时效范围内,故抵押人与抵押权人在抵押合同中约定的抵押权行使期间是没有效力的。

二、公示公信原则

物权是权利人对于物进行直接支配的权利,具有优先权和物上请求权的效力,如果不以一定的、可以从外部查知的方式表现物权的产生、变更、消灭,必然纠纷不已,难以保证交易的安全,因此民法上对于物权就需要有公示原则和公信原则。

(一) 公示原则

物权公示原则是指物权的设立和变动必须以公开的方式进行,以便让不特定的第三人得以知晓这种权利状况。

物权之所以需要公示,是因为物权是绝对权,会对不特定的第三人产生影响,因此物权的设立和变动必须以一种让外部第三人可以简单识别的方式进行,否则让物权对第三人产生效力时,对第三人是非常不公平的。

举例　甲与乙签订了不动产抵押合同,但是没有办理抵押权登记,后甲又将房屋卖给了丙。此时因为丙根本无法知道房屋上存在抵押权,这对于丙和乙都是不利的。如果该物权登记了,丙在受让过户登记时必然会知晓这一抵押权的存在,他也许就根本不会购买这个房屋或者采取其他方式(代位清偿)保护自己的利益。

至于公示的方式,从公示的成本和可识别性的角度,法律一般要求动产采取占有的方式,不动产采取登记的方式。这些方式的目的都是让外部的第三人可以知晓物权的权利状况。

(二) 公信原则

物权的变动以登记或者交付为公示方法,当事人如果信赖这种公示而为一定的行为(如买卖、赠与),即使登记或者交付所表现的物权状态与真实的物权状态不相符合,也不能影响物权变动的效力。

物权的变动之所以要有公信原则,是因为仅贯彻公示原则,在进行物权交易时,必然要顾及公示的物权,以免受不测的损害。但公示所表现的物权状态与真实的物权状态不相符合的情况,在现实生活中比比皆是。如果法律对这种情形无相应的措施,当事人一方也会因此而遭受损失。例如,假冒房屋所有人进行移转房屋所有权的登记,彩色电视机的借用人将其出卖,等等。如果在物权交易中都得先一一进行调查,必然十分不便。在物权变动中贯彻公信原则,即使得行为人可以信赖登记与占有所公示的物权状态,进行交易,而不必担心其实际权利的状况。可见,公信原则的目的在于保护交易的安全,稳定社会经济秩序,但有时不免会牺牲真正权利享有人的利益,这是法律从促进社会经济发展以及在权利人的个人利益与社会利益之间进行权衡、选择的结果。因此,可以说善意取得制度事实上就是公信原则的具体体现,但同时也请读者注意,千万不要将善意取得制度适用范围泛化,因为它毕竟只是一种各方利益协调的结果。

公信原则包括两方面的内容:(1) 记载于不动产登记簿的人推定为该不动产的权利人,动产的占有人推定为该动产的权利人,除非有相反的证据证明。这称为"权利的正确性推定效力"。(2) 凡善意信赖公示的表象而为一定的行为,在法律上应当受到保护,保护的方式就是承认发生物权变动的效力。

由于《物权法》采用的是"依照法律需要登记"和"依照法律需要交付",这说明只有法律对物权的公示作出要求时,才是需要公示的。如果具体的法律没有要求公示的话,仍然可以设立物权和变动物权。这种情况主要存在于"登记对抗模式下的物权"领域,如地役权和动产抵押权。但是仍然要切记的是,无论如何,在物权的变动过程中,没有办理公示则意味着第三人无从知晓物权的变动,所以,此时物权无法对抗第三人,此时的物权事实上只能具有相对性,"只有物权之名,而无物权之实"。

三、物权不得滥用原则

物权不得滥用,是物权人在取得和行使物权的过程中,必须遵守社会公德,也不得损害公共利益和他人的合法权益。虽然在现代民法的发展过程中,权利不得滥用已经广泛适用于各种民事权利,但在物权领域强调这一原则仍然具有非常重要的意义。因为与债权相比,物权更加充分和完整,物权人在行使物权的过程中会产生更多的外部效应。在物权法的具体制度中,相邻关系就是物权不得滥用最为典型的一个例子。

第三节　物权的变动

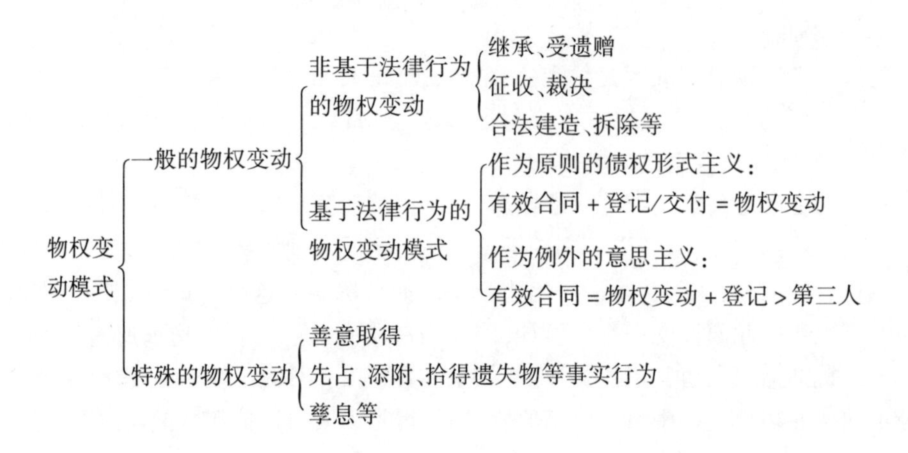

一、概念

物权的变动,是指因为特定法律事实的发生导致物权的产生、变更和消灭的总称。从权利主体方面观察,即物权的取得、变更和丧失。物权变动分为物权的产生、变更和消灭三种类型:

(一)物权的产生

物权的取得有原始取得与继受取得之分。

1. 原始取得

原始取得是指不以他人的权利及意思为依据,而是依据法律直接取得物权。一般而言,基于事实行为而取得物权,即属于原始取得,如因先占、征收、生产、建造取得一物的所有权。

2. 继受取得

继受取得是指以他人的权利为依据取得物权,如因买卖、赠与取得物的所有权。继受取得又可分为创设与移转两种方式。创设的继受取得,即所有人在自己的所有物上为他人设定他物权,而由他人取得一定的他物权,如房屋所有人在其房屋上为他人设定抵押权,则他人基于房屋所有人设定抵押权的行为取得抵押权。值得注意的是,创设的继受取得,仅适用于设定所有权以外的他物权,所有权不能因创设而取得。移转的继受取得,即物权人将自己享有的物权以一定行为移转给他人,如房屋所有人将房屋出卖或者赠与他人,则他人根据其出卖或者赠与而取得该房屋的所有权。法定继承和遗嘱继承也属于移转的继受取得,因为它们是基于被继承人的权利而发生的物权。

(二)物权的变更

物权的变更,一般仅指物权内容的变更,是指在不影响物权整体属性的情况下物权的范围、方式等方面的变化,如地役权行使方法的改变,抵押权所担保的主债权的部分履行。物权客体的变更则是指物权标的物所发生的变化,如所有权的客体因附合而有所增加,抵押权的客体因一部分灭失而有所减少。

(三)物权的消灭

物权的消灭,从权利人方面观察,即物权的丧失,可以分为绝对的消灭与相对的消灭。绝对的消灭是指物权本身不存在了,即物权的标的物不仅与其主体相分离,而且他人也未取得其权利,如所有权、抵押权因标的物灭失而消灭。相对的消灭则是指原主体权利的丧失和新主体权利的取得,如因出卖、赠与等行为,使一方丧失所有权而另一方取得所有权。严格地说,物权的相对消灭并非物权消灭的问题,而应当属于物权的继受取得或主体变更的问题。

二、物权变动的原因

物权变动的原因是指引起物权变动的法律事实。根据《物权法》的规定,物权变动的原因主要是法律行为以及法律行为以外的事实(事实行为、事件以及行政行为、司法行为)。

(一) 法律行为

法律行为是物权变动的最主要原因。引起物权变动的法律行为包括单方法律行为和双方法律行为,前者主要指抛弃行为、遗赠行为,后者指买卖、赠与、借款等合同行为。

(二) 法律行为以外的常见事实

1. 事实行为

事实行为也可以导致物权的变动,常见的有先占、添附、混同等。所有权与他物权归属于同一个人时,则他物权因为混同而消灭,如不动产上设定抵押权时,当抵押权人买下抵押物后,此时抵押权就消灭了。但是在特殊情况下,物权发生混同时,如果他物权的存续对所有人或第三人有法律上的利益,则他物权并不因为混同而消灭。同一物的所有权与他物权归属于一人时,如果对于所有人有法律上的利益,或者对于第三人有法律上利益,他物权就不因混同而消灭。例如,甲将其所有的房屋先抵押给乙,然后又抵押给丙,乙为第一次序的抵押权人,丙为第二次序的抵押权人,以后如果乙取得了甲的所有权(如乙吸收合并甲企业),依混同消灭的原则,使乙的抵押权消灭,则丙升为第一次序的抵押权人会使乙受到损害,所以从乙的利益出发抵押权就不因混同而消灭。再如,甲对乙的土地享有建设用地使用权,并将该建设用地使用权抵押给丙,后来甲又取得了该土地的所有权,发生了所有权与建设用地使用权的混同,如果使甲的建设用地使用权消灭,则势必引起丙的抵押权消灭,所以甲的建设用地使用权不因混同而消灭,以免损及丙的利益。

2. 事件

事件是指与人的行为和意识无关的客观现象,常见的有时间的经过、人的死亡等,可以发生物权的变动,如拾得的遗失物交给国家的招领机关在公告 6 个月后无人认领时,归国家所有;拾得人将物转让给第三人所有人在知道受让人后的 2 年内没有主张返还,则由受让人取得物权。

3. 行政行为与司法行为

行政行为是指征收、没收,司法行为是指法律判决、仲裁委员会的裁决,这些都可以发生物权的变动。

三、物权变动的模式

物权变动模式是法律规定在什么情况下可以发生物权变动的效果,特别是公示对于物权的变动是否有实质性的影响。

其中,基于法律行为的原因而发生的物权变动,称为基于法律行为的物权变动模式,基于法律行为以外的原因而发生的物权变动,称为非基于法律行为的物权变动模式。

(一) 基于法律行为而发生的物权变动模式

在物权法理论上,对于因为法律行为发生的物权变动,分为意思主义和形式主义两种不同的模式,前者是指只需有当事人变动物权的意思,无须物权的公示即可发生物权变动。而形式主义其实就是指物权行为理论。它是指能够产生物权变动的法律行为,是一个与债权行为相对的法律概念。物权行为概念的产生是与物权概念的出现相对应的,只有在严格区分物权和债权的前提条件下,才会产生物权行为的概念。对于物权行为理论,在目前的理论界有着非常激烈的争论,但一般的民法研习者无须陷入这种争论。不过,由于这一理论涉及我们能否准确理解物权变动的具体规则,以及正确解读我国物权变动理论中存在的逻辑上的矛盾,我们还是必须对这种理论予以概述。

1. 物权行为的三个核心观点

(1) 区分性。既然物权和债权是两种性质和效力截然不同的权利,因此产生这两种不同权利的法律行为也是各自不同的。产生债权的法律行为是债权行为,产生物权的法律行为是物权行为。

举例　甲、乙达成一个由甲为债务人,丙承担保证责任的合同,此时在甲、乙之间就产生了一个债权法律关系,没有产生任何物权。当甲抛弃自己的一部旧手机时,甲的行为就是一个消灭物权的行为,但其中没有产生任何债权。甲、乙签订一个抵押合同,后甲乙又就抵押物进行登记,抵押合同就是一个债权行为,产生相对性的债权法律关系,而抵押物的登记就是物权行为,产生绝对性的物权法律关系。也就是说在抵押权的设立过程中,既有一个债权行为,又有一个物权行为。

(2) 无因性。既然物权行为与债权行为产生各自不同效力的权利,因此,在物权变动过程中,其中一个权利的无效、被撤销等,并不会对另外一个权利产生影响。如,甲、乙签订一个抵押合同,且办理了抵押物的登记手续,此时甲、乙的合同无效,但抵押权的效力并不因此而受到影响。

(3) 公示原则。物权既然是一种绝对权,因此,物权必须以一种让第三人可以知晓的方式进行变动,否则不能产生物权的效力。

2. 我国《物权法》的现行规定

我国《物权法》是否采取了物权行为理论,在理论界也存在很大争论。我们大可回避这种争论,只需知道我国《物权法》关于物权变动的具体规定即可。从整体而言,我国《物权法》只是部分承认了物权行为理论;具体而言,承认了物权行为的区分性原则,舍弃了物权行为的无因性,部分承认了公示原则。

(1) 承认了区分原则。我国《物权法》认为在物权设立过程中,确实存在着债权和物权的不同效力,前者就是合同的签订,后者就是物权的公示。

《物权法》第 15 条规定:“当事人之间订立有关设立、变更、转让和消灭不动产物权的合同,除法律另有规定或者合同另有约定外,自合同成立时生效;未办理物权登记的，不影响合同效力。”据此，合同生效与物权设立是截然分开的，一般情形下合同自其成立时即生效，与不动产物权登记（物权行为）的完成与否没有关系；登记行为的完成与否，影响的是物权变动。

举例 3月1日甲、乙签订房屋买卖合同，约定3月5日付款与办理过户登记手续，到了3月5日，甲依约付款，但乙拒不办理过户登记手续，此时二人的关系是：甲没有取得房屋所有权；但买卖合同生效了，所以可以追究乙不履行合同的违约责任。

（2）我国《物权法》并没有承认无因性原则，即认为债权的效力还是会对物权的效力产生影响的。如当签订的抵押合同无效或者被撤销后，抵押物哪怕是办理了登记手续，抵押权也仍然是无效的。

（3）部分承认了公示原则。我国《物权法》只是部分贯彻了公示原则，对于不动产物权，大多数采取的是严格的公示原则，即不办理登记不能产生物权。但是，除了采取严格公示原则的物权之外，我国还对某些物权采取了登记对抗主义。对于某些不动产物权和动产物权，采取登记对抗模式，即不登记仍然有物权，只是不得对抗善意第三人而已。这种情形主要出现在地役权和动产抵押设定过程中。此时，大家想想，一个物权如果不能对抗第三人，那它还与债权有什么区别，但是我国《物权法》非要叫它是“物权”不可，但事实上由于不能对抗第三人，只能是一个“有物权之名，而无物权之实”的伪君子。如果说，我国物权行为理论与其他国家有什么区别，就在于我们将一些不具有对抗第三人的权利也作为物权来对待。

（4）对于某些物权采取了纯粹的意思主义。根据《物权法》第127条的规定，土地承包经营权自土地承包经营权合同生效时设立。这说明当事人设立物权的意思可以无须公示，即可以发生物权变动的效力。此外还有第158条的地役权、第188—189条的动产抵押权都采用了意思主义的物权变动模式。

（二）非基于法律行为而发生的物权变动模式

因为法律行为以外的原因发生的物权变动，无须登记或交付即可发生物权效力，可以分为两个层面：

1. 无须公示即可以享有物权

《物权法》第28—30条规定了以下三种情形：

（1）因人民法院、仲裁委员会的法律文书或者人民政府的征收决定等，导致物权设立、变更、转让或者消灭的，自法律文书或者人民政府的征收决定等生效时发生效力。

（2）因继承或者受遗赠取得物权的，自继承或者受遗赠开始时发生效力。

（3）因合法建造、拆除房屋等事实行为设立或者消灭物权的，自事实行为成就时发生效力。

2. 处分物权时，仍然需要公示

在静态享有物权时，通常并不直接与第三人发生联系，因此，不公示并不直接损害第三人的利益。在处分物权时,将会直接与第三人发生物权法律关系,因此还是需要办理公示才能发生物权变动的效力。但在物权公示前,并不影响债权的设立,如甲死亡后,其法定继承人乙即可获得物权,此时他可以直接与丙签订房屋买卖合同,但是在办理过户手续时,还是需要先过户到乙的名下,才能最终过户到丙的名下。

四、物权变动的公示方式

(一) 不动产的登记

1. 概念

登记作为不动产物权的公示方法,是将物权变动的事项登载于特定国家机关的簿册上。相比于动产而言,不动产具有价值大、稀缺性较高的特点,因而围绕特定不动产发生的交易关系相对较多,单凭占有不足以表征不动产上的权利归属关系。因而需要通过不动产登记,由专门的登记机关,依照法定的程序,对不动产上的权利及其变动进行登记,向社会公开以供查阅,便利不动产交易的进行,并保护交易安全。

2. 登记的法律效果

(1) 登记生效主义。此主义以登记作为不动产物权变动的必要前提。根据《物权法》第 9 条,不动产物权的设立、变更、转让和消灭,经依法登记,发生效力;未经登记,不发生效力,但法律另有规定的除外。这意味着不动产物权的变动除了当事人间的合意外,还要进行登记。非经登记,不仅不能对抗第三人,而且在当事人间也不发生效力。除了法律规定的登记对抗主义和无须登记的物权以外,我国对绝大多数不动产采取的就是登记生效主义,如建筑物所有权、建设用地使用权等采取的都是登记生效主义。

(2) 登记生效主义的例外情形。根据《物权法》登记生效主义存在四种例外情形。① 根据《物权法》第 9 条,依法属于国家所有的自然资源,所有权可以不登记。② 采取物权登记对抗主义的物权。此主义虽然不以登记作为公示不动产物权状态的方法,不动产物权的变动,依当事人间的合意即产生法律效力,但是非经登记,不能对抗第三人。我国对地役权和土地承包经营权的互换与转让采登记对抗主义。③ 对于农村土地承包经营权的设立采取纯粹的意思主义,自土地承包经营合同生效时即发生物权产生的效力。④ 基于法律行为以外的原因发生的物权变动,自特定法律事实发生后即发生物权变动效力,无须登记。但是如果要处分物权还是需要办理物权登记手续。

3. 登记申请

(1) 申请人。《不动产登记暂行条例》第 14 条规定,“因买卖、设定抵押权等申请不动产登记的,应当由当事人双方共同申请。属于下列情形之一的,可以由当事人单方申请:(一) 尚未登记的不动产首次申请登记的;(二) 继承、接受遗赠取得不动产权利的;(三) 人民法院、仲裁委员会生效的法律文书或者人民政府生效的决定等设立、变更、转让、消灭不动产权利的;(四) 权利人姓名、名称或者自然状况发生变化,申请变更登记的;(五) 不动产灭失或者权利人放弃不动产权利,申请注销登记的;(六) 申请更正登记或者异议登记的;(七) 法律、行政法规规定可以由当事人单方申请的其他情形。"

根据《物权法》第 11 条,当事人申请登记,应当根据不同登记事项提供权属证明和不动产界址、面积等必要材料。

(2) 申请及其撤回。《不动产登记暂行条例》第 15 条规定,当事人或者其代理人应当到不动产登记机构办公场所申请不动产登记。不动产登记机构将申请登记事项记载于不动产登记簿前,申请人可以撤回登记申请。

(3) 驳回申请。《不动产登记暂行条例》第 22 条规定,"登记申请有下列情形之一的,不动产登记机构应当不予登记,并书面告知申请人:(一) 违反法律、行政法规规定的;(二) 存在尚未解决的权属争议的;(三) 申请登记的不动产权利超过规定期限的;(四) 法律、行政法规规定不予登记的其他情形。"

4. 不动产登记机构

(1) 专属管辖原则。根据《物权法》第 10 条,不动产登记,由不动产所在地的登记机构办理。可见,我国不动产登记采取的是地域管辖,并且专属于不动产所在地的登记机关管辖。

(2) 登记机关的职责。根据《物权法》第 12 条,登记机构应当履行下列职责:查验申请人提供的权属证明和其他必要材料;就有关登记事项询问申请人;如实、及时登记有关事项;法律、行政法规规定的其他职责。申请登记的不动产的有关情况需要进一步证明的,登记机构可以要求申请人补充材料,必要时可以实地查看。

(3) 登记机关禁止进行的行为。根据《物权法》第 13 条,登记机构不得有下列行为:要求对不动产进行评估;以年检等名义进行重复登记;超出登记职责范围的其他行为。

(4) 统一登记与信息共享。《不动产登记暂行条例》第 24 条规定,不动产登记有关信息与住房城乡建设、农业、林业、海洋等部门审批信息、交易信息等应当实时互通共享。不动产登记机构能够通过实时互通共享取得的信息,不得要求不动产登记申请人重复提交。

5. 登记完成与物权变动的时间

根据《物权法》第 14 条,不动产物权的设立、变更、转让和消灭,依照法律规定应当登记的,自记载于不动产登记簿时发生效力。这意味着对于采取登记要件主义变动模式的物权,其物权变动的时间为记载于不动产登记簿时。对于登记对抗和采取意思主义模式的物权,其物权变动时间为设定物权变动的合同生效时。《不动产登记暂行条例》第 21 条规定,登记事项自记载于不动产登记簿时完成登记。不动产登记机构完成登记,应当依法向申请人核发不动产权属证书或者登记证明。

6. 不动产登记簿

(1) 不动产登记簿的功能。根据《物权法》第 16 条的规定,不动产登记簿是物权归属和内容的根据。不动产登记簿由登记机构管理。

(2) 不动产登记簿与权属证书的关系。根据《物权法》第17条的规定,不动产权属证书是权利人享有该不动产物权的证明。不动产权属证书记载的事项,应当与不动产登记簿一致;记载不一致的,除有证据证明不动产登记簿确有错误外,以不动产登记簿为准。

(3) 不动产登记簿的查询和复制。根据《物权法》第18条的规定,权利人、利害关系人可以申请查询、复制登记资料,登记机构应当提供。这里的权利人是比较清楚的,如房屋的所有人、抵押权人等。但是这里的利害关系人是不太明确的,在物权法起草过程中曾经规定为任何人都可以查询和复制登记簿,但是考虑到涉及个人隐私的保护问题,没有被采纳,而如果仅仅规定权利人的话,又会使得登记失去了原本的意义,因此,就用了"利害关系人"这样一个模糊的概念。这一概念的具体化应该由未来的司法解释来解决。

《不动产登记暂行条例》第27条规定,权利人、利害关系人可以依法查询、复制不动产登记资料,不动产登记机构应当提供。有关国家机关可以依照法律、行政法规的规定查询、复制与调查处理事项有关的不动产登记资料。第28条规定,查询不动产登记资料的单位、个人应当向不动产登记机构说明查询目的,不得将查询获得的不动产登记资料用于其他目的;未经权利人同意,不得泄露查询获得的不动产登记资料。

7. 异议登记

(1) 概念。异议登记是指民事主体对于不动产登记存在异议,却又无法直接更正时,在寻求司法救济前,请求登记机关对登记作出一定标记,暂时性的保护权利主体的一项制度。异议登记的直接目的不在于发生不动产物权的变动,而是为了使不动产登记簿的记载反映真实的物上权利归属,并对潜在的交易对象进行警告。

(2) 异议登记的条件。根据《物权法》第19条的规定,权利人、利害关系人认为不动产登记簿记载的事项错误的,可以申请更正登记。不动产登记簿记载的权利人书面同意更正或者有证据证明登记确有错误的,登记机构应当予以更正。不动产登记簿记载的权利人不同意更正的,利害关系人可以申请异议登记。由此可见,只有在无法进行更正登记时才能进行异议登记。

(3) 异议登记的失效。登记机构予以异议登记的,申请人在异议登记之日起15日内不起诉,异议登记失效。但是一旦异议登记人起诉后,这个时间就一直延续到判决生效之时。

(4) 异议登记的效力。异议登记的效力是异议在登记期间内可以对抗第三人,第三人于此期间内不得主张善意取得。这说明异议登记最大的功能并不是完全排除名义登记人对物权的处分,而只是防止他处分后第三人获得善意取得的保护。

(5) 不当异议登记的后果。异议登记不当,造成权利人损害的,权利人可以向申请人请求损害赔偿。

举例 甲为不动产登记簿上的登记所有权人,但乙认为不动产应该归自己所有。

(1) 乙如何保护自己的权利?(2) 如果甲不同意更正登记,乙也没有确切证据证明登记有错误,乙如何保护自己的权益?(3) 如果乙在2011年2月13日申请了异议登记,乙必须继续做什么才能确保自己的权益?(4) 如果甲在2月14日与丙签订房屋买卖合同,此合同效力如何?(5) 如果甲在2月15日将房屋过户给丙,但乙胜诉法院判决房屋归乙所有,此时乙如何保护自己的权利?(6) 如果乙在异议登记后没有提起诉讼,事后证明乙确实与房屋没有任何关系,乙只是以阻止甲出卖房屋为目的,导致没人敢购买甲的房屋,由此造成了甲的损失,甲如何保护自己的权益?

解析 (1) 乙可以向登记机关申请更正登记。(2) 乙可以申请异议登记。(3) 乙必须在2月28日前提起诉讼,否则异议登记无效。(4) 合同有效。(5) 乙可以主张丙返还房屋并过户到自己的名下,因为丙是无权占有人,他明知房屋有争议还购买,不符合善意取得要件。(6) 甲可以向乙主张不当的异议登记产生的损害赔偿。

8. 预告登记

(1) 概念。预告登记是指为保全一项旨在取得、变更和消灭不动产物权的请求权,限制债务人重复处分该不动产而为的登记。例如,在房屋预售买卖中,买卖双方签订预售合同,买方依约有权请求卖方在房屋建成之后交付房屋并办理登记,这在性质上属于债权,不具有对抗第三人的效力。为了保障将来取得房屋所有权,买方可以依法办理预告登记,使其发生对抗第三人的效力,以限制卖方再行处分房屋。《物权法》规定,当事人签订买卖房屋或者其他不动产物权的协议,为保障将来实现物权,按照约定可以向登记机构申请预告登记。

(2) 效力。预告登记后,未经预告登记的权利人同意,处分该不动产的,不发生物权效力。这说明预告登记并不完全排除债务人设立物权的合同权利,而只是使之不能产生物权的效力。

(3) 预告登记的失效。预告登记后,债权消灭或者自能够进行不动产登记之日起3个月内未申请登记的,预告登记失效。这里的债权消灭一般是指买卖合同无效或者被撤销的情况,而能够进行不动产登记一般是指建筑物竣工且经过检验合格后。

举例 甲是房地产开发商,与业主乙签订期房买卖合同,预计于2011年底竣工验收后交房。为保障业主的利益,甲乙于2011年3月1日办理了房屋预售(预告)登记。2012年1月2日,甲将竣工后的房屋又卖给了丙,同时办理房屋产权过户手续。(1) 此时甲乙和甲丙的买卖合同效力如何?(2) 此时房屋的所有权归谁?(3) 此时乙如何保护自己的权益?(4) 如果甲2012年4月2日将房屋卖给丙的,而此前乙一直都没有申请过户登记,后果如何?

解析 (1) 都是有效的。(2) 仍然归开发商甲,因为乙已经办理房屋预告登记,没有经过乙的同意,转让无效。(3) 确认甲和丙的过户无效,并请求甲将房屋过户到自己的名下。(4) 此时由丙取得房屋所有权,因为预告登记失效。

9. 错误登记的后果

如果异议登记后,利害关系人起诉,经审查确认登记确实是错误时,可能会产生相应的法律后果。此时分为两种情况:

(1) 如果是当事人提供虚假材料申请登记,给他人造成损害的,应当承担赔偿责任。这里是指登记机关没有任何过错时导致的物权登记错误的情况。

(2) 如果是登记机关因登记错误,给他人造成损害的,登记机构应当承担赔偿责任。登记机构赔偿后,可以向造成登记错误的人追偿。这里是指登记机关有过错,而这种过错又是因为第三人的行为导致的。

《不动产登记暂行条例》第 29 条规定,不动产登记机构登记错误给他人造成损害,或者当事人提供虚假材料申请登记给他人造成损害的,依照《中华人民共和国物权法》的规定承担赔偿责任。

10. 登记费用的确定

根据《物权法》第 22 条的规定,不动产登记费按件收取,不得按照不动产的面积、体积或者价款的比例收取。

(二) 动产的交付

1. 概念

所谓交付,即基于民事主体的意愿发生的移转占有。交付的构成包括主观、客观要件,即必须有交付的主观意愿和基于这一意愿发生的客观行为,缺乏其中一个要件,都不能构成一个有效的交付。

这说明并不是社会生活中任何转移物的占有的行为都叫做交付。如,甲与乙签订一个机器租赁合同,甲将机器设备交给乙使用,后甲乙又重新达成一个买卖合同。但此时要注意,甲在租赁合同签订后,将机器交给乙的行为并不是一个转移物的所有权的交付行为,因为甲没有转移所有权的意愿,而只是满足租赁合同的债权的履行行为,此时真正的交付是买卖合同的签订时间。

2. 法律效果

在理论上,对于交付存在两种不同的模式。

(1) 交付生效主义。此主义以移转占有为物权变动的生效要件,即在移转占有前,物权的变动不仅不能对抗第三人,在当事人之间也不产生效力。例如,甲与乙订立了买卖合同,在甲将财产交付于乙之前,甲仍然享有财产的所有权。

(2) 交付对抗主义。此主义以移转占有为物权的公示方法,即在移转占有前,动产物权的变动仅在当事人间发生效力,但不产生对抗第三人的效力。例如,甲将财产出卖给乙但没有实际交付,此时乙可以享有所有权,但如果甲在交付前又出卖给丙,则乙不能要求丙返还财产,而只能请求甲返还财产或赔偿损失。

我国采交付生效主义,《物权法》第 23 条规定,动产物权的设立和转让,自交付时发生效力,但法律另有规定的除外。这就说明一般的动产物权只有在交付后才能发生物权效力,如果没有交付则不能发生物权的效力。这里的“法律另有规定的除外”是指,动产抵押和船舶、飞行器、机动车等特殊动产物权的变动情况。对于动产抵押,无需交付,但是如果不登记则无法对抗善意第三人。对于船舶、飞行器和机动车仍然遵循动产一般规定,即适用交付要件主义,但不登记则不能对抗善意第三人。这意味着,对于这些特殊动产要想产生完整的物权效力,不仅仅需要交付,还需要登记,否则还是一个只能在特定当事人之间产生效力的物权。

3. 交付的分类

交付分为现实交付与观念交付,其详细内容在本书“转移财产所有权的合同”一章有详细介绍,此处不展开。

第四节　物权的保护

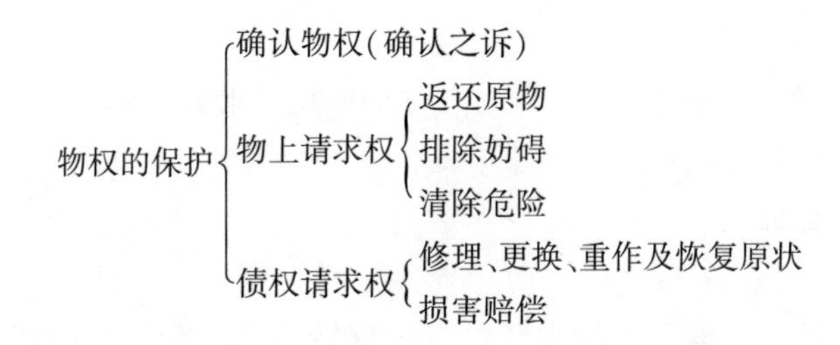

一、概念

物权的保护,是指通过法律规定的方法和程序保障物权人在法律许可的范围内对其财产行使占有、使用、收益、处分的权利,并排除他人干涉的制度。

二、保护方式

(一) 请求确认物权的保护

根据《物权法》第33条,因物权的归属、内容发生争议的,利害关系人可以请求确认权利。准确理解这一权利,需要注意以下几点:(1) 请求的前提。只有在物权发生争议时,才能提出这一请求权。物权发生争议主要存在于物权的归属和内容方面,当物权的归属、内容问题发生争议而处于不确定状态的时候,各方当事人也无法正常行使物权。(2) 请求的对象。在物权发生争议时,利害关系人可以请求物权的登记机关,也可以请求人民法院或仲裁机关对物权予以确认。(3) 确认物权是其他救济方式的前提。在这一点上与物权人享有的其他请求权不同。我国司法实践中一般都是首先确定所有权的归属问题,然后再根据所有权的确认,按所有权被侵犯的情况,采取其他的保护方法。

举例　甲将一部分财产寄存于乙处,乙死亡后其继承人将这部分财产作为遗产继承,在甲向乙的继承人请求返还其寄存的财产时,乙的继承人认为这部分财产应属于乙所有,在乙死亡后由他们继承取得了所有权,因而拒绝返还。这里首先应当确定所有权的归属问题,然后才能确定是否应当返还,如果确定财产属于甲所有,则乙的继承人应当将这部分财产返还给甲;如果不能确认甲的所有权,则甲就无权请求返还。

(二) 物权请求权的保护

物权请求权也称物上请求权,是与债权请求权相对的专门适用于物权保护的一种请求权。物权请求权主要分为以下几种:

1. 返还原物

物权人在物被他人无权占有时,可以向无权占有人请求返还原物,或请求法院责令无权占有人返还原物。只要能够返还原物的,就必须返还原物,不能用其他的方法如金钱赔偿来代替。(1) 物权人只能向没有法律依据而侵占其物的人,即无权占有人请求返还。这里的无权占有是指占有人占有财产没有法律上的依据,并不一定是指占有人取得手段上的违法或主观上的过错。例如,从小偷那里购得赃物的公民,虽然他不知道是赃物,但他仍然是非法占有人。物权人对于合法占有人在合法占有期间不能请求返还原物。例如,房屋所有人与他人签订租赁合同将房屋出租,在承租期限届满以前,他不能请求承租人返还原物。(2) 由于财产所有人请求返还的是原物而不是代替物,因此原物必须存在。这是适用这种保护方法的前提。如果原物已经灭失,就只能请求赔偿损失。

2. 请求排除妨碍

物权人虽然占有其物,但由于他人的非法行为,致使物权人无法充分地行使占有、使用、收益、处分权能时,物权人可以请求侵害人排除妨碍,或者请求法院责令侵害人排除妨碍。这种保护方法可以体现为请求侵害人停止侵害行为,如停止往所有人的土地上排放污水。

3. 请求消除危险

物权人不但对于已经发生的妨碍可以请求排除,而且对于尚未发生但确有发生危险的妨碍也可以请求有关的当事人采取预防措施加以防止。如房屋有倾倒的危险,威胁邻人房屋的安全,邻人有权请求加固、支撑甚至拆除,这样可以预防可能造成的损失,进一步保护所有人的合法权益。物权人请求排除妨碍物权的行为应是违法行为,对于他人的合法行为产生的妨碍不能请求排除。例如,所有人对于邻人依相邻关系的法律规定在其土地上所为的行为,像通行,埋设管、线等,虽然妨碍其所有权的行使,但所有人有容忍的义务,不得请求排除之。

(三) 债权请求权的保护

侵害物权可以引起债权请求权的发生,主要有三种情形。

1. 请求停止侵害。即请求侵害人承担不作为的义务,以减少损害的扩大。

2. 请求修理、更换、重作或者恢复原状。[①] 物权人的财产因受非法侵害遭到损坏

---

① 《物权法》对物权的保护方式没有严格区分债权请求权保护方式和物权请求权保护方式,导致在理论上对于恢复原状请求权究竟属于债权请求权还是物权请求权争论不休。通说认为修理、更换、重作和恢复原状请求权属于债权请求权的范畴。参见钱明星:《论物权的效力》,载《政法论坛》1998 年第 3 期。

时,权利人可以请求修理、更换、重作或者恢复原状。恢复原状一般是通过修理或其他方法使财产在价值和使用价值上恢复到财产受损害前的状态。例如,甲将乙的汽车损坏了,乙可以请求甲予以修复,其费用由甲承担。

3. 损害赔偿。因侵害人的侵权行为,而致财产不能要求返还或全部毁损的,如财产被侵害人非法转让于受法律保护的善意第三人,房屋被烧毁等。这时侵害人就要依财产的全部价值予以赔偿。财产受到侵害,但在现有情况下仍有使用的可能,这时侵害人就要按照财产减损的价值进行赔偿。例如,房屋失火,但消防队及时赶到将火扑灭。房屋虽经修缮仍能居住,但房屋的价值明显减耗,对此,房屋的所有人有权要求侵害人(失火人)对房屋价值减损部分进行赔偿。

三、关于物权请求权与债权请求权的区别与联系

(一) 区别

1. 目的不同。物权请求权主要是使物权人能够充分地行使占有、使用、收益、处分权能,恢复物权人对物的支配状态;而债权请求权则主要是补偿所有人受到的财产损失。

2. 是否需要有实际的损害不同。作为债权请求权必须是侵害人的行为已经造成了实际的损害,即财产价值的灭失或减少;而物权请求权则不以此为要件。以消除危险为例,在侵害人还没有造成实际损害之前,物权人也可以行使此项权利。

3. 是否有过错的要求不同。物权请求权无须侵害人具有主观的过错,而债权请求权通常都是需要侵害人主观上是有过错的。

4. 是否以物的存在为前提不同。物权请求权是为了恢复物权人对于物的支配状态,因此当物本身已经不复存在时,物权请求权自然就无法行使。债权请求权是为了弥补损失,因此不以物的存在为前提。

5. 是否适用诉讼时效不同。物权请求权不适用诉讼时效,而债权请求权是适用诉讼时效的。

(二) 联系

在物权因他人的违法行为受到妨害时,如果有标的物的实际损害,可以同时发生损害赔偿请求权,故物权请求权与债权请求权是可以并存的。

举例 李四将张三存放于己处的电视机据为己有,并损坏了部分零件,这时张三有权请求法院确认其对于电视机的所有权,并请求返还电视机(返还原物),还可要求对损坏的部分予以修复(恢复原状);如果电视机的价值因此而有所减损,张三还可请求赔偿损失。

但值得注意的是,各种不同的债权请求权是不能相互并存的,如甲的物交给乙保管,乙没有经过甲的同意将物以自己的名义卖给了不知情的丙,此时甲对于乙享有违约责任、不当得利和侵权责任三种请求权,但是甲只能选择一个请求权而不能合并行使。

思维拓展

【重要知识点】

不动产的登记;登记对抗主义下的物权变动规则;基于法律行为和基于法律行为以外原因发生的物权变动的区别与联系;异议登记;预告登记;物上请求权。

【实例解析】

案例　某县级市的城市管理综合执法局与某广告公司签订一份协议,以每年300万元的价格将该市城区“主干道”的户外广告独家经营发布权卖给广告公司,有效期为10年。此前,某主干道上的一家星级宾馆经城市管理综合执法局批准已经在其楼顶上设置了一块巨幅广告牌,并有客户的常年广告喷绘于此。该广告公司以该宾馆未经其同意擅自在上述买断范围内发布广告、侵犯其独家经营权为由,要求宾馆承担侵权赔偿责任。

法律问题　该广告经营发布权是否属于物权?

法理分析　回答是否定的,理由有三:其一,根据物权法的物权法定原则,我国物权法以及其他特别法上都不存在一种叫做“广告经营发布权”的物权类型;其二,物权的客体是物且为特定物,而广告经营发布权没有特定的支配对象,广告公司未经宾馆同意,无权支配宾馆楼顶上的特定空间;其三,物权具有排他性,但广告公司的广告经营发布权不能排除宾馆在其楼顶上设置广告牌的行为。

【重点法条】

《物权法》第5、9、15、19、20、23—31条。

第十二章
所 有 权

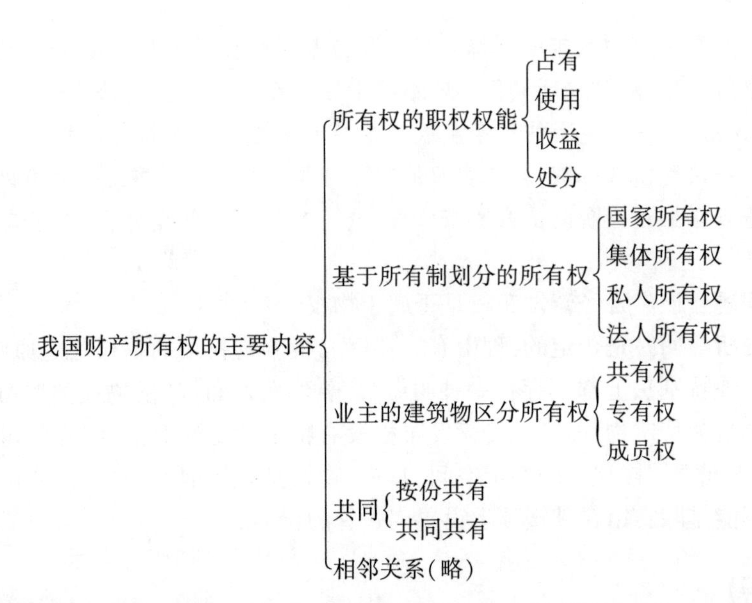

本章主要涉及所有权的不同类型、建筑物区分所有权、共有关系、相邻关系和所有权的特别取得方法,其中建筑物区分所有权、共有关系和所有权的特别取得方法是本章的重点。对于建筑物区分所有权,我们要掌握业主的专有权、共有权和管理权,特别是业主对重大事项的表决权以及业主和物业管理公司之间的权利义务关系。在共有关系中,重点在于按份共有中的对外关系、对内关系,以及按份共有人对共有物的处分权。在所有权的特别取得方法部分中,善意取得制度是司法考试永恒的重点。在学习这一制度时,要将遗失物制度放在善意取得中一起学习,明确遗失物无论何时都不适用善意取得。

第一节　所有权概述

一、概念

所有权是所有人在法律规定的范围内,对属于他的财产享有的占有、使用、收益、

处分的权利。与债权相比,所有权具有以下的特征:

1. 绝对性。所有权与债权不同,债权的实现,必须依靠债务人履行债务的行为,主要是作为或不作为;所有权不需要他人的积极行为,只要他人不加干预,所有人自己便能实现其权利。所有权关系的义务主体是所有权人以外的一切人,所负的义务是不得非法干涉所有权人行使其权利,是一种特定的不作为义务。基于所有权与债权的这种区别,法学上把所有权称为绝对权,把债权称为相对权。

2. 排他性。所有权人有权排除他人对于其行使权利的干涉,并且同一物上只能存在一个所有权,而不能并存两个或两个以上的所有权。但是,同样作为财产权的债权则不具有排他性,同一个物上可以存在几个债权,比如一房多卖就产生了多个债权。

3. 最完全的物权。所有权是所有人对于其所有物进行一般的、全面的支配,是最全面、最充分的物权,它不仅包括对于物的占有、使用、收益,还包括了对于物的最终处分权。所有权作为一种最完全的物权,是他物权的源泉。与之相比较,建设用地使用权、地役权、抵押权、质权、留置权等他物权,仅仅是就占有、使用、收益某一特定的方面对于物直接管领的权利,只是享有所有权的部分权能。

4. 弹力性。所有人在其所有的财产上为他人设定地役权、抵押权等权利,虽然占有、使用、收益甚至处分权都能与所有人发生全部或者部分的分离,但只要没有发生使所有权消灭的法律事实(如转让、所有物灭失),所有人仍然保持着对于其财产的支配权,所有权并不消灭。当所有物上设定的其他权利消灭,所有权的负担除去的时候,所有权仍然恢复其圆满的状态,即分离出去的权能仍然复归于所有权人,这称为所有权的弹力性。

5. 永久性。这是指所有权的存在不能预定其存续期间。例如,当事人不能像约定债权、债务期限那样,约定所有权只有 5 年期限,过此期限则所有权消灭。当事人对所有权存续期间的约定是无效的。

二、内容

财产所有权的内容,是指财产所有人在法律规定的范围内,对于其所有的财产可以行使的权能。权能是指权利人在实现权利时所能实施行为的能力。《物权法》规定,所有权人对自己的不动产或者动产,依照法律规定享有占有、使用、收益和处分的权利。

(一) 占有

占有是所有权人对于财产实际上的支配和控制。这往往是所有权人对于自己的财产进行消费(包括生产性的和生活性的)、投入流通的前提条件。财产所有人可以自己直接占有,也可以间接占有或者通过占有辅助人占有。

1. 直接占有。所有人自己直接占有是指所有人自己在事实上控制自己的财产,直接行使占有权能。例如,公民对于自己所有的房屋、家具、生活用品的占有,集体企业对于厂房、机器的占有等。

2. 间接占有。所有人的间接占有一般是所有人依照其意愿将物的支配权转移于特定的人(直接占有人),由后者直接支配。此时所有人的间接占有是指基于一定法律关系,对于事实上占有物的人(即直接占有人)有返还请求权,因而间接对物支配和控制的占有。例如,质权人、承租人、保管人基于质权、租赁、保管法律关系,占有标的物,是直接占有人,而享有返还请求权的出质人、出租人、寄托人作为所有人,同时也是间接占有人。

3. 通过占有辅助人占有。所有人也可以将物交给第三人,通过对第三人的指示而达到对物占有的目的。此时所有人与占有辅助人之间存在着命令与服从的从属关系,这种从属关系可以是合同约定或法律直接规定的,如雇员、司机、保姆、保安对于雇主而言都可以成立从属关系。占有辅助人在从属范围内取得对物的支配和控制时,所有人即取得占有。占有辅助人虽然在外观上对于物有事实上的支配和控制权,但并不构成占有,因为此时他是为了所有人的目的占有的,当所有人取回物时,占有辅助人不得实行自力救济或主张占有保护请求权。占有辅助人与直接占有人最大的不同是,占有辅助人是为了所有人的利益并接受所有人的指示对物的控制,而直接占有人是为了自己的利益,且并不接受所有人的指示对物进行控制。如甲将汽车交给其司机占有,司机就是占有辅助人。而当甲将汽车交给修理厂的修车员时,此时修车员就是直接占有人。

(二) 使用

使用是依照物的性能和用途,并不毁损其物或变更其性质而加以利用。使用是为了实现物的使用价值,满足人们的需要。例如,使用机器进行生产,使用电视机收看节目,居住房屋,乘坐汽车等。使用权能一般是由所有人自己行使,也可以由非所有人行使。非所有人根据法律规定或者合同约定使用他人财产,是为合法使用。例如,国有企业使用归其经营管理的国家财产,承租人依租赁合同使用租赁物等。非所有人无法律依据而使用他人财产,为非法使用。例如,未经允许而居住他人房屋,未经批准在国家或者集体所有的土地上进行建筑等,都是非法使用。

(三) 收益

收益,就是收取所有物孳息的权利。收益权能一般由所有权人行使,他人使用所有物时,除法律或者合同另有规定外,物的收益归所有人所有。这里的但书条款主要是解决所有权人和用益物权人之间的冲突问题。由于收益权能既是所有权的权能,也是用益物权的权能,所以二者可能会发生冲突。所以,《物权法》第 116 条规定,天然孳息由所有权人取得;当既有所有权人又有用益物权人的,由用益物权人取得。法定孳息则是按照当事人的约定或交易习惯处理。

(四) 处分

处分是决定财产事实上和法律上命运的权能。由于处分权能是决定财产命运的一种权能,因此,这一权能通常只能由所有人自己行使,非所有人不得随意处分他人所有的财产。例如,保管人将保管物消耗,承租人将租赁物出卖,都是不允许的,这是侵犯他人所有权的侵权行为。只有在法律特别规定的场合,非所有人才能处分他人所有的财产。例如,旅客在包裹中夹带危险品或者禁运物品,承运人有权依法处理。在加工承揽关系中,定作方超过领取期限不领取定作物,承揽方有权将定作物出卖。处分可以分为事实上的处分和法律上的处分。

1. 事实上的处分是在生产或生活中使物的物质形态发生变更或消灭。例如,粮食被吃掉,原材料经过生产成为产品,把房屋拆除等。

2. 法律上的处分是指依照所有人的意志,通过法律行为对财产进行处理。例如,将物转让给他人,在物上设定权利(如质权、抵押权),将物抛弃等,都是法律上的处分。此处的处分是有特定含义的,是指直接发生、变更、消灭物权或准物权的行为,包括对物的买卖、赠与,也包括设定抵押、质押与地役权等,但严格区别于以发生债权债务为其效力的行为,如在物上设立租赁债权、借用债权等,因此租赁、借用行为就不属于此处的处分行为。

第二节 几类所有权

一、国家所有权

(一) 概念

《物权法》第45条第1款规定:“法律规定属于国家所有的财产,属于国家所有即全民所有。”由此可见,国家所有权是全民所有制在法律上的表现,它是中华人民共和国享有的对国家财产的占有、使用、收益、处分的权利。

(二) 主体

国家是国家所有权的主体,但国家毕竟是一个抽象的概念,且我国幅员辽阔,经济领域广泛,国有财产数量巨大,种类繁多,遍布全国以至世界。因此,国家不可能也没有必要“事必躬亲”,直接或者亲自行使所有权的每项权能。真正行使国家所有权的是以下机构:

1. 国务院。《物权法》第45条第2款规定,国有财产由国务院代表国家行使所有权;法律另有规定的,依照其规定。根据《物权法》第55条的规定,国家出资的企业,由国务院、地方人民政府依照法律、行政法规规定分别代表国家履行出资人职责,享有出资人权益。

2. 国家机关、事业单位和地方政府。根据《物权法》第53条的规定,国家机关对其直接支配的不动产和动产,享有占有、使用以及依照法律和国务院的有关规定处分的权利。根据《物权法》第54条的规定,国家举办的事业单位对其直接支配的不动产和动产,享有占有、使用以及依照法律和国务院的有关规定收益、处分的权利。这说明国家机关和事业单位都可以行使国家所有权。此外,在由国务院代表国家行使所有权的同时,依照法律规定,也可以由地方人民政府行使有关权利,这就属于《物权法》第

45 条所规定的"法律另有规定的,依照其规定"情形。例如,根据《土地管理法》第 5 条的规定,国务院土地行政主管部门统一负责全国土地的管理和监督工作。县级以上地方人民政府土地行政主管部门的设置及其职责,由省、自治区、直辖市人民政府根据国务院有关规定确定。

(三) 客体

国家所有权的客体具有广泛性,物权法明文规定属于国家所有的财产有两类:

1. 法律规定专属于国家的财产

《物权法》第 41 条规定:"法律规定专属于国家所有的不动产和动产,任何单位和个人不能取得所有权。"即根据宪法和法律的规定,有些财产只能作为国家所有权的客体,即国家专有,而不能成为集体组织、其他单位或个人所有权的客体。这些财产有:(1) 矿藏、水流、海域;(2) 城市的土地;(3) 无线电频谱资源;(4) 国防资产。

2. 法律规定属于国家所有的财产

包括:法律规定属于国家所有的农村和城市郊区的土地;森林、山岭、草原、荒地、滩涂等自然资源属于国家所有,但法律规定属于集体所有的除外;法律规定属于国家所有的野生动植物资源;法律规定属于国家所有的文物;法律规定属于国家所有的铁路、公路、电力设施、电信设施和油气管道等基础设施。值得注意的是,以上物权强调的是"法律规定属于国家所有的",也就是说以上物权并不都是属于国家所有的,存在着很多限制条件。如,野生动植物资源是指法律只是规定"珍贵的动植物资源"属于国家所有,至于老鼠、蟑螂、野草类的动植物并不属于国家所有;再如,文物仅仅是那些埋藏在地下和出土文物才属于国家所有,而个人收藏的文物并不属于国家所有。

另外,农村集体经济组织全部成员转为城镇居民后,原属于集体所有的土地,以及因国家组织移民、自然灾害等原因,农民自建制地集体迁移后,原集体所有的土地,属于国家所有。

(四) 征收和征用

1. 征收

征收是指国家为了公共利益的需要,采取强制措施将集体、单位和个人的不动产变为国家所有的程序。准确理解征收需要注意以下几点:

(1) 征收的主体。只有国家才具有征收的权力,任何单位和个人都无法拥有这一公法性的权力。

(2) 征收的条件。只有为了公共利益才能征收,并且需要遵守法律规定的权限和程序。这里的法律规定特指《土地管理法》和国务院颁布生效的《国有土地上房屋征收与补偿条例》等相关法律。

(3) 征收的客体。仅限于集体所有的土地和单位、个人所有的房屋和其他不动产。

(4) 征收补偿。征收集体所有的土地,应当依法足额支付土地补偿费、安置补助费、地上附着物和青苗的补偿费等费用,安排被征地农民的社会保障费用,保障被征地农民的生活，维护被征地农民的合法权益。征收单位、个人的房屋及其他不动产，应当依法给予拆迁补偿，维护被征收人的合法权益。征收个人住宅的，还应当保障被征收人的居住条件。

2. 征用

征用是指国家因为抢险、救灾等紧急需要，暂时使用单位或个人的财产，使用完毕以后归还的制度。征用与征收最大的区别是前者不改变财产的所有权，只是暂时性变动财产的使用权。

(1) 征用主体。这里的征用也只能是公权力机关，主要是指国务院和各级地方政府。

(2) 征用条件。仅限于因为抢险、救灾等紧急需要，并且依照法定程序和权限。这说明征用的条件比征收的条件要广泛一些。

(3) 征用客体。可以是单位、个人的动产和不动产。如在汶川地震中，救灾机构就曾经征用过一些企业的直升机用于救灾。

(4) 返还与补偿。被征用的不动产或动产使用后，应当返还给被征用人，如有毁损或灭失时，应当给予补偿。

(五) 特殊保护

针对国有财产可能被侵害的方式，《物权法》规定，国家所有的财产受法律保护，禁止任何单位和个人侵占、哄抢、私分、截留、破坏；对于在国有企业改制中出现的国有财产流失，履行国有财产管理、监督职责的机构及其工作人员，应当依法加强对国有财产的管理、监督，促进国有财产保值增值，防止国有财产损失，因滥用职权，玩忽职守、低价转让、合谋私分、擅自担保造成国有财产损失的，应依法承担责任。

二、集体所有权

(一) 概念

集体所有权又称劳动群众集体组织所有权，是集体组织对其不动产和动产享有的占有、使用、收益、处分的权利。集体组织所有权是劳动群众集体所有制在法律上的表现，其享有者主要是农村集体组织，也包括城镇集体企业。

(二) 主体及其行使

1. 集体所有的不动产和动产属于本集体成员集体所有，换句话说，集体组织所有权的主体是集体组织。集体组织的成员个人对集体所有的不动产和动产都不享有所有权。《物权法》第59条第1款规定："农民集体所有的不动产和动产，属于本集体成员集体所有。"《物权法》第60条规定："对于农民集体所有的土地和森林、山岭、草原、荒地、滩涂等，依照下列规定行使所有权：(1) 属于村农民集体所有的，由村集体经济组织或者村民委员会代表集体行使所有权；(2) 分别属于村内两个以上农民集体所有的，由村内各该集体经济组织或者村民小组代表集体行使所有权；(3) 属于乡镇农民集体所有的，由乡镇集体经济组织代表集体行使所有权。"第61条规定："城镇集体所有的不动产和动产,依照法律、行政法规的规定由本集体享有占有、使用、收益和处分的权利。"第61条没有"本集体成员集体所有"字样,是因为多年来各地城镇集体企业变化很大,情况各异,难以不加区别地规定为"属于本集体成员集体所有"。

2. 行使。为了保护集体成员的利益,对于一些涉及全体成员利益的重大事项,应当依照法定程序由本集体成员决定。这些事项包括:(1) 土地承包方案以及将土地发包给本集体以外的单位或者个人承包;(2) 个别土地承包经营权人之间承包地的调整;(3) 土地补偿费等费用的使用、分配办法;(4) 集体出资的企业的所有权变动等事项;(5) 法律规定的其他事项。

集体经济组织或者村民委员会、村民小组应当依照法律、行政法规以及章程、村规民约向本集体成员公布集体财产的状况。

(三) 保护

针对集体财产可能被侵害的方式,《物权法》规定集体所有的财产受法律保护,禁止任何单位和个人侵占、哄抢、私分、破坏。并规定集体经济组织、村民委员会或者负责人作出的决定侵害集体成员合法权益的,受侵害的集体成员可以请求人民法院予以撤销。

三、私人所有权

《物权法》规定,私人对其合法的收入、房屋、生活用品、生产工具、原材料等不动产和动产享有所有权;私人合法的储蓄、投资及其收益受法律保护,国家依照法律规定保护私人的继承权及其他合法权益;私人的合法财产受法律保护,禁止任何单位和个人侵占、哄抢、破坏。

四、法人所有权

《物权法》规定,国家、集体和私人依法可以出资设立有限公司、股份公司或者其他企业,国家、集体和私人所有的不动产或者动产,投到企业的,由出资人按照约定或者出资比例享有资产收益、重大决策以及选择经营管理者等权利并履行义务;企业法人对其不动产和动产依照法律、行政法规以及章程享有占有、使用、收益和处分的权利,企业法人以外的法人,对其不动产和动产的权利,适用有关法律、行政法规以及章程的规定;社会团体依法所有的不动产和动产,受法律保护。

第三节　业主的建筑物区分所有权

一、概念

根据《物权法》第70条的规定,业主的建筑物区分所有权是指业主对于一栋建筑物中自己专有部分的单独所有权、对共有部分的共有权以及因共有关系而产生的管理权。建筑物区分所有权是城市化兴起后由于土地稀缺形成的一个概念,其最早来源于英文“Apartment”,其原意是指一个建筑物被分割后产生的块状所有权。此外,由于“业主”“物业”在实践中已经为人们所熟悉,为了便于人们理解,故《物权法》专门在建筑物区分所有权之前加了“业主的”三个字。准确理解业主的建筑物区分所有权,应注意以下几点:

1. 权利内容的复合性。由于建筑物被条块分割后,居住于该建筑物上不仅仅存在单独的所有权,也存在共有的法律关系,并且还存在因为共同使用导致的管理权法律关系,因此,建筑物区分所有权是单独所有权、共有关系和管理权关系的复合性权利。

2. 权利性质的同一性。虽然单个的建筑物区分所有权人的权利是复合的,但是同一个建筑物的各个建筑物区分所有权人的权利还是具有较大同质性的,基本上都是对这个建筑物的单独所有、共有和管理的权利。

3. 专有权的主导性。在整个建筑物区分所有权中,专有权对于共有权和管理权有着绝对性的影响,如当建筑物区分所有权人转让专有部分的权利时,共有权和管理权随之转让;建筑物及其附属设施的费用分摊、收益分配等事项,没有约定或者约定不明确的,按照业主专有部分占建筑物总面积的比例确定;业主对建筑物管理中的一般事项表决时,应当经专有部分占建筑物总面积一半以上的业主同意,重大事项应当经过专有部分占建筑物总面积2/3以上业主同意。

4. 权利主体身份的多重性。业主就是权利主体,但业主概念的外延要大于所有权人的概念,除了所有权人以外,已经合法占有但没有办理产权登记的民事主体,也可以成为业主,可以主张建筑物区分所有权。根据最高人民法院《关于审理建筑物区分所有权纠纷案件具体应用法律若干问题的解释》(以下简称《区分所有权解释》)第1条,基于与建设单位之间的商品房买卖行为,已经合法占有建筑物专有部分,但尚未依法办理所有权登记的人,可以认定为物权法第六章所称的业主。

二、专有权

业主对其专有部分享有单独所有权,即对该部分为占有、使用、收益和处分的排他性的支配权,性质上与一般的所有权并无不同。但此项专有部分与建筑物上其他专有部分有密切的关系,彼此休戚相关,具有共同的利益,因此专有权的构成要件和范围都有特别的要求。

(一) 专有部分的条件

根据《区分所有权解释》第2条,符合以下条件成为专有部分的客体:

1. 须具有构造上的独立性,即被区分的部分在建筑物的构造上,可以加以区分并与建筑物的其他部分隔离。这是外观上的要求,但是否具有足够的独立性,应依一般的社会观念确定。例如,一个住宅单元通过固定的楼板、墙壁与其他单元相隔离,成为独立的住宅单元。其内再以屏风分隔成数个部分的,其内各部分则不具有构造上的独立性。

2. 须具有使用上的独立性,即被区分的各部分,可以为居住、工作或其他目的而使用。其主要的界定标准,应为该区分的部分有无独立的出入门户。如果该区分部分必须利用相邻的门户方能出入的,即不具有使用上的独立性。

3. 须具有登记上的独立性,即能够在不动产登记簿上与其他物区分开来。

(二) 专有部分的范围

1. 具有构造独立性、使用独立性和登记独立性的房屋、车位、摊位都是专有部分。

2. 列入买卖合同的露台为专有部分的组成部分。

三、共有权

共有部分是指区分所有的建筑物及其附属物的共同部分,即专有部分以外的建筑物的其他部分。对于共有部分的范围,需要注意的是:

(一) 共用的范围

1. 建筑物基本结构

建筑物的基本结构是维系整个建筑物的部分,因此,属于共有部分。建筑物的基本结构包括建筑物的基础、承重结构、外墙、屋顶。

2. 公共通行部分

公共通行部分是为所有建筑物区分所有权人提供进入和通行便利的,因此,它也属于共有部分。公共通行部分包括通道、楼梯、大堂,但是小区外的城镇公共道路属于市政设施,不属于业主共有。

3. 公共设施

公共设施是为所有业主提供安全、消遣以及日常生活需求的设施。公共设施一般包括:消防设施、公共照明、避难层、绿地、物业管理用房。同样,如果绿地属于城镇公共所有或开发商已经明确卖给了业主个人,则绿地也不能属于共有部分了。

4. 部分的车位

建筑区划内,规划用于停放汽车的车位、车库应当首先满足业主的需要。建筑区划内,规划用于停放汽车的车位、车库的归属,由当事人通过出售、附赠或者出租等方式约定。占用业主共有的道路或者其他场地用于停放汽车的车位,属于业主共有。

举例 甲、乙、丙、丁分别购买了某住宅楼(共四层,每一层的面积相同)的一至四层住宅,并各自办理了房产证。下列哪些说法是正确的?(1) 该住宅楼的外墙由四户共有;(2) 一层住户甲对三、四层间楼板不享有民事权利;(3) 如四层住户丁欲在楼顶建一花圃,须得到其他三户中的至少两户的同意。解析:以上说法都是正确的。关于(1)(3)(4)争议不大,关键是(2),有些教材认为不对,事实上(2)是没有问题的,因为三、四楼之间的楼板不可能属于共有范围,它不是为了所有业主的利益的建筑物结构部分,只是分割丙和丁之间的隔板而已,不属于建筑物的基本结构,甲当然不能对其享有民事权利。

（二）业主对共有部分的权利和义务

1.《物权法》规定，业主对建筑物专有部分以外的共有部分，享有权利并承担义务，但不得以放弃权利为由不履行义务。

2. 共有部分为相关业主所共有，均不得分割，也不得单独转让。业主转让建筑物内住宅、经营性用房，其对建筑物共有部分享有的共有权和共同管理的权利一并转让。

3. 业主依据法律规范、合同以及业主公约，对共有部分享有使用、收益、处分权，并按照其所有部分的价值，分担共有部分的修缮费以及其他负担。

4. 基于合理需要可以无偿使用屋顶、外墙。如顶楼住户在楼顶设置一台太阳能热水器，无须其他业主同意，也无需付费。

四、管理权（成员权）

（一）业主的表决权

业主有权决定区分建筑物的相关事项。《物权法》规定，下列事项由业主共同决定：

1. 普通事项

根据《物权法》规定，业主可以通过普通决议对下列事项作出决议：(1) 制定和修改业主大会议事规则；(2) 制定和修改建筑物及其附属设施的管理规约；(3) 选举业主委员会或者更换业主委员会成员；(4) 选聘和解聘物业服务企业或者其他管理人。所谓普通事项是指应当经专有部分占建筑物总面积过半数的业主且占总户数过半数的业主同意。

2. 重大事项

根据《物权法》规定，业主可以对以下重大事项作出决议：(1) 筹集和使用建筑物及其附属设施的维修资金；(2) 改建、重建建筑物及其附属设施。此时应当经专有部分占建筑物总面积 2/3 以上的业主且占总人数 2/3 以上的业主同意。

3. “住改商”

如果是住宅物业改为商业物业的，需要经过全体利害关系业主同意。对于“利害关系人”的认定，根据《区分所有权解释》第 11 条，本栋建筑物内的其他业主，应当认定为《物权法》第 77 条所称“有利害关系的业主”。建筑区划内，本栋建筑物之外的业主，主张与自己有利害关系的，应证明其房屋价值、生活质量受到或者可能受到不利影响。这说明本栋住户推定为利害关系人，非本栋住宅的业主需要承担举证责任。

（二）撤销诉权

业主有权设立业主大会并选举业主委员会。业主大会或者业主委员会的决定，对业主具有约束力。业主大会或者业主委员会作出的决定侵害业主合法权益的，受侵害的业主可以请求人民法院予以撤销。

（三）管理权

业主可以自行管理建筑物及其附属设施，也可以委托物业服务企业或者其他管理人管理。对建设单位聘请的物业服务企业或者其他管理人，业主有权依法更换。物业服务企业或者其他管理人根据业主的委托管理建筑区划内的建筑物及其附属设施，并接受业主的监督。

五、业主与物业服务公司的关系

（一）业主对物业服务合同的自动承受

根据最高人民法院《关于审理物业服务纠纷案件具体应用法律若干问题的解释》（下称《物业服务解释》）第1条，建设单位依法与物业服务企业签订的前期物业服务合同，以及业主委员会与业主大会依法选聘的物业服务企业签订的物业服务合同，对业主具有约束力，而且对于建筑物的使用人如承租人也有约束力。

（二）物业服务合同

1. 物业服务合同的无效情形

根据《物业服务解释》第2条，物业服务合同如果出现以下两种情况的，业主或业主委员会可以请求法院确认合同无效：

（1）物业服务企业完全转委托的。之所以规定物业服务企业完全转委托时，物业服务合同无效，原因在于物权服务合同的签订是业主对于特定物业服务企业的信任，如果转委托则导致这一信任失去了基础，业主的权益无法得到保护。

（2）合同中出现免除物业公司责任、加重业主责任、排除业主主要权利的。上述约定属于物业服务企业用格式条款加重了业主的责任或剥夺了其主要权利，属于《合同法》第40条规定的无效条款。

2. 物业服务合同的内容

根据《物业服务解释》第3条第2款，物业服务企业公开作出的服务承诺及制定的服务细则，应当认定为物业服务合同的组成部分。这意味着物业服务合同的内容不仅仅包括业主和物业服务企业签订的物业服务合同，也包括物业服务企业自身作出的承诺和服务细则。

（三）物业费的缴纳

1. 业主不得以未享受或者无需接受相关物业服务为由而拒绝缴纳物业费。

2. 业主与使用人的连带交费义务。根据《物业服务解释》第7条，业主与物业的承租人、借用人或者其他物业使用人约定由物业使用人交纳物业费，物业服务企业请求业主承担连带责任的，人民法院应予支持。

第四节 相邻关系

一、概念

相邻不动产的所有人或使用人在各自行使自己的合法权利时，都要尊重他方所有人或使用人的权利，相互间应当给予一定的方便或接受一定的限制，法律将这种相邻人间的关系用权利义务的形式确定下来，就是相邻关系。准确理解相邻关系，要注意以下几点：

1. 权利的限制或延伸。相邻关系从本质上讲是一方所有人或者使用人的财产权利的延伸，同时又是对他方所有人或者使用人的财产权利的限制。

举例 甲、乙都是集体所有的土地的承包经营人，甲承包的土地处于乙承包的土地与公用通道之间，乙如果不通过甲承包的土地就不能到达公用通道，或者虽有其他通道但非常不便，乙就有权通过甲承包的土地到达公用通道或者自己承包的土地，对于甲来说是对其权利的限制，而对乙来说是权利的延伸。

2. 发生在相邻的不动产所有权人或使用人之间。顾名思义，相邻关系必然发生在相邻的不动产之间，但这里的相邻不仅仅指我们通常认为的直接相邻，也包括不动产，事实上是在能够对其他不动产发生影响范围内的。如甲在河流上游，丙在河流下游，中间隔着乙，但甲将河流方向改变或者完全截留河水，不仅仅影响到乙，对非直接相邻的丙也产生影响，因此甲和丙之间也具有相邻关系。

3. 法律对不动产权利人之间关系最低限度的规范。相邻关系是法律以调和不动产权利人之间的利益冲突为目的的，因此是法律的强制性规定，而且这一规定是最低限度的规定，如，甲不通过乙的土地无法到达自己的土地上劳作或生活。如果当事人想在必要的范围外提高自己不动产的使用效益，如，甲可以不经乙的土地便可以到达自己的土地，但只是有点绕路，当事人只能通过协商设立其他权利，如地役权等。

二、相邻关系的处理

（一）处理相邻关系的原则

依照《物权法》第 84 条的规定，不动产的相邻权利人应当按照有利生产、方便生活、团结互助、公平合理的原则，正确处理相邻关系。同时，依照《物权法》第 85 条的规定，法律、法规对处理相邻关系有规定的，依照其规定；法律、法规没有规定的，可以按照当地习惯。可见，相邻人在处理相邻关系时，应当坚持以下三项原则：

1. 有利生产和方便生活的原则。相邻关系是人们在生产、生活中，因行使不动产而产生的，与人们的生产、生活直接相关。因此，相邻人在处理相邻关系时，应当从有利生产、方便生活的原则出发，正确处理相邻关系。

2. 团结互助和公平合理的原则。不动产的相邻权利人应当按照团结互助、公平合理的原则,正确处理相邻关系。在相邻关系中,如果相邻权利人只要求他人给予方便,而自己却不为他人提供方便,就不可能处理好相邻关系。因此,处理相邻关系必须遵循团结互助的原则。同时,在相邻关系中,相邻权利人在获得便利时,也应当承担一定的义务,对受到损失的相邻方,按照公平合理的原则给予适当的赔偿。依照《物权法》第92条规定,不动产权利人因用水、排水、通行、铺设管线等利用相邻不动产的,应当尽量避免对相邻的不动产权利人造成损害;造成损害的,应当给予赔偿。

3. 遵循习惯的原则。相邻关系基于不动产的特殊性,并非是一朝一夕就形成的。因此,在处理相邻关系时,在法律、法规没有规定的情况下,可以按照当地习惯处理。

(二) 各种相邻关系的具体处理

1. 相邻用水、排水关系

不动产权利人应当为相邻权利人用水、排水提供必要的便利;相邻权利人之间应当对自然流水合理分配,尊重水的自然流向。

2. 相邻通行关系

不动产权利人对相邻权利人因通行等必须利用其土地的,应当提供必要便利。相邻一方的建筑物或土地,处于邻人的土地包围之中,非经过邻人的土地不能到达公用通道,或者虽有其他通道但需要较高的费用或十分不便的,可以通过邻人的土地以达公用通道。

3. 相邻管线安设关系

相邻人因建造、修缮建筑物以及铺设电线、电缆、水管、暖气和燃气管线等必须利用相邻土地、建筑物的,该土地、建筑物的权利人应当提供必要的便利。但相邻人应当选择损害最小的地点及方法安设,相邻人还应对所占土地及施工造成的损失给予补偿,并于事后清理现场。

4. 相邻通风、采光和日照关系

不动产权利人在建造建筑物时,不得违反国家有关工程建设标准,妨碍相邻建筑物的通风、采光和日照。

5. 相邻环保关系

不动产权利人不得违反国家规定弃置固体废物,排放大气污染物、水污染物、噪音、光、电磁波辐射等有害物质。

6. 相邻防险关系

不动产权利人挖掘土地、建造建筑物、铺设管线以及安装设备等,不得危及相邻不动产的安全。

总之,不动产权利人因用水、排水、通行、铺设管线等而享有利用对方不动产的权利时,应当尽量避免对相邻的不动产权利人造成损害。如果已经造成损害的,应当给予赔偿。

第五节　共　　有

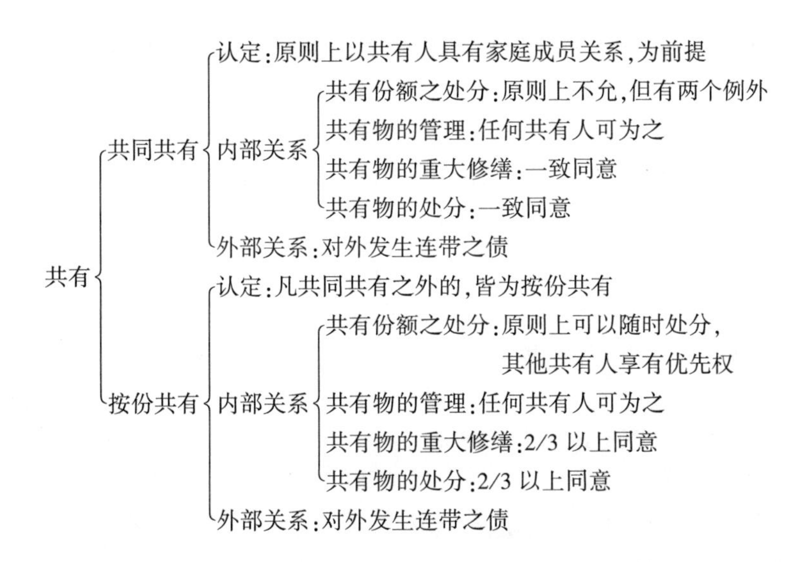

一、概念

共有是两个以上的人(公民或法人)对一个物享有所有权。共有并不是一种独立的所有权类型,而是同种类或者不同种类的所有权间的联合。例如,全民所有制组织、集体组织、公民之间以及他们相互之间,进行各种协作,如联营,都会产生共有关系。我国物权法确认了两种共有形式,即按份共有和共同共有。准确理解共有,要注意以下几点:

1. 共有的主体具有复合性。这一点上共有与其他财产所有权形态不同,它的主体是多数人,而不是单一主体。

2. 共有是对所有权的抽象分割。共有只是在一个所有权上进行分割,由此产生共有的法律关系。因此,共有并不违反物权法"一物一权"的原则,因为共有人仍然享有的是在一个物上存在的一个所有权,只不过是对这个所有权进行了抽象的分割而已。此外,各个共有人的共有权也不会及于物的具体份额,而是及于所有权的抽象份额而已。如两个人共有一匹马,只意味着二人对这匹马的所有权存在份额,但并不意味着每个人分别拥有马的左半身和右半身。

3. 共有人对共有物的处分存在着很多限制。共有人对于自己权利的行使,并不是完全独立的,在许多情况下要体现全体共有人的意志,要受其他共有人的利益的制约。如按份共有人在转让自己的份额时,在同等条件下其他共有人享有优先受让权,这就意味着共有人在处分自己的份额时,有义务通知其他共有人,以便于其行使优先受让权。而在共同共有的场合下,共有人处分共有物则需要经过所有共有人的同意。

二、两种共有

(一) 概念

按份共有是指两个以上的人对一个物按照确定的份额享有所有权。按份共有是最常见的共有关系,它可以发生在公民之间、法人之间,也可以发生在公民和法人之间。

共同共有是指共有人基于共同关系对于共有物没有确定份额地共同享有所有权。法律之所以规定这样一种共有关系的类型,是为了维护特定团体的稳定性,让团体内的成员不分彼此地享有所有权,因此,共同共有主要存在于家庭关系中。

根据定义,两种共有的实质区别在于内部,按份共有人之间的共有份额是确定的,共同共有人之间的“共有份额”是不存在的,由此决定了二者在多个方面既有联系又有区别。

(二) 共有类型的区分及份额的确定

根据《物权法》第103条的规定,共有人可以自由约定他们对于物的共有类型,但如果对共有物的共有类型没有约定,或者约定不明时,除共有人具有家庭关系以外,视为按份共有。这说明立法者还是尽量将共有财产确定为按份共有,而不趋向于共同共有,其原因在于,与按份共有相比,共同共有只是为了确保特定团体的稳定,但对于提高物的使用效率并没有帮助。因此,在当事人没有约定的情况下,共同共有仅仅存在家庭成员之间。在我国民法上,公认的共同共有关系主要有三种:夫妻财产共有;家庭成员财产共有;共同继承人对于分割前的遗产共有。除此之外的共有关系,一般认定为按份共有。这说明我国法律不倾向于在不具有家庭关系的人之间成立共同共有关系。例如,甲乙没有进行结婚登记而同居形成的共有财产,由于甲乙没有对财产进行约定,也没有合法的家庭关系,因此,这一财产还是认定为按份共有。

如果认定为按份共有,接下来的一个问题就是如何确定每一个共有人的份额。据《物权法》第104条,按份共有人对共有的不动产或者动产享有的份额,没有约定或者约定不明确的,按照出资额确定;不能确定出资额的,视为等额享有。

三、共有内部关系的处理

(一) 按份共有

1. 权利享有与义务承担的基本原则

按份共有人之间,按照既定的份额对共有物享有权利承担义务,如甲乙以各占45%、55%的份额共有一匹马,就马出租给第三人所获的租金,二人也以此份额比例分享之,同样的道理,就马生病所产生的兽医费,最终也按照此份额比例承担之。

共同共有人之间,由于不存在份额,所以在共有期间也就不分份额的对共有物享有权利承担义务。如甲乙夫妻共有一匹马,就马出租给第三人所获的租金,成为二人的共同共有财产,就马生病所产生的兽医费,以夫妻共同共有财产支付之。

2. 共有物的管理

根据《物权法》第96、98条,无论按份共有还是共同共有,共有人之间有约定的,按照约定对共有物进行管理;没有约定或者约定不明的,各个共有人都有管理的权利和义务。这意味着每一个共有人可以不必经过其他共有人的同意而直接进行管理行为。此处的管理包括日常生活中对于共有物的一般维护,也包括出租、借用共有物的行为。

3. 共有物的处分和重大修缮

对于共有物的处分或者重大修缮行为,是一件重大事务,需要谨慎。所谓处分,这里的处分包括法律上的处分和事实上的处分,前者是指导致物权变动的行为,包括买卖、赠与、设立抵押与质押、设立地役权、土地承包经营权等行为(注意不包括租赁、借用等负担行为)。后者是指损毁或者消费行为。所谓重大修缮,就是为提升物的价值或者性能而对物进行的重要修缮行为,区别于一般的修理行为。

依据《物权法》第97条,对于按份共有物,处分与重大修缮应当经占份额2/3以上的按份共有人同意。

一个争议点　对于共有物的出租行为是否属于《物权法》第96条的管理行为,抑或第97条的处分行为,存在理论上的争议。①

4. 共有物的分割

对于共有物的分割,《物权法》第99条区分两种共有作出不完全相同的规定,规定的基本逻辑是:

(1)如共有人事前约定不得分割的,从约定,但共有人有重大理由需要分割的,不在此限。如,甲、乙二人约定5年内不得对共有的房屋进行分割,但甲的家人身患重病需要大笔现金住院治疗,此时可以允许分割共有物。

(2)如无上述禁止性约定,则任何按份共有人可以随时请求分割,这说明我国法律鼓励按份共有人分割共有物,目的是早日消除共有关系。但共同共有人无此权利,除非在共有的基础丧失或者有重大理由需要分割时才可以请求分割,这是为了维护家庭关系的稳定。

(3)因一方共有人分割对其他共有人造成损害的,应当给予赔偿。

关于共有物的分割方式,《物权法》第100条规定,共有人可以协商确定;达不成

---

①　甲、乙、丙、丁共有1套房屋,各占1/4,对共有房屋的管理没有进行约定。甲、乙、丙未经丁同意,以全体共有人的名义将该房屋出租给戊。关于甲、乙、丙上述行为对丁的效力的依据,下列哪一表述是正确的?(2012-3-6,单选题)

A. 有效,出租属于对共有物的管理,各共有人都有管理的权利。

B. 有效,对共有物的处分应当经占共有份额2/3以上的共有人的同意,出租行为较处分为轻,当然可以为之。

C. 无效,对共有物的出租属于处分,应当经全体共有人的同意。

D. 有效,出租是以利用的方法增加物的收益,可以视为改良行为,经占共有份额2/3以上的共有人的同意即可。

本案为国家司法考试2012年卷三第6题,官方答案为B,由此分析,命题人似乎认为租赁属于介于管理与处分之间的一种行为。

协议的，共有物可以分割且不会因分割减损价值的，应当进行实物分割；难以实物分割的，应当进行折价分割（其中一人取得共有物，并给予其他共有人相应补偿），或者变价分割（拍卖、变卖取得的价款，就该款予以分割）。

《物权法》第100条还规定，“共有人分割所得的不动产或者动产有瑕疵的，其他共有人应当分担损失”。这就是共有物的瑕疵共担原则。比如，老父亲去世后留下牛三头，甲、乙、丙兄弟三人一人一头分回家，但第二天一早老大甲所分得的那头牛暴亡，经查，这头牛前几天已经患上疯牛病，分遗产时兄弟三人都不知情。此时，老大甲的损失应该甲、乙、丙三人分担，而非甲一人自认倒霉。

5. 共有人对共有份额的处分

由于共同共有不存在共有份额的概念，所以也就不存在对共有份额的处分问题，这里专指按份共有人的份额处分问题。

依据《物权法》第101条的规定，按份共有人对其份额享有自由处分权，按份共有人可以自由处分其共有份额，如设立抵押，也可以转让其享有的共有份额。

在按份共有人转让份额给第三人时，其他共有人在同等条件下享有优先购买的权利。之所以赋予其他按份共有人优先购买权，是因为共有作为一种多主体共享一个所有权的状态，在行使所有权过程中必然会产生争议，由此导致物的使用效率低下。因此，可以说共有实在不是一种理想的法律形态，法律确实是在迫不得已的情况下规定这一法律关系的，如果能够消除共有关系，那最好不过。为此，当其中一个共有人转让其共有份额时，此时赋予其他共有人优先购买权，就可能早日消除共有现象，由此提高物的使用效率。由于共同共有人不存在份额处分问题，故也就没有优先购买权发生的前提。

概念区分 一定注意“共有人对于共有物的处分”与“共有人对于共有份额的处分”，是截然不同的两码事。举例说明，甲乙丙三人按份共有一栋房子，份额分别是20%、30%、50%，卖掉该栋房子，就是“共有人对于共有物的处分”；甲卖掉自己对于房屋所有权的20%份额，就是“共有人对于共有份额的处分”。对于前一行为，甲无权一人决定，对于后一行为，当然归甲乾纲独断。

（二）共同共有

1. 权利享有与义务承担的基本原则

共同共有人之间，由于不存在份额，所以在共有期间也就不分份额的对共有物享有权利承担义务。如甲、乙夫妻共有一匹马，就马出租给第三人所获的租金，成为二人的共同共有财产，就马生病所产生的兽医费，以夫妻共同共有财产支付之。

2. 共有物的管理

据《物权法》第96、98条，对于共有物的管理，共同共有与按份共有的规则相同。唯一的区别是，对共有物的管理费用以及其他负担，没有约定或者约定不明确的，按份共有人按照其份额负担，共同共有人共同负担。

3. 共有物的处分和重大修缮

依据《物权法》第97条,共有物的处分和重大修缮,需要经过全体共同共有人的一致同意。

4. 共有物的分割

依据《物权法》第99条,关于共有物的分割,共同共有与按份共有的规则相同。

四、共有外部关系的处理

由于按份共有与共同共有的区别仅仅在于共有人的内部关系,所以在对外关系上,两种共有并无区别。

1. 共有人对于第三人享有连带债权

如上所述,共有只是对于所有权抽象的分割,并不是对物具体的分割,因此各个共有人的共有份额及于物的全部。当物遭受第三人损害时,不分共同共有还是按份共有,法律都赋予各个共有人以各自独立请求第三人承担责任的请求权,因为这是对所有共有人都有益的。如,在第三人损害了共有物的情况下,任何一个共有人都可以主张第三人承担全部赔偿责任。

2. 共有人对于第三人承担连带义务

《物权法》第102条规定,不分共同共有还是按份共有,共有人承担连带债务,但法律另有规定或者第三人知道共有人不具有连带债务关系的除外。当然,在共有人内部关系上,除共有人另有约定外,按份共有人最终按照份额承担债务,所以如其对外偿还的债务超过自己应当承担份额的,按份共有人有权向其他共有人追偿。对于共同共有人,则不存在这一问题。

举例 共有人甲与乙共同出资购买丙的汽车一辆,约定先交车后付款,丙交车后,甲与乙负连带交付车款的义务。再如甲、乙共有的动物给他人造成损害,甲、乙应负连带赔偿责任。值得注意的是,在"第三人知道共有人不具有连带债务关系"的情况下,共有人还是承担按份责任的。我国法律之所以如此规定是因为,通常按份共有关系并不对外公示,为保护第三人的利益而专门规定了连带责任,但如果第三人明知共有人是按份共有而与之发生债权关系时,此时继续让共有人承担连带责任是不公平的,故设置了这种例外情形。如,甲明知乙和丙是按份共有人,仍然借款予乙,此时就不存在连带责任,只能向乙一人主张还款。

五、准共有

现代民法上的共有不独适用于所有权,也适用于他物权。《物权法》第105条规定,两个以上单位、个人共同享有用益物权、担保物权的,参照本章规定。比如,甲、乙两银行一并放贷给丙公司,可以约定对于丙的一栋楼房享有共有抵押权。他物权的共有关系,准用所有权共有的规则。

第六节　所有权的特别取得方法

一、善意取得

（一）概念

善意取得是指无处分权人转让标的物给第三人时，善意的第三人即可取得标的物的所有权，原所有权人丧失所有权。通常而言，按照所有权的追及效力，所有权人完全可以对任何占有其物的人请求返还原物。但是，如果允许所有权人在任何情况下都可以请求返还原物，则对善意第三人的保护不周，有害于交易的安全和快捷。因此，法律从保护交易的安全和快捷的角度出发，规定善意第三人在符合法律规定的情况下可以取得无处分权人转让的物的所有权。可见，善意取得制度作为所有权保护的一种例外，是对所有权效力的一种限制，是法律在所有权静态的保护与交易的动态安全之间予以平衡的结果。

（二）构成要件

善意取得制度，也属于民商法上的外观主义适用的重要场合之一。本书第六章第三节曾叙述，外观主义的发生需要三个主体——行为人、交易相对人、本人，其构成要件有四：权利外观的事实存在；本人与因；交易第三人从事了存在对价的交易行为；交易相对人信赖（善意且无过失）了与真实事实不符的外观事实。相应地，善意取得也需要适用以上四要件，只不过具体而言，以上四要件在善意取得的场合下转换为以下的要件表述——也即根据《物权法》第106—107条，善意取得须具备以下的要件：

1. 发生了无权处分行为

这是善意取得发生的基本前提。如果处分人是受所有权人授权的，此时属于有权处分，而第三人获得物的所有权也是基于原所有权人的意志而发生的，没有适用善意取得的余地。因此，如果处分人是经过所有权人授权的，此时受让人获得所有权是典型的继受取得，而不属于善意取得的原始取得。

2. 无权处分人的占有必须是有权占有

这是对于无处分权人的要求。这一要件经常为我们所遗忘，因为《物权法》的条文似乎并没有明确规定，我们只是从遗失物规定中推导出来的，即遗失物不能适用善意取得，即使是从拍卖机构取得也无法构成。这一要件意味着无权处分人对于物的占有是基于物权人的意愿取得的，通常是因合同行为获得占有，如保管人对物的占有就是基于存放人的意愿而占有标的物，承运人就是基于托运人的意愿而获得对物的占有。因此，遗失物和盗窃物不可能存在善意取得问题，因为拾得人和小偷都属于无权占有人。

之所以要求无权处分人必须是有权占有人，是因为如前文所述，善意取得本身也是法律对于保护所有权人和受让人之间进行平衡的结果。如果对善意取得的范围不加限制的话，那么对原所有权人是不公平的，而完全不承认善意取得的话，对受让人也不公平。那么法律只能在二者之间寻找平衡点，因此，法律规定只有在原所有权人对无权处分行为有一定的过错时，才能适用善意取得，以显示对其过错的惩罚。如，甲将物交给乙保管，乙将物转让给善意第三人，此时说明甲在选任乙时就存在选任的过失，即选任不当或认人不清。而当原所有权人对无权处分没有实质性的过错时，就不能适用善意取得，只能牺牲受让人的利益来保护原所有权人的利益。如，甲遗失了手表，被乙拾到，乙将其转让给丙，此时甲无法决定手表被谁拾到，因此，也就不存在选任转让人过失的问题了。当然了，也有人会说，所有权人遗失了手表也是存在过错的，那为什么不能适用善意取得呢？这是因为在立法者看来，遗失的过失相对于将物直接交给坏人而言，程度是可以忽略不计的。

3. 第三人受让该不动产或者动产时是善意的

这是对于第三人的第一要求。这里的善意，是指取得标的物的第三人不知道或者不应当知道转让人为无权转让。法律一般推定任何与动产的占有人或者不动产的名义登记人进行交易的第三人是善意的，因为这本质上是公信原则的体现。

4. 以合理的价格受让

这是对于第三人的第二要求。受让人必须是以有偿方式获得标的物的，因为善意取得的立法目的是为了保护交易的安全，如果属于无偿的受让，受让人的利益与所有权人利益相比是不值得保护的。如赠与就不能构成善意取得。此处的有偿还要强调是"以合理价格受让"，这一要件在其他国家是没有的，因为以非合理的价格受让本身就可以推翻其善意的推定。《物权法》之所以如此规定，是基于基层法官业务素质堪忧的考虑。

5. 转让的不动产或者动产依照法律规定应当登记的已经登记，不需要登记的已经交付给受让人

这是对于第三人的第三要求。首先，第三人必须依据物权的变动规则形式上取得了物权，具体而言，对于不动产，受让人必须办理过户登记，而对于动产，通常需要受让人实际占有。但由于机动车、轮船和飞行器实行登记对抗主义，所以对于这些比较特殊的动产，仍然需要办理过户登记才能获得善意取得保护。如，甲将汽车交给乙保管，乙以自己名义将汽车卖给不知情的丙，并履行交付手续。此时丙仍然不能获得善意取得保护，因为汽车没有过户不能对抗原所有权人甲，而如果办理过户登记的话，丙也必然知道汽车不是乙所有的，更加不能善意取得了。

从表面上看，履行登记或者交付才能构成善意取得似乎是为了满足物权变动的规则要求。但事实上，法律对此作出要求有着更加深远的考虑，那就是当一个人以为自己已经获得了所有权，而法律又将其剥夺了时，受让人会觉得自己凭空失去了东西，心理创伤是巨大的。而当一个人没有办理登记或占有动产时，在心理层面上他觉得自己还没有获得所有权，而当法律不承认他获得所有权时，他只会觉得自己本来就没有拥有过这个东西，所以伤害并不明显，即"没有谈过恋爱的人哪来的失恋呢"。

(三) 善意取得的后果

1. 善意取得人获得所有权。(1) 善意第三人在符合上述条件时即取得不动产或者动产的所有权,此时原所有权人无权请求善意第三人返还原物。(2) 原所有权人只能向无处分权人请求赔偿损失。这种损害赔偿请求权可以是违约责任请求权,也可以是不当得利请求权,也可以是侵权损害赔偿请求权。因为在构成善意取得时,无权处分人肯定是有权占有,而有权占有肯定是基于合同产生的,因此,所有权人和无权处分人之间存在着合同关系。无权处分人将物转让给第三人违反了合同,当然承担违约责任;不当得利请求权是因为无权处分人无权获得转让价款,所有权人可以主张不当得利返还;侵权责任请求权是因为无权处分行为使得所有权人丧失了所有权,因此可以主张请求侵权责任。三种请求权属于债权请求权的竞合,原所有权人根据自身情况只能选择其中一个,如当转让价款较高时,主张不当得利返还最好;而当约定较高违约金时,主张违约责任则较好;当没有约定违约金或者转让价款很低,则主张侵权责任较好。

2. 善意受让人取得动产后,该动产上的原有权利消灭,但善意受让人在受让时知道或者应当知道该权利的除外。一般认为善意取得是原始取得,即善意取得的物是非常“干净”的,没有任何权利瑕疵。如,甲将手表质押给乙,乙未经甲的同意将手表以自己的名义转让给不知情的丙,则丙获得手表的所有权,同时该手表上的质押权也同时消灭。但如果受让人知道动产上存在第三人的权利,则该权利仍然存在于动产之上。如,甲将物租赁于乙,乙将物以自己的名义抵押于不知情的丙,后又将物卖给不知情的丁,但丁对于物上设立抵押是知情的,此时丁虽然取得所有权,但物上的抵押权继续存在。

(四) 他物权的准用

根据《物权法》第 106 条第 3 款,他物权也可以适用善意取得。在他物权适用善意取得时,除了合理对价以外,所有权善意取得的其他要件都必须符合。

抵押权、质押权、留置权和地役权等都可以适用善意取得。如,甲将物交给乙保管,乙为了担保自己的借款将物质押给不知情的丙,此时丙可以获得质押权;又如,甲乙共有一套房屋,但是登记在甲的名下,甲未经乙的同意将其抵押给不知情的银行,银行可以基于善意取得获得抵押权。

二、拾得遗失物

(一) 遗失物的概念

遗失物是指非基于所有权人意志而丧失对其占有的物。因此,遗失物与抛弃物是不同的,后者是所有权人主动放弃对其占有。遗失物只能是动产,不动产不存在遗失的问题。

《物权法》第 114 条规定,漂流物、埋藏物和隐藏物也参照遗失物的规定。所谓漂流物,是指所有人不明,漂流于江、河、湖、海、溪、沟上的物品;埋藏物通常是指埋藏于地下,不容易从外部发现的物;隐藏物是指放置于隐蔽的场所,不易被发现的物,如天花板上搁置的物、屏风中夹带的物,都是隐藏物。

(二) 拾得人的义务和权利

1. 义务

(1) 返还失主。拾得人应当及时通知失主领取,或者送交公安等有关部门。

(2) 妥善保管遗失物。拾得人在遗失物送交有关部门前,有关部门在遗失物被领取前,应当妥善保管遗失物。因故意或者重大过失致使遗失物毁损、灭失的,应当承担民事责任。

2. 权利

拾得人可以向失主主张支付保管遗失物支出的必要费用。此外,失主悬赏寻找遗失物的,拾得人返还遗失物时可以主张赏金。

3. 侵占遗失物的后果

拾得人侵占遗失物的,无权请求保管遗失物等支出的费用,也无权请求失主按照承诺履行义务。所谓侵占是指拾得人在拾到遗失物后既不寻找失主,也不送交有关部门,而是以据为己有的方式占有遗失物。

(三) 招领部门的权利和义务

1. 有关部门收到遗失物,知道失主的,应当及时通知其领取;不知道的,应当及时发布招领公告。

2. 招领部门可以在失主领取遗失物时主张保管遗失物支付的必要费用。

3. 逾期不领的后果。遗失物自发布招领公告之日起 6 个月内无人认领的,归国家所有。国家此时属于时效取得的原始取得。

(四) 遗失物的转让后果

1. 遗失物如果通过转让被第三人占有的,权利人有权向无处分权人请求损害赔偿,或者自知道或应当知道受让人(第三人)之日起 2 年内向第三人请求返还原物。(1) 这说明此时不能适用善意取得。(2) 权利人主张返还的请求权属于物权请求权,必须在知道受让人后的 2 年内行使,如果 2 年期届满,此处的 2 年不属于诉讼时效,而是失权期间,这一请求权彻底消灭,而受让人则可以因期间的届满而时效取得物权。

2. 第三人通过拍卖或者向具有经营资格的经营者购得该遗失物的,权利人请求返还原物时应当支付第三人所付的费用。(1) 这说明即使是通过拍卖或者向具有经营资格的经营者购买的,仍然不能适用善意取得,因为此时权利人仍然可以主张返还。(2) 在这种情形下,受让人只是享有抗辩权,即权利人必须向其支付其购买时所付的费用,否则买受人有权拒绝返还。而权利人一旦向第三人支付所付费用后,买受人的抗辩权便消灭。权利人可以事后向无权处分人追偿这一费用。

三、先占

(一) 概念

先占是指行为人对无主物的第一个占有而取得物权的法律制度。由于不动产是以登记为公示方式的,因此,先占仅仅适用于动产,不动产不存在先占的问题。

(二) 要件

1. 先占的对象必须是无主物

无主物是指不归属于任何人的物品。在我国由于不动产通常归国家或集体所有,因此,无主物仅仅限于动产。此外,在现代社会,绝大多数物品都有确定的归属,因此,无主物主要限于抛弃物,即基于所有人的意志自愿放弃其占有的动产,最常见的就是废品。(1) 抛弃属于单方法律行为,因此抛弃人必须具备相应的行为能力,否则是无效的抛弃,抛弃物也不能构成无主物,如3岁的儿童将自家的物品丢弃。(2) 抛弃的认定要结合行为人的主观意愿和场合加以判断,如主人将其物品丢弃于垃圾站,就属于抛弃行为,但停在停车场的汽车不能因为其无人占有而认为是抛弃物。(3) 抛弃既然属于单方法律行为,因此,抛弃可以自己亲自进行,也可以授权他人代办。如董事长吩咐员工将一台旧电脑丢弃于楼下垃圾桶里。

2. 必须实际占有标的物

占有人必须实际控制无主物。通常认为先占是事实行为,因为先占人虽然占有了无主物,但是法律并不需要先占人有获得所有权的主观愿意,而是法律基于这一占有的客观事实赋予其所有权的,与其主观意愿无关。

(三) 后果

一旦先占,占有人便取得物的所有权。这里应当指出的是,先占取得只适用于法律对于无主财产的归属没有特别规定的情形。法律如果有特别的规定,如无人继承的遗产,就应当适用法律的特别规定,而不能先占取得。

思 维 拓 展

【重要知识点】

专属于国家所有的物;建筑物区分所有权的专有权的范围、共有权的范围;属于业主重大事项的范围;业主与物业服务企业的权利和义务;按份共有的内部和外部关系;共有物的管理与处分行为要求;善意取得制度的所有问题;拾得遗失物引发的物权归属与债权法律关系;先占的概念。

【实例解析】

案例1 2009年7月9日上午11时许，王某在一商场的地下停车场下车时，不慎将一枚价值4.6万余元的钻戒丢失，当时没有察觉。第二天王某报警后，民警调取了停车场录像，找到了拾得钻戒的清洁工张某。张某承认捡到钻戒，但称当时认为戒指是假的，就随手扔到垃圾桶了，由于垃圾已经运送到填埋场，现在已无找回可能。王某起诉至北京市某区人民法院，要求张某赔偿钻戒损失4.6万余元。法院一审判决张某赔偿王小姐钻戒损失4.6万元。张某不服，认为王某没有提供足够证据证明曾经拥有钻戒及丢失钻戒的事实，即便王某丢失了戒指也不能证明丢失的戒指与他捡到的戒指是同一枚，且其没有证据证明戒指的价值，他没有毁损、灭失戒指的故意，不应该赔偿，于是提起上诉。

二审法院审理后认为，对于张某捡到王某遗失的戒指且擅自扔掉的事实并无争议，但如何适用法律则分为两种观点，一种观点认为，根据《物权法》的规定，拾得遗失物，应当返还权利人。拾得人应当及时通知权利人领取，或者送交公安等有关部门，在此之前，拾得人应当妥善保管遗失物，因故意或者重大过失致使遗失物毁损、灭失的，应当承担民事责任，据此，张某应当承担赔偿责任。另一种观点认为，张某基于认识错误，擅自抛弃已经拾得的遗失物，系普通人的正常反应，并无大的不妥，不应当承担赔偿责任。

法律问题 对于此案，你有何看法？

法理分析 第一种观点的说理已经非常透彻，张某擅自扔掉他人遗失的戒指并导致完全无法找回的事实，恰恰说明张某作为拾得人未尽到妥善保管遗失物的义务，属于因故意或者重大过失致使遗失物毁损、灭失的情形，故承担赔偿责任属于当然。

案例2 2012年10月，村民王光龙在四川省涪江河潼南县梓潼街道办事处前进村河段河道内发现乌木[①]一根（长约30米）。同年11月，王光龙会同他人将该乌木挖掘并打捞上岸并报告潼南县文物管理所，经鉴定该乌木不属文物，潼南县文物管理所不予收藏。王光龙等人遂于2012年12月将该乌木卖掉，卖得款项196000元，并对钱款进行了私自处分。潼南县财政局认为，因该乌木在河道中发现，其所有权应归国家所有，其作为潼南县国有资产管理部门，遂诉至潼南县人民法院，请求王光龙等人向原告返还其分得的乌木款。

潼南县人民法院认为，除法律规定属于集体所有的以外，自然资源属于国家所有。乌木是由楠木、红椿等树木因自然灾害埋入淤泥，在缺氧高压状态下，在细菌等微生物的作用下，经长期的碳化过程形成的碳化木。因此，乌木形成于自然，属于自然资源，

---

① 乌木（阴沉木，此乌木与红木国标中的“乌木”是两个概念）兼备木的古雅和石的神韵，有“东方神木”和“植物木乃伊”之称。它是由地震、洪水、泥石流将地上植物生物等全部埋入古河床等低洼处。埋入淤泥中的部分树木，在缺氧、高压状态以及细菌等微生物的作用下，经长达成千上万年炭化过程形成乌木，故又称“炭化木”。我国文化传统上，历代都把乌木用作辟邪之物，制作工艺品、佛像、护身符挂件。古人云：“家有乌木半方，胜过财宝一箱。”以上摘自“百度知道”。

且不属法律规定属于集体所有的范围,故乌木应属于国家所有。因此,原告潼南县财政局作为潼南县国有资产管理部门,要求8名被告返还分得的乌木款项的诉讼请求于法有据,本院予以支持。但在该乌木被发现至出卖期间发生的在挖掘、打捞及看护期间的劳务费、误工费等费用应予以扣除。本案一审判决王光龙等8名被告返还卖得乌木款115742元。①

该案裁判依据为《物权法》第48条,该条规定:“森林、山岭、草原、荒地、滩涂等自然资源,属于国家所有,但法律规定属于集体所有的除外。”本案裁判的逻辑思路为:该法条是不完全列举,“等”表明还有未被列举的自然资源,除法律明确规定属于集体所有的外,未被列举的自然资源属于国家所有。乌木属于自然资源,法律没有规定为属集体所有,故乌木应归国家所有,各被告私自出卖国家所有财产的所得应予以返还。

法律问题 你如何评论该裁决的依据以及结论?

法理分析 对此裁决,法学界存在不同的看法,有人赞成,有人质疑,争论焦点在于物权法没有无明确归属的自然资源,应该归谁所有的问题的规定。这里主要介绍质疑方的主要意见:

《中国大百科全书(法学)》“自然资源”的词条解释为:“指能够为人们所利用作为生产资料和生活资料来源的自然要素,一般包括土地资源、矿产资源、水资源、生物资源、海洋资源、气候资源、旅游资源等。”由此可见,作为人们生产、生活自然要素的自然资源,范围极广,涉及人们生产生活的方方面面,在法律没有规定为国有的前提下,是否均应认定为国家所有不无疑问。比如,作为气候资源的风能、太阳能等自然资源,没有法律规定为国家所有,那么可否推定为国家所有?显然,如认定为国有,不仅于情于理不合,也不利于提高民生水平,有与民争利的嫌疑。需要注意,自然资源的归属与对自然资源的开发利用行为的管理是两个不同的概念,自然资源不属于国家所有,但国家在不同的开发利用主体在对自然资源的开发利用的过程中有权从安全利用、环境保护等角度出发进行有效的行政管理。

从我国现有法律的规定来看,也无法推论出没有法律规定的自然资源归由国家所有的结论。《民法通则》第81条第1款规定:“国家所有的森林、山岭、草原、荒地、滩涂、水面等自然资源,可以依法由全民所有制单位使用,也可以依法确定由集体所有制单位使用,国家保护它的使用、收益的权利;使用单位有管理、保护、合理利用的义务。”《物权法》第45条第1款规定:“法律规定属于国家所有的财产,属于国家所有即全民所有。”《物权法》第48条:“森林、山岭、草原、荒地、滩涂等自然资源,属于国家所有,但法律规定属于集体所有的除外。”对以上规定进行分析可以发现,《民法通则》未涉及所有的问题,只是说自然资源可以由全民所有制单位使用,也可以由集体所有制单位使用,国家保护使用者的使用、收益权利。《物权法》第45条第1款明确了凡法律规定为国家所有的财产才属于国家财产,反之,即法律没有规定为国家所有财产的

---

① 摘自潼南县财局与王光龙、匡翀等埋藏物返还纠纷案一审民事判决书,(2013)潼法民初字第00393号。

就不应属于国家财产。而由于有45条规定的存在,《物权法》第48条规定的“等自然资源”能否理解为未列举的自然资源为国家所有？不无疑问。在法律或者法律解释未作出进一步明确之前,争论可能会一直争论下去。

只不过,有一点需要说明的是,民事行为的基本原则是,只要不是法律明令禁止的行为均是合法的。鉴于以上理解,联系到本案的处理,由于至今尚没有法律、法律解释明确规定乌木为国家所有,本案的处理似乎依据不足。如认为乌木涉及到国计民生,有重大的科研、经济价值并应由国家行使所有者的管理职权的,则应制定法律明确规范。

案例3 张三、李四比邻而居多年,张三院中的一棵古树的根系延伸到李四房屋地基之下,将其墙壁与火炕挤裂。李四要求张三砍掉古树或者切断临近自己一侧的树根,遭到张三的拒绝,理由是该古树有灵,砍断会影响自家的风水。

法律问题 如何解决此类纠纷？

法理分析 双方之间属于因为不动产所有权的行使而产生的相邻关系;张三的树木根系既然已经危及到李四的房屋安全,这属于相邻防险关系,双方应本着有利生活、团结互助、公平合理原则来解决纠纷,具体而言本案中张三应该消除危险、恢复原状、赔偿损失。

【重点法条】

(1)《物权法》第42、46、50、52、73、74、76、77、79、94、97、101—104、106—111条。

(2)最高人民法院《关于审理建筑物区分所有权纠纷案件具体应用法律若干问题的解释》第1—5、7、10—11条。

(3)最高人民法院《关于审理物业服务纠纷案件具体应用法律若干问题的解释》第1—3、6、7、11条。

>> 第十三章 <<

用益物权

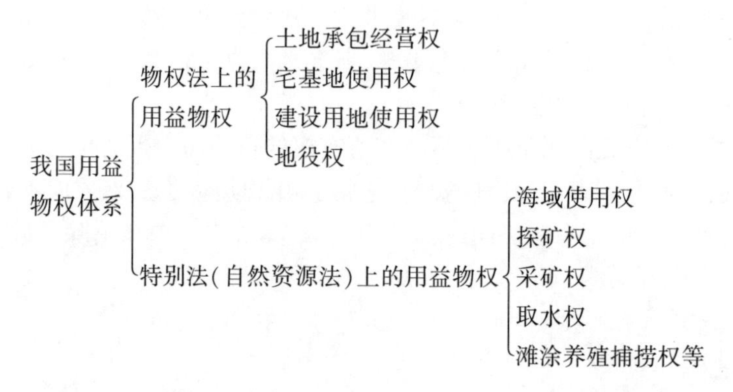

本章主要涉及建设用地使用权、宅基地使用权、土地承包经营权和地役权四种用益物权制度。其中,建设用地使用权和地役权是重点。对于建设用地使用权应该主要关注建设用地使用权与地上建筑物之间的关系,特别是涉及建设用地使用权转让、抵押时,地上建筑物的处理规则。地役权的从属性和不可分性是地役权制度的重点,特别要注意地役权设立的登记对抗主义对地役权的影响。

第一节　概　　述

一、概念与特征

用益物权是对他人所有的物,在一定范围内进行占有、使用、收益、处分的物权。《物权法》规定了土地承包经营权、建设用地使用权、宅基地使用权、地役权四种用益物权。

与财产所有权、担保物权相比较,用益物权具有以下特点:

1. 以对标的物的使用、收益为其主要内容。用益物权之"用益",顾名思义,就是对物的使用、收益,以取得物的使用价值。在这一点上用益物权与担保物权不同,后者是以物的交换价值为主要内容,以确保债权的实现。

2. 以对物的实际占有为前提。由于用益物权是以对物的使用和收益为主要内容的,而只有对物进行实际的支配才有直接使用或收益的可能,因此,用益物权基本上都是以对物的实际支配为前提条件的。这一点与担保物权是不同的,担保物权的内容在于取得物的交换价值,因而可不必对物进行有形支配,而以无形支配为主。当然,对于质权和留置权而言,也以对标的物的占有为必要,但这种占有是权利的保持和公示的方法,它并不是对标的物利用的前提。

3. 标的通常是不动产物权。虽然《物权法》规定用益物权是建立在不动产或动产之上的物权,但在现实生活中用益物权的标的物通常只限于不动产,如目前《物权法》中规定的土地承包经营权、建设用地使用权、宅基地使用权和地役权四种用益物权全部都是不动产物权。在这一点上它与所有权和担保物权都不同,所有权和担保物权的标的物既包括动产,也包括不动产。

二、用益物权的种类

根据规定用益物权的法律不同,可以将用益物权分为以下两种:

(一) 物权法上的用益物权

物权法上的用益物权是指由《物权法》明确规定的用益物权类型,主要有建设用地使用权、宅基地使用权、土地承包经营权和地役权。

(二) 特别法上规定的用益物权

特别法上的用益物权是指《物权法》没有作规定,或者只是作了原则性的规定,具体内容是由各个特别法律规定的用益物权类型,如海域使用权、探矿权、采矿权、取水权、滩涂养殖捕捞权。有些教科书又称之为“准物权”。

第二节　土地承包经营权

一、概念

根据《物权法》第125条,土地承包经营权是指土地承包经营权人依法对集体所有的或国家所有的耕地、林地、草地等享有占有、使用和收益的权利,有权从事种植业、林业、畜牧业等农业生产。准确理解这一概念需要注意以下几点:

1. 客体是农村土地。根据《物权法》第124条,这里的“农村土地”包括集体所有或者国家所有的耕地、林地、草地以及其他用于农业的土地。这说明土地承包经营权不仅仅存在于集体所有的土地上,国家所有的土地也可以成为土地承包经营权的客体,但是它们必须是用于农业生产的土地。

2. 主体是农业生产者。土地承包经营权的主体只能是从事农业生产的人,非从事农业生产者无法成为土地承包经营权的主体。任何从事农业生产者可以承包国家所有的耕地、林地和草地的经营权。但是,对于集体所有的土地一般都是由本集体经济组织成员承包,只有在例外情况下才能由本集体经济组织成员以外的人承包。根据

《土地管理法》与《农村土地承包法》规定,只有符合条件的农村土地并经法定程序,即在符合下列条件后,集体经济组织成员以外的人才可以承包:(1) 只限于不宜采取家庭承包方式的荒山、荒沟、荒丘、荒滩等农村土地;(2) 只能够通过招标、拍卖、公开协商等方式承包;(3) 事先经本集体经济组织成员的村民会议 2/3 以上成员或者 2/3 以上村民代表的同意,并报乡(镇)人民政府批准;(4) 本集体经济组织成员未在同等条件下行使优先承包权。

3. 制度目的特殊。土地承包经营权的目的是承包人从事种植业、林业、畜牧业等农业生产,而非营造建筑物。

4. 期限较长。根据《物权法》第 127 条,耕地的承包期为 30 年,草地为 30—50 年,林地为 30—70 年,特殊林木的林地承包期,经国务院林业行政主管部门批准可以延长。在土地承包经营期限内,发包方不得随意调整承包地,若因自然灾害严重毁损承包地等特殊情形对个别农户之间承包的耕地和草地需要适当调整的,必须经本集体经济组织成员的村民会议 2/3 以上成员或者 2/3 以上村民代表的同意,并报乡(镇)人民政府和县级人民政府农业等行政主管部门批准。

二、设立和流转

(一) 设立

依《物权法》第 127 条的规定,土地承包经营权自土地承包经营权合同生效时设立。

签订土地承包经营合同分为两种类型:(1) 以家庭承包的方式签订土地承包经营合同,此时是集体经济组织成员与集体经济组织签订的承包合同;(2) 通过招标、拍卖、公开协商方式签订承包合同,此时是集体经济组织成员以外的人与集体经济组织签订的承包合同。

根据《物权法》第 127 条,签订承包合同,承包合同自成立之日起生效,承包方于合同生效时取得土地承包经营权。县级以上地方人民政府应当向土地承包经营权人发放土地承包经营权证、林权证、草原使用权证,并登记造册,确认土地承包经营权。这意味着我国对于土地承包经营权的设立采取的是纯粹的意思主义,其取得不需要登记,而只以合同生效为准,与其他的物权设立有着极大的差别。

(二) 流转

1. 通过转包、互换、转让方式流转

根据《物权法》第 128 条的规定,土地承包经营权人有权按照《农村土地承包法》的规定,采取转包、互换、转让方式流转土地承包经营权。(1) 转包是指土地承包经营权人把自己承包期内承包的土地,在一定期限内全部或部分转交给本集体经济组织内部的其他农户耕种。受让人通常要向转包人即土地承包经营权人支付转包费。(2) 互换是指土地承包经营权人将自己的土地承包经营权交给他人,以换取对方的土地承包经营权。从表面上看互换是地块的交换,但从性质上看,是由交换承包的土地引起的权利本身的交换。权利交换后,原有的承包人和发包人的关系,转变为发包人和互换后的承包人的关系。(3) 转让是指土地承包经营权人将自己拥有的未到期的土地承包经营权转移给他人的行为。转让不同于转包,前者将导致承包人与发包人的土地承包关系自行终止,转让人不再享有该土地承包经营权,而转包中的原承包人与发包人的承包关系没有任何变化,转包人也并不丧失土地承包经营权。因此,根据《土地承包法》的规定,转让必须经过发包人的同意。

2. 流转的限制条件

流转的土地承包经营权有两个限制:(1) 流转的期限不能超过原承包期的剩余期限;(2) 未经批准,不得将承包地用于非农建设。

3. 互换、转让的土地承包经营权的流转采取登记对抗主义

根据《物权法》第129条,互换和转让采取登记对抗主义,即未经登记虽然也可以发生物权的变动效果,但是不能对抗善意第三人。值得注意的是,《物权法》规定了三种土地承包经营权流转的方式,但仅仅规定互换和转让需要登记,而转包则不需要登记。这是因为互换和转让涉及原承包人和发包人的法律关系的变更,而转包中的承包人继续享有土地承包经营权,没有涉及权利主体的变更,因此法律不要求对转包进行变更登记。

三、内容

(一) 承包人的权利

1. 收益权。对承包的土地占有、使用和收益的权利。

2. 流转权。如是一般的土地承包经营权,承包人享有通过转让、互换、转包方式流转土地承包经营权的权利;如是通过招标、拍卖、公开协商等方式承包的荒地农村土地,依《农村土地承包法》等规定,还可以入股、抵押。

3. 征收补偿权。根据《物权法》第132条的规定,承包地被征收的,土地承包经营权人有权依照《物权法》第42条第2款的规定获得相应补偿,即征收集体所有的土地,应当依法足额支付土地补偿费、安置补偿费、地上附着物和青苗补偿费,安排被征地农民的社会保障费。

(二) 发包人的义务

1. 发包人在承包期内不得调整承包地。因自然灾害严重毁损承包地等特殊情形,需要适当调整承包的耕地和草地的,应当依照《农村土地承包法》等法律规定办理。

2. 发包人在承包期内不得收回承包地,《农村土地承包法》等法律另有规定的,依照其规定。

第三节　建设用地使用权

一、概念

建设用地使用权是指使用国家所有的土地建造建筑物或构筑物的权利。它具有以下特征：

1. 客体限于国家所有的土地。建设用地使用权的标的仅以土地为限，而且仅限于国家所有的土地。

2. 以保存建筑物或者构筑物及其他附属设施为目的。这里的建筑物或者构筑物及其他附属设施是指在土地上、下建筑的房屋及其他设施，如桥梁、沟渠、铜像、纪念碑、地窖等，建设用地使用权即以保存此等建筑物或者工作物为目的。

二、设立

根据《物权法》第136条，建设用地使用权可以在土地的地表、地上或者地下分别设立。新设立的建设用地使用权，不得损害已设立的用益物权。

（一）设立方式

1. 划拨方式

划拨是指土地使用人只需按照一定程序提出申请，经主管机关批准即可无偿取得建设用地使用权。我国《物权法》第137条第3款规定，严格限制以划拨方式设立建设用地使用权。采取划拨方式的，应当遵守法律、行政法规关于土地用途的规定。根据《土地管理法》的有关规定，可以通过划拨方式取得的建设用地包括：(1) 国家机关用地和军事用地；(2) 城市基础设施用地和公益事业用地；(3) 国家重点扶持的能源、交通、水利等基础设施用地；(4) 法律、行政法规规定的其他用地。上述以划拨方式取得建设用地，须经县级以上地方人民政府依法批准。

2. 出让方式

建设用地使用权出让是国家以土地所有人身份将建设用地使用权在一定期限内让与土地使用者，并由土地使用者向国家支付建设用地使用权出让金的行为。建设用地使用权出让有三种形式：协议、招标和拍卖。协议是由市、县人民政府土地管理部门（代表国家作为出让方），与土地使用人按照平等、自愿、有偿的原则协商一致后，签订建设用地使用权出让合同。根据《物权法》的规定，工业、商业旅游、娱乐和商品住宅等经营性用地以及同一土地有两个以上意向用地者的，应当采取拍卖、招标等公开竞价的方式出让。

（二）建设用地使用权出让合同

采取招标、拍卖、协议等出让方式设立建设用地使用权的，当事人应当采取书面形式订立建设用地使用权出让合同。建设用地使用权出让合同一般包括下列条款：当事人的名称和住所；土地界址、面积等；建筑物、构筑物及其附属设施占用的空间；土地用途；使用期限；出让金等费用及其支付方式；解决争议的方法。

（三）建设用地使用权的生效

建设用地使用权属于用益物权，出让合同的签订只是建设用地使用权设立的原因，建设用地使用权本身还需要登记才能有效设立。根据《物权法》第139条，建设用地使用权自登记时设立。这说明我国建设用地使用权采取的是登记生效主义，即不登记就无法取得建设用地使用权。

三、内容

（一）建设用地使用权人的义务

1．合理利用土地。不得改变土地用途；需要改变土地用途的，应当依法经有关行政主管部门批准。

2．支付出让金。建设用地使用权人应当依照法律规定以及合同约定支付出让金等费用。

3．返还土地。建设用地使用权消灭时，建设用地使用权人应当将土地返还给所有权人，原则上应恢复土地的原状。因此如建设用地使用权人以取回地上建筑物或者构筑物及其他附属设施为恢复原状的手段时，则“取回”不但是其权利也是义务。

（二）建设用地使用权人的权利

1．取得地上附着物所有权。根据《物权法》第142条，建设用地使用权人建造的建筑物、构筑物及其附属设施的所有权属于建设用地使用权人，但有相反证据证明的除外。

2．处分权。根据《物权法》第143条，建设用地使用权人有权将建设用地使用权转让、互换、出资、赠与或者抵押，但法律另有规定的除外。采取上述方式处分建设用地使用权时，当事人必须采取书面形式，且使用期限不得超过建设用地使用权的剩余期限。采取转让、互换、出资或者赠与方式处分建设用地使用权的，附着于该土地上的建筑物、构筑物及其附属设施一并处分。

3．补偿权。根据《物权法》第148条，建设用地使用权期间届满前，国家因为公共利益的需要提前收回该土地的，应当对该土地上的房屋及其他不动产给予补偿，并退还相应的出让金。

4．自动续期权。根据《物权法》第149条，住宅建设用地使用权届满的，自动续期。

第四节　宅基地使用权

一、概念

宅基地使用权指的是农村集体经济组织的成员依法享有的在农民集体所有的土地上建造个人住宅的权利。准确理解宅基地使用权,应当注意以下几个方面:

1. 主体限于农村集体经济组织的成员。城镇居民不得购置宅基地,除非其依法将户口迁入该集体经济组织。

2. 用途仅限于村民建造个人住宅。个人住宅包括住房以及与村民居住生活有关的附属设施,如厨房、院墙等。

3. 实行严格的"一户一宅"制。据《土地管理法》,农村村民一户只能拥有一处宅基地,其面积不得超过省、自治区、直辖市规定的标准。农村村民建造住宅,应符合乡(镇)土地利用总体规划,并尽量使用原有的宅基地和村内空闲地。农村村民住宅用地,经乡(镇)人民政府审核,由县级人民政府批准,但如果涉及占用农用地的,应依照《土地管理法》的有关规定办理审批手续。农村村民出卖、出租住房后,再申请宅基地的,不予批准。

二、内容

宅基地使用权人对宅基地享有如下权利:

1. 占有和使用宅基地。宅基地使用权人有权占有宅基地,并在宅基地上建造个人住宅以及与居住生活相关的附属设施。

2. 收益和处分。宅基地使用权人有权获得因使用宅基地而产生的收益,如在宅基地空闲处种植果树等经济作物而产生的收益。同时,宅基地使用权人有权依法转让房屋所有权,则该房屋占用范围内的宅基地使用权一并转让,但宅基地使用权的受让人只限于本集体经济组织的成员。

3. 灭失后的重新分配权。宅基地因自然灾害如泥石流、洪水、地震等原因灭失的,宅基地使用权消灭,对没有宅基地的村民,应当重新分配宅基地。

第五节　地　役　权

一、概念

地役权是指地役权人按照合同约定,利用他人不动产,以提高自己的不动产的效益的权利。其中他人的不动产为供役地,自己的不动产为需役地。准确理解地役权,需要注意以下两点:

1. 不动产物权。地役权是使用他人土地的权利。地役权的客体是土地,并以该土地属于他人所有或者使用为要素。

2. 为使用特定不动产便利的需要而设。使用供役地的目的,乃是为了需役地的便利。由于地役权的内容在于以此土地供彼土地之使用,因而地役权的成立,必须有两块土地的存在。就一般情况而论,其内容无非是以下几类:(1) 以供役地供使用,如通行地役权;(2) 以供役地供收益,如用水地役权;(3) 禁止供役地为某种使用,如禁止在邻地建高楼,以免妨碍眺望。

地役权与相邻关系都以不动产的相邻为产生前提,但存在明显的形式上的区别:

1. 法律关系的范畴不同。相邻关系只是处理不动产所有权时派生出来的法律关系,并不是一种独立的物权形态;而地役权是一种独立的用益物权。

2. 产生的依据不同。相邻关系的产生是法律的直接规定;而地役权是由当事人明确约定的。

3. 是否有偿不同。相邻关系由于是法律直接规定的,因此是无偿的;而地役权是为了提高自己对不动产的使用效率而约定对他人不动产进行的利用,因此通常都是有偿的。

4. 是否需要登记不同。相邻关系是对不动产所有权人或者使用人在使用不动产时的法定限制,且这种限制适用于任何不动产的受让人,因此无需登记;而地役权是为了提高不动产的使用效率,超越了法律的基本规定,如果不登记,第三人无从知晓地役权的存在和状况,因此,如果不登记不得对抗善意第三人。

实质区别　地役权与相邻关系都是调整相邻不动产物权人之间基于不动产的相邻而产生的权利义务关系的制度,但存在实质的区别:二者所调整的基于不动产的相邻而产生的权利义务关系的深度截然不同,这里的深度区分在于容忍义务的认定。应该说,邻里之间在日常生活中都负有对于邻居的某些行为带给自己的某些不方便的容忍义务,比如邻居在周一到周五的早八点到晚八点这一段时间里修建、装修新房子会带来噪音,只要不超过法律的限度,我们应该予以容忍,这就是相邻关系制度所能够解决的问题。但是超出这个限度邻居还要求我们容忍的话,如邻居想要全天候进行装修,不分工作日休息日也不分昼夜,那就需要借助于地役权制度来解决了。

二、设立

地役权通常是当事人通过合同方式约定产生的,但同时地役权本身是物权,因此,地役权的设立本身只要有地役权合同就行,但其行使还必须进行相应的公示,否则效力大受影响。

(一) 地役权合同

根据《物权法》第157条,地役权合同必须采取书面形式,一般包括以下条款:当事人的姓名或者名称和住所;供役地和需役地的位置;利用目的和方法;利用期限;费用及其支付方式;解决争议的方法等。当然,此处"一般包括"的表述,意味着上述条款只是示范性条款,而不是必备条款。上述部分条款的缺失并不导致地役权合同的无效。

(二)地役权的生效

依《物权法》第158条,地役权自地役权合同生效时设立。这意味着地役权合同的订立有着双重法律效果,即既产生设立地役权的债权,同时也产生了设立地役权的物权(表面上似乎没有贯彻物权和债权区分的原则)。但我们知道地役权毕竟属于物权,如果它没有公示第三人也无从知晓它的权利变动,因此,《物权法》规定,地役权没有登记的,不得对抗善意第三人。这说明地役权虽然从地役权合同订立时起就发生效力,但这种效力仅及于需役地人和供役地人,其效力类似于债权。只有办理了登记后,地役权才能对抗第三人而具有绝对性,此时才是名正言顺的物权效力。

甲为了能在自己的房子里欣赏远处的风景,便与相邻的乙约定:乙不在自己的土地上建高楼,作为补偿,甲每年支付给乙4000元。两年后,乙将该土地使用权转让给丙。丙在该土地上建了一座高楼,与甲发生了纠纷。对此纠纷如何解决,下列判断哪一个是正确的?(1)甲与乙之间的合同因没有办理登记而无效;(2)甲对乙的土地不享有地役权;(3)甲有权不让丙建高楼,但得每年支付其4000元。解析:地役权合同本身成立(签订)即生效,无须登记;又由于地役权作为物权不采登记生效主义而是采取登记对抗主义,那么甲、乙之间的地役权即使没有登记,也是有效的,只是不能对抗第三人,也就说不能对供役地的受让人丙产生效力,丙可以建高楼,也无须补偿甲的损失,所以,三个判断均错误。[①]

三、特征

(一)从属性

地役权的成立必须是需役地与供役地同时存在,因此在法律属性上地役权与其他物权不同。地役权虽然是一种独立的权利,并非需役地所有权或者使用权的扩张,但它仍应当与需役地的所有权或者使用权共命运,这就是地役权的从属性,主要体现在三个方面:

1. 地役权的期限不得超过设立地役权时需役地的其他用益物权的期限。因为地役权是为不动产的使用人服务的,因此,它从属于不动产的使用。理论上不动产的使用人包括不动产的所有权人,但是我国由于实行土地国家所有或集体所有,真正使用不动产的是不动产的用益物权人。因此,根据《物权法》第161条,地役权的期限由当事人约定,但不得超过土地承包经营权、建设用地使用权等用益物权的剩余期限。

① 钱明星:《论我国物权法的基本原则》,载《北京大学学报(哲学社会科学版)》1998年第1期。

2. 地役权必须与需役地所有权或者使用权一同转移,不能与需役地分离而让与。(1)地役权人不得自己保留地役权而将需役地所有权或者使用权让与他人。如土地所有权人享有地役权后,又在土地上为他人设立其他用益物权时,用益物权人此时不仅仅取得用益物权,同时也取得地役权。根据《物权法》第162条,土地所有权人享有地役权的,设立土地承包经营权、宅基地使用权时,该土地承包经营权人、宅基地使用权人继续享有地役权。(2)地役权人不得自己保留需役地所有权或者使用权,而单独将地役权让与他人。根据《物权法》第164条,地役权不得单独转让。土地承包经营权、建设用地使用权等转让的,地役权一并转让,但合同另有约定的除外。

3. 地役权不得与需役地分离而为其他权利的标的,如果在需役地上设定其他权利,则地役权亦包括在内。例如,在需役地上设定建设用地使用权,则建设用地使用权人也得行使地役权,不能单独将地役权作为其他权利的标的,如单独以地役权抵押、出租。根据《物权法》第165条,地役权不得单独抵押。土地承包经营权、建设用地使用权等抵押的,在实现抵押权时,地役权一并转让。

(二)不可分性

地役权的不可分性,是指地役权存在于需役地与供役地的全部,不得分割为各个部分或仅为一个部分而存在。一般来说,地役权的不可分性体现在两个方面:

1. 在需役地分割时,分割后的土地所有人或用益物权人同时享有地役权,而不是按照分割的比例享有地役权。根据《物权法》第166条,需役地以及需役地上的土地承包经营权、建设用地使用权部分转让时,转让部分涉及地役权的,受让人同时享有地役权。

2. 供役地被分割的,地役权人仍然对分割后的各个土地享有完整的地役权,而不是按照分割后供役地的比例享有。根据《物权法》第167条,供役地以及供役地上的土地承包经营权、建设用地使用权部分转让时,转让部分涉及地役权的,地役权对受让人具有约束力。例如,甲地在乙地上设有排水地役权,以后乙地分为丙、丁两块地,甲地仍得对丙、丁两块地行使地役权。

四、消灭

地役权是一种不动产物权,则不动产物权的一般消灭原因,当然适用于地役权。除此之外,地役权还可以因为自己独特的原因消灭。由于我国物权法没有承认物权的无因性,因此,地役权合同的解除也会导致地役权的消灭。根据《物权法》第168条,在下列两种情形下,地役权因供役地权利人解除地役权关系而消灭:(1)地役权人违反法律规定或者合同约定,滥用地役权;(2)有偿利用供役地,约定的付款期间届满后在合理期限内经两次催告未支付费用。

思维拓展

【重要知识点】

土地承包经营权的设立、互换和转让;建设用地使用权的生效;建设用地使用权与地上物的关系;地役权的登记对抗性;地役权的从属性;地役权的不可分性。

【实例解析】

案例 诗人甲为了能在自己的三层洋房中欣赏远处风景怡情,且有激发自己的创作灵感之用,便与相邻的乙约定:乙承诺10年内不在自己的平房以及院落上建造高层建筑遮挡甲的视线,作为补偿,甲一次性支付给乙20万元,双方签约后各自履行义务,但一直没有去办理权属登记。1年后,甲将该房屋转让给一位画家丙,约定房价300万元,但甲说明了与乙的约定,丙也很高兴有此约定,为此多支付25万元给甲。由于种种原因,甲、丙完成不动产过户手续后,丙、乙之间也没有去履行相应的权属登记手续。数月后,乙又将该平房连同院落转让给丁,并办理了不动产过户手续。丁接手后立即大兴土木,准备兴建一座八层的客栈。为此,丙非常愤怒,找丁理论,丁以概不知情为由置之不理,遂起纠纷。

法律问题 本案的丙如何寻求救济之道?

法理分析 从内容来看,甲乙的约定不属于相邻关系而属于地役权的约定。相邻关系的内容是法定的、无偿的,无须当事人特别的约定。甲、乙之间的合同是设立地役权的合同。地役权人有权依照合同约定来利用他人土地,以提高自己的不动产的效益,此种效益可以体现为直接扩展自己的权力范围,也可以体现为对他人土地使用权的限制,这种限制可以是积极的,如在他人土地上通行,也可以是消极的,如本案中需役地人甲设定在供役地人乙的土地使用权的具体地役权是眺望权,乙负有不作为的消极义务,为此得到20万元的补偿。

《物权法》第158条规定:地役权自地役权合同生效时设立。当事人要求登记的,可以向登记机构申请地役权登记;未经登记,不得对抗善意第三人。甲、乙的约定既然属于地役权,按照《物权法》第158条规定,自双方的书面合同生效即为生效,登记与否并不影响地役权的存在,只是不得对抗善意第三人。所以,至此甲就自己的洋房已经享有对于乙的不动产(平房连同院落)的眺望权(地役权)。

《物权法》第164条规定:地役权不得单独转让。土地承包经营权、建设用地使用权等转让的,地役权一并转让,但合同另有约定的除外。可见,地役权具有从属性,随主权利一并移转。具体到本案,甲、乙之间的约定并不因房屋和土地使用权转让而失去效力,对于后来者丙、丁仍然可以产生约束力。具体而言,甲、丙之间的房屋买卖合同生效且得到履行后,丙不仅取得了洋房的所有权(主权利),还自然地享有从权利

(眺望权)。甲转让房屋之后,甲、乙之间的约定转继为丙、乙之间继续有效。因此丙继续享有眺望权,虽然未进行权属登记。

接下里的问题有两个难点也是争议点:丙可否禁止丁建高楼,以及如果不能,丙可以请求哪些人承担赔偿责任。

首先分析第一个问题。前面已经肯定丙已经享有地役权,这一事实不会因为乙、丁之间后来的协议以及权属变更而被改变,这就是地役权的从属性原理所决定的。地役权之所以名为地役权而不是人役权,就是为地而设立的而非为人而设立的,地在权在。但问题是,享有一个权利与可否针对某个人主张该权利是两回事,这在对抗主义的权属登记立法模式中体现的尤为明显。如丙有权禁止丁建高楼也就意味着丙向丁主张地役权,但问题在于丁恰恰是善意第三人——丁从乙处取得土地使用权时根本不会知道该土地之上还有设定了他物权的负担;如果丁事前知道的话,大概的选择可能有二:可能不会购买,也可能会大大压低价格,总之不会是现在乙、丁的立约价格。可见,本案中若丙出面禁止丁建高楼,也就意味着拿一项未登记的地役权对抗不知情的第三人,对于丁将是极其不公正的。

这样一来,丙空有地役权,却陷于无法主张也即无法实现的地步——因为此时此刻只有对乙主张才是有意义的。由于丙享有眺望权,但偏偏不能对丁主张,也即意味着损害的发生。对于该损害,丙如何寻求救济呢?这要看到底是什么原因导致丙这么被动(有权利而不能主张)呢?应该说,可能有两个原因:一是甲、乙当初没有进行地役权的登记,后来的丙、乙也没有去进行地役权的登记;二是乙转让给丁的时候没有告诉丁此块土地上设有地役权负担(按照《合同法》第150条规定,如果转让的标的物之上有权利负担的,转让人有义务告知对方。第150条规定:出卖人就交付的标的物,负有保证第三人不得向买受人主张任何权利的义务,但法律另有规定的除外。)实际上,如果丙确有损失要求违约损害赔偿,应向供役地人乙主张。因为正是乙转让给丁的时候没有明确告知丁该块土地上有地役权,才成就了丁的善意,而乙恰恰负有义务告知丁该土地之上负有地役负担。换言之,丙现在如此被动,乙完全脱不了干系。

那么,丙可否向甲主张违约赔偿责任呢?这需要展开分析,要看甲将房屋转让与丙之初,双方有没有关于眺望权的特别约定且丙有无付出对价。具言之:(1) 如果甲特别交代给丙有眺望权且向丙索要了对价,并确保已经登记无虞,但后来又没有登记,则丙完全可以向甲主张违约责任;(2) 如果甲特别交代给丙有眺望权且向丙索要了对价,但如实告知丙还没有完成地役权的登记,登记与否由丙自身后来定夺,则后来的故事就不再与甲有关系了。本案的情形,应该属于后一种情况。故甲无须向丙承担违约责任。

【重点法条】

《物权法》第127、129、139、146、149、158、162、164—167条。

>> 第十四章 <<

担保物权

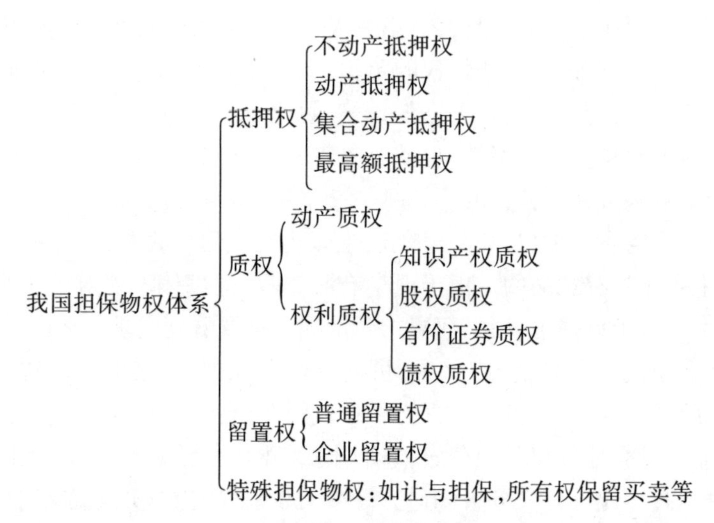

担保物权是应用物的交换价值为债权的履行提供担保的物权类型,其制度核心是物权的支配性、绝对性以及担保物权自身的从属性和物上代位性。在抵押权、质押权、留置权三种典型的担保物权中,抵押权是社会经济生活中的适用重点,也是法律规范的重点,事实上《物权法》关于担保物权的一般规则都是放在抵押权章节进行规定的。在此意义上可以说抵押权作为担保物权的"长子",其法律规则就是担保物权的通用规则。抵押权的重要内容体现在抵押权的生效、抵押权的顺位、债务转让对抵押权的影响、抵押物的转让、抵押权的放弃、最高额抵押和集合动产抵押上。

目前我国调整规范担保物权的法律主要有《担保法》《物权法》,此外最高人民法院2001年发布的《关于适用〈中华人民共和国担保法〉若干问题的解释》(以下简称《担保法解释》)也在司法审判中作为重要的审判依据存在。研习者的困惑在于,在担保物权诸多问题的具体规定上,《担保法》《物权法》与《担保法解释》多有抵牾,这多是由于1995年《担保法》的规定粗浅所致。对此,据《物权法》第178条的规定,担保物权的法律适用按照如下进行:(1)《担保法》与《物权法》不一致的,以《物权法》为准。在很大程度上《担保法》与《物权法》对于担保物权的规定是重合的,因此据新法优于旧法之原理,以《物权法》为准。如《担保法》规定不动产抵押没有登记的,抵押合同无效;而《物权法》规定,不动产抵押合同自合同签订后便生效,抵押物的登记只影响抵押权的生效。(2)《物权法》没有规定的,仍然以《担保法》和《担保法解释》为准。事实上,《担保法》和《物权法》对于担保物权的规定基本上是重合的,因此几乎没有出现《担保法》有规定而《物权法》没有规定的情形,只是在《担保法解释》中会出现这种情况,因此,《担保法解释》在没有与《物权法》冲突的情况下,其很多条文仍然是可以适用的。

第一节 概 述

一、概念

(一) 定义

担保物权是以直接支配特定财产的交换价值为内容,以确保债权实现为目的而设立的物权。根据《物权法》第 170 条的规定,担保物权人在债务人不履行到期债务或发生当事人约定的实现担保物权的情形,依法享有就担保财产优先受偿的权利。准确理解担保物权应注意以下几点:

1. 以担保债权清偿为制度目的。担保物权人对于特定财产没有直接的使用、收益和处分的权利,而享有对特定财产的交换价值的支配权,以确保债权的实现。

2. 担保物权人并不一定占有标的物。由于担保物权人只是为了保障债权的实现,因此,即使担保物权人对物没有直接占有也并不影响担保物权的目的的实现,如抵押权人并不直接占有抵押物,只要对物的交换价值有支配权就可以满足其债权担保的需要。这一点是担保物权与用益物权的最大不同之处,后者是对物直接使用和收益的权利,因此必须以直接占有物为前提。

3. 设立在债务人或第三人的特定财产上。担保物权的客体范围较为广泛,既可以是动产,也可以是不动产,甚至还可以是某种权利。担保物既可以是属于债务人本人所有的,也可以是第三人所有的。担保财产既可以是现在已经客观存在的,也可以是未来的财产。

(二) 效力特征

1. 从属性

因为担保物权是为了担保债权的实现,因此在担保物权设立时,被担保的债权往往已经事先存在,而当被担保的债权被清偿时,担保物权的目的也已经实现了,因此也就随之消灭。这都是担保物权从属性的体现。

2. 优先受偿性

优先受偿性是担保物权的最主要的效力,是指在债务人到期不清偿债务或者出现当事人约定的实现担保物权的情形时,债权人可以对担保财产进行折价、拍卖或变卖以优先于其他债权人实现自己的债权。担保物权的优先性体现在以下两个方面:

(1) 优先于其他不享有担保物权的普通债权人。此点主要体现在破产程序中,担保物权人可以享有破产程序中的“别除权”,将设定担保的财产从债务人的财产中专门取出,优于其他债权人得以清偿。

(2) 优于其他担保物权人。即使在担保物权人之间,也可以因为担保物权的性质不同和设立时间不同而相互具有不同的次序。如在一个财产上既有留置权,又有质押权,此时留置权人优于质押权人;又如,一个财产上存在不同的抵押权,那么先登记的抵押权优于后登记的抵押权。

3. 物上代位性

由于债权人设立担保物权并不是以使用担保财产为目的,而是以该财产的交换价值为目的,因此,当担保财产灭失、毁损时,代替该财产的交换价值还是存在的,担保物权的效力仍然存在,只不过是从原来的财产上转移到了该代替物上。这就是担保物权的物上代位性。对此,《物权法》第 174 条明文规定,担保期间,担保财产毁损、灭失或者被征收等,担保物权人可以就获得的保险金、赔偿金或补偿金等优先受偿。被担保债权的履行期未届满的,也可以提存该保险金、赔偿金或者补偿金等。

二、适用范围

《物权法》第 171 条规定,债权人在借贷、买卖等民事活动中,为保障实现其债权,需要担保的,可以设立担保物权。这里有两点值得注意:

1. 民事活动的范围要大于“经济活动”。在《物权法》颁布之前,我国《担保法》第 2 条只是规定,在借款、买卖、货物运输、加工承揽等“经济活动”中可以设立担保。与《担保法》相比,《物权法》对于担保物权适用范围的规定要宽一些,不仅仅可以适用于经济活动,也可以扩展到产生债权债务关系的其他民事活动中。

2. 并不限于借贷和买卖这两种民事活动。虽然《物权法》只列举了借贷和买卖这两种民事活动,只是因为这两种是适用担保的常见民事活动而已,并不排除在其他民事活动中适用担保物权,如货物运输、加工承揽、无因管理、补偿贸易。

侵权行为产生的债权能否适用担保物权,《物权法》并无明确规定。但按照民法基本原理,侵权行为产生的债权属于事实行为产生的债权,它不是基于当事人的合意产生的,当事人也无法事先约定用担保物权的方式进行担保,因此,通常侵权行为活动是无法适用担保物权的。但是对于侵权行为已经产生的债权,当事人在诉讼或者和解过程中则当然可以适用担保物权对其履行提供担保。

需要注意,为债务提供担保的第三人可以要求债务人提供反担保。《物权法》第 171 条第 2 款规定,第三人为债务人向债权人提供担保的,可以要求债务人提供反担保。所谓反担保是指替债务人提供担保的第三人为了保证自己追偿权的实现,要求债务人为自己的追偿提供担保。反担保与一般担保的不同之处在于,它的受益人是替债务人提供担保的第三人,债务人是被担保人。

三、担保合同和担保物权

担保物权(除留置权是法定的以外)通常是基于当事人合意产生的,因此,这些担保物权的产生都存在一个担保合同。在担保物权中存在着两层法律关系,即担保合同和担保物权,前者是担保物权产生的原因,后者是有效担保合同的结果。

根据《物权法》第172条第2款的规定,担保合同被确认无效后,债务人、担保人、债权人有过错的,应当根据其过错各自承担相应的民事责任。特说明以下几点:

1. 担保合同无效时,担保物权也无效

如前所述,《物权法》不采无因性原则,既然设立担保物权的合同无效,那么也溯及性地影响到担保物权的效力,债权人无法取得担保物权,即使已经登记的抵押权也是无效的,应当办理注销手续。

2. 当事人承担过错责任

由于担保合同已经无效了,因此,此时当事人承担的肯定不是违约责任,而只能是合同无效时的缔约过失责任。这种责任的确定需要适用《担保法解释》的规定,分别作以下说明:

(1) 担保合同因为主债权债务合同无效而无效时。据《担保法解释》第8条,由于此时担保合同是因为主合同无效而导致的无效,因此,过错只能存在于主合同当事人之间:当担保人无过错时,担保人不承担责任;当担保人有过错时,最多承担主债务人不能清偿部分的1/3责任。这里所说的“担保人有过错”是指担保人明知主合同无效,仍然提供担保,或者撮合主合同的签订,如丙明知甲乙之间的企业拆借合同,仍然提供担保,或者在借款人犹豫不决时主动提供担保以撮合借款合同的订立。此外,担保人之所以在有过错时承担补充责任的1/3,是因为担保人毕竟不是主合同的当事人,主合同无效的主要原因还在于债权人和债务人这两个主体,担保人的过错只是在这“两个过错”上加上一个而已,因此有了“三个人分担”的理由。

(2) 担保合同自身无效时。担保合同的当事人是担保人和债权人,据《担保法解释》第7条,责任分别为:当债权人无过错时,由担保人和债务人承担连带责任;当债权人有过错时,担保人最多承担主债务人不能清偿部分的1/2。之所以在债权人无过错时,让担保人承担连带责任,是因为担保合同的当事人就是担保人和债权人,当债权人没有过错时,此时责任只能全部由担保人承担。当债权人有过错时,意味着这个责任可能是担保人有部分过错或没有责任,因此最多承担补充责任的1/2。

四、消灭

依《物权法》第177条,以下几种情况下担保物权消灭:

1. 主债权消灭。担保物权是从属于主债权的权利,主债权消灭,担保物权也随之消灭。这里的“主债权消灭”是指主债权的全部消灭,如果是部分消灭,担保物权继续存在。就主债权的消灭原因而言,可以是债务人自己的清偿,也可以是第三人代位清偿导致债权消灭。

2. 担保物权实现。担保物权的实现是指债权人与担保人协商折价或者变卖、拍卖担保物的行为。需要强调的是,担保物权一旦实现,不论其所担保的债权是否全部清偿,担保物权都确定地消灭。

3. 债权人放弃担保物权。这里的放弃包括明示的放弃和以行为放弃,前者是指债权人与担保人以签订协议的方式放弃担保物权,后者是指债权人主动注销抵押权或将质押物、留置物返还出质人或者债务人。

4. 没有经过第三人同意而发生债务承担。根据《物权法》第175条的规定,第三人提供担保时,未经过其书面同意,发生债务承担时,担保人免除担保责任。以下几点值得注意:(1) 这种情形仅仅适用于债务承担。如果是发生债权转让,根据担保物权的从属性,新的债权人可以获得相应的担保物权。《物权法》之所以规定在发生债务承担时,担保物权消灭,是因为此时涉及第三人的利益。因为当第三人提供担保时,担保人是否需要承担担保责任或承担多大的担保责任与债务人的特定身份紧密地联系在一起。因此,因债务承担而发生债务人的更替时,仍然不加区分地让担保人承担原有的担保责任,对其非常不公平,此时需要取得担保人的同意。(2) 仅仅适用于第三人提供的担保。如果是债务人提供的担保,则债务承担丝毫不影响担保物权的存续,这是因为此时并不会加重债务人本人的负担。(3) 必须是担保人的书面同意。这意味着这种意思表示是要式法律行为。之所以需要担保人的书面同意,是因为债务人更替后,让担保人继续承担担保责任涉及担保人的根本利益,所以法律作出了特别的要求,以免担保人成为自己轻率的牺牲品。此外,这种书面要求也是为了避免将来举证的困难,以及由此导致的当事人之间的不必要的纠纷。

第二节 抵 押 权

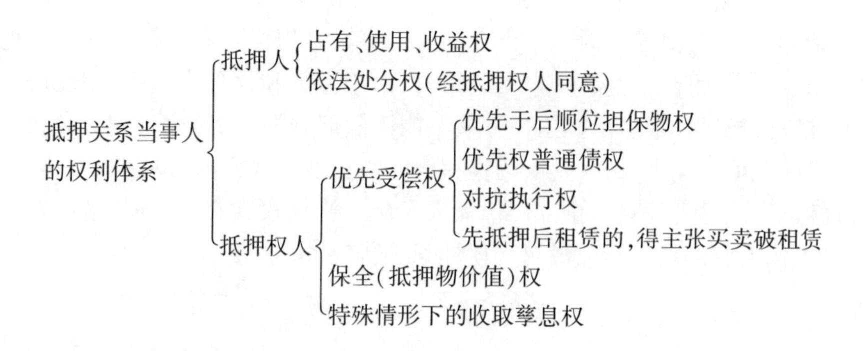

一、概念

抵押权,是指债权人对于债务人或第三人不移转占有而提供担保物,在债务人不履行债务时,可就其卖得的价金优先受偿的担保物权。其中提供财产担保的债务人或第三人,称为抵押人;享有抵押权的债权人称为抵押权人;抵押人提供的担保财产称为抵押物。

作为典型的担保物权,抵押权具有以下特征:

1. 不转移占有的担保物权

三种担保物权中,抵押权是唯一的不转移占有的担保方式,这也是抵押权和质押权最大的区别之处。也正是由于不转移占有,债权人无法实际支配抵押物,因此,抵押权的公示只能通过登记的方式进行。

2. 担保物权的一般特性

这一点主要表现在:(1) 公示性。既然抵押权是物权,抵押合同只是设立抵押权的原因而已,抵押权设立必须让不特定的第三人知晓,因此抵押权只有公示后才能生效或者对抗第三人。(2) 支配性。抵押权是支配权,这意味着一旦抵押权的实现条件成就,债权人无须请求抵押人履行担保责任,而是(与抵押人)协商后直接折价或者(与抵押人不能达成折价协议时)请求法院直接拍卖抵押物。(3) 从属性。抵押权在其设立、处分与消灭等方面都具有担保物权的从属性特征。

二、抵押物的范围

(一) 可以抵押的财产

按照物权法定主义,可以用于抵押以及不可以用于抵押的财产需要由法律予以明确规定。根据《物权法》第180—184条的规定,可以用于抵押的财产包括动产与不动产,详情如下:

1. 建筑物和其他土地附着物。建筑物抵押属于不动产抵押,此时建筑物占用范围内的建设用地使用权一并抵押。

2. 建设用地使用权。这里的建设用地使用权分为国有土地建设用地使用权和集体土地建设用地使用权,对此,法律有不同的规定。国有建设用地使用权可以单独抵押,但是如果土地上有建筑物的,建筑物要连同建设用地使用权一并抵押;集体土地建设用地使用权不能单独抵押,只在乡镇、村企业的厂房等建筑物抵押时,可以随之一并抵押。

3. 以招标、拍卖、公开协商等方式取得的荒地等土地承包经营权。

4. 生产设备、原材料、半成品、产品。

5. 正在建造的建筑物、船舶、航空器。

6. 交通运输工具。

7. 法律、行政法规未禁止抵押的其他财产。根据《物权法》第181条,经当事人书面协议,企业、个体工商户、农业生产经营者可以将现有的以及将有的生产设备、原材料、半成品、产品抵押。这就是“集合动产抵押”,即对现有以及未来各种财产的集体设立抵押,属于“法律未禁止抵押的其他财产”的情形。

(二) 不得抵押的财产

不得抵押的财产无外乎三类:一是没有交换价值的财产;二是不得转让的财产;三是基于社会经济政策考虑不得抵押的财产,具体包括:

1. 土地所有权。由于《物权法》规定了土地的所有权只能归属于国家或集体所有,因此土地所有权是无法设立抵押的。

2. 耕地、宅基地、自留地、自留山等集体所有的土地使用权,但法律规定可以抵押的除外。由于目前我国的耕地、宅基地、自留地、自留山的集体土地使用权的主体只能是农民,如果允许抵押的话,会导致这些集体土地使用权进入公开流通程序,继而影响到社会的稳定,因此,这些土地使用权禁止抵押。但是,为了便于乡镇或村企业的融资需要,《物权法》允许这些企业将连同集体土地使用权在内的厂房一起抵押,这就属于"法律另有规定"的情形。

3. 学校、幼儿园、医院等以公益为目的的事业单位、社会团体的教育设施、医疗卫生设施和其他社会公益设施。这里有两点值得注意:(1)主体仅限于以公益为目的的事业单位和社会团体,如果是营利性的事业单位或社会团体则不适用,如已经企业化改制的出版社、报社、电视台都属于营利性的事业单位和社会团体,可以对其处分的财产设立抵押。(2)标的物仅限于教育、医疗卫生等公益设施,如果不是公益设施,则可以设立抵押,如医院的救护车、学校的教学楼不能抵押,但是医院接送职工的客车、学校的学生宿舍楼是可以抵押的。此外,《担保法解释》第 53 条规定:"学校、幼儿园、医院等以公益为目的的事业单位、社会团体,以其教育设施、医疗卫生设施和其他社会公益设施以外的财产为自身债务设定抵押的,人民法院可以认定抵押有效。"这意味着只有满足"公益设施以外的财产"和"为自身债务设定抵押"两个条件时,抵押才是有效的。但是,对于"为自身债务设定抵押"这一额外条件,《物权法》没有肯定,因此,未来以公益设施以外的财产设定抵押并不需要适用这一条件。

4. 所有权、使用权不明或者有争议的财产。《物权法》规定所有权、使用权不明或者有争议的财产不得抵押,目的是从源头上防止出现因抵押财产归属不明引发的抵押权争执,起到预防矛盾纠纷的作用。但由于不动产的权利归属以登记为准,动产以占有为准,加上物权理论也承认抵押权的善意取得,因此,这一规定在实践中的运用并不多见,客观只能起到宣示和倡导的作用。

5. 依法被查封、扣押、监管的财产。被查封、扣押、监管的财产由于失去了"可处分性",因而不能成为抵押物。当以这些财产作为抵押物时,属于"违反法律、行政法规强制性规定"的情形,由此导致抵押权无效。

6. 法律、行政法规规定不得抵押的其他财产。

三、设立

抵押权的设立包括签订抵押合同和抵押权自身的公示,前者是抵押权产生的原因,后者是抵押权本身发生效力的要件。

(一)抵押合同

1. 当事人与内容

抵押合同的当事人包括抵押人和抵押权人,其中抵押人可能是债务人本人,也有可能是第三人,抵押权人肯定是债权人。其中抵押人必须对抵押物享有所有权或者处分权。这里的处分权通常是指按份共有人对自己的份额享有的处分权,可以在该份额上设立抵押权。如果是对整个共有物设立抵押,则超出了按份共有人的处分权范围,此时需要经过持有 2/3 以上份额的共有人同意才能设立抵押。据《物权法》第 185 条,抵押合同必须采取书面形式,属于要式合同。

2. 流押条款的无效

债务人借债时一般处于急迫窘困的情形,债权人容易利用其这种急迫窘困的不利处境,迫使其与之签订流押契约,以价值较高的抵押物担保较小额的债权,以便债务人不能清偿时取得抵押物的所有权。因此,为保护债务人的利益,应对流押予以禁止。据《物权法》第 186 条,抵押权人在债务履行期届满前,不得与抵押人约定债务人不履行到期债务时抵押财产归债权人所有。在处理流押条款时,应注意以下两个问题:(1) 流押条款不影响抵押合同其他条款的效力。也就是说,尽管流押约定无效,但其他约定依然有效。(2) 要区别流押条款和协议取得抵押物。协议取得抵押物是指在债务已届清偿期后,债务人仍未能清偿的,抵押权人可以同抵押人订立合同,取得抵押物的所有权。当然这种协议以评估折价为前提,与流押不同,是法律所允许的。

按照《物权法》第 211 条的规定,动产质押合同如有流质条款的,亦属无效。

(二) 抵押权的生效

如前所述,《物权法》采区分原则,即仅仅签订抵押合同并不能当然设立抵押权,后者还需要满足严格的形式要件,通常就是指抵押权的登记。《物权法》将当事人不办理抵押权登记的法律后果区分为两种不同的情形:

1. 不动产抵押权的登记生效主义

登记生效主义是指不办理抵押登记则无法产生有效的抵押权。依据《物权法》第 187 条,以建筑物和其他土地附着物,建设用地使用权,以招标、拍卖、公开协商等方式取得的荒地等土地承包经营权以及正在建造的建筑物进行抵押的,应当办理抵押登记,抵押权自登记时设立。也就是说以此类财产抵押,抵押权只有经过登记才能成立,否则抵押权不成立。此种对登记效力的规定,采取的是成立要件主义的立法例。学理上将该种抵押权登记称为“绝对登记”或“设权登记”。值得注意的是,《物权法》改变了以前《担保法》将抵押合同与抵押权相混淆的做法,也就是说区分抵押合同生效和抵押权的成立,即以这类财产设押,抵押合同自签订时生效,但抵押权自登记时始能成立。

2. 动产抵押的登记对抗主义

登记对抗主义是指不办理登记,抵押权依然成立但不能对抗善意第三人。依据《物权法》第 188—189 条,以生产设备、原材料、半成品、产品、交通运输工具、正在建造的建筑物、船舶、航空器设定抵押的,抵押权自抵押合同生效时设立;未经登记,不得对抗善意第三人。

四、效力

(一) 抵押权人的权利

1. 优先受偿权

(1) 含义

抵押权的优先性具体体现在:① 抵押权人通常优先于普通债权人受到抵押物价金清偿;② 在抵押物被查封、执行时,抵押权优先于执行权;③ 在抵押人宣告破产时,抵押权优先于一切债权,且抵押财产不列入破产财产;④ 以同一财产向两个以上债权人抵押的,顺序在先的抵押权优先于顺序在后的抵押权。

(2) 对抗执行权

依《担保法解释》第55条,已设抵押的财产,后被财产保全或执行,也不影响抵押权的效力。

举例 2011年2月1日甲向乙借款1000万元,借期4个月,用自己的房屋设立抵押担保并办理抵押登记。3月1日,丙向甲提起诉讼要求甲归还1000万元借款,并同时申请法院对甲的房屋进行财产保全。6月1日甲败诉被丙申请执行,人民法院对该房屋进行拍卖,此时乙仍然从拍卖的价款中得到优先清偿,余额清偿丙的债权。

(3) 与租赁权的关系

一方面,抵押权不能对抗成立在先的租赁权。《物权法》第190条规定,订立抵押合同前抵押财产已出租的,原租赁关系不受该抵押权的影响。也就是说,对于订立抵押合同前抵押财产已出租的,抵押人将已出租的财产抵押的,抵押权实现后,根据买卖不破租赁原则,租赁合同在有效期内对抵押物的受让人继续有效。

另一方面,抵押权可以对抗成立在后的租赁权。《物权法》第190条规定:"抵押权设立后抵押财产出租的,该租赁关系不得对抗已登记的抵押权。"也就是说抵押权发生在先,租赁权在后,应按"物权优于债权"原则处理。债权人实现抵押权时,不再适用"买卖不破租赁"的原则,租赁合同应予以解除。当抵押财产为房屋时,在出卖抵押物时,承租人在同等条件下享有优先购买权。当然,抵押人在出租该财产时,应当将已经设押的事实书面告知承租人,否则应承担权利瑕疵担保责任。

举例 2011年1月1日甲将自己的房屋租赁给乙,租期1年。2月1日甲向丙借款100万元,借期1个月,用自己的房屋抵押,并办理了抵押登记。3月1日,甲不能按期还款,甲丙协商由丙折价获得该房屋。此时丙是否可以请求乙搬出房屋?

解析 不能,因为原租赁合同继续约束买受人。在上例中,如果甲是1月1日将房屋抵押给丙,2月1日出租于乙,则丙在行使抵押权时可以要求乙搬出。如果甲当时将房屋出租给乙时,没有书面告知乙房屋已经设立抵押的事实,则当乙被赶出后,可以对甲主张权利的瑕疵担保责任。如果甲书面告知了已设立抵押的事实,则乙就自担风险。此外,乙同样可以主张优先受让权,如果甲没有及时通知,导致乙没有行使优先受让权,乙不能主张房屋买卖合同无效,只能对出租人甲请求承担其违约责任。

2. 保全权

抵押权人既然不占有抵押物,则在抵押权实现前,其对抵押物事实上并无支配力,此时如发生使抵押物的价值减少的情况,势必对抵押权人不利,为保护其利益,法律规定抵押权人享有保全权,具体有如下几个方面:

(1) 对抵押人侵害抵押物行为的停止侵害请求权。

《物权法》第193条规定,抵押人的行为足以使抵押财产价值减少的,抵押权人有权要求抵押人停止其行为。抵押人的侵害行为包括作为与不作为,前者如砍伐山林树木、拆毁建筑物,后者如对房屋不进行必要的修缮、对土地不构建必要的防洪工程等。无论是作为或不作为,只要有使抵押物价值减少之虞者,抵押权人均可请求其停止。此种请求既可直接向抵押人提出,也可以向法院提出。如遇有紧急情况,抵押权人可不经法院许可为自助行为,如对将倾之房屋加以支撑等。上述费用应由抵押人负担,并列入抵押权担保范围之内优先受偿。

(2) 抵押物价值减少的补救权。

上述停止侵害请求权仅对于抵押物价值尚未减少有效,对于抵押物的价值业已减少时的救济,《物权法》第193条规定,抵押财产价值减少的,抵押权人有权要求恢复抵押财产的价值,或者提供与减少的价值相应的担保。抵押人不恢复抵押财产的价值也不提供担保的,抵押权人有权要求债务人提前清偿债务。对于这一规定,有两点值得注意:① 恢复原状或增设担保权。当抵押财产的价值减少时,抵押权人可以请求抵押人恢复原状,或者请求抵押人提供与减少的价值相应的担保。② 加速债权到期。当抵押人不恢复抵押财产的价值,也不提供担保,无论抵押物是由债务人提供的还是由第三人提供的,抵押权人均有权要求债务人提前清偿债务,债务人因此丧失期限利益。

举例 甲因个人购房向乙借款15万元,乙要求甲将其使用了1年的汽车抵押给自己,双方签订抵押合同,并办理了抵押登记。债务到期前,甲开车与丙相撞,花费修理费5万元,保险公司支付了5万元保险金。此时乙对甲有何请求权?可否要求甲提供新的担保?可否请求甲提前清偿15万元债务?

解析 可以主张甲将5万元保险金提存,但不能要求甲提供新的担保,也不能请求提前清偿。因为物上代位性使乙的抵押权得到了保障。

3. 收取孳息权

原则上,抵押权人并无收取抵押物的孳息权,因为抵押不转移抵押物的占有。但在符合以下条件时,抵押权人行使孳息收取权:(1) 出现行使抵押权的情形,导致抵押财产被人民法院依法扣押。自扣押之日起抵押权人有权收取该抵押财产的天然孳息或者法定孳息。(2) 抵押权人必须通知清偿法定孳息义务人。

诠释 如甲将房屋租赁给乙,后又将房屋抵押给丙以担保向丙的借款。借款到期后,甲无力清偿债务,丙与甲协商行使抵押权无果后,向法院提起拍卖抵押物后,房屋被法院扣押,丙可向乙主张收取租金的权利。这里仅是收取而并无取得所有权的意思,抵押权人控制了孳息就有可能以孳息作为抵押标的,将来对孳息行使优先受偿权。在行使优先受偿权之前,孳息所有权仍归抵押物所有人。该孳息的用途有三,其顺序是:应当先充抵收取孳息的费用;如还有剩余用于优先受偿主债务;如还有剩余,则返还给抵押人。

(二)抵押人的权利

1. 对抵押物的占有、使用与收益权

由于不转移抵押物的占有,所以抵押权设立之后,抵押人继续享有抵押物的占有、使用与收益权。

2. 转让抵押物的权利

首先,要肯定抵押人并没有丧失其对抵押物的处分权,包括其有权在抵押期间内提前转让抵押物。其次,《物权法》对于抵押权并没有完全贯彻物权的追及效力,这导致一旦抵押物转让给第三人,抵押权人并不能无限制地向受让人主张行使抵押权。为弥补抵押权缺乏追及性的缺陷,《物权法》专门在抵押物转让环节为抵押权人设置了特殊保护措施:

(1) 抵押物可以转让的两种情形。根据《物权法》第191条的规定,抵押人只有在以下两种情形下可以转让抵押物:① 经过抵押权人的同意;② 受让人代为清偿债务。

(2) 抵押物转让时抵押权人的保护。此处区分两种情况分别讨论:

① 在经过抵押权人同意时,抵押权人就知晓了抵押物的变动,因此可以向抵押人主张提前清偿或者提存转让价款,以确保自己债权的实现。事实上,此时抵押权已经发生了物上代位性,也就是说从原来的实物形态变为了现金形态。现实生活中,所谓"抵押物经过抵押权人同意而转让",肯定是抵押人提出的转让方案中包含了保护抵押权人利益不受损的一揽子计划,在私法自治的理念下,法律不必过分干预之。

② 没有经过抵押权人同意的转让,此时的转让合同并不是绝对无效。首先,在受让人代为清偿的情形下,抵押权这一从权利已经因为主债权的清偿而消灭,此时受让人可以向登记机关主张涤除抵押权,抵押权人自然无需干预该转让行为。其次,如受让人不愿意代为清偿,抵押权人为了保护自己的利益可以根据情况向法院主张撤销抵押人与受让人之间的抵押物转让合同。

举例 甲将房屋抵押给乙担保1000万的债务,并办理了抵押登记。后丙向甲提出以1200万购买房屋的意向,甲将这一事实告知乙,并保证以转让的价款清偿乙的债务,乙同意后,甲丙办理了过户手续。乙再向甲请求将转让的价款提前清偿自己或提存于指定的账户。如果甲没有经过乙的同意,但在过户前被乙发现,乙可以向法院主张撤销该合同;也可以向丙提示自己的抵押权,要求丙代位清偿以追认买卖合同有效。

若甲偷偷地与丙办理过户手续,但丙在过户时发现房屋上有抵押权,为避免将来产生麻烦,丙从1200万中拿出1000万代甲清偿乙的债务,并请求乙协助将房屋上的抵押涂销。有人在理论上杜撰出"抵押人没有经过抵押权人同意转让抵押物"的情形,但事实上,在我国房屋抵押实践中这根本不可能发生。因为不动产登记机关在受理已经设立抵押的不动产转让变更登记申请时,买卖双方必须提供抵押权人同意或者清偿抵押所担保债权的书面证明,登记机关才有可能给予过户登记。因此在买卖"按揭"二手房时,往往需要"赎楼",即由专门的担保公司为卖方提供担保,再由银行出具同意转让的书面证据,才能办理过户手续。

五、抵押权的顺位及其变更

(一) 抵押权的顺位

据《物权法》第199条,同一物上设立两个以上抵押权的,按照物权优先效力的基本原理,采取以下规则来决定其优先受偿的先后顺序,亦即抵押权的顺位:(1) 无论是动产还是不动产,若都已登记,按照登记的先后顺序确定优先顺序;登记顺序相同的,按照债权比例确定清偿。(2) 动产抵押,已登记的抵押权优于没有登记的抵押权。(3) 动产抵押都未登记的,处于同一顺序的按照债权比例清偿。

抵押权的顺位蕴含着利益。在一个物上存在多个抵押权时,如抵押物的价值小于所担保的债权总额,如有人放弃抵押权或者变更抵押权顺位,将涉及多方当事人的利益格局,一般来说,有抵押权人放弃抵押权时,对该抵押物上的其他抵押权人肯定是好事,但对于这一债权的债权人以及其他担保人可能是坏事;抵押权人变更抵押权顺位时,对于该抵押物上的其他抵押权人而言可能是好事也可能是坏事,对于这一债权的债权人以及其他担保人可能是坏事也可能是好事。基于这一考虑,凡是涉及抵押权顺位变更的,都需要法律出面予以规范,以衡平相关当事人之间的利益。

(二) 抵押权的变更

1. 变更的种类

抵押权的变更包括变更抵押权顺位和变更抵押权担保的债权范围。变更抵押权顺位是指抵押权人与抵押人协商,将自己的抵押权顺位利益让与其他抵押权人,因此抵押权顺位的变更实质上是抵押权顺位的互换,如第一顺位抵押权人甲与抵押人协商将自己的抵押权变为第三顺位,第三顺位抵押权人取得第一顺位。变更抵押权担保债权的范围是指抵押权人与抵押人协商将抵押权所担保的债权范围予以变更。如第一顺位的抵押权人与抵押人协商将原来担保的100万债权变更为200万。

2. 变更的后果

由于抵押权的变更是抵押权人与抵押人之间协商的,这种变更不仅仅会影响到其他抵押权人的利益,也会影响到其他担保人的利益。

(1) 对于其他抵押权人而言,根据协议的相对性原理,抵押权人与抵押人的变更协议对其他抵押权人有不利影响时,(相对于其他抵押权人而言)协议是无效的。如果其他抵押权人自愿认可这种不利影响,等于他们愿意承担不利后果。故《物权法》规定,抵押权人与抵押人可以协议变更抵押权顺位以及被担保的债权数额等内容,但抵押权的变更,未经其他抵押权人书面同意,不得对其他抵押权人产生不利影响。

(2) 对于其他担保人而言,特别是在债务人提供抵押的情况下,抵押权人与抵押人的变更协议可能影响到他们的利益,如抵押权人与抵押人将原有的担保数额由100万变为50万,其他担保人承担的担保责任可能超过原有的范围,这是非常不公平的。因此,《物权法》规定,当债务人提供抵押时,抵押权人与抵押人变更协议时,其他担保人在抵押权人丧失优先受偿的范围内免除责任。值得注意的是,此时的适用条件也仅仅限于债务人提供的抵押,因为只有在债务人提供抵押时,其他担保人才处于补充责任的位置,抵押权人对债务人抵押权担保数额减少,才会直接恶化其他担保人的处境,如果是第三人提供抵押,所有担保人处于连带责任的位置,并不会由此恶化。

举例 黄河公司以其房屋作抵押,先后向甲银行借款100万元、向乙银行借款300万元、向丙银行借款500万元,并依次办理了抵押登记。后黄河公司、甲银行、丙银行商定交换各自抵押权的顺位,并办理了变更登记,但乙银行并不知情。因黄河公司无力偿还三家银行的到期债务,银行拍卖其房屋,仅得价款600万元。此时,甲等于放弃了自己的第一顺位,根据放弃后的顺位,甲无优先受偿权;乙原来是300万,现在还是300万;剩下的300万由丙银行享有。

上例中,也可以由甲与黄河公司将原先担保的100万,改为500万,但没有经过其他抵押权人同意,因此,假如拍卖得价款1000万时,乙得300万,丙得500万,甲得200万。

上例中,除黄河公司提供抵押担保外,长江公司为黄河公司向甲银行的借款提供抵押担保。如果黄河公司与甲银行协商将优先受偿权(担保额度)从原来的100万变更为50万,债权仍然为100万,后黄河公司的房屋拍卖仅得100万,则长江公司原来承担的担保责任为0万(100万元债务减去债务人提供的抵押物的价值),现在似乎要承担50万的担保责任,这对长江公司是不公平的,因此,长江公司在甲银行丧失优先受偿的范围内免除责任,即仍然是不承担担保责任。

六、抵押权的实现

(一) 实现的条件

根据《物权法》第195条,在以下两种情形下可以实现抵押权:

1. 债务人不履行到期债务。债务到期是抵押权人实现抵押权的法定条件,无须当事人约定。债务到期既包括合同约定的债务履行期届满,也包括债务的提前到期。债务提前到期的条件一般由当事人约定,也可以由法律直接规定。前者如当事人约定债务人不按期支付利息时债务到期,后者如《合同法》第203条,即:“借款人未按照约定的借款用途使用借款的,贷款人可以提前收回借款”。

2. 当事人约定的情形。这一条件是由当事人通过意思自治的方式确定的。从立法意图上看,《物权法》允许当事人约定实现抵押权的情形,目的是防止抵押人"非正常经营行为或者恶意的行为,造成抵押财产大量减少"。如,约定抵押人的行为造成抵押财产减少或者分离抵押物、转让抵押物时,抵押权人有权实现抵押权;另如,约定当债务人发生停止支付利息、改变借款用途等违约行为时,抵押权人可以实现抵押权。

(二) 实现程序

我国抵押权的实现程序是"司法保护下的自救主义",即首先要求抵押权人与抵押人协商,协商不成再请求法院拍卖。

1. 协商实现。抵押权人必须首先与抵押人协商通过拍卖、变卖或折价的方式实现抵押权。此处的实现方式包括折价或者拍卖、变卖。折价是指由抵押权人取得抵押物的所有权,而拍卖和变卖是将抵押物转让给第三人,抵押权人就转让价款优先清偿。但拍卖需要适用《拍卖法》中的相关规定。

由于抵押权人和抵押人可以协商折价或变卖,因此在这个过程中可能相互串通损害第三人的利益,为此,《物权法》第195条规定,其他债权人可以行使撤销权。这种撤销权属于债权保全中的债权人的撤销权。

2. 诉讼实现。在抵押权人与抵押人无法就抵押权的实现达成一致意见时,抵押权人可以请求法院实现抵押权。可见抵押权的实现不一定必须由法院介入。实践中此处的法院介入,往往伴随着有关主债权或者抵押权的诉讼纠纷。请求法院实现抵押权只能通过拍卖或变卖的方式,不能通过折价的方式。

(三) 实现建设用地抵押权的特别规定

一般认为,抵押权的效力及于标的物的原物及其设定前即存在的从物与从权利,但是对于建设用地使用权抵押时有着不同的规定。

1. 土地上新增的建筑物不属于抵押财产。由于抵押权设立的时候仅仅将建设用地使用权纳入到担保物的范围,其后新增的建筑物属于建设用地使用权以外的财产,超出了抵押权人原有的预期,此时将新增建的筑物纳入到抵押财产的范围内,对抵押人来说是不公平的。

2. 新增的建筑物要一并处分。建设用地使用权实现抵押权时,应当将该土地上新增的建筑物与建设用地使用权一并处分,但新增建筑物所得的价款,抵押权人无权优先受偿。抵押权人之所以必须将建设用地使用权和新增建筑物一并处分,主要是为了保护受让人的利益,因为对于受让人来说建设用地使用权和建筑物二者无法分离。

(四) 抵押权行使的期限

根据《物权法》第202条的规定,抵押权人必须在主债权的诉讼时效期间内行使抵押权,否则法院不予以保护。这一规定属于物权法定原则的具体化,可以看出当事人对抵押权行使期间的约定是无效的。当然,这一规定也说明了抵押权行使的期限是可变的,因为主债权的诉讼时效期间本身可以基于中止、中断、延长而变化。

举例　某甲欠银行债务1000万元,约定2011年3月1日到期,某甲用自有房屋登记抵押给银行。后来甲到期未还,银行每月催收一次,最后一次催收发生在2011年8月1日。本例中,主债务的诉讼时效期间从2011年8月1日起算2年,故实现房屋抵押权的最后期日就是2013年8月1日。

七、集合动产抵押

(一) 概念

集合动产抵押是指经当事人书面协议,企业、个体工商户、农业生产经营者可以将现有的以及将有的生产设备、原材料、半成品、产品抵押,债务人不履行到期债务或者发生当事人约定的实现抵押权的情形,债权人有权就实现抵押权时的动产优先受偿的抵押方式。集合动产抵押的本质特征在于抵押物具有流动性,抵押人于正常经营活动中对设押财产仍有自由处分权。集合动产抵押与共同抵押有一定的相似之处,但集合动产抵押与共同抵押最大的区别在于,集合动产抵押是以企业动产作为集合体所设立的一个抵押,而共同抵押是数项财产为同一项债权设定了具有连带关系的抵押权。集合动产抵押具有如下特点:

1. 抵押人仅限于商人,也即企业、个体工商户和农业生产经营者。由于集合动产抵押是为了满足商事主体的融资需求,属于典型的商事担保物权,因此,集合动产抵押的抵押人仅限于企业、个体工商户和农业生产经营者,其他的自然人以及以公益为目的的法人都不能设立集合动产抵押。

2. 标的物仅限于动产。集合动产抵押的财产主要包括生产设备、原材料、产品、半成品,不包括不动产,也不包括应收账款和知识产权等无形财产权利。

3. 抵押财产范围的不确定性。在抵押权人行使抵押权之前,抵押财产始终处于不断变化之中,抵押财产既包括抵押人现在的财产,也包括其将来取得的财产;抵押人于正常经营活动中对设押财产仍有自由处分权,抵押财产一旦脱离企业所有,则系附于其上的抵押权亦将不复存在,第三方可取得其完全所有权,而进入抵押集合体范围的财产则自动处于抵押权的控制之中。

4. 性质的可转化性。集合动产抵押终究是为了保护某一债权而创设的,若财产始终流动不已,无从确定,则债权人的利益不免沦为空谈。唯一的解决办法是在特定事项发生时,集合动产抵押结晶为固定抵押,这就是集合动产抵押性质的转化。导致其性质转化的特定事项一般包括债务人到期不履行债务或抵押期间债务人被依法宣告破产以及双方约定的其他事由发生。

(二) 设立

根据《物权法》第181条,集合动产抵押当事人必须签订书面抵押合同;根据《物权法》第189条,集合动产抵押权自抵押合同生效时,抵押权成立。但是未经登记不能对抗善意第三人。这说明集合动产抵押和一般的动产抵押的设立是一致的,即都是采取登记对抗主义模式,但不同之处在于,一般的动产抵押没有明确的登记机关,而集合动产抵押的登记机关为抵押人住所地的工商部门。

(三) 效力

集合动产抵押权的效力与一般的抵押权基本类似,唯一的不同在于,集合动产抵押权人不能对抗正常经营活动中已经支付合理价款并取得抵押财产的买受人。对于这一效力,特指出以下两点:

1. 合格买受人的条件。只有买受人符合以下条件时,集合动产抵押权人才不能对抗:(1) 已经支付合理价款;(2) 已经取得了动产。这里已经取得动产是指已经取得动产的所有权,通常是指抵押人已经将动产交付买受人。

2. 已经登记了集合动产抵押权。如果是没有登记的集合动产抵押权,其本身不能对抗任何善意第三人,正常买受人自然属于其中。因此,这里所说的不能对抗正常买受人是特指已经登记的集合动产抵押权。比如,在一般动产抵押过程中,如果抵押权没有登记,抵押权由于不能对抗善意第三人,由此动产抵押权人不能对抗动产的买受人,但是如果是集合动产抵押的话,即使集合动产抵押权已经在工商部门登记了,仍然不能对抗正常经营活动中的买受人。

举例　甲企业于2011年1月1日用自己的库存产品、原料、半成品向乙银行贷款1000万元,期限为6个月。5月1日,丙向甲企业购买库存的1000台电视机,通过银行向甲企业汇了货款,甲企业于5月2日将货物交付于丙。7月1日,甲企业不能按期还款。问:(1) 如果甲企业没有对抵押到工商部门办理登记,这个抵押是否有效?(2) 乙银行可否对丙取得的电视机主张抵押权?(3) 如果甲办理了抵押登记,银行可否对丙取得的电视机行使抵押权?

解析　(1) 有效,因为集合动产抵押采取的是登记对抗主义。(2) 不能,因为没有登记不能对抗善意第三人。(3) 仍然不能,因为丙属于支付了合理价款的买受人。

八、最高额抵押

(一) 概念

所谓最高额抵押,是抵押人与抵押权人协议,在最高债权额限度内,以抵押物对一定期间连续发生的债权作担保。普通抵押权是先有债权,然后再设定抵押权,而最高额抵押是为将来的债权而设定的抵押。最高额抵押具有以下特性:

1. 成立的特殊性。最高额抵押权成立在先,而债权成立在后;普通抵押权则债权成立在前,而抵押权成立在后。根据《物权法》第203条第2款的规定,最高额抵押权设立前已经存在的债权,经当事人同意,可以转入最高额抵押担保的债权范围。

2. 处分上的特殊性。最高额抵押权在存续期间,不会随某一具体债权的转让而转让,而普通抵押权将会随着债权的转让而转让。这是因为最高额抵押权所担保的债权是连续发生的债权,在最高额抵押权没有确定时,债权总额是不确定的,是随时发生变化的。尽管某一具体债权转让了,但将来还有发生债权的可能。基于抵押权的不可分性,最高额抵押权也不能随之转让。根据《物权法》第192条的规定,债权转让的,担保该债权的抵押权一并转让,但法律另有规定或者当事人另有约定的除外。最高额抵押权就属于这里所述的"法律另有规定的"情形。

3. 所担保的债权的不确定性。最高额抵押权所担保的债权虽然也是特定范围(或一定限度或一定期间内发生)的,但其具体数额在决算期到来或发生法定的特定化事由之前无法确定。

正是由上述特点导致了最高额抵押权适用上的特殊性:首先,最高额抵押只能为担保将来债权而设定。其次,即使是将来债权也并非都可以设定最高额抵押权。根据《物权法》的规定,可以被设定为最高额抵押权的将来债权必须是一定期间内连续发生的债权,因此最高额抵押权只能适用于连续发生债权的继续性法律关系,而不适用于仅发生一个独立债权的情形。最后,与一般抵押权相比,最高额抵押权必然存在一个担保债权额的确定问题。

举例 甲每月都定期向乙采购货物。2011 年 1 月 1 日,甲为担保将来发生的债权,特向乙提供最高额抵押,约定在未来的 2011 年的 12 个月内发生的不超过 100 万的货款,以自己的厂房提供抵押担保,并办理抵押登记。问:(1) 如果在 2010 年 12 月甲还欠乙 10 万元货款,能否也纳入到最高额抵押担保的债权范围中?(2) 如果 2011 年底甲乙共产生 110 万元的货款,甲没有按期还款,厂房市场价为 200 万元,乙的优先受偿范围是多少?(3) 如果 2011 年 1 月底产生了 20 万的货款,但乙将此债权转让给了丙,并通知甲,乙最终的优先受偿范围是多少?

解析 (1) 经过双方同意可以纳入担保范围。(2) 100 万,因为最高额抵押担保为 100 万元,剩余的 10 万元只能作为普通债权清偿。(3) 80 万,因为 20 万转让出去了,就不再属于最高额抵押担保的范围。

(二) 变更

在最高额抵押担保的债权确定前,抵押权人与抵押人通过协议可以变更最高额抵押权确定的期间、债权范围以及最高债权额,但变更的内容不得对其他抵押权人产生不利影响。这事实上也是协议相对性的问题。

(三) 决算期

决算期是指最高额抵押权所担保债权数额确定的日期。决算期仅仅存在于最高额抵押中,因为最高额抵押权设立时所担保的债权只有最高额度,但并没有具体的债权数额,因此要想抵押权最终实现还是需要确定所担保的债权的数额。这些事由可以分为两类:(1) 约定的事由即决算期的到来;(2) 发生法定的特定化事由。《物权法》第 206 条规定,有下列情形之一的,抵押权人的债权确定:① 约定的债权确定期间届满;② 没有约定债权确定期间或者约定不明确,抵押权人或者抵押人自最高额抵押权设立之日起满 2 年后请求确定债权;③ 新的债权不可能发生;④ 抵押财产被查封、扣押;⑤ 债务人、抵押人被宣告破产或者被撤销;⑥ 法律规定债权确定的其他情形。

第三节　质　　权

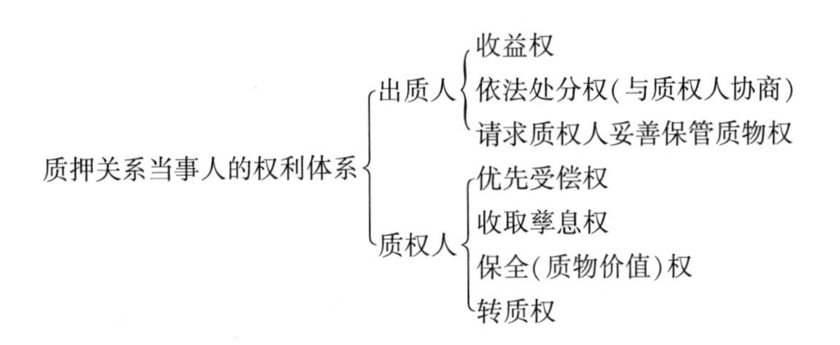

一、概念

质权,是指为了担保债权的履行,债务人或者第三人将其动产或者权利移交债权人占有,当债务人不履行债务时,债权人有就其占有的财产优先受偿的权利。

二、动产质权

动产质权,是以动产为其标的物的质权。

(一) 动产质权的设立

质权的设立,首先需要签订书面的质押合同,合同应该约定质权的担保范围;如无明确约定,其担保的范围包括主债权及利息、违约金、损害赔偿金、质物保管费用和实现质权的费用。

质押合同中的流质条款无效。根据《物权法》第211条的规定,质权人在债务履行期届满前,不得与出质人约定债务人不履行到期债务时质押财产归债权人所有。

根据《物权法》第212条的规定,动产质押权自出质人交付质押财产时设立。这里有两点值得注意:

(1) 这意味着质押权与设立质押的合同生效的时间是不同的,前者是物权,自公示之时发生效力,而后者是债权,自当事人达成合意时生效。质权合同中对出质财产约定不明,或者约定的出质财产与实际移交的财产不一致的,以实际交付占有的财产为准。

(2) 这里的交付是指现实交付、简易交付或指示交付,而不包括占有改定。因为,如果是占有改定的话,那么出质人仍然还占有着质押物,对于质押权人来说是非常不安全的,无法真正担保债权的实现。对于指示交付,根据《担保法解释》第88条,质押权的成立时间是以质押书面合同送达占有人时发生效力。

(二) 动产质权人的权利

1. 优先受偿权

质权的优先性具体体现在:① 质权人通常优先于普通债权人受到质押物价金清偿;②在质押物被查封、执行时,质权优先于执行权;③ 在出质人宣告破产时,质权优先于一切债权,且质押财产不列入破产财产;④ 同一财产之上设立多个担物权的,质权人优先于没有公示的或者公示在后的意定担保物权。

2. 收取孳息的权利

(1) 这里的孳息通常是指天然孳息,因为质权人占有质押物,第三人是不可能有使用质押物的可能的,质押物也就不可能出现法定孳息,但如果是在指示交付的情况下,即承租人代质权人占有时,此时是存在法定孳息的。

(2) 质权人有收取孳息的权利,但是并不当然取得所有权,而是取得孳息的质权,孳息成为质权的标的。

(3) 收取的孳息首先要冲抵收取孳息的费用,如在以母牛作为质押物的情况下,如果母牛产仔的话,在债务人到期不能清偿债务的情况下,债权人可以将牛仔折价或拍卖、变卖,所得价款首先冲抵牛仔接生费。

3. 保全权

在质物由于不可归责于债权人的事由而毁损或者价值减少的情况下,债权人可以对质物实行保全。(1) 质物的毁损或者价值减少的原因是不可归责于当事人的原因,也就是说债权人对于物的毁损或者价值减少是没有过错的。如果质物毁损或价值减少是因质权人的过错导致的,质权人不仅不能对出质人提出要求,而且还要承担损害赔偿责任。(2) 当质物存在毁损或者价值明显减少的事实足以危及债权人的利益时,债权人可以行使替代担保请求权。替代担保请求权是指质押物在价值减少或者毁损的情况下,质权人可以请求出质人提供相应的担保。(3) 在出质人不提供相应的担保情况下,也就是替代担保请求权无法得到满足的情况下,质权人可以提前行使质权,拍卖、变卖质物。质权人提前行使质权后所获得价款,与出质人协商后可以提前清偿,也可以提存。

将质权的保全与抵押权的保全作一个比较,二者存在着较大的差异。因为质权人直接占有质押物,而抵押权人却并不占有抵押物,因此,在质押的过程中,出质人也就不可能出现积极侵害质物的情形,只会出现因质物自身原因导致质物的毁损或价值减少的情形,此时法律只赋予质权人请求出质人另行提供担保或提前实现质权的权利。而在抵押权中,抵押人有可能直接侵害抵押物,因此,法律才赋予抵押权人请求停止侵害、增值担保请求权、加速债权到期的权利。

4. 转质权

转质是指质权人将其占有的质物再次质押给第三人,为自己的债务设立质押担保。由于转质涉及的问题较多,以下分为三种情况简略讨论:(1) 质权人经过出质人的同意后,可以转质,第三人获得转质权,且转质权优于原质权。转质人不承担转质期间质物灭失的风险。(2) 质权人没有经过出质人同意,擅自将质物转质,第三人仍然取得转质权,且转质权也仍然优于原质权,但转质人对出质人承担质物灭失的风险。

举例 甲向乙借款1.5万元,将汽车质押于乙,约定于2011年3月底还款;乙于3月1日向丙借款1万元,也是3月底到期,经过甲的同意将汽车质押于丙。后甲乙都没有按期还款,丙拍卖汽车获得1.5万元价款,丙得1万元优先受偿,剩余5000元清偿乙的债务。如果丙将汽车开走失踪,此时甲不能对乙主张赔偿。如果乙没有经过甲的同意,将汽车质押给丙,丙仍然获得优于乙的转质权,但此时如果丙将汽车开走失踪了,甲可以对乙主张损害赔偿。

(三) 质权人的义务

1. 妥善保管质物。出质人在质权人因保管不善致使质物毁损、灭失时,有权要求质权人承担民事责任。质权人的行为可能使质押财产毁损、灭失的,出质人可以要求质权人将质押财产提存,或者要求提前清偿债务并返还质押财产。在此种情况下将质物提存的,提存费用由质权人承担。同时,出质人提前清偿债权的,应当扣除未到期部分的利息。

2. 不得擅自使用和处分质物。在质权存续期间,质权人未经出质人同意,擅自使用、处分质物,因此给出质人造成损失的,出质人有权要求质权人承担赔偿责任。

3. 及时行使质权。出质人可以请求质权人在债务履行期届满后及时行使质权;质权人不行使的,出质人可以请求法院拍卖、变卖质押财产。出质人请求质权人及时行使质权,因质权人怠于行使权利造成损害的,由质权人承担赔偿责任。

4. 未经出质人同意不得擅自转质。转质增加了质物毁损、灭失的风险,所以如果没有经过出质人的同意,擅自转质是要向出质人承担赔偿责任的。

5. 在债务人履行债务或者出质人提前清偿债务时返还质押财产的义务。当质权担保的债权到期后,如果债务人清偿了债务或者出质人提前清偿了债务,主债权就消灭了,作为从权利的质权也随之消灭。此时质权人对质物的占有就属于无权占有,出质人可以请求返还质物。这种质物返还请求权应该属于物上请求权。

(四) 动产质权的实现

1. 实现条件

质权的实现条件与抵押权的实现条件基本相同,即都是在债务人不能履行到期债务和当事人约定实现质权的情形发生时。

2. 质权的行使方式

(1) 质权的行使方式基本也与抵押权的行使方式类似,即都是先与出质人协商折价,在协商折价不成的情况下,可以拍卖或变卖。

(2) 无须经过法院的诉讼,也无需通过法院的拍卖或变卖。在行使拍卖与变卖的过程中,与抵押权稍有不同的是,抵押权人在抵押人不能就物的折价达成协议之后,只能请求法院拍卖、变卖抵押财产,而质权无需请求法院行使这一权利,实际上质权的拍卖与变卖无须通过法院来行使。这是因为质物由质权人占有,这本身就对出质人形成了一种负担,通常出质人也会与质权人就质物的折价达成一致,而与抵押物被抵押人占有的情形是不同的。

三、权利质权

(一) 概念

权利质权是为了担保债权清偿,就债务人或者第三人所享有的权利所设定的质权。权利质权除了一些特殊问题外,准用动产质权的规定。权利质押的客体是权利,而权利并不属于物的范围。传统民法为了避免逻辑上的混乱,将所有权的客体仅仅限于物,而不包括权利,否则会产生所有权的所有权这样的结论,但是他物权的客体可以是权利,权利质押就属于这种情形。《物权法》第 2 条规定:“本法所称物,包括不动产和动产。法律规定权利作为物权客体的,依照其规定。”

(二) 标的

能够成为权利质权的客体,需要符合的条件:

(1) 用益物权以外的财产权利。担保物权领域存在着权利抵押和权利质押,权利抵押的权利通常都是用益物权,而权利质押的权利通常都是用益物权以外的权利。如果是不动产之外的收益权,如桥梁、隧道、高速公路的收费权也是可以设立质权的,也就是《物权法》中规定的应收账款的质押,但值得注意的是,这并不是用益物权的质押,而是债权的质押。

(2) 可以自由转让。并不是所有的财产权都可以质押,如继承权等具有人身属性的财产权利,以及亲属之间的抚养费请求权、抚恤金等具有人身属性的财产权都是不能质押的,所以权利质权的客体必须是可以自由转让的财产权。

(3) 独立性。独立性是指可以单独存在的权利。换言之,从权利就不能独立设定质押,只能与主权利一起设定质押,如抵押权、质押权和留置权就属于这类的权利。由此,《物权法》列举规定票据、债券、存款单、仓单、提单、基金份额、股权、知识产权中的财产权和应收账款可以质押。但为避免挂一漏万,还特别规定了法律和行政法规规定的可以出质的其他财产权利。

综上,我国可以作为权利质权的标的的权利,具体地讲有以下几类:

(1) 金钱证券。金钱证券是指证券持有人可以向义务人主张支付一定数额货币的有价证券,常见的有本票、支票、汇票、债券和存款单。

(2) 实物证券。实物证券是指证券持有人可以向义务人主张交付一定实物的有价证券,常见有提单和仓单。

(3) 权利证券。权利证券是指证券持有人可以向义务人主张特定权利(通常为表决权和分红权)的有价证券,常见的有股票和基金。

(4) 依法可以转让的注册商标专用权、专利权、著作权中的财产权。

(5) 应收账款。其中应收账款是会计学的概念,是指企业在生产经营活动过程中销售商品或提供劳务而形成的债权,是一种信用债权,《担保法解释》曾经规定了不动产的收益可以质押,可以算作一种广义的“应收账款”。

(三) 设立

对于权利质押的设立,《物权法》遵循了与动产质押相同的原理,即采取物权与债权区分的原则,质押合同的生效与质押权的成立是两个完全不同的法律关系,质押权的成立仅仅受制于权利的公示与否,与质押合同的生效没有关系。但基于各种权利有无权利凭证,《物权法》将权利质押的质权成立时间分别设定为交付成立和登记成立。

1. 以票据(本票、支票、汇票)、债券、存款单、仓单、提单出质的,通常是以权利凭证交付为质权成立的时间。但是上述权利中并不都是有权利凭证的,在没有权利凭证的情况下,如记账式国库券和在证券交易所上市交易的债券都已经实行无纸化,这些债券没有权利凭证,是自有关部门办理登记手续时质权成立。

2. 以基金份额和股权出质的,以办理登记为质权的成立时间。(1) 由于无纸化证券的推行,基金和股权通常没有权利凭证,所以就以办理登记为质权的成立时间。这里所说的基金份额仅仅是指据《证券投资基金法》规定的证券投资基金,是由基金管理人管理,基金托管人托管,为基金份额持有人的利益,以资产组合方式进行证券投资活动的信托契约型基金。《物权法》中没有像《担保法》那样区分有限责任公司和股份有限公司分别规定股权质押,而是统一使用了股权质押这样一个概念,但是就实际内容来看还是包括了股份有限公司的股票质押和有限责任公司的出资证明质押,而股份有限公司的股票又分为上市公司股票和非上市公司股票。(2) 基金份额和上市公司的股权质押登记的机关为证券登记结算机构,非上市公司股权登记机关为工商部门。

3. 以应收账款出质的,以办理登记为质权的成立时间。(1) 应收账款质押是《物权法》新规定的一种权利质押。应收账款本身是一个会计学上的概念,是指对第三人享有的付款请求权,在法律上其实就是债权的概念。但是这种债权是排除了票据、债券等有价债券以外的债权,像我们在现实生活中经常遇到的公路、桥梁的收费权就属于这一情形。(2) 对于应收账款的质押登记机关,《物权法》规定的是信贷征信机构。

4. 以知识产权质押的,以登记为质押权的成立时间。(1) 由于知识产权没有权利凭证,所以也是以办理登记为质权的成立时间;(2) 知识产权的登记机构为知识产权的主管机关。具体而言,对于商标而言,登记机关为商标局;对于其他知识产权而言,登记机关为知识产权局。

(四) 各种权利质押行使的特殊规定

1. 关于提前变现。票据(本票、支票、汇票)、债券、存款单、仓单、提单的权利质权人行使权利的规定。上述这些权利在质押的过程中,经常会出现兑现期限和提货期限早于主债权的履行期限,如任由权利到期而不及时兑现或者提货的话,会给出质人带来损失。为此,《物权法》第 225 条规定,以票据、债券、存款单、仓单、提单质押的,如果兑现日期或者提货日期先于主债权到期的,质权人可以兑现或者提货,并且与出质人协议将兑现的价款或者提取的货物提前清偿或者提存。

2. 关于处分权的限制。以基金份额、股权、应收账款、知识产权出质的,这些权利的质押非常类似于权利抵押的问题,在抵押过程中,《物权法》为了保护抵押权人的利益，规定了未经抵押权人的同意，抵押人不得转让抵押物。对于基金份额、股权、应收账款、知识产权的质押，《物权法》也作了相同规定，即出质后未经质权人的同意，出质人不得转让。《物权法》之所以限制出质人转让出质的权利，这是因为权利出质后虽然仍然属于出质人所有，如果允许出质人任意处分权利，有可能损害质权人的利益，无法实现担保债权的功能。但是另一方面，如完全禁止质押权利转让反而不利于保障债权的实现，人为增加债权履行保障的费用和手续，为此《物权法》又规定如质权人与出质人协商可以转让质押权利，但转让所得价款必须提前清偿债务或者提存。

第四节 留 置 权

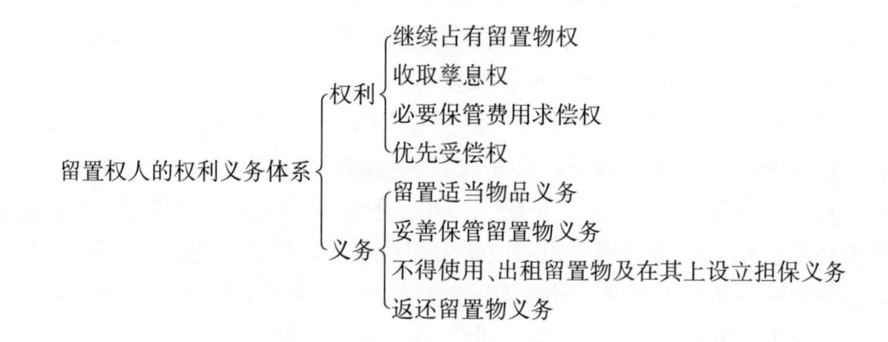

一、概念

留置权是指债权人已经合法占有的债务人的动产，债务人不履行到期债务时，债权人依法享有的留置该动产并以该动产的变价优先受偿的权利。其中享有留置权的债权人称为留置权人，其留置的财产称为留置物。留置权的设立目的，在于通过赋予债权人享有留置债务人一定财产的权利，促使债务人积极履行债务，确保债权人的债权得到实现。留置权有以下特点：

1. 法定担保物权。留置的产生无须当事人事先约定，只要具备法律规定的条件，留置权便自动产生。这是它与抵押权和质权的最大不同之处，后两种担保物权必须由当事人约定才能产生。值得注意的是，虽然留置权的产生无须当事人约定，但是当事人却是可以预先排除留置权的适用的，即可以约定将来即使满足了留置权的条件，一方当事人也不得行使留置权。

2. 留置的财产一般是债务人本人的财产，除非是在留置权善意取得的特殊场合下留置第三人的财产。这一点也与抵押权和质权相区别，因为抵押权和质权的客体既可以是债务人的财产，也可以是第三人的财产。

3. 留置的财产仅限于动产。抵押权的客体可以是动产，也可以是不动产。而质押权的客体可以是动产，也可以是权利，而留置权的客体只能是动产。如果是不动产，在民法中往往被称为不动产优先权，如承包人对于建筑工程款的请求权就不叫留置权，而是不动产优先权。

4. 留置权效力的双重性。留置是留置权的第一位的效力。基于留置效力,得对抗债务人的请求,扣留标的物,继续占有。债务人欲留置权人返还标的物,则非清偿其所负债务不可。留置权对与留置物属于同一关系的债权也具有担保效力。当债务人不履行债务超过一定期限,留置权人有权变卖留置物,或以留置物之折价使自己享有的与留置物有牵连关系的债权优先得到偿还。

二、留置权成立的条件

(一) 积极条件

留置权作为法定的担保物权必须符合法定条件才能成立。据《物权法》第230—231条,留置权的成立必须具备如下条件:

1. 债权人必须合法占有动产

这里有三点值得注意:(1) 占有必须是直接占有,间接占有不能构成留置权的行使条件。(2) 占有必须是合法占有,是与非法占有相对而言的,后者是指违反法律或公序良俗的占有,如小偷对盗窃物的占有,侵夺人对侵夺物的占有。同时合法占有并不能等同于有权占有,因为合法占有是指在整体上没有违反法律秩序的占有,如拾得人对遗失物的占有,而有权占有是指基于本权的占有。由此可以说,合法占有的范围更大一些,因为有些占有虽然是无权占有,但仍然属于合法占有,如拾得人对遗失物的占有属于无权占有,但由于是合法占有,因此拾得人在失主支付必要费用前,仍然可以构成对遗失物的留置。(3) 此处所说的债务人的动产,是指原则上为债务人所有的动产。第三人的动产,不能充当留置物。但若质权人占有债务人交付的动产时,不知债务人无处分动产的权利,债权人可以依照《物权法》第230条的规定取得留置权,这意味着留置权也可以适用善意取得。当然,留置权的标的物还必须是依法可以进行交易的财产,否则债务人不履行债务时,留置人无法将该财产拍卖、变卖。

2. 债权须已届清偿期而债务人未按规定的期限履行义务

留置权的成立须以债权已届清偿期为要件,如果债权人已占有债务人的动产,但其债权尚未到期,因不能确定债务人是否构成违约,所以债权人不能行使留置权。如果在债权尚未到期时允许债权人行使留置权,则意味着债权人可以随意扣留他人的财产,或者可以迟延履行其返还标的物的义务,这显然是不合法的。但是,如果债务人的行为符合不安抗辩的情形,如债务人已经陷入破产或明确表示不履行自己的债务时,在债务履行期限到来之前,仍然构成留置权的行使条件。

3. 占有的动产必须与债权属于同一法律关系

被留置的动产必须与被担保的债权有牵连性,才可能发生留置权。如果没有牵连关系则形成不同的债权,债权人应当向债务人分别提出请求。《物权法》第231条规定:“债权人留置的动产,应当与债权属于同一法律关系,但企业之间留置的除外。”也就是说牵连关系是指债权人对债务人财产的占有与债权人的债权必须是基于同一合同关系而发生。如修缮费请求权、运费请求权、保管费请求权的发生,均以修缮物、运输货物、保管物所为的合同为原因,其物与债权的发生具有牵连性。但是这一要件在商事留置中可以被豁免,即上一次送货导致的债务可以在下一次送货中留置。

(二)消极条件

所谓消极条件是指即使具备留置权成立的积极条件,但有下列情形之一的,仍然不得行使留置权:

1. 动产留置违反公序良俗的,如对居民身份证、残疾人的器具、尸体的留置。

2. 动产的留置与债权人应承担的义务相抵触。所谓与债权人应承担的义务相抵触,是指如果债权人要留置其所占有的动产,就与其所负担的义务的本旨相违背。由于设立留置权的目的在于确保主债权得以实现,因此,债权人行使留置权与其承担的义务或者合同的特殊约定相抵触的,法院不予支持。如,承运人只能在货物运到目的地后、运费支付前行使留置权,不得于货物发运前留置货物。

3. 当事人在合同中明确约定不得留置财产的。《物权法》第232条规定:"法律规定或者当事人约定不得留置的动产,不得留置。"因此,当事人若在合同中约定排除留置权,债务人履行期届满,债权人行使留置权的,法院不予支持。

三、留置权人的权利义务

(一)权利

1. 对留置物在债权未受清偿前的继续占有权。基于留置权的发生,留置权人在债权未受清偿前,可以将原本占有的应交付给债务人的财产予以继续占有,这种占有即为留置,它可以对抗债务人和第三人。在留置权人行使留置权以后,如果债务人请求债权人返还该物,债权人有权予以拒绝。当留置物被第三人侵夺时,留置权人有权行使占有物返还之诉请求返还。

2. 收取孳息权。依《物权法》第235条,留置权人在占有留置物期间,有权收取留置财产的孳息。前述规定的孳息应当先充抵收取孳息的费用。如果孳息是金钱,则可直接以其冲抵债务;如果孳息是其他财产,留置权人可以以其折价或变价,优先受偿。当然留置权人对留置物的孳息应以善良管理人的注意进行妥善的管理,如果没有尽此注意义务,给债务人造成损失的应当承担赔偿责任。孳息首先应充抵收取孳息的费用,其次清偿主债权的利息,再清偿主债权。

3. 必要保管费用求偿权。留置权属担保物权而非用益物权,留置权人对留置物原则上只有保管上的义务,而不得使用和收益。又因留置物本属债务人所有,且债权人留置其物系因债务人不履行其债务所致,所以债权人有权请求债务人支付留置物的必要保管费用。

4. 优先受偿权。这是为债权人实现留置权的担保功能而规定的权利。根据《物权法》第236条的规定,债务人逾期未履行的,留置权人可以与债务人协议以留置财产折价,也可以就拍卖、变卖留置财产所得的价款优先受偿。留置财产折价或者变卖的,应当参照市场价格。

（二）义务

1. 只能留置与其担保的债务价值相当的物品。否则，留置权人会构成对被留置人的侵权。

2. 妥善保管留置物的义务。《物权法》第234条规定：“留置权人负有妥善保管留置财产的义务；因保管不善致使留置财产毁损、灭失的，应当承担赔偿责任。”但留置物因不可抗力或意外事故所致的风险损失，不应由留置权人负责。

3. 不得使用、出租留置物及在留置物上再设立担保的义务。未经债务人同意，留置权人不得使用、出租留置物，不得在留置物上再设立担保。但因保存留置物的需要而适当使用留置物者，不在此限。

4. 返还留置物的义务。债务人清偿债务后，债权人的留置权消灭，债权人应将留置物返还债务人。

四、留置权的实现程序

债务人逾期仍不履行的，债权人可与债务人协议以留置物折价，也可以依法拍卖、变卖留置物。留置物折价或拍卖、变卖后，其价款超过债权数额的部分归债务人所有，不足部分由债务人清偿。具体而言，留置权的实现应当遵循如下程序：

1. 确定履行债务宽限期。债权人在留置债务人的财产以后，应立即确定履行债务的宽限期，如果在宽限期内债务人仍不履行债务，则留置权人可对留置物进行变价处分从而优先受偿。关于宽限期，债权人和债务人可以在主合同中自行约定，但约定期限不得少于2个月。如果当事人没有在主合同中约定，也可以在债权人留置财产后由债权人自行确定一个宽限期，但不得少于2个月。若约定的或自行确定的期限不足2个月的，该约定和自行确定的期限无效，应仍以2个月为准。

2. 债权人在留置债务人的财产以后，应当立即通知债务人。宽限期应当从债务人收到债权人的通知时起算。债权人没有对债务人做出通知的，不得行使留置权。

3. 在宽限期内债务人仍不履行债务时，留置权人有权行使留置权（实际上是留置权中的变价处分权和优先受偿权）。债权人行使留置权的方式是首先可以与债务人协议将留置物折价，如果债务人不同意折价，则留置权人有权依法对留置物实行拍卖、变卖。实行拍卖、变卖不需要获得债务人的同意，也无须经过人民法院。处分留置物的变价款和留置物的折价款额，留置权人应优先受偿。在偿付债权后有余额的，应返还给债务人，如无法返还，应予提存，提存费从该剩余额中支付；不足清偿的，不足部分仍由债务人清偿。

第五节　担保物权的竞合

一、概念

担保物权的竞合是指一个物上同时存在数个有效的担保物权。担保物权的竞合具有以下特征：

1. 在一个物上为担保不同的债权而设立数个担保物权。如果是在不同的物上各自设立担保物权，每个担保物权人只就各自的担保物获得债权的担保，相互之间根本不存在竞争关系，也就不存在担保物权的竞合问题。

2. 数个担保物权都是有效的。只有在数个担保物权都是有效的情况下，才会出现相互之间优先的关系，如果其中一个担保物权是无效的，那么其他担保物权也无法与之发生竞争关系。如，质押权人甲没有经过出质人乙的同意，将质物谎称是自己的而质押给不知情的丙，此时只存在一个质权，即丙因为善意取得获得质权，而甲的质权则因为丙的善意取得而无效，此时本质还是一个担保物权，不存在竞合的问题。

3. 可以是同一种类的担保物权的竞合，也可以是不同种类的担保物权的竞合。前者如抵押权与抵押权竞合，后者如抵押权与质押权竞合。

二、担保物权竞合的具体形态

（一）抵押权与抵押权的竞合

由于抵押权是不以占有为要件的担保物权，因此，抵押权的竞合是比较常见的。据《物权法》第199条，采取以下规则处理：

1. 都已登记的，按照登记的先后顺序确定优先顺序；登记顺序相同的，按照债权比例确定清偿。

2. 登记的抵押权优于没有登记的抵押权。这一原则仅适用于动产抵押，因为如果是不动产抵押的话，没有登记根本就没有抵押权，不存在确定优先顺序的问题。根据动产抵押登记对抗主义，动产抵押权从抵押合同生效时设立，但不登记不能对抗善意第三人。那么在这种情况下，登记的动产抵押权因登记而对抗没有登记的动产抵押权。

3. 都未登记的，处于同一顺序按照债权比例清偿。这一原则也仅仅适用于动产抵押，因为在不动产抵押中，如果没有办理登记，根本不存在抵押权，也就不存在哪个抵押权优先的问题了。如果数个动产抵押权都没有登记，那么它们都不具有对抗第三人的效力，也就说相互之间都不能对抗彼此，因此只能类似于普通债权人一样平等清偿。

（二）质权与质权的竞合

一般而言，质权是以直接占有为前提的，因此质权基本不存在竞合的可能。但是，在转质时可能会出现质权与转质权的竞合，参见转质部分的叙述。

（三）质权与抵押权的竞合

《物权法》对此没有作出明确规定（《担保法解释》第79条已经没有意义），理论推论是[①]：

1. 登记的抵押权优于质权。因为登记这一公示方式的公信力要强于占有。

甲的汽车先抵押给乙并登记，后交付给丙设立质押，此时抵押权成立在先，质押成立在后，抵押权优先于质权。如果甲将汽车交付给乙设立质押，后将汽车抵押给丙并登记，此时抵押权仍然优于质权。

2. 质权优先于未登记的动产抵押权。如甲先与乙设立抵押合同，但没有办理抵押登记，后甲将汽车交付给丙设立质权，此时虽然抵押权成立在先，但是由于缺乏对抗善意第三人的效力，仍然是质权优先于抵押权。

（四）留置权与抵押权、质权的竞合

根据《物权法》第239条的规定，同一动产上已设立抵押权或者质权，该动产又被留置的，留置权人优先受偿。这是由留置权法定担保物权的特性所决定的。

（五）担保物权与法定优先权的竞合

这里的法定优先权是指根据特别法律规定产生的优先权，主要有建筑工程承包人工程款的优先权、船舶优先权、职工权益优先权和税收优先权。

1. 建筑工程承包人的优先权优于抵押权。根据《合同法》第286条的规定，建筑工程承包人的工程款请求权优于抵押权，无论是抵押权产生在先还是在后。为了便于理解，我们可以将建筑工程承包人工程款的优先权看作是不动产留置权，因此，这一留置权由于是法定的，也就优先于抵押权了。但根据2002年最高人民法院《关于建设工程价款优先受偿权问题的批复》的相关规定，承包人的优先权必须在工程竣工后的6个月内行使，否则视为除斥期间届满而消灭优先权，由此抵押权重新获得优先性。

2. 船舶优先权优于留置权和抵押权。根据《海商法》第25条的规定，船舶优先权优先于船舶留置权，而船舶留置权又优先于抵押权。

3. 税收优先权有条件的优先于抵押权。根据《税收征收管理法》第45条的规定，企业欠税在先的，企业财产抵押在后的，税收优于抵押权；企业财产抵押在先，企业欠税在后的，抵押权优先税收优先权。

思维拓展

【重要知识点】

担保合同的从属性；未经担保人同意债务人转移债务的法律后果；抵押权的生效

---

① 参见温世扬：《浅议机动车的物权登记制度》，载《法学评论》2006年第5期。

条件;抵押物的转让条件;抵押权的放弃对其他担保人的影响;集合动产抵押财产的确定;抵押权存续的期间;最高额抵押担保的债权的确定;质物的保全;质权人放弃质权的后果;权利质押的生效条件;留置权的适用条件;担保物权的竞合处理;人保与物保并存的处理。

【实例解析】

案例 甲公司向乙银行得到贷款1000万元,公司以其所有的一栋房屋作抵押担保,并完成了抵押登记,借款一年。数月后,现公司急需周转资金,拟将楼房出售给丙公司,丙公司愿意出价1500万元。在如何操作此交易的事项上,咨询了律师,律师提供了的操作思路是:事先书面通知银行此次交易的价格与得款后的用途,经银行同意后可以进行交易并办理产权过户登记;银行会主张将1000多万元的本息提前清偿或者提存。

甲公司认为这样一来,出售楼房的原本目的——卖款用于贸易上的周转资金就无法实现,且银行的贷款明明还有半年多的时间才到期,银行却要提前扣款或提存,于理不公。于是向律师提出:能否不通知银行就卖与丙公司?律师如实告知:这样对于丙公司不公,因为会转移风险给对方,且未经银行同意,也无法办理房屋产权过户手续。但甲公司执意要卖,抛开律师的意见,直接与丙公司订立了买卖合同并得款80%也即1200万元,干脆逃之夭夭,不知所踪。

法律问题 围绕该栋楼房,将来丙与银行的法律关系如何处理?

法理分析 《物权法》第191条针对登记的不动产抵押物的提前转让,确定了两条规则:

其一,第1款规定:“抵押期间,抵押人经抵押权人同意转让抵押财产的,应当将转让所得的价款向抵押权人提前清偿债务或者提存。转让的价款超过债权数额的部分归抵押人所有,不足部分由债务人清偿。”换言之,抵押期间,抵押人转让抵押物一般应征得抵押权人同意,并应提前清偿或者提存。本案中,抵押人甲公司拟将已抵押登记的房屋出售给丙公司,须经得抵押权人乙银行的同意,未经抵押权人的同意,房产管理部门也不能为其办理过户手续。当然,就事先须经债权人同意的规则,尚有一些变通的办法,主要是:

(1)如果债务人能够提前清偿了债务,将导致作为从权利的抵押权消灭,从而使抵押物自由转让,不再受到抵押权人的意思限制。

(2)如果债务人能够提供更优质的或者担保质量相当的担保方式且为债权所接受的,也即意味着抵押权的消灭,从而使抵押物自由转让,不再受到抵押权人的意思限制。

(3)受让人可以提前代为清偿债务消灭抵押权的,转让抵押物也可不经抵押权人同意。抵押权是从权利,随作为主权利的债权产生而产生,如作为主权利的债权消灭,则作为从权利的抵押权亦消灭。当受让人代为清偿债务时,债权消灭,抵押权也就不复存在,此时,转让抵押物当然无须抵押权人(确切地说,应是前抵押权人)的同意。需要说明的是,能使抵押权消灭从而自由转让抵押物而无须抵押权人同意是由于代为清偿了债务而使得抵押权无所依托。如果受让人仅仅承诺代为清偿债务而未实际清偿,则该债权依然存在,只不过变更了债务人或履行人而已,作为从权利的抵押权也就不会消灭,该抵押物的转让就必须经得抵押权人的同意。

其二,第2款规定:“抵押期间,抵押人未经抵押权人同意,不得转让抵押财产,但受让人代为清偿债务消灭抵押权的除外。”对于这一条款的理解,有一点没有争论,那就是这句话的后半段的理解——如果事后受让人愿意代为清偿主债务的,则将导致抵押权的消灭,将使得原本有瑕疵的转让行为转为有效,这就是抵押涤除权的基本原理。存在争论的是前半段,争论焦点是既然“抵押期间,抵押人未经抵押权人同意,不得转让抵押财产”,那么如果抵押人与相对人签订了买卖合同、相对人又没有代为清偿行为的,其转让效力如何?对此有四种主张:一是主张合同无效,因为该规定属于法律的效力性禁止性规范;二是主张合同有效,因为该规定属于法律的取缔性禁止性规范;三是主张可撤销,因为只有侵害到债权人利益的时候,债权人才有必要主张否定其效力,但是未经债权人同意的擅自出卖抵押物的,尚有多种可能性,并不必然伤害债权人利益;四是主张合同有效,但物权行为无效,因为虽然不否定债权行为(买卖合同)的效力,但未经债权人同意的,无法办理产权过户登记,因而相对人无法取得物权。对于以上几种学说,可能比较贴合立法原意与中国司法实践的,是第四种意见。

【重点法条】

《物权法》第172、175、176、187—191、193—197、202、204—206、217、218、224—228、230条。

>> 第十五章 <<

占　有

- 占有的分类
  - 以占有人的主观意思分
    - 自主占有
    - 他主占有
  - 以占有人是否直接控制物
    - 直接占有
    - 间接占有
  - 以占有人享有本权与否
    - 有权占有
    - 无权占有
      - 善意占有
      - 恶意占有

占有是一种独立于所有权、用益物权和担保物权以外的物权类型,法律是对基于人对物的实际控制而产生“法益”的保护。在我国民法上,占有仅仅是一种控制物的事实,而不是一种权利,但占有人由占有事实而获得法律承认与保护的利益,所以,存在占有利益的概念,而不存在占有权的概念。

本章的重点是占有的几种分类、占有人的自力救济和占有保护请求权的基本规则,难点是占有的保护与基于本权的保护之间的关系。

第一节　概　　述

一、概念

占有就是人对物的实际控制和支配。准确理解占有制度,需要注意以下几点:

1. 占有是一种纯粹的事实状态。在现代民法上,占有成为独立于所有权及他物权的一项制度,无论所有权人的占有,还是非所有权人的合法占有、非法占有等,均受到占有制度的保护。由于占有是在事实上对物的控制与支配,因此它不要求占有人对物拥有某种权利为前提。

概念辨析　关于占有与所有权的关系,可以举例说明。甲丢失了自己的钢笔,他对钢笔的占有由此终结,但所有权并未丧失。乙欲将一本自己不喜欢的书扔出窗外,但是他却误拿了一本他喜欢的书并将其扔出窗外。在此,他首先丧失了对于这本书的占有与所有权。在他因为错误而撤销该行为所包含的关键性的放弃所有权的意思表示之后(抛弃属于法律行为,其中蕴含的意思表示可以撤销),他可以溯及既往地重新获得所有权;然而,只有当他重新获得了事实支配之后才能重新获得占有(占有放弃是一种事实行为,无须意思表示,因而不存在撤销的问题)。

2. 占有的客体为物,包括动产和不动产。由于占有是一种事实状态,它反映的是人对有形物体的控制和支配,因此,占有制度一般仅仅存在于有体物领域,动产和不动产都可以成为占有的客体。

3. 占有的价值基础是法律对秩序的"法益"保护。尽管占有是一种纯粹的事实状态,但这并不是说占有本身没有任何意义,相反,占有在一定程度上是受法律保护的,但不是对权利的保护,而是对于秩序的"法益"保护,最极端的体现是小偷占有的赃物也不受第三人非法的侵夺,否则这种"以恶治恶"的方式会使整个社会秩序陷入紊乱,这和刑法理论上"对小偷占有的物进行暴力侵夺或抢劫仍然构成犯罪"是一脉相承的。

4. 占有是按照社会观念加以确定的。占有人必须对物有实际的控制力,至于根据什么标准确认占有人在事实上对物有控制和支配,是按照一般的社会观念加以确定的。

提示 课堂上学生将讲义放在座位前的桌子上,通常就可以认为构成了占有;水果店的老板对于其摆放在摊铺上的水果一般也可以构成占有,并不一定需要老板时时刻刻抱着这些水果。但是占有并不以占有人对于物的亲自支配为必要,当占有人基于某种法律关系,通过他人为媒介,也可以成立占有。这主要有两种情况:一种情况是占有人依辅助人而成立的占有,例如,雇主依雇员占有机器;另一种情况是间接占有,例如,承租人直接占有租赁物,对于出租人构成间接占有。

二、分类

占有可以依据不同的视角进行以下不同的分类。

(一) 自主占有与他主占有

这是以占有人的主观意思为标准进行的分类。自主占有是指以物属于自己所有(所有的意思)的占有;无所有的意思,仅于某种特定关系支配物的意思的占有是他主占有。自主占有中的"所有的意思",是指具备所有人占有的意思,不必是真正的所有人或者要求其自信为所有人。

所有人对其物的占有为自主占有,盗贼对于盗赃物的占有亦为自主占有。至于他主占有,如承租人对于租赁物的占有,质权人对于质物的占有。但如果在出租人失踪或死亡且无继承人时,承租人想侵占租赁物时也有可能变为自主占有。

(二) 直接占有与间接占有

这是以占有人在事实上是否控制物为标准进行的分类。直接占有是指在事实上直接对物的占有,如居住房屋、穿着衣服,都是直接占有;间接占有是指基于一定法律关系,对于事实上占有物的人(即直接占有人)有返还请求权,因而间接对物管领的占有。间接占有的特点在于间接占有人与直接占有人间存在特定的法律关系,基于这种法律关系,间接占有人对于直接占有人有返还请求权。质权人、承租人、保管人基于质权、租赁、保管法律关系,占有标的物,是直接占有人,而享有返还请求权的出质人、出租人、寄托人为间接占有人。

间接占有与辅助占有的区别 处于依附地位而为他人行使对物的支配之人的,其非占有人,而是占有辅助人,乙作为店主甲的代理人被授权外出收账,乙以所有权人的名义作出对纸币的所有权取得的合意表示,在此,他只是代理人,他作为占有辅助人的身份接受金钱。店主才是占有人,并且也是金钱的所有人。类似地,店员在商店里售货而收取的现金,店员并非现金的占有人而是占有辅助人,占有辅助人并非占有人,商店老板才是占有人(也是所有人)。间接占有人与占有辅助人的区别有二,首先,间接占有人也是占有人,但占有辅助人并非占有人;其二,间接占有人与占有人、所有人之间不存在依附关系。

(三) 有权占有与无权占有

这是根据占有是否依据本权所作的分类。所谓本权,是指基于法律上的原因,可对物进行占有的权利,既包括物权,也包括债权,如所有权、质权、留置权、租赁、借用等。有权占有即指有本权的占有,如所有权人依所有权对土地的占有;无权占有是指无本权的占有,如小偷对于盗窃物的占有、拾得人对于遗失物的占有。区分有权占有和无权占有的意义在于,某些法律关系必须以有权占有为前提,如善意取得中的无权处分人对物的占有必须是有权占有。

(四) 善意占有与恶意占有

这是对无权占有的进一步分类,依无权占有人的主观心理状态的不同所作的分类。善意占有是占有人不知其无占有的权利的占有,如,甲的一头牛误入乙的牛圈,乙不知而占有;恶意占有是占有人知道其无占有的权利的占有,如,租赁期届满后,承租人拒不返还租赁物的占有。善意占有与恶意占有区别的意义在于:

1. 是否对于使用承担损害赔偿责任不同。根据《物权法》第242条的规定,首先,无论善意占有人还是恶意占有人,对占有物都可以享有使用权,但不同的是,善意占有人使用占有物而造成的损耗,不负有损害赔偿责任,而恶意占有人使用则须承担由损耗带来的损害赔偿责任。之所以有如此不同,是法律所作的人性本恶的推定结果,因为在善意的情况下,我们都会将物作为自己所有来对待,不会过度地使用,相反会较为谨慎地使用物。而当明知物不是自己的情况下,会有“少用不如多用”的心态,因此法律对此心态进行规制,让其承担损害赔偿责任。但是需要指出,此处的区别也仅仅限于因使用占有物而带来的“损耗”赔偿责任,对于在使用中基于占有人的过错而带来的物的侵权损害责任,无论善意占有人还是恶意占有人都要承担相应的侵权赔偿责任。

2. 是否享有必要费用返还请求权不同。根据《物权法》第243条的规定,善意占有人在向权利人返还原物和孳息时,可以主张权利人支付必要费用。但是恶意占有人则无权主张这种权利。这种差异将导致恶意占有人占有时间越长,可能负担越多,以迫使恶意占有人尽早返还占有物。

3. 风险承担不同。根据《物权法》第244条的规定,善意占有人在占有期间,占有物毁损或灭失的,善意占有人只需返还保险金、赔偿金或补偿金,而无需承担其他责任。而恶意占有人不仅要返还保险金、赔偿金或补偿金,还要对不足部分承担赔偿责任,这意味着恶意占有人必须承担占有期间物毁损、灭失的风险。这一规定的目的是迫使恶意占有人尽早返还占有物。

第二节　占有的效力和保护

一、推定效力

(一) 事实的推定

依据证据法的原则,任何人为了自己的利益主张事实存在的,需负举证责任。但对于占有,则免除占有人的举证责任,因为占有本身就是一个非常充分的证据。首先,是推定占有人是以所有的意思或者为自己而占有;其次,在占有前后两个时期,有占有证据的,推定其为继续占有。

(二) 权利的推定

占有制度的目的,在于通过对外形的占有事实的保护,确保交易安全。因此,占有的效力必有权利的推定,即推定占有人对占有物行使的权利合法。当然这种法律的推定也有其事实的基础,即依一般情形而论,占有人是基于本权而占有,没有权利而进行占有的只是例外。占有人既有占有的事实,一般也有占有的权利,故权利的推定是法律就一般情形而为的推定。关于占有的权利推定,需要注意以下几点:

1. 受权利推定的占有人,免除举证责任,即对其是否具有实体权利存在争议时,占有人可以直接援用该推定对抗相对人,无须证明自己是权利人。当然在相对人提出反证时,占有人为推翻该反证,仍须举证。

2. 占有人被推定的权利,依占有人在物上行使的不同权利而有所不同。占有人在占有物上行使的权利包括物权和债权。因此,当占有人自主占有时,推定其享有所有权;他主占有时,推定其享有质权、留置权或租赁权。

3. 权利的推定属于消极性的,占有人不得利用此项推定作为其行使权利的积极证明。如汽车的占有人虽然可以推定为权利人,但是不能援引这种权利推定申请汽车的过户登记。

二、保护

占有为一种既成的事实,即使这种事实与其他当事人的权利相抵触,也不应再受到非法行为的侵害。例如,甲侵占(如偷窃)了乙的电视机,丙不能因甲是无权占有再去侵夺。因此,对占有的保护,就是对社会安宁、稳定社会秩序的保护。占有人对于非法行为的侵害,有自力救济权和占有保护请求权。

(一) 占有人的自力救济权

占有人在其占有受到侵害时,如果侵害人没有比占有人更强的权利,则占有人有权依其占有进行自力救济。占有人的自力救济权包括:

1. 自力防御权。占有人对于侵夺或者妨害其占有的行为(例如,侵入占有人的房屋),可以以自己的力量进行防御(如将侵入者驱逐出房屋)。自力防御权的行使,重在占有的事实状态,因此只有直接占有人可以行使,间接占有人无此权利。此外,占有人只能针对非法侵夺人或妨害人,如果侵夺人享有比占有人更强的权利,则占有人是无权行使自力防御权的。如甲的手表被乙偷走,丙侵夺乙占有的手表,乙此时可以行使自力防御权,但不能针对所有人甲行使自力防御权。

2. 自力取回权,即占有人对于被他人侵夺的占有物,有权取回。例如,占有人的动产被他人非法侵夺时,占有人可以当场或者追踪取回。但是此处只能针对非法的侵害,如果是无权占有人对物权人则并不享有自力取回权。

(二) 占有保护请求权

占有保护请求权是占有人的占有被非法侵害时,占有人可直接对侵害人,也可向法院提起保护其占有的请求权。根据《物权法》第245条,占有人享有以下请求权:

1. 占有物返还请求权。占有人在其占有物被侵夺时,有权请求返还其占有物。《物权法》规定,占有人返还原物的请求权,自侵占发生之日起1年内未行使的,该请求权消灭。从法理上而言,这种请求权的1年的行使期间为除斥期间,而非诉讼时效。

2. 占有妨害排除请求权。这一请求权是占有人在其占有受到妨害使占有人无法完全支配其占有物时,占有人有权请求排除妨碍。

3. 占有妨害防止请求权。这一请求权是在他人的行为还没有对占有人造成现实的妨害,只是有妨害的可能时,占有人也可以请求预防这种妨害的发生。

(三) 占有保护请求权与本权请求权的关系

占有人依据其占有保护请求权提起的诉讼称为占有之诉,它以维护占有人对物的事实支配为目的。与占有之诉不同,本权之诉则以确定权利、义务关系为目的。因此占有之诉与本权之诉并不冲突,即占有人如果是有权占有,可以提起占有之诉,也可以提起本权之诉。二者可以分别提起,也可以同时提起。如果是无权占有人,则只能主张占有保护请求权。如所有人的物被第三人侵夺后,他可以主张物的返还请求权,也可以主张占有返还请求权,更可以主张损害赔偿请求权。不过物的返还请求权是没有时间限制的,但占有返还请求权则受1年的行使期间限制,而损害赔偿请求权则受2年的诉讼时效限制。此外,本权之诉属于终局的保护,它在某种情况下具有决定性的作用。例如,在本权之诉中,已经确认了他人对物的占有权,占有人就不能再提起占有之诉。

举例 假设甲为物的所有人,乙为占有人(间接占有人),丙为侵占人(直接占有人),则三者的关系为:甲(所有人)⟶乙(占有人)⟶丙(侵占人)。那么,可能的7条救济通道为:

1. 甲对乙(间接占有)、丙(直接占有),都享有基于所有权的返还原物请求权(无期限)。

2. 乙(间接占有)对丙(直接占有),享有基于占有的返还占有物请求权(1 年除斥期间)。

3. 就乙对丙享有的返还占有物请求权,甲可以请求乙转让给自己。

4. 如丙损害了占有物,甲对丙、乙对丙分别基于所有权、占有利益的损害而生的侵权损害赔偿请求权(债权请求权,2 年诉讼时效)。

5. 就乙对丙享有的侵权损害赔偿请求权,甲也可以请求乙转让给自己。

思维拓展

【重要知识点】

占有的分类;善意占有和恶意占有的区别与共同点;占有返还请求权与其他请求权之间的关系。

【实例解析】

案例　甲、乙是邻居。甲因出国 2 年,将自己的车租赁出去 2 年,于是其私家停车位空出。邻人乙一看有机可乘,遂将甲的停车位占为己用。数月后,乙将该停车位出租给丙,租期 1 年。1 年期满后丙表示不再续租,仍继续使用该停车位。又过了数月后,甲归国并发现了以上事实。

法律问题　就以上事实,三方的关系将如何处理?甲通过什么途径追回自己的停车位,请求权基础为何?

法理分析　第一步,先将三方的基本法律关系搞清楚:(1) 乙从一开始将甲的停车位占为己用,属于恶意、无权占有人,甲自始至终对于乙可以主张返还原物请求权。(2) 乙、丙之间的租赁合同有效,所以在租期届满前,丙对于乙而言属于有权占有,乙不能对丙主张占有返还请求权;但是根据合同相对性原理,该合同对于甲并无约束力,丙对于所有权人甲而言属于无权占有。

第二步,法律适用与权利义务安排:(1) 关于乙从丙处获得的租金收入,甲乙之间构成典型的不当得利,甲可以主张返还该不当得利。(2) 在乙为间接占有人、丙为直接占有人时,甲可以对乙请求让与其对丙的占有返还请求权;(3) 现在车位控制在丙的手中,无论丙是善意或恶意的占有人,对于甲而言都属于是无权占有人,所以甲都可以对其行使原物返还请求权,或者在 1 年的期限内主张占有返还请求权。

【重点法条】

《物权法》第 241—245 条。

第四编
债 法 总 则

>> 第十六章 <<

债的概述

债权的分类体系
- 合同之债
- 单方允诺之债
- 侵权之债
- 不当得利之债
- 无因管理之债
- 违约过失之债

债,是一种特定人之间的法律关系。民事权利中的财产权有两大支柱:物权和债权。债的概述是债权债务的基本原理,基本内容包括债的概念、债的构成、债的发生、债的分类和法定之债。债的基本原理适用于所有具体的债权关系,因此掌握债的一般规定,对于学习具体的债,合同之债、侵权之债、无因管理之债、不当得利之债等,具有重要意义,有助于学生建立民法的体系思维,融会贯通,举一反三。本章的重点在于债的概念和分类、无因管理和不当得利。学会依据债发生原因的不同来区分不同的债的类型是关键。本章的难点在于债的抽象性,对于习惯于具体的合同、侵权之债的习法者而言,比较难理解。

第一节 债的概念与要素

一、债的定义

债是民法上一个较为抽象的概念。什么是债?试举四例说明:

甲将皮包卖给乙,约定价格为 500 元,3 日后支付

甲——合同之债——乙: 甲有权请求乙支付 500 元购货款。

甲被乙打伤,致使甲花费医疗费 500 元

甲——侵权行为之债——乙: 甲有权请求乙支付 500 元医疗费。

甲丢失 500 元被乙拾到,据为己有

甲——不当得利之债——乙: 甲有权请求乙返还拾到的 500 元。

甲拾到乙丢失的牛并精心喂养,为此花费饲料费 500 元

甲——无因管理之债——乙： 甲有权请求乙支付500元饲料款。

以上四个例子有一个共同之处,就是在甲和乙之间形成了甲有权请求乙履行给付500元的法律关系,这就反映了债的本质——特定人请求特定人履行特定行为的法律关系。债是指特定当事人之间得请求为一定行为的法律关系。在这种民事法律关系中,一方享有请求他方为一定行为或不为一定行为的权利称为债权;他方则负有满足该项请求而为一定行为或者不行为的义务,称为债务。

二、债的特征

物权和债权是民事权利体系的两大支柱。调整静态财产关系的物权关系和调整动态财产关系的债权关系,共同构成了财产关系的基本内容。与物权相比,债的法律特征如下:

1. 本质是财产流转关系

财产关系依其形态分为财产的归属利用关系和财产流转关系。前者为静态的财产关系,后者为动态的财产关系。物权关系反映财产的归属和利用关系,其目的是保护财产的静态的安全;而债的关系反映的是财产利益从一个主体转移给另一主体的财产流转关系,其目的是保护财产的动态安全。

2. 主体双方是特定的

物权关系中只有权利主体是特定的,义务主体则为不特定的人,也就是说权利主体得向一切人主张权利。而债是特定当事人间的民事法律关系,因此,债的主体不论是权利主体还是义务主体都只能是特定的,该特征被称为债的相对性,或者合同的相对性,即债的关系只约束债权人与债务人,而与第三人无涉,债的关系之外的第三人既不享有债权,也不承担债务及债务不履行的责任。掌握债(合同)的相对性是分析合同纠纷的关键。

当然,有原则必有例外,合同相对性在现代合同法也有突破,此时合同的效力及于第三人,比如合同保全制度,《合同法》第73—74条债权人可以行使代位权,以自己名义向次债务人起诉,债务人为第三人;债权人可以行使撤销权,撤销债务人与第三人的法律关系,使债权的效力及于第三人。

3. 客体是债务人的行为

债的客体是给付,亦即债务人应为的特定行为,而给付又是与物、智力成果以及劳务等相联系的。也就是说,物、智力成果、劳务等是给付的标的或客体。债的客体的这一特征与物权关系相区分。因为物权的客体原则上为物。

4. 须通过债权人请求债务人履行才能实现其目的

债是当事人实现其特定利益的法律手段,债的目的是一方从另一方取得某种财产利益,而这一目的的实现,只能通过债务人的给付才能达到,没有债务人为其应为的特定行为也就不能实现债权人的权利。而物权关系的权利人可以通过自己的行为实现其权利,以达其目的,而无须借助于义务人的行为来实现法律关系的目的。

5. 发生具有任意性、多样性

债可因合法行为发生,也可因不法行为而发生。对于合法行为设定的债权,法律并不特别规定其种类,也就是说,当事人可依法自行任意设定债。而物权关系都只能依合法行为取得,并且其类型具有法定性,当事人不能任意自行设定法律上没有规定的物权。

6. 效力上具有平等性和相容性

债的关系具有相容性和平等性,在同一标的物上不仅可成立内容相同的数个债,并且债的关系相互间是平等的,不存在优先性和排他性。而物权具有优先性和不相容性,在同一物上不能成立内容不相容的数个物权关系,同一物上有数个物权关系时,其效力有先后之分。

三、债的构成

(一) 债的主体

债的主体也称债的当事人,是指参与债的关系的双方当事人,即债权人和债务人。其中,享有权利的一方当事人称为债权人,负有义务的一方当事人称为债务人。

注意　在双务合同之债中,债的当事人双方既享有权利,又负担义务,既是债权人,又是债务人。如买卖合同中的买卖双方,出卖人既享有价金的请求权,又负有交货的义务。

(二) 债的内容

债的内容,是指债的主体所享有的权利和负担的义务,即债权和债务。

1. 债权

债权是债权人享有的请求债务人为特定行为(给付)的权利。债权包含以下三项权能:

(1) 给付请求权。债的关系有效成立后,债权人享有请求债务人依照债权的内容实行给付的权利。如前所述,债权人利益的实现,并非基于其直接支配债务人的人身或财产,而需借助于债务人自主实施的给付行为。债权人欲实现其利益,必先向债务人请求给付。因此,给付请求权是债权的第一权能,从债权效力的角度而言,为债权的请求力。

(2) 给付受领权。债务人履行债务时,债权人有权予以接受,并永久保持因债务人的履行所得的利益。接受债务人的履行并永久保持因债务人的履行所得利益,是债权的本质所在,也是债权人所追求的最终结果。此项权能体现在债的效力上,为债权的保持力。

(3) 保护请求权。债务人不履行其债务时,债权人可请求有关国家机关予以保护,强制债务人履行债务。此项权能,在债的效力上表现为债权的强制执行力。

2. 债务

债务是指债务人依当事人约定或法律规定应为特定行为的义务。债务的内容可表现为实施特定的行为(作为义务),也可以表现为不实施特定的行为(不作为义务)。在理论上,债务分为不同类型,依据其性质和特征形成一个债务群:给付义务、附随义务、不真正义务。

(1) 给付义务。给付义务可分为主给付义务和从给付义务。主给付义务,是指债务固有、必备的并决定债的类型的基本义务。从给付义务是指不具有独立意义而只辅助主给付义务的义务,其功能在于使债权人的利益得到最大程度的满足。例如,货物的出卖人应交付原产地证明文件等。主、从给付义务的判断标准在于合同性质和当事人约定。

(2) 附随义务。附随义务,指法律没有明文规定,当事人也没有明确约定,基于维护对方当事人的利益的需要,依照社会一般交易观念,当事人应当负担的义务。《合同法》第60条规定:"当事人应当遵循诚实信用原则,根据合同的性质、目的和交易习惯履行通知、协助、保密等义务。"

附随义务有以下特点:① 附随义务基于诚实信用原则产生,其既非法律规定,也非双方当事人约定,而是随着债的关系的发展,于具体个案情形中当事人应当有所作为或不作为。在不同合同中,附随义务的具体内容应当依据合同的性质、目的和交易习惯由法官予以确定。② 附随义务不能与对方当事人的给付义务构成对待给付,因此不能适用同时履行抗辩权。附随义务的履行与否通常不会导致合同目的不能实现,因此,违反附随义务不构成解除合同的法定事由,相对人只能请求赔偿损失。③ 附随义务不能有相对人独立请求履行。违反附随义务而造成损失时,应当承担损害赔偿责任。按照德国通说,附随义务与从给付义务的主要区别在于:不履行从给付义务,相对人可以请求继续履行;附随义务的不履行只发生损害赔偿的效果。

(3) 不真正义务。不真正义务,又称为间接义务,相对人通常不得请求履行,违反也不会发生损害赔偿责任,仅使负担此义务者承担权利减损或者丧失利益的不利后果。例如,《保险法》第42条确立的被保险人在事故发生后负有减轻损害的施救义务,即为典型的不真正义务。受害人违反的是对自己的利益的维护义务,而非满足相对人债权的义务,故其发生的效果,是使保险人减少所负的义务,取得消极的利益。

附随义务基于诚实信用原则产生,其既非法律规定,也非双方当事人约定,而是随着债的关系的发展,于具体个案情形中当事人应当有所作为或不作为。在不同合同中,附随义务的具体内容应当依据合同的性质、目的和交易习惯由法官予以确定。附随义务不能与对方当事人的给付义务构成对待给付,因此不能适用同时履行抗辩权。附随义务的履行与否通常不会导致合同目的不能实现,因此,违反附随义务不构成解除合同的法定事由,相对人只能请求赔偿损失。附随义务不能由相对人独立请求。不履行从给付义务,相对人可以请求继续履行;附随义务的不履行只发生损害赔偿的效果,而不能独立请求履行附随义务。

(三) 债的客体

债的客体也称债的标的,是指债务人依当事人约定或法律规定应为或不应为的特定行为,统称为给付。债的标的不同于标的物。债的标的为一切债的关系所必备,而标的物则仅在交付财物的债中存在,在单纯提供劳务的债中,则没有标的物。给付的形态,主要有以下几种:

(1) 交付财物。此为最常见的给付方式,在买卖、互易、赠与等合同之债中,均以财物的交付为给付的具体形态。

(2) 支付金钱。金钱在法律上被视为特殊的物,在大多数有偿合同中都包含支付金钱。

(3) 移转权利。此处所谓移转权利,是指不伴随物的交付而单纯将某项权利移转于他人,如债权、知识产权、股权的移转。

(4) 提供劳务。提供劳务具有一定人身性,不得强制履行。

(5) 提交工作成果。提交工作成果即债务人以自己的劳力、技术、智能等为债权人完成一定的工作,并向债权人提交工作成果,如加工承揽、建筑安装等。

(6) 不作为。不作为特殊情况下也可作为给付。例如不为营业竞争、不泄露商业秘密等。

第二节　债的发生根据

债的发生原因也称债的发生根据,是指引起债的关系产生的法律事实。债的发生原因可分为两类:一是法定,二是意定。前者称为法定之债,后者称为意定之债。

关于债的发生原因,可用下图表示:

法定之债
- 不当得利
- 无因管理
- 侵权之债
- 缔约过失
- 其他

意定之债
- 合同之债(双方行为)
- 单方允诺(单方行为)

在理论上,可引起债的产生的法律事实主要有以下几种:

一、合同

合同是平等主体的自然人、法人、其他组织之间设立、变更、终止民事权利义务关系的协议。根据当事人双方的协议,可以自愿发生债权债务。

二、单方允诺

单方允诺也称单独行为或单方约束行为,是指表意人向相对人作出的为自己设定某种义务,使对方取得某种权利的意思表示。单方允诺能够引起债的发生。在社会生活中较为常见的单方允诺有悬赏广告等。

悬赏广告。最高人民法院《合同法解释(二)》第3条的规定:“悬赏人以公开方式声明对完成一定行为的人支付报酬,完成特定行为的人请求悬赏人支付报酬的,人民法院依法予以支持。但悬赏有《合同法》第52条规定情形的除外。”悬赏广告到底是合同行为还是单方允诺,在理解时尚有争议。通说认为,悬赏广告属于单方允诺。

悬赏广告的性质与立法错位的由来 一个疑问在于,既然悬赏广告是一个单方行为(单方允诺)而不是合同行为,那么为什么又出现在合同法中(合同法司法解释中)呢?这涉及我国立法的一段“公案”。1986年《民法通则》没有规定悬赏广告制度,在1996年学者开始起草的统一合同法的第一个草案中,规定了悬赏广告这项制度,但在后来的讨论草案中,有的人说悬赏广告不是合同而是单方行为,怎么能够出现在合同法里面呢?后面的几个草案就删除了。现在回过头来考虑,悬赏广告还是应该规定在合同法上,因为现实生活中,悬赏广告很常见,法律回避规定,会造成法院裁判无所依据的状况。但另一方面,考虑到悬赏广告虽然重要但毕竟是一个很小的制度,规定一两个条文就足够了,如果制定出一个只有1—2个条文的悬赏广告法,这不经济,也不好看,也不合常情。“虽然它不是合同,但毕竟是由意思表示构成的法律行为,与合同最接近,因此规定在合同法上并非毫无理由。这说明法律是有严格的逻辑关系的,但是社会生活是复杂的,它不可能严格符合某种逻辑关系,悬赏广告就是一个例子。”① 1999年的《合同法》最终没有规定悬赏广告制度,但留给法院很多的裁决困难。所以,可能因循“现实需求强于立法逻辑”的思路,10年之后,最高人民法院《合同法解释(二)》(颁布于2009年)第3条最终规定了悬赏广告制度。

三、侵权行为

侵权行为是指不法侵害他人的合法民事权益的行为。依法律规定,侵权行为发生后,加害人负有赔偿受害人损失等义务,受害人享有请求加害人赔偿损失等权利。这种特定主体之间的权利义务关系,即侵权行为之债。

四、无因管理

无因管理,是指没有法定的或约定的义务,为避免他人利益受损失而为他人管理事务或提供服务的行为。无因管理一经成立,在管理人和本人之间即发生债权债务关系,管理人有权请求本人偿还其因管理而支出的必要费用,本人有义务偿还,此即无因管理之债。

---

① 梁慧星:《裁判的方法》,法律出版社2003年版,第96页。

五、不当得利

不当得利，是指没有合法根据而获得利益并使他人利益遭受损失的事实。依法律规定，取得不当利益的一方应将所获利益返还于受损失的一方，双方因此形成债权债务关系，即不当得利之债。

六、其他原因

除上述发生原因外，债的关系还可因其他法律事实而产生。例如，因缔约过失，可在缔约当事人之间产生债权债务关系；因制止他人合法权益受到侵害而实施救助行为，会在因实施行为受损害的受损人与受益人间产生债权债务关系等等。

第三节 债的学理分类

债根据不同的标准可以划分为不同种类。

一、法定之债和意定之债

根据债的发生原因，可以分为法定之债和意定之债。

因法律行为而产生的债，通常称为意定之债。债法通常是任意法，因此，以意思表示为要素的法律行为是产生债的主要原因。在法律行为中，合同是最主要的一种双方法律行为，因此，合同是债发生的最常见的原因。因合同而发生的债，称为合同之债。单方法律行为虽然是由当事人一方的意思表示而成立，但单方法律行为一经成立即生效，就会在双方当事人之间产生债的关系。例如，悬赏广告等单方法律行为都会引起债的发生。

因法律规定而发生的债，通常称为法定之债。法律规定可发生债的法律事实主要有不当得利、无因管理、侵权行为、缔约过失等。

二、财物之债、货币之债与劳务之债

根据债的标的(物)的不同，可以分为财物之债、货币之债与劳务之债。

财物之债，是指债的标的物是物(动产、不动产)的债，如买卖房屋合同、买卖汽车合同中，卖方承担的义务就是给付标的物，标的物分别是房屋与汽车，即为财物之债。

货币之债，又称金钱之债，是指债的标的物是货币的债，如上例中买卖房屋合同、买卖汽车合同中，买方承担的义务就是给付货币，即为货币之债。

劳务之债，是指债的标的物是某一行为(作为以及不作为)的债，如演出合同中，演艺方承担的义务就是在约定的时间内为一定的表演活动，即为劳务之债，反之，对方承担的义务是支付演出费(货币)，则为货币之债。

区分财物之债、货币之债与劳务之债的意义有很多，主要有二：

1. 货币之债不存在履行不能的问题,但财物之债与劳务之债都存在这一可能性。所以,《合同法》第 110 条规定:“当事人一方不履行非金钱债务或者履行非金钱债务不符合约定的,对方可以要求履行,但有下列情形之一的除外:(一) 法律上或者事实上不能履行;(二) 债务的标的不适于强制履行或者履行费用过高;(三) 债权人在合理期限内未要求履行。”这里特意将金钱债务排除在履行不能之外,是有道理的。

2. 三种债之间不得彼此单方抵销。《合同法》第 99 条第 1 款规定:“当事人互负到期债务,该债务的标的物种类、品质相同的,任何一方可以将自己的债务与对方的债务抵销,但依照法律规定或者按照合同性质不得抵销的除外。”此处要求的“该债务的标的物种类、品质相同”,就是意在排除财物之债、货币之债与劳务之债之间相互抵销的可能性。

三、种类之债和特定之债

根据物品的性质不同,对于财物之债又可以进一步区分为种类之债与特定之债。种类之债又称种类物之债,是指给付的标的物仅以物的种类指示的债,即以种类物为标的物的债。例如,合同中约定给付某种品种的大米若干公斤、给付某种规格的钢材若干吨等,均属于种类之债。

特定之债又称特定物之债,是指给付的标的物为具体确定的物的债,即以特定物为标的物的债。例如,约定以交付某画家的字画为标的物的债,就属于特定之债。

四、简单之债与选择之债

根据债的标的有无选择性,债可分为简单之债和选择之债。

简单之债是指债的标的是单一的,当事人只能以该种标的履行并没有选择余地的债。所以又称不可选择之债。

选择之债是相对于不可选择之债而言的,是指债的标的为两个以上,当事人可以从中选择其一来履行的债。

选择之债因其成立时有数种标的,而债务人仅负有一种给付义务,因此,当事人须于数种标的中确定一种履行。也就是说,选择之债都须于标的特定化后才能履行。除特别约定之外,选择之债的特定主要有选择和履行不能两种方式。

1. 选择权的行使

选择权是指当事人就选择之债的数种标的中选择一种履行的权利。选择权一经行使,选定的标的即成为履行的标的,而其余的标的随之失去效力,选择之债变为简单之债。因此,选择权属于形成权。

关于选择权的归属,应当依法律的规定或合同的约定而定。如果法律没有明确规定,当事人也无明确约定时,选择权应归债务人享有。选择之债只有经选择才能履行,若选择权人不行使选择权,则债无法履行。因此,有选择权的一方应及时行使选择权。一般说来,选择权定有行使期限的,享有选择权的当事人未在该期限内行使的,其选择权转归相对人行使;选择权未定行使期限的,于清偿期届至时,经相对人限定相当期限进行催告,享有选择权的当事人于该期限内未行使选择权的,其选择权转归相对人行使;第三人享有选择权的,如果该第三人不能或者不愿选择时,选择权属于债务人。

2. 履行不能

在选择之债的数个标的中,如果有履行不能情形的,债仅在剩余的标的中存在。如果剩余的标的仍有几种可供选择的,选择之债的特定仍须采取选择的方法。

五、单一之债和多数人之债

根据债的主体双方人数是单一的,还是多数的,债可分为单一之债和多数人之债。单一之债是指债的双方主体即债权人和债务人都仅为一人的债。多数人之债是指债的双方主体均为 2 人以上或者其中一方主体为 2 人以上的债。

六、按份之债和连带之债

对于多数人之债,根据多数一方当事人之间权利义务关系的不同状态,可分为按份之债和连带之债。

按份之债,是债的多数人一方当事人各自按照确定的份额享有权利或者承担义务的债。其中,债权人为 2 人以上,各自按照确定的份额分享权利的,称为按份债权;债务人为 2 人以上,各自按照确定的份额分担义务的,称为按份债务。在按份债权中,各个债权人只能就自己享有的债权份额请求债务人给付和接受给付,无权请求和接受债务人的全部给付;在按份债务中,各债务人只对自己分担的债务额负责清偿,无须向债权人清偿全部债务。

连带之债,是债的多数人一方当事人之间有连带关系的债。连带关系是指对于当事人中一人发生效力的事项对于其他当事人同样发生效力。在连带之债中,享有连带权利的每个债权人都有权要求债务人履行义务,负有连带义务的每个债务人都负有清偿全部债务的义务。履行了债务的连带债务人,有权要求其他连带债务人偿付其应当承担的份额。

按份之债和连带之债的主要区别在于二者的效力不同。在按份之债中,任一债权人接受了其应受份额义务的履行或任一债务人履行了其应负担份额的义务后,与其他债权人或债务人均不再发生任何权利义务关系。在连带之债中,连带债权人的任何一人接受了全部债务的履行,或者连带债务人的任何一人清偿了全部债务时,虽然原债归于消灭,但在连带债权人或连带债务人内部则会产生新的按份之债。

连带之债只在法律有明确规定或者当事人有明确约定时才能成立。

关于债的分类如下表表示:

分类依据	分类内容	简要说明
发生根据	意定之债	发生及其内容由当事人依其意思决定的债(合同、单方允诺)
	法定之债	发生及其内容均由法律予以规定的债(侵权行为、无因管理、不当得利)
标的物	特定之债	以特定物为标的的债(除非债务履行前标的物已灭失,债务人不得以其他标的物代为履行;标的物所有权可自债成立时发生转移,意外灭失的风险随之转移)
	种类之债	以种类物为标的的债
主体数量	单一之债	债的主体双方均为一人的债
	多数人之债	债权人和债务人至少有一方为 2 人或 2 人以上的债
主体关系	按份之债	债的多数人一方当事人各自按照确定的份额享有权利或者承担义务的债,分为按份债权和按份债务(任一债务人履行了其应负担份额的债务或者任一债权人接受了其应受份额义务的履行,与其他债权人或债务人不再发生权利义务关系)
	连带之债	债的多数人为一方当事人之间有连带关系的债,分为连带债权和连带债务(连带债权人或连带债务人接受全部履行或履行全部债务后,在内部产生新的按份之债——追偿)
标的种类	简单之债	债的履行标的只有一种的债
	选择之债	债的履行标的有数种,债务人可选择其一履行,债权人可选择其一要求债务人履行
数债关系	主债	能够独立存在,不以其他债的存在为前提的债
	从债	不能独立存在,必须以主债的存在为前提的债(如担保之债)
标的形式	财物之债	给付财物为标的的债(可强制执行)
	劳务之债	提供劳务为标的的债(不可强制执行)

思维拓展

【重要知识点】

债的概念、债的关系和好意施惠关系、简单之债与选择之债、单一之债和多数人之债、选择之债的中的选择权、按份之债和连带之债。

【实例解析】

案例 1993 年 3 月 30 日下午,来自河南洛阳的客商朱晋华在天津和平电影院看电影,天津市民李珉与王家平(系往日同学,公安干警)在其后几排的座位上同场观影。散场时,朱晋华将随身携带李绍华(朋友关系)委托其代办的内装河南洛阳机电公司价值 80 多万元的汽车提货单及附加费本等物品的公文包遗忘在座位上,李珉发现后,将公文包拾起,等候片刻后见无人寻包,就将该包带走并交王家平保管。朱晋华后发现公文包丢失,便于 1993 年 4 月 4 日、5 日在天津《今晚报》,4 月 7 日在《天津日报》上相继刊登厂寻包启事,表示“重谢”和“必有重谢”,后李绍华又以其名义于 1993 年 4 月 12 日在《今晚报》上刊登内容相似的寻包启事,并将“重谢”变为“一周之内有知情送还者酬谢 1.5 万元”。后双方在约定的时间、地点交接时发生争执,经公安机关解决未果。李珉向天津市和平区人民法院起诉,要求朱晋华、李绍华履行在广告中约定的义务,兑现报酬 1.5 万元。

朱晋华辩称:丢失公文包后,通过《天津日报》、天津《今晚报》多次刊登寻包启事,考虑到只有在明确酬金数目的情况下,才能与拾包者取得联系,所以才明确给付酬金 1.5 万元。其实并不是出于自己真实的意思,现在不同意支付 1.5 万元报酬。

李绍华辩称:因王家平身为公安干警,应按照包内提单、私人联系手册等物品为线索,寻找失主,或主动将有关遗失物品交有关部门处理,不应等待酬金,王家平并未履行应尽的职责,故不同意给付李珉酬金之要求。

王家平述称:自己与李珉一起看电影,李珉拾得内装价值 80 多万元的汽车提单等票据的公文包,在自己处保管了 10 多天,但与本人毫无关系,故不要求索要报酬。

法院认为,本案中被告的寻包启事性质为悬赏广告,“酬谢 1.5 万元”的表示系向社会不特定人的要约。原告完成了广告指定的送还公文包的行为,是对广告人的承诺。因此,原告与被告之间形成了民事法律关系,即债权债务关系。依照《民法通则》第 57 条关于“民事法律行为从成立时起具有法律拘束力。行为人非依法律规定或者取得对方同意,不得擅自变更或者解除”的规定,被告应当履行广告中许诺的给付报酬的义务。其事后反悔、拒付酬金的行为有违《民法通则》第 4 条规定的诚实信用原则,是错误的。后双方自愿达成协议,由朱晋华、李绍华给付李珉人民币 8000 元。

对于本案的审理,存在着两种观点:第一种意见认为,根据《民法通则》第 79 条的规定,拾得遗失物应归还失主,该条并没有提及酬金问题。因此失主是否向拾得者支付酬金应该完全由失主决定。在本案中,既然被告(失主)不愿意支付酬金,原告不能以被告不愿意支付酬金为由拒绝交付拾得物。

第二种意见认为,虽然第 79 条对是否应向遗失物品拾得者支付酬金问题未作规定,但被告在刊登寻物启事时明确表示要向拾得者支付 1.5 万元酬金。原告拾得公文包,双方已经形成合同关系,被告反悔,不遵守诺言,违反了合同的规定,因此,被告有遵照合同的规定支付酬金的义务。

由于《民法通则》第 79 条(当时还没有出台《物权法》《合同法》)没有提到向拾得者支付酬金的问题。在学术界,对拾得者是否应该支付酬金也存在种种不同的观点,这涉及对于悬赏广告的性质及其酬金的理解问题。在本案中,被告朱晋华、李绍华在《今晚报》《天津日报》刊登的寻物启事是典型的悬赏广告行为。所谓悬赏广告行为,是指广告人通过广告声明对完成一定行为的人给付报酬。这是向不特定的多数人而不是某个人发出的广告。悬赏广告之成立,一般应当具备以下三项要件:第一,悬赏人须以广告方式对不特定人为意思表示。第二,须有要求完成一定行为之意思表示。一定行为其种类并无限制,只要不违反法律和社会公序良俗即可,既可以是为私人利益,也可以是为公共利益。第三,须有对完成行为人给付报酬的意思表示。报酬的支付方式、种类和数额大小并不受限制,凡能成为法律行为之标的者均可成为悬赏广告的报酬形式。

问题在于,发出悬赏广告是否使广告人与完成指定行为的人产生合同关系,这就涉及悬赏广告法律性质的认定。对悬赏广告的法律性质历来就有两种不同的观点,一为契约说,一为单方行为说。契约说认为,悬赏广告的性质为一种要约,即要约人在其要约内指定不特定的多数人为受要约人,只要受要约人完成一定的行为即构成承诺,双方构成合同,完成行为人享有报酬请求权。本案的最终处理结果就是采用契约说,认为原被告之间已经形成合同关系,被告必须支付酬金。

单方行为说则认为,悬赏广告是广告人对完成一定行为的人单独负有给付报酬的义务而不论行为人是否知道悬赏广告的存在。可见,采用单方行为说对维护当事人的利益和交易的安全更为有利。德国、日本和我国台湾地区则规定,以广告表示对完成一定行为的人给予报酬,对完成该行为的人负有给付报酬的义务。德国、我国台湾地区规定,对于不知有广告而完成该行为的人,也负有给付报酬的义务。将悬赏广告视为单方行为而不是契约,对维护当事人的利益和交易安全更为有利,其原因在于:

第一,如果采用单方行为说,只要广告人发出了悬赏广告,不需要他人作出同意即能发生法律效力,广告人应当受到广告的拘束。这样,如某人不知道发出了悬赏广告,而完成了广告中所指定的行为,该人仍能取得对广告人的报酬请求权,而广告人不得以该人不知广告内容为由而拒付报酬。另外,由于广告人实施的是单方行为,所以其应受该行为的拘束,悬赏广告一经发出即不得随意撤回。而采纳契约说,则将广告人发出悬赏广告视为要约行为,这样广告人可以在相对人作出正式承诺以前撤回或撤销其要约,变更要约的内容。这显然对相对人不利。

第二,采用单方行为说,可以使限制行为能力人、无行为能力人在完成广告所指定的行为以后,也可以对广告人享有报酬请求权。但若采用契约说,那么限制行为能力人和无行为能力人即使完成了广告所指定的行为,也将因为其无订约能力,从而无承诺的资格,不能在他们与广告人之间成立合同,这就不利于保护限制行为能力人和无行为能力人的利益。

第三,如将悬赏广告视为单方行为,那么,任何人完成广告中所指定的行为都将是一种事实行为,而非具有法律意义的承诺行为。这样,只要相对人完成了广告指定的行为即享有报酬请求权,而不必研判在什么情况下有效承诺的存在以及承诺的时间等问题,从而也可以极大地减轻相对人在求偿时的举证负担。

第四,如采契约说,将会产生本案中所提出的非常复杂的问题,即在相对人完成指定行为以后能否适用同时履行抗辩问题。按契约说,相对人完成广告指定行为即已作出承诺,双方成立合同关系,这样,一方不按合同的规定支付报酬已构成违约,而另一方有权拒绝交付完成指定行为的成果(如在本案中原告不支付1.5万元酬金,被告可拒交拾得物)。而采纳契约说,适用同时履行抗辩是不妥当的,因为拾得人返还遗失物给原权利人乃是法定的义务。

【重点法条】

(1)《民法通则》第84、86—87、92—93条。

(2)最高人民法院《关于贯彻执行〈中华人民共和国民法通则〉若干问题的意见(试行)》第131—132条。

(3)最高人民法院《关于适用〈中华人民共和国合同法〉若干问题的解释(二)》第3条。

>> 第十七章 <<

债的履行

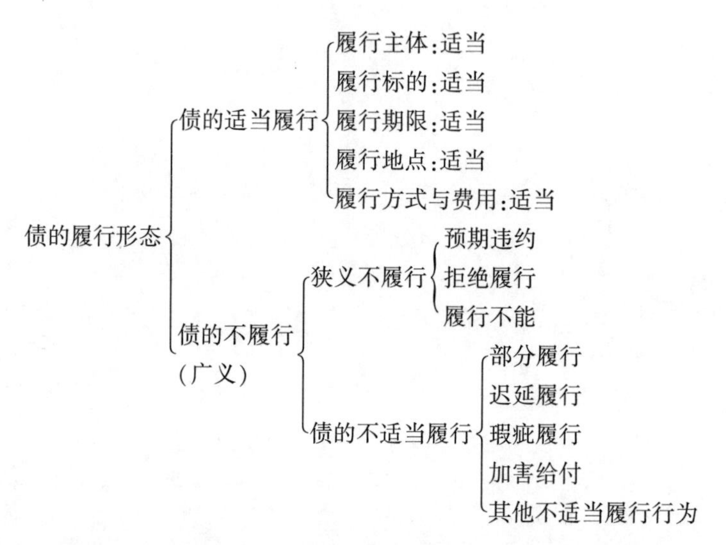

债的履行,是指债务人全面地、适当地完成其债务,债权人的债权由此得到完全实现。简言之,债的履行也就是债务人为给付行为。从债的效力角度观察,债的履行是依法成立的债权关系所必然发生的法律效果,并且构成债的法律效力的主要内容。从债的消灭角度观察,债的履行是债得以正常消灭的唯一途径,对于单方允诺之债、合同之债等意定之债而言,也是当事人双方成立债之关系的初衷,更意味着一个交易关系的最终完成。市场就是交易的总和,在此意义上每一个债得以履行都是对社会经济繁荣与发展的贡献。所以债法的一个重要目标就是努力保障每一个债都能得到正常履行。

本章的重心,是关于债的履行基本原则,以及债的适当履行包含的内容,债的不适当履行的种类等,要把握履行主体、履行标的、履行期限、履行地点、履行方式、履行费用的具体规定。

第一节　债的履行原则

债的履行原则，是指当事人在履行债务时所应遵循的基本准则。在这些准则中，有的是所有债的履行准则，有的是合同之债的特有准则如情势变更原则。

一、适当履行原则

适当履行原则，或称全面履行原则、正确履行原则，是指当事人按照债的当事人约定或者法律规定的标的、数量及质量，由适当的主体在适当的履行期限、履行地点，以适当的履行方式，全面完成债务的基本原则。可见，适当履行原则涵盖了债的履行的所有要素，包括履行主体、履行标的、履行期限、履行地点等所有环节，要求当事人在履行过程中的每一个环节都是正确的或者适当的。当事人是否遵循了适当履行原则，是决定当事人是否承担债的不履行的民事责任的界限。

适当履行，与全面履行、正确履行是在同等意义上使用的，但与实际履行[①]存在联系与区别。实际履行强调的是债务人按照债的内容来交付标的物或者提供服务，关注点在于标的物与行为本身，至于交付的标的物或者提供的服务是否适当，则无力顾及。可见，实际履行是适当履行的最核心环节，适当履行必定是实际履行，但实际履行则未必是适当履行。适当履行不会产生债的不履行责任，但实际履行在标的物、行为之外的其他环节不适当的，仍要承担债的不履行的责任。

具体到合同之债，《合同法》第 60 条第 1 款规定："当事人应当按照约定全面履行自己的义务。"这即是关于适当履行（全面履行）原则的规定。

二、协作履行原则

协作履行原则，是指债的双方当事人不仅适当履行己方的义务，而且基于诚实信用原则应该协助对方履行债务。这是因为，债的履行，如仅有债务人的给付行为，没有债权人的受领给付，债的内容仍然无法实现；甚至，在建设工程合同、技术转让合同等陈霞霞，债务人的给付行为还需要债权人的积极配合，否则，该类合同之债的内容难以实现。可见，债的履行，不独是债务人一方的事情，也是债权人的事，协助履行主要是债权人的义务。只有双方当事人在债的履行过程中相互配合，相互协作，债权才会得到适当的履行。

一般来说，债的协作履行原则包含以下几方面的内容[②]：

1. 在债务人履行债务时，债权人应当适当地受领给付，不得无故拒绝。

2. 债务人履行债务时，债权人应当为其创造必要的条件，提供方便，不得设置

---

① 关于实际履行的强调，可以参见《合同法》第 110 条的规定。

② 参见房绍坤主编：《民法》，中国人民大学出版社 2009 年版，第 324 页。

障碍。

3．债务人因故不履行或者不适当履行的，债权人应该积极采取措施，避免或者减少损失。

4．当事人应该遵循诚实信用原则，根债的性质、目的和交易习惯履行通知、协助等义务。具体到合同之债，《合同法》第60条第2款规定："当事人应当遵循诚实信用原则，根据合同的性质、目的和交易习惯履行通知、协助、保密等义务。"

三、经济合理原则

经济合理原则，是指在债的履行过程中，双方当事人都应讲求经济效益，付出最小成本求得最大效益，维护对方的利益。经济合理原则，要求双方当事人在履行过程中诚信合作，既要考虑自己的利益，也要照顾对方的利益，乃至考虑他人与社会利益。比如，买卖合同履行过程中应选择经济合理的包装方式与运输方式，在履行期限的选择、债的变更等方面应体现经济合理性。

举例 《合同法》第110条第2、3项规定，债务的履行费用过高或者债权人在合理期限内未要求履行的，债务人可以免除非金钱债务的实际履行义务，这一规定，就是立法者基于经济合理原则所作出的理性规范选择。

四、情势变更原则

情势变更原则，有时写作"情事变更原则"，并非适用于所有的债的履行原则，而是合同之债履行的基本原则。在1999年制定合同法的过程中，围绕这一原则是否应该入法以及如何入法，产生了激烈争论，最终没有入法。但10年后最高人民法院颁布的《合同法解释(二)》第26条，再次确立了这一原则。第26条规定，"合同成立以后客观情况发生了当事人在订立合同时无法预见的、非不可抗力造成的不属于商业风险的重大变化，继续履行合同对于一方当事人明显不公平或者不能实现合同目的，当事人请求人民法院变更或者解除合同的，人民法院应当根据公平原则，并结合案件的实际情况确定是否变更或者解除。"据此，情势变更成为我国司法实践所承认的合同之债履行原则之一。简言之，就是在合同履行过程中，作为双方当初订立合同的基本情势，若非因当事人的过错而发生了根本的变化，继续履行原订的合同条款将对一方当事人显失公平，则当事人可要求变更、解除合同。

(一) 基本概念

情势，是指合同成立后出现的不可预见的情况，即影响及于社会全体或者局部之情事，并不考虑原来合同成立之时"为其基础或环境之情事"；所谓变更，是指"合同赖以成立的环境或者基础发生异常变动"。我国学者的一般认识和上述司法解释的定义，情势变更原则，就是指合同成立以后客观情况发生了当事人在订立合同时无法预见的、非不可抗力造成的不属于商业风险的重大变化，继续履行合同对于一方当事人明显不公平或者不能实现合同目的,因此可以请求人民法院根据诚实信用原则变更或者解除合同。

关于情势变更原则的理路依据,存在多种学说,通说认为,情势变更乃是根据诚实信用原则所产生的。或者说,情势变更原则是诚实信用原则在合同债务履行中的具体应用。不过,情势变更原则虽然渊源于诚实信用原则,其二者的性质与内容也没有超出诚实信用原则的基本范畴,但二者并不能完全等同。首先,二者在适用范围上不可等量齐观,诚实信用原则是通行于民法全法域的基本原则,情势变更原则仅仅适用于合同之债的履行这一特定领域。其次,具体到合同之债的履行这一领域,二者的效力也不一样。诚实信用原则旨在确定当事人行使权利履行义务的方法,不仅对于合同履行具有重大指导意义,同时还产生了当事人之间应当负担的各种附随义务等,而情势变更原则的效力主要体现在合同的 变更与解除上,该原则并不能为当事人的履行确立一定的标准,更不能从该原则中引申出合同义务。①

(二) 与相关概念的区别

1. 与显失公平的区别

一是适用前提不同。显失公平的适用通常要考虑一方在交易过程中有无利用对方的轻率、经验缺乏、对市场行情不了解等缺陷,而诱使其订立合同,但情势变更原则的适用,并不考虑双方有无过错,情势之所以变更,也是不可归责于任何一方当事人的。

二是公平判断的时点不同。显失公平,通常适用于一方在订立合同时就意识到该合同所产生的不公平结果,且努力追求这种不公平结果的发生。情势变更的情形下,利益失衡的结果是双方在订约的时候并未预料到的,是未来所发生的,也即合同有效成立后某个情势发生变更所引起的,利益失衡不是双方所要追求的结果。

三是效力不同。显失公平规则的认定与适用,将导致合同的被撤销或者变更;而情势变更原则的适用,则是请求人民法院变更或者解除合同。

2. 与不可抗力的区别。

情势变更与不可抗力的区别,在各国法上由于规则不一,所以区别之处不尽相同。按照上引《合同法解释》第 26 条的规定,情势变更与不可抗力具有两个明显的区别:

一是就发生事由而言,情势变更中的“情势”,不是不可抗力造成的。换言之,按其定义,情势变更与不可抗力是相并列关系,二者并无交叉。

二是效力上的区别。情势变更原则的适用,将导致合同的可能被变更或者解除,且该变更或者解除的决定必须经由当事人提出诉讼请求、最终由法院作出。但在合同法上,不可抗力具有双重效力。其一,不可抗力可以引起合同被解除。因不可抗力致使不能实现合同目的,任何一方都可以主张解除合同(参见《合同法》第 94 条第一项)。这里强调两点:(1) 不可抗力不当然引起合同的被解除,需要达到“致使不能实

---

① 参见王利明、崔建远:《合同法新论 · 总则》,中国政法大学出版社 1996 年版,第 325 页。

现合同目的”的,方才解除合同;(2) 该解除权的行使不必通过向法院起诉来进行,直接向对方主张即可。其二,不可抗力是法定的免责事由。因不可抗力不能履行合同的,根据不可抗力的影响,部分或者全部免除责任,除非法律另有规定(参见《合同法》第117条)。

3. 与商业风险的区别

正如上引第26条规定的那样,情势变更是“不属于商业风险的重大变化,继续履行合同对于一方当事人明显不公平或者不能实现合同目的”。生活实践与司法实践中,合同有效成立之后、履行完成之前的这一段时期内,可能会由于商业风险的变化导致当事人利益的有所失衡。商业风险与情势变更的区别至少有三:

(1) 可预见性问题。商业风险指在合同成立后的发生,可以也应该为缔约双方当事人所预见到的,而情势变更中的情势,恰恰是当事人在订立合同时无法预见的。

(2) 性质不同。情势变更,被上引第26条定性为“合同成立以后客观情况发生了重大变化”,商业风险,一般理解为合同订立的基础或者环境发生了一定的变化,则此种变化很难上升到“重大变化”的程度。

(3) 引起的后果严重程度。商业风险发生后,往往也会造成合同当事人之间的利益有所失衡,但该利益失衡在程度上是可以为任何一方当事人所可以承受的。情势变更,所引起的后果则为“继续履行合同对于一方当事人明显不公平或者不能实现合同目的”。由此可见,二者造成的利益失衡在程度上不可同日而语。

举例 甲蔬菜贸易公司与某大学后勤集团在2月订立了一份合同,约定前者向后者在6月份供应豆角10万斤,每市斤2.2元,可是到了6月初,由于市场行情发生变化,豆角的市场价上扬到每市斤2.5元。继续按照原定的合同履行,甲公司将有所损失。这一损失是由于正常范围内的市场风险造成的,且该风险及其大小应该为订立合同之初有经验的商人(如蔬菜贸易公司)可以也应当预见到的。

(三) 适用要件与程序

情势变更原则的适用条件,可以归结为:

1. 有动摇合同当初订立基础的情势之事实发生。导致情势变更的常见事由有:重大金融危机;物价飞涨;汇率大幅度变化;国家经济贸易政策变化;其他合同订立基础丧失的情形。

2. 情势变更的事实,是当事人在订立合同时所不能预见的,且不可归责于双方当事人。

3. 情势变更的事实发生在合同成立以后,履行完毕之前。

4. 情势变更发生后,因合同订立之基础已被动摇,如继续维持合同效力,则会出现对一方明显不公平的后果。

一方当事人欲援用情势变更原则来解除或者变更合同的,并不能直接向另一方当事人提出请求,而是要向人民法院提出相应的诉讼请求,由法院作出是否可以适用情势变更原则,以及作出变更还是解除合同的裁决选择。这是因为,是否发生了情势变更,能否适用情势变更原则,以及到底作出变更抑或解除合同的裁决,都是极其复杂的事情,也是法院行使裁决权(包括自由裁量权)才能断定的情事。

(四) 效力

按照上述《合同法解释》第 26 条的规定,情势变更原则的适用效力,可以分为两种情形分别而论:

1. 变更合同,从而使合同在公平基础上得到履行。变更合同的具体内容,体现出法官的自由裁量与裁判智慧,也更是当事人双方理性协商的结果,可以体现为:增减标的物的数量;增损价款;延期或者分期履行;变更标的物;拒绝先为履行等等。

2. 解除合同,以彻底消除利益重大失衡的现象。如果采用变更合同的方式仍不能消除利益重大失衡的现象,只有通过解除合同此一途了。合同解除之后,无须再履行,自然不会再有基于合同所产生的利益重大失衡。只是由此产生一个问题,一方当事人依据情势变更原则而解除合同的,另一方当事人可否请求损害赔偿。对此,存在不同看法,通说认为,因情势变更原则适用导致合同解除的,任何一方都不存在违约问题,故相互不会产生违约责任的问题。至于应否产生其他的损害赔偿责任,则需要进一步的具体讨论。

第二节　债的适当履行

如上所述,债的适当履行,是要求债的当事人在债的履行的所有环节都是适当的、正确的。从立法与司法实践来看,债的适当履行主要关注的要素包括债的履行主体、履行标的、履行期限、履行地点以及履行方式与费用等,下文一一分述之。

一、履行主体

合同的履行主体为合同债务人。债务人履行时是否须有行为能力,由履行行为的性质决定。原则上,若履行行为系事实行为时,不要求债务人有行为能力;若履行行为是法律行为时,需要债务人有行为能力。

当事人可以约定由债务人向第三人履行,债务人履行有瑕疵的,由债权人追究违约责任。因向第三人履行债务增加的费用,除另有约定外,由债权人承担。

当事人可以约定由第三人向债权人履行,依此约定,债权人有权向第三人请求履行。第三人履行有瑕疵的,由债务人承担违约责任。由于第三人履行债务增加的费用,除另有约定外,由债务人承担。

二、履行标的

履行须依债之本旨,适格、全面进行。仅部分履行或瑕疵履行,不发生债务清偿的效力。标的物的质量要求不明确的,依次按照国家标准、行业标准、通常标准或者符合合同目的的特定标准履行。

价款或者报酬不明确的,按照订立合同时履行地的市场价格履行;依法应当执行政府定价或者政府指导价的,在合同约定的交付期限内政府价格调整时,按照交付时的价格计价。逾期交付标的物的,遇价格上涨时,按照原价格执行;价格下降时,按照新价格执行。逾期提取标的物或者逾期付款的,遇价格上涨时,按照新价格执行;价格下降时,按照原价格执行。

若债务人超额履行,适用下列规则:债权人可以接收,也可拒收债务人多交部分;债权人接收多交部分的,依合同约定价格付款;债权人拒收多交部分的,应及时通知债务人。

三、履行期限

履行期限,当事人有约定从约定,无约定可协议补充。若仍不能确定履行期限的,债务人可以随时履行,债权人也可以随时要求履行,但应当给对方必要的准备时间。若提前履行,应遵循以下规则:原则上债权人可以拒绝受领债务人的提前履行;基于诚信原则,若提前履行不损害债权人利益的,债权人不得拒绝受领;因提前履行给债权人增加的费用,由债务人负担。

四、履行地点

履行地点,有约定从约定。若无约定,亦不能协议补充的,适用下列规则:给付货币的,在接受货币一方所在地履行;交付不动产的,在不动产所在地履行;其他标的,在履行义务一方所在地履行。

举例 甲与乙签订了一份西瓜买卖合同,甲为卖方,乙为买方,合同中没有约定履行地点,后双方在合同的履行地点上发生争议。本例中履行地应在何处?

解析 甲住所地。

五、履行方式与费用

履行方式,有约定从约定。若无约定,亦不能协议补充的,按照有利于实现合同目的的方式履行。

若因债权人分立、合并或者变更住所等原因,致使履行债务发生困难的,债务人可以中止履行或者将标的物提存。

履行费用,有约定从约定。若无约定,亦不能协议补充的,由履行义务一方负担。

第三节　债的不履行

一、概念辨析

债的不履行,就是指债的当事人违反适当履行等原则,未按照约定或者法律规定履行其义务。

理论界关于债的不履行的使用,有广义与狭义之分,狭义的债的不履行,是指债务根本未得到任何履行,与债的不适当(不完全)履行相对应,后者是指债务得到了履行,但在履行的标的物数量、质量、履行期限、履行地点等要素上存在不适当之处。广义的债的不履行,包括狭义的债的不履行与不适当履行。本节如果没有特别交代,是在广义上使用这一概念的。

狭义的不履行与不适当履行　假设蔬菜种植专业户甲与蔬菜商乙订立一份买卖合同,约定甲供货自己种植的山东大葱3吨给乙,质量标准一级,价款30万元,甲需要在3月底前交付上门。后来,甲的履约形态可能是:一根葱未交;甲的菜地今春绝收;交付2吨;交付二级大葱3吨;拖到4月中旬交付。以上五种情况,前两种情况就是狭义的不履行(具体分别为拒绝履行与履行不能),后三种情况则是不适当履行(具体分别为部分履行、瑕疵履行、延期履行)。

关于广义的债的不履行的分类,在不同的教科书上很不统一,最详细的形态罗列包括:预期违约;履行不能;拒绝履行;迟延履行;瑕疵履行;部分履行;加害履行(给付)等。其中,就后果来看,预期违约、履行不能与拒绝履行又可以被合并称为债的不履行(狭义),迟延履行、瑕疵履行、部分履行等可以合并称为不适当履行,至于加害履行(给付),则是一种特殊的形态。我国《合同法》第七章"违约责任"一章就违约行为的描述,分类使用了"不履行合同义务或者履行合同义务不符合约定的",此处的"不履行合同义务",就是指狭义的债的不履行;"履行合同义务不符合约定的",则是指不适当履行。

二、狭义的债的不履行

狭义的债的不履行,是指债务完全没有得到履行,也即债务人未作任何的给付行为。具体又可以分为三类:

(一) 预期违约

预期违约,是指在合同之债的履行期限届满之前,当事人一方明确表示或者以自己的行为表明不履行主要债务的违约行为。这是合同之债不履行的特殊形态,与拒绝履行的区分点在于其发生在合同之债履行期限到来之前,是一种恶劣的完全状态的违约行为(债的不履行行为),债权人有权解除债的关系(《合同法》第94条第2项),并有权请求债务人承担债的不履行的违约责任(《合同法》第108条)。

（二）拒绝履行

拒绝履行，是指债务人在履行期限到来之后，在可以履行的前提下无正当理由而完全不履行债务。这一定义的要点有三：其一，拒绝履行发生在履行期限到来之后，这是拒绝履行与预期违约的基本区分点。其二，债务人客观上可以履行（由此区别于履行不能），但主观上拒绝履行，且无正当理由。其三，事实上未作任何履行。

拒绝履行是一种恶劣的完全状态的违反债务的行为，债权人有权要求债务人继续履行（实际履行），或者解除债的关系，并有权请求债务人承担债的不履行的赔偿责任。此种情形下，继续履行义务的免除，需要有法律的明确规定，比如《合同法》第110条对于非金钱债务（也即指财物之债与劳务之债）的继续履行责任的免除，仅仅规定了三种法定情形。

（三）履行不能

履行不能，是指债务人因某种客观原因，已不可能履行债务。履行不能，使得债的目的限于客观上无法实现的境地，因而导致债的关系消灭或者转化为损害赔偿之债。

履行不能，可以区分为事实上不能与法律上不能，前者如应交付的标的物因为发生了毁损灭失而不复存在，后者是指标的物在履行前属于流通物、但在履行时由于法律变换而成为了禁止流通物。

传统民法上，履行不能还区分为自始不能与嗣后不能，前者是指在债务成立时就处于不可能履行的状态，如标的物自始不存在，或者自始至终都是禁止流通物，后者是指债务成立后由于发生了某种情形，导致了债务不能履行，如应交付标的物的事后毁损灭失。一般而言，履行不能指的是嗣后不能，不包括自始不能。比如在合同法上，自始不能可能涉及合同效力的认定问题。

从上述关于履行不能的分类看，无论是事实上不能、法律上不能还是嗣后不能，都不可能发生在金钱之债（货币之债）身上，这是由于货币作为一般等价物的特性所决定的。

履行不能的法律后果，可以归结为两个方面，一方面，债务人的继续履行（实际履行）的义务被免除。比如，《合同法》第110条第1项明确规定，当事人一方不履行非金钱债务或者履行非金钱债务不符合约定的，对方可以要求履行的，如果确属法律上或者事实上不能履行的，免除继续履行的义务。另一方面，债务人是否承担债的不履行的责任，则要具体分析，要看该类债的不履行责任的归责原则为何，以及履行不能是否可归责于债务人的事由造成的。

例1　张三与李四签订合同约定出售一件宋代文物，约定一周后一手交钱，一手交货。三天后，王五出高价诱惑张三，张三见钱眼开，遂将该文物卖与王五并当场交货。四天后，张三自然无法履行对于李四的交付义务，但此种履行不能是由于张三造成的，自然要对李四承担违约责任。

例2　假设上例，三天后该文物由于张三家遭意外事件起火被烧毁，张三构成履行不能，仍然要对李四承担违约责任，因为买卖合同的违约责任归责原则原本就是无过错责任。

例3　再假设例2中,如果张三李四之间签订的是文物赠与合同,三天后该文物由于张三家遭意外事件起火被烧毁,张三构成履行不能,但不需要要对李四承担违约责任,因为赠与合同的违约责任归责原则采过错责任,且因赠与人仅在故意或者重大过失致使赠与的财产毁损、灭失的,才承担违约责任(第189条)。

三、债的不适当履行

债的不适当履行,可以体现在履行的每一个要素上,但无论从经常发生性还是重要性而言,主要有以下几种情形。

(一)部分履行

对于货币、财物之债而言,往往对标的物有明显的数量要求,如果债务人交付的标的物在数量上出现短少,就构成了部分履行。比如,前述的一个案例,3吨大葱交付了2吨的,就是部分履行。对于部分履行,债权人选择可以接受,而对于尚未履行的部分,有权请求债务人继续履行,债务人不继续履行的,可能要承担债的不履行责任。当然,债权人也可以拒绝接受——如果接受部分履行将损害自己利益的话。比如,《合同法》第72条规定,"债权人可以拒绝债务人部分履行债务,但部分履行不损害债权人利益的除外。债务人部分履行债务给债权人增加的费用,由债务人负担。"

(二)迟延履行

迟延履行有广狭义之分。广义的迟延履行,包括债务人的给付迟延与债权人的受领迟延,狭义的迟延履行仅仅指前者。所谓迟延给付,是指债务人对于已届履行期的债务能够履行而未履行。所谓迟延受领,是指债权人在债务人作出给付时,没有正当理由而未及时接受其给付。如果特别说明,本节的迟延履行是在狭义上使用的。

迟延履行的法律后果,可以总结为以下几个方面。

1. 依照《合同法》第94条第3项的规定,合同之债的当事人一方迟延履行主要债务的,不当然引发对方的合同解除权;但经催告后在合理期限内仍未履行的,债权人可以解除合同。

2. 债权人要求债务人继续履行债务的,债务人在可能的范围内仍担负应继续履行的义务,除非,债权人在合理期限内未要求履行(《合同法》第110条第3项);同时还负有迟延履行的损害赔偿责任,债务人迟延履行金钱债务的,应当支付迟延期间的利息。

3. 履行迟延后,如债务人的履行对债权人而言已无利益,债权人可以拒绝受领并请求损害赔偿。

4. 依照《合同法》第117条第1款的规定,当事人迟延履行后发生不可抗力的,不能免除违约责任。

（三）瑕疵履行

瑕疵履行，是指当事人交付的标的物不符合约定的或者法律规定的质量标准，包括品质、等级、品种、规格、型号、花色等所有有关质量的方面。瑕疵履行以债务人有履行行为为前提，只是由于标的物存有质量瑕疵，使得债权人的利益受到损害。

瑕疵履行的法律后果，依履行能否得到补正而定。补正的含义，是指债务人将标的物的瑕疵除去，从而修正为正当的履行。补正的方法包括修理、重作、更换等。在瑕疵可以补正的时候，债权人有权拒绝瑕疵的给付，并在合理期限内通知债务人要求其补正，并不承担受领迟延的责任。如瑕疵不能补正，债权人只能请求损害赔偿；如债权人愿意受领有瑕疵的给付，债权人可以就价值减少部分请求损害赔偿。

具体到合同之债的瑕疵履行的后果，《合同法》第 111 条规定："质量不符合约定的，应当按照当事人的约定承担违约责任。对违约责任没有约定或者约定不明确，依照本法第六十一条的规定仍不能确定的，受损害方根据标的的性质以及损失的大小，可以合理选择要求对方承担修理、更换、重作、退货、减少价款或者报酬等违约责任。"第 112 条规定："当事人一方不履行合同义务或者履行合同义务不符合约定的，在履行义务或者采取补救措施后，对方还有其他损失的，应当赔偿损失。"

（四）一种特殊的不适当履行形态——加害履行

加害履行，通常又称为加害给付，是指因债务人的瑕疵履行而造成了债权人遭受履行利益以外的其他损害。加害履行的构成要件为：（1）当事人之间存在合同关系，债务人一方实施了瑕疵履行行为，构成了违约；（2）债务人履行的瑕疵，还侵害了债权人一方的人身或者合同履行利益以外的其他财产权益。

加害履行与瑕疵履行的关系，可以构成特殊与一般的关系，或者说加害履行是一种特殊的瑕疵履行。需强调的是，只有因给付的标的物不合格（首先构成瑕疵履行）造成债权方的履行利益以外的损害（人身或者其他财产损害）的，才构成加害给付，仅仅标的物本身有瑕疵而未引起其他财产损害，只是一个瑕疵给付问题，构成违约责任，不引发侵权。

对于加害履行，《合同法》第 122 条规定，由加害给付行为引发的违约责任与侵权责任竞合的，受损害方有权选择依照合同法的规定要求其承担违约责任或者依照其他法律要求其承担侵权责任，但只能选择其中的一个。

（五）其他不适当履行行为

根据债的适当履行原则的要求，债务人履行债务的每一个环节都要符合法律规定或者当事人的约定，在任何一个环节上违反了法律规定或者当事人的约定要求的，都构成债的 不适当履行，比如合同之债履行过程中对于货物包装方式的约定义务的违反即是。

思维拓展

【重要知识点】

债的适当履行原则;债的适当履行的具体要求;债的不履行;债的不适当履行;履行不能;拒绝履行;部分履行;迟延履行;瑕疵履行;加害履行。

【实例解析】

案例 买卖合同的继续履行与否案。2007年11月2日,王某与丁某约定:王某将一栋房屋出售给丁某,房价200万元。丁某支付房屋价款后,王某交付了房屋,但没有办理产权移转登记。11月29日,王某因病去世,全部遗产由其子小王继承。12月中旬,杜某与小王协商欲以251万元购买房屋,双方签订了买卖合同,但杜某没有交付房款,双方也没有办理房屋所有权移转登记。为了履行杜某之间的合同,小王向丁某请求返还房屋,遭到丁某断然拒绝,遂起纠纷。

法律问题 请分析三方的法律关系以及小王的请求应否得到支持?

法理分析 本案中,王某将房屋出卖给丁某并交付,虽未办理所有权移转登记手续,但并不影响合同自成立时生效。既然该合同有效,就对王某与丁某有约束力。虽然所有权并未转移给丁某,但是丁某基于有效合同占有该房屋是合法占有。在王某去世后,小王因继承而取得房屋所有权。因继承或者受遗赠取得物权的,自继承或者受遗赠开始时发生效力。因此,王某死亡时,即继承开始时,小王取得该房屋的所有权。按照《继承法》第33条规定继承人既要继承财产还要承继债务(限定继承原则)。小王在其父亲去世后,继承了王某全部遗产的同时也应当清偿其父所欠债务。由于小王的父亲尚未履行与丁某订立的房屋买卖合同所负有的办理房屋过户手续义务,作为继承人的小王应取代其父在房屋买卖合同当事人地位,有义务协助丁某办理房屋过户手续。因此,该合同在小王和丁某之间有约束力,小王不仅无权请求丁某返还房屋,反而应该继续履行合同义务——协助丁某办理房屋移转的产权过户登记手续。

至于在丁某与杜某之间,二者与小王的合同都是有效的,但由于丁某交付在先,二者就履行合同而产生争议诉诸法院的,应该裁决先履行丁某的合同。

【重点法条】

《合同法》第60—65、71—72、107、110—112、117—118、122条。

第十八章

债的保全

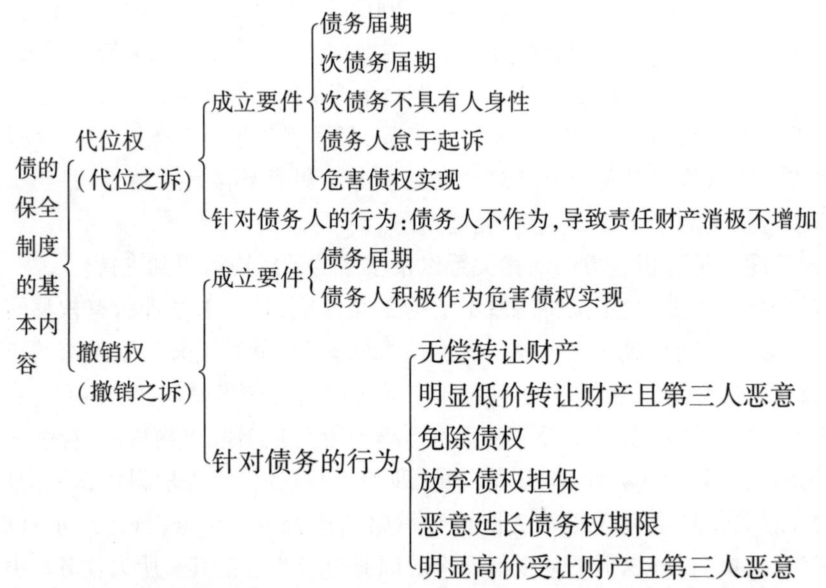

债权的保全,使债权越出债的相对关系而对第三人产生效力,构成对债的相对性的突破。

在不守信的社会经济生活中,常会出现债务人使尽解数恶意逃避债务的不良现象,对此法律设立保全制度来保护债权人利益的实现,通过规定债权人享有代位权和撤销权,来努力让债权人的每一笔债权最后获得实现。在此意义上,保全制度属于广义上的债权担保制度的重要组成部分。目前关于保全制度的规定,目前还仅出现在《合同法》里。但需要指出,保全制度不仅仅适用于保障合同债权的实现,也适用于保障其他债权的实现。

本章的重点,要把握代位权的概念、构成要件和代位权诉讼的规则,以及撤销权的概念、构成要件和撤销权诉讼的规则。由于合同法规定得过于原则,最高人民法院《合同法解释(一)》《合同法解释(二)》用大量篇幅对代位权和撤销权的行使进行了解释。

第一节　概　　述

一、基本概念

（一）定义

债的保全，是指法律为防止因债务人的责任财产不当减少给债权人的债权实现带来危害，允许债权人代债务人之位向第三人行使债务人的权利，或者请求法院撤销债务人与第三人的法律行为的法律制度。前者为代位权，后者为撤销权。前者的制度功能在于防止债务人的财产能够增加而未增加，后者的制度功能在于防止债务人的财产不应减少而不当减少。

理解债的保全概念的钥匙在于责任财产。所谓责任财产，是指当债的关系发生后，债务人的所有财产就成了债权的一般担保，因而在债的关系发生后，债务人责任财产的减少会影响债权人债权的实现。在社会生活中，包括债务人在内的任何民事主体的责任财产的每日有所增减都是正常的；即使有所减损，未必对于债权人的债权实现有所损害；即使对于债权人的债权实现有损害之虞，债权人亦无从干预；但是，当债务人的责任财产不当减少危及债权人的实现时，法律就赋予债权人特定的救济方法以维护债权人的利益。

债的保全制度的主要特征，可以总计为三个方面。

1．债的保全是债的对外效力的体现。根据债的相对性规则，债权仅仅发生在特定的当事人之间，但这并不意味着债权不产生任何外部效力，在特殊情况下，法律为保障债权人的权益，确认债权可以产生对第三人的效力，此之谓债权的外部效力，此种效力的最集中体现就是债的保全。尽管如此，债的保全制度没有从格本上改变债的相对性规则。

2．债的保全的基本方法限于两种，也即债权人享有的代位权与撤销权，这两种权利都有助于保全债的实现，但在具体的功能上又有所区别。代位权的行使是为了防止债务人的责任财产的不当减少，这又称为保持债务的财产；而撤销权的行使是为了恢复债务人已经被不当减少的财产。

3．债的保全发生在债权发生之后、清偿之前的这一段期限内。在此期间，只要债务人怠于行使其权利或者实施不当处分财产权的行为，且对财产造成危害时，法律就允许债权人采取保全措施，对债务人的财产进行保全。

4．债的保全旨在保障债权人的债权正常实现。在债的关系发生在后，债务人的所有财产，除对于特定的债权人没有担保物权的以外，都是债权的一般担保，故谓之责任财产。责任财产不仅为某一个债权人的担保，而且是全体债权人的共同担保。可见，责任财产的增减对于债权的实现关系重大。债的保全，不是防止责任财产的任何减少可能，而是保全责任财产的不正当减少。只要债务人实施了不正当处分其财产的行为而有害于债权人的债权实现的,债权人均可以采取保全措施。

(二) 与债的担保的区别

广义上的债权担保,包括债的保全与债的担保(狭义,下同),可见债的保全与债的担保之间存在某种共通性。事实上,债的担保与债的保全一样,都旨在保障债务的履行与债权的实现,但二者也存在明显的区别:

1. 从效力范围看,债的担保没有超出债的对内效力的范畴。担保措施包括保证、抵押、质押、留置等,都是基于债的本身关系(如留置)或者担保合同(如保证、抵押、质押等)而生的,担保责任也是基于担保合同所产生的义务,这正是担保合同对内效力的体现。即使如保证这样的担保人为第三人的情形下,保证人所承担的保证责任也不是合同对外效力的体现,而恰恰是基于保证合同所承担的义务,保证人正是保证合同的当事人。债的保全,如上所述,是债的相对的例外和突破,理论上通常称其为债的外部效力,即债对第三人的效力。

2. 从产生依据看,债的担保是基于当事人的约定而产生的,尤其是设立保证、抵押、质押当担保措施都需要由当事人订立相应的合同,但是债的保全则是依据法律直接规定而生的。

3. 从保障债务的履行与债权的实现的效果来看,债的担保作用更加明显。债的担保,是在债务人的责任财产之外另行约定强化债权实现的额外措施,比如第三人提供的保证、抵押、质押等,等于是在债务人责任财产的基础上增加了可用于偿债的额外财产,且后者还具有优先受偿权的效力;即使债务人本人提供的抵押、质押等担保措施,虽然责任财产的数量与范围并没有增加,但是债权人对于担保物所享有的优先受偿权,已经大大强化了债权的实现可能性。债的保全,仅仅是防止因债务人的财产不当减少给债权人带来的危害而设定的消极防御手段。在此意义上,债的保全对债权的保障作用不如债的担保那样积极、主动与重要。

二、债的保全的制度价值

债权的实现需要债务的适当履行,而债务的适当履行又须以债务人的财产为物质保障。由此可以看出债的保全的制度功能主要表现在以下两个方面:

1. 债的保全使得保障债权人实现债权的救济方式趋于完善。关于债权实现的保障,法律上通常有两种方法:一是担保,即当债的关系成立后,当事人可以就债设立人的担保(保证)或者物的担保,两种担保方式各有优劣。二是强制执行,这是通过法院实现债权的最终救济方式。但强制执行程序只能针对债务人的现有财产,债务人应增加而未增加的财产或者不当减少的财产,不能成为强制执行的标的。债的保全制度可以补充上述两种方法的不足,为债权人提供一种可供选择的救济方法,在当事人的不当行为减少财产或者不积极主张权利时提供救济之道。

2. 方便债权人实现债权。按照债的相对性规则,债的效力只能发生在特定的当事人之间,与第三人无关。但当债务人的消极行为或积极行为使得其责任财产减少以至于不足清偿债权人的债权时,债权人就可以径自向第三人提出请求。这样既可以克服个人意思不能支配他人意思产生的实践困境,也有利于债权人实现债权。

总之,债的保全是保障债权得以实现、保障债权人利益的重要措施。债务的切实履行与债权的实现,乃是市场经济有序化的体现。只有充分保障债权人的利益,督促债务人切实履行债务,才能渐次地形成良好的信用制度与商业道德,并使债权债务关系产生应有的约束力,从而形成一定的交易安全与秩序。当然,保障债权实现是合同法等债法以及公司法、破产法、票据法等多个部门法的共同任务,其中在债法建立起债的保全制度具有基础性意义,具有不可替代的法律功能。这些功能可以归结为三点:一是体现了债的对第三人的效力,二是防止债务人实施各种不正当行为逃避债务;三是为债的担保、强制执行制度提供基础性支持。

第二节 代 位 权

一、基本概念

债权人代位权是指当债务人怠于行使其对第三人享有的到期债权而对债权人的债权造成损害的,债权人为保全自己的债权,可以向人民法院请求以自己的名义代位行使债务人的债权的权利。代位权具有以下特征:

1. 债权人行使代位权时,是以自己的名义(而非债务人的名义)直接起诉次债务人,故不同于代理权。

2. 债权人行使代位权,所针对的是债务人怠于行使债权的消极行为,而非债务人不当减少自身财产的积极行为,故不同于撤销权。

二、代位权的成立要件

1. 债权人对债务人的债权合法并届期满。债务人怠于行使自身债权致危及债权人的债权,是代位权制度所要解决的核心问题。在债权尚未到期时,债务人的消极行为并未对债权人的债权构成实质影响,此时若允许债权人行使代位权,未免使债权人的法律地位过于强势。因此,《合同法解释(一)》第 13 条中使用了"致使债权人的到期债权未能实现"的字样,由此表明,债权人的债权到期是代位权行使的前提条件。

2. 债务人对次债务人的债权亦届期满。债权人在行使代位权时,其对次债务人的法律地位不可能超过债务人。若债务人对次债务人的债权根本不存在,或虽已存在但并未到期,债务人本人亦不得主张,债权人的代位权更无从谈起。

3. 债务人对次债务人的债权不具有人身性。若债务人对次债务人的债权具有人身性,意味着该债权专属于债务人,而不具有可代位性。根据《合同法解释(一)》第 12 条的规定,专属于债务人自身的债权,是指基于扶养关系、抚养关系、赡养关系、继承关系产生的给付请求权和劳动报酬、退休金、养老金、抚恤金、安置费、人寿保险、人身伤害赔偿请求权等权利。

4. 债务人怠于行使到期债权。所谓怠于行使到期债权,指债务人不以诉讼方式或仲裁方式向次债务人主张其享有的具有金钱给付内容的到期债权。

5. 债务人怠于行使债权已经危害到债权人的债权。若债务人虽怠于行使债权,但其财产足以清偿自身债务,则该行为并未对债权人的债权构成危害,故代位权亦不得行使。

三、代位权诉讼

因代位权的行使构成对合同相对性的突破,为防止债权人滥用代位权,法律对其多有限制。最重要的体现就是,代位权只能通过诉讼的方式行使,而不能通过诉讼以外的方式向次债务人主张。

1. 地域管辖

根据《合同法解释(一)》第14条的规定,代位之诉由次债务人住所地法院管辖。

2. 当事人

代位之诉的原告为债权人,即债权人以自己的名义行使代位权。代位之诉的被告为次债务人。债务人为第三人。如果原告起诉时未将债务人列为第三人的,法院可以(不是必须)依法追加。

3. 诉讼当事人的关系

(1) 次债务人可援用自己对债务人的抗辩权以对抗债权人;也可以援用债务人对债权人的抗辩权对抗债权人;在代位诉讼中,次债务人作为被告还享有针对作为原告的债权人的诉讼程序上的抗辩权。

(2) 原告胜诉的,诉讼费用由被告即次债务人负担,从实现债权中优先支付,但最终由债务人承担。

(3) 代位权成立的,次债务人向债权人直接履行,而不是向债务人履行。该履行产生两个后果:① 债权人与债务人之间的债消灭;② 债务人与次债务人之间的债相应消灭。

(4) 债权人请求数额以债权为限,不得超过债务人的债务。

4. 诉讼冲突的解决

(1) 债权人起诉债务人后,又向同一法院再提起代位之诉的,处理如下:代位之诉不符合《合同法解释(一)》第14条规定的,告知债权人另行起诉;代位之诉成立的,应予受理。但在债权人与债务人之诉的判决生效前,中止代位之诉。

(2) 两个以上债权人以同一次债务人为被告提起代位权诉讼的,可合并审理。

(3) 债权人提起代位之诉后,债务人就余额起诉次债务人的,处理如下:受理代位之诉的法院应告知债务人另行起诉;债务人另行起诉的,符合起诉条件的,法院应予受理;在代位之诉判决生效前,债务人与次债务人之诉应当中止。

（四）小结

关于代位权制度，可以通过下图进行把握：

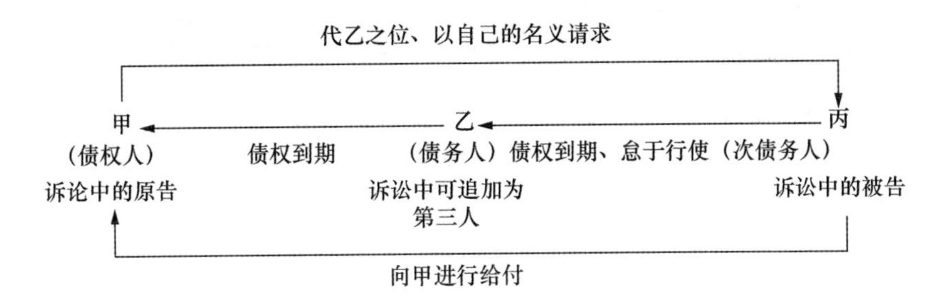

第三节 撤 销 权

一、基本概念

债权人撤销权，指债权人对债务人所为的危害债权的行为，可以申请法院予以撤销的权利。与代位权不同，撤销权所针对的是债务人积极的、不合理减少自身财产的行为。

关于债权人撤销权的性质，存在争议，主要有请求权说、形成权说与兼具请求权、形成权说。本书支持第三种观点。债权人撤销权作为债法上的权利，兼有请求权与形成权的特点。一方面，债权人行使撤销权，可请求因债务人的行为而获益的第三人返还财产，从而恢复债务人的责任财产的原状；另一方面，撤销权的行使又以撤销债务人与第三人之间的法律行为为内容。

可以看出，债权人撤销权，与可变更、可撤销合同中的一方当事人所享有的撤销权是不同的，前者是针对债务人与第三人的行为而设定的，享有撤销权的主体是债权人，旨在撤销债务人与第三人之间的某项法律行为；后者是针对一方意思表示不真实的合同而设定的，享有撤销权的主体是合同的一方当事人，旨在撤销自己所参与的某项合同。当然，两个撤销权也有两个共同点：行使方式都是必须通过诉讼的方式，提起撤销之诉，而不得直接私下主张；行使的后果都是会导致法律行为的最终无效。

债权人撤销权是附属于债权的实体权利，依附于债权而存在，不得与债权分离而单独处分。当债权转让的，该撤销权也随之转让，当债权消灭的，该撤销权也随之消灭。

二、撤销权的成立要件

撤销权的成立要件分为客观要件和主观要件。根据债务人行为性质之不同，法律在撤销权行使问题上设有不同的制度安排。具体而言，针对无偿行为，仅需满足客观要件，即可行使撤销权。而对于有偿行为，撤销权的行使除需具备客观要件外，还必须同时满足相当的主观要件。

1. 须有债务人所为危害债权的行为:(1) 放弃到期债权;(2) 放弃未到期债权;(3)放弃债权担保;(4) 恶意延长到期债权的履行期;(5) 无偿转让财产;(6) 以明显不合理低价转让财产,且受让人明知的;(7) 以明显不合理高价受让财产,且转让人明知的。

例1 甲公司欠乙银行借款本息2000万元,已届期满,其名下资产已不足偿债。乙银行在追债过程中发现,丙、丁、戊、申四家甲公司的客户分别欠甲公司600万元,分别的状态是:丙的已经到期,甲公司表示放弃;丁的尚有半年才到期,甲已经表示放弃;戊用自己的仓库作了欠债抵押并登记,甲表示要追索债权,但放弃抵押权;申的尚有半月即将到期,但是甲公司对其表示,为了显示双方合作诚意,将申的债务再延长期限13年。对于甲的以上四个行为,乙银行作为债权人都可以行使撤销权。

例2 李大欠朋友王二个人借款,本息共计300万元,已经到期,但李大一直以种种理由搪塞不还。王二追债半年毫无收获,发现李大家中无甚值钱物件可以偿债,但发现三个月前后李大干过以下三件事:将自己的价值数十万元的大巴车一辆赠送给外地的某希望小学;将自己的价值逾百万元的豪车一辆以10万元卖给知情人、自己的表表弟张三;以30万元高价购买了知情人、发小刘四的一件普通紫砂壶。对于以上三类行为,王二均可以行使撤销权。

此外,依《物权法》第195条第1款,抵押人与优先顺位的抵押权人达成的抵押物折价协议,侵害后顺位的抵押权人或者抵押人的其他债权人利益的,也可以被后者诉请撤销。

对于前述第6、7种行为,需注意两点:(1) 所谓“不合理”,以30%为界限,“不合理低价”即降低的价格超过交易时交易地的指导价或者市场交易价的30%,“不合理高价”即转让价格高于前述指导价或交易价的30%;(2) 无论是不合理低价转让还是不合理高价受让,均需考虑与债务人为交易之相对人的主观状态,这与前几种可撤销行为不同。

上述行为之外,不以财产为标的的行为,即使有可能导致债务人财产的减少,债权人亦不得撤销,这主要包括:基于身份关系而为的行为,如结婚、收养、继承的抛弃;以提供劳务为目的的行为;财产上利益的拒绝行为等。

2. 债务人的行为须属于债权成立后实施的行为

债务人行为在债权发生前既已确立,自无理由谓之为债务人于行为时具危害债权之意图,亦未有该行为危害债权之事实存在,因此,债权人不得予以撤销。

例3 甲公司欠乙公司货款200万元,到期已有3个月,且其资产已不足偿债。乙公司在追债过程中发现,甲公司在一年半之前(此时甲乙两公司尚未签订合同,成立债权)曾将自己对丁公司享有的30%的股权无偿转让给了丙公司。乙公司对于甲公司的赠与行为能否行使撤销权?解析:不能。因为债权人只能有权撤销债权成立后债务人实施的行为。一年半之前,甲乙两公司尚未签订合同,成立债权,故债权人不能行使撤销权。

3. 债务人所实施的前述行为已危及债权人债权之实现。债务人的行为导致其不能清偿所有债权或者发生清偿困难,且此种状态持续到撤销权行使时仍然存在的,即可认定为有害于债权。但债务人于行为时虽有危害债权之恶意,事实上并未对债权造成危害的,不发生撤销权。

4. 主观上,债务人具有侵害债权人债权之恶意。债务人只要实施前述行为,即推定具有侵害债权之恶意,无须债权人举证恶意之存在。至于受让人(受益人)是否也应具有恶意,应区分无偿与有偿两种场合:在无偿场合(如放弃债权、无偿转让财产等),受让人(受益人)无须具有恶意;在有偿场合(如以明显不合理低价受让财产等),则受让人需具有恶意。所谓受让人之恶意,仅以明知行为有害债权已足,而不必具有损害债权之故意,亦不要求受让人(受益人)与债务人恶意串通。

三、撤销权之诉

与代位权相似,为防止债权人滥用撤销权,法律明确规定撤销权只能通过诉讼的方式行使,而不能通过诉讼以外的方式直接向当事人主张撤销。

1. 地域管辖

依《合同法解释(一)》第23条的规定,撤销之诉由债务人住所地法院管辖。

2. 当事人

撤销之诉的原告为债权人。撤销之诉的被告为债务人。受益人(受让人)为第三人;原告未将其列为第三人的,法院可以(不是必须)依法追加。

3. 诉讼效果

(1) 对于债务人与受让人(受益人)而言,债务人的行为一经撤销,自始无效。

(2) 若债务人已将财产移转给受让人(受益人),债权人可以请求受让人(受益人)将所获利益返还给债务人。

(3) 两个以上债权人均以同一债务人为被告提起撤销之诉的,可以合并审理。

(4) 债权人胜诉的,其律师代理费、差旅费等必要费用由债务人承担;第三人有过错的,适当分担。

4. 提起撤销之诉的期间

债权人应自知道或应当知道撤销事由之日起1年内行使撤销权;自债务人的行为发生之日起5年内没有行使撤销权的,该撤销权消灭。上述两个期间1年、5年的起算点并不一致,但均为不变期间,其中的5年为除斥期间。

举例　甲欠朋友乙借款200万元,到期已有3个月,且其个人资产已不足偿债。后甲为例逃避债务,将自己仅有的价值逾百万元的房屋一栋以10万元价格卖给了知情人—亲戚丙。此笔交易发生在2011年6月底。假设乙公司在后来的追债过程中发

现此事的情形分别是:

(1) 2012 年 6 月底知道了;

(2) 2015 年 12 月底知道了;

(3) 2016 年 7 月知道了。

以上三情形留给乙起诉的时间分别还有多长?

解析:(1) 还有一年(2012 年 6 月底到 2013 年 6 月底)

(2) 半年(2015 年 12 月底到 2016 年 6 月底)

(3) 已经逾期,撤销权已经消灭了。

关于撤销权制度,可以通过下图进行把握:

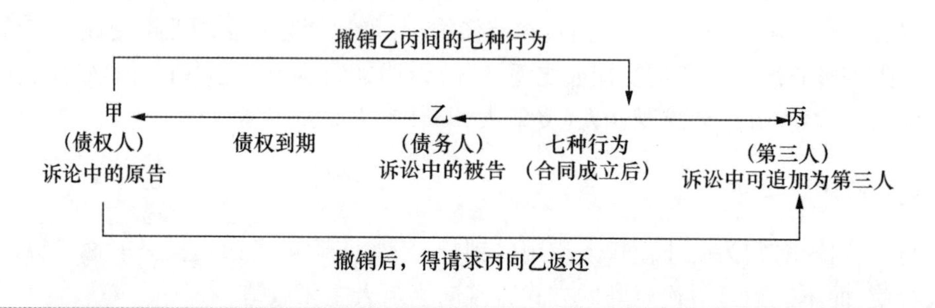

思维拓展

【重要知识点】

《合同法》第 62 条关于履行时间、地点、费用等要素的推定规定;债权人的代位权与撤销权的构成要件;代位权诉讼与撤销权诉讼。

【实例解析】

案例 甲、乙乃多年好友,甲曾经向乙借款 200 万元经营生意,但后来生意失败,甲心灰意冷,消极沉沦,经济状况一天比一天糟糕。不过,作为世家子弟的甲拥有三套稀有的线装古书,市场价格分别为 50 万、70 万元与 90 万元。后来甲为了急于清偿对于乙的债务,先以 20 万元将第一套古书卖给了知情的另一好友丁;随后又以 30 万元的价格将第二套古书卖给了戊,戊乃煤炭商人,目不识丁,不懂古书行情,但听周围人说划算,附庸风雅也就买下;最后以 68 万元的价格将第三套古书卖给了古书商人庚,双方约定好一手交钱一手交书,但庚得到古书后以种种理由推脱,至今迟迟没有付款,好面子的甲也就没有催要。

法律问题 乙可以通过哪些法律手段来保障自己的债权早日获得实现?

法理分析 对于甲丁之行为,乙可以申请法院予以撤销;就庚欠下甲的债务,乙可以向法院对庚提起代位之诉。

【重点法条】

（1）《合同法》第73—75条。

（2）最高人民法院《关于适用〈中华人民共和国合同法〉若干问题的解释(一)》第8、11—13、16、18—20、24、26条。

（3）最高人民法院《关于适用〈中华人民共和国合同法〉若干问题的解释(二)》第18—19条。

>> 第十九章 <<

债的担保

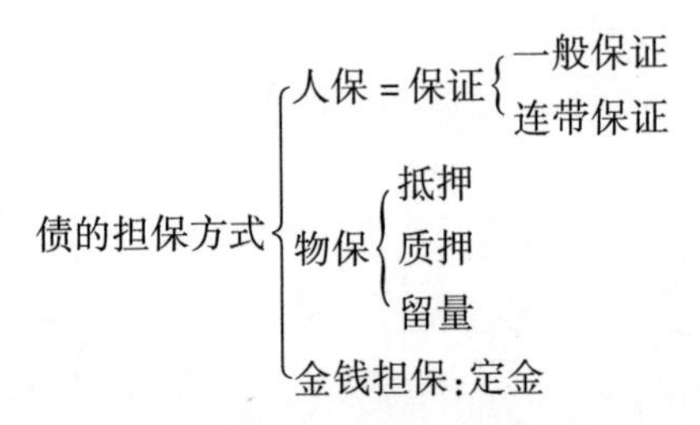

债的担保,指为确保债权得以实现而设立的各种法律措施,分为人的担保、物的担保和金钱担保。人的担保即保证;物的担保产生担保物权,包括抵押权、质押权与留置权等;金钱担保即定金责任。在本书的体例安排中,由于物的担保已在物权法部分论述,此处仅论述保证和定金责任。此外,关于人保(保证)与物保(抵押、质押、留置等)之间的关系、反担保、担保无效等属于债的担保的一般性规则,都安排在第三节进行讲述。

第一节　保　　证

一、概念

保证是指第三人与债权人约定,当债务人不履行其债务时,该第三人依约定履行债务或承担责任的担保方式。这里,作为保证人的第三人不是以特定财产作为担保,而是以自己的信用作保。

在保证中,存在三方当事人:债权人、债务人、保证人;存在两个合同关系:债权人与债务人之间的主合同、债权人与保证人之间的保证合同。注意单就保证合同而言,只有两方当事人而不是三方当事人。

保证合同的当事人是保证人与主债权人,其可以通过以下四种方式订立:(1) 债权人与保证人单独订立书面保证合同;(2) 主合同中有保证条款,保证人在主合同中签章;(3) 主合同中没有保证条款,但第三人以保证人身份在其上签章;(4) 第三人单方以书面形式向债权人出具担保书,债权人接受且未提出异议。

保证及其合同具有如下特征：

1. 附从性。保证合同是从合同，无论从成立、效力、保证责任的范围、变更及消灭的角度，均从属于主合同。

2. 独立性。保证合同并非主合同的一部分，而是一个独立的合同，尽管其在效力上与主合同共命运，但这并不意味着主合同当事人可以随意主宰保证人的利益。若债权人与债务人协议变更主合同，未经保证人书面同意的，对于加重部分保证人不承担保证责任。

3. 保证人承担无限责任。保证的含义就是愿意对债务人不能履行的债务承担履行责任或者赔偿责任，承担责任的范围不以个别财产为限，而必须是保证人的所有财产，保证人以其所有财产替人偿债。

4. 保证合同为要式、单务、无偿及诺成合同。

二、保证人适格

由于保证合同围绕保证人而展开且保证人承担的是典型的无限责任，所以不是每一个民事主体都能充任保证人。保证人的资格有无，直接关涉保证合同的效力。

1. 可以担任保证人的范围

依《担保法》第7条的规定，下列三类人可担任保证人：(1) 自然人；(2) 法人；(3) 其他组织，包括依法登记领取营业执照的独资企业、合伙企业、联营企业、中外合作经营企业、乡镇、街道、村办企业，以及经民政部门核准登记的社会团体。上述三类人担任保证人时，不以“具有完全代偿能力”为必要。纵使其订立保证合同时无代偿能力，此后以此为由要求免除保证责任的，法院不予支持。

2. 限制、禁止担任保证人的范围

(1) 国家机关。原则上不可以作为保证人，但经国务院批准为使用外国政府、国际经济组织贷款而转贷的除外。

(2) 事业单位、社会团体。其中的公益类法人一般不能作为担保人，但从事经营活动的事业单位、社会团体除外。

(3) 企业法人的分支机构。分支机构未经授权或超越授权范围所为的保证无效，反之有效；若企业法人授权不明，分支机构据此而为的保证亦有效。

(4) 企业法人的职能部门。因其不具有民事主体资格，故其所作保证绝对无效。

三、保证合同的诉讼规则

保证合同发生纠纷，依据《担保法解释》第124—129条的规定，诉讼中应遵循如下规则：

1. 企业法人的分支机构为他人提供保证的，人民法院在审理保证纠纷案件中可以将该企业法人作为共同被告。但是，商业银行、保险公司的分支机构提供保证的除外。

2. 一般保证的债权人向债务人和保证人一并提起诉讼的,人民法院可以将债务人和保证人列为共同被告。但是,应当在判决书中明确在对债务人财产依法强制执行后仍不能履行债务时,由保证人承担保证责任。

3. 连带责任保证的债权人可以将债务人或者保证人作为被告提起诉讼,也可以将债务人和保证人作为共同被告提起诉讼。

4. 债务人对债权人提起诉讼,债权人提起反诉的,保证人可以作为第三人参加诉讼。

5. 主合同和担保合同发生纠纷提起诉讼的,应当根据主合同确定案件管辖。担保人承担连带责任的担保合同发生纠纷,债权人向担保人主张权利的,应当由担保人住所地的法院管辖。主合同和担保合同选择管辖的法院不一致的,应当根据主合同确定案件管辖。

四、保证责任的分类

(一) 一般保证与连带保证

1. 一般保证

若当事人在保证合同中约定,在债务人不能履行债务时,保证人才开始承担保证责任的,即为一般保证。所谓"债务人不能履行债务"包含以下情形:(1) 主债务人到期未清偿债务;(2) 债权人已就主债务提起诉讼或申请仲裁;(3) 债权人已就生效判决或仲裁裁决申请强制执行;(4) 强制执行后,主债权仍未得到完全清偿。

这意味着,只有在主合同纠纷经过审判或仲裁,并就债务人财产依法强制执行后,未获清偿的债权人方能要求一般保证的保证人承担保证责任。

在未达"债务人不能履行债务"标准场合,一般保证的保证人得拒绝债权人要求其承担保证责任的请求权,此为一般保证人的先诉抗辩权。但在下列三种场合,保证人不得主张先诉抗辩权:(1) 债务人住所变更,致使债权人主张债权发生重大困难;(2) 债务人破产案法院已经受理,执行程序已中止;(3) 保证人书面放弃先诉抗辩权。

2. 连带保证

若债务人到期不偿还债务,债权人可请求债务人履行债务,也可要求保证人承担保证责任,亦可一并要求债务人、保证人承担连带责任的,即为连带保证。所谓连带,即债务人与保证人对债权人就债务清偿上的连带关系。显然,连带保证人的责任较一般保证人重,相应地对债权人也更为有利。

连带保证的设定有两种方式:(1) 明示,即在保证合同中明确约定为连带保证;(2) 推定。若保证合同未明确约定保证方式,或约定不明的,推定为连带保证。

(二) 单独保证与共同保证

单独保证就是保证人为一人的保证。共同保证即保证人为两人以上的保证,根据数个保证人之间的关系,又可分为按份共同保证和连带共同保证。

1. 按份共同保证

按份共同保证,指各保证人与债权人订立合同时约定了各自保证份额的保证。此处的约定既可以与债权人共同约定,也可以与债权人分别约定。

2. 连带共同保证

连带共同保证,指债务人不能到期清偿债务,各保证人就保证责任承担连带责任的保证。其产生方式有二:各保证人明确约定承担连带责任;各保证人未约定保证份额的,推定为连带共同保证,此种产生方式中尤须注意的是各保证人分别与债权人订约时未约定份额。

举例 甲出借10万元给乙,丙为乙作保证,后丁也为乙作保证。丙、丁的共同保证即为连带共同保证。即使丙、丁相互约定各自为乙担保5万元,该保证亦为连带共同保证。因为按份保证需由保证人与债权人约定,否则即为连带共同保证。换言之,保证人内部约定的份额对债权人不发生效力,仅在对外承担保证责任后作为内部追偿的依据。

在理解连带共同保证时,切莫将其与连带保证混淆。两者的关系可图示如下:

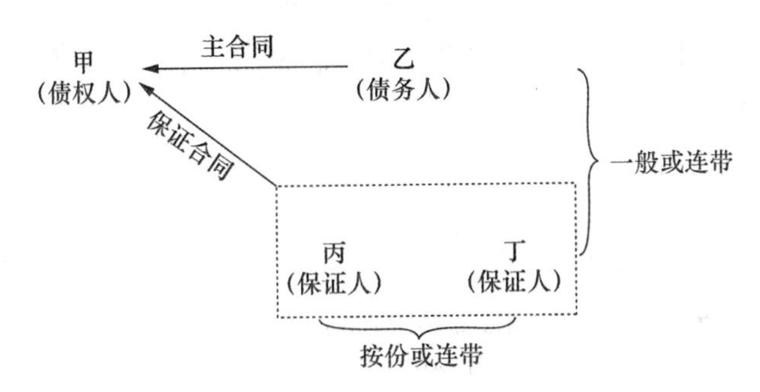

连带保证指的是债务人与保证人之间的关系,连带共同保证指的是共同保证人之间的关系。在上例中,丙、丁分别与甲定约时未约定保证份额,故两者为连带共同保证。事实上,由于甲、乙、丙、丁也未就保证方式进行约定,故乙与丙、丁之间为连带保证。

共同保证人之间的追偿关系是:按份共同保证人在承担保证责任后,仅能向债务人追偿,而不能向其他保证人追偿。连带共同保证人在承担保证责任后,应先向债务人追偿,追偿不足部分,由各连带保证人按内部约定的比例分担;没有约定的,平均分担。

(三) 最高额保证

保证人与债权人可协议在最高债权额限度内就一定期间连续发生的借款合同或者某项商品交易合同订立一个保证合同,由此产生的保证即最高额保证。在最高额保证场合,保证合同成立在先,主合同成立在后。同时,在最高额限度内,保证的主债权具有不特定性。

未约定保证期间的最高额保证,保证人有任意解除权,即可随时单方书面通知对方解除合同。合同解除后,保证人仅对通知到债权人前已经发生的债权承担保证责任。

五、保证责任的承担

(一)保证人对债权人的权利义务

保证人对债权人的最主要义务就是按照保证合同的约定承担相应的保证责任。若合同未作明确约定,保证担保的范围包括主债权及利息、违约金、损害赔偿金和实现债权的费用。但是在下列场合,保证人免责:(1)同一债权既有保证又有债务人所提供的物的担保的,债权人放弃物的担保时,保证人在放弃的范围内免除保证责任;(2)债权人在主合同履行期届满后怠于行使担保物权,致使担保物的价值减少或者毁损、灭失的,保证人在相应范围内减轻或者免除保证责任。

保证人对债权人的权利包括:(1)在一般保证场合,保证人享有先诉抗辩权;(2)保证人得向债权人主张债务人能够主张的抗辩权;(3)若债务人同时以自有之物提供担保的,债权人应先以该物行使担保物权,而后方能向保证人主张保证责任。

举例 甲出借10万元于乙,乙以价值8万元的小轿车一辆作为抵押,丙以价值20万元的机器设备作为抵押,丁为乙的债务提供保证。问:当乙逾期不能清偿欠款之时,甲应如何实现债权?

解析 应先将乙的小轿车拍卖以清偿债务。不足部分可以要求丙或丁清偿,也可以同时要求丙和丁按任意比例清偿。

(二)保证人对债务人的权利义务

保证人对债务人的权利义务主要集中在追偿权上。

1. 行使时间

保证人在承担保证责任后,有权在已承担的保证责任范围内向债务人进行追偿。但在债务人破产场合,债权人未申报债权的,保证人可参加破产分配,预先行使追偿权。若债权人明知破产事实,既不申报债权,亦不通知保证人,致使保证人不能行使预先追偿权的,保证人在破产财产中可能受偿的范围内免责。

2. 追偿范围

保证人向债务人追偿的范围以其已经承担的保证责任为限。保证人超过主债权范围自行履行保证责任的,只能以主债权为限进行追偿。

3. 追偿时效

最高人民法院《关于审理民事案件适用诉讼时效制度若干问题的规定》(以下简称《诉讼时效规定》)第21条规定:主债务诉讼时效期间届满,保证人享有主债务人的诉讼时效抗辩权。保证人未主张前述诉讼时效抗辩权,承担保证责任后向主债务人行使追偿权的,人民法院不予支持,但主债务人同意给付的情形除外。

（三）特殊场合下的保证责任承担

1. 主合同变更时的保证责任承担

保证合同作为从合同，与主合同共命运。但若主合同的变更当然对保证人发生效力，将使保证人承受不测之风险，亦为主合同当事人利用保证合同侵害保证人提供了条件。为此，法律就主合同变更时保证人的责任承担问题作有特别规定。

（1）主债权转让

保证期间内，主债权依法转让的，保证人继续承担原保证责任。但在下列两种场合，主债权的转让将导致保证责任消灭：保证人与债权人事先约定仅对特定的债权人承担保证责任；保证人与债权人事先约定禁止债权转让。

（2）主债务转让

主债务转让，若要保证人继续承担保证责任：债务转让经债权人许可；经保证人书面同意，若保证人不置可否或仅为口头同意，保证人免责。

（3）主合同内容变更

其一，主合同的数量、价款、币种、利率的变动，未经保证人的书面同意的，若减轻债务人的债务的，保证人仍应对变更后的合同承担保证责任；若加重债务的，保证人对加重部分不承担保证责任。

其二，标的和标的的用途变更的，必须经过保证人的书面同意，否则免责。

其三，延长主合同的履行期限，未经保证人书面同意的，保证人在原有的保证期间内承担保证责任。

2. 主合同解除时的保证责任承担

主合同解除后，保证人对债务人应当承担的民事责任仍应承担担保责任，担保合同另有约定除外。

3. 保证合同无效时的责任承担

（1）主合同有效而保证合同无效，债权人若无过错，保证人与债务人对债权人的损失承担连带赔偿责任；债权人、保证人若有过错，保证人承担责任的部分，不应超过债务人不能清偿部分的1/2。

（2）主合同无效导致保证合同无效的，保证人若无过错，不承担民事责任；保证人若有过错，其承担的责任，不应超过债务人不能清偿部分的1/3。

4. 保证欺诈

（1）主合同当事人串通骗取保证人提供保证的，保证人不承担保证责任。

（2）保证人因受主合同债权人欺诈、胁迫而提供担保的，不承担保证责任。

（3）保证人因受主合同债务人欺诈、胁迫而提供担保，且债权人知情的，不承担保证责任。

（4）债务人与保证人共同欺骗债权人，订立主合同和保证合同的，债权人可主张撤销。因此给债权人造成损失的，由保证人与债务人承担连带赔偿责任。

六、保证期间

(一) 定义

保证期间为保证责任的存续期间,属于民法上或有期间的一种。在一般保证场合,债权人欲使保证人承担保证责任,需在保证期间内对主债务人提起诉讼或仲裁;在连带责任场合,债权人欲使保证人承担保证责任,需在保证期间内向保证人主张权利。若保证期间经过而债权人无所作为,其后果将是保证人保证责任的永久性消灭。

举例 甲出借10万元给乙,2月1日到期,丙为其担保,保证期间为9个月。问:(1) 甲是否必须在11月1日前从乙处要回10万元?(2) 甲是否必须在11月1日前向丙要回10万元?(3) 此处保证期间有何意义?(4) 若丙承担的是一般保证,后果又有何不同?

解析 (1) 不是,甲对乙的债权的诉讼时效期间从2月1日起算为2年,不必如此着急。(2) 不是,保证期间不是保证人履行保证责任的期限。(3) 此处的保证为连带保证,甲必须在11月1日前(即保证期间内)请求丙承担保证责任,否则丙将不再承担保证责任。(4) 若为一般保证,则甲必须在11月1日前(即保证期间内)对乙提起诉讼或申请仲裁,否则丙将不再承担保证责任。

通俗地说,保证期间为保证债务的激活期间。债权人若未在保证期间内通过特定行为(在一般保证中,债权人需在保证期间内对债务人提起诉讼或仲裁;在连带保证中,债权人需在保证期间内向保证人主张权利)将保证债务激活,保证之债就如同从未发生过一样。反之,若债权人在保证期间内为了特定行为,保证债务才真正发生效力。由此可见,保证期间意在保护保证人。

在性质上,保证期间为或有期间,不得适用诉讼时效期间关于中止、中断、延长的规定。

(二) 起算及期间计算

保证期间从主债务履行期届满之日起算。至于保证期间的长短,遵循如下规则:(1)保证期间可由当事人自由约定;若未约定,推定为6个月。(2)当事人虽对保证期间有约定,但若约定的期间早于或等于主债务履行期限的,等于无约定,依然推定为6个月。(3)保证合同约定保证人承担保证责任直至主债务本息还清时为止等类似内容的,视为约定不明,推定为2年。

(三) 与保证债务诉讼时效期间的关系

如前所述,保证期间为保证债务的激活期间,或者说是决定债权人能否取得保证之债请求权的期间。当保证债务在这一期间内被激活,也就意味着债权人能够向保证人主张保证之债请求权,进而,保证债务的诉讼时效期间也随之开始起算。一般保证的债权人在保证期间届满前对债务人提起诉讼或者申请仲裁的,从判决或者仲裁裁决生效之日起,开始计算保证合同的诉讼时效。连带责任保证的债权人在保证期间届满前要求保证人承担保证责任的，从债权人要求保证人承担保证责任之日起，开始计算保证合同的诉讼时效。

保证债务的诉讼时效，为2年的普通诉讼时效。

（四）保证债务诉讼时效期间与主债务诉讼时效期间的关系

1. 主债务诉讼时效中断，一般保证债务的诉讼时效随之中断，但连带保证债务的诉讼时效并不随之中断。

2. 主债务诉讼时效中止，保证债务诉讼时效随之中止，此时不分一般保证和连带保证。

3. 保证债务诉讼时效的中止、中断，对主债务诉讼时效无反作用。

保证期间、主债务诉讼时效期间、保证债务诉讼时效期间关系，如下图示：

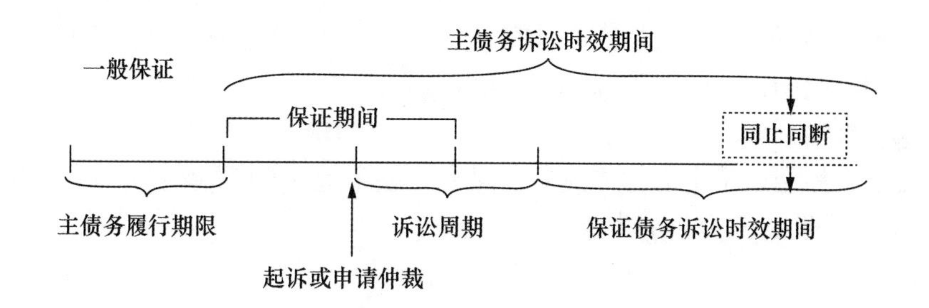

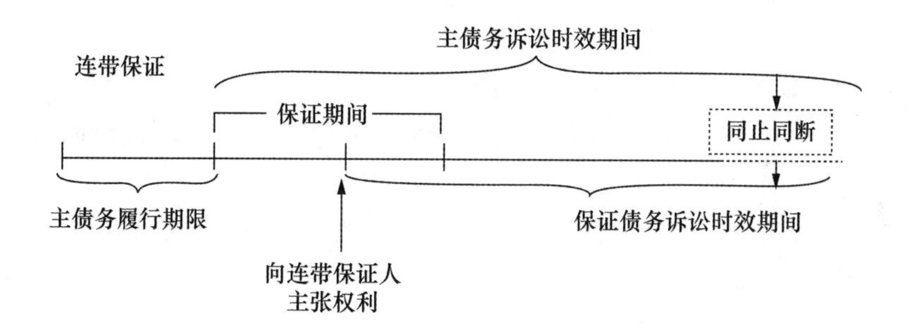

第二节　定　　金

一、概念

定金作为担保方式，通过一方当事人向对方交付一定数量的金钱或其他替代物，并将其得失与合同订立、履行与否挂钩，从而在当事人心理上产生压力，起到担保主债务之功效。定金有许多种类，若当事人设定的是违约定金，则违约时所实施的定金罚则同时构成违约责任的一种。

无论从作为一种违约责任方式还是作为一种担保方式看，定金都基于意定而产生，当事人需要签订定金合同。定金合同的特征在于：

（1）定金合同属要式合同，须采书面形式。

(2) 定金合同属实践合同,自定金实际交付之日起生效。

(3) 定金数额有限制,超过合同标的20%以上部分不发生定金效力。

举例 甲、乙订立总额100万元的买卖合同,甲按约向乙交付定金30万元。问:若乙违约,应如何向甲返还?

解析 甲所交付的30万元中,20万元发生定金的效力,乙违约,应双倍返还,即40万元。超出部分的10万元,不发生定金效力,作为预付款(连同同期银行利息)返还。

二、种类

1. 订约定金

若当事人约定以定金交付作为订立主合同之担保,若其后一方拒绝订立主合同,应承受定金罚则的,为此交付的定金即订约定金。

2. 成约定金

若当事人约定以定金交付作为主合同成立或生效要件,不交付定金,主合同即不成立或不生效的,为此交付的定金即成约定金。

3. 解约定金

若当事人约定以承受定金罚则作为单方解除合同代价的,为此交付的定金即解约定金。

4. 违约定金

若当事人约定一方当事人不履行合同或履行有瑕疵,致使双方合同目的落空时,违约方应承受定金罚则的,为此交付的定金即违约定金。

在以上四种定金类型中,违约定金是最常见的定金种类,若无特别说明,下文述及的定金即为违约定金。

三、定金罚则

定金罚则,如其文义所示表明定金包含惩罚性的意思,具体包括两种情形:交付定金一方违约的,丧失定金;收受定金一方违约的,双倍返还定金。尽管从字面上看,似乎收受定金一方违约时定金责任较重,其实无论哪一方违约,定金罚则所惩罚的幅度均为一倍定金。因为在双倍返还的定金中,有一半本来就是对方的钱,另一半才是真正的罚金。

由于具有明显的惩罚性,定金罚则适用于根本违约场合,无论该违约是由于债务人自身原因还是第三人原因所导致;反之,若一方仅存在轻微违约,或者因不可抗力或意外事件致使主合同不能履行的,不适用定金罚则。一方不完全履行合同的,应按未履行部分所占约定内容的比例,适用定金罚则。

四、与类似概念的区别以及适用规则

(一) 区别

1. 与预付款的区别

预付款是合同一方当事人预先支付给对方的一部分货款。若收受方违约,仅需返还该预付款及相应利息;若收受方按约履行,预付方仅需支付余款即可。如《消费者权益保护法》第53条规定:经营者以预收款方式提供商品或者服务的,应当按照约定提供。未按照约定提供的,应当按照消费者的要求履行约定或者退回预付款;并应当承担预付款的利息、消费者必须支付的合理费用。

预付款与定金之间的本质区别在于,预付款的支付属于履行的一部分,而定金的交付是为履行作担保。两者在表现上的最明显区别在于,预付款无惩罚性,无论何方违约,均不发生预付款的没收或双倍返还问题。

2. 与订金的区别

订金常用于服务合同、承揽合同场合。它指一方先交付一笔现金给对方,以作为己方履约之担保。若交付一方违约,订金没收;若收受一方违约,订金原数返还。换言之,订金的担保功能(惩罚性)是单方的,仅对交付方适用,不对收受方适用。

3. 与保证金的区别

保证金常适用于租赁合同等场合,所担保的对象往往是标的物的返还。

(二) 适用规则:以真意为准

当事人交付留置金、担保金、保证金、订约金、押金或者订金等,但没有约定定金性质的,当事人主张定金权利的,法院不予支持。反之,尽管当事人在合同中使用了上述订约金、保证金等字眼,但同时规定有定金性质的,后当事人主张定金权利的,法院应予支持。

第三节　担保的几个特殊问题

- 共同担保
  - 约定的按份共同担保
    - 共同保证:按份责任;担保人彼此不追偿
    - 共同物保:按份责任;担保人彼此不追偿
    - 人保与物保竞存:按份责任;担保人彼此不追偿
  - 连带共同担保
    - 连带共同保证:连带责任;其中一保证人清偿后,可向债务人追偿全部份额,不足的再向其他保证人追偿相应份额
    - 共同物保
      - 物保人均为第三人的:连带责任;其中一物保人清偿后,可向债务人追偿全部份额,也可以选择向其他物保人追偿相应份额
      - 物保人有债务人又有第三人的:连带责任;债权人应先执行债务人的物保责任,而后向第三人追偿物保责任,第三人承担责任后再向债务人追偿
    - 人保与物保竞存的
      - 物保人为主债务人的:连带责任;债权人应先执行主债务人的物保责任,而后追偿第三人的保证责任,保证人担责后,再向主债务人追偿
      - 物保人亦为第三人的:连带责任;债权人可以选择执行第三人的物保或保证责任;任何第三人担责后,应先问债务追偿全部份额,不足的再向其他担保人追偿相应份额

一、共同担保

所谓共同担保,是指为担保一个主债权的实现,设立两个以上的担保方式的现象。此处的两个以上的担保方式,可以是指两个以上的保证、抵押或者质押,也可以是保证、抵押与质押的并存情形。据此,又可以依据具体的担保方式的组合不同而分为共同保证、物保与人保共存、共同物保等三种情况。这三种情况下的两个担保方式之间的微妙关系,各有不同。

根据共同担保人与债权人之间是否明确约定各自的担保份额,共同担保分为约定的按份共同担保与连带共同担保。前者,是指两个以上的担保人分别或者共同与债权人之间明确了各自的担保份额的情形,后者,是指两个以上的担保人没有与债权人明确约定各自的担保份额或者约定份额不明确,以及两个以上的担保人内部约定了各自担保份额的情形,后一种情形下的约定不得对抗债权人,故仍然属于连带共同担保。

(一) 约定的按份共同担保

如果两个以上的担保人分别或者共同与债权人之间明确了各自的担保份额,即属于约定的按份共同担保。此时,无论每一个担保人提供的担保方式如何以及担保物的价值几何,彼此之间都没有担保责任上的连带关系。比如,就按份共同保证而言,两个以上的保证人与债权人订立合同时各自约定各自的保证份额,约定方式有二:一是共同与债权人约定;二是与债权人分别约定,总之必须是与债权人明确约定各自的保证份额。

例1 甲欠乙债1000万元,甲的友人丙、丁与乙共同签订保证合同,约定丙、丁分别承担70%、30%的责任。

例2 甲欠乙债1000万元,甲的友人丙于6月1日与乙签订保证合同,约定甲不能偿还时,丙承担700万元清偿责任。6月2日甲另一友人丁与乙签订保证合同,约定甲不能偿还时,丁承担300万元的清偿责任。上述二例均为共同保证中的按份保证。

再如,就按份共同物保而言,两个以上的抵押人或者质押人与债权人订立合同时各自约定各自的担保份额,约定方式有二,一是共同与债权人约定;二是与债权人分别约定,总之必须是与债权人明确约定各自的担保份额。

例3 丙公司向银行贷款100万元,甲公司将机器设备登记抵押给银行,约定担保其中40万元贷款,同时乙公司将自有房产登记抵押给银行,约定担保其余60万元贷款,办理了抵押登记。将来,甲、乙分别承担自己的责任份额即可。

同样的道理,为担保同一笔债权而出现人保与物保竞存的,如果保证人与物保人各自与债权人约定了担保范围(份额),自然也适用分别承担各自责任份额的规则,相互之间并不发生任何法律上的牵连。

例4 单身汉甲欠乙1000万元,丙为保证人,丁提供楼房抵押。丙、丁与乙签订合同时约定,丙承担保证范围为300万元,丁承担保证范围为700万元。后债务到期,甲一无所有,跳楼自杀,丁之楼房拍卖得款500万元,丙位列胡润富豪榜第前100位,身价80亿。问:本案如何处理?答案:乙就丁的楼款500万元优先受偿;乙要求丙承担300万元。提示:丙的保证责任从约定,只能定格在300万元;丁的担保责任虽然约定为700万元,但在此范围内还受限于担保物价值,本案中只能为500万元。

由于各个担保人与债权人之间约定了各自的担保份额,所以将来就其承诺的责任份额被债权人要求承担相应的责任。如果担保人为第三人的,承担责任后的担保人有权向债务人追偿相应的份额,但担保人相互之间不发生追偿的问题。

例5 就上述例3的案子,后来,丙公司无力偿还本金100万元,银行主张全部债权,先拍卖了甲的机器得款120万元,也只能就其中的40万元主张优先受偿。同时,甲就其承担的40万元可以先债务人丙追偿,但不得向另一个担保人乙公司追偿。

(二) 连带共同担保

如果两个以上的担保人就同一笔债务与债权人签订担保协议,没有明确约定各自的担保份额,或者明确约定为连带担保的,则皆视为连带共同担保。就债务不能履行的责任,连带担保人对外承担连带责任。连带共同担保人与债权人之间以及相互之间的关系较为复杂,需要分别而论。

1. 连带共同保证

连带共同保证,指债务人不能到期清偿时,各保证人就保证责任承担连带责任。连带共同保证的产生方式也有两种:(1) 各保证人明确约定连带责任的;(2) 各保证人未约定保证份额的,其未约定指以下两种情况(《担保法解释》第19条):① 各保证人同时与债权人订约时未约定份额的;② 各保证人分别与债权人订约时未约定份额的。

例6 甲欠乙债1000万元,丙、丁与乙签订保证合同。后甲到期不能偿还,乙要求丙偿还1000万元。问:丙能否拒绝?本例中,丙、丁之间即为连带关系的共同保证人。当然,这一案例中简单得不能再简单的案情中却还含有另外一个重要信息:债务人甲与保证人丙、丁之间也是连带保证合同下的债务人与保证人的关系。所以,当甲不能到期偿还时,乙有权请求甲偿还,也有权请求丙、丁中任何一人负保证责任,也有权一并请求甲、丙、丁之中任何两个人或三个人承担还款责任。换言之,此时债务人甲与保证人丙、丁之间,保证人内部丙与丁之间,均为连带关系。所以答案是不能。

连带共同保证的要点,可以总结为:

(1) 连带共同保证人对外是连带责任,但在内部却是按份的,至于各自份额多少,有约定的从约定;无约定的,推定为均额。

(2) 连带共同保证人之中一人承担保证责任后,取得两个权利:① 对债务人的追偿权;② 是对其他保证人的追偿权。这两个追偿权之间的关系是:在数额上有区别,在顺序上有先后。详言之：

《担保法》第12条后半部分规定：已经承担保证责任的保证人，有权向债务人追偿，或者要求承担连带责任的其他保证人清偿其应当承担的份额。据此，这一规定明确了已经承担保证责任的连带保证人向其他连带保证人、主债务人都有追偿权，但就二者之间并未安排先后的顺序。

《担保法解释》第20条第2款规定：连带共同保证的保证人承担保证责任后，向债务人不能追偿的部分，由各连带保证人按其内部约定的比例分担。没有约定的，平均分担。据此，这一规定明确了已经承担保证责任的连带保证人向其他连带保证人、主债务人进行追偿的先后顺序，即应先向主债务人追偿，不足部分再向其他连带保证人追偿。

特别注意：不要将连带共同保证的保证人之间的连带关系与上述连带保证责任之保证人与债务人间的连带关系混为一谈。

2. 连带共同物保

两个以上的物保人(包括共同抵押、共同质押，以及抵押与质押竞存)，为担保同一笔债权且承担连带责任的，究竟每个人的担保责任如何实现？法律规范有《物权法》第194条第2款、第218条以及《担保法解释》第75条。同后文谈到的物保与人保竞存关系一样，也可以分为两种情形：一是债务人提供的物保与第三人提供的物保竞存；二是两个第三人提供的物保竞存。二者适用共同的规则：

(1) 面对债权人，在外部关系上，共同物保人之间承担连带责任，且在被执行顺序上都不存在先后之分，此之谓连带共同物保。《担保法解释》第75条第2款规定：同一债权有两个以上抵押人的，当事人对其提供的抵押财产所担保的债权份额或者顺序没有约定或者约定不明的，抵押权人可以就其中任一或者各个财产行使抵押权。同条第3款规定：抵押人承担担保责任后，可以向债务人追偿，也可以要求其他抵押人清偿其应当承担的份额。可见，这一条文并未区分是债务人提供的物保与第三人提供的物保竞存，还是两个第三人提供的物保竞存。这决定了连带共同物保与连带人保物保竞存之间的最大区别，总结为：在连带的人保与物保竞存情形下，债权人实现担保的顺序是要区分物保由谁提供，如由主债务人提供，必须先执行物保，再来执行保证；如物保由第三人提供，则可以任意选择先执行物保还是保证。但是，在共同物保中，并不区分物保由谁提供，无论是主债务人与第三人提供，还是由两个第三人提供，债权人都可以任意选择先执行其中的一个。①

同样地，这也决定了连带共同物保与连带保证之间的联系与区别：

---

① 关于这一点，读者可以参考国家司法考试2011年卷四第三题(民法案例)第2问。基本案情是：甲公司从某银行贷款1200万元，以自有房产设定抵押，并办理了抵押登记。经书面协议，乙公司以其价值200万元的现有的以及将有的生产设备、原材料、半成品、产品为甲公司的贷款设定抵押，没有办理抵押登记。后甲公司届期无力清偿贷款，某银行欲行使抵押权。第2问的问题是：某银行是否必须先实现甲公司的房产的抵押权，后实现乙公司的现有的及将有的生产设备等动产的抵押权？为什么？司法部的答案是：不是。因为甲公司房产抵押与乙公司现有的及将有的生产设备等动产的抵押没有明确约定抵押份额，属于连带抵押。抵押权人(即银行)可以选择就任一财产实现抵押权。

联系一：执行顺序。对于债权人而言，面对共同物保人与保证人的执行选择上，可以任意选择任何一人要求承担担保责任，都不存在先后之别。

联系二：追偿数额。承担了担保责任后，保证人或物保人面向主债务人的追偿范围是“全部的”数额，面向其他连带担保人的追偿范围是“相应的”数额。

区别点：追偿顺序。承担了担保责任后，保证人必须先向主债务人追偿；而后再就尚未满足的部分向其他保证人追偿相应的份额；但是，物保人向主债务人与其他物保人的追偿之间不存在先后顺序。

（2）债权人放弃债务人或者第三人提供的担保物权、担保物权顺位或者变更担保物权的，另一物保人在债权人放弃优先受偿权益的范围内免除担保责任，除非其承诺仍然提供担保（《物权法》第 194 条第 2 款、第 218 条）。

3. 连带的物保与人保竞存

（1）基本类型

连带的物保与人保为实现一个债权而设立后，如何实现人保与物保责任，是一个重大的理论与实践问题。先来看二者竞存的关系类型：一是，债务人提供的物保与保证并存；二是，另一第三人提供的物保与保证并存。这两种类型具有很大的共性，但也有区别。

（2）共同适用的规则

其一，债权人放弃担保物权、担保物权顺位或者变更担保物权的，保证人在债权人放弃优先受偿权益的范围内免除保证责任，除非该保证人承诺仍然提供担保（《物权法》第 194 条第 2 款、第 218 条）。

其二，债权人在主债务期满后怠于行使物保致使担保物损毁的，适用上述第 1 条规则。

其三，担保物因不可抗力灭失且无代位物的，保证人承担全部担保责任。

其四，物保合同被确认无效、被撤销，债权人或者（和）物保人有过错的，保证人在他们承担的责任以外承担相应的担保责任。

（3）一个重要区别

在债务人提供的物保与保证竞存的场合下，如到期债务人不清偿债务的，在选择是执行物保责任与保证责任的问题上，是有法定的先后顺序的：先执行债务人提供的物保责任，拍卖、变卖或者折价该担保物，就所得价金而优先受偿，而后就尚未清偿的部分，再按照第三人提供的保证方式来追究保证人的责任：如果是连带保证，则直接可以追究保证人的保证责任；如果是一般保证，则一般保证人仍享有先诉抗辩权。

但是，先执行物保责任、次追究第三人保证责任的这一法定的先后顺序，在第三人提供的物保与第三人提供的人保竞存场合下，是不存在的。

4. 对于“连带共同担保”的一个总结

综上，不管是共同保证，还是共同物保，还是物保与人保竞存（不论其中的物保人是谁，也不论参与共同担保的人有多少个），只要各方担保人没有明确约定各自的担保范围，那么就偿还主债务这一共同的义务而言，共同担保人之间对外其实承担的是不折不扣的连带责任。在此意义上,我们把这些共同担保都称为“连带共同担保”。

既然是连带共同担保,那么共同保证、共同物保、物保与人保竞存这三种情形下,以下考点是共同的:

1. 如果在担保期间内,担保物因为不可抗力毁损灭失或者其中的一个保证人死亡而身无分文的话,那么其他担保人需要承担全部的担保责任;

2. 如果在担保期间内,债权人放弃其中的一个担保人的责任份额的话,那么其他担保人都要在该“弃权的范围内”相应免责。

3. 其中的任何一个担保人面对主债权人承担了担保责任后,事后都有权向主债务人追偿(全部份额),也可以向其他担保人追偿(相应的份额)。

所不同的地方,主要是一个“顺序”的问题,具体而言:

1. 共同保证与共同物保的区别。其中的一个保证人承担了保证责任后,虽然可以向主债务人追偿也可以向其他保证人追偿,但有显然的先后顺序:只能先向主债务人追偿;不足部分再向其他保证人追偿相应的份额;但共同物保人的追偿,不存在这一先后顺序。

2. 两类物保人保竞存的区别。债权到期之后,主债权人面对物保与人保先实现哪一个,在主债务人提供物保的场合下,存在法定的先后顺序:必须先执行主债务人提供的物保,而后再执行保证;但在第三人提供物保的场合下,这一顺序是不存在的,主债权人自由选择执行物保责任或者保证责任。

二、反担保

(一) 概念

第三人(担保人)为债务人向债权人提供担保时,由债务人或另外一个第三人向担保人提供的担保,担保的对象是担保人向债权人承担担保后,担保人不能向债务人追偿时,由反担保人(第三人)负责清偿该追偿责任,或就第三人、债务人之特定财产进行优先受偿(《物权法》第171条第2款)。

举例 甲欠乙100万元,甲友丙为保证人。但丙担心将来向甲追偿不遂而风险过大。此时甲的另一朋友丁站出来说:“丙,你大胆提供保证,若甲将来不能向你还钱,我愿为他担保。”丁的意思就是一个反担保的意思。四人关系图是:

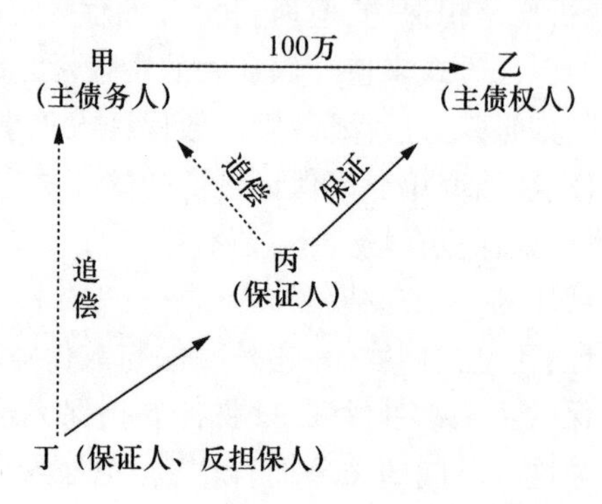

换言之,丁(反担保人)的责任就是保证丙对甲的追偿权的实现。

(二) 方式(《担保法解释》第2条)

1. 反担保人为债务人的有:抵押、质押;

2. 反担保人为第三人的有:保证、抵押及质押;

3. 特别提示:定金、留置不可为反担保方式。

(三) 效力

1. 反担保人的权利义务,依相应的担保合同而定;

2. 债权人与反担保人之间不存在任何合同关系,故债权人不得主张对反担保人的权利。

三、无效担保及其法律责任

(一) 无效的情形

各个担保合同均有其无效的个性理由(在各制度专题中均有论述),但也有共性理由。下面是共性理由(情形):

1. 主体:国家机关、公益法人的保证人资格与物保的财产范围受到严格限制。

2. 标的:以法律、法规禁止流通、不可转让的财产设定的担保。

3. 特别情形:如违反《公司法》第143条第4款的担保(详见本专题"商法上关于担保之特别规定")。

4. 对外担保的特殊规定:《担保法解释》第6条所列的五种情形。

(二) 无效担保的责任

依《担保法》第5条第2款的规定,担保合同无效,担保人当然不再承担担保合同所载明的担保责任。但有关过错当事人要根据相应过错承担民事责任,此种责任,乃属《合同法》第58条所规定的缔约过失责任。这种缔约过失责任的承担,具体情形是:

1. 主合同有效而担保合同无效的分两种情况(《担保法解释》第7条):(1) 债权人无过错的,担保人、债务人对债权人承担连带责任;(2) 债权人、担保人均有过错的,担保人责任限额是债务不能清偿部分的1/2。

2. 主合同无效而导致担保合同无效的(《担保法解释》第8条):(1) 担保人无过错的,担保人免责;(2) 担保人有过错的,担保人责任限额为债务人不能清偿部分的1/3。

四、商法上关于担保之特别规定

(一)《公司法》第149条第(3)项、第16条及第125条的解读

1. 在公司权利能力的层次上,《公司法》并不禁止、限制其对外担保能力,公司可以为任何自然人、法人的债务提供担保(包括人保与物保)。

2. 在公司内部,对公司对外担保事项作出决议(决定)的有权机关仅仅限于公司

股东(大)会、董事会,任何董事、高级管理人员个人均无权作出该决定。

3. 如果公司为公司股东或者实际控制人提供担保的,只能由股东(大)会决议,董事会也无权作出决议。

4. 对于上市公司而言,在1年内担保金额超过公司资产总额30%的,应当由股东大会作出决议,且经出席会议的股东所持表决权的2/3通过(《公司法》第121条)。

5. 关于关联担保的特别规定:

(1) 公司为股东或实际控制人提供担保的,该股东或受该实际控制人支配的股东,适用表决权排除制度,该项表决由出席会议的其他股东所持表决权的过半数通过(《公司法》第16条第3款);

(2) 上市公司董事会对对外担保事项作出决议时,与该担保事项有关联关系的董事应适用表决权排除制度——该董事会会议有过半数的无关联关系董事出席即可举行,董事会会议所作决议须经无关联关系董事过半数通过。出席董事会的无关联关系董事人数不足三人的,应将该事项提交上市公司股东大会审议(《公司法》第124条)。

(二)《公司法》第142条第4款的解读

《公司法》第142条第4款,乃同条第1款"公司不得收购本公司股份"规定的延伸,本款亦属强行规范,违反无效。例如:甲股份有限公司欠乙上市公司债务1000万元,甲为乙公司的股东。现甲以持有乙公司的股票若干出质给乙,双方依法办理了股权出质登记手续。问:该质押权是否有效?答案是无效。

(三)《证券法》第130条第2款的解读

本条款与《公司法》第16条的立法精神迥异。《证券法》基于我国证券公司控制股东滥权的经验教训,对证券公司这一特殊市场主体的对外担保作了这一特别严厉的规定。据此,凡证券公司为其股东或者股东的关联人(如股东的近亲属、其他子公司等)提供的担保,统归无效。可见,这是关于证券公司对外担保能力的限制性规定。

(四)《合伙企业法》第25条的解读

合伙企业财产在性质上究属合伙企业所有、全体合伙人共同共有还是按份共有,在我国民商法理论上未有定论。但《合伙企业法》第25条对合伙份额质押作出了明确规定。该条有四层含义:

1. 合伙份额质押属于权利质押的一种,质押的客体是份额而不是表现为合伙人出资给合伙企业的某一项具体财产,故有别于动产质押。

2. 合伙人以合伙企业中的财产份额出质的,在程序上的限制措施就是须经全体合伙人一致同意;否则,该质押行为无效。

3. 要特别强调的是,由于程序上的限制措施属于法律的强行性规范,应该推定债权人知道这一规定。这意味着债权人接受他人提供的合伙企业财产份额质押的,需要对方提供全体合伙人一致同意的文件,这既是其权利也是其义务;否则,不得主张自己为善意。当然,该合伙人提供了虚假的全体合伙人一致同意的文件,如果债权人尽到了谨慎的形式审查义务,仍无从发现的,该债权人(质押权人)应被认为是善意。但是，该质押行为仍然无效。

4. 质押无效且债权人为善意的，该合伙人要对善意第三人承担缔约过失赔偿责任（参见《担保法》第5条第2款）。

（五）《合伙企业法》第31条第5项的解读

依《合伙企业法》第31条第5项的规定，除非合伙协议另有规定，以合伙企业名义为他人提供担保（包括保证、抵押、质押）的，应经全体合伙人同意。否则，该担保行为无效。

（六）《商业银行法》第36条、第42条的解读

1. 商业贷款、借款应当提供担保。

2. 信用贷款，可以不提供担保。

3. 商业银行这一特殊主体因行使担保物权（如以折价方式）而取得的不动产（抵押场合）、股权（质押场合）应在2年内处分。

（七）《保险法》第34条第2款

依该规定，依照以死亡为给付保险金条件的合同所签发的保险单，未经被保险人书面同意，不得质押。

思维拓展

【重要知识点】

一般保证与连带保证的认定；一般保证人的先诉抗辩权；保证合同的订立方式；主合同变更时的保证责任承担；保证合同无效时保证人的责任承担、保证期间与保证之债的诉讼时效期间及其关系；保证期间的计算规则；定金罚则的内容及适用。

【实例解析】

案例 甲向乙私人借款50万元，乙要求甲提供担保，甲分别找到平时的玩伴丙、丁、戊、己，四人纷纷表示肯定予以雪中送炭，绝对帮忙。于是他们各自给甲乙写下一个字据。其中：丙在甲向乙出具的借据上签署“保证人丙”；丁向乙出具字据称“如甲到期不向乙还款，本人愿代还30万元”；戊向乙出具字据称“如甲到期不向乙还款，由本人负责”；向乙出具字据称“如甲到期不向乙还款，由本人以某处私房抵债”。

法律问题 以上四人是否都有担保的意思表示，以及为何种担保方式？

法理分析 担保方式按照担保的财产范围是特定的财产还是担保人的全部财产（个人信用）分为物保与人保，前者包括抵押、质押、留置等，后者专指保证。保证的最大特点即在于保证人对所担保的债务额承担无限责任，也即将要用自己的全部财产承担责任；物保的最大特点对比之下，是用担保人的某处（些）特定财产承担责任，也即

有限责任——以担保物的价值为限承担责任。

保证合同的签订形式共有四种:(1) 单独的书面保证合同;(2) 在主合同上有保证条款,保证人签字;(3) 在主合同上没有保证条款,但第三人以保证人身份签字;(4) 第三人单方以书面形式向债权人出具担保书,债权人接受且未提出异议。《担保法司法解释》第22条第2款规定:主合同中虽然没有保证条款,但是,保证人在主合同上以保证人的身份签字或者盖章的,保证合同成立。本案中,丙在甲向乙出具的借据上签署"保证人丙",即表明保证合同成立。

《担保法司法解释》第22条第1款规定:第三人单方以书面形式向债权人出具担保书,债权人接受且未提出异议的,保证合同成立。而《担保法》第6条规定:本法所称保证,是指保证人和债权人约定,当债务人不履行债务时,保证人按照约定履行债务或者承担责任的行为。所谓保证人按照约定履行债务或者承担责任,就是代债务人为履行的意思。因此本案中,丁向乙出具字据称"如甲到期不向乙还款,本人愿代还30万元"和戊向乙出具字据称"如甲到期不向乙还款,由本人负责"就是保证的意思表示。

担保可分为人的担保与物的担保,保证是典型的人的担保,即保证人以自己的信用担保债务人履行债务,而与以物作为担保的物保判然有别。本案中,已向乙出具字据称"如甲到期不向乙还款,由本人以某处私房抵债",显然是物的担保而非人的担保。

本案认定的最大难点在于,不是说保证人是无限责任吗?怎么丁对全部债务的50万元只保证30万元,也算是"无限责任"吗?其实"无限责任"自身的含义,只强调"用全部财产"来承担责任,并不关注债务金额的大小。实际上,哪怕是丁表示"本人愿代还3分钱",只要其本意是用全部财产来偿还这3分钱债务,那也是无限责任(保证责任);反之,如果如己那样,哪怕用一幢大厦来承担5亿元的责任,那也是有限责任(物保责任)。通俗一点,无限责任与有限责任之别在于比的是决心(风险),而非责任大小。

【重点法条】

(1)《担保法》第8—10、17—20、22—23、25、89—91条。

(2) 最高人民法院《关于适用〈中华人民共和国担保法〉若干问题的解释》第7—8、19—22、28—32、34—36、115—122条。

第二十章

债的移转

- 债的移转
  - 债权让与
    - 债权让与协议生效后生效;
    - 通知债务人后,对债务人生效;
    - 债务人得援用原有的针对债权人抗辩权与抵销权,对抗新债权人
  - 债务承担
    - 经债权人同意后,债务承担协议生效;
    - 受让人承受债务
  - 债权债务概括移转
    - 协议式:应经对方同意始生效;受让人承受债权与债务
    - 法定式:受让人承受债权与债务

债的移转,指债的主体发生变更,即由新的债权人、债务人代替原债权人、债务人,而债的内容保持同一性的法律制度。依变更的主体不同,债的转让分为债权人的变更和债务人的变更,前者又称债权让与(转让),后者又称债务承担。若第三人同时承受债权债务,则称为债权债务的概括承受。

关于债的转让的知识重点,要把握债权让与的构成要件,要分清债权让与行为在让与人和受让人之间的内部效力和其对债务人的外部效力以及债权债务的概括承受的概念和种类。

第一节 债权让与

一、基本概念

(一) 定义

债权让与,又称债权转让,是指不改变债的关系的内容,债权人将其债权移转于第三人的法律行为。其中的债权人称为让与人,第三人称为受让人。债权转让的基本特征是:

1. 债权让与不改变债的内容,只是债权人的主体变更。
2. 债权让与的权利对象是债权。债权转让与物权转让有质的不同。

举例 甲从开发商乙房地产公司那里购得房屋一套,交付了房款200万元并办理

了房产证,而后转手将房屋转让给丙,得款300万元,此时甲、丙之间即属于转让物权(房屋所有权),甲通过炒房行为,赚钱100万元。反之,如果甲从开发商乙房地产公司那里购得房屋一套,交付了全部房款200万元,但并未办理房产证,而后将房屋直接转让给丙,得款300万元,且甲与乙公司约定在商品房销售合同等法律文件上将买房人甲的名字改为丙的名字(俗称"改单"),乙公司承诺将全力配合。此时甲、丙之间即属于转让债权(也即甲、乙房屋买卖合同中买房人甲作为债权人,请求买房人乙公司为一系列行为的债权),并非房屋所有权。

3. 债权让与的对象可以是全部债权,也可以是部分债权。全部债权让与的场合下,受让人完全取代转让人的地位而成为债的当事人,原债的关系消灭,产生了一个新的债的关系。在部分债权让与的情形下,受让人作为新人加入到原债的关系中来,与原债权人共享债权,此时债可能由单一之债转变为多数人之债。

4. 债权让与,是一种合同行为。尽管各国对于债权让与的性质存在多种学说,但我国民法学说与立法都认为债权让与是一种法律行为,具体而言是一种合同行为。该合同通常由债权人与受让人之间缔结。

(二) 与第三人接受履行(代为清偿受领)的区别

《合同法》第65条规定:"当事人约定由第三人向债权人履行债务的,第三人不履行债务或者履行债务不符合约定,债务人应当向债权人承担违约责任。"比照《合同法》第80条关于合同债权让与的规定可以看出,债权让与和第三人代为接受履行之间的区别在于,在前者,受让人(部分或者全部)取代让与人成为债的当事人,原债权人就转让的债权部分不再是债的当事人;而在后者,当事人的身份并未因此发生改变,代为接受履行的第三人并未成为债的当事人一方。

二、构成要件

合同债权让与之生效,需要由债权人与受让人之间签署债权转让合同为前提,且应该具备以下有效条件:

1. 须存在有效的债权。这是不言而喻的。

2. 被让与的债权须具有可让与性。依《合同法》第79条之规定,以下三类债权不得让与:(1) 根据债权性质不得转让的债权。主要有基于个人信任关系而发生的债权、专为特定债权人利益而存在的债权、不作为债权和人身债权。(2) 依当事人约定不得转让的债权。(3) 依法律规定不得转让的债权。

3. 让与人与受让人须就债权转让达成让与协议。已经达成协议且该协议生效后,债权让与即为生效(内部效力),无须经过债务人的同意。

三、效力

债权让与行为在让与人和受让人之间的效力,被称为债权让与的内部效力;其对债务人的效力,被称为外部效力。

1. 让与人与受让人的内部效力

包括三个方面:(1) 地位取代。债权让与生效后,原债权人脱离合同关系,受让人进入合同关系,成为新债权人。(2) 从属于债权的从权利随之移转,但专属于债权人自身的除外。(3) 让与人对其让与的债权负瑕疵担保责任。

2. 对于债务人的外部效力

(1) 经通知对债务人生效(外部效力)。债权让与若要对债务人发生效力,须以通知债务人为条件。在债权让与的通知未到达债务人之前,债务人向原债权人所为之清偿依然有效,债权的受让人不得以债权已经让与为由,要求债务人继续履行;在债权让与通知到达之后,债务人仅能向新的债权人(受让人)为清偿。

例1 2月1日,甲、乙签订买卖合同约定半个月后同时履行,后甲交货但乙迟迟未付货款10万元。3月1日,丙与甲签订合同将甲对乙的10万元债权让与丙。3月3日甲就让与事宜通知乙。三问:让与协议何时生效?债权让与协议何时对乙生效?如乙赶在3月2日还款给甲,应如何处理?

解析 3月1日;3月3日;甲有权且应当接受履行。

(2)抗辩权援用。债务人可援用对原债权人的抗辩权对抗新的债权人。

(3)抵销权援用。债务人接到债权让与通知时,若其对让与人享有债权,并且债务人的债权先于转让的债权到期或者同时到期的,仍可依法向受让人主张抵销(《合同法》第83条)。

例2 假设上例,3月6日丙要求乙还款10万元,乙回答说:(1) 我只能还你6万元,因为甲交付的货物经验货有40%的严重不合格;(2) 我只能还你3万元,因为甲也欠我7万元到期借款未还。以上说法成立否?

解析 成立。

(4) 表见让与的效力。债权让与通知到达债务人后,即使让与并未发生或者无效,债务人基于对让与通知的信赖而向该第三人所为的履行仍然有效。这一法理的背后,实际上就是债权人让与行为的无因性理论。

例3 假设上例,当初甲、丙签订债权让与的背景是甲想赠与丙10万元。3月6日丙要求乙还款10万元,乙即还。3天后甲依法行使法定撤销权撤销了对丙的赠与。甲能否请求乙还款10万元?

解析 不能,因为乙对于丙的给付有效;至于甲、丙之间的纠纷事后如何解决,与乙无关。

第二节 债务承担

一、基本概念

(一) 定义

债务承担,是指在不改变债的内容的前提下,债务人通过债务转让协议,将债务全部或部分移转给第三人的法律事实。

债务承担与代为履行之间的区别貌似相似,但实际上存在明显的区别:

1. 从要件上看,债务承担,无论是债权人与第三人达成协议,还是债务人与第三人达成协议,都要经过对方(债务人或者债权人)的同意,否则债务移转不生效力。但在第三人代为履行的情况下,第三人单方表示代替债务人履行债务,或者与债务人达成协议代替其履行债务,都不存在与债权人达成债务移转的协议,所以债权人也不得直接向第三人请求履行债务①,因为债务并没有发生移转。

2. 从效力上看,在债务承担,承担债务一方取代原债务人成为债的当事人,而在后者,当事人的身份并不因此发生改变,代为履行的第三人不是债的当事人,只是履行主体而已,恪守债的相对性规则。

3. 从法律责任看,由于在债务承担情形下,第三人已经成为债的当事人,如果他不履行或者不适当履行债务的,债权人将请求其承担债不履行或者不适当履行的责任;在免责的债务承担时,债权人不能再去追究原债务人的债不履行或者不适当履行的责任。但是,在第三人代为履行的情形下,第三人不履行或者不适当履行债务的,仍由债务人承担债不履行或者不适当履行的责任,债权人不得追究第三人的责任。所以《合同法》第 64 条规定,“当事人约定由债务人向第三人履行债务的,债务人未向第三人履行债务或者履行债务不符合约定,应当向债权人承担违约责任。”

(二) 种类

1. 免责的债务承担。指债务人经债权人同意,将其债务部分或全部移转给第三人负担。对于所移转的债务,原债务人不再承担责任(免责)。

2. 并存的债务承担。指债务人不脱离债的关系,第三人加入债的关系,与债务人共同承担债务(并存)。严格来说,这并非债的主体变更,而是债务人数量的增加。因债务人数量的增加于债权人而言有利而无害,故并存的债务承担无须债权人同意,通知即可。

我国《合同法》第 84 条规定,“债务人将合同的义务全部或者部分转移给第三人的,应当经债权人同意。”此处规定的正是免责的债务承担。如果没有特别交代,本章所说的债务承担,都是指免责的债务承担。

---

① 参见周林彬主编:《比较合同法》,兰州大学出版社 1989 年版,第 299 页。

二、构成要件

1. 须存在有效的债务。

2. 被移转的债务应具有可移转性。以下债务不具有可移转性:(1) 性质上不可移转的债务;(2) 当事人特别约定不能移转的债务;(3) 不作为债务。

3. 第三人须与债权人或者债务人就债务移转达成合意。这意味着,债务承担有两种方式:

(1) 第三人与债权人订立债务承担合同。因债务承担于债务人有利,故在此场合,债务承担无须债务人同意,仅需通知而已。若未通知债务人,则债务承担对债务人不发生效力,此前债务人向债权人所为之履行有效。

但以上方式存在两个例外:有偿债务承担须经债务人同意;债务人与债权人事先订有禁止债务移转条款的,须经债务人同意。

(2) 第三人与债务人订立债务承担合同。若为免责的债务承担,须经债权人同意方生债务承担之效力;若为并存的债务承担,则无需经过债权人之同意。至于债权人同意的方式,明示、默示均可。

三、效力

1. 若为免责的债务承担,第三人取代原债务人,成为新债务人,原债务人脱离合同关系;若为并存的债务承担,第三人加入合同关系,与原债务人并立为债务人。

2. 抗辩权随之移转,新债务人可以援用原债务人对债权人的抗辩。

3. 从债务一并移转。

第三节　债的概括承受

一、基本概念

债的概括承受,指合同的一方主体将其债权债务一并移转于第三人,由该第三人概括地继受这些债权债务。概括承受,与此前讲述的单纯的债权让与和债务承担不同之处在于,此处移转的是全部债权债务。由于移转的是全部债权债务,因而在单纯的债务让与和债务承担中所不能移转的一些权利,比如与原债务人利益不可分离的解除权、撤销权等,也将因为概括的权利义务的移转而一并移转给第三人。

举例　甲公司与乙公司在3月签订一份合同,约定乙在当年6月30号之前供货给甲,甲收到并验货一个月后支付价款400万元。在5月初,甲与自己的全资子公司丙签订一份协议,将甲乙买卖合同中买方的权利义务一概移转给丙,并经过乙的同意。本例中,丙继受的甲公司的债权是——请求乙依约交货的权利;继受的甲公司的债务是——支付价款400万元给乙,是为债权债务的概括承受。

二、分类

债的概括承受，包括意定概括承受和法定概括承受。

1. 意定概括承受

意定概括承受，即双务合同的一方通过协议的方式，将其债权债务一并移转于第三人。由于合同的概括承受包含了债务承担，故须经双务合同的另一方同意方能生效。比如，关于合同债权债务的意定概括承受，《合同法》第89条规定，“权利和义务一并转让的，适用本法第79条第81条至第83条第85条至第87条的规定”。该条的意旨，就是要同时遵守债务承担与债权转让的共同规则。

2. 法定概括承受

法定概括承受，即根据法律的直接规定而发生的债权债务的一并移转。常见的法定概括承受的发生事由包括：

1. 企业合并。关于合同债权债务的法定概括承受，《合同法》第90条规定，“当事人订立合同后合并的，由合并后的法人或者其他组织行使合同权利，履行合同义务。当事人订立合同后分立的，除债权人和债务人另有约定的以外，由分立的法人或者其他组织对合同的权利和义务享有连带债权，承担连带债务。”

2. 所有权移转不破租赁。举例说明，甲乙之间签订一份房屋租赁合同，约定甲将自有的房屋一间租赁给乙，租期10年，年租金12万元。假设3年后，甲将房屋出售给丙（乙放弃优先购买权）、或者赠送给丙、或者甲死亡后由丙继承房屋所有权，总之房屋所有权发生了移转。此时的合同法规则是：甲、乙之间原定的租赁合同继续履行，所以丙可以继续居住剩余的7年时间（此之谓所有权移转不破租赁）；但是，丙应将今后7年的租金交付给丙（这是租赁合同得到继续履行的另一侧面的应有含义）。可见，全面理解今后乙、丙之间的关系，只能从债权债务法定概括移转的角度来进行。

3. 继承。概括地说，继承人不仅要继承被继承人的遗产（包括债权，债权也是财产权），也要在遗产的范围内（限定继承原则）继承被继承人的债务。这里就不排除，基于某一份法律关系所产生的债权、债务，均由继承人来共同承受的情形发生。

举例 郑某开办公司资金不足，其父将3间祖屋以25万元卖给即将回国定居的郭某，但其父还未来得及办理过户手续即去世。郑某不知其父卖房一事，继承了这笔房款及房屋，并办理了登记手续。随后，郑某以3间祖屋作抵押向陈某借款10万元，将房产证交给了陈某，但没有办理抵押登记。关于本案，以下四个哪些说法是正确的？

解析 郑某的父亲与郭某之间的房屋买卖合同有效；郑某享有房屋的所有权；郑某在其父亲去世后，有义务协助郭某办理房屋过户手续；陈某对房屋不享有抵押权。本案的答案全选，其中第三句话展示的正是债权债务的法定概括移转的效力体现。

思维拓展

【重要知识点】

债权让与的内部效力和外部效力及其生效规则；债权让与后债务人享有的抗辩权与抵销权；债务承担的效力；合同概括转让的种类。

【实例解析】

案例　2009年7月14日，张新华在朋友吴明忠个人开办的粮油购销门市吃饭时，遇到前来向吴明忠送货的靳举旗，当张新华了解到吴明忠暂时支付不了靳举旗的9430元货款后，趁着酒劲大包大揽地给靳举旗出具了一份欠条，欠条载明："欠9430元现金，半月内由我还清。张新华2009年7月14日"。之后，由于吴明忠不知去向，张新华也没有向靳举旗偿还欠款，靳举旗将吴明忠和张新华共同诉至河南省内乡县人民法院，要求二人连带清偿欠款9430元。

河南省内乡县人民法院经审理认为，债务人应按约定承担法律责任。本案中，张新华对吴明忠所欠靳举旗的货款并非连带责任保证，而是张新华与靳举旗之间已形成了债务转移的法律关系，张新华应按欠条约定偿还欠款。现吴明忠下落不明，且张新华辩称其与靳举旗之间形成的是第三人代为履行法律关系的理由与事实不符，因此对张新华不承担还款责任的主张不予支持。判决：一、张新华偿还靳举旗现金9430元；二、驳回靳举旗的其他诉讼请求。判决书送达后，张新华提起上诉。南阳市中级人民法院审理后认为，原判认定事实清楚，适用法律正确。判决：驳回上诉，维持原判。[①]

法律问题　本案的焦点是吴明忠是否应对原告承担责任、承担何种责任？

法律分析　确定此问题的前提是：确定张新华的行为是第三人代为履行还是债务转移。本案的裁判要旨是：债务人经债权人同意将合同的义务全部转移给第三人的，第三人即取得了债务人的法律地位，应按合同约定承担义务；而原债务人不再承担连带清偿责任。

所谓债务转移，是指债务的转移给第三人，第三人取得债务人的法律地位，债权人可以直接向第三人提出权利请求，受让人应对自己的不履行或者不适当履行承担法律责任。《合同法》第84—86条规定了债务转移的特征，即合同主体已经变更，第三人成为了合同的当事人；债务人转让义务时必须经过债权人同意；在第三人不履行义务或者履行义务不符合约定时，债权人可以直接向第三人请求承担责任，而不能向原债务人请求承担民事责任。而第三人代为履行，是指第三人表示或者第三人与债务人协

---

① (2010)内法民初字第149号；(2011)南民二终字第163号。案例编写人：王建伟、杨慧文，河南省内乡县人民法院。

议,由第三人代债务人清偿义务,第三人并未取代债务人的地位,债权人不得直接向第三人请求履行义务,债务人也应对第三人的不履行或者不适当履行承担责任。《合同法》第65条规定第三人代为履行的法律特征,即第三人表示代替债务人清偿义务或者与债务人达成代替其清偿义务的协议;第三人是合同的履行主体,不是合同的当事人;第三人不履行义务或者履行不符合约定时,应由债务人承担责任,恪守债的相对性原则。

二者的区别在于有很多细节,关键性的一点是法律关系不同。在债务转移的情况下,债务人已经成为债的当事人,如果是债务的全部转让则第三人将完全代替债务人的地位,债务人将退出该债的关系,原债关系将消灭。若使部分转让,第三人也将加入债的关系成为债务人;但是在第三人代替债务人履行的情况下,第三人只是履行主体而不是债务人,对于债权人只能将第三人作为债务履行的辅助人而不能将其作为债的当事人。本案中,由于吴明忠将自己的欠款义务全部转移给朋友张新华,张新华并且出具欠条给靳举旗,靳举旗表示接受并不反对。因此,张新华就取得了债务人吴明忠的地位。现张新华没有按约定履行义务,靳举旗向其主张权利,张新华即是适格的被告主体,而吴明忠却不是被告主体。故此,法院判决由张新华偿还欠款,驳回靳举旗要求吴明忠承担连带责任的诉讼请求,是完全正确的。

【重点法条】

《合同法》第79—90条。

>> 第二十一章 <<

债的消灭

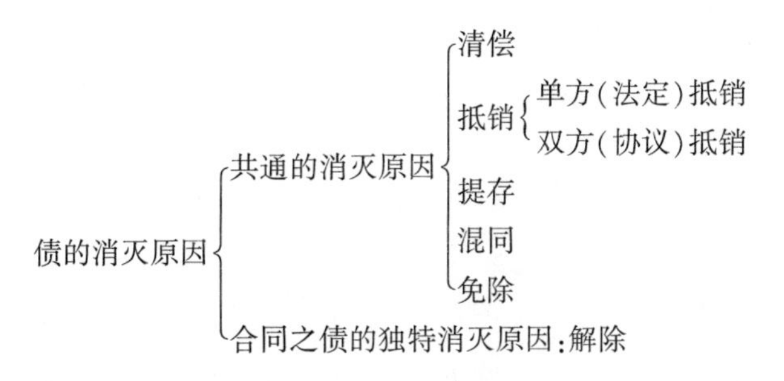

债的关系不具有永久性,任何债都有消灭也即终止的一天。包括侵权之债、无因管理之债、不当得利之债等所有类型的债,共同的消灭原因主要有五:清偿;抵销;提存;免除与混同。以上五种大致可以分为三类:(1) 基于债的目的,如清偿等;(2) 基于当事人的意思,如免除等;(3) 基于法律的规定,如混同等。

除此之外,合同之债消灭还有一种独有的事由,即合同的解除。因为作为意定之债,允许当事人在合同债权设立之后、完全履行之前这一段时期内依照法律规定或者当事人的意思自治予以终止。鉴于解除仅仅是合同之债的独特消灭原因,所以放在第二十二章的"合同总论"予以讲述。

还有交代一个合同之债的特殊性要求,在合同之债终止后,当事人仍应遵循诚实信用原则,根据交易习惯,履行通知、协助、保密等义务,即后合同义务。例如,离职的受雇人仍应为雇主保守营业秘密等。当事人违反上述义务的,应承担赔偿责任。

第一节 清 偿

一、基本概念

清偿,是指当事人为实现债权目的所为之行为。清偿与履行的关系,多数人认为二者的意义相同,只不过履行是从债的效力、债的动态角度来讲的,而清偿则是从债的消灭的角度来讲的,但也有人认为二者并不是一回事。

债权人利益之实现系债权存在的本来目的,债务一经履行,债权目的即达,因而清偿乃是债的最正常消灭原因。

关于清偿的法律性质,争议很大。一种观点认为,清偿为法律行为,具体又分为合同说、单独行为说与折中说三派;第二种观点认为清偿为事实行为;第三种观点认为清偿有的属于非法律行为,有的属于法律行为。通说认为,清偿为发生私法上效果的合法行为,但不以法律行为为限,准法律行为或者事实行为亦可构成清偿。所以关于法律行为的规定不当然适用于清偿。例如关于行为能力的规定,不当然适用于清偿,只是在必须为法律行为实行给付时,才适用行为能力规范;在以事实行为为给付时,无行为能力人、限制行为能力人也可以为清偿行为。故清偿人不都以有行为能力为限。

举例 甲将自己收藏的一幅名画卖给乙,乙当场付款,约定5天后取画。丙听说后,表示愿出比乙高的价格购买此画,甲当即决定卖给丙,约定第二天交货。乙得知此事,诱使甲8岁的儿子从家中取出此画给自己。该画在由乙占有期间,被丁盗走。此时该名画的所有权属于哪个人?

解析 答案是甲,也就意味着乙并未完成清偿或者清偿无效。此处的清偿行为属于动产交付,应该属于法律行为。既然属于法律行为,无论是清偿人的行为能力(甲的儿子只有8岁)还是清偿受领人乙的意思表示真实性(欺诈),都会影响清偿的效力。

原则上,清偿人应为债务人,受领人为债权人,但存在代为清偿、代为受领的例外情形。至于清偿的一系列规则包括债务清偿的地点、清偿期限、清偿费用承担等,有约定从约定,无约定的,据《合同法》第61条确定,若仍不能确定的,分别根据《合同法》第62条的各项规定确定,详细内容在下文依次展开。

二、清偿人与代为清偿

清偿人,包括必须为清偿之人与得为清偿之人。债务人自然为必须为清偿之人,也是得为清偿之人。债务人为清偿时是否必须具备行为能力,要看清偿行为的性质而定,若为事实行为,则不问其行为能力,若为法律行为,则须具有行为能力,无行为能力的,由其法定代理人为清偿或者征得其同意。

清偿可否由第三人进行?原则上,只要法律规定或者当事人约定不禁止的,皆可由第三人为之。因为从债的实现立场来看,债务人履行债务固属清偿,第三人为满足债权人的目的而为的给付,也属清偿,此即为代为清偿。代为清偿,即第三人基于为债务人清偿债务的意思而向债权人为清偿的行为。

代为清偿的行为定性与效力,需结合《合同法》第65条的规定,精确理解"为债务人清偿债务的意思",因其构成代为清偿与债务承担之根本区别。二者区别如下:

1. 债务承担后,承担人成为合同当事人;但代为清偿人并不构成合同当事人,纵使清偿有瑕疵,亦不承担违约责任,该责任仍应由债务人本人承担。

2. 债务承担后,承担人所清偿的乃自身债务;代为清偿人所清偿的乃他人债务,故可能继而发生求偿关系。

3. 债务承担需与债务人达成合意,并经债权人同意,方能生效;但在代为清偿场合,只要债务人无提出异议的正当理由,且债权人无拒绝的正当理由,代为清偿即有效。

但与债务承担相同,代为清偿的债务需是依债的性质可由第三人代为清偿之债。

代为清偿的效力表现在:对债权人与债务人关系的影响,代为清偿后,债权人与债务人之间的债的关系归于消灭。对第三人与债务人关系的影响:第三人代为清偿后,对债务人有追偿权;若第三人以赠与的意思为清偿的,则无追偿权。

三、清偿受领人与代为受领

清偿受领人,也即受领清偿利益的人,债权人为当然的清偿受领人。清偿必须对有受领权人为之,且经其受领后才发生清偿的效力,债的关系归于消灭。债权人既享有给付请求权,也享有受领清偿权,仅在债权人的债权被强制执行、债权人进入破产程序等特殊情形下,才丧失此种清偿受领权。

经债权人同意,受领也可以由第三人进行,此即为代为受领、代为接受履行。通常,基于债权人与债务人之约定,由第三人接受债务人之履行,债的关系也告消灭。依《合同法》第64条的规定,其与债权让与存在根本区别:

1. 债权让与后,受让人成为合同当事人;而代为受领人仅代为接受给付,本身并非合同当事人,故债务人履行若有瑕疵,非由代为受领人追究违约责任,该责任由债权人主张。

2. 债权让与后,受让人接受给付乃为实现自身之债权;而代为受领人接受给付乃为实现他人之债权。

代为受领的效力表现在:对债权人与债务人关系的影响,代为受领后,债权人与债务人之间的债的关系归于消灭;对受领人与债权人关系的影响,代为受领后,债权人有权要求受领人交付所受领之给付;但若债权人以赠与的意思让受领人受领的,则不发生请求交付问题。

四、清偿标的与代物清偿

清偿标的,是指债务人应为清偿的内容。清偿标的因债权关系不同而不同,如交付财物、完成工作、提供劳务、交付货币或者移转权利等。清偿必须依照债务的本旨来实施,因而通常情形下,如仅为一部清偿,或不以原定给付为清偿,或因清偿而负担新债务,均非依债务本旨而为清偿,自然不发生清偿效力。但是这一原则并非绝对,否则就会产生不适当的结果。

所谓代物清偿,就是指债权人受领他种给付以代替原定给付,从而消灭债的关系的现象。关于代物清偿的性质,一直存在歧见。有力说认为,代物清偿实为另一个合同,但其是否有偿以及有无瑕疵担保责任,应依原债务性质而定。但无论如何定性,代物清偿与清偿在实质上满足债权人这一点上具有相同的法律效力,都导致债的消灭。

当然,代物清偿与清偿在性质上及其效力上还是有别的。一般认为,代物清偿的要件如下:

1. 有原债务的存在,至于原债务的标的为何,在所不问。

2. 必须以他种给付代替原定给付。债务的内容无非财物、现金、劳务等诸种,彼此之间均可相互代替,成立代物清偿;即使同为财物,但种类不同者,仍然可以成立代物清偿。例如以羊代牛,以支票代粮食,以皮毛代木材等。至于原定给付与他种给付之间的价值是否相等,在所不论,是为当事人所协商之事,当事人可以不予计较,也可以约定差额处理办法。

3. 必须有当事人之间的合意。此处的当事人,是指清偿人(原则上为债务人,但第三人亦可)与清偿受领人(原则上为债权人,但其他受领权人亦可),双方就代物清偿事宜达成合意,仅有任何一方的意思,均不得成立代物清偿。

4. 必须清偿受领人现实受领他种给付。代物清偿乃要物合同,清偿人必须现实地提出代替给付并经受领人现实受领,才发生代物清偿的效力。①

五、清偿的期限、地点与费用

(一) 清偿期

清偿期,或称给付期或者履行期,是指债务人应为债务履行的日期,也是债权人可以现实请求债务人清偿的日期。

清偿期与债务发生期不同,比如就借贷之债而言,往往借贷债务发生在前,清偿期在后,否则借款人作为债务人的借款行为就没有了意义。

清偿期与债务人得为履行的时期也不同。一般而言,债务人固然无须在清偿期前而为履行,但也可以选择在清偿期前履行的情况,尤其在借贷之债的情形下并不鲜见。② 在不损害债权人利益的情况下,债务人选择提前履行债务,实为对于履行期限利益的放弃。换言之,在债务发生到清偿期的期间内,系为债务人得为履行的期限。

清偿期的确定,由当事人合意为之,如没有合意或者合意不明确,则按照一定的规则加以确定。比如,关于合同之债的清偿期,我国《合同法》第 61 条规定,合同生效后,当事人就履行期没有约定或者约定不明确的,可以协议补充;不能达成补充协议的,按照合同有关条款或者交易习惯确定。第 62 条第 4 项进一步规定,依照上述第 61 条的规定仍不能确定的,适用下列规定:履行期限不明确的,债务人可以随时履行,债权人也可以随时要求履行,但应当给对方必要的准备时间。情同此理,再比如,对于借贷之债的履行期,《合同法》第 206 条规定:“借款人应当按照约定的期限返还借款。对借款期限没有约定或者约定不明确,依照本法第 61 条的规定仍不能确定的,借款人可以随时返还;贷款人可以催告借款人在合理期限内返还。”

---

① 王家福主编:《民法债权》,法律出版社 1991 年版,第 198 页。

② 如《合同法》关于借贷之债的还款,第 208 条规定,“借款人提前偿还借款的,除当事人另有约定的以外,应当按照实际借款的期间计算利息。”

（二）清偿地

清偿地，或称给付地或者履行地，是指债务人应为清偿行为的地点。在清偿地所为清偿即发生清偿的效力，在其他地点为清偿则否。

清偿地的确定，由当事人合意为之，如没有合意或者合意不明确，则按照一定的规则加以确定。比如，关于合同之债的清偿地，我国《合同法》第61条规定，合同生效后，当事人就履行地点没有约定或者约定不明确的，可以协议补充；不能达成补充协议的，按照合同有关条款或者交易习惯确定。第62条第3项进一步规定，依照上述第61条的规定仍不能确定的，适用下列规定：履行地点不明确，给付货币的，在接受货币一方所在地履行；交付不动产的，在不动产所在地履行；其他标的，在履行义务一方所在地履行。

（三）清偿费用

清偿费用，是指完成清偿行为的必要费用。比如，运送物品的费用，物品打包的费用，金钱邮汇的邮费等，但不包括债的标的本身的价值。

关于清偿费用的承担，自然由债的当事人合意确定。如没有合意或者合意不明确，则按照一定的规则加以确定。比如就合同之债的清偿费用，我国《合同法》第61条规定，合同生效后，当事人就清偿费用没有约定或者约定不明确的，可以协议补充；不能达成补充协议的，按照合同有关条款或者交易习惯确定。第62条第6项进一步规定，依照上述第61条的规定仍不能确定的，履行费用由履行义务一方负担。

六、清偿的抵充

抵充本质上为债的清偿行为，其所要解决的主要问题是，当同一个债权人对同一个债务人拥有数笔相同种类债权，债务人所为给付不足以清偿所有债务，且未指定其所清偿为何笔债务时，究竟哪些债务得到了清偿。对于这一问题，《合同法解释（二）》第20条规定的基本规则是：

1. 优先抵充已到期的债务。
2. 几项债务均到期的，优先抵充对债权人缺乏担保或者担保数额最少的债务。
3. 担保数额相同的，优先抵充债务负担较重的债务。
4. 负担相同的，按照债务到期的先后顺序抵充。
5. 到期时间相同的，按比例抵充。

举例 甲于2009年5月10日向乙借款5000元，约定2009年10月10日归还；甲2009年6月10日再次向乙借款5000元，约定2009年9月10日归还，利息为8%。甲2009年7月10日再次向乙借款5000元，约定2009年11月10日归还，丙做保证人。甲2009年8月10日再次向乙借款5000元，约定2010年11月10日归还。甲一直未偿还债务，直到2009年12月10日，甲才向乙汇款5000元。问：哪一期借款得到了清偿？

解析 2009年6月10日借款得到了清偿。因为甲向乙汇款时，最后一笔借款尚未到期,不能被优先抵充。在所有到期债务中,2009 年 7 月 10 日借款有担保,不能被优先抵充;余下的两笔债务均无担保,但 2009 年 6 月 10 日借款约定了利息,债务负担较重,故 2009 年 6 月 10 日借款被抵充。

若是一次给付不能清偿同一笔债务全部本息的,则按下列顺序抵充:(1) 实现债权的有关费用;(2) 利息;(3) 主债务。

第二节 抵 销

抵销的体系图

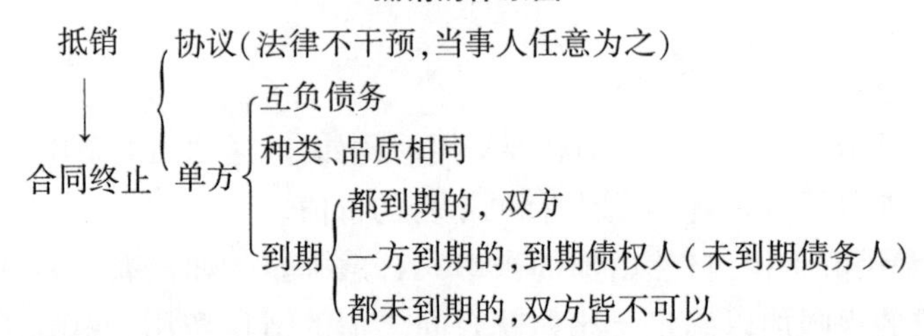

抵销,是指双方当事人互负债务时,各以其债权充当债务之清偿,而使其债务与对方的债务在对等额内相互消灭的制度。为抵销的债权,称为自动债权;被抵销的债权,称为受动债权。抵销依其产生的根据不同,可分为法定抵销与合意抵销两种。

一、法定抵销

法定抵销是指在符合法定条件的前提下,由抵销权人行使抵销权从而消灭两个相应债权的行为。由于法定抵销由一方当事人主张抵销权而生效,所以又称单方抵销,不需要双方之间的合意。

(一) 构成要件

1. 双方当事人互负债务、互享债权。但此处有一例外,即根据《合同法》第 83 条,债务人的债权先于转让的债权到期或者同时到期的,债务人可以向受让人主张抵销。

举例 甲对乙有 5 万元债权,1 个月后到期;乙对甲有 4 万元债权,10 天后到期。甲将债权转让给丙,并通知了乙。问:当丙向乙主张债权时,乙是否能够主张抵销?

解析 能。尽管丙对乙享有债权、乙对丙不享有债权,但根据《合同法》第 83 条之规定,乙依然能够主张债的抵销。

2. 双方债务的标的物种类、品质相同。常见者如双方互负金钱之债,均可主张抵销。若非金钱之债,标的物除种类相同,品质亦应相同,比如 100 台全新"IPHONE6"苹果手机与另外 100 台全新 IPHONE6 苹果手机之间是可以抵销的,但与 100 台三星"银河系"智能手机之间就不能抵销了。照此来说,劳务之债、财物之债与金钱之债这三者相互之间是无法单方抵销的;劳务之债与劳务之债之间也是无法抵销的,由于劳务之债所具有的人身性特征，很难存在两个种类、品质完全相同的劳务之债。事实上，能够相互抵销的债除了限于两个金钱之债外，还有标的物种类、品质相同的财物之债之间。

3. 自动债权已届清偿期。若债权未届清偿期而提出抵销，无异于迫使债务人提前清偿；但受动债权是否已届清偿期，在所不问。至于自动债权已过诉讼时效、附设担保与否，根据《合同法解释（二）》第24条的规定，均不妨碍抵销权的行使，非主张债务抵销一方，在接到抵销通知后，可在3个月内行使异议权。这样来说，如果主动债权、被动债权均届期满，自然得以抵销；如果都未到期，则不得抵销；如果主动债权到期、被动债权尚未到期，债权人也可以主张单方抵销。

需要注意的是，在破产程序中，破产债权人对其享有的债权，无论是否已届清偿期，无论是否附有期限或解除条件，均可抵销。

4. 依债之性质可为抵销。关于依性质不能抵销之债的范围，参照《合同法解释（一）》第12条规定，主要是指专属于债务人自身的债权，是指基于扶养关系、抚养关系、赡养关系、继承关系产生的给付请求权和劳动报酬、退休金、养老金、抚恤金、安置费、人寿保险、人身伤害赔偿请求权等权利，不具有可抵销性。

（二）抵销权的行使

法定抵销权为形成权，由此决定：

1. 抵销权行使的效力，不以对方同意为要件。若对方有异议，应在约定的异议期限内提出并向法院起诉；没有约定的，异议期间为债务抵销通知到达之日起3个月。

2. 抵销权的行使不得附条件、附期限，否则视为抵销无效。

3. 抵销一经生效，两个相应的债均归于消灭。

二、合意抵销

合意抵销，是指互负债务的当事人双方经协商一致，互相消灭对方债权的行为。既然是你情我愿的合意，成立的要件只需双方互负债务即可，至于双方债务的种类、品质是否相同、是否已届期满、是否已过诉讼时效，均在所不问，充分体现合同自由。抵销的合意一经达成，两个债或者两个债的相应的部分即归于消灭。

举例　保姆甲在城市居民乙家工作12个月，到期年度工资应为3.6万元，但由于乙家遭受暂时的经济困难，拿不出这么多现金，双方遂协商达成如下协议：乙拿出八成新电器一套，抵债2万元；乙拿出某公司的股票1000股折抵1万元；余下0.6万元，由作为教师的乙为甲在城里读书的儿子补习英语课一个学期抵偿。上述协议，为法律所允许。

第三节　提存、免除与混同

一、提存

（一）概念

提存制度有一般和特殊之分。一般的提存是指，由于债权人的原因而致债务人无法向其为给付时，债务人将标的物交给提存部门而消灭债务的制度。特殊的提存则通常以确保债权实现、而非消灭债之关系为目的，如《担保法》第49条第3款，抵押人转让抵押物所得的价款，应当向抵押权人提前清偿所担保的债权或者向与抵押权人约定的第三人提存。

（二）提存事由

一般的提存事由包括：

1. 债权人无正当理由拒绝受领的；

2. 债权人下落不明，包括债权人不清、地址不详、债权人失踪又无代管人等；

3. 债权人死亡未确定继承人，或者丧失行为能力未确定监护人。

特殊提存的事由，常见者如《担保法》第49条第3款、第69—70、77条、第78条第2款、第80条，以及《物权法》第191条的规定等。

举例　《物权法》第191条第1款规定："抵押期间，抵押人经抵押权人同意转让抵押财产的，应当将转让所得的价款向抵押权人提前清偿债务或者提存。转让的价款超过债权数额的部分归抵押人所有，不足部分由债务人清偿。"这就确立了一项原则，抵押人提前变卖抵押物的，所得价金只能用于两个用途：提前清偿债务，或者提存。这就是特别法规定的特殊提存的事由之一。

（三）标的

提存的标的，为债务人依约应当交付的标的物。若标的物不适于提存或提存费用过高的，如鲜活易腐物品、超大型机械设备等，债务人依法可以拍卖或者变卖标的物，提存所得的价款。

（四）效力

1. 债务人与债权人之间：自提存日起，债务归于消灭，即提存一经成立，债务人在其提存范围内已经履行了债务。

2. 提存人与提存部门之间，存在委托提存的合同关系，双方为合同当事人，其关系要点是：(1) 后者负妥善保管义务；(2) 提存物产生孳息的，提存部门有权收取；(3) 债权人对债务人负有到期债务的，在债权人未履行债务或者提供担保之前，提存部门根据债务人的要求应当拒绝其领取提存物。

3. 提存部门与债权人之间：(1) 因提存而产生的费用由债权人负担；(2) 提存物风险负担归债权人；(3) 提存物产生的孳息归债权人；(4) 提存物所有权归债权人；

(5) 提存部门因保管不善致保管物毁损的,对债权人负赔偿责任;(6) 债权人可随时从提存部门领取提存物。但是,债权人自提存之日起5年内不行使领取权的,领取权消灭。该期间为失权期间,期间经过而未领取的,提存部门扣除提存费用后,提存物归国家。

二、免除

(一) 概念与特征

免除,是指债权人抛弃债权,从而全部或部分消灭债的关系的单方行为。由于免除为单方法律行为,故无行为能力人或限制行为能力人不得为债之免除。

免除为单方或者双方行为的争议　各国民法都承认免除为债的消灭原因之一,但就其性质确有不同认识与规定。德国、瑞士民法认为免除为契约行为,理由有三:其一,既然债乃债权人、债务人之间的特定法律关系,债务为相对的义务,不应忽视债务人的意思,否则如果仅凭债权人的单方意思就可以消灭债的关系,恰是对于债务人的意思漠视;其二,债权人免除债务的意思乃是一种恩惠的表现,恩惠虽是利益,但也不要强加于人,如果债务人不愿接受此种恩惠,岂不是反其意而有害于其人格独立性?其三,债权人免除债务之背后,必有其一定的动机或目的,因而不能断定免除一定不会有损于债务人的利益,为避免此种情况发生,免除行为须征得债务人的同意,是为最好的规则设置。反对说则认为,债务人的债务之被免除,不过是债权人抛弃债权的间接结果,债务人由此而受益而已,不必征得其同意;在逻辑上,如果必须征得债务人同意,就会得出债务人不同意、债权人即不得抛弃债权的结论,这是有悖于逻辑的,也有违生活事理。日本及我国民法均采单方行为说。

免除为无因行为,其原因无效或不存在,不影响免除之效力。

免除为处分行为,将导致债权的绝对消灭。

免除为无偿行为。虽然免除的背后原因可能是无偿的也可能有偿的,如有的为赠与,有的为对价给付,有的为和解,但免除本身是无偿的,即使为使债权人免除债务而约定为对价给付,也不因此而使免除具有有偿性。

(二) 效力

免除应由债权人向债务人以意思表示为之。向第三人为免除的意思表示的,不发生免除的法律效力。免除可以由债权人的代理人为之,也可以附条件或期限。至于免除意思表示的方式,明示与默示均无不可,也不惟限于书面形式,因而免除为不要式行为。

债务免除既然为单方行为,免除意思的通知一经到达债务人,即发生债消灭之后果。仅免除部分债务的,债的关系仅部分终止。因而,债权人一经作出免除的意思表示,即不得撤销。

三、混同

(一) 概念

混同,是指债权和债务同归一人,致使债的关系消灭的事实。

广义上的混同是指民法上不能并立的两种法律关系同归于一人而使其权利义务归于消灭的现象,常见的情形有:所有权与他物权同归于一人;债权与债务同归于一人,主债务与保证债务同归于一人。这两种现象具有共性又各有个性,应分别讨论,此处我们只研究第二种现象。

关于混同的法律性质,众说纷纭。通说认为,债权之所以因混同而消灭,乃基于债权的观念——债的关系存在必须有两个主体,从而同系一人也即同时为债权人与债务人时,反倒不符合债权观念,因而混同必须为债权消灭的独立原因。[①]

(二) 原由

债的混同,由债权或者债务的承受而产生,其承受包括概括承受与特定承受两种情形。

概括承受是发生债的混同的主要原因,常见的如公司合并,合并前的两个公司之间存有债的关系的,公司合并后,债权债务同归于合并后的公司而消灭。再如债权人继承债务人的,债务人继承债权人的或者第三人继承债权人、债务人的,都会发生混同。

因特定承受而发生的混同,系指债务人由债权人受让债权,债权人承受债务人的债务。

(三) 效力

混同可以绝对的消灭债的关系,包括从权利如利息债权、违约金债权、担保权等一并消灭。但是,如果债权为他人权利的标的的,从保护善意第三人的立场出发,债权并不消灭。

举例 主体合并是发生混同的主要原因,如甲公司欠乙公司一笔货款,后甲公司兼并乙公司,则该笔债务因混同而消灭;不过,若债权系他人权利之标的,从保护第三人的合法权益出发,债权不消灭。如上例中,乙公司以其对甲公司的债权设质给丙公司,则当乙公司被兼并时,该笔债权不因混同而消灭。

思维拓展

【重要知识点】

代为清偿、代为接受清偿的三方当事人关系与合同相对性;法定抵销的要件;抵销

① 王利明、崔建远:《合同法新论·总则》,中国政法大学出版社 1996 年版,第 663 页。

权的形式;提存的效力;债务免除的性质;

【实例解析】

案例 上海甲酒业公司对成都乙娱乐公司数年前订有一份合约,由甲公司定期供应澳洲所产的某品牌葡萄酒给乙公司,乙公司按期结账付款。后来,由于甲公司出现了数次的供货不及时,有同品牌存货的深圳丙酒业公司和乙公司约定,由丙公司代甲公司履行数笔业务,前后共计500箱葡萄酒,及时解决了乙公司的市场需求。甲公司对此全不知情。

但是后来的一次交付中,丙公司交付的30箱葡萄酒存在质量问题,造成乙公司较大的市场损失,由此酿成纠纷。

在本案的纠纷解决中,法官需要解决的三个问题分别是:虽然甲公司不知情,丙公司的履行有无法律效力?虽然甲公司不知情,丙公司代为履行后对甲公司可否追偿代为履行的必要费用?虽然甲公司不知情,但如丙公司履行有瑕疵的,甲公司是否需要就此对乙公司承担违约责任?

法律问题 对以上问题,可否换种表述?

法理分析 本案解答的关键是,如何理解“丙公司和乙公司约定,由丙公司代甲公司履行”这句话的法律含义,究竟是“债务承担”还是“第三人代为履行”,可能存在不同的认识。但既然乙丙的约定明确说“代甲公司履行”,还是理解为第三人代为履行更让人接受,这一背后的更深的一个法理是:如果对于“债务承担”还是“第三人代为履行”存在解释上的争议,通过所有解释方法不能确定的,要认定为第三人代为履行。

那么接下来就按照第三人代为履行的原理来解答。关于第三人代为履行,目前只有一个法条——《合同法》第65条规定:当事人约定由第三人向债权人履行债务的,第三人不履行债务或者履行债务不符合约定,债务人应当向债权人承担违约责任。本条规定的是“债权人和债务人”之间的约定由第三人代为履行,这是代为履行的常见形态,也是经典形态,但实际上第三人代为履行也可以由当事人一方与第三人进行约定。本题的情形即属于债权人与第三人之间约定的情形,可谓为非经典形态。从法理上看,只要没有损害债务人的利益,第三人与债权人约定的代为履行协议无需经过债务人同意。这属于合同法的常识,从债权人的角度,第三人代为履行并不损害债权人利益,因为债务人本人并未脱离合同关系,所以,第三人代为履行无需事前经过债权人同意;从债务人的角度,如有人自愿代为履行,在外部也会导致债务人与债权人之间债权债务的消灭,只是在内部债务人与该第三人可能构成无因管理。

在本案中,虽然甲公司不知情,第三人丙公司的履行仍然有法律效力,只要乙接受丙的履行,债务照样因为清偿而消灭。此种情形下,至于丙与甲的关系将来如何处理,那是另外一个问题。这样一来,如果丙公司代为履行的行为,从甲丙之间的关系看构成无因管理的话(这一假设如果成立),则丙公司为管理人,甲是被管理人,无因管理之债的一项基本内容就是必要费用求偿权,也即因代为履行而支出的必要费用肯定有权向甲公司追偿。所以第二个问题迎刃而解。

由于丙公司代为履行的行为并未得到甲公司的同意,因此,若丙公司自身的履行存在瑕疵,应由丙公司自行承担赔偿责任,而不能向甲公司追偿。实际上,此时的丙构成了不当的无因管理行为,就不当无因管理的损害,自有管理人自己承担。

【重点法条】

《合同法》第91—92、99—106条。

第五编
债 权 各 论

>> 第二十二章 <<

合同总论

我国实行市场经济制度,市场乃交易的总和,合同是交易的形式,由此足以显见合同在现代社会经济生活中的显赫地位。本章分为八节,是本书内容最为丰富与最具有跨度的一章。主要涉及合同法总则中的基本问题,包括合同的基本概念、合同的法定分类与学理分类、合同基本原则、合同的相对性、合同的订立、双务合同的履行抗辩权与合同责任等基本内容,是这些都是研习合同法的出发点,包含了不少基本的法律概念,这些概念是我们进一步展开研习合同法的基本范畴,需要熟谙。

本章的内容编排不同于一般合同法教科书之处,在于将合同的相对性规则作为合同法的一个基本特征,放在首章予以总结讲述,以期收到提纲挈领之功效。合同的订立是指合同订立的程序以及与此相关的合同的形式与内容(条款)。关于合同订立的程序,主要包括要约邀请、要约、承诺等意思表示以及可能存在的合同书的签字盖章等行为。关于要约的构成要件、撤回、撤销、失效和承诺的构成要件、迟到、迟延的不同后果、承诺的撤回等,都属于极具技术性的规则。此外,悬赏广告、拍卖、招投标等合同的特殊订立过程也是现代常见的合同现象。关于现代社会生活中充当重要地位的格式条款(合同)的特殊订立要求,本章也一并予以叙述。本章的一个重要内容是合同条款,要把握必要条款和一般条款的差别以及交易习惯对合同条款的补充解释功能。

要把握双务合同中的三种履行抗辩权,即同时履行抗辩权、不安抗辩权、顺序履行抗辩权的行使条件和效力。

与同类的民法教材将缔约过失责任放在合同订立一章的写法不同,基于本书的篇章结构安排,我们将缔约过失责任与违约责任放在一起合并为一章"合同责任",并增加独特的一节专门介绍这两个合同责任之间的适用关系,算是基于体系化、应用化与满足应试要求的一种努力尝试。本章的第一节首先要把握违约责任的归责原则和构成要件,我国违约责任归责原则为无过错原则,过错原则作为例外适用。违约责任的构成要件比较复杂,一般情形下只需要有违约行为即可,但在个别的过错归责合同类型中,除违约行为之外还需要有过错;此外根据适用的违约责任方式的不同所要求的构成要件也不一样,比如适用违约损害赔偿责任的,还要求违约方的对方有损失之要件。本章的一个重要内容是加害给付发生违约责任和侵权责任的竞合及其处理。关于缔约过失责任,要把握缔约过失责任的构成要件、适用范围和赔偿范围。

第一节　合同的定义及分类

合同的分类：
- 有名合同与无名合同
- 双务合同与单务合同
- 有偿合同与无偿合同
- 诺成合同与实践合同
- 要式合同与不要式合同
- 主合同与从合同
- 束己合同与涉他合同
- 继续性合同与非继续性合同
- 本约与预约

一、定义

合同，是平等主体的自然人、法人、其他组织之间设立、变更、终止民事权利义务关系的协议。在债的体系中，合同属于约定之债，乃债的发生原因之一。理解合同的定义需掌握以下几点：

1. 合同的本质是变动民事权利义务的合意，故合同不等于合同书。合同书仅是合同（合意）的书面载体，若合同书未经当事人签章，有合同书但无合同；反之，双方没有签署合同书，但达成了口头的协议或者成立了事实合同，仍然成立合同关系。

2. 合同为合意，但合意并不必然为合同。此间的关键在于，当事人之间是否存在发生有拘束力的民事权利义务关系之意思表示。若无此意思表示，纵有合意，亦非合同。

举例　甲对乙承诺，如乙比赛夺冠，乙出国旅游时甲将陪同，后乙果然夺冠，甲失约。乙能否要求甲承担违约责任？

解析　不能，因为甲乙之间不存在合同关系。

3. 合同是平等主体之间的民事权利义务关系的协议，故非平等主体之间的协议不是合同，如市长、县长代表市、县政府订立的计划生育工作达标协议。但平等与否取决于合同订立过程中一方当事人能否将自身意志施加于对方，而非取决于当事人的身份。如尽管国有土地使用权出让合同的一方当事人为国家，但由于此时的国家以平等民事主体身份出现，故该合同依然属于民事合同范畴。

4. 合同的客体为给付行为，此区别于合同标的物。如甲将一台电脑卖给乙，约定价款 8000 元，该买卖合同的客体为甲交付电脑的行为和乙交付价金的行为，电脑是合同标的物，不是客体。给付的形态主要包括：交付财物、支付金钱、移转权利、提供劳务或服务、提交工作成果、不作为及其他。

5. 合同常为双方行为,但多方当事人之间合同亦非少见,如8个合伙人之间的合伙协议。在传统民法上,曾将双方法律行为称为契约,将多方法律行为称为合同。但在我国合同法中,合同与契约为同义语。

6. 我国《合同法》所调整的合同,仅限于财产关系的协议。身份协议(如抚养协议、离婚协议、订婚协议、结婚协议)、身份财产协议(如约定夫妻财产制)都不受《合同法》调整,而另受相应法律调整。但这些身份性的协议在性质上仍属于理论上广义的合同范畴。

二、合同的学理分类

(一)有名合同与无名合同

依据法律是否赋予合同特定的名称及内容作此分类。有名合同,是法律规定其内容并赋予特定名称的合同,如《合同法》分则确认的15类合同及《物权法》《保险法》等法律确认的抵押权合同、保险合同等。反之,即为无名合同。《合同法》实行合同自由原则,故无名合同只要不违法,即受法律保护。一部合同法的发展史,一定意义上就是无名合同不断转化为有名合同的历史。

作此区分的意义在于明确无名合同的法律适用规则。《合同法》第124条规定:"本法分则或者其他法律没有明文规定的合同,适用本法总则的规定,并可以参照本法分则或者其他法律最相类似的规定。"

举例　某律所与某酒店签订合同,由该律所承租该酒店一层客房作为办公用房,并由该酒店负责办公室的日常卫生打扫,并提供午餐,律所每月向酒店支付租金若干。若律所工作人员某日用餐发生食物中毒,经检验为酒店所提供的午餐不符合卫生标准,该如何处理?

解析　该合同既有租赁合同的要素,又有承揽合同、买卖合同的要素,属于典型的无名合同。本案发生在食物提供环节,就该纠纷可适用买卖合同的相关规定。

(二)双务合同与单务合同

依据双方是否互负给付义务作此分类。双务合同,是当事人双方互负对待给付义务的合同,一方之义务即为对方之权利。单务合同是仅有一方当事人承担给付义务、对方不负对待给付义务的合同。合同多为交易的形式,故双务合同为合同之常态。如买卖一套家具的合同,一方负有交付家具之义务,另一方负有交付货币之义务;但赠与一套家具的合同,只有赠与人负有交付之义务,受赠人并不负有对待给付义务。需注意,"不负对待给付义务"并不意味着不负任何义务。如在附义务的赠与合同中,受赠方亦承担一定义务,但该义务与赠与人的义务不存在对待给付关系,故仍为单务合同。

举例　甲赠某医院一批电脑,并约定医院不得将该批电脑转赠他人。该赠与合同即为附义务的赠与合同,但由于甲出赠电脑并非以医院履行该义务为目的,即两者之间不构成对待给付关系,故该合同为单务合同。

作此区分的意义有二:(1) 合同履行中的抗辩仅发生在双务合同中,单务合同不存在履行抗辩问题;(2) 合同被解除、宣告无效或被撤销时,双务合同存在双方互为返还给付问题,单务合同无此问题。

(三) 有偿合同与无偿合同

依据给付是否存在对价作此区分。有偿合同,指给付存在对价的合同,反之则为无偿合同。

合同以有偿为常态。公认的无偿合同主要有赠与合同、借用合同、保证合同等。有些合同既可有偿,亦可无偿,但若当事人无特别约定,亦无相应交易习惯,原则上推定为无偿,主要包括:自然人之间的借款合同(《合同法》第 211 条)、保管合同(《合同法》第 365 条)。

作此区分的意义有三:(1) 有偿合同当事人的注意义务较无偿合同的重,如无偿保管合同的保管人仅在故意、重大过失致对方损害时方承担赔偿责任,但在有偿保管场合,保管人纵然仅存在轻过失,亦须对其所致损害承担责任(《合同法》第 374 条)。(2) 纯获利益的赠与等无偿合同,不要求获益当事人(如受赠人)具有完全行为能力,但有偿合同对当事人的行为能力要求较高。(3) 善意取得的构成以第三人与无权处分人之间的交易是有偿的为要件。

无偿合同与单务合同 无偿合同常为单务合同,有偿合同常为双务合同,但均有例外情况,即无偿双务的合同和有偿单务的合同,前者如无偿保管合同[①],后者如自然人之间的有息借款合同。

甲借给同学乙 8000 元钱,约定利息若干。该合同属自然人之间的借款合同,自借款交付起成立。合同成立后,仅乙有还本付息之义务,故为单务合同。但由于乙使用借款需支付对价(利息),故该合同为有偿合同。

(四) 诺成合同与实践合同

依据标的物之交付对于合同之成立有无影响作此分类。诺成合同,又称不要物合同,指以当事人意思表示一致为成立条件的合同。实践合同,又称要物合同,指除当事人意思表示一致以外,尚需交付标的物才能成立的合同。两者的区别不在于是否要交付标的物,而在于:在诺成合同场合,交付标的物为合同履行行为;在实践合同场合,交付标的物既为合同履行行为又为合同成立要件。

在现代社会信用高度发达的背景下,市场交易中的合同以诺成为常态。作为例外存在的实践合同主要有:定金合同、借用合同、自然人之间的借款合同、保管合同。

---

① 保管合同为双务合同还是单务合同?学者中有不同的观点。一种观点认为,在无偿保管中,保管合同为单务合同;在有偿保管中,保管合同为双务合同。有的认为,保管合同就是双务合同,不因保管的有偿无偿而有所不同。通说认为,保管合同原则上为双务合同。因为即使在无偿的保管中,寄存人也负有偿还保管费用的义务(寄存人仅是不支付报酬),而这一义务与保管人的保管义务是有对应性的。在有偿保管中,保管人的保管费通常包括报酬和保管费用;而在无偿保管中寄存人则仅负有负担保管费用的义务。当然,若寄存人无须负担任何保管费用,则保管合同为单务合同。无偿委托亦与此同理。

需特别注意的是，赠与合同为诺成合同，而非实践合同。因为依据《合同法》第185条，赠与合同的成立不需要以交付赠与物为要件，故由此废止了《民通意见》第128条。

作此分类的意义，在于确定一方未交付标的物的法律后果：在诺成合同的场合构成违约责任；在实践合同的场合可能构成缔约过失责任。

（五）要式合同与不要式合同

依据合同成立是否以采用法定或约定的某种形式为要件作此分类。要式合同，指法律要求或当事人约定必须具备一定形式的合同。此所谓形式，一般指书面形式，特殊场合下也包括批准、登记备案等形式。不要式合同，指法律不要求、当事人亦未约定必须具备一定形式的合同。无名合同都是不要式合同。现代合同法基于尊重合同自由原则的需要，只对极个别的合同成立要求具备书面形式。在我国立法上要求为要式合同的，见下一章第二节的内容。

作此区分的意义，主要在于明确要式合同若不具备一定形式，原则上不成立或不生效，但亦有通过实际履行而补正之余地。详见合同形式部分的论述。

（六）主合同与从合同

依据合同的效力是否依赖于其他合同而分类。在两个关联合同中，不依赖其他合同的存在即可独立存在的合同称为主合同；以其他合同的存在为前提而存在的合同称为从合同。如借款合同与保证合同之间，前者为主合同，后者为从合同。

作此区分的意义在于明确从合同效力的从属性。从合同不能独立存在，而必须以主合同的有效成立为成立和生效的前提；从合同不能脱离主合同而单独转让，主合同转让，从合同随之转让；主合同被宣告无效或被撤销，从合同也失去效力；主合同终止，从合同也随之终止。

（七）束己合同与涉他合同

这一分类的区分标准，在于是否贯彻合同的相对性，即合同的效力是否及于第三人。

束己合同，是指严格遵循合同的相对性，合同中约定的权利义务关系仅限于当事人之间享有和承担，而不能及于第三人的合同。多数合同属于束己合同。

涉他合同，是指突破了合同的相对性，合同当事人在合同中为第三人设定了权利或义务的合同。现代合同法上的涉他合同主要有：

1. 为第三人利益的合同：是指当事人为第三人设定了合同权利，第三人可依约享有和行使该权利的合同。如以第三人为受益人的人寿保险合同。

2. 由第三人履行的合同：是指缔约人在合同中约定，由第三人向合同债权人履行义务的合同。

涉他合同在内容上突破了合同的相对性，即由合同之外的第三人享受合同权利或履行合同义务。但尚未突破合同违约责任的相对性，即一旦发生违约，仍由合同中的债权人主张违约责任，由合同中的债务人承担违约责任，而与第三人无关。

依据最高人民法院《关于适用〈中华人民共和国合同法〉若干问题的解释(二)》(以下简称《合同法解释(二)》),涉他合同一旦涉讼,法院可根据具体案情将第三人列为无独立请求权的第三人,但不得依职权将其列为该合同诉讼案件的被告或者有独立请求权的第三人。

(八) 继续性合同与非继续性合同

这一分类的区分标准,在于给付行为是否具有持续性。继续性合同,指给付的内容和范围因时间的延续而有变化,使得合同目的须经持续的给付才能实现的合同,典型者如培训合同、租赁合同、保管合同、供用电水气热合同等。

非继续性合同,指时间因素对给付的内容和范围不具影响,合同目的因一次给付即可实现的合同,买卖合同为其典型。

这一区分的意义有二:

1. 合同无效、被撤销或被解除时,其效力是否溯及既往不同。非继续性合同因无效等原因而消灭时,一律溯及既往;非继续性合同因违约而解除时,原则上亦溯及既往。继续性合同不论因何原因而消灭,因无恢复原状的可能或不宜恢复原状,故合同的消灭仅向将来发生效力,既往的合同关系不受影响。

《合同法》第97条规定:"合同解除后,尚未履行的,终止履行;已经履行的,根据履行情况和合同性质,当事人可以要求恢复原状、采取其他补救措施,并有权要求赔偿损失。"此处的根据"合同性质",就是指区分继续性合同与非继续性合同。前者在解除后,原则上不可以恢复原状;后者在性质上不受障碍,至于是否需要恢复原状还要看合同的"履行情况"。

2. 继续性合同期限届满时,当事人可采用默示的方式延长合同期限。如《合同法》第236条规定:"租赁期间届满,承租人继续使用租赁物,出租人没有提出异议的,原租赁合同继续有效,但租赁期限为不定期。"

(九) 本约与预约

1. 区分标准

两个合同相互间是否具有手段和目的的关系。预约,指约定将来订立一定合同的合同;因履行预约而订立的合同为本约。预约以订立本约为其给付内容:双方当事人互负此项使本约成立的债务的,称为"双务(方)预约";仅一方当事人负担此项债务的,称为"单务(方)预约"。预约的目的在于将来订立本约。当事人之所以不直接订立本约,是因为有时订立本约的条件尚未成熟,于是当事人先订立预约,使对方受其约束,以确保本约的订立。一个合同究竟为本约还是预约,应探求当事人的真意。订立预约在交易中属于例外,如有疑义,应认定为本约。

2. 区分意义

预约合同也是合同,其效力就体现在:签订本约。所以,违反预约合同规定的义务(即将来签订本约的义务),也要承担违约责任;对方当事人也可以选择解除合同并要求承担违约赔偿责任。为此,《买卖合同解释》第2条规定:当事人签订认购书、订购书、预订书、意向书、备忘录等预约合同,约定在将来一定期限内订立买卖合同,一方不履行订立买卖合同的义务,对方请求其承担预约合同的违约责任,或者要求解除预约合同并主张损害赔偿的,法院应予支持。

第二节　合同法的基本原则

一、概说

合同法的基本原则,是适用于全部合同法领域的基本准则,体现了合同法的基本理念和价值,是进行合同立法、司法和守法的总方针,不同于合同法的具体原则和规则。

合同法的基本原则,简要地讲主要具有如下功能:

(1) 是解释合同法和补充合同法漏洞的准则。

(2) 是解释合同条款、评价合同效力和补充合同漏洞的依据。

(3) 确定了抽象的行为准则,具有规范作用。

(4) 提供司法审判的准则,性质上属于强行性规范。

《合同法》第一章所规定的合同法基本原则包括:

(1) 平等原则(第 3 条):合同当事人的法律地位平等,一方不得将自己的意志强加给另一方。

(2) 自愿原则(第 4 条):当事人依法享有自愿订立合同的权利,任何单位和个人不得非法干预。

(3) 公平原则(第 5 条):当事人应当遵循公平原则确定各方的权利和义务。

(4) 诚实信用原则(第 6 条):当事人行使权利、履行义务应当遵循诚实信用原则。

(5) 公序良俗原则(第 7 条):当事人订立、履行合同,应当遵守法律、行政法规,尊重社会公德,不得扰乱社会经济秩序,损害社会公共利益。

细查上述原则,大多实为民法的基本原则,是所有民事法律均须贯彻的,并未体现合同法的特性。作为民法分支的合同法,在其领域内所特有的基本原则为合同自由原则、鼓励交易原则。

二、合同自由原则

合同自由原则,是指只要不违反法律的强制性规定和公序良俗,当事人对与合同有关的一切事项都有选择和决定的自由。合同自由原则的本质是,合同权利义务关系只有基于当事人的自由意志而产生时,才对当事人具有约束力。合同自由原则体现了立法者对于市场主体自我认识和判断能力的尊重,也反映了立法者对自身认识局限性的理性认识。

具体而言,合同自由体现在:

(1) 缔约与否自由:当事人有权自主决定是否缔约。

(2) 选择相对人自由:当事人有权自主决定与何人缔约。

(3) 合同形式自由:当事人有权自由决定采取何种形式订立合同。

(4) 合同内容自由:当事人有权自主决定合同的内容,其不仅可以在任意法规中自由决定合同的内容,而且可以在法律所规定的有名合同之外,订立无名合同。

(5) 变更或解除合同的自由:依法成立的合同对当事人具有法律约束力,但是当事人仍然有权控制合同成立后的整个发展过程。

虽然,合同自由原则符合市场经济的根本要求,但若贯彻过于绝对,不免滋生弊端。为此,现代民法在合同法框架之外,发展出一些限制合同自由的干预措施,包括:

(1) 通过《劳动合同法》《消费者权益保护法》等单行立法,对雇主、经营者等在缔约过程中的自由进行一定程度的限制,以相应提高市场弱者地位,促进经济上弱者的团结,增强弱者实现自己意思的能力。

(2) 通过阻止形成市场权力集中或对这种权力集中进行监控的方式,以求达到一种市场均势状态,如颁布《反垄断法》《反不正当竞争法》等经济法规来限制垄断和保护竞争,以保证人们选择的可能性。

(3) 对于合同的订立进行公法上的监督,此即通常所谓之私法公法化最为显著的表现,其内容主要是通过立法对某些产品或服务的质量和价格、劳动者的最低年龄、工作时间、工作条件等作强行规定,违反此类规定者不仅所签订之合同在私法上无效,在公法上还应予以相应制裁。

三、鼓励交易原则

市场乃交易之总和,交易经由合同而实现。因此鼓励交易原则是市场经济对合同法的必然要求。鼓励交易原则意味着合同法应具有促进合同成立和生效的功能,而不是相反。否则,合同不成,交易遂罢,市场亦无由兴旺。《合同法》在如下几个方面体现了鼓励交易的原则:

(一) 严格限制无效合同的范围

1. 对于有瑕疵的合同并不一律规定为无效

如纠正《民法通则》中不合理的规定,将限制行为能力人订立的合同、无权代理人以被代理人名义订立的合同、无权处分的合同规定为效力待定的合同;将因欺诈、胁迫、乘人之危而订立的合同及显失公平的合同规定为可撤销合同;将因表见代理而订立的合同、法人或者其他组织的法定代表人、负责人超越权限订立的合同原则上规定为有效合同。

2. 对于无效合同给予补正的机会

《商品房买卖合同纠纷解释》第 2 条规定:出卖人未取得商品房预售许可证明,与买受人订立的商品房预售合同,应当认定无效,但是在起诉前取得商品房预售许可证明的,可以认定有效。《城镇房屋租赁合同纠纷解释》也有类似规定。

(二)通过规定合同订立制度,体现鼓励交易的精神

1. 将合同条款作为示范性而非强制性要求加以规定。根据《合同法》第12条,合同的内容由当事人约定,一般包括以下条款:当事人的名称或者姓名和住所,标的,数量,质量,价款或者报酬,履行期限、地点和方式,违约责任,解决争议的方法等;与原《经济合同法》第12条要求经济合同"应具备以下主要条款"的立法精神迥异。

2. 详细规定了订立合同的要约和承诺制度。在承诺因传达人等的原因而迟到,以及在受要约人对要约的内容作出非实质性变更的情况下,规定承诺原则上应生效,体现了鼓励交易的精神。

3. 对合同欠缺书面形式要件的法律后果,规定在一定条件下不影响合同的成立。

4. 对于合同中的违法条款,若不影响合同整体效力的,仅规定该条款无效,而非整个合同无效。

(三)在可撤销合同场合尊重当事人的选择

依《合同法》第54条第3款的规定,对于可变更、可撤销的合同,当事人请求变更的,人民法院或者仲裁机构不得撤销。

(四)严格限制合同的解除条件

根据《合同法》第94条的规定,一般的法定解除仅限于合同目的落空或一方当事人严重违约等场合,轻微违约并不构成法定解除事由。以此在平衡双方当事人利益的前提下,确保了合同关系的稳定性。

第三节　合同的相对性

一、概述

合同乃"法锁",锁住的是合同关系中的当事人。换言之,合同关系只能对特定的债权人和债务人产生效力,对于合同关系之外的第三人不应当具有约束力。此即合同的相对性。其与物权的绝对性形成鲜明对比。

合同的相对性,主要包括:

1. 主体的相对性

权利主体特定,只有合同当事人才能提出基于该合同而产生的请求权;义务主体特定,合同债权人仅能向合同债务人提出请求。此明显区别于物权关系中的义务人不特定。

2. 内容的相对性

债权原则上不及于第三人,债务一般也不能对第三人产生拘束力;合同当事人通

常无权为第三人设定债务;债权、债务主要对合同当事人产生约束力。

3. 责任的相对性

违约责任的承担者只能是合同债务人,而不能是合同以外的第三人;在因第三人的行为造成债务不能履行的情况下,债务人仍应向债权人承担债务不能履行的责任;履行辅助人履行不当,由债务人承担违约责任。

二、《合同法》的规定

(一) 坚守相对性

在《合同法》总则中,合同相对性主要体现在第64、65、121条中。

第64、65条分别规定了由第三人履行的合同及向第三人履行的合同。在这两种场合,第三人均非合同当事人。若第三人未履行,由债务人承担违约责任;若债务人未向第三人履行,由债权人追究违约责任。

举例 甲公司在2005—2007年间连续与乙公司签订了3份煤炭买卖合同,并按照合同的约定分别向乙公司的6个子公司发运了货物,但乙公司及其6个子公司迄今未支付货款。问:甲公司应向谁请求支付货款?

解析 乙公司。这是一个向第三人履行的合同,但第三人不是合同主体,甲公司只能向买卖合同中的买受人请求支付价款。

《合同法》第121条规定,当因第三人原因而致违约时,依然由债务人承担违约责任。这意味着:(1) 第三人的行为不是违约的免责事由,债务人依然要承担违约责任;(2) 债权人无权要求第三人承担违约责任,而只能要求债务人承担;(3) 债务人承担违约责任后,其与第三人之间的纠纷,依约定或法律规定另行解决。

除《合同法》总则外,其分则部分及某些单行法中也有合同相对性原则的体现,如关于转租、交由第三人完成主要工作的承揽合同等,请参见相关部分论述。

(二) 例外的场合

在个别场合,法律为强调某种利益或价值,特别规定合同效力可及于合同当事人以外的第三人。这就构成了合同相对性的例外。常见者有:

1. 合同保全

在代位权和撤销权场合,合同债权人越出合同关系,直接以自己的名义向合同以外的第三人主张请求权或者撤销债务人与第三人所形成的法律关系,故构成合同相对性之例外。

2. 买卖不破租赁

根据《合同法》第229条的规定,当租赁物的所有权发生变动时,原租赁合同对新的所有权人依然有效。这属于典型的合同对合同之外的第三人发生效力之情形,亦属于合同相对性的典型例外。

3. 恶意侵害债权

在德国民法以及我国台湾地区的“民法”上,若第三人以违反公序良俗的方式恶意侵害债权,则债权人可直接要求该第三人承担赔偿责任。此处的“恶意”是指以侵害债权为目的。我国民事立法目前对此未予以明确,一般作否定解释。

第四节　合同的订立

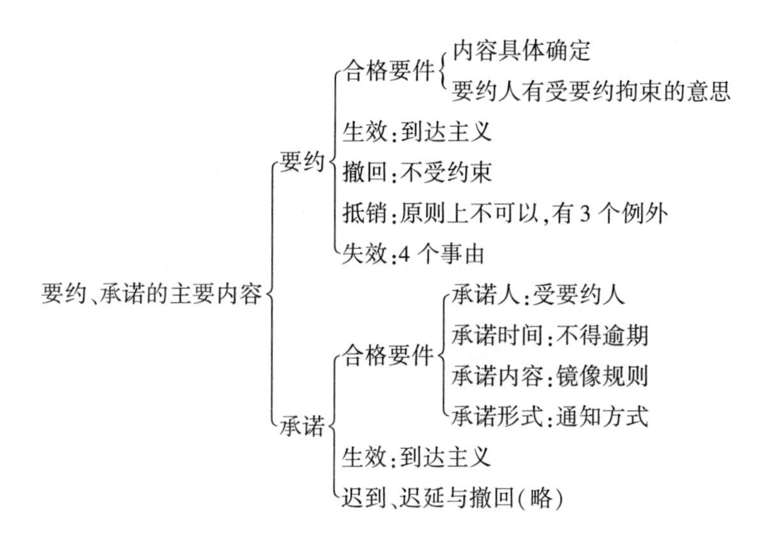

一、合同订立的一般程序

合同的订立必须要经过要约和承诺两个环节,一旦要约承诺达成一致,合同即告成立。

(一) 要约

1. 构成要件

《合同法》第14条规定:要约是希望和他人订立合同的意思表示,该意思表示应当符合下列规定:(1) 内容具体确定;(2) 表明经受要约人承诺,要约人即受该意思表示约束。由此,要约作为一种意思表示,除须具备意思表示的一般要件外,还须强调以下特殊要件:

(1) 须由特定人作出。由此受要约人方能作出相应承诺。

(2) 须向要约人希望与之订立合同的受要约人发出。受要约人一般为特定人,但也可以为不特定人。如广告中载明“本广告构成要约”字样的,该广告即为要约,且受要约人为不特定之人。

举例　甲与乙闲谈间,告知其想把自己的笔记本电脑以1000元的价格卖给丙。乙回去后即将这一消息告诉了丙。丙随即携1000元至甲处表示愿意购买电脑。该买卖合同是否成立?

解析 不成立。甲的意思表示的对象(乙)并非其希望订立合同之人(丙),故该意思表示不构成要约。

(3) 须有订立合同之意图,也即必须具备效果意思。即要约应表明或从其内容可推知,一经受要约人承诺,要约人即受该意思表示约束,与之建立合同关系。如卖方在发给买方的信函中包含有"以我方最后确认为准"字样的,该信函即非要约,因其无受拘束之意。

(4) 要约的内容必须具体、确定,也即必须具备目的意思。《合同法》第 12 条和《合同法解释(二)》第 1 条对要约的基本内容作了规定,主要指当事人、标的与数量等条款。

举例 甲对乙称:"我有几辆二手的宝马车要转手,你是否愿意购买其中的一辆或者几辆?"该意思表示是否构成要约?

解析 不构成。该意思表示中除标的外,其余均不确定。

2. 与要约邀请之区别

要约邀请是希望他人向自己发出要约的意思表示。因要约邀请意在诱使他人向自己发出要约,而非与他人订立合同,故不能因相对人的承诺而成立合同。

区分要约与要约邀请主要有以下几个标准:

(1) 是否包含受拘束的意思。如商店在其陈列的商品上标示"八折出售"字样及价格,则为要约;如标明为"样品",则为要约邀请。

(2) 是否包含合同的必备条款,若不包含则为要约邀请。

(3) 意思表示是否针对特定人。要约大多是向特定人发出的;要约邀请大多是向不特定的人发出的。

(4) 根据交易习惯加以区分。如酒店菜单上的菜肴因无库存原料而无法制作,若按行业惯例,酒店在此情况下可拒绝客人点该品菜肴,则该菜单为要约邀请。

根据《合同法》第 15 条,下列常见的行为属于要约邀请:(1) 寄送的价目表;(2) 拍卖公告;(3) 招标公告;(4) 招股说明书;(5) 商业广告。

关于商业广告的法律属性,商业广告的内容若符合要约的规定,可例外地被视为要约。如《商品房买卖合同纠纷解释》第 3 条,若商品房销售广告或宣传资料"就商品房开发规划范围内的房屋及相关设施所作的说明和允诺具体确定,并对商品房买卖合同的订立以及房屋价格的确定有重大影响的,应当视为要约"。

举例 甲通过互联网论坛发布广告,称其有一批畅销法律教科书,并详细介绍了书名、主要内容与价格,言明广告有效期 10 天,款到即发货。乙于该则广告发布后第 5 天携款去甲处买书,但此时书已全部售完。为此双方发生纠纷。问:乙能否追究甲的违约责任?

解析 可以。因为甲的广告符合要约要求,乙的行为构成承诺,双方之间已形成买卖合同。

3. 要约生效

《合同法》第16条第1款规定:“要约到达受要约人时生效。”所谓“到达”,包括:(1) 到达受要约人或其代理人。(2) 到达受要约人可控制的区域范围。(3) 数据电文要约到达受要约人指定的系统;未指定的,到达受要约人的任何系统。

举例　甲于9月1日向乙的代理人丙发出购买货物的信函,该信函于9月3日到达丙的事务所,由事务所工作人员丁签收。丙9月6日从外地出差返回,看到了该信函。问:要约何时生效?

解析　9月3日。

要约生效后,其效力表现在:(1) 要约人不得随意撤回、撤销或变更要约(对自己的约束)。(2) 除强制缔约场合,受要约人取得承诺的权利(而非义务)。

4. 效力期限

要约的效力期限,即受要约人的承诺期限,可由要约人自由规定。若未规定,则分两种情况:(1) 口头要约,如受要约人未立即作出承诺,即失去效力。(2) 书面要约,以合理期间作为要约存续期限,该期限的确定应考虑以下因素:要约到达所需时间;作出承诺所需时间;承诺到达要约人所需时间。

5. 撤回和撤销

要约的撤回,是指要约人在发出要约后,于要约生效前取消该要约的行为。撤回要约的通知应当在要约到达受要约人之前或者与要约同时到达受要约人。

要约的撤销,是指在要约生效后,受要约人作出承诺之前,要约人取消要约从而使要约归于消灭的行为。由于撤销的对象为已生效要约,故要约的撤销受到限制。依《合同法》第19条,在下列场合要约不得撤销:(1) 要约人确定了承诺期限的或者以其他形式明示要约不可撤销的;(2) 受要约人有理由认为要约不可撤销,并作了履行合同准备工作的。

6. 要约失效事由

依《合同法》第20条,失效理由有:(1) 拒绝要约的通知到达要约人;(2) 要约被依法撤销;(3) 承诺期满,受要约人未作出承诺;(4) 受要约人对要约的内容作出实质性变更。注意:要约失效事由中并不包括要约被撤回。因为被撤回的要约尚未生效,进而也不存在失效之说。

(二) 承诺

1. 构成要件

承诺,就是受要约人同意要约的意思表示。承诺须具备以下要件:

(1) 承诺必须由受要约人或其代理人作出。

(2) 承诺应在合理期限内到达要约人。依据《合同法》第24条之规定,要约以信件或者电报作出的,承诺期限自信件载明的日期或者电报交发之日开始计算。信件未载明日期的,自投寄该信件的邮戳日期开始计算。

(3) 承诺应以通知的方式作出;依交易习惯或要约表明者,也可以以行为作出,如书商接到订单后径直发货的行为等。

(4) 承诺的内容须与要约一致。承诺的内容要完全同意要约的主要内容,此之谓镜像规则。否则,承诺若对要约作出实质性变更的,为新要约。所谓实质性变更,一般是指对《合同法》第12条所列八大条款即有关合同标的、数量、质量、价款或者报酬、履行期限、履行地点和方式、违约责任和解决争议方法等变更。若承诺对要约的内容作出非实质性变更的,除要约人及时表示反对或者要约表明承诺不得对要约的内容作出任何变更的以外,该承诺有效,合同的内容以承诺的内容为准。

举例 甲公司于6月5日以传真方式向乙公司求购一台机床,要求“立即回复”。乙当日回复“收到传真”。6月10日,甲电话催问,乙表示同意按甲报价出售,要其于6月15日来人签订合同书。6月15日,甲派员前往签约,乙公司要求加价,未获同意,乙遂拒绝签约。问:乙是否应承担违约责任?

解析 不承担。因为甲6月5日传真为要约,乙当日的回复不构成承诺。后双方就合同形式作出特别约定,但并未按约签订书面合同,合同亦未成立。故而,乙的行为不构成违约。但由于合同未成立是由于乙的行为所致,乙应向甲承担缔约过失责任。

2. 承诺生效

承诺通知到达要约人时生效。承诺不需要通知的,根据交易习惯或者要约的要求作出承诺的行为时生效。承诺生效之时,一般的合同即告成立。

3. 承诺迟到、迟延和撤回

承诺迟延,即受要约人未在合理期限内发出承诺导致承诺超过承诺期限才到达要约人。迟延的承诺原则上为新要约。但作为例外,若要约人及时通知受要约人该承诺有效的,合同成立。

承诺迟到即未迟发而迟到,即受要约人发出的承诺依通常情形可在承诺期限内到达要约人,但因第三人或自然条件等意外因素导致承诺逾期到达要约人。迟到的承诺原则上有效。但作为例外,若要约人及时通知因逾期而不接受的,为新要约。

举例 哈尔滨的甲公司向广州的乙公司发出货物报价,要求后者在12月20日前承诺。乙接到要约后马上通过特快专递作出承诺。正常情况下,特快专递应在12月19日到达甲处,但由于哈尔滨连日大雪致使机场关闭,邮局无法投递,该特快专递到12月25日方送到甲的手中,甲见乙的承诺已过期,便置之不理,将货物卖给了丙。乙等候多时见甲无动静,便与其联系,得知实情,遂起诉要求甲承担违约责任。问:乙的请求能否得到支持?

解析 可以。承诺迟到场合,若要约人未及时通知因逾期而不接受承诺的,承诺生效,合同成立。合同成立后,甲不能履约,自应承担违约责任。

承诺的撤回,指受要约人在承诺生效之前将其撤回的行为。撤回承诺的通知应当在承诺到达要约人之前或者与承诺通知同时到达要约人。承诺不存在撤销的问题。

(三) 小结

合同订立过程,可简单图示如下:

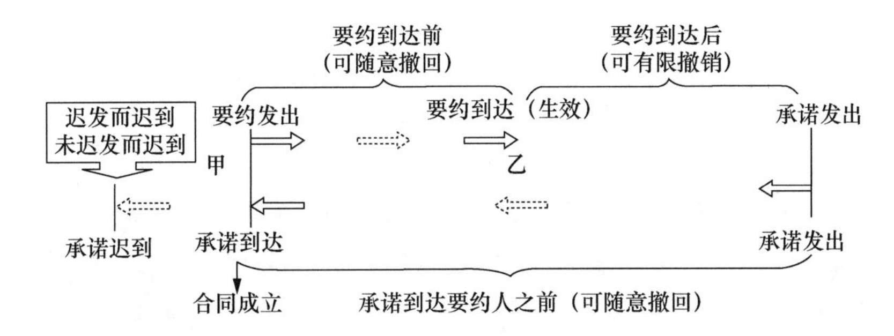

二、特殊订立方式

(一) 拍卖

拍卖,是指以公开竞价的形式,将特定物品或者财产权利转让给最高应价者的买卖。

拍卖过程中,拍卖公告为要约邀请;竞买叫价为要约;拍定时合同成立;签订成交确认书为对合同的确认。

(二) 招标投标

招标投标,是由招标人发出招标公告,在诸多投标人中选择最优的投标人并与之订立合同的方式。与拍卖不同,招投标并非实行价高者得的规则,而是通过对投标进行综合评定来最终选定投标人。

招投标过程中,招标公告或招标邀请书为要约邀请;投标行为为要约;决标(定标)行为为承诺;订立书面合同时合同成立。需要注意的是,招投标合同的成立以订立书面合同为标志。

三、合同成立的时间和地点

(一) 成立时间

1. 非要式合同且诺成合同,自承诺生效时合同成立。

2. 要式合同。若当事人采用合同书形式订立要式合同,自双方签字或者盖章(具备其一即可)时合同成立;签字或者盖章不在同一时间的,最后签字或者盖章时合同成立;生活中还有摁手印的,其效力视同签章。

举例　甲、乙公司欲订立技术转让合同,在双方就合同内容进行协商的过程中,乙公司提出应当采用合同书的形式订立合同。在甲公司和乙公司就合同内容达成一致之后，甲公司完成签字、盖章并邮递给乙公司，乙公司7月12日签字，7月14日盖章，7月16日投递给邮局，7月20日到达甲公司。问：合同何时成立？

解析 7月12日，最后签字或盖章时合同成立。

3. 实践合同。以交付标的物时间为合同成立时间。例如，张三与朋友李四在某年某月3日商量好将家具暂时存放在后者家里一段时间，两天后张三将家具运到李四家。该保管合同的成立时间为5日而非3日。

4. 电子合同。在当事人采用信件、数据电文等形式订立合同场合，若要求在合同成立之前签订确认书，则签订确认书时合同成立。需要注意的是，在拍卖中，拍定时合同即成立，双方所签订的确认书与合同成立无关。

5. 事实合同。法律、行政法规规定或者当事人约定采用书面形式订立合同，当事人未采用书面形式但一方已经履行主要义务，对方接受的，该合同成立。当事人一方不得以未采取书面形式或未签字盖章为由，否认合同关系的实际存在。

（二）成立地点

1. 一般情形下，承诺生效的地点为合同成立的地点。

2. 采用合同书形式订立合同的，约定签章地与实际签章地不一致的，以前者为准；无约定时，方以实际签章地为合同成立地。双方同时同地签字、盖章的，则该地为合同成立地；签字、盖章不在同一时间的，以最后一方签字、盖章地为合同成立地。

3. 采用数据电文形式订立合同的，收件人的主营业地为合同成立地。

四、关于事实关系合同

事实合同关系理论（Lehre von den faktischen Vertragsver-hǎltnissen）由德国民法学者京特·豪普特（Gǔnther Haupt）在1941年就任大学教授后的第一次授课中首次提出的，后来的追随者又有多人文献予以发展。[1] 他认为，由于强制缔约制度的存在尤其是标准合同的广泛使用，在很多情况下合同的订立不必采用缔约的方式，而是可以通过事实行为的方式来完成，此时不必考虑当事人的意思表示。这一理论被认为主要适用于两个领域：一是公共交通的给付关系问题，二是法律基于不生效的合同所产生的长期之债的处理问题，尤其是基于不生效的合伙合同、雇佣合同所产生的长期债。

事实合同关系理论提出后对于传统合同法理论造成冲击，但经过长期的学术争论，德国通说认为，就其涉及的问题而言，“事实合同关系”这一术语本身并不恰当，这不仅因为其概念自身是相互矛盾的，而且豪普特试图以事实合同关系这一理论涵盖那些因形态各异无法予以统一而不能归入某个同一概念之下的事实情形，而事实上，事实合同关系既没有存在的必要也没有存在的空间。德国民法学者弗卢梅就此评论说：“在所谓基于社会接触而形成的法律关系中，涉及的是具有法律上相关性行为的各种

① 〔德〕德维尔纳·弗卢梅：《法律行为论》，迟颖译，法律出版社2013年版，第111页。

不同事实构成。在迄今为止的发展过程中,事实合同关系理论已经正确地将这些事实构成予以排除。就公共交通的给付关系而言,否认其基于法律行为形成权利这一事实的做法是不正确的。长期债务关系的情形所涉及的是法律行为不发生效力的特殊问题。"①

我国的民法通说认为,合同必须以双方的意思表示一致方能成立,在这一点上并无例外。② 即使如豪普特所指的最典型的事实关系合同如标准合同而言,也不是纯粹依事实行为订立的,标准合同只是在缔约方式上存在一定的特殊性,但其成立仍然需要经过要约与承诺两个阶段,相对人(通常为消费者)具有作出承诺或者不承诺的权利,订约双方的意思表示在内容上也必须一致。

第五节　合同的形式与条款

合同的形式,即当事人合意的表现形式。从我国现行法规定看,合同的形式分为明示与默示形式,后者又包括推定和沉默形式。若法律规定或当事人约定合同应采取特定形式,而当事人未采用相应形式的,将对合同的成立产生一定影响。

一、明示形式

明示形式,是指当事人通过语言、文字或其他直接表意的方法表示内心意思的合同订立形式,包括书面形式、口头形式及其他明示形式。需注意的是,书面形式并不限于合同书的形式,还包括来往信件、电报、电传、传真、电子数据交换、电邮等数据电文。

1. 法律明确要求采用书面形式的合同类型主要包括:

(1)《担保法》规定的担保合同:保证、抵押、质押、定金合同。

(2)《合同法》所规定的商业借款合同、长期租赁合同、融资租赁合同、建设工程合同、技术开发合同、技术转让合同等。

(3) 特别法规定的其他合同:著作权转让合同、合伙协议、保险合同、劳动合同等。

需要指出,此处的"书面形式"并非专指合同书的形式,《买卖合同解释》第 1 条规定:当事人之间没有书面合同,一方以送货单、收货单、结算单、发票等主张存在买卖合同关系的,法院应当结合当事人之间的交易方式、交易习惯以及其他相关证据,对买卖合同是否成立作出认定。对账确认函、债权确认书等函件、凭证没有记载债权人名称,买卖合同当事人一方以此证明存在买卖合同关系的,法院应予支持,除非有相反证据足以推翻。

---

① 〔德〕德维尔纳·弗卢梅:《法律行为论》,迟颖译,法律出版社 2013 年版,第 113 页。

② 王利明、崔建远:《合同法新论·总则》,中国政法大学出版社 1996 年版,第 180 页。

2. 除一般的书面形式要求外,法律明确规定以"批准、登记"形式为合同生效要件的合同类型主要包括:

(1) 合营合同经有关部门审批后生效(《中外合资经营企业法》第3条)。

(2) 合作合同经有关部门审批后生效(《中外合作经营企业法》第5条)。

(3) 注册商标的转让合同,经商标局核准登记且公告后生效(《商标法》第39条)。

(4) 专利申请权、专利权的转让合同,自登记之日起生效(《专利法》第10条)。

需特别注意的是,此处所言之登记,为合同自身的登记,而非物权的登记;登记与否仅与合同效力有关,而与物权的效力无关。

二、默示形式

(一) 推定形式

推定形式是指当事人不直接用口头或书面的方式,而是通过实施某种行为来进行意思表示,进而订立合同的方式。《合同法解释(二)》第2条规定,从双方从事的民事行为能够推定双方有订立合同意愿的,法院可以认定是以《合同法》第10条第1款中的"其他形式"订立的合同。通过推定形式订立合同在日常生活中较为常见,如招手打出租车、在报摊上扔下一枚硬币取走一张报纸、从书店的书架上取下一本书到柜台付钱等,均无需多言,即可推定当事人有相应的意思表示。盖因在特定情境中,一个人的特定行为基于何种内心意思,是基本确定的。法律作此推定,不外乎人情也。

举例 甲与乙商场订立一相机的试用买卖合同,约定试用期至9月30日。甲试用一段时间后,于9月25日与好友交换了相机镜头,并在机身上刻上了自己的姓名。问:甲的行为有何法律后果?

解析 推定甲有购买相机的意思,甲乙买卖合同成立。

(二) 沉默形式

沉默即彻底的不作为,不但无口头、书面的意思表示,亦无任何行为可推定当事人的内心意思。沉默与默示不同。默示场合,当事人虽无言语,但可从其行为推知其内心,而沉默却是无一切言行。既如此,沉默具有何种法律后果就需要受到法律严格的控制。

就沉默的后果,若当事人有约定的,从其约定;若无约定,则需法律明确规定;若既无约定,又无法律明确规定,沉默在法律上没有任何意义。

在法律已作规定的范围内,沉默有两种相反的后果:

1. 发生积极效力

(1) 试用买卖中试用期届满,买受人的沉默,视为购买(《合同法》第171条);

(2) 共同共有人明知个别共有人擅自将共有财产抵押而未表示异议的,视为同意[最高人民法院《关于适用〈中华人民共和国担保法〉若干问题的解释》(以下简称《担

保法解释》)第54条第2款];

(3)继承开始后,继承人就是否接受继承未作表示的,视为接受(《继承法》第25条第1款)。

2. 发生消极效力

(1)第三人催告后,限制行为能力人的法定代理人沉默的,视为拒绝(《合同法》第47条第2款);

(2)第三人催告后,无权代理人的被代理人沉默的,视为拒绝(《合同法》第48条第2款);

(3)继承开始后,受遗赠人在知道受遗赠后2个月内,就是否接受遗赠未作表示的,视为放弃受遗赠(《继承法》第25条第2款);

(4)出租人委托拍卖人拍卖租赁房屋,在拍卖5日前通知承租人,承租人未参加拍卖的,视为放弃优先购买权(《城镇房屋租赁合同纠纷解释》第23条);

(5)出租人出卖出租的房屋,履行通知义务后,承租人在15天内未作表示的,视为放弃优先购买权(《城镇房屋租赁合同纠纷解释》第24条第3项)。

三、违反形式要件的后果

依据《合同法》第36、37条之规定,若法律、行政法规(不包括其他规范性文件)规定或者当事人约定某一合同应采用一般书面形式订立,但双方当事人未按法定或约定要求订立书面合同,而用口头形式订立了合同的,一般情况下,合同不成立。但是,若一方已经履行主要义务,且对方接受的,合同成立。

举例　张某欲将自己祖传的12本字帖变卖给李某,双方约定价款12万元,于6月1日交付,10日内付款,并约定采用书面形式订立合同。6月1日,张某将10本字帖交给李某,后由于李某反悔欲退还字帖双方发生争执。问:(1)李某能否以双方未按约定订立书面合同为由主张合同不成立?(2)若李某主张就按10本字帖付款,另外2本不再交付,是否能够得到支持?

解析　(1)不能,因张某已履行主要义务且李某已接受。(2)不能,因实际履行而成立的合同,其内容以合意的内容为准,而非以实际履行部分为准。

四、合同的条款

合同条款是合同内容的载体,一般的合同都由数个乃至数百个不同的条款来组成。根据这些条款在合同成立以及履行中所扮演的不同角色,可以分为必备条款、重要条款与任意条款。

(一)必备条款

必备条款,又称必要条款,顾名思义也即合同必须具备的条款,决定着合同的类型和当事人的基本权利和义务。依据《合同法》第61条以及《合同法解释(二)》第1条之规定,一般而言,以下三类条款为各类合同的必备条款:当事人的名称或姓名;标的;数量。必备条款若缺失,合同将不能成立。相应的,如果一份意思表示构成要约的话,那么就意味着其内容上至少要包含以上三类条款。

(二) 重要条款

《合同法》第12条规定:合同的内容由当事人约定,一般包括以下条款:(1) 当事人的名称或者姓名和住所;(2) 标的;(3) 数量;(4) 质量;(5) 价款或者报酬;(6) 履行期限、地点和方式;(7) 违约责任;(8) 解决争议的方法。这八大条款,除前3个之外,后面的5类条款可以视为重要条款。重要条款的缺失不影响合同的成立及合同的性质,但会严重影响合同的履行,也即如果此类条款不予明确,将导致合同无法履行,所谓适当履行与否的判断标准也将不存在。

那么,在合同生效之后、履行之前,如何明确这些重要条款呢?依《合同法》第61条之规定,若合同的非必备条款缺失,且为合同履行之必须,则可依次通过下列途径予以补足:(1) 当事人事后签订补充协议;(2) 如不能达成补充协议的,按照合同有关条款或者交易习惯确定。根据《合同法解释(二)》第7条之规定,以下两种情形可被认定为"交易习惯":(1) 在交易行为当地或者某一领域、某一行业通常采用并为交易对方订立合同时所知道或者应当知道的做法;(2) 当事人双方经常使用的习惯做法。对于交易习惯,由提出主张的一方当事人承担举证责任。如果适用第61条还无法明确上述重要条款,则依《合同法》第62条的法定解释方法进行补充,具体参见"合同履行"一章的内容。

(三) 任意条款

所谓任意条款,就是由当事人自由约定的、不影响合同的成立也不影响合同履行的条款。比如,在工业制品的买卖合同中通常会有标的物的包装方式的条款,即属此类。任意条款由当事人根据合同的需要而自由约定,对于某些合同而言可能具有重要意义。对于任意条款的违反,照样会构成根本违约,引起合同解除或者违约责任的发生。

五、格式条款的特殊规则

(一) 格式条款的定义

格式条款,是一方当事人为了重复使用而预先拟定,并在订立合同时未与对方协商的条款。可见,格式条款的定义要符合三个要件:由一方事先拟定的;重复使用的,也即针对不特定相对人的;不协商。若合同的全文均为格式条款,该合同即为格式合同。在现实生活中,全部条款均为格式条款的合同虽然说有所存在,但并不常见,常见的是既有格式条款又有可协商条款的合同类型,可见格式条款这一概念的适用性远大于格式合同。一个合同文本中可能既有格式条款,也有非格式条款的,二者的内容如有冲突,非格式条款优先于格式条款,俗称"手写体优先于印刷体"。

格式条款既可以由提供方亲自拟定,也可以由第三方拟定而被提供方采用。无论哪一种,均不存在与合同相对方协商的过程。相对方只有接受或拒绝两种选择。因此,法律对于格式条款的规制更为严格。

(二) 格式条款的分类

依据《合同法》及最高人民法院的《合同法解释(二)》的规定,格式条款可以分为以下类别:

1. 限制提供方责任的条款,简称限责条款,比如,我国保险公司提供的汽车保险合同,常见的“基于汽车自燃原因引起的损害,保险公司只赔偿车主损失的30%”之类的约定,即属于限责条款。

2. 免除提供方责任的条款,简称免责条款。免责条款又区分为普通免责条款与特殊免责条款,后者通常是指免除人身赔偿责任、免除基于故意与重大过失的财产责任的条款,除此之外的一概称为普通免责条款。

举例　比如,我国保险公司提供的汽车保险合同,常见的“基于汽车自燃原因引起的损害,保险公司概不赔偿”之类的免责条款,即为普通免责条款。至于有些企业主与其雇员(打工仔)之间约定的“雇员在工作过程中由于机器造成的人身伤害,企业概不赔偿”的约定,即属于特殊免责条款。

3. 加重对方责任、排除对方主要权利的条款,简称不利对方条款。

4. 其他格式条款。此类条款虽为格式条款,但就其内容并无偏袒提供方、不利于相对方的权利义务安排,故不成为合同法、消费者权益保护法的重点规制对象。

这样,格式条款可以分为四类:限责条款;免责条款(普通免责条款与特殊免责条款);不利对方条款;其他格式条款。这四类条款适用共同的解释规则,但前三类条款尚有各自的特殊的订立与效力规则。

(三) 三类格式条款在订立与效力上的特殊规制

依据《合同法》及最高人民法院的《合同法解释(二)》,对于以下三类格式条款的特殊规制规则,可以总结如下:

1. 对于限责与普通免责条款,提供方在订立合同时要尽到两项义务:提请对方注意;按照对方的要求对该条款予以说明。尽到此两项义务的标准:在合同订立时采用足以引起对方注意的文字、符号、字体等特别标识,并按照对方的要求对该格式条款予以说明的,既为已足,该类条款有效。否则,如果提供方不能举证证明尽到两项义务的,该类条款为可撤销条款,由对方提请法院或者仲裁机构予以撤销。

2. 对于特殊免责条款,提供方在订立合同的时候即使尽到上述两项义务,也属于无效条款。

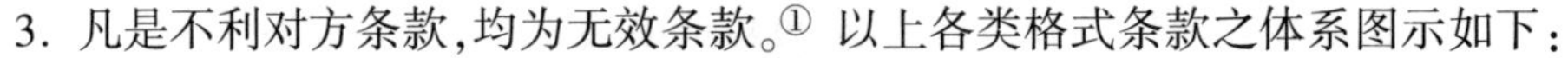

3. 凡是不利对方条款，均为无效条款。[①] 以上各类格式条款之体系图示如下：

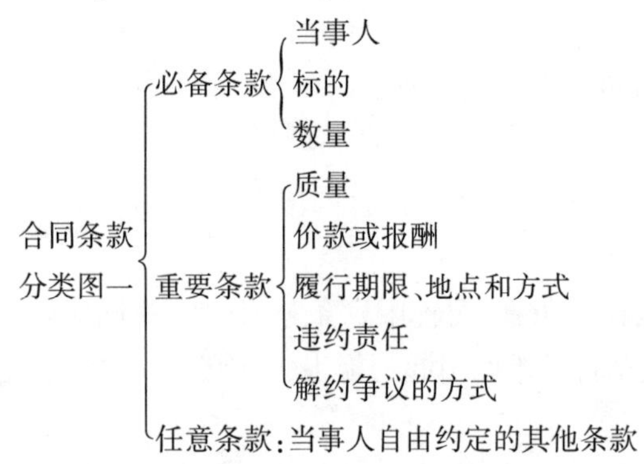

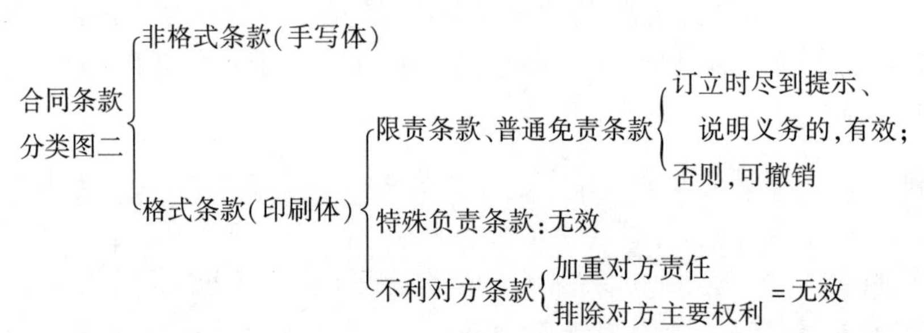

（四）格式条款的解释

格式条款之解释，除了遵循合同的一般解释规则（《合同法》第125条）外，还有独特的解释三规则：

规则一，通常理解的解释：对格式条款的理解发生争议的，应当按照通常理解予以解释；

规则二，不利于提供方的解释：对格式条款有两种以上解释的，应当作出不利于提供格式条款一方的解释；

规则三，非格式条款优先的解释：格式条款和非格式条款不一致的，应当采用非格式条款，由于格式条款多为印刷体，非格式条款多为手写体，故俗称“手写体优先于印刷体”。

① 关于限责条款、免责条款与不利他条款的效力，《消费者权益保护法》基于保护消费者权益的倾斜立法考虑，有更加严厉的规定，其第26条规定：“经营者在经营活动中使用格式条款的，应当以显著方式提请消费者注意商品或者服务的数量和质量、价款或者费用、履行期限和方式、安全注意事项和风险警示、售后服务、民事责任等与消费者有重大利害关系的内容，并按照消费者的要求予以说明。经营者不得以格式条款、通知、声明、店堂告示等方式，作出排除或者限制消费者权利、减轻或者免除经营者责任、加重消费者责任等对消费者不公平、不合理的规定，不得利用格式条款并借助技术手段强制交易。格式条款、通知、声明、店堂告示等含有前款所列内容的，其内容无效。”

第六节　双务合同的履行抗辩权

- 双务合同的履行抗辩权
  - 同时履行的双务合同:任何一方都享有同时履行抗辩权
  - 履行有先后的双务合同
    - 先一方:不安抗辩权
    - 后一方:顺序履行抗辩权

在双务合同中,当事人互负对待给付义务。若一方未适当履行义务,或存在丧失履行能力之虞,对方可据此抗辩,暂停自身义务之履行。双务合同中的履行抗辩权有同时履行抗辩权、顺序履行抗辩权和不安抗辩权三种。其共性特征为:同一合同关系中的抗辩;一时的抗辩;相应的抗辩。

举例　甲公司向乙公司购买10辆农用卡车,每辆6万元,约定收货验收合格后付款。乙公司按约将卡车运抵甲公司,但经验收,其中2辆卡车存在严重质量缺陷。甲公司拒付货款,称待乙公司更换卡车后再支付全部货款。为此发生纠纷。问:甲公司的主张能否得到支持?

解析　不能。乙公司所交付的卡车中8辆是合格的,甲公司应作相应给付。甲公司只能就2辆不合格卡车的交付提出抗辩。

一、同时履行抗辩权

在未约定先后履行顺序的双务合同中,当事人应当同时履行,一方在对方未为对待给付之前,有权拒绝其履行要求。此即同时履行抗辩权。其成立条件如下:(1) 双务合同之债务无履行之先后顺序。(2) 双方债务均已届清偿期。(3) 对方未履行或未提出履行。如果对方未履行债务,但已为债务履行准备了充分的条件并提出履行,则不得提出同时履行抗辩权;相反,如果对方提出履行,但实际并不具备履行之能力,亦可提出同时履行抗辩权。(4)对方的债务可能履行。若对方的履行已不可能,则抗辩失去意义,此时可提出解除合同,或要求对方承担履行不能之违约责任。

二、顺序履行抗辩权

双务合同当事人互负债务,有先后履行顺序的,先给付义务人未履行之前,后给付义务人得拒绝其履行请求;先给付义务人履行债务不符合约定的,后给付义务人得拒绝其相应的履行请求。此即顺序履行抗辩权,亦称先履行抗辩权。其成立要件为:(1) 双方债务有先后履行顺序,且只能由后给付义务人提出此抗辩;(2) 双方债务均届期满;(3) 先给付义务人未履行债务或其履行不符合约定。

举例　某热电厂从某煤矿购煤200吨,约定交货期限为2007年9月30日,付款期限为2007年10月31日。9月底,煤矿交付200吨煤,热电厂经检验发现煤的含硫量远远超过约定标准,根据政府规定不能在该厂区燃烧。问:热电厂能否主张顺序履行抗辩权?

解析 能。合同法中的履行为全面、适格的履行,虽然煤矿交付了200吨煤,但不符合约定要求,故不构成履行,热电厂作为后履行一方,有权主张顺序履行抗辩权。

顺序履行抗辩权一经行使,即发生阻却对方请求权的效力,即对方未为适当给付前,可拒绝己方之给付,并不承担违约责任。

三、不安抗辩权

若先给付义务人有证据证明后给付义务人有不能为对待给付之虞,有权中止自己的履行。此即不安抗辩权。其成立条件如下:(1) 双务合同之义务有先后履行顺序,且只能由先给付义务人提出此抗辩。(2) 后给付义务人的履行能力明显降低,有不能为对待给付的现实危险,包括:经营状况严重恶化;转移财产、抽逃资金,以逃避债务;丧失商业信誉;其他丧失或者可能丧失履行能力的情况。

若上述情况在缔约时即已存在,且先给付义务人明知此情而仍然缔约,则不得提出抗辩。

举例 甲向乙出售货物,约定甲于4月15日至30日向乙发货,乙收货后于5月10日付款。甲于4月16日向乙送去一半货物,数日后听到传言说乙拖欠他人货款不能偿还,资金严重困难,遂停止运送另一半货物并要求乙返还已收到的一半货物。乙告知甲,拖欠他人货款是因为对方交付的货物存在瑕疵,公司目前正常运转,让甲不必担心。甲听后将信将疑,要求乙将一半货物的价款先行支付后,方能继续发货。5月1日,乙尚未收到剩余一半货物,遂起诉甲要求其承担违约责任。问:乙的请求能否得到支持?

解析 可以。甲关于乙的经营状况的信息是通过传言得知,不构成不安抗辩权的合理理由,故其迟延履行的行为构成违约。

不安抗辩权的行使,需严格遵守以下程序:(1) 先给付义务人行使不安抗辩权的,应及时通知后给付义务人;(2) 若后给付义务人提供适当担保的,先给付义务人应恢复履行;(3) 若先给付义务人中止履行后,后给付义务人在合理期限内未恢复履行能力且未提供适当担保的,前者可解除合同。

在此过程中,先给付义务人的法律责任是:(1) 对后给付义务人有《合同法》第68条所列情形,负证明责任;(2) 先给付义务人主张不安抗辩权若不能成立,应承担违约责任;(3) 后给付义务人提供适当担保时,先给付义务人不恢复履行的,应承担违约责任。

第七节　合同的变更与解除

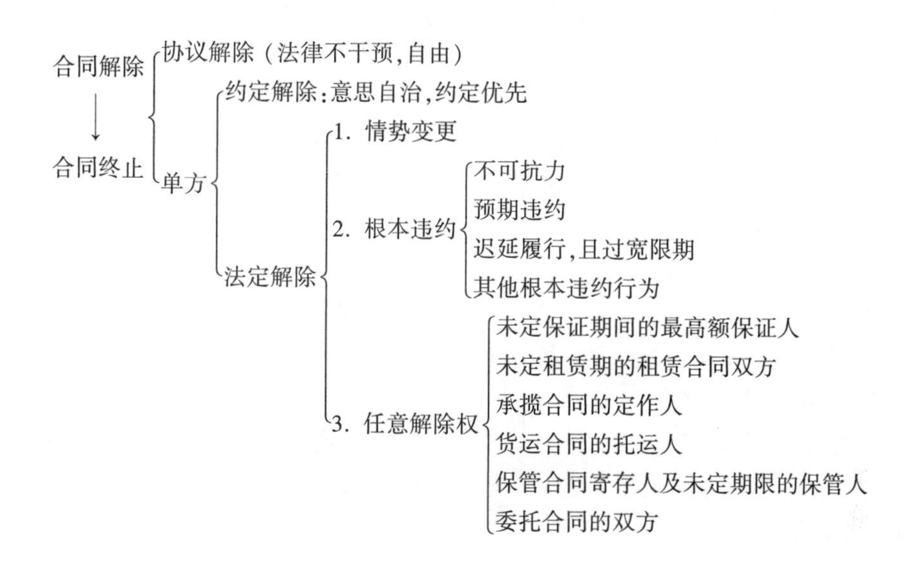

一、合同的变更

（一）要件

单纯的合同内容变更，构成要件有四：

1. 存在有效的合同关系。若合同关系尚未成立或合同已经被宣告无效或被撤销，自无合同变更的余地。

2. 经当事人协商一致。合同变更实为通过新的合同改变原合同的过程，因此须协商一致。如无特别约定，任何一方均无权单方变更合同。

3. 若合同的订立需办理批准、登记手续的，变更亦然。

需要指出的是，对于可变更、可撤销的合同，一方当事人可请求法院、仲裁机构对该合同进行变更。此情形下的变更与本节所述的合同变更不是一回事。

（二）效力

合同变更原则上向将来发生效力，未变更的权利义务继续有效，已经履行的债务不因合同的变更而失去合法性。

二、合同解除的概念与分类

合同的解除是指在合同成立后、完全履行之前的期间内，在一定条件下通过当事人的单方行为或者双方合意终止合同效力或溯及既往地消灭合同关系的行为。在不同层面上，合同解除有不同的分类。

（一）协议解除与单方解除

协议解除，即当事人双方就消灭有效合同达成合意的合同解除方式。本质上，协议解除即当事人通过一个新的合同消灭原来的合同。因此,解除合同的协议必须符合合同成立生效之规定。

单方解除,即在满足特定条件前提下,一方当事人无需另一方当事人的同意而解除合同的方式。

(二) 单方解除的再分类:约定解除权解除和法定解除权解除

约定解除权解除是指双方当事人事先在合同中约定了解除权行使的条件,当条件成就时,享有解除权的一方以单方意思表示即可使合同消灭,不必征得对方同意。

法定解除权解除是指当法定条件成就时(如发生不可抗力、一方根本违约等情形),一方当事人可不经对方同意而径行解除合同。

(三) 法定解除权解除的再分类:一般的法定解除和特别的法定解除

《合同法》第 94 条所规定的法定解除的条件适用于所有种类的合同,基于此而解除合同为一般的法定解除。

在《合同法》分则及其他单行法也有关于法定解除的规定,但这些规定仅适用于特定种类的合同,如定作人的法定解除权仅适用于承揽合同。基于此而为合同解除为特别的法定解除。

三、法定解除事由:一般规定

《合同法》第 94 条所规定的是合同的一般法定解除事由,可适用于所有种类的合同。《合同法》对于合同法定解除的条件控制得非常严格,严格定位于根本违约的范畴之内。究其原因,盖因合同解除将导致合同关系的消灭,从《合同法》鼓励交易原则出发,这一手段的采取应是在其他方式均无法平衡双方利益或避免损失的前提下而为之。否则合同动辄被解除,于市场交易殊为不利。我国《合同法》上的一般法定解除事由包括以下五类:

(一) 不可抗力

若合同目的因不可抗力的发生而无法实现的,可解除合同。这意味着,若不可抗力的发生并未导致合同目的落空,则合同不可因此而解除。若合同目的因不可抗力而落空,双方均可解除。因不可抗力而解除合同后,发生不可抗力一方可免除损害赔偿责任,须具备三个条件:(1) 及时通知对方不可抗力发生的事实;(2) 负证明责任;(3) 不可抗力非发生于该方迟延履行之后。

举例 甲向乙租赁场地养乌骨鸡,并与丙签订了乌骨鸡的订购合同。就在鸡只即将出栏之际,一场洪水导致鸡只全部死亡,租赁场地没受太大影响。问:甲是否可以解除合同?

解析 甲可以解除与丙签订的订购合同,但不能解除与乙签订的租赁合同。

(二) 预期违约

预期违约是指履行期限届满前,一方明确表示或以自己行为表明不履行主要债务。在预期违约场合,仅非违约方享有法定解除权;非违约方解除合同后,还可要求对方承担违约责任。

(三) 严重的迟延履行

迟延履行能否直接导致法定解除,应视履行期限对于合同目的实现之意义而定。若迟延履行直接导致合同目的落空,则对方可径直解除合同;若迟延履行并未当即导致合同目的落空,则非违约方应进行催告,经催告,迟延方在合理期限内仍未履行的,守约方方可解除合同。

举例　甲学校图书馆向乙书店采购一批课外阅读书籍,约定9月1日开学前送到。结果开学已近一周,采购的图书尚未送到。问:(1) 甲学校能否直接解除合同?(2) 若上例中甲学校采购的是学生的本学期课堂教学用书,情况有何不同?

解析　(1) 不能。甲学校应催告乙书店交付图书,若乙书店经催告仍未在合理期限内交付图书,甲学校可解除合同,要求对方承担违约责任。(2) 此时学校可不经催告直接解除合同。

(四) 情势变更

依《合同法解释(二)》第26条之规定,在合同履行过程中,作为双方当初订立合同的基本情势,若非因当事人的过错而发生了根本的变化,继续履行原订的合同条款将对一方当事人显失公平,则当事人可要求变更、解除合同。情势变更原则的适用条件:

1. 有动摇合同当初订立基础的情势之事实发生。导致情势变更的常见事由有:重大金融危机;物价飞涨;汇率大幅度变化;国家经济贸易政策变化;其他合同订立基础丧失的情形。

2. 情势变更的事实,是当事人在订立合同时所不能预见的,故区别于商业风险。

3. 情势变更的原因须不可归责于双方当事人,故区别于商业风险。

4. 情势变更的事实发生在合同成立以后,履行完毕之前。合同在成立之时对双方均是公平的,这是情势变更与显失公平的合同区别之所在,显失公平的可撤销合同在合同订立时就显失公平。

5. 情势变更发生后,因合同订立之基础已被动摇,如继续维持合同效力,则会出现对一方明显不公平的后果。

情势变更原则适用的效力体现在,当发生情势变更后,当事人一方可以请求法院变更或者解除,但是否予以变更或者解除,取决于人民法院。

举例　2007年5月,甲、乙签署了一份煤气表散件买卖合同,合同约定甲于2007年年底向乙企业交付煤气表散件10万件。合同签订后,在2007年8月,由于国家产业政策调整,生产煤气表散件的主要原料铝锭的价格由5月份的5000元/吨上调至16000元/吨,如按照原定价格交货,甲厂将严重亏损。问:对此甲厂该如何处理?

解析　可以情势变更为由,请求法院变更或解除合同。

（五）其他根本违约行为

构成根本违约须具备两个条件：（1）客观要件。一方的违约行为实际上导致对方订立合同的目的不能实现。比如，交付的货物存在严重质量瑕疵，根本无法使用等。（2）主观要件。前一后果能为违约方合理预知。若发生根本违约，法定解除权在非违约方。依据《买卖合同解释》第 25 条的规定，出卖人没有履行或者不当履行从给付义务，致使买受人不能实现合同目的，同样构成根本违约，买受人得主张解除合同。

四、法定解除事由：特别规定

除上述适用于所有种类合同的法定解除事由外，在我国现行法中，尚有许多适用于特定种类合同的法定解除权。现综述如下：

（一）特定一方或双方享有任意解除权的

以下几种情形，不需对方有违约行为，当事人亦有解除权：

1.《合同法》第 232 条：不定期租赁合同的双方。

2.《合同法》第 268 条：承揽合同的定作人。

3.《合同法》第 308 条：货运合同的托运人。

4.《合同法》第 337 条：标的已公开的技术开发合同的双方。

5.《合同法》第 376 条：没有约定保管期间的保管合同保管人。

6.《合同法》第 410 条：委托合同的双方。

7.《担保法》第 27 条：无保证期间的最高额保证人。

8.《消费者权益保护法》第 26 条：消费者对不合格食品与服务的 7 日内无条件退货权。

9.《保险法》第 15 条：保险合同的投保人。

10.《合伙企业法》第 46 条：无合伙期限的合伙人。

（二）一方违约，另一方有特别解除权的

1.《合同法》第 69 条：不安抗辩权人在对方未恢复履行能力并且未提供适当担保的，可解除合同。

2.《合同法》第 167 条：分期付款买受人未付到期价款的金额达到全部价款 1/5 以上时，出卖人有解除权。

3.《合同法》第 203 条：借款人违反贷款用途时，贷款人有解除权。

4.《合同法》第 224 条第 2 款：承租人擅自转租时，出租人有解除权。

5.《合同法》第 233 条：租赁物危及安全、健康时，承租人有解除权。

6.《合同法》第 253 条第 2 款：承揽人擅自转包时，定作人有解除权。

7.《著作权法》第 32 条第 3 款：图书脱销后，出版者拒绝重印、再版时，版权人有解除权。

8.《合伙企业法》第 49 条：名为除名，实为合同解除。

9.《合伙企业法》第 45 条第四项：非违约合伙人有解除权。

在现行法中,此类法定解除还有许多情形。详列的诸条文条目,均为各部门法的特别规定,引人注目,故特别列出。

五、解除权的行使

(一) 单方解除

在单方解除场合,解除权属形成权,故单方解除的意思表示到达对方,合同即告解除。单方解除之生效,不以对方同意为要件。

解除权行使期间为期间由法律规定或当事人约定,否则为对方催告的合理期限(一般为 3 个月);未催告的,为解除权发生之日起 1 年。

对方在收到解除通知后,若有异议,应在异议期内向法院或仲裁机构提起确认之诉。异议期可由当事人约定;若无约定,则为 3 个月,自解除合同通知到达之日起算。

举例　甲公司与乙公司签订了一份买卖合同,约定乙公司于合同签订后一周内先支付 30 万元;甲公司应于收到这笔预付款后,两个月内发货给乙公司,货到乙公司后,乙公司支付其余价款。乙公司依约支付给甲公司 30 万元预付款后,甲公司迟迟不发货,乙公司于履行期限届满之日催告甲公司自第 2 日起 10 日内履行债务。10 日经过,甲公司仍然不履行。又过了 5 日,甲公司将货物送到。乙公司拒收,理由是合同已经解除。问:乙公司的主张能否得到支持?

解析　不能。尽管乙公司已经取得了解除权,但解除权的行使必须通知对方。在解除通知未到达对方之前,合同不会自动解除。

(二) 协议解除

协议解除场合,当事人就合同解除的意思表示达成一致时,发生合同解除之效力。

六、合同解除的效力

(一) 对将来的效力

合同解除意味着合同之债的消灭,故尚未履行的,终止履行。

(二) 关于溯及力

合同解除是否具有溯及力,法律并未作一刀切的规定。一般认为,继续性合同解除后,不具有溯及力。继续性合同指一方或双方履行行为处于继续状态的合同,如雇佣合同、租赁合同等。对于大量非继续性合同,解除后是否有溯及力,取决于当事人双方(协议解除场合)或解除权人(单方解除场合)的意志,并受诚实信用原则约束。若涉诉,法官亦有基于诚实信用原则的自由裁量权。若解除有溯及力,则适用双方相互返还或单方返还的规则,以求恢复原状;若解除无溯及力,则双方应就已履行部分进行清偿。

(三) 合同解除与损害赔偿

我国合同法采解除合同与赔偿损失并存的立法例,故解除权人有损失的,有权要求违约方赔偿损失。该损害赔偿的性质，为违约损害赔偿而非缔约过失赔偿。《买卖合同解释》第 26 条明确规定，买卖合同因违约而解除后，守约方主张继续适用违约金条款的，法院应予支持。

第八节　违约责任与缔约过失责任

一、缔约过失责任

（一）概念

缔约过失责任，是指在订立合同过程中，一方因违背其依据诚实信用原则所应尽的义务而致另一方信赖利益的损失，依法应承担的民事责任。缔约过失责任只能发生在合同成立、生效之前，主要存在于合同订立阶段，这是缔约过失责任与违约责任的根本区别。在合同缔约阶段，双方尚不存在合同权利义务关系，任何一方都不承担履行义务，故不会产生违约责任。

缔约过失责任的法理依据在于，虽然缔约成功与否都很正常，法律并不要求缔约双方必须签订合同，但基于诚信原则的要求，当事人须抱着与对方签约的善良目的而磋商订约事宜，也即缔约双方之间具有一种先合同义务，这个义务的内容就是要求缔约双方缔约磋商合同行为必须基于诚信而为，因为双方相互间有一个合理的信赖利益，正是基于这一信赖才不惜花费一定的时间、精力与财力来开始缔约接触的。所以，一旦一方当事人违反依诚实信用原则所担负的先合同义务导致对方信赖利益损失的，就要承担相应的损害赔偿责任。从债法的角度，这一责任基于法律规定而产生，故属于法定之债，由此区别于合同之债作为意定之债的性质。

（二）适用范围

以《合同法》第 42、43 条以及《合同法解释（二）》第 8 条为基础，适用缔约过失责任的常见情形包括：

1. 假借订立合同，恶意进行磋商。此处所指恶意，即无缔约之目的。

2. 故意隐瞒与订立合同有关的重要事实或者提供虚假情况，即缔约欺诈。

3. 未尽保护、照顾等附随义务，如商场货物从货架上掉下砸伤顾客等。

4. 依照法律、行政法规的规定经批准或者登记才能生效的合同成立后，有义务办理申请批准或者申请登记等手续的一方当事人未按照法律规定或者合同约定办理申请批准或者未申请登记的，属于“其他违背诚实信用原则的行为”，法院根据案件的具体情况和相对人的请求，判决相对人自己办理有关手续；对方当事人对由此产生的费用和给相对人造成的实际损失，应当承担损害赔偿责任。

举例　甲企业与乙企业就彩电购销协议进行洽谈，其间乙采取了保密措施的市场开发计划被甲得知。甲遂推迟与乙签约，开始有针对性地吸引乙的潜在客户，导致乙的市场份额锐减。问：甲企业应承担何种责任，请求权基础为何？

解析　甲企业应承担缔约过失责任,因其违反缔约过程中基于诚信原则的保密义务。需注意本例甲企业的行为不属于"假借订立合同,恶意进行磋商",因其在磋商之初,确有缔约目的;在获知乙企业的市场开发计划后,只是推迟签约,而未继续进行恶意磋商。

(三) 赔偿范围

缔约过失责任的赔偿范围为相对人因缔约过失而遭受的信赖利益损失。由于所受损失为信赖利益,故缔约过失责任的赔偿范围不包括因合同履行将能获得的利益,即履行利益。具体而言:

1. 在合同不成立或被宣告无效、被撤销的情况下,赔偿范围通常包括订立合同的费用(如差旅费、通讯费等)、准备履行合同所支出的费用(如仓库预租费等)以及上述费用的利息。

2. 由于一方当事人在订立合同过程中未尽照顾、保护义务而使对方遭受人身损害的,应赔偿因此产生的实际损失。

3. 由于一方当事人在订立合同的过程中未尽通知、说明义务致使另一方遭受财产损失时,也应赔偿其实际损失。

二、违约责任

(一) 概念

违约责任,指合同当事人一方未履行或未适当履行合同义务所应承担的民事责任。违约责任因违反有效合同而起,故不同于缔约过失责任。违约责任的主要特征:

1. 相对性。(1) 由第三人履行的合同,第三人未履行的,由合同债务人承担违约责任;(2) 向第三人履行的合同,债务人未履行的,由合同债权人主张违约责任;(3) 因第三人原因造成违约的,由债务人承担违约责任。债务人与第三人之间的纠纷,另行解决。

2. 一定的任意性。当事人可在法律规定范围内约定违约赔偿的数额和赔偿数额的计算方法。

3. 补偿性。违约责任以弥补因违约所导致的损害为原则,仅在例外场合法律规定惩罚性违约责任;如当事人约定惩罚性违约的,其适用要受到法院的审查与干预。

(二) 归责原则及构成要件

通说认为,《合同法》第107条规定违约责任归责原则为无过错原则,但有例外。作为例外,《合同法》分则中下列有名合同的违约责任采过错责任原则:(1) 赠与合同中赠与人对赠与物的损害赔偿责任(《合同法》第189条);(2) 客运合同中承运人对旅客自带物品的毁损责任(《合同法》第303条第1款);(3) 保管合同(《合同法》第374条);(4) 仓储合同(《合同法》第394条);(5) 委托合同(《合同法》第406条)。

违约责任的构成要件一般只要求有违约行为即可。但对于上文所述的赠与合同等五种合同采过错责任,其违约责任的构成还需要当事人主观上有过错。

在合同法中,唯一的法定免责事由为不可抗力。所谓不可抗力,是指不能预见、不能避免并不能克服的客观情况。常见的不可抗力主要包括:(1) 自然灾害,如地震、台风、洪水、泥石流等;(2) 政府行为,如征收、征用等;(3) 社会异常事件,如罢工、骚乱等。因不可抗力不能履行合同的,根据不可抗力的影响,违约方可部分或全部免除责任。但也有以下例外:(1) 金钱债务的迟延责任不得因不可抗力而免除;(2) 迟延履行期间发生的不可抗力不具有免责效力。

(三) 违约行为形态

1. 预期违约

根据违约行为发生的时间点,可将违约行为分为预期违约和实际违约。预期违约是指在合同履行期限到来之前,一方无正当理由但明确表示其在履行期到来后将不履行合同(明示毁约),或者其行为表明其在履行期到来后将不可能履行合同(默示毁约)。预期违约发生后,守约方可以立即通知对方解除合同,追究对方的违约责任,而无须等到履行期限届至。

举例 2007年5月,甲公司与乙公司订约,由甲为乙制作机床一台,次年5月交货。2008年3月,甲告知乙:由于员工闹事,生产此种机床的机器被员工丙严重破坏,将肯定不能按时交付机床。问:乙能否追究甲的违约责任?

解析 能,甲构成预期违约。尽管违约是由于员工的行为所导致,但对外依然由甲承担责任;员工闹事不属不可抗力,不构成免责事由。

预期违约与不安抗辩的区别与联系。预期违约源于英美契约法、不安抗辩是大陆法系的传统制度,都用于解决双务合同中履行期限到来之前一方的违约救济,制度设计之匠心各有千秋。二者的共同点在于:都发生在双务合同中,且发生在对方的履行期限尚未到来之前。主要区别有二:

(1) 构成要件不同:预期违约,以对方确定违约为前提(言语明确表示将不履行或者以行为表明将不履行),也即违约的现实性;不安抗辩,以对方有极大的违约可能性为前提(财务恶化、转移财产、丧失商业信誉等丧失或者可能丧失履行债务能力的情形),也即违约的可能性。

(2) 后果不同:预期违约,守约方的权利:直接解除合同(《合同法》第94条),追究违约责任(《合同法》第108条);不安抗辩,先履行方的权利分两步走:中止己方的履行;事后对方未恢复履行能力且不提供担保的,再解除合同。

2. 实际违约

实际违约,即合同履行期限届至后所发生的违约行为。实际违约包括:

(1) 不履行。包括履行不能和拒绝履行。

(2) 迟延履行。包括迟延给付和迟延受领。

(3) 不适当履行。指债务人虽然履行了债务,但其履行不符合合同的约定,包括瑕疵给付(如给付数量不完全、给付质量不符合约定、给付时间和地点不当等)和加害给付(即因不适当履行造成对方履行利益之外的其他损失,如出售不合格产品导致买受人的损害)。

在加害给付场合,一方面,给付人交付的标的物质量不合格,构成违约;另一方面,由于该标的物的瑕疵还引起了标的物以外的其他财产或者人身损害,同时构成侵权。此时发生违约责任与侵权责任的请求权竞合。《合同法》第122条对此的处理模式为:(1)权利人只能择一行使请求权,要求对方承担违约责任或侵权责任;(2)权利人如果选择主张违约责任,则不能请求精神损害赔偿;(3)权利人在作出选择后,若要变更,须在一审开庭前作出。

3. 小结

对于违约行为形态,可图示如下:

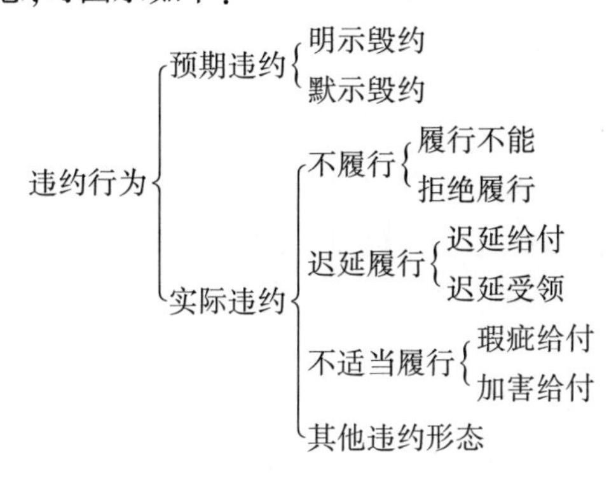

(四) 违约责任的形式

违约责任的形式,即承担违约责任的具体方式,与侵权责任有所不同,具体包括:

1. 继续履行

继续履行是一种独立的违约责任形式,不同于一般意义上的合同履行。继续履行以守约方请求为条件,法院不得径行判决。标的物为特定物的,灭失后可免除继续履行责任。对于金钱债务,无条件适用继续履行;非金钱债务,原则上可以请求继续履行,但下列情形除外:(1)法律上或者事实上不能履行;(2)债务标的不适于强制履行或者强制履行费用过高;(3)债权人在合理期限内未请求履行。需要强调,继续履行可与迟延履行违约金等其他违约责任方式并用。

2. 采取补救措施

采取补救措施专门适用于一方瑕疵给付的违约行为,包括修理、更换、重作、退货、减少价款或者报酬等。《产品质量法》《消费者权益保护法》有特别规定的,适用特别法。如依据《消费者权益保护法》第52条,经营者提供商品或者服务,造成消费者财产损害的,应当依照法律规定或者当事人约定承担修理、重作、更换、退货、补足商品数量、退还货款和服务费用或者赔偿损失等民事责任。

3. 赔偿损失(损害赔偿金)

赔偿损失通常表现为损害赔偿金。损害赔偿金的数额可以约定,约定的损害赔偿金在性质、功能上同约定违约金相似。故此处只讨论法定损害赔偿金。

法定损害赔偿金依其功能不同,有惩罚性与补偿性之分。惩罚性法定损害赔偿金,指《合同法》第113条第2款提及的《消费者权益保护法》第55条,以及《商品房买卖合同纠纷解释》第8、9条,即通常所说的3倍赔偿。民事责任以补偿为基本功能,故若法律无特别规定,法定损害赔偿金原则上应为补偿性法定损害赔偿金。故除去上述特别规定,都属于补偿性法定损害赔偿金,其由两部分构成:一是实际损失;二是预期利益的损失,即缔约时可以预见到的履行利益。补偿性法定损害赔偿金的数额受有两重限制:

(1) 可预见规则的限制,是指赔偿数额不得超过违反合同一方订立合同时预见到或者应当预见到的因违反合同可能造成的损失。

举例 甲歌星搭乘乙公司航班到上海参加商业性演出活动,由于飞机严重晚点,致使甲演出活动被迫取消,甲按照演出合同约定,要向演出公司支付2万元违约金。问:甲能否要求乙公司赔偿该2万元的损失?

解析 不能。这一损失是乙在订立合同之时是无法预见的。

(2) 减损规则的限制,是指一方违约后,对方若未采取适当措施致使损失扩大的,不得就扩大的损失要求赔偿。

4. 违约金

违约金,是指当事人一方违反合同时应当向对方支付的一定数量的金钱或财物。依性质,可分为法定违约金和约定违约金,常见的是后者,其实质就是事先约定的损害赔偿金。违约金的功能以补偿为原则,以惩罚为例外,这一原则体现在违约金与损害赔偿金的适用关系上,详见下文。

5. 定金

定金责任既是一种担保责任,也是违约责任的一种。定金责任最集中体现在定金罚则上,除此之外,作为违约责任还需注意:

当事人在合同中同时约定了定金责任和违约金责任的,一方违约时,守约方只能从中选择一种,而不能同时主张定金责任和违约金责任。需要注意的是,如果是收受定金一方违约,此时,非违约方不主张定金责任,而选择主张违约金责任时,其仍可要回已交的定金。

6. 关于"三金"的适用关系

同一个合同中既有违约金条款,又有定金条款,一方违约后又给对方造成了损失,应如何适用以上三个责任(简称"三金"),是一个有理论意义又有现实价值的问题。

(1) 违约金与定金

依《合同法》第116条的规定,二者不可并用,只能选择其中的一个主张。那么,如何选择呢?很简单,当然依非违约方意志而选择对其最有利的一个。

举例 甲与乙订立了一份苹果购销合同,约定:甲向乙交付20万公斤苹果,货款为40万元,乙向甲支付定金4万元;如任何一方不履行合同应支付违约金6万元。甲因将苹果卖予丙而无法向乙交付苹果,乙提出的如下诉讼请求中,既能最大限度保护自己的利益,又能获得法院支持的诉讼请求是什么?

解析　本案可作如下分析:① 若选择定金罚则,则为 4×2=8 万元;② 若选择违约金,则为 6+4=10 万元;③ 禁止“并用式”选择,即 6+4×2=14 万元。

难点在第②处,千万记住,选择了违约金责任后,原定金收受方还是要将定金原价返还的,“6+4”之意不是违约金与定金罚则并用,而是只适用违约金责任。

(2) 违约金与损害赔偿金

依《合同法》第 114 条第 2 款的规定,将二者关系描述如下:当违约金 < 损失,可要求增加;当违约金 > 损失(过分高于损失),可要求予以适当减少;当违约金 > 损失(高于损失但不过分),适用违约金不再调整。这一描述所蕴含的法理:

其一,由于约定违约金与补偿性法定损害赔偿金均以补偿性为基本功能,功能的基本重合性决定了二者原则上不能并用。

其二,违约金为约定,体现当事人意思自治;赔偿金为法定,因合同法为任意法,故约定优先,即只要有违约金条款,当然优先适用违约金。

其三,立法在双方利益失衡时,可对当事人意思自治稍作干预,但原则上不干预:违约金高于损失,但只要不过分,仍以违约金为准。

举例　甲、乙订立标的额为 100 万元的合同,约定一方违约应承担 5 万元违约金。后甲违约,致乙损失为 4 万元。问:乙至多可请求甲承担多大的违约责任?

解析　乙因甲之违约而因祸得福:5 万元 -4 万元 =1 万元,1 万元部分是额外赚的,此时违约金显示出了一点惩罚性色彩了。答案是 5 万元。

其四,干预体现有二:① 违约金低于损失的,非违约方可要求增加,增加到多少?原则上增加到损失水平上:当事人请求法院增加违约金的,增加后的违约金数额以不超过实际损失额为限;增加违约金以后又请求对方赔偿损失的,不予支持(《合同法解释(二)》第 28 条)。② 违约金过分高于损失的(违约金超过损失的 30%),违约方可要求法院或仲裁庭予以适当减少。此处法理为:虽然非违约方可依事先约定的较高的违约金而有可能“因祸得福”(如例 2),但立法也非听之任之。

需要指出的是,当事人一方申请调整违约金的,需要在诉讼中自己主张,法院也要进行释明。《买卖合同解释》第 27 条:买卖合同当事人一方以对方违约为由主张支付违约金,对方以合同不成立、合同未生效、合同无效或者不构成违约等为由进行免责抗辩而未主张调整过高的违约金的,法院应当就法院若不支持免责抗辩,当事人是否需要主张调整违约金进行释明;一审法院认为免责抗辩成立且未予释明,二审法院认为应当判决支付违约金的,可以直接释明并改判。

(3) 定金与损害赔偿金

二者在性质上不矛盾,在功能上互补,一个是惩罚性的,一个是补偿性的,因此可以并用不悖。只不过,依据《买卖合同解释》第 28 条的规定:定金和损失赔偿的数额总和不应高于因违约造成的损失。这就是对于二者并用的最高限制。

举例 甲乙之间订立合同，甲交付给乙定金5万，后乙违约导致甲的损失为8万元。那么本案中甲如何要求乙承担违约责任？

解析 甲可以要求乙赔偿的数额是：5×2+(8-5)=13万元。

(五) 违约责任适用的两个规则

1. 过失相抵

《买卖合同解释》第30条规定：买卖合同当事人一方违约造成对方损失，对方对损失的发生也有过错，违约方主张扣减相应的损失赔偿额的，人民法院应予支持。这句话的含义是：如果非违约方对于损失的发生也有过错的，要对自己的过错行为承担相应的责任，这就会导致违约方责任的相应减轻。比如，在对方明确肯定违约的前提下，非违约方负有采取积极措施防止损失进一步扩大的义务，如非违约方不采取该积极措施致使该损失扩大，则就扩大的损失部分，不得要求违约方承担。

举例 甲热电厂与乙煤炭公司在5月初签订一份煤炭买卖合同，约定乙8月1日交货，甲收货3个月后付款。后7月中旬，乙明确告知甲由于当地运力紧张，将不可能按照约定的时间交货，同时乙为甲推荐自己的一家关联企业丙，丙当时可以为甲即时供货，但比较甲乙当时约定的价格，甲需要多付30万元货款。甲拒绝了乙的推荐，没有及时与丙订立合同，这样又延误了十余天，到7月底甲才找丙订立合同，但此时煤炭市场价格又有所上涨，比较甲乙当时约定的价格，甲需要多付35万元货款。本案中，虽然最终甲多付了35万元货款，但就该损失，乙将来只需赔偿甲30万元而非35万元，请读者思考一下为什么。

2. 损益相抵

《买卖合同解释》第31条规定：买卖合同当事人一方因对方违约而获有利益，违约方主张从损失赔偿额中扣除该部分利益的，人民法院应予支持。这句话的含义是：大千世界无奇不有，有时候非违约方还可能因祸得福——非违约方由于对方的违约行为，在某些环节还受益了，那么应该从损失额中扣除该收益，这样也就会减轻违约方的赔偿责任。

举例 设上述例1中，直到7月底的时候乙才通知甲无法交货，无比被动、无煤可用的甲只能停掉2个发电机组长达一周时间，由于少发电导致的损失50万元，一周后甲从丙煤炭公司那里另行采购到同数量同质量的煤炭，由于此时煤炭市场价格回落，甲采购同样数量的煤炭，比较甲乙当时约定的价格，甲少付20万元货款。本案，最终乙只需要赔偿甲30万元而非50万元。

三、缔约过失责任与违约责任的关系

(一) 区别

从上文叙述可以看出,缔约过失责任与违约责任的区别非常明显,前者只能发生在合同生效之前的阶段,具体包括两个阶段:合同缔约阶段与合同虽然成立但尚未(不能)生效的阶段;后者的发生必须以合同有效且已经生效为前提,具体又包括三个情形(阶段):预期违约;实际违约;违反后合同义务。

举例 假设甲、乙二人在某年的1月1日开始接触磋商订立转让一项非专利技术合同事宜,则故事由此展开:

(1) 假设断断续续磋商到3月1日,最终不欢而散,则一般情形下二人不会发生法律关系,但如甲举证不能签约的原因是因为乙实施缔约欺诈,则甲可以追究乙的缔约过失责任。

(2) 假设乙在缔约过程中对甲实施欺诈,但甲浑然不觉,二人在3月1日顺利签约,合同成立,且约定3个月后生效,并在生效之日起3个月内履行完毕。3月15日,甲终于发现乙的伎俩,大怒,要求法院撤销合同或者宣告合同无效后,甲仍然追究乙的缔约过失责任。

(3) 假设甲、乙3月1日顺利签约且没有欺诈存在,6月1日合同如期生效。但甲在7月1日接到乙的强硬单方通知,被告知乙将不会履行合同。此时,甲可以立马(而不用等到9月1日)追究乙的违约责任,因为乙构成了预期违约。

(4) 假设甲、乙在7月1日没有发生上述不愉快,但甲在9月1日如期付款,乙没有如期交付技术资料,而是磨蹭到11月1日才交付。则甲仍然追究乙的违约责任,因为乙构成了实际违约(逾期履行)。

(5) 假设甲、乙在11月1日终于履行完毕,但在11月2日,乙即在当地一家报纸上公开了其转让给甲的技术秘密,给甲造成很大损失。此时甲除可以追究乙的侵权责任外,还可以选择追究其违约责任[《合同法解释(二)》第22条:当事人一方违反《合同法》第92条规定的义务,给对方当事人造成损失,对方当事人请求赔偿实际损失的,人民法院应当支持]。

图示如下:

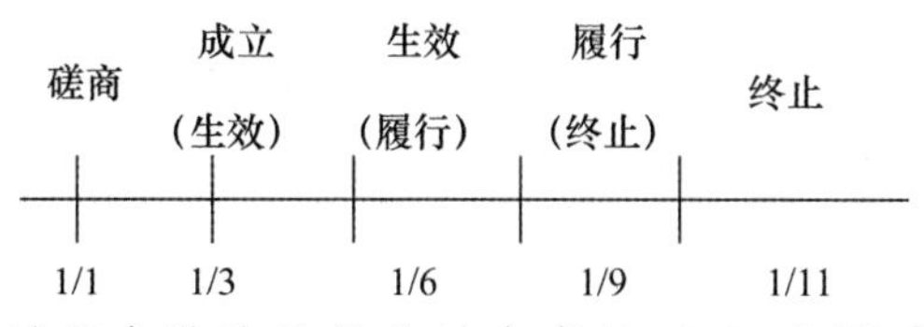

解析 (1) 缔约过程中欺诈的缔约过失责任;(2) 合同无效的缔约过失责任;(3) 预期违约的违约责任;(4) 实际违约的违约责任;(5) 违反后合同义务的违约责任。

（二）联系：权利人的选择权

这里仅仅以受到欺诈的消费者与实施欺诈的经营者之间的关系来例证。比如，2010年3月15日，甲从乙商店购买钻戒一枚，3个月后发现所谓钻石乃是玻璃所制。我们来层层展开，看甲可选择的救济有多少。

第一层次：甲有两个权利可以择其一行使：主张乙构成欺诈，要求法院撤销该买卖合同，追究乙的缔约过失责任（《合同法》第58条）；或者不主张撤销（这意味着合同有效，乙不得主张撤销权），主张乙的履行行为不合格构成违约，要求其承担违约责任（《合同法》第107条）。

第二层次：如果甲选择违约之诉，还有一个选择：追究对方的补偿性违约责任还是惩罚性违约责任？因为乙商店构成了经营者对于消费者的欺诈，有义务双倍赔偿（《合同法》第113条第2款），但消费者对此有选择权。

第三层次：选择权丧失的情形。设甲从6月15日开始一直与乙商店交涉退货事宜，1年多时间过去了，还没有获得解决。此时，甲就不能再主张合同撤销了，因为依据《合同法》第55条，撤销权的除斥期间只有1年，从知道、应当知道撤销事由之日起算，并不发生中止、中断。但此时甲还可以主张违约责任。虽然按照《民法通则》第136条第2项的规定，本案的违约责任诉讼时效期间也只有1年，但诉讼时效期间可以中断。

思维拓展

【重要知识点】

无偿合同的种类；实践合同的种类；涉他合同的类型；合同相对性原理的含义以及在我国合同法的体现；要约的构成要件；要约与要约邀请的区别；要约的撤回和撤销；承诺的迟到和迟延；悬赏广告的性质；合同成立的时间；格式条款的特殊规则；沉默形式的法律规定；合同的必备条款；三个履行抗辩权的构成要件与行使；一般法定解除权的类型；特别法定解除权的类型；情势变更原则；解除权的行使；合同解除的效力；违约形态的分类；违约责任的归责原则；违约责任的构成要件；违约责任的方式；违约金、定金、损害赔偿金的适用关系；加害给付时违约责任与侵权责任竞合的处理；缔约过失责任的构成；缔约过失责任的类型；缔约过失责任与违约金的关系。

【实例解析】

案例 意欲购买一套商品房自住的赵某考察了很多家楼盘，最终动心决定购买宏大公司开放的某小区商品房一套，因为宏大公司售楼部所展示的该小区模型中有数个标准的的网球场和一个标准的游泳池，赵某挚爱网球和游泳运动。但赵某接收房屋时发现购房时宏大公司售楼部所展示的该小区模型中的网球场和游泳池并不存在。经查,在该小区的原始设计中压根儿并无网球场和游泳池的位置。赵某要求开发商退房并赔偿损失,遭开发商拒绝,遂起纠纷。

法律问题　赵某有无权利请求退房及赔偿损失?如是,请求权基础是什么?

法理分析　赵某如要求退房及赔偿损失,可以有两个救济途径,任选其一即可。

其一,主张撤销房屋买卖合同且要求退房、赔偿损失。宏大公司售楼部所展示的小区模型中存在网球场和游泳池的商品房,交房时该小区设计中并无网球场和游泳池,可以认定宏大的行为构成了欺诈,属于可撤销合同,赵某有权主张撤销该合同。并要求退房,依据《合同法》第54条的规定,赵某还可基于受欺诈主张撤销该合同。又依照第58条规定,合同一经撤销,自始无效,当事人可以要求恢复原状也即要求退房、退还房款,无过错方且可以要求过错方赔偿损失,也即承担缔约过失赔偿责任。

其二,主张解除买卖合同且要求退房、赔偿损失。赵某也可以不主张撤销合同,依照《合同法》第55条的规定,可撤销的合同不被撤销权人主张撤销的,就是有效的。既然合同有效,赵某转而可以主张宏大公司构成根本违约,从而要求解除合同并赔偿损失。具言之,《商品房买卖合同解释》第3条规定:商品房的销售广告和宣传资料为要约邀请,但是出卖人就商品房开发规划范围内的房屋及相关设施所作的说明和允诺具体确定,并对商品房买卖合同的订立以及房屋价格的确定有重大影响的,应当视为要约。该说明和允诺即使未载入商品房买卖合同,亦应当视为合同内容,当事人违反的,应当承担违约责任。本案中,宏大公司售楼部所展示的小区模型中存在网球场和游泳池的商品房具体确定,且很大程度上决定了赵某的购买动机,因此,宏大公司的要约内容应包含网球场和游泳池,实际交房时却没有,宏大公司构成违约。这时赵某的一个选择就是以宏大公司构成违约为由要求解除合同。按照《合同法》第97条的规定,合同一经解除,当事人一方可以要求恢复原状也即退房、退房款;如还有损失的,还可以要求赔偿损失。

【重点法条】

(1)《合同法》第2、4、、14—19、23—24、27—30、32—33、35—37、39—41条;64—65、66—69条;第94—97、99、101、103—104条、第107—108、110、113—119、121—122条;

(2)最高人民法院《关于适用〈中华人民共和国合同法〉若干问题的解释(二)》1—7、9—10条、22—24、26、28—29条。

>> 第二十三章 <<

转移财产所有权的合同

我国现行主要有名合同的图系

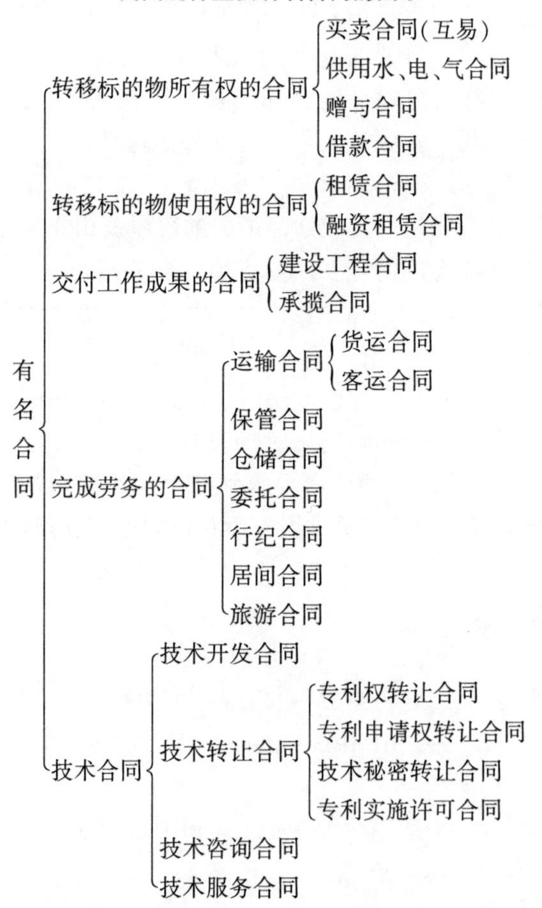

在我国合同法上,转移财产所有权的合同包括买卖合同(含特种买卖合同)、赠与合同、借款合同、互易合同、供用电(水、气、热力)合同。另外,无名合同中的消费借贷合同亦属此类。买卖合同是转移财产所有权的合同中最主要的合同类型。

买卖合同的主要法律问题有四:标的物所有权转移;风险负担;孳息归属;瑕疵担

保责任(质量瑕疵与权利瑕疵)。这四部分既是买卖合同的核心内容,也是各类法律考试的命题重点、热点。特种买卖合同,由于其标的交付方式、付款方式、质量标准确定方式、合同生效条件以及缔约方式不同于一般买卖合同,故得此称谓,具体包括房屋买卖合同、分期付款买卖、样品买卖、试用买卖、拍卖五种;要掌握各类特种买卖合同不同于一般买卖合同的特别规则。

赠与合同在现代社会也扮演着重要角色,主要内容包括赠与合同的特征、赠与人的任意撤销权与法定撤销权,赠与人对赠与财产毁损灭失的损害赔偿责任,赠与人对赠与财产的瑕疵担保义务。

关于借款合同,合同法立足于中国的实际,明确区分为商业借贷与民间借贷两类,并规定不同的若干法律规则。

第一节　买卖合同

一、概念和特征

买卖合同,是一方转移标的物的所有权于另一方,另一方支付价款的合同。

买卖是商品交换最普遍的形式,也是典型的有偿合同。根据《合同法》第 174、175 条的规定,法律对其他有偿合同的事项未作规定时,参照买卖合同的规定。《买卖合同解释》第 45 条进一步规定:法律或者行政法规对债权转让、股权转让等权利转让合同有规定的,依照其规定;没有规定的,法院可以根据合同法第 124、174 条的规定,参照适用买卖合同的有关规定。这就明确了买卖合同在有偿、双务、诺成合同中的“宗主”地位。买卖合同作为转移标的物所有权合同的最典型代表,其典型特征如下:

1. 买卖合同是有偿、双务、诺成合同。

2. 买卖合同一般是不要式合同,但法律另有规定者除外。如房屋买卖合同应当采用书面形式,即为要式合同。

二、标的物所有权转移

买卖合同的标的物所有权移转
- 动产
  - 原则上:交付移转所有权
  - 例外:所有权保留买卖,所有权移转由当事人约定
- 不动产:登记

标的物的所有权转移既是买卖合同的基本问题,又是一个物权法问题。买卖合同之债作为一种动态的财产关系,两头联结的都是静态的财产关系,负担着消灭一个所有权、产生一个新所有权的任务。在买卖合同中,一方交付标的物,从债法角度看属于债的履行行为,但同时也产生物权法上的后果也即物权变动。那么,何时产生物权法上的后果呢?这要明确各种情形下标的物所有权转移的时间。

(一) 动产所有权转移的基本规定

依《合同法》第 133—134 条之规定,标的物为动产的,其所有权转移时间可分为三种情况:一般以交付的完成时间为所有权移转时间;有特别约定的,从约定(主要指所有权保留买卖的场合);法律另有规定的,从规定。

(二) 交付

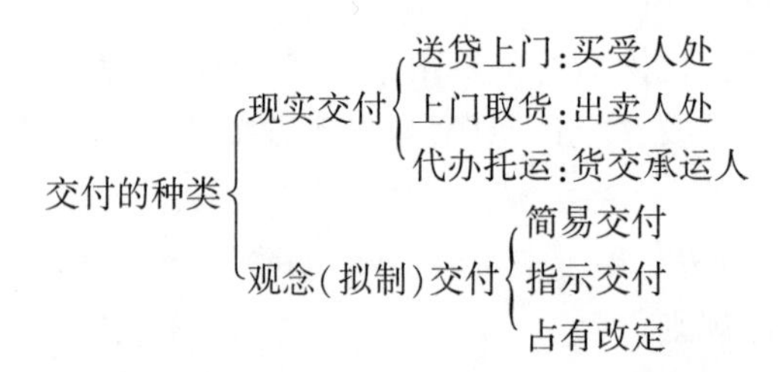

交付是指将自己占有的物或所有权凭证移转给他人占有的行为。其要义包含两点:一是客观上有占有的转移,二是主观上有转移占有的意思,二者缺一不可。对于动产、不动产的交付完成的判断比较客观化,就是看标的物的占有移转(也即控制)完成与否。对于出卖人仅以增值税专用发票及税款抵扣资料证明其已履行交付标的物义务,买受人不认可的,出卖人应当提供其他证据证明交付标的物的事实;合同约定或者当事人之间习惯以普通发票作为付款凭证,买受人以普通发票证明已经履行付款义务的,人民法院应予支持,但有相反证据足以推翻的除外(《买卖合同解释》第 8 条)。对于无形物的交付,《买卖合同解释》第 5 条:标的物为无须以有形载体交付的电子信息产品,当事人对交付方式约定不明确,且依照合同法第 61 条的规定仍不能确定的,自买受人收到约定的电子信息产品或者权利凭证即为交付。

交付按其现实形态分为现实交付和观念交付。现实交付,是标的物自身交由买受人实际占有;观念交付,是标的物虽然未被买受人实际占有,但人们在观念上认同已经完成了交付,具体包括简易交付、指示交付和占有改定。下面分述之。

1. 现实交付

现实交付依交付方式的不同,交付完成的时间点也有区别:

(1) 出卖人送货上门的,以出卖人送货到约定地点并经买受人验收后为交付;

(2) 出卖人代办托运的,以办理托运手续也即货交承运人为交付;

(3) 出卖人邮寄的,以办理邮寄手续后为交付;

(4) 买受人自提的,以买受人从出卖人处提取货物为交付。

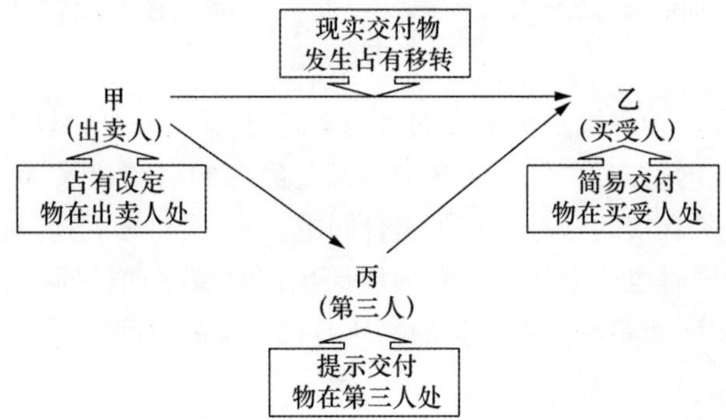

其中,代办托运牵涉到三方:出卖人、买受人与承运人,三者的关系如下图示:

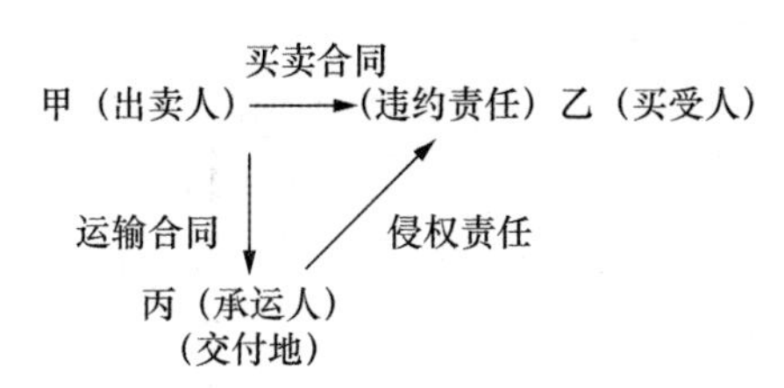

总结"代办托运"的要点　运输合同当事人是:卖方与承运人;运费一般由买方(收货人)承担;交付地适用:货交承运人;卖方对承运人负有选任责任也即就承运人故意、重大过失等不负责任的行为对买方负责;卖方寻找承运人乃其在买卖合同的一项义务;承运人就其故意、重大过失行为可能承担侵权责任(对买方)或者违约责任(对卖方);买方就其货损可以选择追究卖方的违约(买卖合同)责任或者承运人的侵权责任。

2. 观念交付

(1) 简易交付,就是指标的物在订约前已为买受人占有,买卖合同一旦生效即为交付完成。依《合同法》第140条、《物权法》第25条的规定,其显著特征在于"先占后买",因为在买卖合同订立前,双方往往已有保管、租赁、试用、借用、仓储等关系,即买受人占有标的物在前,订立买卖合同在后。

(2) 指示交付,又称返还请求权的让与,是指在出卖的标的物为第三人占有时,出卖人将对于第三人的返还请求权让与买受人,以代替实际交付,由买受人直接向第三人要求返还标的物。依《物权法》第26条的规定,指示交付的显著特征为"物在第三人处"。

举例　张三有一台钢琴被朋友李四借用,其间某一天(3月1日)张三卖与王五,当天张三当着王五的面给李四打电话告诉他钢琴已经卖与王五的事实,叮嘱过后王五去取时直接交与王五便是。3月5日王五到李四处取走。本例中,张三、王五之间的买卖合同标的物的交付完成于3月1日而非3月5日。

(3) 占有改定,指动产买卖合同出卖人有必要继续占有该动产标的物时,出卖人与买受人缔结由买受人取得间接占有的合同关系以代替实际交付。依据《物权法》第27条的规定,占有改定的显著特征为"先买后约"。社会经济生活中可能会出现这样的情形:出卖人与买受人先签订了某个动产买卖合同,由于生产、工作或生活需要,出卖人仍需继续占有该动产,而买受人也愿意由出卖人继续占有。于是双方又达成新的协议,诸如又订立了租赁、借用、保管等协议,使出卖人作为承租人、借用人、保管人继续占有出卖物,同时使买受人取得间接占有,并自后一个约定生效时取得出卖物的所有权。占有改定当事人之间有两个约定,先是买卖合同,后又达成新的约定,自后一个约定生效时出卖物即为交付。

占有改定场合下,买受人的所有权(物权)未经公示(直接占有),若其后出卖人擅自出卖,构成无权处分行为,买受人的所有权将难以对抗善意第三人。

（三）当事人的特别约定:动产的所有权保留买卖

《合同法》第 134 条规定,在动产[①]买卖合同当事人约定买受人支付全部价金之前(通常发生在分期付款的买卖合同中)出卖人保留所有权的,应认定在买受人支付全部价金时所有权才发生转移,而非自交付时转移。这就在客观上形成了动产交付在前、所有权移转在后的局面。

所有权保留制度原本作为一种特殊的动产担保制度而被创新出来,因为在标的物所有权移转给买受人之前,若买受人不依约付款,出卖人可取回占有标的物,这样就免除了出卖人在买受人失去偿债能力甚而破产时所面临的债务风险,故对出卖人具有担保功能。反之,如没有保留所有权,则所有权在交付后即转移到买受人,那么在买受人恶意不偿债的时候出卖人只能请求对方承担债不履行的责任而已,很是被动;更致命的是,如买受人破产,该项动产直接计入其破产财产,出卖人只能与其他债权人一起按比例受偿。可见,所有权保留买卖的卖方可以行使物权救济措施,而已让渡所有权的卖方只能行使债权救济措施。

《买卖合同解释》第 35 条规定,当事人约定所有权保留,在标的物所有权转移前,买受人有下列情形之一,对出卖人造成损害,出卖人有权主张取回标的物的,人民法院应予支持:(1) 未按约定支付价款的;(2) 未按约定完成特定条件的;(3) 将标的物出卖、出质或者作出其他不当处分的。取回的标的物价值显著减少,出卖人要求买受人赔偿损失的,人民法院应予支持。

为了平衡两方的利益,《买卖合同解释》第 36 条规定:买受人已经支付标的物总价款的 75% 以上的,出卖人不得再主张取回标的物;第 37 条规定:出卖人取回标的物后,买受人在双方约定的或者出卖人指定的回赎期间内,消除出卖人取回标的物的事由,主张标的赎回的,人民法院应予支持;买受人在回赎期间内没有回赎标的物的,出卖人可以另行出卖标的物,出卖所得价款依次扣除取回和保管费用、再交易费用、利息、未清偿的价金后仍有剩余的,应返还原买受人;如有不足,出卖人要求原买受人清偿的,人民法院应予支持,但原买受人有证据证明出卖人另行出卖的价格明显低于市场价格的除外。

为了保护第三人的利益,《买卖合同解释》第 36 条又规定,买受人将标的物出卖、出质或者作出其他不当处分的,第三人可以主张善意取得,出卖人不得主张取回标的物的。

（四）不动产所有权以登记转移所有权

不动产所有权移转的时间以完成登记也即登记簿记载的时间为准。需要强调的是,不动产所有权的移转只能依据登记来移转,此外不存在任何特殊规则,更不允许当

---

① 《买卖合同解释》第 34 条特别规定:“买卖合同当事人主张所有权保留的规定不适用于不动产的,法院不予支持。”

事人自由约定,当事人以约定排除登记规定的,约定无效,因为违背物权法定原则。

三、标的物风险负担

(一) 何谓风险

合同履行中的风险,是指非由于任何一方当事人的过错而导致的标的物的毁损灭失。这一定义的要点有二:(1) 确实发生了标的物毁损灭失之事实;(2) 发生的原因不能是基于当事人的过错,否则就不是风险,而属于过错导致的损害赔偿责任了。

举例　甲、乙因合伙经商向丙借款3万元,甲于约定时间携带3万元现金前往丙家还款,丙因忘却此事而外出,甲还款未果。甲返回途中,将装有现金的布袋夹放在自行车后座,路经闹市时被人抢夺,不知所踪。此案中关于现金被抢事宜,甲具有显然的过错(将装有现金的布袋夹放在自行车后座,路经闹市),不属于合同履行中的风险负担问题。借款之债没有清偿,丙仍有权请求甲乙偿还3万元。

风险要具有可识别性。《买卖合同解释》第14条规定:当事人对风险负担没有约定,标的物为种类物,出卖人未以装运单据、加盖标记、通知买受人等可识别的方式清楚地将标的物特定于买卖合同,买受人主张不负担标的物毁损、灭失的风险的,法院应予支持。

引致风险发生的事由包括不可抗力、意外事件以及当事人不能预见的第三人的原因等,通俗地讲就是“天有不测风云”而致标的物毁损灭失。谁来倒霉地承担这一损害后果需要法律出面明定规则。

(二) 动产、不动产风险负担的基本规则:交付主义

《合同法》第142条原则地规定买卖合同标的物风险负担采“交付”主义,即交付之前由出卖人承担,交付之后由买受人承担。此之谓交付主义,承担的含义就是承受该损失。具体情形如下:

1. 动产送货上门的,在途风险由出卖人承担。
2. 动产买方自提的,回途风险由买受人承担。
3. 动产代办托运、邮寄的,办完托运、邮寄手续后由买受人承担。

《合同法》第145条确立了基本规则,《买卖合同解释》第12条明确规定:“出卖人根据合同约定将标的物运送至买受人指定地点并交付给承运人后,标的物毁损、灭失的风险由买受人负担,但当事人另有约定的除外。”但是,如果“出卖人出卖交由承运人运输的在途标的物,在合同成立时知道或者应当知道标的物已经毁损、灭失却未告知买受人”的,应由出卖人负担风险(《买卖合同解释》第13条)。

代办托运的含义　依据《买卖合同解释》第11条,代办托运之区别于卖方送货上门与买方上门提货的最显著标志,是标的物由出卖人负责办理托运,承运人系独立于买卖合同当事人之外的运输业者。此时三方的关系是:买卖双方之间有一个买卖合同,卖方与运输者之间有一个运输合同,买受人是运输合同中的约定收货人(代为接

受履行的第三人)。

4. 动产的各类观念交付的,自各自完成观念交付时移转风险给买受人。

举例 张小杨想购买王大力的耕牛2头。双方于2010年3月4日签订合同,约定张小杨付款5000元,王大力即将牛卖给张小杨。张小杨当即交付了买牛的全部价款。但是由于当时正在春耕,王大力提出自己要继续租用耕牛2个月,直到春耕结束时的5月4日,每月付给张小杨租金100元。张小杨当即表示同意。4月4日,其中一头耕牛在田里耕地时被雷电击毙,该头牛损失由谁承担?本案中,双方先签订买卖合同后又达成租赁协议,属于占有改定。自3月4日租赁协议生效时耕牛即为交付。从买卖合同的角度,按照买卖合同的风险负担交付主义,自然由张小杨承担风险。

5. 不动产风险负担的交付主义规则的含义。《商品房买卖合同纠纷解释》第11条规定:"对房屋的转移占有,视为房屋的交付使用,但当事人另有约定的除外。房屋毁损、灭失的风险,在交付使用前由出卖人承担,交付使用后由买受人承担;买受人接到出卖人的书面交房通知,无正当理由拒绝接收的,房屋毁损、灭失的风险自书面交房通知确定的交付使用之日起由买受人承担,但法律另有规定或者当事人另有约定的除外。"据此,商品房买卖合同的房屋自出卖人实际交付给买受人占有时风险即转移至买受人,可见不动产产权过户登记的时间不是风险移转时间。这就意味着,不动产买卖中,可能会出现风险负担人与所有权人并非一人之现象。

举例 阿文将上海市长宁区楼房一幢卖与阿忆,8月5日订立买卖合同,8月7日阿文交钥匙,阿忆当天搬进居住,相约在8月30日之前办理产权过户手续并付款。8月15日晚,楼房遭雷击起火焚毁。后阿文要求阿忆付房款遭拒绝,遂生纠纷。本案中,由于房屋没有办好产权过户手续,阿文依然拥有房屋所有权,但由于阿忆拿了房屋钥匙搬进居住,房屋交付已告完成,遭雷击起火毁损的风险应由阿忆承担。阿文有权要求阿忆支付房款。

最后要指出,依据《合同法》第147条,出卖人按照约定未交付有关标的物的单证和资料的,不影响标的物毁损、灭失风险的转移。此处的"单证和资料",包括提取标的物单证、保险单、保修单、普通发票、增值税专用发票、产品合格证、质量保证书、质量鉴定书、品质检验证书、产品进出口检疫书、原产地证明书、使用说明书、装箱单等。

(三) 交付主义在几种特殊场合下的具体应用

1. 所有权保留

所有权保留合同中,合同当事人对所有权有特别约定,对标的物的风险没有约定,所以动产所有权自买受人付清全部价金时移转,但风险适用《合同法》第142条之"交付主义",自交付时起移转。这样一来,所有权保留合同中,常会出现所有权享有人与风险负担人不是一个人的现象。

2. 试用买卖

为了便利试用人试用动产标的物,常见的试用买卖是卖方先将该动产交与试用人占有(此处不是交付),待试用人在试用一段时间后再表态是否购买。此时买受人虽然占有试用物,但买卖合同生效与否尚未确定,所以交付并未完成,由此意味着:

(1) 试用期间的风险,归出卖人负担;

(2) 试用买卖合同生效后,包括试用人同意购买或届期保持沉默的,风险归买受人负担(此时发生了观念交付中的简易交付);

(3) 试用人明示不购买的,风险仍归出卖人负担。

(四) 不采用交付主义的两个特殊规则

买卖合同的风险负担采交付主义是一项基本规则,但也有例外的规则。

1. 在途买卖的风险负担

在途买卖合同,指出卖人已将标的物交付承运人运输后,再寻找买受人订立的买卖合同,此时标的物正在运输途中。《合同法》第 144 条规定:出卖人出卖交由承运人运输的在途标的物,除当事人另有约定的以外,毁损、灭失的风险自合同成立时起由买受人承担。

2. 一方违约在先的风险负担

谁违约,谁承担此后遭遇的风险。具体而言,因买受人原因致标的物不能按期交付的,自买受人违约之日起风险归买受人承担(《合同法》第 143 条);出卖人已经将标的物置于交付地点,买受人违反约定没有收取的,标的物毁损、灭失的风险自违反约定之日起由买受人承担(《合同法》第 146 条);因标的物存在严重质量瑕疵,致使不能实现合同目的的,买受人拒绝受领或解除合同的,其后风险归出卖人承担(《合同法》第 148 条)。风险承担规则图表总结如下:

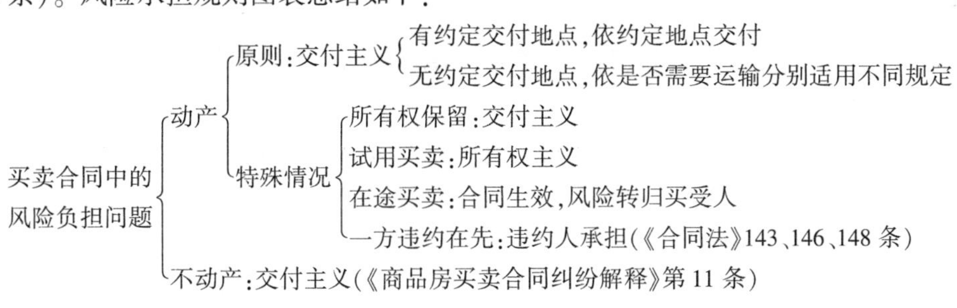

(五) 特别注意:其他法律关系中的风险负担

初习民法者经常会问“既然采交付主义,那么租赁合同中的风险依交付主义,应由承租人承担,对吗?”诸如此类的提问本身表明许多人有将买卖合同(及其他转移所有权的合同,如互易、赠与、借款等)的风险负担规则“泛化”的思维定势,任意将此规则扩展适用到其他合同类型,以致得出了许多令自己也不能相信的答案。实际上,在非转移标的物所有权的合同法律关系中,由于当事人的合同目的不在于取得标的物所有权,所以若适用所谓的“交付主义”来决定其发生的标的物风险负担,是十分荒唐

的。此时应依“所有权主义”规则解决,即若无特别约定或规定,谁拥有标的物的所有权(处分权),谁负担风险。举轻以明重:

1. 动产质押合同

在动产质押期间,若因不可抗力等不可归责于出质人、质权人的因素而致使质押物毁损的,标的物本身的风险当然由所有人也即出质人承担。但同时,质权人亦丧失了动产质押权。同理,不动产抵押、动产抵押及留置场合下的风险,亦如是理解。

2. 租赁合同

依《合同法》第231条之规定,承租期内,因不可归责于双方当事人之原因致租赁物毁损,其租赁物风险当然由所有人也即出租人承担。这一原理同样适用于融资租赁合同、借用(使用借贷)合同等。

举例 以另一个视角来看上述例子张小杨租给王大力耕牛的案情:就4月4日其中一头耕牛在田里耕地时被雷电击毙的损失由谁承担的问题,也可以从租赁合同关系的视角得出同样的结论。双方3月4日先签订买卖合同后又达成租赁协议,属于占有改定,牛的所有权已经转移,张小杨成为牛的所有人,王大力变成承租人。此后约束双方的是租赁合同,双方当事人是按照租赁合同享受权利、履行义务。租赁期内一头耕牛被雷电击毙,从租赁合同的视角,该头牛损失即租赁合同中租赁物毁损、灭失的风险,应适用“所有权主义”,由出租人张小杨承担。

3. 货运合同

承运期间内因不可抗力等不可归责于双方当事人之原因致货物毁损的,当然由托运人或收货人(即买卖合同之出卖人或买受人)承担货物风险(《合同法》第311条),非所有权人承运人不承担标的物灭失的风险,只是承担运费损失(《合同法》第314条)。

上述法理同样适用于保管、仓储、委托、行纪、居间等提供劳务的合同。

4. 承揽合同

承揽合同的风险负担包括工作材料的风险负担和工作成果的风险负担两部分:

(1) 若原材料或半成品由定作人提供,承揽人保管期间因不可抗力等不可归责于当事人的因素致原材料毁损的,由定作人承担风险;

(2) 若原材料或半成品由承揽人提供,则由承揽人承担风险;

(3) 若已完成的工作成果毁损的,适用交付主义,交付之前由承揽人承担,交付之后由定作人承担。

上述原理同样适用于建设工程合同等提供工作成果的合同。

5. 融资租赁合同

《融资租赁合同解释》第7条:承租人占有租赁物期间,租赁物毁损、灭失的风险由承租人承担,出租人要求承租人继续支付租金的,法院应予支持,除非当事人另有约定。

6. 技术开发合同

技术合同的风险自有特色，依《合同法》第338条，在技术开发合同履行过程中，因出现无法克服的技术困难，致使研究开发失败或者部分失败的，该风险责任承担原则是：有约定的，从约定；无约定或约定不明的，各方当事人合理分担。

四、孳息归属

（一）买卖合同的孳息归属：交付主义

1. 依《合同法》第163条的规定，买卖合同标的物的孳息归属亦采"交付主义"。标的物在交付之前产生的孳息，归出卖人所有；交付之后产生的孳息，归买受人所有。这一规则，同样适用于保留所有权买卖合同、房屋买卖合同。

依物权法基本原理，标的物孳息的所有权随原物的所有权转移而转移。但在合同法上，买卖合同等移转标的物所有权的合同中，孳息的归属与风险的负担遵循同一原则，均采"交付主义"。当然，由于在一般情形下的动产买卖中，动产的所有权移转也采交付主义，所以绝大多数情况下合同法规定与物权法规定的结论是一致的。但是，在动产的所有权保留买卖与不动产买卖合同中，标的物的所有权移转并不采交付主义，所以难免可能会出现原物与孳息归于不同人所有，即母子分家的局面。

举例 甲于5月底卖一母牛与乙，价款6000元，约定乙每月付款1000元，于半年内付清，牛款付清后，母牛归乙所有。6月1日，甲将牛交与乙。9月15日，母牛生一小牛。问：小牛应归谁所有？

解析 本案中，由于甲保留了牛的所有权，交付后至牛款付清前，甲依然是母牛的所有权人，但小牛作为孳息却随着交付完成归属于买受人乙。此时出现了原物与孳息归于不同人所有也即"母子分家"的现象。

2. 买卖合同的孳息归属规则，同样适用于互易、赠与、借款等其他转让标的物所有权的合同。

（二）其他合同的孳息归属

首先，在用益物权合同中，标的物产生的孳息自然归用益物权人所有，因为用益物权的含义本身就包括"收益"权能，该权能由用益物权人享有。比如某地产公司取得一幅国有土地使用权后，将该幅土地出租所获得的租金自然归己。

其次，在用益物权合同、转让标的物所有权的合同以外的其他法律关系场合下，若无特别约定或法律规定，孳息的所有权应属于原物所有人，即适用"所有权主义"。切勿不顾法理，将买卖合同中孳息"交付主义"归属规则，随意扩大其适用范围。

举例 在上述张小杨与王大力的买卖耕牛的案例中，如继续假设租赁期内另一头耕牛生下一头小牛，小牛归谁所有？

解析 道理亦是相同：从买卖合同的视角，孳息采交付主义，因为耕牛已经完成交付，所以采交付主义，小牛归买受人张小杨；从租赁合同的视角，孳息的归属适用"所有权主义”,归所有人也是出租人的张小杨所有。

五、出卖人的瑕疵担保责任

瑕疵担保责任,指出卖人就买卖标的物的瑕疵所负有的不言而喻的默示担保责任,包括权利瑕疵担保责任和质量瑕疵担保责任。

(一) 权利瑕疵担保责任

出卖人就交付的标的物,当然的负有保证第三人不得向买受人主张任何权利的义务,但法律另有规定的除外。这一责任主要体现在《合同法》第150条中,具体而言是指在买卖合同成立时,出卖人保证标的物上没有设定他人的权利,也即保证没有以下情形:(1) 第三人享有完全或部分所有权;(2) 第三人享有抵押权、质押权、留置权、优先权等他物权;(3) 侵害第三人的知识产权。如有他人权利主张的,应如实告知。

举例 张三卖给李四房屋一栋,应该保证该房屋上没有任何第三人的权利主张;如果存在王五对房屋享有抵押权、租赁权或者优先购买权的,应该在订约时如实告知李四,李四好决定是否购买以及相应的报价。

如出卖人违反权利瑕疵担保责任的,实际上构成违约行为甚至根本违约行为,买受人对此的救济措施包括:(1) 买受人有确切证据证明第三人可能就标的物主张权利的,可中止付款,但出卖人提供适当担保时应恢复付款(《合同法》第152条);(2) 出卖人确实违反瑕疵担保责任的,视具体情况,买受人可主张违约责任,包括支付违约金、实际履行、损害赔偿或解除合同。

(二) 质量瑕疵担保责任

出卖人就交付的标的物,向买受人当然的负有保证质量合格的义务,除非法律另有规定、当事人另有约定。这一责任是卖方当然负担的默示担保义务。正如《消费者权益保护法》第18条第1款规定:“经营者应当保证其提供的商品或者服务符合保障人身、财产安全的要求。对可能危及人身、财产安全的商品和服务,应当向消费者作出真实的说明和明确的警示,并说明和标明正确使用商品或者接受服务的方法以及防止危害发生的方法。”以及第23条规定:“经营者应当保证在正常使用商品或者接受服务的情况下其提供的商品或者服务应当具有的质量、性能、用途和有效期限;但消费者在购买该商品或者接受该服务前已经知道其存在瑕疵,且存在该瑕疵不违反法律强制性规定的除外。经营者以广告、产品说明、实物样品或者其他方式表明商品或者服务的质量状况的,应当保证其提供的商品或者服务的实际质量与表明的质量状况相符。”这一责任的基本规定主要体现在《合同法》第155条,出卖人交付的标的物不符合质量要求的,买受人可以依《合同法》第111条以及《买卖合同解释》第21—23条、32—33条等规定要求承担违约责任。具体包括:

1. 一般瑕疵。标的物有一般质量瑕疵的,买受人可以请求减少价款或对方修理,若自己修理的,费用由出卖人负担。减少价款的计算规则:以符合约定的标的物和实际交付的标的物按交付时的市场价值计算差价；价款已经支付，买受人可以主张返还减价后多出部分价款。

2. 种类物瑕疵。有瑕疵的标的物为种类物的，买受人可请求更换；有包修、包换、包退之约定的，保修期内2次修理仍不能正常使用的，应予更换或退货。买受人在检验期间、质量保证期间、合理期间内提出质量异议，出卖人未按要求予以修理或者因情况紧急，买受人自行或者通过第三人修理标的物后，可以主张出卖人负担因此发生的合理费用。

《消费者权益保护法》更具体的规定　第24条："经营者提供的商品或者服务不符合质量要求的，消费者可以依照国家规定、当事人约定退货，或者要求经营者履行更换、修理等义务。没有国家规定和当事人约定的，消费者可以自收到商品之日起7日内退货；7日后符合法定解除合同条件的，消费者可以及时退货，不符合法定解除合同条件的，可以要求经营者履行更换、修理等义务。""依照前款规定进行退货、更换、修理的，经营者应当承担运输等必要费用。"第25条："经营者采用网络、电视、电话、邮购等方式销售商品，消费者有权自收到商品之日起7日内退货，且无需说明理由，但下列商品除外：(一) 消费者定作的；(二) 鲜活易腐的；(三) 在线下载或者消费者拆封的音像制品、计算机软件等数字化商品；(四) 交付的报纸、期刊。""除前款所列商品外，其他根据商品性质并经消费者在购买时确认不宜退货的商品，不适用无理由退货。""消费者退货的商品应当完好。经营者应当自收到退回商品之日起7日内返还消费者支付的商品价款。退回商品的运费由消费者承担；经营者和消费者另有约定的，按照约定。"

3. 重大瑕疵。标的物存在重大、显著、根本性瑕疵，导致合同目的不能实现，构成根本违约，买受人可拒绝接受标的物或解除合同。

4. 质量保证金。买受人依约保留部分价款作为质量保证金，出卖人在质量保证期间未及时解决质量问题而影响标的物的价值或者使用效果，出卖人不得主张支付该部分价款。

5. 责任的减免约定。如合同约定减轻或者免除出卖人的标的物瑕疵担保责任，但出卖人故意或者因重大过失不告知买受人标的物的瑕疵的，出卖人不得主张依约减免责任；反之，如买受人在缔约时知道或者应当知道标的物质量存在瑕疵，也不得主张出卖人承担瑕疵担保责任，但买受人在缔约时不知道该瑕疵会导致标的物的基本效用显著降低的除外。

六、迟延付款的特殊处理

依照《买卖合同解释》第24条的规定，买卖合同对付款期限作出的变更，不影响当事人关于逾期付款违约金的约定，但该违约金的起算点应当随之变更。如合同约定逾期付款违约金，买受人不得以出卖人接受价款时未主张逾期付款违约金为由拒绝支付该违约金。买卖合同约定逾期付款违约金,但对账单、还款协议等未涉及逾期付款责任,出卖人事后还可以根据对账单、还款协议等主张欠款时请求买受人依约支付逾期付款违约金,除非对账单、还款协议等明确载有本金及逾期付款利息数额或者已经变更买卖合同中关于本金、利息等约定内容。合同没有约定逾期付款违约金或者该违约金计算方法的,出卖人以买受人违约为由主张赔偿逾期付款损失的,法院可以央行同期同类人民币贷款基准利率为基础,参照逾期罚息利率标准计算。

七、买受人的验货责任

出卖人交付的标的物是否合格,从证据的角度当然由买受人收到标的物的验货来证明,由此看买受人负有验货义务,验货时发现标的物有瑕疵的,应在约定检验期内或合理期间内通知出卖人;怠于通知的,视为标的物交付合格。依据《合同法》第 158 条的规定,该验货期间有约定的,从约定;无约定的,应及时验货,最长为 2 年或为质量保证期,自收到标的物之日起算。但对于知道或者应当知道提供的标的物不符合约定仍然将标的物出卖给买受人的恶意出卖人,买受人的检验期间不受上述通知时间的限制。

《买卖合同解释》进一步细化了验货规则:

1. 第 15 条:当事人对标的物的检验期间未作约定,买受人签收的送货单、确认单等载明标的物数量、型号、规格的,法院应当认定买受人已对数量和外观瑕疵进行了检验,除非有相反证据足以推翻。

2. 第 16 条:出卖人依照买受人的指示向第三人交付标的物,出卖人和买受人之间约定的检验标准与买受人和第三人之间约定的检验标准不一致的,法院应当以出卖人和买受人之间约定的检验标准为准。

3. 第 17 条:《合同法》第 158 条第 2 款规定的"2 年"是最长的合理期间。该期间为不变期间,不适用诉讼时效中止、中断或者延长的规定。

4. 第 18 条:约定的检验期间过短,依照标的物的性质和交易习惯,买受人在检验期间内难以完成全面检验的,法院应当认定该期间为买受人对外观瑕疵提出异议的期间,并确定买受人对隐蔽瑕疵提出异议的合理期间;约定的检验期间或者质量保证期间短于法律、行政法规规定的检验期间或者质量保证期间的,应当以法律、行政法规规定的检验期间或者质量保证期间为准。

5. 第 19 条:买受人在合理期间内提出异议,出卖人以买受人已经支付价款、确认欠款数额、使用标的物等为由,主张买受人放弃异议的,法院不予支持,除非当事人另有约定。

6. 第 20 条:《合同法》第 158 条规定的检验期间、合理期间、2 年期间经过后,买受人主张标的物的数量或者质量不符合约定的,不予支持;出卖人自愿承担违约责任后,又以上述期间经过为由反悔的,不予支持。

八、几类非正常交付的处理

（一）多交付的

依《合同法》第 162 条的规定，出卖人多交付标的物的，买受人可以接收或者拒绝接收多交的部分，具体为：(1) 拒收的，应及时通知出卖人，在保管期间，买受人可以主张出卖人负担代为保管期间的合理费用；还可以主张出卖人承担代为保管期间非因买受人故意或者重大过失造成的损失的(《买卖合同解释》第 6 条)；(2) 接收的，应依价付款；否则，构成不当得利。

（二）提前交付的

依《合同法》第 71 条的规定，提前交付的，买受人可以拒绝，但提前交付不损害其利益的除外；提前交付给买受人增加的费用，由出卖人负担。

（三）部分交付的

依《合同法》第 72 条的规定，部分交付的，买受人可以拒绝，但部分交付不损害其利益的除外。债务人部分履行债务给债权人增加的费用，由债务人负担。

（四）动产多重买卖的履行顺序

1. 普通动产

《买卖合同解释》第 9 条规定：出卖人就同一普通动产订立多重买卖合同，在买卖合同均有效的情况下，买受人均要求实际履行合同的，应当按照以下情形分别处理：

(1) 先行受领交付的买受人请求确认所有权已经转移的，法院应予支持；

(2) 均未受领交付，先行支付价款的买受人请求出卖人履行交付标的物等合同义务的，法院应予支持；

(3) 均未受领交付，也未支付价款，依法成立在先合同的买受人请求出卖人履行交付标的物等合同义务的，法院应予支持。

2. 特殊动产

《买卖合同解释》第 10 条规定：出卖人就同一船舶、航空器、机动车等特殊动产订立多重买卖合同，在买卖合同均有效的情况下，买受人均要求实际履行合同的，应当按照以下情形分别处理：

(1) 先行受领交付的买受人请求出卖人履行办理所有权转移登记手续等合同义务的，法院应予支持；

(2) 均未受领交付，先行办理所有权转移登记手续的买受人请求出卖人履行交付标的物等合同义务的，法院应予支持；

(3) 均未受领交付，也未办理所有权转移登记手续，依法成立在先合同的买受人请求出卖人履行交付标的物和办理所有权转移登记手续等合同义务的，法院应予支持；

(4) 出卖人将标的物交付给买受人之一，又为其他买受人办理所有权转移登记，已受领交付的买受人请求将标的物所有权登记在自己名下的，法院应予支持。

第二节 特种买卖合同

特种买卖合同,由于其标的物交付方式、付款方式、质量标准确定方式、合同生效条件以及缔约方式不同于一般买卖合同,故得此称谓。需要说明的是,《合同法》上的特种买卖合同不包括房屋买卖合同,但考虑到其自身特性,也为了方便考生学习,本书将其归入特种买卖合同。

一、商品房买卖合同

房屋买卖合同作为一种特殊的买卖合同,它既有买卖合同的一般特征,也有其自身固有的特征,如它是诺成、双务、有偿、要式合同,标的物是不动产,其转移所有权必须办理产权登记(而非合同登记)手续。

(一)关于销售广告的性质认定

依《商品房买卖合同纠纷解释》第3条的规定,销售广告的性质,原则上有关商品房的销售广告和宣传资料为要约邀请,对出卖人无合同内容意义上的约束力;作为例外,就商品房开发规划范围内的房屋及相关设施所作的说明和允诺具体确定,并对合同的订立以及房屋价格的确定有重大影响的,应视为要约;在构成要约的情形下,即使该说明与允诺未载入合同,亦应当视为合同内容,当事人违反的应承担违约责任。

举例 喜好网球和游泳的赵某从宏大公司购买某小区商品房一套,交房时发现购房时宏大公司售楼部所展示的该小区模型以及售楼书中宣传的网球场和游泳池并不存在。经查,该小区设计中以及售楼资料中都有网球场和游泳池,但地址为后来多建的一栋商品楼所占用。本例中,赵某可以追究宏大公司的违约责任,依据就是售楼资料中关于网球场和游泳池的宣传内容构成了要约。

(二)合同无效的特殊情形

依《商品房买卖合同纠纷解释》相关规定,以下三种情形下商品房预售合同无效:

1. 出卖人未取得商品房预售许可证明而与买受人订立商品房预售合同的,不应认定为欺诈,而应认定为该合同无效;作为例外,在起诉前已取得预售许可证明的,可认定为有效。

2. 出卖人未依法律、行政法规规定办理商品房预售合同的登记备案手续的,不是合同无效的理由(此时的登记属于法律、行政法规明确规定合同之备案程序,不办理此登记手续丝毫不影响合同的生效,与此相类似的还有房屋租赁合同的登记备案);但当事人在合同中约定以办理商品房预售合同登记备案手续为合同生效条件的,该合同应视为一个附生效条件的合同,合同生效的时间及条件从其约定。

3. 出卖人与第三人恶意串通,另行订立商品房买卖合同并将房屋交付使用,而导致原买受人无法取得房屋的,原买受人可主张该出卖人与第三人之间的合同无效,法理依据应是《合同法》第 52 条第 2 项。

(三) 被拆迁人的优先权

依《商品房买卖合同纠纷解释》第 7 条的规定,拆迁人与被拆迁人以所有权调换形式订立拆迁补偿安置协议,明确约定拆迁人以位置、用途特定的房屋对被拆迁人予以补偿安置,如拆迁人将该补偿安置房另行出卖给第三人,被拆迁人请求主张优先权的,应予支持。

(四) 风险负担

依《商品房买卖合同纠纷解释》第 11 条的规定,商品房买卖的风险负担采交付主义,不采所谓的所有人主义,详言之:原则上在交付使用前由出卖人承担,交付使用后由买受人承担;所谓交付使用,是指对房屋的转移占有。但是,买受人在接到书面交房通知后无正当理由拒收的,风险自书面交房通知确定的交付使用之日起由买受人承担。

(五) 根本违约与合同法定解除权

《商品房买卖合同纠纷解释》规定:在商品房买卖合同中构成根本违约行为的情形包括:(1) 房屋主体结构质量不合格不能交付使用,或交付使用后,经核验房屋主体结构质量确不合格的;(2) 因房屋质量问题严重影响正常居住使用的;(3) 房屋套内建筑面积或建筑面积与约定的误差比绝对值超出 3% 的;(4) 出卖人迟延交房或买受人迟延付款的,经催告后在 3 个月内仍未履行的;(5) 合同约定或法定的办理房屋所有权登记的期限届满后超过 1 年,因出卖人原因导致买受人无法办理房屋所有权登记的。

在上述五种情形下,因为一方构成根本违约,根据《合同法》第 94 条的规定,非违约方均取得法定解除权。该解除权行使的除斥期间未约定的,应为对方当事人催告后的 3 个月;对方当事人未催告的,该期间为解除权发生之日起的 1 年内;逾期不行使,解除权自然消灭。

(六) 惩罚性赔偿金的适用

购买商品房属于消费者的消费行为,为保护购房人利益与惩治不良开发商的欺诈行为,依据《消费者权益保护法》第 55 条规定的经营者欺诈 3 倍赔偿的规定,尚未随之修订的《商品房买卖合同纠纷解释》规定在前,规定了 2 倍惩罚性损害赔偿金。依第 8—9 条的规定,出现下列五种严重欺诈的情形之一导致合同无效或者被撤销、解除的,买受人除了可以请求返还已付购房款及利息、赔偿损失以外,还可以请求出卖人承担不超过已付购房款 1 倍的赔偿责任(该规定在 2013 年《消费者权益保护法》修订后,也应该适用 3 倍之规定——引者注)。

(1) 合同订立后,出卖人未告知买受人又将该房屋抵押给第三人;

(2) 合同订立后,出卖人又将该房屋出卖给第三人;

(3) 故意隐瞒未取得商品房预售许可证明的事实或提供虚假的相应证明;

(4) 故意隐瞒所售房屋已经抵押的事实。

(5) 故意隐瞒所售房屋已经出卖给第三人或为拆迁补偿安置房屋的事实。

需要强调的是,惩罚性赔偿金适用范围不能任意扩张,只有在上述五种法定情形下买受人才可以主张惩罚性赔偿金。另外,考虑到房屋价款往往巨大,此处的惩罚性赔偿金设置了上限数额为不超过已付房款的一倍。

二、分期付款买卖合同

分期付款买卖合同,就是将合同约定的全部(如零首付的商品房买卖)或者一部分价金(如30%首付的商品房买卖后的70%价金余额)分期支付的买卖合同。此类合同中出卖人承受较大的债权风险。出卖人在分期付款买卖合同中为躲避风险,常常采取设定保留所有权条款等措施维护自己利益,合同法对此予以支持。

"分期付款"的含义,《买卖合同解释》第38条规定:系指买受人将应付的总价款在一定期间内至少分3次向出卖人支付。

分期付款买卖合同的约定违反合同法第167条第1款的规定,损害买受人利益,买受人主张该约定无效的,人民法院应予支持。

依《合同法》第167条的规定,买受人未支付到期价款金额达全部价款1/5(该比例不得再下调,如约定1/6的,买受人可以主张该约定无效)的,出卖人有以下两个权利,可以选择其一行使:(1) 单方变更合同权:要求买受人支付全部价款,实际上就是改变原来的分期付款的约定;(2) 单方解除合同权:要求解除合同,同时还可以要求买受人支付该标的物的使用费。

合同可以约定出卖人在解除合同时可以扣留已受领价金,出卖人扣留的金额超过标的物使用费以及标的物受损赔偿额,买受人可以请求返还超过的部分;当事人对标的物的使用费没有约定的,参照当地同类标的物的租金标准确定。

三、样品买卖合同

样品买卖,又称货样买卖,是指标的物品质依一定样品而定的买卖。样品买卖合同的核心是确保交付的货物与封存的样品一致,当事人约定依样品买卖的,视为出卖人保证交付的货物与样品具有同一品质,其意义是出卖人提供一种质量担保:出卖人就交付的标的物与样品及其说明的质量相同负瑕疵担保责任;样品有隐蔽瑕疵而买受人不知情的,出卖人交付的标的物的质量应符合同种物的通常标准。《买卖合同解释》第40条规定:合同约定的样品质量与文字说明不一致且发生纠纷时当事人不能达成合意,样品封存后外观和内在品质没有发生变化的,人民法院应当以样品为准;外观和内在品质发生变化,或者当事人对是否发生变化有争议而又无法查明的,人民法院应当以文字说明为准。

四、试用买卖合同

试用买卖,又称为试验买卖,是指合同成立时出卖人将标的物交付给买受人试用,买受人在试用期间内决定是否购买的买卖。一般认为,试用买卖合同属于附停止条件的买卖合同,即在所附买卖条件成就前,出卖人应将标的物交付给买受人试验使用,最终是否同意购买取决于买受人的意愿。可见,试用买卖中买受人对标的物的同意购买(承认、认可)是试用买卖合同的生效条件。但需要指出,买受人买与不买的意思表示完全自由,不受条件约束,所以《买卖合同解释》第42条规定,买卖合同存在下列约定内容之一的,不属于试用买卖:(1)约定标的物经过试用或者检验符合一定要求时,买受人应当购买标的物;(2)约定第三人经试验对标的物认可时,买受人应当购买标的物;(3)约定买受人在一定期间内可以调换标的物;(4)约定买受人在一定期间内可以退还标的物。

试用买卖的试用是无偿,《买卖合同解释》第43条规定,试用买卖的当事人没有约定使用费或者约定不明确,出卖人主张买受人支付使用费的,法院不予支持。

买受人同意购买的意思表示方式包括:(1)明示:以书面或口头的形式通知出卖人为购买。(2)沉默:约定有试用期的,试用期届满未作表示的。(3)推定:以行为表示同意购买的,《买卖合同解释》第42条规定:试用买卖的买受人在试用期内已经支付一部分价款的,法院应当认定买受人同意购买,除非合同另有约定;试用期内,买受人对标的物实施了出卖、出租、设定担保物权等非试用行为的,应当认定买受人同意购买。所以,此时试用人与第三人之间订立的买卖合同不属于无权处分合同而属于有权处分合同,合法有效,第三人可以依据合同合法取得标的物所有权。

试用期关涉两方当事人的利益,试用期的确定方式是:当事人有约定的,从约定;无约定的,由出卖人确定。

五、拍卖

招投标与拍卖既是合同订立的竞争方式,同时也是特种买卖合同形式。《合同法》第172条规定:招标投标买卖的当事人的权利和义务以及招标投标程序等,依照有关法律、行政法规的规定。第173条规定:拍卖的当事人的权利和义务以及拍卖程序等,依照有关法律、行政法规的规定。鉴于招投标与拍卖分别由《招标投标法》《拍卖法》详细规范,此处不展开。

第三节　其他转移财产所有权的合同

一、赠与合同

(一)概念与特征

赠与合同,指一方当事人将自己的财产无偿给予他方,他方受领该财产的合同。将财产无偿给予对方的人称为赠与人,无偿接受他人财产的人称为受赠人,赠与的财产为赠与物或受赠物。赠与合同的特征:

1. 单务合同

赠与人只承担将赠与物无偿地交付给受赠人的义务，而受赠人只享受接受赠与物的权利。即使受赠人依约定负有一定义务，该义务与给予赠与物之间不存在对待给付关系，因而不构成双务合同。

2. 不要式合同

赠与合同可以采用口头形式、书面形式以及其他形式。

3. 诺成合同

赠与合同是实践合同还是诺成合同，各国立法规定不一。我国合同法规定赠与合同为诺成合同，自当事人意思表示一致时起成立。

4. 无偿合同

在赠与合同中，赠与人依约无偿转移其赠与物的所有权于受赠人，受赠人取得赠与物的所有权而不必向赠与人为相应的对待给付。

（二）赠与人的撤销权

赠与人毕竟是无偿给予对方财产利益，所以合同法对赠与人赋予特殊的权利，以平衡双方之间的利益关系，此处的撤销权有任意撤销与法定撤销之分。

1. 任意撤销权

赠与人的任意撤销权，是指在赠与财产的权利转移之前（动产交付前，不动产过户登记前），得由赠与人不受拘束地依其意思任意撤销赠与合同，不再负担履行义务。但为公序良俗之计，《合同法》第 186 条规定以下两种赠与合同不允许任意撤销：(1) 救灾、扶贫等社会公益、道德义务性质的赠与合同[①]；(2) 经过公证的赠与合同。

2. 法定撤销权

赠与财产的权利转移之后，赠与人即丧失了任意撤销权，但受赠人有《合同法》第 192 条所规定的下列严重侵害赠与人利益、情感的，赠与人可行使法定撤销权，追回已经移转的赠与物或者要求对方返还相应的价金：(1) 严重侵害赠与人或其近亲属的；(2) 不履行对赠与人的扶养义务的；(3) 不履行赠与合同约定义务的。

赠与人的法定撤销权，自知道或应当知道撤销原因之日起 1 年内行使。该期间为除斥期间。如因受赠人的违法行为致赠与人死亡、丧失法律行为能力的，其继承人或其法定代理人可以撤销赠与。赠与人的继承人或其法定代理人的撤销权，自知道或应当知道撤销原因之日起 6 个月内行使，这一期间同样也是除斥期间。赠与人的撤销权的图表归纳如下：

---

① 所谓道德义务性质的赠与，是指赠与的目的是为了履行基于亲情、报恩等道德上的义务。比如，养子女对亲生父母的赠与、为报答别人救命之恩的赠与等。

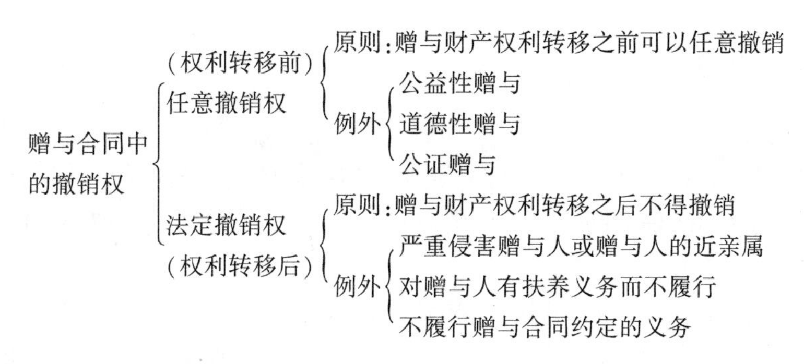

（三）赠与人的义务及其免除

基于赠与人的单务、无偿性考虑，合同法规定赠与人承担的合同责任比较宽松：

1. 违约责任的归责原则

对赠与财产毁损、灭失承担过错责任，且仅在故意或重大过失致赠与物毁损时才承担损害赔偿责任。

2. 瑕疵担保责任

原则上赠与人不承担瑕疵担保责任，但在附义务的赠与中，在附义务限度内比照买卖合同之出卖人承担瑕疵担保责任。当然，赠与人故意不告知或保证无瑕疵的，造成受赠人损失的，应承担损害赔偿责任。

（四）附条件的赠与与附义务的赠与的区别

赠与既可以附条件，也可以附义务。附条件的赠与合同，是指以将来可能发生的事实作为赠与合同生效或者失效的条件。附义务的赠与合同，是指赠与合同中约定受赠人须负担一定义务，如受赠人不履行其负担的义务，则构成赠与人行使撤销权的法定理由。附义务的赠与合同在当事人意思表示一致时即成立生效。二者的区别是：

1. 在附条件的赠与，条件有控制赠与合同效力的功能，而在附义务的赠与中，所附义务与赠与合同的效力无关，合同在当事人意思表示一致时即成立生效，并不因所附义务而影响赠与合同的效力。

2. 附条件的赠与，条件能否成就，应听其自然发展。条件无可强制执行性。而在附义务的赠与中，所附义务必须履行，否则，可以依照强制程序，强制其履行或者可由赠与人行使撤销权，撤销赠与。

举例　甲、乙之间约定："如乙今年考上'一本'大学，甲就赠给乙一台手提电脑。"这就是一个附生效条件的赠与合同，该合同自当事人意思表示一致时即成立，但尚未生效，是否生效，取决于"乙今年考上'一本'大学"这个条件能否成就，而该条件能否成就，应顺其自然。

丙赠给丁汽车一部，但是约定后者须在随后的一年里每天接送某残疾学生。这就是一个附义务的赠与合同。该合同在当事人意思表示一致时即已生效，若丁不履行每天接送某残疾学生的义务，丙可申请法院强制执行或撤销赠与。

二、借款合同

(一) 概述

借款合同,是当事人约定一方将一定种类和数额的货币所有权移转给他方,他方于一定期限内返还同种类同数额货币的合同。其中,提供货币的一方称贷款人,受领货币的一方称借款人。

借款合同的主要特征为:借款合同的标的物是金钱,这意味着借款合同是转让货币所有权的合同。作为借款合同的标的物的金钱既是可消耗物,又是特殊的种类物。金钱占有的转移,如果没有特别约定,即发生所有权的移转。

(二) 两类借款合同的区别

借款合同依贷款人的身份不同分为两类:一类是商业银行为贷款人的商业借款合同;一类是自然人与自然人之间的,又称民间借款合同。至于非企业法人与企业法人之间,企业法人与其他组织之间,其他组织与其他组织之间,以及企业法人、其他组织贷给自然人的借款合同,则为现行法所禁止或者限制,应为无效合同。商业借贷与民间借贷的区别是:

1.《合同法》第 197 条:是否为要式合同,前者为要式,后者可为不要式。

2.《合同法》第 210 条:是否为要物合同,前者为诺成(不要物),后者为要物(自贷款人提供借款时生效)。

3.《合同法》第 211 条、《民通意见》第 123 条:是否有偿,前者为有偿,后者可有偿也可无偿,若当事人之间无特别约定时,推定为无偿合同,即无息的民间借款合同。当然,即使是无息的民间借款合同,如果借款人逾期还款时,贷款人仍有权主张逾期的利息。自然人之间的有偿借款,其利率不得高于法定限制。

4. 前者为双务合同,后者为单务合同。

(三) 金融管制

1.《合同法》第 200 条规定不得预扣利息:在借款合同中,贷款人不得利用优势地位预先在本金中扣除利息。利息预先在本金中扣除的,按实际借款数额返还借款并计算利息。

2.《合同法》第 203 条规定贷款人的监督检查权。借款人未依借款用途而使用借款的,贷款人有权采取以下措施:(1) 停止发放借款;(2) 提前收回借款;(3) 解除合同。

3.《合同法》第 205 条规定付息方式:有约定的,从约定;没有约定或者约定不明确,借款期间不满 1 年的,应当在返还借款时一并支付;借款期间 1 年以上的,应当在每届满 1 年时支付,剩余期间不满 1 年的,应当在返还借款时一并支付。

4.《合同法》第 208 条规定鼓励提前还款:借款人提前偿还借款的,除当事人另有约定的以外,应当按照实际借款的期间计算利息。

三、民间借贷合同的特殊规定

2015年8月6日,最高人民法院公布《关于审理民间借贷案件适用法律若干问题的规定》(以下简称《民间借贷解释》),基于司法实践经验全面地规范了民间借贷合同,以下是其主要内容。

（一）民间借贷的定义

《民间借贷解释》第1条规定,民间借贷,是指自然人与自然人之间、自然人与非金融机构之间以及非金融机构与非金融机构之间的借贷合同行为,可以进一步分为个人之间的民间借贷,和非个人之间的民间借贷。关于民间借贷关系的成立,借据、收据、欠条等债权凭证,都是证明民间借贷的直接证据;如果被告对于借据、收据、欠条等债权凭证不持异议,只是抗辩已经偿还的,应该就其主张证明之,否则推定为借贷成立;如果基于基础法律关系抗辩并非借贷之债的,那么久按照基础法律关系处理。金融机构的转账凭证也可以作为证明民间借贷的直接证据,如被告抗辩转账系偿还双方之前借款或其他债务的,应就其主张举证,否则推定为借贷关系成立。对于名为买卖、实为借贷的行为处理:当事人以签订买卖合同作为民间借贷合同的担保,借款到期后借款人不能还款,出借人请求履行买卖合同的,法院应当按照民间借贷法律关系审理。

民间借贷有保证人的,如果是连带保证的,债权人可以只起诉债务人,也可以只起诉保证人,在后一种情形下,法院可以再追加债务人为共同被告;如果是一般保证的,债权人要么仅起诉债务人,要么将债务人与保证人列为共同被告,不可以仅仅列保证人为被告。

（二）民间借贷合同的性质

依据《民间借贷解释》第9—10条、第25条的规定,个人之间的民间借贷,属于要物合同,自借款人收到借款之时生效;非个人之间的民间借贷,原则上属于不要物合同,自成立是即为生效。

个人之间的民间借贷,原则上属于无偿合同,无利息约定的,即为无息借贷;非个人之间的民间借贷,原则上属于有偿合同,即便无利息约定的,可以结合相关市场因素来确定相应的利息(第25条2款)。

（三）民间借贷合同的效力

个人之间的借贷,为法律所允许,如没有法律规定的无效事由,就是有效的;非个人之间的借贷(非金融机构之间、非金融机构向本单位职工借贷),只要是为借款人自身的生产、经营所需要的,也为法律所允许,为此而订立的民间借贷合同如没有法律规定的无效事由,就是有效的;即使借款人或者出借人的借贷行为涉嫌犯罪,或者已经生效的判决认定构成犯罪,民间借贷合同并不当然无效。

以下四种民间借贷合同是无效的:(1) 套取金融机构信贷资金又高利转贷给借款人,且借款人知情的;(2) 向内部职工、其他非金融机构借款而后又转贷给借款人牟利,且借款人知情的;(3) 出借人事先知情借款人借款用于违法犯罪活动的;(4) 违背公序良俗的。

（四）单位与个人的连带责任认定

依据《民间借贷解释》第23条规定，法人代表以企业名义签订的民间借贷合同，实际上归于其个人使用的，借款人可以将企业、法人代表列为共同被告，也可以列企业为被告、法人代表为第三人；法人代表以个人名义签订的民间借贷合同，实际上归于企业使用的，借款人可以将企业、法人代表列为共同被告要求承担连带还款责任。

（五）利息及其限制

《民间借贷解释》第26条规定，月息在2分以内的约定，均为有效；3分以上的利息部分，无效，2—3分之间的，为自然债务。所谓自然债务，就是法律不干预其效力、依赖当事人自愿履行的债务，类似还有赌债等，债务人已经支付的，不得再追回；债务人未支付的，也不得强制其支付。如果借贷合同中约定预先扣除利息的，借贷的本金按照实际数额认定，这是为防止变相提高利息。

《民间借贷解释》第28条规定，借贷双方对前期借款本息结算后将利息计入后期借款本金并重新计算借贷本金的，法律允许；但月息超出二分以上的部分不得计入后期本金。第29条规定，对于逾期部分的利息，以月息2分为限；同样的道理，民间借贷的违约责任总和也不得超过月息二分的水准。

举例 张某是某科技有限公司的董事长，为了筹措公司运营资金殚精竭虑，最后找到自己的大学同学王某借款1000万元，王某称只信任张某本人，于是张某以其个人名义与王某签订一份借款合同，载明借期一年，没有明确写明利息事项。公司总经理戴某在借款合同书上以保证人身份签字。张某拿到钱款后转汇给公司财务账户。关于这份借贷合同，以下两个判断都是正确的：(1) 如被法院认定为张某王某之间的借贷合同，则王某不得主张借期内的利息支付请求权；(2) 王某如主张该合同项下的债权请求权，可以列张某与公司为共同被告。

（六）自愿付息不构成不当得利

《民间借贷解释》第31—32条规定，如果借款人自愿付息的，不构成不当得利，不得主张返还。所谓“自愿付息”，是指没有约定利息而支付，或者提前还款的按照约定的借款期间支付利息，或者超出约定的利率自愿支付的部分（以月息3分为限）；提前还款的，应该按照实际借款期间计息。

思维拓展

【重要知识点】

买卖合同：标的物所有权转移；风险负担规则；四种交付形态；代办托运的含义；孳

息归属;房屋买卖合同的无效、风险负担及惩罚性损害赔偿金;分期付款买卖与试用买卖。

赠与合同:基本特征;赠与人的任意撤销权与法定撤销权;赠与人对赠与财产毁损灭失的损害赔偿责任。

借款合同:商业借贷与民间借贷合同的若干区别。

【实例解析】

案例1　2014年8月18日,江苏省无锡市某商厦举办了某品牌电脑试用买卖活动。活动期间,顾客可以凭有效身份证件办理试用手续(名额用完为止)。试用期间无需支付任何费用。同日,秦某与该商厦签订了一份合同。合同约定秦某所选用的电脑价值6889元,试用期为7天,自交付次日起算。试用期内若秦某同意购买应向商厦支付家价款,不同意购买则应将所选商品归还本商厦,无需支付任何费用。2014年8月20日,秦某所选的电脑因为意外遭雷击而损坏。次日,秦某找到商厦客服部协商,双方就电脑损坏所造成的损失由谁负担各执一词,后诉至法院。

法律问题　本案的争议焦点为试用买卖中,标的物毁损灭失造成的损失由谁负担各执一词,后诉至法院。本案的争议焦点为试用买卖中,标的物毁损灭失风险由谁负担。你认为呢?

法理分析　免费试用已经成为现在商场常用的一种促销手段,但是试用合同中对试用过程中可能产生的风险却往往由于预估不够而不能在合同中予以约定,导致出现纠纷时相互扯皮,不利于问题的解决。我国买卖合同风险承担一般原则为交付主义,以标的物的实际交付时间作为确定标的物风险负担转移的标准。《合同法》第142条规定:"标的物毁损、灭失的风险,在标的物交付之前由出卖人承担,交付之后由买受人承担,但法律另有规定或当事人另有约定的除外。"该条是合同法关于买卖合同标的物风险负担的一般规定。立法者将试用买卖规定在合同法买卖合同的一章,逻辑上也应要适用该章关于风险负担的规定。

关键是如何理解试用买卖中的交付。试用买卖与传统意义上的买卖相比,试用买卖中,出卖人向买受人发出要约,买受人无需当即承诺,在试用期内,唯有在试用人对标的物承诺购买的,则买卖合同才会成立、生效。否则,合同无以成立、生效。需要知道,在试用期间内,双方尚未达成买卖合意,因而即使在先转移占有标的物的试用买卖中,虽然出卖方将标的物已经交由试用人(注意此时其尚不是买受人)占有,但并未完成交付,此时双方不可能有交付的合意,原因是买卖合同都尚未成立呢!故试用期间内的标的物风险负担仍由出卖人承担。

按照上述法理,上例的答案已经不言自明了:风险当然由商厦承担。

案例2　某地经营茶饮料的神牛公司,在H省电视台主办的赈灾义演募捐现场举牌表示向S省红十字会捐款800万元,并指明此款专用于S省某州地震受灾的B民族中学的校舍重建。此等善举得到很多媒体的报道,神牛公司获得很大的市场声誉,茶饮料大卖。神牛公司仅支付 300 万元,不再支付。

法律问题 对此,你认为 H 省电视台、S 省红十字会、B 中学等,谁可以站出来向神牛公司主张继续履行赠与义务?

法理分析 涉他合同也称为第三人合同,是指约定第三人为给付或受利益的合同。涉他合同,根据其为第三人设定的是债权还是债务,分为为第三人利益合同和第三人负担合同。在涉他合同中,债权之受领或债务之履行由第三人特定行为完成,如第三人拒绝受领或不履行债务,则视为债权人或债务人本人的行为,由合同当事人承担责任,实际上是合同相对性的体现。《合同法》第 64 条规定:当事人约定由债务人向第三人履行债务的,债务人未向第三人履行债务或者履行债务不符合约定,应当向债权人承担违约责任。

本案中,神牛公司在 H 省电视台主办的赈灾义演募捐现场举牌表示向 S 省红十字会捐款 800 万元,并指明此款专用于 S 省 B 民族中学的校舍重建。显然,神牛和 S 省红十字会是赠与合同的双方当事人,S 省 B 民族中学是受益的第三人(并非合同当事人),H 省电视台与该赠与合同无法律上的关系。根据《合同法》第 185 条的规定,赠与合同乃不要式、诺成合同。根据第 186 条的规定,具有救灾、扶贫等社会公益、道德义务性质的赠与合同或者经过公证的赠与合同不得任意撤销。因此,神牛公司对尚未支付的 500 万元负有继续履行义务,受赠人也可以要求其履行。依据《合同法》第 65 条之规定,只有赠与合同相对方 S 省红十字会有权请求神牛公司支付其余 500 万元,H 省电视台和 B 中学均无权主张。

【重点法条】

(1)《合同法》第 133—134、141—150、158、163、167、170—171、180、186、188—189、191—193、195、200、205、208、210—211 条。

(2) 最高人民法院《关于审理商品房买卖合同纠纷案件适用法律若干问题的解释》第 3、6—9、11、14 条。

(3) 最高人民法院《关于适用〈中华人民共和国合同法〉若干问题的解释(二)》第 15 条。

第二十四章
转移使用权的合同

转移使用权的合同,顾名思义,就是一方当事人将自己的财产交给另一方占有、使用并收益的合同。转移使用权的合同虽然也发生财产从一方交付另一方的事实,但只发生财产使用、收益权的转移,交付财产的一方并不失去财产所有权,而使用方只对财产享有占有、使用、收益之权,而无处分之权,使用完毕,应交还财产给交付方。

在我国《合同法》上,转移使用权的合同包括租赁合同、融资租赁合同。生活中的租赁合同主要是房屋租赁,最高人民法院颁布的《城镇房屋租赁合同纠纷解释》对于房屋租赁合同进行了详细的规定,对其主要内容都有详细介绍。

第一节 租赁合同

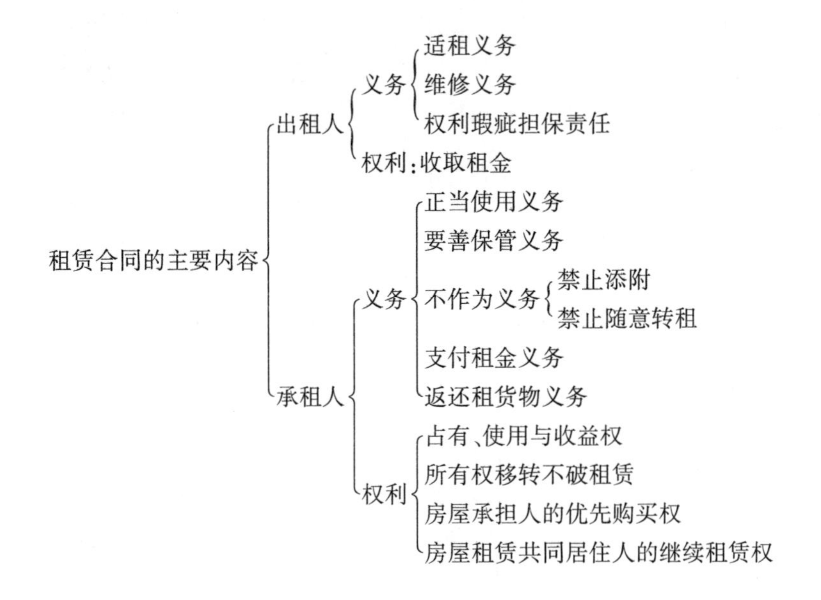

一、概念与特征

租赁合同,是指出租人将租赁物交付给承租人使用、收益,承租人支付租金的合同。在当事人中,提供物的使用或收益权的一方为出租人;对租赁物有使用或收益权的一方为承租人。租赁合同具有以下特征：

1. 转移租赁物使用收益权的合同

在租赁合同中，承租人的目的是取得租赁物的使用收益权，出租人也只转让租赁物的使用收益权，而不转让其所有权；租赁合同终止时，承租人须返还租赁物。所以，租赁行为本身不属于变动物权的处分行为（物权行为），而是属于设立权利负担的负担行为（债权行为）。

2. 双务、有偿、诺成、期限合同

租赁合同具有期限性。依《合同法》第 214 条之规定，租赁期限不得超过 20 年。超过 20 年的，超过部分无效。租赁期间届满，当事人可以续订租赁合同，但约定的租赁期限自续订之日起不得超过 20 年。

根据租赁合同是否确定期限，可以划分为定期租赁和不定期租赁。当事人可以在租赁合同中约定租赁期间，没有约定租赁期间的则为不定期租赁。对于不定期租赁，任何一方当事人都有权依自己的意愿随时解除合同，但出租人解除合同的，应在合理期限之前通知承租人。反之，承租人解除合同则无此要求。

3. 继续性合同

租赁合同中，承租人合同目的的实现，有赖于出租人在租赁期间持续不断地履行合同义务，因此，租赁合同为继续性合同。

4. 关于要式性

就租赁合同而言，不定期租赁合同为不要式合同，无须采取书面形式。定期租赁合同中，租赁期限为 6 个月以下的，也是不要式合同，可以由当事人自由选择合同的形式，无论采用书面形式还是口头形式，都不影响合同的效力；租赁期限为 6 个月以上的，为要式合同，应当采用书面形式，未采用书面形式的，视为不定期租赁。

二、当事人的权利义务

（一）出租人的义务

1. 适租义务

保证交付的租赁物在租赁期间符合约定用途；如果出租人违反了该义务，则构成根本违约，承租人得解除合同。

2. 维修义务

《合同法》第 221 条规定，如没有特别约定，出租人对租赁物负有维修的义务。若出租人不尽此义务，承租人可自行维修，费用由出租人负担。因维修租赁物影响承租人使用的，应当相应减少租金或者延长租期。

3. 权利瑕疵担保责任

《合同法》第 228 条规定，因第三人主张权利致承租人不能对租赁物使用、收益的，承租人得要求减少或不付租金。

（二）承租人的义务

1. 正当使用义务

《合同法》第218—219条规定，遵此义务，租赁物正常损耗的，承租人免责；违反此义务的，出租人可解除合同并要求赔偿损失。

2. 妥善保管义务

《合同法》第222条规定，承租人应当妥善保管租赁物，因保管不善造成租赁物毁损、灭失的，应当承担损害赔偿责任。

3. 不作为义务

在租赁合同中，承租人的不作为义务主要包括以下内容：

（1）禁止添附义务。不经出租人同意，承租人不得对租赁物进行改善或增设他物；否则，出租人可主张违约损害赔偿，也可主张侵权损害赔偿，还可主张物上请求权（如停止侵害、恢复原状等）。当然，前两项主张只能择一行使，因为依《合同法》第122条的规定，在发生违约责任与侵权责任竞合的情况下，受损害方只能择一行使。择一行使的，与物上请求权并行不悖。

（2）不得随意转租义务。《合同法》根据转租是否经出租人同意，将转租区分为合法转租与不合法转租。承租人经出租人同意将租赁物转租给第三人的，为合法转租。此时，承租人与出租人之间的租赁合同不因转租而受影响，继续有效。根据合同相对性原理，第三人对租赁物造成损失的，承租人向出租人承担赔偿损失的责任。

承租人未经出租人同意转租的，为不合法转租，出租人可以解除合同，或者提出异议，请求确认转租合同无效。关于转租，详见下文房屋转租的叙述。

4. 支付租金义务

承租人应当按照约定的期限支付租金，无正当理由迟延支付，经催告于合理期间内仍不支付的，出租人得解除合同。

5. 返还租赁物义务

租赁期间届满，承租人应当返还租赁物。返还的租赁物应当符合按照约定或者租赁物的性质使用后的状态。

（三）承租人的权利

1. 收益权

依《合同法》第225条规定，在租赁期间因占有、使用租赁物获得的收益，归承租人所有，但当事人另有约定的除外。

2. 所有权移转不破租赁

“所有权移转不破租赁”是指在租赁期间租赁物所有权变动的，租赁合同对受让人继续有效（《合同法》第229条）。这是债权对抗所有权的一个特例，也是物权优先于债权的一个例外。

历史的考察 租赁合同本为一种债权债务关系。在早期民法上，承租人只能向出租人本人主张对租赁物的使用、收益，租赁权不能对抗第三人。这种权利配置反映了重视所有权,相对轻视使用、收益权的观念。随着社会经济的发展,民法逐渐地承认在房屋等财产的租赁关系中,租赁物所有权在租赁期间内的转移,包括基于买卖、赠与、继承与受遗赠等原因导致的所有权移转,都不影响承租人的权利,原租赁合同对受让租赁物的第三人仍然有效,该第三人不得解除租赁合同,此即“所有权移转不破租赁”原则。这一原则突破了传统的合同相对性原则,使租赁权具有了对抗第三人的效力。这种情况被称为“租赁权的物权化”或“债权的物权化”。[①] 需要特别注意的是,“所有权移转不破租赁”原则适用于所有的租赁合同,而承租人享有优先购买权仅限于房屋租赁合同。

3. 房屋承租人的优先购买权与房屋租赁共同居住人的继续租赁权。详细内容见后文。

三、租赁合同解除的特别规定

租赁合同的解除,首先遵从《合同法》总则关于合同解除的一般规定,强调只有在一方构成根本违约的情形下,双方或者对方始得行使解除权。

根本违约与解除合同 比如因不可抗力致使不能实现租赁合同目的,双方都可以主张解除合同;又如承租人擅自变动房屋建筑主体和承重结构或者扩建,在出租人要求的合理期限内仍不予恢复原状,就构成承租人的根本违约,出租人单方享有解除权并要求赔偿损失;又如承租人未经出租人同意转租的,出租人可以解除合同(《合同法》第224条第2款)。《城镇房屋租赁合同纠纷解释》第8条规定:“因下列情形之一,导致租赁房屋无法使用,承租人请求解除合同的,人民法院应予支持:(1) 租赁房屋被司法机关或者行政机关依法查封的;(2) 租赁房屋权属有争议的;(3) 租赁房屋具有违反法律、行政法规关于房屋使用条件强制性规定情况的。”

但是,不定期租赁合同的解除有特别规定,按照《合同法》第232条的规定,双方都可以随时解除合同,区别仅仅在于,要求出租人应在合理期限之前通知承租人而已。依《合同法》第232、215、236条的规定,不定期租赁合同主要有三种情形:(1) 租赁期限6个月以上的,当事人未采用书面形式的,视为不定期租赁;(2) 当事人对租赁期限没有约定或者约定不明确,依照《合同法》第61条仍不能确定的,视为不定期租赁;(3) 租赁期间届满,承租人继续使用租赁物,出租人没有提出异议的,原租赁合同继续有效,但租赁期限为不定期。

四、关于房屋租赁合同的特别规定

房屋租赁合同是租赁合同的一种,是适用范围最广、数量最大的租赁合同类型。在内容上,也有别于其他租赁合同。近年来,在我国经济高速发展和住房制度改革日

---

① 参见王利明主编:《民法》(第5版),中国人民大学出版社2010年版,第441页。

益深化的推动下,房屋租赁经营方式日益普遍,房屋租赁业迅猛发展。为统一法律适用,指导各级人民法院及时公正审理房屋租赁合同纠纷案件,促进房屋租赁市场的健康发展,2009年7月最高人民法院公布《城镇房屋租赁合同纠纷解释》,主要内容介绍如下:

(一) 无效的房屋租赁合同

1. 无效的类型

(1) 违法建筑物的租赁合同及其补救。未取得建设工程规划许可证或者未按照建设工程规划许可证规定建设的房屋,未经批准或者未按照批准内容建设的临时建筑,超过批准使用期限的临时建筑为违法建筑。此类建筑物的租赁合同无效;但如在一审法庭辩论终结前取得建设工程规划许可证或者经主管部门批准建设的,或者经主管部门批准延长使用期限的,违法情节消失,国家干预的理由也就消失,本着鼓励交易的价值立场,无效合同应被认定转化为有效。

(2) 未经出租人同意并由其提出异议的转租合同。《合同法》第224条规定:承租人经出租人同意,可以将租赁物转租给第三人。承租人转租的,承租人与出租人之间的租赁合同继续有效,第三人对租赁物造成损失的,承租人应当赔偿损失。承租人未经出租人同意转租的,出租人可以解除合同。据此,经过出租人同意的转租合同有效,自不待言,但对擅自转租的合同效力规定过于原则,对其理解争议极大,《城镇房屋租赁合同纠纷解释》没有绝对地采用无效或者有效说,而是赋予出租人异议权,出租人有权在知道或应当知道擅自转租之日起6个月(除斥期间,不变期间)内提出异议,该异议权是形成权,一经异议,转租合同确定无效;未异议者,推定为出租人同意转租。当然,超出6个月出租人未异议的推定同意转租,转租合同有效,出租人不得再主张无效。可见,转租合同的效力是由出租人的选择来决定的。

(3) 转租期限超过承租人剩余租赁期限的合同,超过部分无效,除非当事人另有约定。

房屋租赁合同的登记备案。《城市房地产管理法》与住房和城乡建设部《商品房屋租赁管理办法》都明确规定房屋租赁合同"应当"登记备案。此处登记备案到底具有何种效力,司法实践一直不明确。按照前述强制性规范分为效力性强制性规定和管理性(取缔性)强制性规定的法理,究其性质,房屋租赁合同之所以要求登记备案,立法者无非就是试图通过此举建立起房屋租赁档案体系,加强流动人口的管理和实现社会治安的稳定,并作为房屋租赁税费收缴的依据,从源头堵塞房屋租赁税收漏洞。这样看来,房屋登记备案应当属于管理性强制性规定。但是,以房屋租赁合同没办理登记备案手续为由请求确认合同无效的,法院不予支持。当然,如当事人约定以办理登记备案手续为房屋租赁合同生效条件的,这是附生效条件的合同,应当尊重当事人的意思自治。

2. 无效房屋租赁合同的处理

合同无效后,合同约定的租金对当事人失去约束力,所以承租人无须支付租金,但应返还依无效合同取得的财产,包括占有租赁的房屋和实际占有房屋所获取的占有利益。占有利益为无形财产,承租人只能采用折价补偿的方式,即支付合理的房屋使用费(参照合同约定的租金标准支付房屋占有使用费)。此外,房屋租赁合同被认定为无效后,受损害方可以请求过错方承担缔约过失责任。

(二)“一房多租”的处理

1. 数份租赁合同的效力

在合同领域中涉及多重关系的主要有两种,一种是多重租赁,还有一种是多重买卖,即俗称的“一女多嫁”。债权具有相容性,《合同法解释(二)》第15条规定:出卖人就同一标的物订立多重买卖合同,合同均不具有合同法第52条规定的无效情形,买受人因不能按照合同约定取得标的物所有权,请求追究出卖人违约责任的,人民法院应予支持。可见与“一物多卖”的诸买卖合同均有效,同理,“一房多租”的诸租赁合同均有效。

2. 数份租赁合同的履行顺序

虽然内容冲突的数个房屋租赁合同都有效,但显然只能履行其中的一个。严格从民法原理讲,“一房多租”情形下前手合同和后手合同到底要履行哪一个,要遵循两个原则:(1) 契约自由原则,履行哪一个由出租人的意志决定;(2) 债权平等原则,先手合同的承租人不能主张其有优先权,应当按照债权平等原则,故只能由出租人决定租给哪一方。

但是,房屋租赁合同有一些特殊的情况,《城镇房屋租赁合同纠纷解释》第6条结合中国实际规定了多重租赁下的三个顺序,顺位在先的优先适用:

(1) 已经合法占有租赁房屋的优先。如有承租人已经占有租赁房屋,基于占有或者说基于已经履行的合同,具有优先权,因为后手合同已经无法履行。

(2) 已经办理登记备案手续的优先。谁都没有对租赁房屋占有但有一方的合同先登记备案,登记备案的合同优先。

(3) 合同成立在先的优先。对于既没有实际合法占有,也没有办理登记备案手续的诸合同,依诚实信用原则确定合同成立在先的承租人优先承租。

3. 其他承租人的权利

对于没有履行的其他有效租赁合同的承租人,由于合同目的无法实现,承租人可以解除合同,同时要求出租人承担违约责任赔偿所受损失。

(三) 装饰装修物的处理

《合同法》第223条规定:承租人经出租人同意,可以对租赁物进行改善或者增设他物。《城镇房屋租赁合同纠纷解释》所称的“装饰装修物”,包括改建工程、普通装饰装修工程的装饰装修物和增设的他物。装饰装修物的处理涉及债权和物权两大领域,关涉添附制度、不当得利等。《城镇房屋租赁合同纠纷解释》所循思路是:首先,按照是否经出租人同意而区分处理;其次,对经出租人同意的,再区分合同无效、合同解除、合同履行期间届满三种不同情形区别处理;最后,借鉴附合形成与否的所有权归属理论及补偿理论进行处理。

1. 装饰装修物的归属

对租赁房屋进行改善或者增设他物，均是将动产附着于不动产。装饰装修物可分为附合和未形成附合装饰装修物两类。附合装饰装修物，是动产与不动产结合后，动产成为不动产的重要部分，非毁损或变更其性质而不能分离，如在租赁房屋粉刷涂料、吊设天花板等。依照添附理论，动产与不动产的附合发生物权法上和债权法上的双重法律效果：物权法的效果，一是动产的所有权被不动产所有权所吸纳，动产所有权灭失，二是不动产所有人即时取得动产的所有权；债权法的效果，动产所有权消灭后，其所有权人基于不当得利请求取得添附物所有权的人返还不当得利。[①] 据此，《城镇房屋租赁合同纠纷解释》规定在合同无效、合同解除、合同履行期间届满时，形成附合的装饰装修物由出租人取得所有权。当然，未形成附合的装饰装修物可由承租人取回。

2. 附合装饰装修物的补偿

承租人未经出租人同意装饰装修，属于"恶意添附"，费用当然应当由承租人自己负担，同时由于其行为还侵害了出租人的房屋所有权，造成损害房屋完整性的后果，出租人可请求承租人承担恢复原状或者赔偿损失的侵权责任。

承租人经出租人同意装饰装修物的补偿，比较复杂，要根据租赁合同效力状况进行区别处理，即要区分合同无效、合同解除、合同履行期间届满三种不同情形，再借鉴装饰装修物是未形成附合还是已形成附合情形下所有权归属理论及补偿理论进行处理，此处不展开。

（四）房屋转租的法律关系

房屋转租，是出租人将租赁房屋租给承租人，承租人又把承租房屋租给次承租人的租赁法律关系，前一租赁关系叫作本租，后一租赁关系叫转租，形成转租，本租须成立且有效。如承租人将租赁权利义务完全转让给第三人，自己退出租赁关系，直接由第三人和出租人建立租赁关系，就不是转租，而是房屋租赁合同的债权债务概括转移。

经过出租人同意的有权转租中产生了两个租赁合同关系，出租人、承租人和次承租人之间的关系是：出租人与次承租人之间无合同关系；若无特别约定，承租人可以从中赚取租金差价；如次承租人损害租赁物的，根据合同相对性原则出租人不可以直接向次承租人主张违约损害赔偿，应由承租人就次承租人的行为对出租人承担损害赔偿责任后，可向次承租人主张违约责任进行追偿。当然出租人可基于所有人地位向次承租人主张侵权损害赔偿。

举例　甲将自己的一套房屋租给乙住，乙经甲同意将房屋租给丙住。丙是个飞镖爱好者，因练飞镖将房屋的墙面损坏。对墙面被毁，由于丙不属于甲、乙之间租赁合同的当事人，基于合同相对性，甲如想主张违约责任只能向承租人乙主张，乙承担责任后

---

① 参见奚晓明主编：《最高人民法院关于审理城镇房屋租赁合同纠纷案件司法解释的理解与适用》，人民法院出版社 2009 年版，第 116 页。

可以向次承租人丙主张违约责任也即进行追偿。当然,甲也可以直接追究丙对墙面的侵权责任。此时乙丙其实对甲构成不真正连带责任。

在本租当事人之间发生争议时,次承租人可以以第三人的诉讼地位参加诉讼。因为本租当事人发生纠纷提起诉讼的,后果可能影响到次承租人的利益,因此其有权参加诉讼,此时的身份是无独立请求权的第三人。

因承租人拖欠租金而致合同解除的,次承租人享有抗辩权。承租人拖欠租金的行为属于根本违约,出租人起诉要求解除合同,涉及次承租人的转租合同利益。对此,次承租人可以代承租人缴纳拖欠的租金和违约金,以此作为抗辩理由进行抗辩,主张出租人不得解除合同。可见次承租人享有解除合同的抗辩权。

最后,次承租人对出租人负有腾房和支付逾期使用费的义务。在房屋租赁合同解除时,房屋还在次承租人占有之下,所以出租人有权要求次承租人腾房,理由是本租合同已经解除,转租合同的存在基础自然不复存在,次承租人继续占有租赁房屋已经没有法律上的原因,属无权占有,《物权法》第 34 条:"无权占有不动产或者动产的,权利人可以请求返还原物。"如次承租人拖延腾房的,就逾期腾房的房屋使用费对出租人负支付义务。

(五)"所有权移转不破租赁"及其例外

《城镇房屋租赁合同纠纷解释》第 20 条规定:租赁房屋在租赁期间发生所有权变动,承租人请求房屋受让人继续履行原租赁合同的,人民法院应予支持。但租赁房屋具有下列情形或者当事人另有约定的除外:(1) 房屋在出租前已设立抵押权,因抵押权人实现抵押权发生所有权变动的;(2) 房屋在出租前已被人民法院依法查封的。这里确立的规则是:

1. 原则上承认所有权移转不破租赁原则,出租人和承租人订立了租赁合同,在租赁期间,出租人移转租赁房屋所有权是可以的,第三人作为买受人可以取得该房的所有权,但在这个租赁房屋上存在的租赁关系不能消灭,必须承认该租赁关系,不能打破现存的租赁关系。受让人与承租人产生新的租赁关系,构成债的转移,承租人向新的出租人交纳房租,继续履行租赁合同。

2. 规定所有权移转不破租赁的三个例外:(1) 租赁房屋在出租前已设立抵押权,抵押权人实现抵押权,买卖不破租赁原则不能对抗抵押权的实现,抵押权人实现抵押权,可以买到租赁房屋的所有权,并且实际占有,解除原来的租赁关系;(2) 房屋在出租前已被人民法院依法查封的,也不受买卖不破租赁原则的影响;(3) 当事人另有约定的除外。如租赁合同订立时双方就约定不受买卖不破租赁原则约束的,即约定只要卖房就解除租赁合同的,那等于对房屋租赁合同约定了一个解除条件,当然不受买卖不破租赁原则的约束。

(六)承租人优先购买权的保护

司法实践中承租人优先购买权的适用规则比较混乱,《城镇房屋租赁合同纠纷解释》作出统一的规定,可归纳为四个规则:

1. 承租人优先权的性质是债权

承租人相对于第三人的优先购买权的性质如何，一直争论较大。依照《物权法》规定的“物权法定原则”，在法律未规定承租人的优先购买权为物权的情形下，该权利不应纳入物权保护的范畴，不具有排他性。《城镇房屋租赁合同纠纷解释》认为承租人的优先购买权是法定优先缔约权，系债权，不具有对抗第三人的效力。

2. 侵害承租人优先权的救济方式为赔偿损失

正因为承租人优先购买权属于债权，是优先缔约权而非物权性质的权利，《城镇房屋租赁合同纠纷解释》第 21 条规定，承租人优先购买权受侵害时，可以主张损害赔偿请求权，但无权请求确认出租人与第三人签订的房屋买卖合同无效。

《民通意见》第 118 条规定：出租人出卖出租房屋，应提前 3 个月通知承租人，承租人在同等条件下，享有优先购买权；出租人未按此规定出卖房屋的，承租人可以请求人民法院宣告该房屋买卖无效。这一规定已经被废除。道理是，因为承租人的优先购买权的效力较弱，与共有人的优先购买权效力不同，不能再适用对侵害优先购买权的采取宣告买卖合同无效的做法了。

3. 租赁房屋因被实现抵押而强制拍卖时的优先权保护

《城镇房屋租赁合同纠纷解释》第 23 条规定：出租人委托拍卖人拍卖租赁房屋，应当在拍卖 5 日前通知承租人。承租人未参加拍卖的，人民法院应当认定承租人放弃优先购买权。据此，只要是以拍卖方式出卖租赁房屋的，对承租人优先购买权的保护统一适用这样的方法：出租人以拍卖的方式出卖租赁房屋的，出租人和拍卖行都有义务在拍卖 5 日前通知承租人，如承租人不参加拍卖，视为放弃优先权。

4. 优先购买权行使的例外情形

依《城镇房屋租赁合同纠纷解释》第 24 条的规定，在以下四种情形下承租人不得主张优先购买权：

（1）房屋共有人行使优先购买权。共有人优先购买权优先于承租人优先购买权，其根源在于物权优先于债权的原则。

（2）房屋卖给出租人的近亲属。近亲属包括配偶、父母、子女、兄弟姐妹、祖父母、外祖父母、孙子女、外孙子女。我国社会是靠亲情和人情为纽带联系起来的熟人社会，亲情关系往往是经济交往中交换价值确定的重要考虑因素，与纯粹的买卖关系终究有所不同，这一规定有利于促进家庭和睦和社会和谐。

（3）承租人放弃优先购买权。出租人出卖租赁房屋，对承租人已经履行告知义务，如承租人在接到通知后 15 日内没有明确表示愿意购买的，视为放弃优先购买权，此后不得再主张优先购买权。15 日是不变期限。

（4）第三人善意取得租赁房屋所有权。善意取得的第三人对于承租人的优先购买权不知情，善意取得属于即时取得所有权，承租人当然不得主张优先购买权对抗善意第三人。

(七) 共同居住人的继续租赁权

《合同法》第234条明确规定承租人在租赁期间死亡的,与承租人生前共同居住的人享有继续租赁请求权,这是租赁合同效力延伸问题。《城镇房屋租赁合同纠纷解释》第19条将这一规定的适用对象进行扩张解释,扩张到"共同经营人""其他合伙人"身上。

第二节 融资租赁合同

一、概念和特征

(一) 概念

融资租赁合同,是指出租人根据承租人对出卖人、租赁物的选择,向出卖人购买租赁物,提供给承租人使用,承租人支付租金的合同。用一句通俗的话来描述融资租赁,就是"借鸡生蛋"、"以蛋还鸡",这里的"鸡"就是租赁物,而"蛋"是企业利用租赁物所创造出来的包括租金在内的毛利润。[①]

融资租赁合同的标的物,可以是任何动产,一般是耐用物。依据《融资租赁合同解释》第3条根据法律、行政法规规定,承租人对于租赁物的经营使用应当取得行政许可的,法院不应仅以出租人未取得行政许可为由认定融资租赁合同无效。可见,租赁物经营使用的行政许可,不是合同的有效条件。

(二) 最显著特征:三方关系构架

融资租赁合同最大的特点在于有三方当事人,这在《合同法》分则规定的十几类有名合同中,唯此一家。它集借贷、租赁、买卖于一体,是将融资与融物结合在一起的交易方式。融资租赁合同是由出卖人与买受人(同时也是租赁合同的出租人)之间的买卖合同和出租人与承租人之间的租赁合同构成的,但其法律效力又不是买卖和租赁两个合同效力的简单相加。融资租赁合同的主体为三方当事人,即出租人(买受人)、承租人和出卖人(供货商)。承租人要求出租人为其融资购买承租人所需的设备,然后由供货商直接将设备交给承租人。三者的简要关系图示如下:

《融资租赁合同解释》第2条规定,承租人将其自有物出卖给出租人,再通过融资租赁合同将租赁物从出租人处租回的,法院不应仅以承租人和出卖人系同一人为由认定不构成融资租赁法律关系,可见承租人与出卖人可以是同一人。

又据《融资租赁合同解释》第24条的规定,出卖人与买受人因买卖合同发生纠纷,或者出租人与承租人因融资租赁合同发生纠纷,当事人仅对其中一个合同关系提起诉讼,法院经审查后认为另一合同关系的当事人与案件处理结果有法律上的利害关系的,可以通知其作为第三人参加诉讼;承租人与租赁物的实际使用人不一致,融资租

① 江平主编:《中华人民共和国合同法精解》,中国政法大学出版社1999年版,第180页。

赁合同当事人未对租赁物的实际使用人提起诉讼,法院经审查后认为租赁物的实际使用人与案件处理结果有法律上的利害关系的,可以通知其作为第三人参加诉讼;承租人基于买卖合同和融资租赁合同直接向出卖人主张受领租赁物、索赔等买卖合同权利的,法院应通知出租人作为第三人参加诉讼。

融资租赁合同的三方关系可以如下图所示:

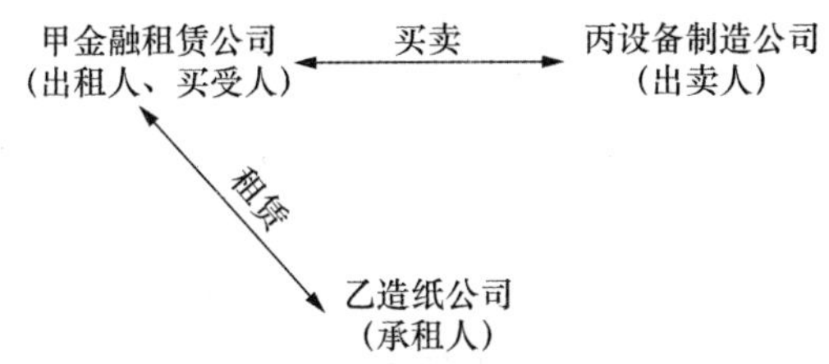

三方关系下的融资租赁合同,既不同于买卖合同也不同于租赁合同:

1. 与买卖合同不同,融资租赁合同的出卖人是向承租人履行交付标的物并承担瑕疵担保义务,而不是向买受人(出租人)履行义务,即承租人享有买受人的权利但不承担买受人的义务。

2. 与租赁合同不同,融资租赁合同的出租人不负担瑕疵担保责任,不承担租赁物的维修义务,不承担租赁物在租赁期间造成第三人的人身伤害或者财产损害的侵权责任。

举例　甲金融租赁公司根据乙的选择向丙制造公司购买了1台机械设备,出租给乙使用。这是融资租赁合同。假设情况1:若乙在该设备安装完毕后,发现不能正常运行。则甲不对乙承担违约责任,乙仍然应当按照约定支付租金;乙可以基于约定就设备质量瑕疵直接向丙索赔。假设情况2:若该机械设备使用中齿轮飞出伤人,甲不承担侵权责任。谁承担,要具体情况具体分析:如果是乙操作不当所致,则承租人乙承担;若是机械设备本身质量存在缺陷,受害人可以向销售商丙请求赔偿,也可以向租赁物的生产者请求赔偿。

融资租赁合同应当采用书面形式,是典型的要式合同。

二、三方当事人的权利、义务与责任

(一) 出卖人的义务

主要是向承租人交付租赁物。依据《融资租赁合同解释》第5条,出卖人违反合同约定的向承租人交付标的物的义务,承租人因下列情形之一拒绝受领租赁物的,人民法院应予支持:(1) 租赁物严重不符合约定的;(2) 出卖人未在约定的交付期间或者合理期间内交付租赁物,经承租人或者出租人催告,在催告期满后仍未交付的。但是,承租人拒绝受领租赁物,未及时通知出租人,或者无正当理由拒绝受领租赁物,造成出租人损失,出租人有权向承租人主张损害赔偿。

（二）出租人的义务

1. 向出卖人支付标的物的价金。

2. 在承租人依照约定向出卖人行使索赔权时，负有协助义务。《合同法》第240条规定：出租人、出卖人、承租人可以约定，出卖人不履行买卖合同义务的，由承租人行使索赔的权利。承租人行使索赔权利的，出租人应当协助。

（三）承租人的义务

1. 依约向出租人支付租金。《融资租赁合同解释》第6条规定，承租人对出卖人行使索赔权，不影响其履行融资租赁合同项下支付租金的义务，但承租人以依赖出租人的技能确定租赁物或者出租人干预选择租赁物为由，主张减轻或者免除相应租金支付义务的除外。

2. 妥善保管和使用租赁物并担负租赁物的维修义务。

3. 处分禁止。《融资租赁合同解释》第9条规定，承租人或者租赁物的实际使用人，未经出租人同意转让租赁物或者在租赁物上设立其他物权，第三人可以主张物权的善意取得，但有下列情形之一的排除善意取得的构成：(1) 出租人已在租赁物的显著位置作出标识，第三人在与承租人交易时知道或者应当知道该物为租赁物的；(2) 出租人授权承租人将租赁物抵押给出租人并在登记机关依法办理抵押权登记的；(3) 第三人与承租人交易时，未按照法律、行政法规、行业或者地区主管部门的规定在相应机构进行融资租赁交易查询的；(4) 出租人有证据证明第三人知道或者应当知道交易标的物为租赁物的其他情形。

4. 在租赁期间租赁物造成第三人的人身或财产损害，承租人承担赔偿责任。

5. 依约定支付租金，并于租赁期间届满时返还租赁物。

（四）出租人的违约责任

《融资租赁合同解释》第17条规定，出租人有下列情形之一，影响承租人对租赁物的占有和使用的，承租人有权依照合同法第245条的规定，要求出租人赔偿相应损失：(1) 无正当理由收回租赁物；(2) 无正当理由妨碍、干扰承租人对租赁物的占有和使用；(3) 因出租人的原因导致第三人对租赁物主张权利；(4) 不当影响承租人对租赁物占有、使用的其他情形。

《融资租赁合同解释》第18条规定，出租人有下列情形之一，导致承租人对出卖人索赔逾期或者索赔失败的，承租人有权要求出租人承担相应责任：(1) 明知租赁物有质量瑕疵而不告知承租人的；(2) 承租人行使索赔权时，未及时提供必要协助的；(3) 怠于行使融资租赁合同中约定的只能由出租人行使对出卖人的索赔权的；(4) 怠于行使买卖合同中约定的只能由出租人行使对出卖人的索赔权的。

《融资租赁合同解释》第19条规定，租赁物不符合融资租赁合同的约定且出租人实施了下列行为之一的，承租人依照合同法241、244条的规定，有权要求出租人承担相应责任：(1) 出租人在承租人选择出卖人、租赁物时，对租赁物的选定起决定作用的；(2) 出租人干预或者要求承租人按照出租人意愿选择出卖人或者租赁物的；

(3) 出租人擅自变更承租人已经选定的出卖人或者租赁物的。承租人主张其系依赖出租人的技能确定租赁物或者出租人干预选择租赁物的,对此承担举证责任。

三、合同解除的特殊规定

(一) 解除的情形

1. 规则一:《融资租赁合同解释》第 11 条规定,下列情形下,出租人或者承租人可以请求解除融资租赁合同:

(1) 出租人与出卖人订立的买卖合同解除、被确认无效或者被撤销,且双方未能重新订立买卖合同的;

(2) 租赁物因不可归责于双方的原因意外毁损、灭失,且不能修复或者确定替代物的;

(3) 因出卖人的原因致使融资租赁合同的目的不能实现的。

2. 规则二:《融资租赁合同解释》第 12 条规定,下列情形下,出租人可以请求解除融资租赁合同的:

(1) 承租人未经出租人同意,将租赁物转让、转租、抵押、质押、投资入股或者以其他方式处分租赁物的;

(2) 承租人未按照合同约定的期限和数额支付租金,符合合同约定的解除条件,经出租人催告后在合理期限内仍不支付的;

(3) 合同对于欠付租金解除合同的情形没有明确约定,但承租人欠付租金达到 2 期以上,或者数额达到全部租金 15% 以上,经出租人催告后在合理期限内仍不支付的;

(4) 承租人违反合同约定,致使合同目的不能实现的其他情形。

同时,第 22 条规定,出租人依照上述第 12 条的规定请求解除融资租赁合同,同时请求收回租赁物并赔偿损失的,法院应予支持。该损失赔偿范围为承租人全部未付租金及其他费用与收回租赁物价值的差额;如合同约定租赁期间届满后租赁物归出租人所有的,损失赔偿范围还应包括融资租赁合同到期后租赁物的残值。

3. 规则三:《融资租赁合同解释》第 13 条规定,因出租人的原因致使承租人无法占有、使用租赁物,承租人有权请求解除融资租赁合同。

(二) 解除后的处理

《融资租赁合同解释》第 14 条规定,当事人在一审诉讼中仅请求解除融资租赁合同,未对租赁物的归属及损失赔偿提出主张的,法院可以向当事人进行释明。第 15 条规定,融资租赁合同因租赁物交付承租人后意外毁损、灭失等不可归责于当事人的原因而解除,出租人有权要求承租人按照租赁物折旧情况给予补偿。第 16 条规定,融资租赁合同因买卖合同被解除、被确认无效或者被撤销而解除,出租人有权根据融资租赁合同约定,或者以融资租赁合同虽未约定或约定不明,但出卖人及租赁物系由承租人选择为由,主张承租人赔偿相应损失;出租人的损失已经在买卖合同被解除、被确认无效或者被撤销时获得赔偿的,应当免除承租人相应的赔偿责任。

四、标的物的所有权归属与风险负担

1. 所有权归属

融资租赁期间出租人享有租赁物的所有权。因此,承租人破产时,租赁物不属于破产财产。依《合同法》第250条的规定,出租人与承租人可以约定租赁期间届满后租赁物的归属。对租赁物的归属没有约定或者约定不明确,按照《合同法》第61条的规定仍不能确定的,租赁物的所有权归出租人。

但与租赁合同不同,出租人不承担租赁物的瑕疵担保责任,对承租人占有租赁物期间租赁物造成第三人的人身或财产损害也不承担责任。《合同法》第244条规定:“租赁物不符合约定或者不符合使用目的的,出租人不承担责任,但承租人依赖出租人的技能确定租赁物或者出租人干预选择租赁物的除外。”可见,出租人只在特别情形下对租赁物的质量负有瑕疵担保责任。

2. 风险负担

《融资租赁合同解释》第7条规定,承租人占有租赁物期间,租赁物毁损、灭失的风险由承租人承担,出租人可以要求承租人继续支付租金的,除非当事人另有约定。第10条规定,当事人约定租赁期间届满后租赁物归出租人的,因租赁物毁损、灭失或者附合、混同于他物导致承租人不能返还,出租人有权要求其给予合理补偿的。

五、诉讼时效

《融资租赁合同解释》第25条规定:当事人因融资租赁合同租金欠付争议向法院请求保护其权利的诉讼时效期间为2年,也即普通时效,自租赁期限届满之日起计算。

思 维 拓 展

【重要知识点】

不定期租赁合同的认定及解除;买卖不破租赁及其例外;转租的效力及其责任;承租人的优先购买权及其例外;融资租赁合同不同于买卖合同、租赁合同的若干特征。

【实例解析】

案例 1992年2月5日,甲公司与乙公司签订融资租赁合同。双方约定,出租人甲公司应按照承租人乙公司的要求,从国外购进浮法玻璃生产线及附属配件,租赁给乙公司,租金总额为18万美元,租期24个月,每6个月为1期。最后一期的到期日为1994年5月30日,如乙公司不支付租金,甲公司可要求即时付清租金的一部分或全

部,或终止合同,收回租赁物件,并由乙公司赔偿损失。双方还约定了租金利率的调整和延付租金的罚款利息。丙公司为乙公司提供了支付租金的担保。丙公司向甲公司出具的租金偿还保证书中约定,丙公司保证和负责乙公司切实履行融资租赁合同的各项条款,如乙公司不能按照合同的约定向甲公司交纳其应付的租金及其他款项时,担保人应按照融资租赁合同的约定,无异议地代替乙公司将上述租金及其他款项交付给甲公司。

1993年5月5日,甲公司将购进的全套设备全部运抵目的地。按照乙公司的要求,将设备安装在丁工厂使用。经乙公司和丁工厂共同开箱检验和调试后,认定设备质量合格。设备投产后,因生产原料需从国外进口,成本较高,销路较差,致使开工后就停产。承租人和丁工厂仅支付甲公司设备租金6万美元。甲公司多次催要,乙公司和丁工厂仍未能支付租金,于是甲公司向法院提起诉讼,要求乙公司和丁工厂立即偿付所欠租金及利息,并由丙公司承担保证责任。乙公司辩称,甲公司在丁工厂经营不善的情况下,未能收回租赁物,致使损失扩大,乙公司不应承担责任;丙公司辩称,甲公司应在承租方无力偿付租金的情况下及时收回租赁物,防止损失扩大,但甲公司却采取放任态度,致使损失扩大,甲公司无权就扩大的损失要求赔偿。人民法院受理后,将丁工厂列为本案的第三人参加诉讼,丁工厂辩称,自己不是融资租赁合同的当事人,不应承担租金偿付义务。

法律问题 参照合同法的有关规定,本案的法律关系应作何种分析?

法理分析 本案系因为租赁物质量问题引起的欠付租金纠纷。主要涉及三个问题:(1) 四方关系的认定。本案的属于融资租赁合同纠纷。作为出租人的甲公司享有按合同约定的租金标准收取租金的权利;乙公司不按照合同的规定支付租金,属于违约行为。乙公司应当支付租金、逾期利息并赔偿损失。丙公司作为承租人的担保人,应当按照合同约定的保证责任履行担保义务。丁不是合同当事人。

(2) 甲公司未收回租赁物是否造成损失扩大?本案中融资租赁合同中约定,如乙公司不支付租金,甲公司可要求即时付清租金的一部分或全部,或终止合同,收回租赁物件。根据该规定,当承租人违约后,出租人可以行使债权——要求即时付清租金的一部分或全部,也可以行使担保物权——收回租赁物。这一规定对于出租人实际上是可选择行使的权利,出租人有权选择其一来实现权利的保护。鉴于融资租赁合同的法律特征,出租人出租租赁物的目的在于承租人能偿还购买设备的本息及一定的利润,追求的是金钱利益的体现。因此,出租人收回租赁物不会是其首要的选择。即使出租人甲公司收回租赁物,也不能免除承租人乙公司的偿付全部租金的责任,在出租人收回租赁物后,由于其专用性,应由甲公司进行变卖、拍卖或转租,利益不足部分仍应由承租人乙公司来承担。所以,甲公司不选择收回租赁物的处理办法是没有违反法律规定的,对乙公司和丙公司援引《民法通则》第114条的规定,即"当事人一方因另一方违反合同受到损失的,应当及时采取措施防止损失的扩大;没有及时采取措施致使扩大的,无权就扩大的损失要求赔偿"的抗辩不能予以支持。

(3) 丁工厂是否应承担偿付租金的责任？本案中，丁工厂是租赁物的实际使用人，即实际承租人，但不是融资租赁合同的一方当事人。人民法院将其列为第三人符合法律规定，便于案件审理。丁工厂在本案中的地位是属于无独立请求权的第三人。本案的处理结果与丁工厂有法律上的利害关系，属于法律规定的“案件处理结果同他有法律上的利害关系的”情形。这是指诉讼中双方当事人(原告和被告)争议的诉讼标的涉及的法律关系，与无独立请求权的第三人参加的另一个法律关系有牵连，而无独立请求权的第三人是否行使权利和履行义务，对原被告之间的权利行使和义务履行有直接影响。丁工厂是否应当承担租金的偿还责任，则直接与无独立请求权第三人在其参加的诉讼中的法律地位有关。在诉讼中，无独立请求权的第三人致使基于物权(特定物)追诉而负有返还其占有之物的义务，没有基于债权追诉而负有替代履行债务的义务，因此，在本案这种追索租金的债权纠纷中，丁工厂不是融资租赁合同的一方当事人，其不应负有替代或连带债权人甲公司偿还租金的义务。至于乙公司与丁工厂的内部关系如何，则属于另案处理的问题。

【重点法条】

(1)《合同法》第 215、220—221、224、229、232、236、240、244、246—247、250 条。

(2) 最高人民法院《关于审理城镇房屋租赁合同纠纷案件具体应用法律若干问题的解释》第 4、6、15—17、19—21、24 条。

>> 第二十五章 <<

完成工作成果的合同

完成工作成果的合同,即民事主体之间一方为另一方完成某项工作,另一方当事人接受工作成果并支付报酬的合同。完成工作的义务人称为承揽人或承包人,有义务接受工作成果并付酬的人称为定作人或发包人。此类合同中,双方当事人最注重的是承揽人(或承包人)的人力、技术、设备等劳动技能和劳动条件。因为,劳动技能、条件对工作成果的完成与否及质量好坏起决定作用,而工作成果的质量又决定着定作人(发包人)的特殊合同目的的实现能够得到保障的程度。所以,完成工作成果的合同的双方当事人的权利义务是以承揽人的劳动技能和劳动条件展开的。当然,此类合同中也有具体财产的移转问题,但财产移转也取决于承揽人的工作质量。

完成工作成果的合同的另一显著特征是合同标的的特定性。该类合同的标的是承揽人(或承包人)完成工作后交付的工作成果。这种特定性也构成了其与买卖合同、雇佣合同的重要区别特点。

完成工作成果的合同主要有承揽合同与建设工程合同。由于在现代社会经济生活中后者日益重要,逐渐从前者分立出来,但前者的基本规定适用于后者。

第一节 承揽合同

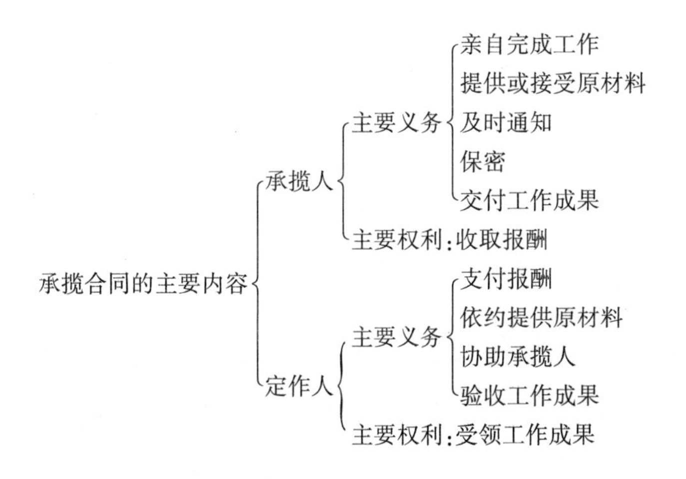

一、概念与特征

承揽合同,是指当事人一方按他方的要求完成一定工作,并将工作成果交付他方,他方接受工作成果并给付酬金的合同。提出工作要求,按约定接受工作成果并给付酬金的一方是定作人;按指定完成工作成果、收取酬金的一方是承揽人。

当承揽人为数人时,数个承揽人即为共同承揽人,如无相反约定,共同承揽人对定作人负连带清偿责任。

承揽合同具有多种多样的具体形式。按《合同法》第 251 条第 2 款的规定,承揽包括加工、定作、修理、复制、测试、检验等工作,因而也就有相应类型的合同。

承揽合同是诺成、有偿、双务、不要式合同,此外还有以下显著特征:

1. 以完成一定的工作并交付工作成果为标的。在承揽合同中,承揽人必须按照定作人的要求完成一定的工作,但定作人的目的不是工作过程,而是工作成果,这是其与单纯的提供劳务的合同的不同之处。

2. 承揽人工作具有独立性。承揽人以自己的设备、技术、劳力等独立完成工作任务。

3. 承揽工作具有一定人身性质。承揽人一般必须以自己的设备、技术、劳力等完成工作并对工作成果的完成承担风险。承揽人不得擅自将承揽的工作交给第三人完成。

二、当事人的权利义务

(一) 承揽人的主要义务

1. 依约亲自完成工作

承揽人应按合同约定完成交付的工作。这是承揽人的首要义务,也是其获得酬金应付出的对价。依《合同法》第 253 条的规定,承揽人应以自己的设备、技术和劳力亲自完成约定的工作,未经定作人同意,承揽人不得将承揽的主要工作交由第三人完成。承揽人将承揽的辅助工作交由第三人完成,或依约定将承揽的主要工作交由第三人完成的,承揽人就第三人完成的工作对定作人负责。这体现了合同的相对性原则。

举例 甲将自家房屋的装修工作包给了声誉很佳的乙装修公司,为此支付了高价,则乙公司应亲自完成装修工作,未经定作人甲同意乙不得将装修的主要工作交由另一家刚成立的丙装修公司。即使乙装修公司征得甲同意,将铺设地板工作交由第三人丁地板厂完成,如地板铺设有质量问题,依然由乙对甲承担责任。

2. 提供或接受原材料

完成定作所需的原材料,可以约定由承揽人提供或由定作人提供。承揽人提供原材料的,应按约定选购并接受定作人检查;定作人提供的,承揽人应及时检查,妥善保管,并不得更换材料。

3. 及时通知和保密的义务

对于定作人提供的原材料不符合约定的,或定作人提供的图纸、技术要求不合理的,应及时通知定作人。对于完成的工作,定作人要求保密的,承揽人应保守秘密,不得留存复制品或技术资料。

4. 交付工作成果

承揽人完成的工作成果,应及时交付给定作人,并提交与工作成果相关的技术资料、质量证明等文件。但在定作人未按约定给付报酬或材料价款时,承揽人得留置工作成果。

(二) 定作人的主要义务

主要包括:按照约定提供材料;按照约定支付报酬;协助承揽人;验收并受领工作成果。

三、承揽合同的变更与解除

承揽合同当事人除了可以基于一般的合同解除原因解除合同外,还享有以下特殊解除权:

(一) 承揽人解除权

对于定作人不履行协助义务的,承揽人可催告其在合理期限内履行,定作人逾期仍不履行的,承揽人有权解除合同。

(二) 定作人解除权

1. 承揽人未经许可将主要的承揽工作交由第三人完成的,定作人可以解除合同。

2. 定作人任意变更、解除合同权,根据《合同法》第258、268条的规定,合同成立后,承揽人交付完成的工作成果前,定作人可随时变更合同,也可随时解除合同,该权利的行使,不以承揽人有违约行为为要件,当然因定作人的任意变更、解除合同而致承揽人损失的,应负赔偿责任。

四、承揽合同中的风险与侵权责任负担

1. 在承揽期间内,因不可抗力等因素而发生的风险负担,原材料由定作人提供的,由定作人承担风险;原材料由承揽人提供的,由承揽人负担。这里的风险承担与《合同法》第265条所讲的承揽人的过错赔偿责任不同。依后者,承揽人有义务妥善保管定作人提供的原材料及完成的工作成果,因保管不善造成毁损、灭失的,应当承担损害赔偿责任。

举例 甲提供五块木料给乙家具厂订制一个书橱,如在承揽期间乙家具厂加工车间因遭雷击起火,五块木料被毁,则风险应由定作人甲承担;如五块木料被毁是因为乙家具厂工人在车间吸烟引起,则属乙家具厂保管不善造成的,不属于风险,乙应当承担损害赔偿责任。

2. 依最高人民法院《人身损害赔偿解释》第10条的规定,承揽人在完成工作过程中对第三人造成损害或者造成自身损害的,定作人原则上不承担赔偿责任。但定作人对定作、指示或选任有过失的,应承担相应赔偿责任。

第二节　建设工程合同

一、概念和特征

建设工程合同,是指一方依约定完成建设工程,另一方按约定验收工程并支付酬金的合同。前者称承包人,后者称发包人。建设工程合同包括工程勘察、设计、施工合同,属于承揽合同的特殊类型。

作为从传统承揽合同分离出来的特殊类型,建设工程合同除具有承揽合同的一般法律属性外,还具有以下特点:合同中完成的工作,最终构成不动产;要式合同,应当以书面方式订立。

二、建设工程合同的主要规则

(一) 保证工程质量的特别规定

《合同法》第272条规定,以下行为属于强制性行为或者禁止行为:(1) 发包人不得将应当由一个承包人完成的建设工程肢解成若干部分发包给几个承包人。(2) 承包人不得将其承包的全部建设工程转包给第三人。(3) 承包人不得将其承包的全部建设工程分解以后以分包的名义分别转包给第三人。(4) 禁止承包人将工程分包给不具备相应资质条件的单位。(5) 禁止分包单位将其承包的工程再分包。(6) 建设工程主体结构的施工必须由承包人自行完成。(7) 总承包人或者勘察、设计、施工承包人经发包人同意,可以将自己承包的部分工作交由第三人完成。第三人就其完成的工作成果与总承包人或者勘察、设计、施工承包人向发包人承担连带责任。

(二) 承包人的法定优先受偿权

《合同法》第286条赋予承包人就该建设工程折价或者拍卖的价款优先受偿的权利。该权利性质究竟为何? 属于法定抵押权? 还是属于法定优先权? 根据最高人民法院《关于建设工程价款优先受偿权问题的批复》(法释[2002]16号)的精神可知:(1)《合同法》第286条的权利性质是法定优先权;(2) 该优先权类似于动产的留置权,故在效力上优于抵押权和其他债权,但不得对抗已经交付购买商品房的全部或者大部分款项的消费者;(3) 建设工程承包人行使优先权的期限为6个月,自建设工程竣工之日或者建设工程合同约定的竣工之日起计算。

(三) 合同相对性规则的突破

建设工程合同的双方当事人本来是发包人与总承包人或勘察、设计、施工承包人,但总承包人或勘察、设计、施工承包人经发包人同意,可以将一部分承包工作分包给第三人，此时发包人与分包人(第三人)之间并不存在合同关系。但是，为了确保工程质量，以及分包人的工程款债权利益(分包人的工程款，很大一部分是民工的劳动报酬)，《合同法》与最高人民法院的《建设工程合同解释》规定了以下规则，突破了合同相对性规则：

1. 第三人就其完成的工作成果与总承包人或勘察、设计、施工承包人向发包人承担连带责任(《合同法》第272条第2款)；因建设工程质量发生争议的，发包人可以以总承包人、分包人和实际施工人为共同被告提起诉讼(《建设工程合同解释》第25条)。

2. 反过来，实际施工人以转包人、违法分包人为被告起诉的，人民法院应当依法受理。实际施工人以发包人为被告主张权利的，人民法院可以追加转包人或者违法分包人为本案当事人。发包人只在欠付工程价款范围内对实际施工人承担责任(《建设工程合同解释》第26条)。

综上，本来分包人与发包人并无合同关系，但法律为使承包人与分包人互相监督，以确保工程质量，以及保护实际施工人的工资等利益，直接规定了彼此之间的连带责任。可谓是合同相对性的一个例外。

举例　甲公司将建筑工程发包给乙公司，乙公司将其转包给丙公司，丙公司将部分工程包给由121个农民工组成的施工队。施工期间，丙公司拖欠施工队工程款达500万元之多，农民工因此踏上维权之路。丙公司以乙公司拖欠其工程款800万元为由、乙公司以甲公司拖欠其工程款1000万元为由均拒付欠款。施工队将甲公司诉至法院，要求甲公司支付500万元。

关于本案，法院要支持施工队的请求，不能简单以坚持合同相对性为由否定甲的责任，造成农民工申诉，案结事不了；法院可以追加乙、丙为当事人，以加强保护农民工权益的力度。

思维拓展

【重要知识点】

承揽人按约定亲自完成工作的义务；定作人的任意解除权；保证工程质量的特别禁止性规定；建设工程合同承包人的法定优先权。

【实例解析】

案例　甲、乙两家公司签订了一份加工合同，约定：甲向乙提供含钒钢材、铸铁以及零部件，乙按照甲提供的设计图纸将之加工成5台某型号的设备，合同履行期60天，加工费50万元。合同签订后，甲交付设计图纸与材料给乙，由于乙订单较多，便将其中的一部分铸铁转交给丙,要求其按照要求将铸铁融化后,制成特定形状,乙又将其中一部分材料交给了丁,要求丁按照图纸加工出2台设备。后来交付工作成果的时候,甲乙之间发生多重争议,遂生纠纷,诉至法院。

法律问题 (1) 乙将承揽工作的一部分交由丙、丁来完成,是否妥当?(2) 若乙在加工过程中发现甲提供的设计图纸有缺陷,乙将采取何种措施补救?(3) 在合同履行过程中,甲是否有权更改原设计图纸并要求乙按照新设计进行加工?

法理分析 (1) 乙、丁之间的行为性质,属于将承揽的主要工作转交第三人完成,在未经过甲同意之前提下,是根本违约行为;乙、丙之间的行为性质,属于承揽的辅助工作转交,可以不经甲的同意而为之;(2) 乙首先应该及时通知甲,若甲怠于答复从而造成乙损失的,应当承担赔偿责任;(3) 承揽合同履行期内,甲可以中途更改原设计图纸,并要求乙按照新设计进行加工,但如因甲的更改而造成乙的损失的,甲应给与乙相应赔偿。

【重点法条】

(1)《合同法》第253、256、268、272、286条。

(2) 最高人民法院《关于建设工程价款优先受偿权问题的批复》。

第二十六章

提供劳务的合同

提供劳务的合同的一个共同特征是其标的是提供服务(劳务)而不是交付物。如货运合同的标的是运送行为,而非承运的货物,也不是承运货物的交付。所谓运送行为,是指物从甲地运送到乙地的行为,体现为空间距离的完成。提供劳务的合同的一方主体多为专门从事服务业的自然人、法人或其他组织,故提供劳务的合同多表现为双务、有偿合同,无偿是例外(如部分委托合同、保管合同)。而且,提供劳务合同多为标准合同(格式合同,如运输合同、邮政合同、行纪合同等)。

我国《合同法》分则中规定了六类有名的提供劳务的合同,即运输合同、保管合同、仓储合同、委托合同、行纪合同、居间合同。此外还有许多无名合同亦属此类,如实践中常见的演出合同、培训合同、旅游合同、邮递合同等。其中,为统一旅游纠纷案件裁判尺度,依法维护旅游者合法权益,最高人民法院于2010年10月出台了《最高人民法院关于审理旅游纠纷案件适用法律若干问题的规定》(以下简称《规定》),该《规定》主要着眼于解决在旅游过程中,旅游者权益受到损害时旅游经营者的责任认定等问题,是本章无名合同中的重点。

第一节　运输合同

一、概念和特征

运输合同又称为运送合同,是指承运人将旅客或者货物从起运地点运输到约定地点,旅客、托运人或者收货人支付票款或者运输费用的合同。将旅客或货物从起运地点运输到约定地点的一方称为承运人,支付票款或运输费用的一方称为旅客、托运人或者收货人。

运输合同分为客运合同、货运合同。其中货运合同按照运输方式分类,又可以分为单一运输合同和多式联运合同。运输合同具有下列特征:

1. 合同的标的是运送行为。运输合同的标的是承运人的运送行为,而不是被运送的货物或旅客本身。货物或旅客仅是运送行为的对象而已。

2. 诺成合同。运输合同,通常只要双方当事人之间达成合意,即告成立,无须以交付运送对象为成立要件。但如果当事人有特别约定或法律有特殊规定时,货运合同也可为实践合同。

3. 双务、有偿合同。承运人有义务为托运人运送物品或旅客,同时有权获得报酬;托运人或旅客有义务支付运费或票款,同时有权要求承运人完成运送行为。

4. 运输合同多为格式合同,合同条款由承运人事先拟定,托运人和旅客仅有就此条款表示同意与否的权利。

二、客运合同

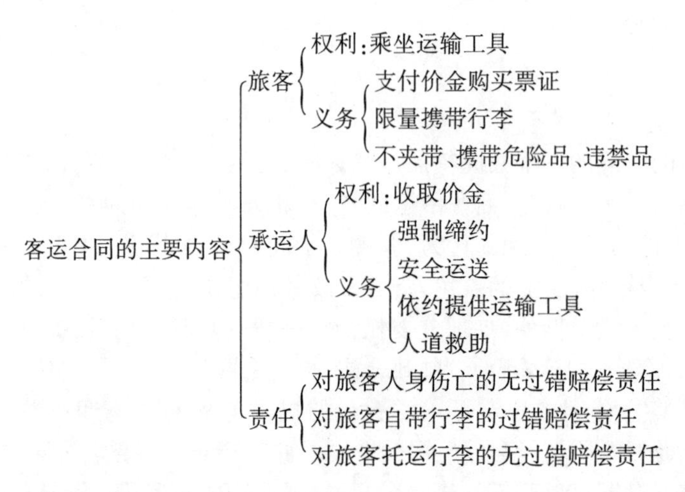

客运合同又称为旅客运输合同,是指承运人与旅客签订的由承运人将旅客及其行李运输到目的地而由旅客支付票款的合同。

客运合同的旅客既是合同一方当事人,又是运输对象。客运合同通常采用票证形式。客票为客运合同的书面形式,也是客运合同成立的凭证。客运合同的成立时间和生效时间并不一致,自承运人向旅客交付客票时成立,自检票时生效(《合同法》第293条)。

(一)旅客的义务

1. 持有效客运票乘运的义务。旅客应当支付价金购买票证,持有效客运票乘运。旅客无票乘运、超程乘运、越级乘运或者持失效客运票乘运的,应当补交票款;旅客不交付票款的,承运人可以拒绝运输。

2. 限量携带行李的义务。旅客在运输中应当按照约定的限量携带行李。超过限量携带行李的,应当办理托运手续。

3. 不得携带或夹带危险品或其他违禁品的义务。

(二)承运人的主要义务

1. 强制缔约义务。据《合同法》第289条的规定,从事公共运输的承运人,不得拒绝旅客、托运人通常、合理的运输要求。

2. 安全运送义务。据《合同法》第290条的规定,承运人应当在约定期间或者合理期间内将旅客、货物安全运输到约定地点。

3. 依约提供运输工具义务。据《合同法》第300条的规定,承运人擅自变更运输工具而降低服务标准的，应当根据旅客的要求退票或者减收票款；提高服务标准的，不应当加收票款。

4. 人道救助义务。据《合同法》第301条的规定，承运人在运输过程中，应当尽力救助患有急病、分娩、遇险的旅客。

（三）承运人的赔偿责任

据《合同法》第302、303、311条的规定：

1. 对旅客人身伤亡的赔偿责任。(1) 承运人对旅客人身伤亡的赔偿责任，是无过错责任，即使没有过错，承运人也应当对运输过程中的旅客的伤亡承担损害赔偿责任；(2) 除非伤亡是旅客自身健康原因造成的或承运人证明伤亡是旅客故意、重大过失造成的；(3) 上述规定不仅适用于全价客票旅客，还适用于按照规定免票、持优待票或经承运人许可搭乘的无票乘客。

2. 对旅客自带行李的赔偿责任。旅客自带物品毁损、灭失，承运人有过错的应当承担损害赔偿责任。这是典型的过错责任原则。

3. 对旅客托运行李的赔偿责任：适用货物运输的有关规定。即承运人对于运输过程中货物毁损、灭失承担损害赔偿责任，但承运人证明货物的毁损灭失是因不可抗力、货物本身的自然性质或者合理损耗以及托运人、收货人的过错造成的，不承担赔偿责任。这是无过错责任。

举例　某旅客甲乘火车去游玩。火车经过某小站时，车窗外飞来一石头，将甲砸伤(后来查明是一顽童所为，但已经无法找到其人)。甲被送至当地的医院进行包扎，花去医药费500元。在混乱中另一游客乙只顾看热闹，而致使自带的笔记本电脑被小偷偷走。火车到站后，乘客丙发现自己托运的行李出现了坏损，原因不明。

解析　本案中，甲的医药费损失属于旅客人身伤亡的赔偿责任范畴，铁路运输公司承担的是无过错责任，所以应该由铁路运输公司承担。乙的笔记本电脑被偷，属于旅客自带行李的赔偿责任，铁路运输公司承担的是过错责任，所以，铁路运输公司不赔。丙托运的行李出现了坏损，属于旅客托运行李的赔偿责任，铁路运输公司承担的是无过错责任，所以应该由铁路运输公司承担。

三、货运合同

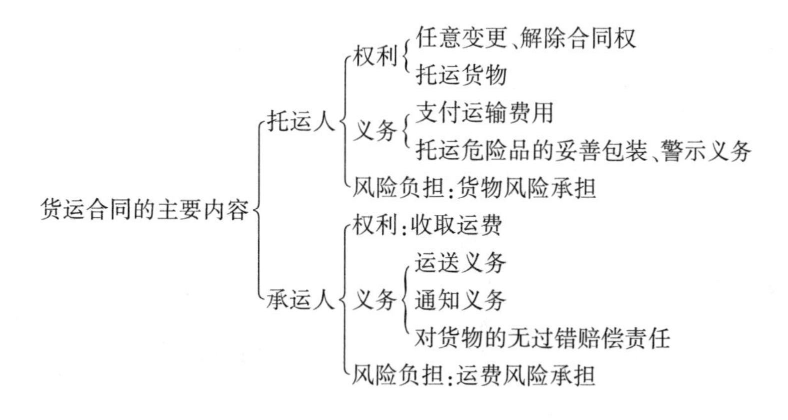

货物运输合同,是指承运人将托运人交付的货物运输到指定的地点,而由托运人支付运费的合同。

(一) 托运人的主要权利、义务与责任

1. 任意变更、解除合同权。根据《合同法》第308条的规定,在承运人将货物交付收货人之前,托运人可以要求承运人中止运输、返还货物、变更到达地或者将货物交给其他收货人,但应当赔偿承运人因此受到的损失。

2. 支付运输费用义务。这是托运人的基本义务。根据《合同法》第314、315条的规定,不支付运费、保管费等应付费用的,除有相反约定外,完成运送的承运人有留置权。运送货物因不可抗力发生毁损灭失的,托运人可以免交运费,已交的可以请求返还。

3. 托运危险物品的妥善包装、警示等义务。

4. 运输过程中如因为不可归责于任何一方当事人的原因发生货物毁损灭失,也即发生货物风险的,货物风险负担由托运人承担。

(二) 承运人的主要权利、义务与责任

1. 收取运费的权利。货运合同属于有偿合同,托运人支付运费给承运人,承运人有权收取运费。

2. 运送义务。承运人要按照约定的时间、地点,安全无损地将物品运抵目的地。如因承运人的原因错运到货地点或逾期运到的,应承担违约责任。

3. 通知义务。货物运输到达后,承运人知道收货人的,应当及时通知收货人。收货人逾期领取货物的,承运人可以收取保管费;收货人不明或无正当理由拒绝受领的,可以提存。

4. 无过错赔偿责任。承运人对于运输过程中货物毁损、灭失承担损害赔偿责任,这是无过错责任。免责事由有四个:货物的毁损灭失是因不可抗力;货物本身的自然性质或者合理损耗;托运人的过错造成的;收货人的过错造成的。

5. 运输过程中如由于不可归责于任何一方当事人的原因发生货物毁损灭失,也即发生风险的,运输行为无须继续履行,运费风险由承运人承担,也即承运人不再收取运费,已经收取的应予以退还。

两个以上的同一种方式承运人承运货物的,由与托运人订立合同的承运人对全程运输承担责任。运送货物有损害的,缔约之承运人与实际承运人负连带赔偿责任。

(三) 收货人的主要义务

当托运人与收货人不是同一人时,托运人的部分义务便依托运人与收货人的约定而转移于收货人,如领取货物、支付费用等。但根据合同相对性原则,收货人不履行义务,仍由托运人承担责任。

四、多式联运合同的特殊效力

多式联运合同是指多式联运经营人将分区段的不同方式的运输联合起来作为承

运人履行承运义务的运输合同。

据《合同法》第 318 条,多式联运合同的特殊效力体现在:

1. 承运人的权利和义务由多式联运的经营人享有和承担,货物在运输途中发生毁损、灭失,对外由多式联运经营人承担责任。多式联运之承运人之间的内部责任划分约定,不得对抗托运人。

2. 支付费用的总括性。托运人将全程不同运送设备的运费一次性支付给多式联运经营人,并取得多式联运单据。

第二节　保管与仓储合同

一、保管合同的概念和特征

保管合同,又称寄托合同、寄存合同,是指当事人一方将物品交付他方,他方给予保管并获得保管费用的合同。在保管合同中,对他人物品进行保管的人称保管人,将自己的物品交托保管人的人称寄存人。保管合同有如下特征:

1. 实践合同。《合同法》第 367 条规定:保管合同自保管物交付时成立,但当事人另有约定的除外。据此规定,保管合同除当事人另有约定外,为实践合同,其成立以交付保管物为要件。

2. 可以无偿也可以有偿。《合同法》第 366 条规定:当事人对保管费没有约定或者约定不明确,依照《合同法》第 61 条的规定仍不能确定的,视为无偿保管。

3. 保管合同以物品的保管为目的。保管合同的标的是保管行为,尽管物应处于保管人的占有或控制之下,但保管只是对物的保存行为,而不是管理行为,因而保管人只应保持物的原状,而不得对物为利用或改良行为。

二、保管合同当事人的权利义务

(一) 保管人的主要义务

1. 保管义务

保管人的首要义务即是保管标的物的义务。其内容包括:

(1) 妥善保管标的物。依《合同法》第 374 条,因保管不善导致保管物毁损灭失的,保管人应负损害赔偿责任,但无偿保管人仅就自己的故意或重大过失负赔偿责任,有偿保管人负一般过失责任。

(2) 亲自保管物品。据《合同法》第 371 条,未经寄存人同意的,不得擅自将保管物转交第三人保管;否则,保管人对第三人保管导致的损失负赔偿责任。

2. 不得使用保管物

依《合同法》第 372 条,非经寄存人许可,保管人不得使用或允许第三人使用保管物。

3. 返还保管物

无论是有偿保管还是无偿保管，也不论约定了保管期间还是未约定保管期间，寄存人均可随时请求保管人返还保管物。寄存人要求领取保管物的，保管人应及时交还。即使有第三人对保管物主张权利，非经执行程序强制，保管人仍应向寄存人返还保管物。

(二) 寄存人的主要义务

1. 支付报酬义务

在有偿保管中，保管人完成保管义务时，寄存人应支付约定的报酬。寄存人不支付约定的报酬的，保管人有权留置保管物。在无偿保管中，寄存人对保管人为保管支付的必要费用，应予偿还。

2. 告知义务

依《合同法》第370条，保管物有瑕疵，或需要采取特殊措施保管的，寄存人应将情况告知保管人。未履行此义务的，保管物因此而受的损害，保管人不负赔偿责任；保管人因此而受损害的，寄存人应负赔偿责任。

3. 贵重物品声明义务

依《合同法》第375条，寄存人寄存货币、有价证券或者其他贵重物品的，应当向保管人声明，由保管人验收或者封存。寄存人未声明的，该物品毁损、灭失后，保管人可以按一般物品予以赔偿。三、保管合同与仓储合同的异同比较仓储合同可以说是从传统的保管合同分离出来的新合同类型，具有更浓厚的商事合同特性，但在内容上与保管合同基本一致。《合同法》第395条也规定，法律关于仓储合同没有规定的，适用保管合同的有关规定。比如仓储合同的保管人也负有妥善保管、亲自保管与不得使用保管物的不作为义务；第三人主张权利时，保管人应对寄存人(存货人)为返还义务；寄存人寄存贵重物品时也负有声明义务，否则，依一般物品赔偿；保管人都有留置权，保管期间保管物的孳息归寄存人(存货人)；等等。

但二者还是存在一些区别，这主要体现在仓储合同具有的商事性特征上。依《合同法》第381、382条，首先，保管合同可为有偿亦可无偿，但仓储合同为有偿。其次，保管合同为要物(实践)合同，但仓储合同为诺成合同。最后，在有偿保管合同中，寄存人可以随时领取保管物，保管费用据实结算；在有约定期限的仓储合同中，存货人或者仓单持有人可以提前提取，但不减收仓储费(《合同法》第376、392条)。

第三节　委托合同

一、概念和特征

委托合同又称委任合同，是指委托人与受托人约定，由受托人处理委托人事务的合同。其中，委托他人为自己处理事务的人称委托人，接受他人委托的人称受托人。

委托合同具有以下特征：

1．委托合同的标的是处理委托事务的行为。处理委托事务的行为既可以是法律行为，也可以是事实行为，但委托合同不适用于须当事人亲自履行的身份行为，如结婚、离婚事务等。

2．最大诚信合同。委托合同建立在双方的相互信任关系的基础上。委托人委托受托人处理事务是以委托人对受托人的能力和信誉的信任为基础的，因此，受托人必须亲自办理委托事务。

3．委托合同是双务、诺成、不要式合同。

4．委托合同既可以是有偿合同，也可以是无偿合同。委托合同一般为有偿合同。如果法律没有另行规定，委托人与受托人又约定完成委托事务可以不支付报酬的，该委托合同则是无偿合同。如果委托人与受托人没有对报酬问题作出约定，该合同应按照有偿合同对待，即委托人应向受托人支付报酬。

二、当事人的权利义务

（一）受托人的主要义务

1．接受指示处理委托事务。受托人应当在委托人授权范围内按照诚实信用原则处理事务。需要变更委托人指示的，应当经委托人同意；因情况紧急，难以和委托人取得联系的，受托人应当妥善处理委托事务，但事后应当将该情况及时报告委托人。

2．亲自处理委托事务。依《合同法》第400条，经委托人同意，受托人可以转委托。转委托经同意的，委托人可就委托事务直接指示转委托的第三人，受托人仅就第三人的选任及其对第三人的指示承担责任。转委托未经委托人同意的，受托人应当对转委托的第三人的行为承担责任，但在紧急情况下受托人为了委托人的利益需要转委托的除外。

3．谨慎处理义务。依《合同法》第406条，受托人处理委托事务，应尽必要的注意义务。有偿的委托合同，因受托人的过错给委托人造成损失的，委托人可以要求赔偿损失。无偿的委托合同，因受托人的故意或者重大过失给委托人造成损失的，委托人可以要求赔偿损失。

（二）委托人的主要义务

1．支付费用的义务。委托人应当预付处理委托事务的费用。受托人为处理委托事务垫付的必要费用，委托人应当偿还该费用及其利息。

2．支付报酬的义务。受托人完成委托事务的，委托人应当向其支付报酬。因不可归责于受托人的事由，委托合同解除或者委托事务不能完成的，委托人应当向受托人支付相应的报酬。当事人另有约定的，按照其约定（《合同法》第405条）。

3．赔偿义务。依《合同法》第407、408条，受托人在处理事务过程中，因不可归责于自己的事由而受到损失的，有权要求委托人赔偿损失。委托人经受托人同意，在受托人之外委托第三人处理事务，因此给受托人造成损失的，受托人可以向委托人要求赔偿损失。

三、间接代理

一般意义上的委托代理中的受托人都是以委托人的名义对外订立合同，但依《合同法》第402、403条，受托人以自己的名义，在委托人的授权范围内与第三人订立合同，这就是间接代理。

依据第三人是否知道受托人为他人的代理人，间接代理又分为显名间接代理与隐名间接代理。第三人在订立合同时知道受托人与委托人之间的代理关系的，为显名间接代理，该合同直接约束委托人和第三人，也即其效力与一般的代理无异。

第三人在订立合同时不知道受托人与委托人之间的代理关系的，为隐名间接代理，该合同直接约束受托人与第三人，其效力类似于行纪。但是，在受托人因第三人的原因对委托人不履行义务时，受托人应当向委托人披露第三人，委托人因此享有介入权，可以行使受托人对第三人的权利，除非在第三人与受托人订立合同时如果知道该委托人就不会订立合同。

反之，受托人因委托人的原因对第三人不履行义务的，受托人应当向第三人披露委托人，第三人因此享有选择权，可以选择受托人或者委托人其中一人作为相对人主张其权利(注意不能追究连带责任)，但第三人不得变更选定的相对人。

举例　甲工厂委托乙公司购买一批货物，乙公司不收取报酬。请问：(1) 乙公司是否有权请求甲工厂偿还为处理委托事务所支付的必要费用及利息？(2) 乙公司可否将委托事务转托给第三人？(3) 如乙公司因过错给甲工厂造成损失，甲工厂是否可以要求赔偿损失？

解析　(1)《合同法》第398条规定：委托人应当预付处理委托事务的费用。受托人为处理委托事务垫付的必要费用，委托人应当偿还该费用及利息。(2)《合同法》第400条规定：受托人应当亲自处理委托事务。经委托人同意，受托人可以转委托。转委托经同意的，委托人可以就委托事务直接指示转委托的第三人，受托人仅就第三人的选任及其对第三人的指示承担责任。(3)《合同法》第406条规定：在委托合同为无偿的情况下，惟因受托人的故意或重大过失给委托人造成损失的，委托人才可要求赔偿损失。

第四节　行纪与居间合同

一、行纪合同的概念和特征

行纪合同是行纪人以自己的名义为委托人从事贸易活动，委托人支付报酬的合同。以自己名义为他人从事贸易活动的一方为行纪人，委托行纪人为自己从事贸易活动并支付报酬的一方为委托人。行纪合同具有以下特征：

1. 合同的标的是行纪人为委托人进行贸易活动，通常表现为为委托人买入或卖出特定物品或财产权利。

2. 行纪人以自己的名义为委托人从事贸易活动。行纪人为了委托人的利益，以自己的名义与第三人为交易活动，由此产生的权利义务由行纪人自己承担。

3. 双务、诺成、有偿、不要式合同。

二、行纪合同当事人的权利义务

（一）行纪人的主要权利和义务

1. 行纪人的主要义务

（1）诚信义务。行纪人为委托人的利益完成行纪行为，并应当尽注意义务，以使委托人的利益不受损失或少受损失，也即负有忠实与谨慎义务。

（2）接受指示。依《合同法》第418条，委托人指定了卖出价格或买入价格的情况下，行纪人应当按委托人的指定价格处理事务。行纪人以低于委托人指定的价格卖出或者高于委托人指定的价格买入的，应当经委托人同意。未经委托人同意，行纪人补偿其差额的，该买卖对委托人发生效力。行纪人以高于委托人指定的价格卖出或者以低于委托人指定的价格买入的，可以按照约定要求增加报酬。委托人对价格有特别指示的，行纪人不得违背该指示卖出或者买入。

（3）妥善保管。行纪人占有委托物的，应当妥善保管委托物。委托物交付给行纪人时有瑕疵或者容易腐烂、变质的，经委托人同意，行纪人可以处分该物；与委托人不能及时取得联系的，行纪人可以合理处分。

（4）负担行纪费用的义务。依《合同法》第415条的规定，行纪人处理委托事务支出的费用，由行纪人负担，但当事人另有约定的除外。

2. 行纪人的主要权利

（1）报酬请求权。行纪人完成或者部分完成委托事务的，委托人应当向其支付相应的报酬。委托人逾期不支付报酬的，行纪人对委托物享有留置权，但当事人另有约定的除外。

（2）介入权。依《合同法》第419条的规定，行纪人接受委托实施行纪行为时，可以自己的名义介入买卖活动。行纪人买入或卖出市场定价的商品时，只要委托人没有相反的意思表示，可以自己作为买受人或出卖人。行纪人行使介入权后，仍可要求委托人支付报酬。

（3）提存权。依《合同法》第420条的规定，行纪人按照约定买入委托物，委托人应当及时受领。经行纪人催告，委托人无正当理由拒绝受领的，行纪人可提存委托物。委托物不能卖出或者委托人撤回出卖，经行纪人催告，委托人不取回或者不处分该物的，行纪人可提存委托物。

举例　甲将自己的一块手表委托乙寄卖行以2000元价格出卖。甲与乙之间成立行纪合同关系，乙为销售手表所支出的费用应由自己负担。若乙经与丙协商，最后以

2500元成交，对多卖的500元，该利益属于委托人甲，如果有约定，乙可以按照约定要求增加报酬。若丙发现所买手表质量有问题，丙应向乙主张责任。因为在行纪人与第三人的合同中，行纪人是合同当事人，并对合同直接享有权利、承担义务。

（二）委托人的主要权利义务

1. 委托人的主要义务

（1）及时受领委托物的义务。

（2）支付报酬的义务。委托人应当按约定向行纪人支付报酬及其他约定的费用。行纪人以高于委托人指定的价格卖出或低于委托人指定的价格买入的，可按照约定增加报酬。

2. 委托人的主要权利

（1）验收权。对于行纪结果，委托人有权检验。如行纪人未按照指示实施行纪行为，委托人有权拒绝接受行纪结果，并可要求行纪人赔偿损失。

（2）损害赔偿请求权。在行纪人与第三人订立合同的情况下，如果第三人不履行义务致使委托人受到损害的，委托人有权要求行纪人赔偿损失。

三、委托合同与行纪合同的区别

委托合同与行纪合同的区别主要有四点，详见下表：

类别	委托合同	行纪合同
订立合同名义不同	除间接代理的情形外，受托人不得以自己名义与第三人订立合同	行纪人以自己名义与第三人订立合同（《合同法》第414条）
合同约束主体不同	受托人不是合同一方当事人，不对合同直接享有权利义务；委托人才是合同一方当事人，享有合同权利，承担合同义务	合同订立后，行纪人是合同当事人，并对合同直接享有权利、承担义务（《合同法》第421条）
介入权之有无不同（可否自买或自卖）	委托合同中受托人不得自买或自卖，否则，构成滥用权利，行为无效	行纪合同中，除非委托人有相反的意思表示，行纪人均可自买或自卖，并有权请求报酬
是否享有必要费用请求权不同	受托人为处理委托事务垫付的必要费用，委托人应当偿还该费用及其利息（《合同法》第398条）	行纪人处理委托事务支出的费用，由行纪人负担，但当事人另有约定的除外（《合同法》第415条）
有偿无偿属性不同	委托合同可有偿，也可无偿（《合同法》第405条）	行纪合同是有偿合同（《合同法》第414条）

四、居间合同

（一）概念和特征

居间合同，是指居间人向委托人报告订立合同的机会或者提供订立合同的媒介服务，委托人支付报酬的合同。前者称为报告居间，后者称为媒介居间。向他方报告订立合同的机会或者提供订立合同的媒介服务的一方为居间人，接受他方所提供的订约机会并支付报酬的一方为委托人。居间合同具有以下特征：

1. 是由居间人向委托人提供居间服务的合同。居间人向委托人报告订立合同的机会（报告居间）或者提供订立合同的媒介服务（媒介居间），委托人是否与第三人订立合同，与居间人无关，居间人不是委托人与第三人之间的合同的当事人。

2. 居间人对委托人与第三人之间的合同没有介入权。居间人只负责向委托人报告订立合同的机会或者为委托人与第三人订约居中斡旋，传达双方意思，起牵线搭桥的作用，对合同没有实质的介入权。

3. 是双务、有偿、诺成、不要式合同。

（二）居间合同当事人的主要权利义务

1. 居间人的主要义务

（1）报告订约机会或者提供订立合同媒介的义务。

（2）忠实义务。据《合同法》第 425 条，居间人应当如实报告订立合同的有关事项和其他有关信息。居间人故意隐瞒与订立合同有关的重要事实或者提供虚假情况，损害委托人利益的，不得要求支付报酬并应当承担损害赔偿责任。

（3）负担居间费用的义务。依《合同法》第 426 条，居间人促成合同成立的，居间活动的费用，由居间人负担。

2. 委托人的主要义务

（1）支付居间报酬。居间人促成合同成立的，委托人应当按照约定支付报酬。未订立合同的，委托人可以拒绝支付报酬。因居间人提供订立合同的媒介服务而促成合同成立的，由该合同的当事人平均负担居间人的报酬（《合同法》第 426 条）。

（2）偿付有关费用。居间人未促成合同成立的，不得要求支付报酬，但可以要求委托人支付从事居间活动支出的费用（《合同法》第 427 条）。

第五节　旅游合同

一、概念和特征

旅游合同是旅游者支付旅游费用，旅游经营者提供旅游服务的民事合同。广义的旅游合同既包括旅游者与旅游经营者之间的合同，也包括旅游经营者与旅游辅助服务者之间的合同，后者之间的合同关系对旅游者而言是“内部关系”，订立时无需征得旅游者同意，旅游经营者也不能依“内部合同”约定对旅游者提出请求或抗辩。

旅游合同是提供劳务的合同的一种，具有如下法律特征：

1. 旅游合同是双务、有偿、诺成、不要式合同。

2. 旅游合同是无名合同。旅游合同由于在《合同法》分则中没有作出相应规定，所以属于无名合同。

3. 旅游合同是复合合同。合同形式上既包括旅游者与旅游经营者之间的旅游合同,也包括旅游经营者与旅游辅助服务者之间的旅游辅助合同以及签订旅游合同的旅游经营者(签约社)将其部分旅游业务委托旅游目的地的旅游经营者(地接社)因而与其签订的合同等。

二、当事人的权利义务

(一) 旅游合同的当事人包括旅游者、旅游经营者、旅游辅助服务者

1. 旅游经营者是指以自己的名义经营旅游业务,向公众提供旅游服务的人。

2. 旅游辅助服务者是指与旅游经营者存在合同关系,协助旅游经营者履行旅游合同义务,实际提供交通、游览、住宿、餐饮、娱乐等旅游服务的人。需要提醒注意的是,旅行社的"导游、领队"不属于旅游辅助服务者,他们是旅行社工作人员,为旅行社提供旅游服务是履行自身本职工作任务。

(二) 旅游者的主要义务

1. 支付旅游费用

这是旅游者作为消费者当然的义务。

2. 如实告知义务

依最高人民法院《关于审理旅游纠纷案件适用法律若干问题的规定》第 8 条,旅游者未按旅游经营者、旅游辅助服务者的要求提供与旅游活动相关的个人健康信息并履行如实告知义务,或者不听从旅游经营者、旅游辅助服务者的告知、警示,参加不适合自身条件的旅游活动,导致旅游过程中出现人身损害、财产损失,旅游者请求旅游经营者、旅游辅助服务者承担责任的,人民法院不予支持。

(三) 旅游经营者、旅游辅助服务者的主要义务

以下 5 项义务中,前 3 项为旅游经营者、旅游辅助服务者共有的主要义务,后 2 项为旅游经营者专有的义务。

1. 安全保障义务

依最高人民法院《关于审理旅游纠纷案件适用法律若干问题的规定》第 7 条,旅游经营者、旅游辅助服务者对旅游者的人身、财产负有安全保障义务,未尽到该义务,造成旅游者人身损害、财产损失,旅游经营者、旅游辅助服务者应对旅游者直接承担责任。如果是因第三人的行为造成旅游者人身损害、财产损失,由第三人承担责任;旅游经营者、旅游辅助服务者未尽安全保障义务的,应承担相应的补充责任。

2. 告知义务

依最高人民法院《关于审理旅游纠纷案件适用法律若干问题的规定》第 8 条,旅游经营者、旅游辅助服务者需对可能危及旅游者人身、财产安全的旅游项目履行告知、警示义务。未尽到该义务,造成旅游者人身损害、财产损失,旅游经营者、旅游辅助服务者就应对此承担民事责任。

3. 保密义务

旅游者个人信息如姓名、婚姻状况、住址、手机号码、工作单位等属于其个人隐私

范畴，旅游经营者、旅游辅助服务者对此负有保密义务，如果其泄露旅游者个人信息或者未经旅游者同意公开其个人信息，应承担相应的民事责任。

4. 转让业务中征得同意的义务

旅游合同签订后，旅游经营者将旅游业务转让给其他旅游经营者和旅游者将其在旅游合同中的权利义务转让给第三人均为合同承受行为。而合同承受不仅包括债权的转让，也包括债务的承担。在一般情况下，承担人代债务人履行债务，一定要征得债权人同意。但需要区别的是，在前一种行为中，如果旅游者不同意转让，可以请求解除旅游合同和追究旅游经营者的违约责任；在后一种行为中，考虑到旅游合同的时差性和旅游者的弱势地位，除合同性质不宜转让或者合同另有约定之外，在旅游行程开始前的合理期间内，旅游者将其在旅游合同中的权利义务转让给第三人，一般不需要征得旅游经营者的同意。

旅游经营者擅自将其旅游业务转让给其他旅游经营者导致旅游者在旅游过程中遭受损害，旅游者可以请求与其签订旅游合同的旅游经营者和实际提供旅游服务的旅游经营者承担连带责任。

5. 谨慎选择义务

旅游合同的履行往往是旅游经营者作为组织者，基于旅游者的委托对旅游事项进行安排，而旅游者处于被组织的角色，接受旅游经营者安排跟团旅游，旅游者对旅游辅助服务者的选择权受到很大限制。因此旅游经营者作为先前的组织经营旅游的组织者，就应负担积极的作为义务来保障其组织行为的安全。此种义务即为谨慎选择旅游辅助服务者。一旦旅游经营者选择的旅游辅助服务者不合理或者存在安全问题，则可能给旅游者造成人身、财产损害，也有可能导致旅游者的旅游目的落空。如果在旅游辅助服务者造成侵权的情况下，旅游经营者对旅游辅助服务者未尽谨慎选择义务，则应承担相应的补充赔偿责任。

三、旅游合同的解除

（一）旅游者的解除权

1. 旅游者的任意解除权。旅游合同成立后，旅游行程开始前或者进行中，旅游者可单方解除合同。

2. 旅游者的违约解除权。旅游经营者将旅游业务转让给其他旅游经营者，此种行为构成根本违约，旅游者不同意转让，可以请求解除旅游合同。

3. 因客观原因解除合同。因不可抗力等不可归责于旅游经营者、旅游辅助服务者的客观原因导致旅游合同无法履行，旅游经营者、旅游者双方都可以请求解除旅游合同，且彼此不必承担违约责任。

（二）旅游合同的解除后果

《合同法》总则第97条“关于合同解除后，尚未履行的，终止履行；已经履行的，根据履行情况和合同性质，当事人可以要求恢复原状、采取其他补救措施，并有权要求赔偿损失”的规定,同样适用于旅游合同。

1. 因旅游者违约导致旅游合同解除的,旅游者应赔偿旅游经营者因合同解除所遭受的损失。

2. 因旅游经营者违约导致旅游合同解除的,旅游经营者应赔偿旅游者因合同解除所遭受的损失。

3. 因不可抗力等不可归责于旅游经营者、旅游辅助服务者的客观原因导致旅游合同解除的,旅游经营者、旅游者彼此不必承担违约责任,双方就各自的给付享有不当得利请求权。

4. 旅游合同解除后,对于未实际发生的费用,旅游经营者应当退还旅游者。

四、旅游合同中的民事责任

(一) 旅游经营者违约责任和侵权责任的竞合

当旅游经营者的同一行为既符合合同法中违约责任的构成要件,又符合《侵权责任法》中侵权责任的构成要件,导致违约责任与侵权责任一并产生,违约责任的请求权和侵权责任的索赔请求权发生重叠,形成请求权的竞合。此时,旅游者享有违约之诉和侵权之诉的选择权。可以就自己的人身损害、财产损失,选择要求旅游经营者承担违约责任或者侵权责任。但如果旅游者主张精神损害赔偿的,只能提起侵权之诉。

(二) 旅游经营者、旅游辅助服务者的不真正连带责任

因旅游辅助服务者的原因造成旅游者人身损害、财产损失,旅游辅助服务者为侵权人,其应当对旅游者的损害后果承担侵权责任。同时,旅游辅助服务者的侵权行为会导致旅游经营者违约,旅游者又可以选择根据旅游合同提起违约之诉,此时,旅游经营者、旅游辅助服务者之间对旅游者就构成了典型的不真正连带责任,即旅游者根据具体的案件事实可以选择要求旅游辅助服务者承担侵权责任,也可以选择要求旅游经营者承担违约责任。旅游者选择的请求权获得满足之后,另外的请求权也同时消灭。

在上述情形下,如果旅游者选择根据旅游合同向旅游经营者提起违约之诉,旅游经营者承担责任后,有权向旅游辅助服务者追偿。为减少诉累、查明事实,人民法院可以根据案件实际情况,将旅游辅助服务者追加为第三人。如果旅游者选择直接向旅游辅助服务者提起侵权之诉,旅游辅助服务者应承担侵权责任,旅游经营者对旅游辅助服务者未尽谨慎选择义务,则应承担相应的补充赔偿责任。

(三) 签约社和地接社的责任承担

在旅游过程中,经常发生签订旅游合同的旅游经营者(签约社)将其部分旅游业务委托旅游目的地的旅游经营者(地接社)的情形。此时,如果受托方(地接社)未履行有关义务,按照《合同法》第 65 条之规定,依照合同的相对性原则,受到损害的旅游者只能向与其签约的旅游经营者(签约社)主张违约赔偿责任。签约社向旅游者承担责任后,向地接社追偿时问题,则往往属于他们之间的内部合同问题。

当然,如果受托方(地接社)有侵权行为,此时,签约社和地接社之间对旅游者构

成了典型的不真正连带责任,旅游者既可以选择要求地接社承担侵权责任,也可以选择要求签约社承担违约责任。

（四）挂靠中的连带责任

旅游经营者准许他人挂靠其名下从事旅游业务,造成旅游者人身损害、财产损失,旅游者有权请求旅游经营者与挂靠人承担连带责任。

（五）旅游合同中的双倍赔偿责任

旅游者作为消费者,在旅游经营者提供服务时有欺诈行为时,旅游者可以请求旅游经营者双倍赔偿其遭受的损失。

（六）旅游经营者、旅游辅助服务者的免责情形

1. 旅游者未按旅游经营者、旅游辅助服务者的要求提供与旅游活动相关的个人健康信息并履行如实告知义务,或者不听从旅游经营者、旅游辅助服务者的告知、警示,参加不适合自身条件的旅游活动,导致旅游过程中出现人身损害、财产损失,旅游者请求旅游经营者、旅游辅助服务者承担责任的,人民法院不予支持。

2. 旅游者在自行安排活动期间遭受人身损害、财产损失,旅游经营者尽到了必要的提示义务、救助义务,旅游者无权请求旅游经营者承担相应责任。

3. 旅游者在旅游行程中未经导游或者领队许可,故意脱离团队,遭受人身损害、财产损失,无权请求旅游经营者赔偿损失。

4. 旅游经营者或者旅游辅助服务者为旅游者代管的行李物品损毁、灭失,旅游者有权请求赔偿损失,但下列情形除外:

(1) 损失是由于旅游者未听从旅游经营者或者旅游辅助服务者的事先声明或者提示,未将现金、有价证券、贵重物品由其随身携带而造成的;

(2) 损失是由于不可抗力、意外事件造成的;

(3) 损失是由于旅游者的过错造成的;

(4) 损失是由于物品的自然属性造成的。

思维拓展

【重要知识点】

客运合同和货运合同内容的差异以及客运合同中承运人对旅客人身损害与携带行李损害的赔偿责任适用不同的归责原则;保管合同与仓储合同的区别;委托合同中的间接代理中委托人、受托人、第三人各自的权利义务;行纪合同与委托合同的区别;居间成功与否时居间费用和报酬负担原则的差别;旅游合同中的责任竞合;旅游合同中的连带责任;旅游经营者的相应的补充责任。

【实例解析】

案例 2003年4月，王某乘坐客车公司长途客车从北京返回家乡。车辆在高速公路行驶途中，王某走到司机身边，说自己急着上厕所，要求停车。司机告诉他说，高速公路上不准停车。王某不听，突然上前抓住方向盘向右猛打，导致大客车失控，冲断护栏后翻入近3米深的沟内。所幸无人死亡，但造成8名乘客受伤。

法律问题 (1) 李某是受伤乘客之一，由于翻车，李某购买的价值2300元的水晶餐具全部被毁。李某为疗伤花费医药费3690元。李某以违反运输合同为由，向法院起诉客车公司。请问，客车公司应否赔偿李某支出的医药费，为什么？客车公司应否赔偿李某携带的餐具毁损的损失，为什么？

(2) 张某是另一受伤乘客，他因与司机熟识，客车售票员同意他免票乘车，张某为疗伤支出医药费4100元。张某以违反运输合同为由，向法院起诉客车公司。请问，客车公司应否赔偿张某支出的医药费，为什么？

(3) 乘客陈某也在事故中受伤，他是在客车中途停车过程中，趁售票员不注意偷偷上车的，事故发生前，售票员多次要求无票乘客买票，陈某没有购买车票。陈某为疗伤支出医药费3120元。陈某也以违反运输合同为由，向法院起诉客车公司。请问，客车公司应否赔偿陈某支出的医药费，为什么？

法理分析 (1) 客车公司应赔偿李某支出的医药费。根据《合同法》的规定，在客运合同中，承运人负有安全运送义务，对旅客在运输过程中的伤亡，承运人应承担损害赔偿责任。但伤亡是旅客自身健康原因或者承运人证明伤亡是旅客故意、重大过失造成的除外。客车公司不应当赔偿李某所携带的餐具毁损的损失。根据《合同法》的规定，在运输过程中旅客自带物品毁损、灭失，承运人有过错的，应当承担过错责任。本案中客车公司并无过错，所以不应当赔偿。

(2) 客车公司应当赔偿张某支出的医药费。根据《合同法》的规定，承运人的安全运送义务，也适用于经承运人许可搭乘的无票旅客。

(3) 客车公司不应当赔偿陈某支出的医药费。根据《合同法》的规定，对于未经承运人许可的无票乘车人员的伤亡，因为没有合法有效的合同关系存在，承运人不承担赔偿责任。

【重点法条】

(1)《合同法》第302、303、308、311、367、374—376、400、402、403、406、410、418、419、426、427条。

(2) 最高人民法院《关于审理旅游纠纷案件适用法律若干问题的规定》第3、4、7、8、10、11、14—17、19—22条。

第二十七章

技术合同

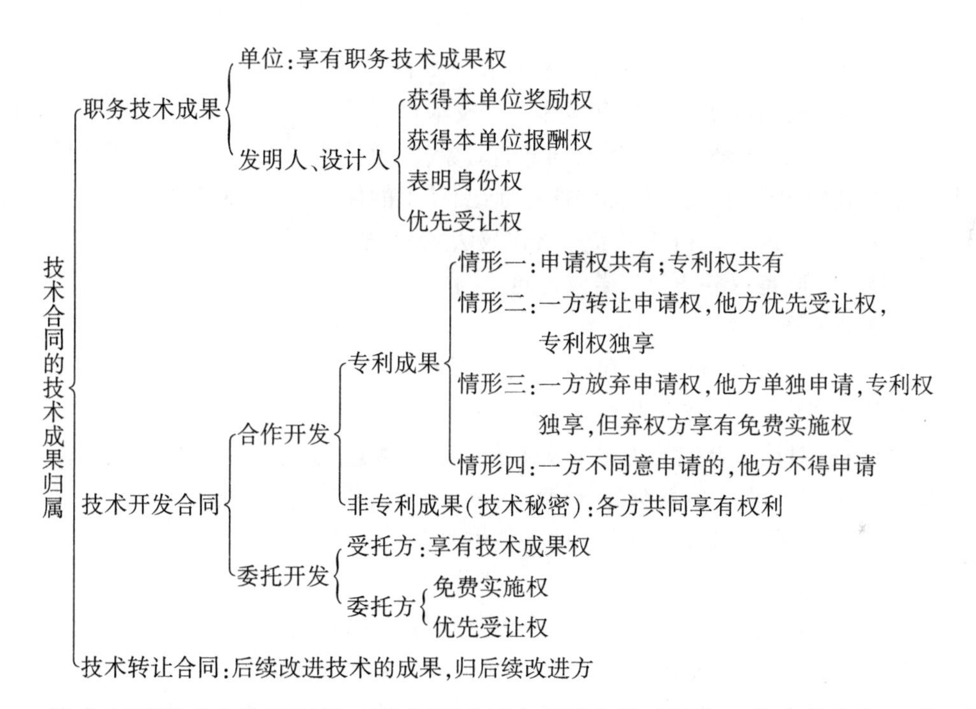

技术合同属于比较重要的一类合同,与《专利法》联系紧密。本章共包括四节,分别为技术合同概述、技术开发合同、技术转让合同、技术咨询和技术服务合同。其中,职务技术成果的概念、情形和归属是一个重点。在技术开发合同中,技术开发成果的权利归属和风险负担是重点。技术转让合同的当事人权利义务与风险负担,尤其是专利实施许可的三种类型,是重点内容。第四节应把握技术咨询合同和技术服务合同的概念和特征,技术咨询合同中的风险责任。

第一节　技术合同概述

一、基本内容

（一）概念

技术合同是当事人就技术开发、转让、咨询或者服务订立的确立相互之间权利和义务的合同。技术合同主要具有以下特点：

1. 技术合同的标的与技术有密切联系，不同类型的技术合同有不同的技术内容。技术转让合同的标的是特定的技术成果，技术服务与技术咨询合同的标的是特定的技术行为，技术开发合同的标的兼具技术成果与技术行为的内容。

2. 技术合同的法律调整具有多样性。技术合同标的物是人类智力活动的成果，这些技术成果中许多是知识产权法调整的对象，涉及技术权益的归属、技术风险的承担、技术专利权的获得、技术产品的商业标记、技术的保密、技术的表现形式等，受《专利法》《商标法》《反不正当竞争法》《著作权法》等调整。

3. 技术合同是双务、有偿、诺成合同。

（二）订立和主要规则

《合同法》第330、342条分别规定，技术开发合同、技术转让合同应当采用书面形式，但对技术咨询合同、技术服务合同未作规定。

《合同法》对技术合同的主要条款作了示范性规定，包括项目名称、标的、履行、保密、风险责任、成果以及收益分配、验收、价款、违约责任、争议解决方法和专门术语的解释等条款。体现技术合同特殊性的条款主要有：

1. 保密条款

保守技术秘密是技术合同中的一个重要问题。在订立合同之前，当事人应当就保密问题达成订约前的保密协议，在合同的具体内容中更要对保密事项、保密范围、保密期限及保密责任等问题作出约定，防止因泄密而造成的侵犯技术权益与技术贬值的情况的发生。

2. 成果归属条款

合同履行过程中产生的发明、发现或其他技术成果，应定明归谁所有，如何使用和分享。对于后续改进技术的分享办法，当事人可以按照互利的原则在技术转让合同中明确约定，没有约定或约定不明确的，可以达成补充协议；不能达成补充协议的，参考合同相关条款及交易习惯确定；仍不能确定的，一方后续改进的技术成果，他方无权分享。

（三）价款、报酬和使用费的支付

技术合同的价款、报酬和使用费如何支付，可由当事人在合同中约定。

技术合同价款的支付有如下方式：（1）一次总算，一次总付。指当事人将合同价款一次算清并全部一次性支付。这种方式下,交易风险全部由受让方承担,对转让方较为有利;但对于价格较低的技术合同,这种支付方式简捷便利,能及时结清。(2)一次总算,分期支付。(3)提成支付方式。指受让方将技术实施后产生的经济效益按一定比例与期限支付给对方,作为支付给转让方的价金。提成支付的方式旨在使双方当事人公平合理地分担交易风险,在那些技术比较成熟、市场前景稳定、技术价格较高的技术交易项目中经常采用。(4)提成支付附加预付"入门费"方式,指受让方首先在一定期限内向转让方支付一部分固定的价款,称为"入门费",其余的价款则采用提成方式分期支付。这种方式既可以公平分担交易风险,又可以给已为技术投入了大量成本的转让方一些固定的补偿,适合于履行期长、技术价格高、技术水平高的技术合同。(《合同法》第325条)

二、职务技术成果

职务技术成果是执行法人或其他组织的工作任务,或者主要是利用法人或其他组织的物质技术条件所完成的技术成果。

1. 属于职务技术成果的情形

(1)执行本单位的任务所完成的职务发明创造,具体包括三种情况:① 在本职工作中作出的发明创造;② 履行单位的岗位职责或者承担其交付的其他技术开发任务;③ 退休、调离原单位后或者劳动、人事关系终止后1年内作出的,与其在原单位承担的本职工作或者原单位分配的任务有关的发明创造。

(2)主要利用法人或者其他组织的物质技术条件完成的职务成果。所谓利用本单位的物质技术条件,指利用本单位的资金、设备、零部件、原材料或不对外公开的技术资料等。根据最高人民法院《关于审理技术合同纠纷案件适用法律若干问题的解释》(以下简称《技术合同纠纷解释》)第4条的规定,这种情形具体包括职工在技术成果的研究开发过程中,全部或者大部分利用了法人或者其他组织的资金、设备、器材或者原材料等物质条件,并且这些物质条件对形成该技术成果具有实质性的影响;还包括该技术成果实质性内容是在法人或者其他组织尚未公开的技术成果、阶段性技术成果基础上完成的情形。但下列情况除外:对利用法人或者其他组织提供的物质技术条件,约定返还资金或者交纳使用费的;在技术成果完成后利用法人或者其他组织的物质技术条件对技术方案进行验证、测试的。

2. 职务技术成果的归属

(1)职务发明创造,申请专利的权利属于该单位;申请被批准后,该单位为专利权人。

(2)利用本单位的物质技术条件所完成的发明创造,单位与发明人或者设计人订有合同,对申请专利的权利和专利权的归属作出约定的,从其约定。

3. 单位的职务发明创造发明人、设计人享有的权利

(1)获得本单位奖励权。比如国企单位应在专利权公告之日起3个月内发放,一

项发明专利最低2000元,一项实用新型、外观设计专利最低500元。

(2) 获得本单位报酬权。比如国企单位应从实施发明、实用新型专利所得税后利润中每年至少以2%的比例或从实施外观设计专利所得税后利润中至少以0.2%的比例提成;许可他人使用专利的,应从该使用费税后至少提成10%。

(3) 表明身份权。即发明人或者设计人有权在专利文件中写明自己是发明人或者设计人。

(4) 优先受让权。在单位转让职务技术成果时,有同等条件下优先受让的权利。

举例 李某是甲公司的研究人员,承担了一种冷藏机研制任务,在研制成功前辞职开办乙公司。辞职近1年时李某研制成功了该冷藏机,则该发明的专利申请权和专利权应如何归属?李某享有何种权利?

解析 本案中,因该发明是李某在辞职后1年内作出的,是与其在原单位承担的本职工作或者原单位分配的任务有关的发明创造,故属于职务发明创造,申请专利的权利属于甲公司;申请被批准后,甲公司为专利权人。李某作为职务发明创造的发明人,享有获得甲公司奖励权、获得甲公司报酬权、表明身份权(在专利文件中署名的权利)和优先受让权(即在甲公司转让该发明时,有同等条件下优先受让的权利)。

三、非职务技术成果

非职务发明创造,申请专利的权利属于发明人或者设计人;申请被批准后,该发明人或者设计人为专利权人。技术成果的发明人或者设计人是指对技术成果单独或者共同提出实质性技术构成并由此实现技术方案的人,是做出创造性贡献的人。以下人员不属于完成技术成果的个人:(1) 提供资金、设备、材料、试验条件的人员;(2) 进行组织管理的人员;(3) 协助绘制图纸、整理资料、翻译文献的人员。

举例 甲、乙、丙、丁、戊、已负责开发一项研究成果,甲、乙负责科学实验及其他开发工作,丙负责人事、后勤和组织领导工作,丁负责资料收集工作,戊提供了自家房屋作为研发办公场地,已外语好,负责翻译文献。后来终于搞出一项发明创造,问:谁是发明人?

解析 甲、乙为发明人。丙、丁、戊、已都不是做出创造性贡献的人。

四、技术合同无效的特殊规定

除有《合同法》第52条的情形之一的技术合同无效外,根据技术合同的特点,《合同法》第329条专门规定:非法垄断技术、妨碍技术进步或者侵害他人技术成果的技术合同无效。非法垄断技术、妨碍技术进步,是指通过合同条款限制对方在合同标的技术的基础上进行新的研究开发,或者限制对方从其他渠道吸收先进技术,或者阻碍对方根据市场的需求,按照合理的方式充分实施专利和使用技术秘密的行为。侵害他人技术成果指侵害另一方或者第三方的专利权、专利申请权、专利实施权、技术秘密的使用权和转让权或者发明权、发现权等的行为。

《技术合同纠纷解释》第12条规定：根据《合同法》第329条的规定，侵害他人技术秘密的技术合同被确认无效后，除法律、行政法规另有规定的以外，善意取得该技术秘密的一方当事人可以在其取得时的范围内继续使用该技术秘密，但应当向权利人支付合理的使用费并承担保密义务。当事人双方恶意串通或者一方知道或者应当知道另一方侵权仍与其订立或者履行合同的，属于共同侵权，人民法院应当判令侵权人承担连带赔偿责任和保密义务，因此取得技术秘密的当事人不得继续使用该技术秘密。《技术合同纠纷解释》这样规定的目的在于：(1) 保护善意第三人。善意第三人可以继续使用，但应支付合理的使用费并承担保密义务。(2) 惩罚恶意第三人。恶意第三人不得继续使用，并承担连带侵权责任。

第二节　技术开发合同

一、概念和特征

技术开发合同是指当事人之间就新技术、新产品、新工艺或者新材料及其系统的研究开发所订立的合同。技术开发合同包括委托开发合同和合作开发合同。技术开发合同具有如下特征：

(1) 标的物具有新颖性，包括新技术、新产品、新工艺或者新材料及其系统。

(2) 技术开发合同的内容是进行研究开发工作。

(3) 技术开发合同是双务、有偿、诺成、要式合同。

二、委托开发合同当事人的主要权利义务

(一) 委托人的主要义务

(1) 按照约定交付研究开发费用和报酬。

(2) 按照合同约定提供技术资料、原始数据并完成协作事项。

(3) 按期接受研究开发成果。由于委托方无故拒绝或迟延接受成果，造成该研究开发成果被合同外第三人以合法形式善意获取时，或者该成果丧失其应有的新颖性时，或该成果遭到意外毁损或灭失时，委托方应承担责任。

(二) 研发人的主要义务

(1) 制定和实施研究开发计划。

(2) 合理地使用研究开发经费。

(3) 按期完成研究开发工作，交付研究开发成果。

(4) 为委托方提供技术资料和具体技术指导，帮助委托方掌握应用研究开发成果。

三、技术开发合同的特殊规则

(一) 解除

《合同法》第337条规定:因作为技术开发合同标的的技术已经由他人公开,致使技术开发合同的履行没有意义的,当事人可以解除合同。

(二) 技术成果归属

1. 委托开发的专利成果归属

《合同法》第339条规定,原则上,除当事人另有约定的以外,申请专利的权利属于研究开发人。委托人取得两项权利:可以免费实施该专利;研究开发人转让专利申请权的,可优先受让该专利申请权。

2. 合作开发的专利成果归属

《合同法》第340条规定的要点有四项:

(1) 除当事人另有约定的外,申请专利的权利属于合作开发的各方共有。

(2) 一方转让其专利申请权的,其他各方可优先受让其共有的专利申请权。

(3) 一方声明放弃其共有的专利申请权的,可由另一方单独或其他各方共同申请。申请人取得专利权的,放弃专利权的一方可免费实施该项专利。

(4) 一方不同意申请专利的,另一方或其他各方不得申请专利。

3. 非专利成果即技术秘密的归属与分享

《合同法》第341条规定:(1) 技术秘密成果的使用权、转让权和利益的分配办法,由当事人约定。(2) 没有约定或约定不明确,依《合同法》第61条的规定仍不能确定的,当事人均有使用和转让的权利。需要注意的是,根据《技术合同纠纷解释》第20条的规定,这里的"当事人均有使用和转让的权利"是指当事人均有不经对方同意而自己使用或者以普通使用许可的方式许可他人使用技术秘密,并独占由此所获利益的权利。如果当事人一方将技术秘密成果的转让权让与他人,或者以独占或者排他使用许可的方式许可他人使用技术秘密,未经对方当事人同意或者追认的,应当认定该让与或者许可行为无效。(3) 委托开发的研究开发人不得在向委托人交付研究开发成果前,将研究开发成果转让给第三人。

此外,关于后续改进技术的成果归属,《合同法》第354条规定:在技术转让合同中对后续改进技术成果的分享办法没有约定或者约定不明的情况下,当事人可以协议补充;不能达成补充协议的,按照合同中有关条款或交易习惯确定;依照合同有关条款或交易习惯仍不能确定的,一方后续改进的技术成果,其他各方无权分享,而由后续改进方享有。

(三) 开发风险的负担

《合同法》第338条规定,在履行技术开发合同过程中,因出现无法克服的技术困难而导致研究开发全部或部分失败的,其风险负担由当事人约定;没有约定的,可补充约定或按交易习惯确定;仍不能确定的,由当事人合理分担;当事人一方发现可能致使研究开发失败或者部分失败的情形时,应当及时通知另一方并采取适当措施减少损失。没有及时通知并采取适当措施,致使损失扩大的,应当就扩大的损失承担责任。

第三节　技术转让合同

一、概念和种类

技术转让合同,指一方当事人将技术成果的所有权或使用权转让给另一方,另一方支付约定的价款的合同。技术转让合同由下列四种具体合同构成:(1) 专利权转让合同;(2) 专利申请权转让合同;(3) 专利实施许可合同;(4) 技术秘密转让合同。注意专利实施许可合同也属于技术转让合同。

二、当事人的权利义务

(一) 专利权转让合同中当事人的义务

让与人的主要义务:(1) 按合同约定的时间将专利权移交给受让人。当然,专利权中的人身权并不因专利权的转让而转让。(2) 保证自己是转让专利权的合法拥有者,并保证专利权的真实、有效。(3) 按合同约定交付与转让专利权有关的技术资料,并向受让人提供必要的技术指导。(4) 保密义务。

受让人的主要义务:(1) 向让与人支付合同约定的使用费;(2) 按合同的约定承担保密义务。

(二) 专利申请权转让合同中当事人的义务

让与人的主要义务为:(1) 将合同约定的专利申请权移交受让人,并提供申请专利和实施发明创造所需要的技术情报和资料;(2) 保证自己是所提供的技术的合法拥有者;(3) 按合同的约定承担保密义务。

受让人的主要义务为:(1) 向让与人支付合同约定的使用费;(2) 按合同约定承担保密义务。

(三) 关于专利实施许可

1. 专利实施许可的类型

(1) 独占实施许可,是指让与人在约定许可实施专利的范围内,将该专利仅许可一个受让人实施,让与人依约定不得实施该专利;

(2) 排他实施许可,是指让与人在约定许可实施专利的范围内,将该专利仅许可一个受让人实施,但让与人依约定可以自行实施该专利;

(3) 普通实施许可,是指让与人在约定许可实施专利的范围内许可他人实施该专利,并且可以自行实施该专利。

当事人对专利实施许可方式没有约定或者约定不明确的,认定为普通实施许可。专利实施许可合同约定受让人可以再许可他人实施专利的,认定该再许可为普通实施许可,但当事人另有约定的除外。

2. 专利实施许可合同当事人的义务

让与人的主要义务:(1) 保证自己是所提供的专利技术的合法拥有者;(2) 提供的专利技术完整、无误,能够达到约定的目的,并许可受让人在合同约定的范围内实施专利技术;(3) 交付实施专利有关的技术资料,提供必要的技术指导。

受让人的主要义务:(1) 在合同约定的范围内实施专利技术,并不得允许许可合同约定以外的第三人实施该项专利;(2) 支付合同约定的使用费。

(四) 技术秘密转让合同中当事人的义务

技术秘密转让合同中让与人的主要义务:(1) 让与人应是该技术秘密成果的合法拥有者,保证在订立合同时该项技术秘密未被他人申请获得专利;(2) 按约定提供技术资料、进行技术指导;(3) 保证此项技术的实用性、可靠性;(4) 承担合同约定的保密义务。

受让人的主要义务:(1) 在合同约定的范围内使用技术;(2) 按合同约定支付使用费;(3) 承担合同约定的保密义务。

第四节　技术咨询和技术服务合同

一、概念和特征

技术咨询合同,是指当事人一方为另一方就特定技术项目提供可行性论证、技术预测、专题技术调查、分析评价报告等所订立的合同。其特征是:

1. 主体构成的特定性。合同主体的一方,即受托人,是具有特定技术知识和经验,能够对咨询问题给出答案、提出建议、拿出方案的专门机构或专门人才。

2. 技术咨询合同是不要式合同。

3. 成果的决策参考性。受托人提供的咨询报告或意见,是委托人决策的依据和参考。

技术服务合同,是指当事人一方以技术知识为另一方解决特定技术问题所订立的合同,不包括建设工程合同和承揽合同。其特征是:合同标的是解决特定技术问题的项目;不要式合同。

二、合同当事人的主要权利义务

(一) 技术咨询合同当事人的主要权利义务

委托人的主要义务有:按照合同的约定阐明咨询的问题,提供技术背景材料及有关技术资料、数据;按期接受受托人的工作成果,并支付报酬。

受托人的主要义务为:按照合同约定的期限完成咨询报告或者解答问题;提出的咨询报告应当达到合同约定的要求。

技术咨询合同中的风险责任承担：技术咨询合同的委托人按照受托人符合约定要求的咨询报告和意见作出决策所造成的损失，由委托人承担，但当事人另有约定的除外(《合同法》第359条第3款)。

(二) 技术服务合同当事人的主要权利义务

委托人的主要义务有：按照约定提供工作条件，完成配合事项；接受工作成果并支付报酬。

受托人的主要义务有：按约完成服务项目，解决技术问题，并保证工作质量；传授解决技术问题的知识。

思维拓展

【重要知识点】

职务技术成果的归属以及研发人的权利内容；技术合同无效的特殊规定，侵害他人技术秘密的技术合同被确认无效后的处理；技术开发合同成果的权利归属和风险负担；专利实施许可类型；技术咨询合同的风险承担。

【实例解析】

案例　佛山市南海区浩迪创新科技有限公司与佛山市佛大名扬工业设计事务所、罗玉冰、甘沛等技术开发合同纠纷案。[①]

案情：2002年3月8日，原告与被告佛大名扬事务所签订了一份《技术开发合同》。合同约定：由被告名扬事务所在合同约定的履行期限内按合同具体要求完成四表MRU外观造型设计。被告名扬事务所提交设计成果采取下列形式：1. 产品外观效果图，要求B型提供三种设计方案给甲方选择；2. 外观设计技术图纸一套；3. 产品模型手板，要求B型1个。4. 产品模具制造，要求B型1个，共计2套。设计报酬及其支付或结算方式：(一) 本项目研究开发经费及报酬：四表MRV小计25000元，包括设计、模型手板、模具制造。(二) 报酬支付方式及时限：1. 双方合同签订后，甲方应付总造价30%的设计费，即7500元；2. 在完成产品效果图，外观方案定稿后，交付外观技术图纸及模型手板时，支付20%，即5000元；3. 产品模具完成、色标和光盘一起交付时，支付50%，即12500元。合同的履行期限为2002年3月8日至2002年4月9日。合同签订后，原告于2002年3月21日才将约定支付的设计费7500元从银行转账给被告名扬事务所。被告名扬事务所于2002年5月28日将外观技术图纸4套及模型手板4件送交原告，由原告职员唐献东接收并在送货单上签名。原告于2002年

---

① (2003)佛中法民三初字第81号。

6月13日将约定支付的设计费5000元从银行转账给被告名扬事务所。原告于2002年7月20日向被告名扬事务所发出书面催告,要求被告名扬事务所在2002年7月31日前完全履行合同义务。被告名扬事务所于2002年7月28日,向原告发出《关于四表MRU及模具费用的回函》,明确表示合同中仅规定交付两套模具,对于因变更设计而增加的另两套模具费用应由原告负担,并提出协商解决争议的要求。原告至今未与被告协商增加设计的具体内容及相关费用。原告遂向法院起诉。

法理分析 法院审理认为:2002年3月8日,原告与被告名扬事务所签订的《技术开发合同》是双方当事人真实意思表示,合法有效。本案中,合同约定原告应于合同签订后即支付30%设计费7500元,而原告于2002年3月21日才将款从银行转账给被告,原告迟延支付的行为,已构成违约,应负违约责任。由于原告违反合同约定迟延付款,导致被告不能按期完成设计项目,至2002年5月28日才完成图纸设计和手板的制作,并交付给原告。原告接收该技术成果时并未提出异议,故应视为原告同意延期交付开发的技术成果,因此,被告的行为不构成违约。原、被告双方对合同的内容中原告委托设计开发的事项产生异议,即,对合同约定交付的技术成果第4项"产品模具制造,要求B型1个,共计2套"的理解不同而产生异议。根据合同法规定的有关精神,双方当事人对合条款有争议时,首先应从字面解释。本案原、被告双方在合同中明确约定由被告制造B型模具一个,共计两套。该条款较明确地规定了被告的合同义务在于设计制造产品模具2套。从被告履行义务的情况分析,被告已按约定完成了外观设计的图纸、手板,并交付给原告。因原、被告双方一致认为,生产该B型产品必须有4套模具,故被告在交付已完成的四表MRU外观设计图、手板后,及时告知了原告应当增加2套模具及增加相应的费用,原告没有答复也没有增加费用。由于原告违约在先,致使被告未能完全履行合同义务,原告应负违约责任;被告没有违约,不应当负违约责任。另外,由于原告委托设计的事项不明确,应为四套的模具,委托时写为二套,导致双方在合同履行中产生纠纷,责任在于原告。因原、被告双方订立的合同已实际履行了一部分,被告按照合同约定的进度完成项目而收取相应的设计开发费用,合理合法,故原告请求被告返还设计费用并赔偿利息损失,不予支持。由于原告违约,违约方无权要求解除合同,原告要求解除合同的诉讼请求,亦不予支持。综上,判决驳回原告佛山市南海区浩迪创新科技有限公司的诉讼请求。

【重点法条】

(1)《合同法》第326—330、337—342、346、354、359、363条。

(2)最高人民法院《关于审理技术合同纠纷案件适用法律若干问题的解释》第2、4、6、10、12、25条。

第二十八章

不当得利之债与无因管理之债

不当得利之债与无因管理之债,属于两种重要的法定之债,一般基于某种事件或者事实行为而发生,故在大陆法系的民法典里,一般规定在债的总则编之中。

具体而言,不当得利是指无法律上的原因而受有利益,致使他人受损失的事实。关于不当得利的性质,由于不当得利无须当事人的意思表示,其效力是由法律直接规定的,故不当得利区别于合同之债这样的意定之债。就形成不当得利的原因来说,可能为自然事实,也可能为事实行为,还可能由于法律行为无效、被撤销导致。如买卖合同订立后被宣告无效,已经支付的货款可以依据不当得利请求返还。无因管理是指没有法定或约定的义务,为避免他人利益遭受损失,为他人管理事务的行为。管理事务的人称为管理人,该他人称为本人。一般而言,在没有法律规定或约定义务的情况下对他人事务干预属于不法侵权行为。但近代各国民法建立相应的无因管理法律制度,这是为了鼓励互相帮助、见义勇为的崇高精神与道德,从而确认无因管理的合法性,以阻却管理行为的违法性,体现公平正义的法律精神。无因管理是一种事实行为,虽然管理人有管理他人事务的意思,但这种意思不同于法律行为中的意思表示,它无须表示于外为他人知晓。

第一节　不当得利之债

一、基本概念

(一) 定义

不当得利(Unjust enrichment, Restitution),指无法律上的原因而受财产利益,致他方受损害,应负返还的义务。其中,受利益方称受益人(债务人),受损害方称受损人(债权人)。由于不当得利的利益所有人对利益取得人有返还利益的请求权,发生债权债务关系,故不当得利为债发生的原因之一。

我国现行民事立法直接规范不当得利的,仅见于《民法通则》第 92 条与《民法通则意见》第 131 条。前者规定,“没有合法根据,取得不当利益,造成他人损失的,应当将取得的不当利益返还受损失的人”;后者规定,“返还的不当利益,应当包括原物和原物所生的孳息。利用不当得利所取得的其他利益,扣除劳务管理费用后,应当予以收缴。”上列两个条文的内容比较简陋,但提供了最基本的规范,此外还有一些间接规范的条文。

(二) 构成要件

依照上述不当得利的定义,其构成应有四个要件:

1. 一方受有财产利益;
2. 另一方受有财产损害;
3. 一方受益与另一方受损之间存有因果关系;
4. 无法律上原因。

这四个要件中,最难理解的是,何为无法律上原因?难点在于,不当得利制度本身并不提供“无法律上原因”的解释,而要借助于有关联的其他法律领域来解释。先看以下7例:

例1 甲、乙订有油画买卖合同,甲交画、乙付钱后,始发现买卖合同不成立(或无效、或被撤销)。

例2 甲出租房屋给乙,月租1万元,约定不得转租,后乙擅自转租于丙,月租15000元,甲发现时已经转租了4个月。

例3 乙之幼子毁损丙的汽车玻璃,甲误认系其子所为,而对丙赔偿。

例4 甲对丙银行撤销支票的委托付款,丙银行柜员出于疏忽,仍对持票人乙付款。

例5 甲将一古董寄存于友人乙处,乙擅自将其卖与丙并交付,由丙善意取得,乙获款10万元。

例6 甲、乙邻居,同时盖新房。某日,乙误将甲堆放的白灰误为其所有,涂于己屋外墙。

例7 甲、乙夫妻育有女儿至3岁,始发现女儿是乙与丙通奸所生,甲遂提出婚生子女否认之诉。

上述7例,各自是否有不当得利发生,涉及不同领域的不同法律问题:例2涉及转租合同的效力;例3涉及债务清偿的效力;例4涉及票据法;例5涉及无权处分;例6涉及添附;例7涉及亲属法上的扶养义务,至于例1是否发生不当得利,涉及债权行为与物权行为独立性、无因性理论,均深值讨论(详见下文)。

这里首先要指出的是,并非所有的无法律上原因的受益均属不当得利,来看以下四种情形:

1. 关于反射利益

反射利益,是指一方的财产因另一方的行为而增值,但并未致另一方损害,故不属于不当得利。比如,甲投巨资兴建一大型shopping mall,邻近乙的房屋价值因之剧增;甲渔港建有灯塔,丙渔港渔民某乙常利用灯塔去夜航捕鱼;甲后院有一巨大榕树,乙常爬上去观看丙球场举办的中超足球联赛。此处所列的三种情形，乙均因甲而获益，但并未致甲损害，不属不当得利。

2. 关于显失公平

显失公平，是指一方当事人利用优势或对方没有经验，致使双方的权利与义务明显违反公平原则、等价有偿原则（《民法通则意见》第72条）。在显失公平场合下，肯定伴有一方受有超出法律认可的利益，另一方受有相应损失的现象，由显失公平引起的无法律上原因的财产变动，就是一种过于泛化的不当受益情形，但现代民法并不依不当得利制度来解决此问题。

3. 关于物的瑕疵担保

在买卖合同中，出卖人应默示担保其所交付的标的物符合约定的质量要求；否则，就不符合质量要求的标的物对买受人承担违约责任（《合同法》第155条）。在违反物的瑕疵担保的案件中，可以认定买受人因物之瑕疵而溢付价金，而出卖人受有相应的超额价金。但双方之间的相应价金之返还并不适用不当得利制度。究其原因，除了上列关于显失公平的介绍外，还有一点要提及：即不当得利乃现代民法调节利益失衡的最后救济手段，得为其他救济手段解决时，不宜认定成立不当得利。

举例　甲、乙之间订有买卖合同，价金1万元，乙交付的标的物因有瑕疵，仅值8000元，则乙多获2000元。如何解决二者纠纷？答案：在我国合同法上依违约责任（甲可以主张解除合同、退货、减少价款、要求乙承担违约金、违约损害赔偿金等），而不依不当得利来解决。

4. 关于非财产性受益

不当得利制度属债法范围，只调整财产利益关系，故无法律上原因而受有非财产利益，如精神利益者，不成立不当得利。

（三）法律性质

我们可以从以下四个方面来定性不当得利的法律性质：

1. 不当得利与合同、无因管理、侵权行为等并列，为债的发生原因之一。

2. 不当得利之债为法定之债。

3. 不当得利作为引起债的关系发生的法律事实，属于事件，故而：(1) 该事件是否基于人的行为，在所不论；(2) 该事件若基于人的行为，行为人是否具有行为能力，亦在所不论。比如，甲、乙邻居，乙的羊吃了甲的储藏草料；或者，甲、乙邻居住在一个筒子楼里共用一个厨房，放学回家的乙之子（小学生）吃了甲的面包若干片。此处的二例，甲、乙间均成立不当得利。

（四）制度功能（价值）

不当得利制度的机能，在于认定财产变动过程中受益者要保有其所受利益的正当性，即是否具有法律上的原因。然而，是否具有法律上的原因并非不当得利制度本身所能确定的，而应基于债权、物权、人格权、身份法、票据法、婚姻家庭法等领域作出判断,来认定受益者有无保有其所受利益的正当性。如认定正当,则受益人保有所受利益;如认定不具正当性,则应予返还,即依不当得利制度执行。可见,不当得利制度旨在规范私法上无法律原因的财产变动,可谓是“财产法体系的反射体”,这当然牵涉到财产法的其他诸多领域,由此也就决定了不当得利体系的错综复杂性,此为其研究的最大困难所在,故本节的内容需要反复品读,始知其味。本节例题很多,头绪复杂,为方便读者思考式阅读,本节所设计的例题有一个共性:乙均为不当得利之债中的受益人(债务人)。

综上,不当得利制度公认的法律功能有二:

1. 矫正欠缺法律上原因的财产移转:如在上引例 3 的非债清偿中,即依赖不当得利制度来矫正已经发生的错误清偿关系。

2. 保护财物归属:如在上引例 2 的擅自转租获利与例 5 的无权处分人获利中,权利人得向不当受益人请求返还侵害其权益归属内容而得的利益。

这带给我们的最大启示是:不当得利制度的功能在于去除受益人无法律上原因而受的利益,而非在于赔偿受害人所受的损害,而后者正是侵权法的主要功能所在。由此决定不当得利之债与侵权之债之间的两点联系:

1. 在不当得利中,受益人主观上是否有过失或故意,其行为是否具有可非难的违法性,均在所不问;而侵权之债显然关注这些要素。

2. 因为侵夺他人权益者多以侵权行为为之,故不当得利常与侵权行为同时存在,但不当得利之债本身并不以具备侵权责任的要件为必要。

(五) 类型化构成

不当得利的类型化,以承认不当得利具有非统一的发生原因为前提。本书支持非统一说。非统一说将不当得利类型建构在给付不当得利与非给付不当得利两种基本类型之上,旨在突出二者之不同(见下图):

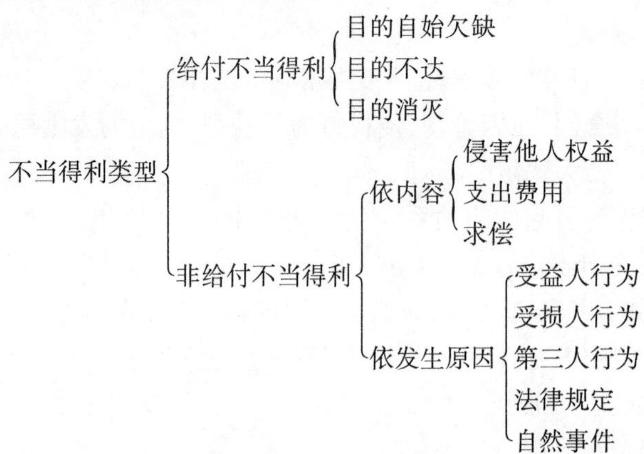

1. 前者之发生基于受损人的给付,功能在于矫正当事人之间欠缺给付目的(目的自始欠缺,目的不达或目的消灭)的财产变动关系,返还欠缺目的的给付。

2. 后者之发生或基于行为(受益人、受损人或第三人的行为)、或法律规定(如添附)、或事件(如羊吃他人草料);就其内容而言,又分为侵害他人权益型、支出费用偿还型与求偿型,其功能在于保护权益归属。

二、给付不当得利

在市场经济和私法自治框架下,法律一方面允许当事人可以依意思自治从事各种交易,决定其给付目的,另一方面又设不当得利制度,以矫正欠缺目的的给付,补救失败的交易计划。此处着重探讨三个主要问题:

(一) 与物权行为无因性的关系

给付不当得利的类型虽然在各国民法上都有存在,但其适用范围迥异。这是因为,给付不当得利,尤其是作为其典型形态的非债清偿,当事人所为的给付可为劳务(如不知劳务合同未成立而为他人房屋保洁),或货币(如不知债务已清偿仍为第二次清偿)。这两种情况下均成立给付不当得利,殆无疑义。但当给付的标的物为财物(动产或不动产)时,涉及物权行为制度,则颇为复杂。如在上引例1中,甲当然有权请求乙返还油画,但问题在于请求权基础是什么?

1. 在承认物权行为无因性的民法上,成立不当得利请求权

法理在于:债权行为(买卖合同)不成立(无效、被撤销),并不影响物权行为(交付)的效力。既然甲已经完成了对乙的交付,油画的所有权就已经转移到乙的名下,但乙受有利益(取得油画所有权)又欠缺法律上的原因(买卖合同不成立、无效或被撤销),所以成立以返还该物所有权为内容的不当得利请求权。

2. 在不承认物权行为无因性的民法上,成立原物(所有物)返还请求权(属物上请求权)

法理在于:既然物权行为不具有无因性,债权行为不成立(无效、被撤销),物权行为也随之无效。所以,虽然甲已经完成了交付,但交付无效,油画所有权仍在甲的手中,乙并未取得油画所有权,故甲基于油画所有权人之身份请求无权占有人乙返还所有物,即成立所有物返还请求权。

可见,承认物权行为无因性理论的,给付不当得利的适用范围非常广泛;反之,则被大大限制了。我国民法不承认物权行为无因性,故对《民法通则》第61条、《合同法》第58条所规定的请求权,均被理解为返还所有物请求权。[①] 这样,给付不当得利在我国的适用范围及重要性显然被大大限制了。但即使如此,我国民法上仍存在着一定的给付不当得利类型,如非债清偿等,常见的还有:

举例　假设上引例1中甲交付油画给乙后发现买卖合同不成立(无效、被撤销),

---

① 有人认为即使我国立法不承认物权行为的无因性,在此种场合下仍然成立不当得利请求权。原因在于:在这一场合下,相对人虽然并未取得标的物的所有权,但已经取得标的物的占有,因为占有也是一种财产利益,取得占有者即取得了一种法律地位,是故,所有人除了享有所有物返还请求权外,还可以依照不当得利制度请求相对人返还占有物。换言之,这些场合下不当得利的客体不是标的物的所有权,而是标的物的占有本身。同理,实务中此类不当得利请求权发生的情形非常多见。如盗窃他人的钱包、占有他人的房屋、租赁关系消灭后拒不返还租赁物等,均可发生返还标的物占有本身的不当得利请求权。为了避免争议与简化本专题的内容,如未特别指出,本节暂不论及返还占有物的不当得利请求权。

故可向乙主张所有物返还请求权,但此时乙若已经将该画卖与丙并交付(无权处分,但丙可主张善意取得),或因加工而取得所有权,此时仍可成立不当得利。反过来,就乙已经交付给甲的价款而言,基于货币的特殊性,乙只能对甲主张不当得利请求权。

(二)构成要件

给付不当得利的构成要件有四个:

1. 基于给付而受利益

给付,是指基于一定目的而有意识地增加他人财产,即有给付行为,如服劳务、物之交付、货币之支出、债务之免除等。因给付而受利益:受利益,实际上就是一方自他方所受领的给付,包括:财产权的取得、占有或登记;债务消灭;获取服务(劳务);物的使用等。

2. 他人受损害

不当得利的功能不在于填补损害,而在于使受益人返还无法律上原因所受利益,故此处的不当得利的"损害"完全不同于侵权行为法上的损害赔偿的含义——在给付不当得利类型,一方因他方给付而受利益,即为他方的损害。在非给付不当得利类型,损害即指一方取得的应归属于他人的财产利益。

举例 甲、乙为邻居。趁甲出差在外,乙盗得甲的轿车钥匙而擅自使用甲的轿车三天搞自驾游。本例中,车的使用收益为所有权能之一,应归属于车主甲,乙对于车的3天使用收益,即为甲所受的"损害"。

举例 甲将时值20万元的珠宝寄存于乙处,乙擅自卖给丙,得款18万元,丙善意取得。此例中乙所得利益为18万元(而非20万元),故甲作为不当得利的受损人所受损害即为18万元。

举例 乙将邻人甲闲置的房屋一间擅自出租3个月,得租金1万元,而市租价应为2万元,本例中甲的损害应为乙所得1万元而非应得的2万元。另外,损害之发生不以受损人有出租计划为要件,也不以受损人受有积极损害或消极损害未必要。

3. 致他人损害

致他人损害,是指一方受利益与他方受损害之间存在因果关系。该因果关系如何认定,立法、实务及学界未达成共识。但在给付不当得利类型,可简化为以给付关系作为判断标准,即由给付者向受领给付者请求返还无法律上原因所受利益。比如,甲卖大米一袋给乙,乙转售给丙,后甲乙、乙丙之买卖合同均被宣告无效,但丙已将大米消费。问:甲能否向丙主张不当得利请求权?答案是不可以。理由:丙所受利益系基于乙的给付,而非基于甲的给付,即丙之受利益并未致甲受损害,故甲、丙之间不成立不当得利。

4. 无法律上原因

无法律上原因,在给付不当得利类型,即指欠缺给付目的。具体包括三种情形:

(1) 目的自始欠缺。在我国民法上主要指狭义的非债清偿:清偿已偿之债;出售

A物，误交B物；误偿他人之债等，清偿已过诉讼时效的债务不属此类(《民法通则意见》第171条)；在承认物权行为无因性的民法上，还包括物的给付原因行为不成立、无效或撤销。

(2) 目的不达。目的不达，是指附停止条件的债务，预期条件成就才履行，后条件并未成就。比如，甲、乙约定若乙通过司法考试，甲赠与高级西服一套。乙走出考场即对甲表示猜对了题，感觉良好，甲预期乙通过而径交付西服。后发榜，乙名落孙山。

(3) 目的消灭。目的消灭，是指附解除条件或终期的法律行为，后条件成就或期限届满。比如，甲赠车给乙并转移所有权，约定乙移民国外时，赠与合同失效。后乙移民国外，则给付目的嗣后消灭。

(三) 排除情形

有以下情形之一者，虽存在给付不当得利类型的成立要件，但不得请求返还：

1. 给付为履行道德上义务的

究竟哪些义务属于道德上义务而非法律义务，应依一般社会观念来认定，以下几种为常见的道德上义务：(1) 对无抚养义务的亲属误以为有抚养义务而为抚养，如外甥对舅父；(2) 亲朋好友的婚丧庆吊；(3) 对于救助其生命的无因管理人给予报酬；(4) 因婚姻居间而约定报酬并给付者。[①] 比如，甲、乙乃同事，甲于乙子结婚时送份礼500元，后甲子结婚时，乙未送礼。本例中，甲不得因乙未"随份"而主张乙返还500元。又如，甲落入江水中，路人乙奋勇跳入湍流将其救起，甲为感激之情送乙汾酒一瓶。

2. 清偿未届期的债务

债务未届期满，债务人为清偿者，后不得请求返还。理由在于：(1) 期满前清偿，债务并非不存在，债权人受领，不可谓无法律上原因；(2) 债务因清偿而消灭，不可谓债权人受有利益。但是，对非折息清偿的情形，债务人可否请求返还差额利息？通说是否定说。

3. 明知无债务而清偿

比如，甲、乙系朋友关系，甲曾欠乙金钱若干，后清偿。然几个月后乙否认甲已清偿，频繁上门索债，甲深厌其烦，为图清静，违心再为给付。

按，不法原因之给付，是指给付之内容(标的及目的)具有不法性；不法性乃指违反强行法规定及公序良俗。对于不法原因之给付，不当得利制度的规则有二：

规则一：原则上，不得请求返还。

兹举三例　例1，甲男为与乙女结束姘居关系，赠与房屋一幢给乙；例2，住宿酒店的旅客甲男与乙女夜宿，乙女先收费5000元后，即拒绝与甲过夜；例3，甲男在某赌场

① 此处履行道德上义务之给付与履行道德上义务之赠与(见《合同法》第186条)不同。在后者，受赠人受领给付有法律上的原因——赠与合同，故不成立不当得利。判断在某一场合下当事人的给付究属二者之何者，应根据当事人之意思、交易习惯、标的物价值大小加以认定。比如，设文中上例中甲被救之后，给予乙汾酒一瓶系履行道德上义务，但给予迈巴赫轿车一辆，则宜认定为赠与之意。

参与赌博,欠下乙女赌债5万元并立即交付。在上述3例中,甲男对乙女均为不法原因之给付,但甲不得主张返还不当得利。

规则二:但书,不法原因仅存在于受让人一方时,不适用上述规则一。实务上的案例主要有:为回赎绑票向绑匪交付赎金;黑道弟兄向厂商收取保护费等。此时受损人可要求返还。但向公务人员行贿者,行贿人与受贿人均有不法原因,不得请求返还。

三、非给付不当得利

(一) 依发生事由分类

其中以受益人行为为最重要。

1. 因受益人本人行为而发生。比如,甲委托乙保管汽车一辆,在保管期间乙擅自出租给丙,乙向丙收取的租金。

2. 因受损人自己行为而发生。比如,甲去电话局交电话费,记错了自家电话而误交了邻人乙家的电话费。又如,甲去便利店买矿泉水一瓶,价钱3元。甲掏出50元给店主乙,乙找回97元,甲由此多获得的50元。

3. 因第三人行为而发生。比如,甲、乙、丙为邻居,甲养牛数头,乙有大量草料。一日甲、乙外出,丙一向喜欢甲而讨厌乙,遂拿乙的草料喂养甲的牛群。

4. 因法律规定而发生。比如,在添附情形下,新财产取得人需给予对方相应的补偿。

5. 因自然事件而发生。比如,甲、乙两家鱼塘仅隔一堰坝,一日暴雨水势涨至接近坝顶,甲的鱼塘中鲤鱼数条跃至乙的鱼塘。

(二) 依请求权内容分类

1. 权益侵害型

此为最重要的类型,主要适用于因受益人自己的行为而取得应归属他人的利益,亦包括因第三人行为及法律规定等情形。其中,因第三人行为而发生的不当得利,学说上简称为第三人侵害不当得利。如乙的朋友丙盗用甲的汽车为乙搬运货物。权益侵害不当得利的常见情形有以下诸种,均与侵权行为有较密切的联系。

(1) 无权处分。

举例 甲寄存古董与乙,乙擅自卖与丙,丙善意取得,乙获款10万元。三人关系如何处理?又问:设上例中丙非属善意,不能取得古董所有权,三人之关系如何处理?

解析 问1,丙善意取得,系存法律上原因,甲对丙不成立所有物返还请求权,也不成立不当得利请求权;乙获货款无法律上原因,属侵害甲应得之利益,故甲主张乙返还不当得利;问2,丙未取得所有权,甲可向丙主张返还所有物请求权;甲对乙可主张侵权损害赔偿(如有损害),但不成立不当得利请求权,因乙未获利益。但是,在该例中,有争议的是,无权处分人乙依不当得利所应返还的,究为所获利益的全部,还是限于被处分物(古董)的客观价额?详见下文相关分析。

（2）出租他人之物、共有物，非法转租。

兹举四例　例1，甲、乙邻居，甲外出房屋闲置，乙趁机出租与丙，获租金若干。例2，甲出租房屋给乙，租赁届满，乙拒交房屋，并“出租”给丙，获租金若干。例3，甲、乙共有房屋一栋，乙擅自出租该屋给丙，获租金若干。例4，甲租房给乙，月租1万元，约定不得转租，乙擅自转租给丙，月租15000元，现已转租4个月。问：上述4例中，甲可否以及向谁主张不当得利请求权？

解析　① 出租他人之物以收租与无权处分他人之物以获利，法律性质虽有不同，但在侵害他人权益这一点上并无二致，均属无法律上原因而取得应归属于他人的利益，应成立不当得利。据此，例1、例2中，甲均可向乙主张返还不当得利（租金）。② 在例3中，房屋出租人不以所有人为限，共有人超出其份额将房屋整体出租，该租赁合同在共有人与承租人之间有效，承租人获取占有、使用房屋利益，但丙支付了租金，故甲不可向丙主张不当得利，但对于乙可就相对应于甲所占份额的租金部分主张不当得利返还请求权。③ 关于非法转租，通说认为不成立不当得利。理由：违法转租所涉及的不是权益归属而是租赁合同的违约问题；出租人与承租人之间存有合法有效的合同关系，其纠纷应在租赁合同上寻求解决——出租人可以解除合同（《合同法》第224条第2款），并可以要求违约损害赔偿（《合同法》第97条），以资救济。

（3）无权使用、消费他人之物。无正当权利而使用、消费他人之物，于社会经济生活中颇是常见，法律肯定在无权使用人、消费人与权利人之间成立不当得利。

兹举三例　例1，甲租房与乙，届满乙拒绝交房，仍继续占用达半年之久。例2，甲、乙邻居，甲房临街，乙为个体户，乙擅自在甲临街墙壁悬挂广告达半年之久。例3，甲、乙素不相识，在星巴克咖啡厅邻桌而坐，甲要了卡布其诺一杯，未及饮用而去洗手间，回来时发现已被乙饮毕。

（4）侵害受让人债权、占有

比如，丙欠乙到期债权10万元，乙让与该笔债权与甲但未通知丙。后丙仍将该笔10万元交付给乙，乙欣然受领。本例中，乙的受领致受让人甲的债权消灭，侵害受让人债权，应对甲负不当得利返还义务（《合同法》第80条）。又例，甲承租丙地作停车场，乙擅自占用该地。则乙系侵害甲基于租赁关系而为占有的权利，甲、乙之间成立不当得利，乙应付返还通常或合理的使用金额。

（5）侵害知识产权、人格权。同侵害物权、占有一样，侵害知识产权、人格权亦可成立不当得利。比如，青年法学家甲发表论文多篇，备受重视，乙出版公司未经甲同意，擅为选编出版论文集，获利1万元。则甲可依不当得利请求乙返还该1万元。又如，某甲为影视界当红女影星，名为《贰周刊》的某杂志乙擅自以某甲玉照作为封面，并擅自以著名导演某丙的名义推荐该杂志，致周刊销量猛增，获巨利。则，甲、丙均可向乙主张不当得利返还。

(6) 错误的强制执行

基于不存在的债权文书、错误判决而为强制执行完结的,被执行人得依不当得利规定请求执行请求权人返还因执行所得利益。需要交代的是,侵害权益不当得利类型与侵权行为存在着密切联系,但二者在构成要件、效力内容及功能上均有不同:① 构成要件:侵权行为以主观上故意、过失,客观上行为具有违法性为要件,但不当得利不以故意、过失或行为违法性为要件;② 效力内容:侵权行为以损害赔偿为内容,受害人所受损害包括财产和非财产损害;不当得利以返还所受财产性利益为内容;③ 功能:侵权行为旨在填补损害;不当得利旨在去除所受利益。

就侵权行为与权益侵害不当得利的适用关系而言,可分为四种模式:① 成立不当得利,不成立侵权:如上例举的擅自悬挂广告于他人墙壁,并未致甲的墙壁以损害或不能使用,故不发生侵权;② 成立不当得利,也成立侵权,如上例举有偿的无权处分;③ 成立侵权,不成立不当得利,如无偿的无权处分;④ 不成立不当得利,也不成立侵权。例如,乙父亡,所留遗物中有其友人甲寄存的古董一件,乙非因过失不知古董为甲所有,赠与善意的丙并交付。此场合下,甲、乙之间既不成立侵权(因无故意、过失),也不成立不当得利(因未受利益)。至于甲、丙之间是否成立不当得利,是另外一个问题。

2. 求偿型

求偿不当得利,指清偿他人债务,因不具备委托、无因管理或其他法定求偿要件而发生的不当得利请求权,适用范围很窄。比如,乙向丙购买汽车,分期付款,约定在价金清偿前,丙保留所有权。乙之债权人甲对该汽车强制执行,清偿了最后余款,由乙取得了所有权。在此场合,甲对乙有求偿不当得利请求权。

但在下列两情形下,甲、乙之间不成立不当得利:例 1,甲、乙为对门邻居,乙外出,乙之债权人丙常上门索债,甲厌烦丙每次敲乙门动静过大影响休息,遂代乙清偿。于此情形,甲对乙有无不当得利请求权?例 2,乙欠丙巨款,朋友甲向丙提供物权担保(抵押、质押)或保证,后丙行使担保物权拍卖该物或实现保证债权,乙因而免除对丙的债务而受利益,于此情形,甲对乙有无不当得利请求权?对于例 1,甲、乙之间成立无因管理,故不依不当得利解决;对于例 2,第三人做担保人的,第三人虽为债务人清偿债务而受损害,但并非无法律上原因所致,故第三人对债务人并无不当得利请求权,第三人应依法律关于保证或者担保物权之规定向债务人求偿(《担保法》第 31 条、第 57 条)。

3. 支出费用型

支出费用不当得利,指非以给付的意思,为他人之物支出费用,典型情形有误信管理(如误认他人之犬为己有而饲养之)和不法管理(如明知无权占有他人房屋而为修缮)。上一专题已经指出,误信管理与不法管理不是真正之无因管理,可依不当得利规定解决。

四、不当得利之债的内容

不当得利请求权的效力内容,或者说不当得利之债的内容,就是受益人(债务人)将所受利益返还给受损人(债权人)。如我国台湾地区“民法”第181条规定:不当得利之受领人,除返还其所受利益外,如基于该利益更有所得者,并应返还。但依其利益之性质,或其他情形,不能返还者,应偿还其价额。这一规定明确了不当得利之债的两项内容:其一,就客体而言,包括所受利益,以及基于该利益更有所得者。其二,就返还方法而言,以返还所受利益的原状为原则(即返还原物),以折价偿还为例外。

不当得利请求权的效力内容,我国《民法通则》第92条、《民法通则意见》第131条亦有类似规定,但比较简陋,且有不同之处。有如下几个具体问题需展开:

(一)返还客体

1. 所受利益

所受利益,指受领人因给付或非给付所受利益本身,包括某种物权、占有不动产(合称积极利益)或债务免除(消极利益)等。如出租他人之物所获得的租金收入等。

2. 更有所得

基于所受利益更有所得,包括:(1)原物孳息(天然、法定、射幸孳息)。射幸孳息如足球彩票的中奖奖金。(2)原物的代位物:如原物被毁损,由第三人处取得的损害赔偿金、保险金等。

3. 关于利用不当得利所取得的其他利益

依《民法通则意见》第131条的规定,扣除劳务管理费用后,国家予以收缴,不在返还给受损人之列。所以特别注意孳息与利用不当得利所取得的其他利益之间的区别。比如,张某发现自己的工资卡上多出2万元,便将其中1万元借给郭某,约定利息500元;另外1万元投入股市。张某单位查账发现此事,原因在于财务人员工作失误,遂要求张某返还。经查,张某借给郭某的1万元到期未还,投入股市的1万元已获利2000元。那么,张某将如何返还不当利益给单位?该案中,张某将1万元出借而约定的500元利息债权,属于该1万元的法定孳息,而将另1万元投入股市的收益则不属于孳息。因此,张某应返还最初获得的2万元不当得利本金加500元债权的孳息,所以一共返还2.05万元给单位就可以了。

(二)返还方法

原则上返还原物。原物无法返还的,则折价返还。

例1　甲、乙两公司订有100包服装购销合同。后乙派人去甲公司处取货,由于甲公司工作人员疏忽,装了102包,乙公司工作人员亦未觉察。乙拉货回去后,甲公司察觉并举证多装了两包货物,遂请求乙公司返还。乙公司是否有义务返还?答案是肯定的。但是,假设该包货物时值1万元,已由乙公司销售给消费者,得款1.2万元或0.8万元,应如何处理?回答是此时折价偿还。

问题在于如何计算应偿还价额呢？实务上有两种学说：一是客观说：价额应依客观交易价值定之。二是主观说：价额应就受益人的财产加以计算，其在财产总额上有所增加的，皆应返还。具体而言，在上例中，依客观说，乙应返还 1 万元；依主观说，应分别返还 1.2 万或 0.8 万元。学界通说采客观说，本书从之。理由在于：依上例，若采主观说，在乙以 0.8 万元出售时，仅返还 0.8 万元，这样，出卖价金低于市价（即物之客观交易价值）的，恶意受领人的返还责任将因此而减轻。但是，若依上例，乙以 1.2 万元出售时，依客观说仅返还 1 万元，则怎样看待乙因此获利 0.2 万元？对此，客观说的有力解释是：受损人之受损害原系受领人受利益之结果，利益之所以超出损害，乃受益人具有特殊技能或设备以致之（如上例中乙的销售设施、销售网络及销售经验等），则此项利益应当不在返还范围之内。据此，可以得出一个结论：在不当得利应返还的范围上，若损害小于利益的，应以损害为准；若损害大于利益的，应以利益为准。

至于价额计算的时点，应以偿还义务成立时价额为准据时点。

（三）返还范围

依受领人主观上为善意或恶意，民法上设有不同的返还义务范围。

1. 为善意

受领人为善意的，仅就现存利益负返还责任，倘若所受利益已不存在，免负返还或偿还价金责任并得主张因取得该利益所支出的费用（如运费、关税等）以及对受领物所支出的必要费用（如动物医药、饲养费）及有益费用。所谓善意，指受领人受领不当得利时不知道无法律上原因；至于其不知道无法律上原因有无过失，在所不问。这一规定显然优待了不当得利的债务人，对债权人不利。为调和当事人利益，所受利益已不存在的举证责任由债务人负担，常见的情形有：标的物毁损、灭失、被盗或因其他事由不存在，且未受有补偿。

例 2　假设例 1 中乙拉货回去途中，遇到百年不遇的山洪暴发，102 包货物全被冲走，则甲、乙纠纷如何解决？答案：乙不负有任何返还义务。因为所得利益已经不存在，且乙为善意。

2. 为恶意

法律一般规定，受领人为恶意的，应将受领时所得利益附加利息，一并偿还；如有损害并应赔偿。这是对恶意受领人的加重返还义务。所谓恶意，是指受领人于受领时知道无法律上原因或其后知之者；若其后知之者，以其知道时为分界线，前后分别适用善意、恶意受领的规则。恶意受领人对所受利益的不存在是否有过失，在所不问。具体言之：

（1）加重的返还责任。包括：受领时所得利益及更有所得；受领利益的附加利息。

例 3　接上例 2，假设甲公司工作人员多装了 2 包的时候，乙公司工作人员看到了但装聋作哑，则甲、乙纠纷如何解决？答案：乙负有返还 2 包货物折价后的相应金额义务。因为所得原物虽然已经不存在，但乙为恶意，应折价返还。又例，设例 2 中甲公司工作人员多装了2包的时候，乙公司工作人员看到了但装聋作哑。2包货物时值1万元，后由乙公司销售给消费者得款1万元，3个月后甲公司察觉并举证多装了2包货物，遂请求乙公司返还。问甲、乙纠纷应如何处理？答案：返还1万元，并加算3个月期间的相应利息。

(2) 不得主张因取得利益所支出的费用，如运费、关税等不得主张扣除。这一点与善意受领人亦不同。

(3) 得主张对受领物所支出的必要费用及现存的有益费用。这一点与善意受领人相同。

(四) 关于强迫得利

强迫得利，是指受损人因其行为使受领人受有利益，但违反了受领人的意思，不合其经济计划。比如，甲擅自在乙村的土地上种植樱桃树数百棵，乙村原预备在该土地上为村民建乡村别墅。又如，甲误认乙的斑驳破旧围墙为己有而重新油漆，而乙已雇工计划于次日拆除围墙。

对于强迫得利，应对受益人所受利益主观化制定，即就受益人整个财产依其经济上计划认定其应偿还的价额为零，故不必返还。

第二节　无因管理之债

“管理他人事务”的分类图系：

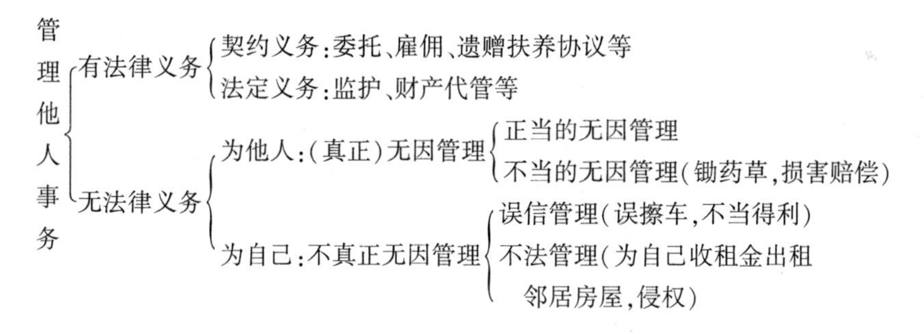

一、基本概念

(一) 定义

所谓无因管理，即未受委托，并无法定或约定义务而为他人管理事务。其中，管理事务的人称为“管理人”，“他人”被称为“被管理人”或“本人”。无因者，系指“无法律上义务”而言。无因管理制度源自罗马法，称为 Negotiorum gestio(管理他人事务)，最早适用于为不在之人(尤其是远征在外的军人)管理事务。其后历经发展，尤其是19世纪德国学者建立了无因管理理论体系，最终为后来的民法所继受。

理解无因管理制度的关键性问题有二：一是本人的利益及意思的判定；二是管理

人的管理意思的判定。就前者而言,涉及无因管理事务是否利于本人、合其意思而异其法律效果?就后者言,涉及为他人或为自己管理事务,应如何区别处理?无因管理涉及的诸多行为类型对应了复杂的社会经济生活形态,体系庞杂。但我国现行立法调整无因管理的仅有两个条文,一是《民法通则》第93条规定:"没有法定的或者约定的义务,为避免他人利益受损失进行管理或者服务的,有权要求受益人偿付由此而支付的必要费用。"二是《民法通则意见》第132条规定,"民法通则第九十三条规定的管理人或者服务人可以要求受益人偿付的必要费用,包括在管理或者服务活动中直接支出的费用,以及在该活动中受到的实际损失。"

本节的内容不囿于我国现行法规定,主要依据无因管理制度的一般法理,并参考王泽鉴先生《债法原理》(第一册)的相关章节。为方便理解,与上一节的"不当得利之债"一样,设例较多,为减少头绪,各案例有一个共同要素——若成立无因管理,则"乙"被恒定为管理人。

(二) 管理他人事务的体系

无因管理为管理他人事务的行为,但并非所有的管理他人事务的行为都属于无因管理。就复杂的社会经济生活形态言之,管理他人事务可作如下分类:

管理他人事务有法律义务契约义务:委托、雇佣、遗赠扶养协议等

法定义务:监护、财产代管等

无法律义务为他人:(真正)无因管理正当的无因管理

不当的无因管理

为自己:不真正无因管理误信管理

不法管理

基于法律上义务而管理他人事务:基于契约者以委托合同最为常见,如乙受身在国外的甲委托,将甲在国内某市的公寓一套出租于丙;基于法律规定者常见的有未成年人监护与失踪人财产代管制度,前者如父母对未成年子女特有财产的管理,后者如甲失踪多年被宣告为失踪人,乙被指定为财产代管人,尔后对甲名下的财产的管理。

无法律上义务而管理他人事务,又可分为两类:

1. 为他人管理事务。如救助昏迷于野外的陌生人,即为民法上所称的无因管理,学说上谓之"真正无因管理"。

2. 为自己而管理他人事务。民法不承认其为无因管理,学说上谓之"不真正(准)无因管理"。其情形又有二:(1) 明知他人事务,仍作为自己事务而管理,为不法管理。如甲、乙为邻居,甲外出打工,乙擅自将甲屋出租于丙而按月收租。(2) 误信他人事务为自己事务而承担,为误信管理。如甲、乙为邻居,甲误以为乙的单车为自己的单车而出租。

不法管理与误信管理行为还涉及依照侵权行为及不当得利规定加以处理的问题,容后讲述。

二、构成要件

我们重点研究民法上的无因管理。即学说上的真正无因管理。如无特别声明，下文所用的“无因管理”一词即指真正无因管理。民法认定无因管理的构成主要考虑两个法律价值并在此间作取舍。一是禁止干预他人事务，二是鼓励互助义行。无法律上义务而管理他人事务，首先乃干预他人事务，原则上应构成侵权行为。但人类(群)相处，贵乎互助乃至见义勇为，此乃人群共谋社会生活之道。由此，法律一方面维护“干涉他人事务乃违法”之基本原则，另一方面又要在一定条件下容许干预他人事务构成“阻却违法”的事由，以便人类互助精神得以充分发扬。那么，如何调和“禁止干预他人事务”与“奖励互助义行”两原则，就涉及无因管理的构成要件问题。

一般认为，无因管理的构成要件有三，但本节的讨论范围并不限于此。

(一) 管理他人事务

此乃无因管理的客观要件，可分两层意思来理解：

1. 从事了管理事务

(1) 范围。此处的管理事务，与委托合同上的处理事务(《合同法》第396条)含义相当，任何可作为债之客体的事项均在此列，但显然不包括单纯的不作为，不发生债的关系的事项亦不属此列，如替人行凶报私仇等。

(2) 性质。管理事务本身为事实行为，但也可为法律行为。前者如在河水中救助溺水儿童，收留迷途宠物狗；后者如送溺水儿童赴医院挂号救治、出租房屋、招工修缮房屋、代人清偿水电费等。

(3) 名义。管理事务为法律行为时，管理人可以自己名义也可以本人名义为之；以本人名义为之的，还会发生无权代理的问题。

举例　甲、乙邻居，甲外出长时间未归房屋闲置。甲外出前曾留房钥一把与乙，乙为增加甲收入计，将房屋出租于丙。本例中，乙、丙之间订立租赁合同时，乙可以自己名义与丙订立，也可以甲之名义与丙订立，均构成无因管理；唯在后一种情形下，还构成无权代理。

(4) 关于目的达成与否问题。无因管理重在管理事务本身，目的是否达成，不影响无因管理之成立。

举例　甲、乙邻居，甲外出，时值夏季台风欲临，甲宅有罹于暴风雨之虞。乙招工修缮甲宅以防其倒塌。后甲宅仍倒塌于暴风雨中。本例中，防止甲宅倒塌的目的虽未达成，无因管理仍可成立。

2. 管理的对象是他人事务

判断的基本依据分为：

(1) 某一事务是否属于他人事务，在客观上依该事务在法律上的权利归属加以判断，此谓“客观的他人事务”。比如，清偿他人所负的债务；修缮他人所有的房屋；收留他人饲养的迷途宠物狗等。

(2) 事务本身若系中性,无法依其在法律上的权利归属加以客观判断的,应依管理人的主观意思确定——因管理人有为他人管理的意思,而成为他人事务,此谓“主观的他人事务”。

(二) 为他人管理事务

此为无因管理的主观要件,也是最核心的要件,不仅决定无因管理的成立与否,还决定无因管理中的当事人——即谁是本人,且限定了无因管理的适用范围。分以下四层意思来解读之。

1. 判断基准

为他人管理事务的含义是指管理人认识到其所管理的事务属于他人事务,并欲使管理事务所生利益归属于该他人(本人),学理上简称为“管理意思”。误信管理(误信他人事务为自己事务)与不法管理(认识到系属他人事务,但欲使管理事务所生利益归于自己),都不符合“管理意思”的要件,故不构成无因管理。

“管理意思”之判断,在客观的他人事务场合下,通常可依其情形判断有无为他人管理的意思;在主观的他人事务场合下,管理人自己负举证责任。

兹举五例 例1,甲、乙为友邻,甲病亡时身边无亲人,乙为其支出殡葬费,后甲之配偶及子女赶回时,乙对甲之配偶及子女均得依无因管理请求返还所支出之费用。

例2,甲驾车不慎撞伤6岁之丙,丙之父乙即送丙赴医院急救,支出医药费5万元。于此场合,甲应对丙负侵权损害赔偿责任;乙之送丙赴医,系尽父母对未成年子女救伤义务(《民法通则》第18条及《民法通则意见》第10条),不能认定有为丙管理事务之意,故乙、丙之间不成立无因管理。

例3,甲、乙共同驾车撞伤丙,应对丙负连带责任。设乙对丙履行了全部损害赔偿债务后,能否依无因管理之债对甲请求返还其应担部分?通说采否定说。因为此处乙只是尽到了对丙应尽的法律上义务,并不具有为甲清偿债务之意。乙应依《民法通则》第87条规定向甲求偿。

例4,乙受甲委托处理事务,处理事务完毕后,始发现委托合同不成立或无效或被撤销。于此情形,乙自始认为其在履行委托合同上的义务,欠缺为甲管理之意,不成立无因管理,但可适用不当得利规定解决相关纠纷。

例5,某乙谨慎驾车前行,突见甲驾一摩托车自右手边一小巷口处狂飙而出,乙为避免撞伤甲,急速打方向盘左转,撞墙车毁人伤。于此情形,乃为“道路交通自我牺牲行为”。本案需讨论者有二:(1) 设甲有故意或过失,则乙可依侵权法请求甲赔偿人、车之损失。(2) 设甲无识别能力或其他免责事由不成立侵权行为时,甲、乙之间能否成立无因管理?有所争议。通说认为:乙情急之下不失冷静,采自我牺牲而为避免撞伤甲,鉴于乙驾车并无过失,倘不采此紧急措施,纵撞伤甲亦不负侵权责任,而甲因乙自我牺牲行为而确免遭损害,故应肯定乙有为甲管理事务之意思。

2. 管理人是否必须认识本人

管理意思之要件旨在区分管理是为自己还是自己以外的他人而管理事务,至于该他人为何,并无认识之必要。纵对于本人有误认,亦不妨碍就真实的本人成立无因管理。比如,乙于风雪交加的郊野遇一昏迷的拾荒老妪,误认为同事甲的母亲而送往医院救治。本例中,乙对于甲或甲母不成立无因管理,但对于被救的老妪,仍成立无因管理。

3. 兼为自己利益

通说认为,管理人为自己之意思与为他人之意思可以并存,为他人管理事务兼具为自己利益者,不碍无因管理之成立。比如,甲、乙邻居,某夜甲宅失火,乙见状即持灭火器前往救火,身体受伤。设乙之救火系虑及其屋“殃及池鱼”之虞,是否成立无因管理?回答是肯定的。

4. 本人可为多人

无因管理的本人可以为两人或两人以上。比如,乙的邻居甲新手驾车上路,撞伤路人丙,甲受此惊吓呆立一旁不知所措,乙见状即送丙赴医院急救。于此情形,可认为乙有为甲及丙管理事务之意,对甲、丙均构成无因管理。

又如,甲、乙邻居,某夜甲宅失火,乙见状即持灭火器前往救火。后查明,甲屋出租于丙居住,设定抵押权于丁,投火灾险于戊保险公司,甲已经与寅签订房屋买卖合同但尚未履行,则谁为本人?答案:甲(火灾攸关其房屋财产安全);丙(火灾攸关其人身及财产安全)。至于抵押权人、保险人、买受人,因救火之人通常欠缺为其管理事务之意,所以不成立无因管理,以适当限制无因管理制度之适用范围。

(三) 无法律上之义务

无法律上之义务,即指既没有法定义务(如监护、赡养、财产代管、消防警察救火、110 警察制止侵权、履行先行为而生的法定义务等),也没有契约上的义务(如委托、遗赠扶养协议、雇佣等)。比如,甲、乙邻居,某天傍晚,乙带甲的 6 岁孩子到附近的江边玩耍,小孩落水,乙跳入汹涌江水之中将其救起。本例中,乙系履行由其先行为而生的法定义务(照护甲幼子),故不构成无因管理。

需要指出的是,虽然没有法定、契约义务,但以下行为仍不成立无因管理:

1. 履行道德性质的义务。如养子女对亲生父母的日常生活衣食住行之照料。

2. 履行宗教性质的义务。如佛教教徒自愿为佛庙添加香火之行为。

3. 履行公益性质的义务。如青年自愿者为孤老院打扫卫生的行为。

(四) 关于当事人的行为能力

1. 本人不必具备意思能力,故本人为无行为能力人、限制行为能力人的,亦得成立无因管理。

2. 管理人是否须有行为能力?通说认为无因管理本身属事实行为,故原则上不要求管理人有行为能力;但无因管理亦得为法律行为(如代人还债),于此场合,管理人应具有相应行为能力。

(五) 关于“管理人须不违反本人明示或可得推知的意思”

1. 是否为构成要件

通说认为,“管理人须不违反本人明示或可得推知的意思”进行管理事务,并非无因管理本身的构成要件,而是区分无因管理项下正当的无因管理与不当的无因管理的标准。即:符合上列无因管理的前三个要件,且“管理不违反本人明示或可得推知的意思”的,构成“正当的无因管理”;只具备上列前三个要件,但“管理人违反本人明示或可得推知的意思”的,构成“不当的无因管理”。但无论是正当的无因管理,还是不当的无因管理,都属于无因管理。如此说来,作为本节的研究对象——正当的无因管理,其构成要件有四个:(1) 管理他人事务;(2) 为他人管理事务;(3) 无法律上之义务;(4) 管理事务利于本人,并不违反本人明示或可得推知之意思。

2. 法律价值

需要指出的是,这四个要件是指正当的无因管理行为之构成,学理上谓之“管理事务之承担”;无因管理本质上乃“干预他人事务”,之所以不被定性为侵权行为,乃在于其有违法阻却事由,即“管理事务利于本人,并不违反本人明示或可得推知之意思”。但是,如果管理事务不利于本人,或者违反本人明示或可得推知之意思,该管理事务行为是否还具有违法阻却性?通说认为可以构成无因管理,但不具有违法阻却性,乃成立不当的无因管理,得依关于不当得利及侵权行为之规定而解决。

兹举三例 例1,甲在后庭院种植稀有名贵药草多年,新搬来的邻居乙以为是杂草,于甲赴深山采集新品种期间,雇工拔除之。例2,单身的甲有宋代钧瓷一件,再三表示乃传家之宝,绝不出售。某日甲横遭车祸住院,需巨额医疗费,邻居乙虽明知甲之意思,仍赴甲宅取钧瓷而贱售之。例3,甲有家具一件,外表旧陋,乙不知其为名贵古董,以为甲无钱修缮,乃雇工以油漆漆之。上述三例,分属不利于本人、违反本人明示意思、违反本人可得推知意思的典型案例,虽都构成无因管理,但属于不当的无因管理。至于如何解决,详看下文的分析。

3. 意思判断

那么,如何判断管理事务之承担利于本人,以及不违反本人明示或可得推知意思呢?所谓利于本人,指对本人在法律上实质有利,客观有益,如救火、救助溺水之人等。所谓明示之意思,指本人客观上已表示的意思,如溺水之人大呼救命。所谓本人可得推知之意思,应依管理事务在客观上加以判断本人的意思。比如,瓜农甲的西瓜在地里已长成熟,甲外出未归致无从收割,邻居乙摘之,送至市场以市价卖出,显系合于本人可得推知之意思。

需要特别讨论的是以下几种情形:

(1) 清偿他人之债。无法律上义务而为他人清偿债务,系罗马法以来典型的无因管理案例。此项事务之管理通常有利于本人,并不违反本人之意思。但在以下两种情形下,通常认为管理人的清偿不利于本人:① 该项债务已过诉讼时效的;② 该项债务有其他抗辩权存在的。

(2) 为本人尽公益上之义务。如果本人的意思违反公序良俗,即使管理人的行为违反本人意思,亦不属于“违反本人明示或可得推知之意思”,构成正当的无因管理。比如,甲为个体工商户,欠税拒不缴纳,邻人乙代其缴纳。又如,甲宅有一危险院墙随时有倾覆可能,危及左邻丙的房屋安全,丙再三请求加固,均遭甲蛮横拒绝。于甲外出期间,右邻乙将该危墙修缮加固。

(3) 为本人履行法定扶养义务。比如,甲之结发之妻贫病交加,无钱医病,甲遗弃之,另寻新欢。邻人乙为甲妻延医治疗,供应饭食。

三、无因管理之债的内容

(一) 正当的无因管理

1. 概说

正当的无因管理在管理人与本人之间发生法定债的关系,且阻却违法。例如,甲宅失火,乙破其门窗而入救火,虽侵害甲之门窗所有权,但该行为本身不成立侵权。需要特别强调者有二:

(1) 不成立不当得利。正当的无因管理虽使本人受益,但有无因管理这个法律上的原因,故纵有管理人因之而受损失,在二者之间也不成立不当得利。在上例中,因乙舍身救火而使甲受益(房屋免遭火灾),但乙受损(身受火伤),且有因果关系,但二人之间并不成立不当得利。

(2) 与侵权责任的竞合。无因管理成立后,管理人在管理事务的实施环节违反了善良管理人的注意义务,从事了不利于本人或违反本人明示或可得推知意思的行为,因故意或过失不法侵害本人权利者,侵权行为仍可成立,故正当的无因管理并不排斥侵权行为之成立。比如,甲、乙邻居,邮局送来甲的包裹,逢甲不在家,乙代收之。但在乙交还给甲时,因乙之过失致包裹内物品毁损的,应构成侵权责任;并与管理人未尽善良管理人之注意义务而负的无因管理之债不履行责任,发生竞合。

2. 管理人之义务

(1) 主给付义务

主给付义务是指,管理人应依本人明示或可得推知之意思,以有利于本人的方法管理事务。换言之,管理人于管理事务实施环节,必须尽到善良管理人的注意义务;未尽此项义务,致本人遭受损害时,应负无因管理之债不履行的损害赔偿责任。比如,幼童甲迷途,乙将其带回家收留并四处寻找其父母。其间,甲童患感冒,乙为甲求神拜佛,未及时延医诊疗而致甲转患肺炎。如何评价甲之行为?

展开来说:乙收留行为构成正当的无因管理,就其收留行为得请求所支出的费用;乙就其未尽管理人的注意义务,得负无因管理之债不履行的损害赔偿责任。

需要说明的有三处。一是,前已指出,在区分正当的无因管理与不当的无因管理时,也就是认定正当的无因管理的构成时,一个不可或缺的标准(要件)就是要求管理事务“须有利于本人,并不违反本人明示或可得推知之意思”,这是对“管理事务之承担”的要件要求。

二是,在正当的无因管理成立之后,在管理人从事管理事务的环节,也要尽到善良管理人的注意义务,即“依本人明示或可得推知之意思,以有利于本人之方法管理事务。”这是对“管理事务之实施”(Ausfuhmng der Geschaftsfuhrung)的义务要求。

举例 甲正在市场卖鱼,突闻其父病危,急忙离去,邻摊菜贩乙见状遂自作主张代为叫卖,以比甲原每斤10元高出5元的价格卖出鲜鱼200斤,并将多卖的1000元收入自己囊中,后乙因急赴喜宴将余下的100斤鱼以每斤3元卖出。这一案例,乙的行为构成无因管理,急无疑义;乙收取多卖1000元构成不当得利,也无疑义;就乙低价销售100斤鱼构成不当管理,应承担赔偿责任,也没有问题。

三是,两个要求的内容相同,但适用于不同环节,所以,违反它的法律后果也不同:在“管理事务之承担”环节违反“须有利于本人,并不违反本人明示或可得推知之意思”要件的,构成不当的无因管理,不构成正当的无因管理;而已经成立了正当的无因管理,但在“管理事务之实施”环节违反该要求的,管理人要负无因管理之债不履行的损害赔偿责任,但这并不影响管理人在无因管理之债中享有的相应权利。更通俗地说,管理事务之承担所要求的“须有利于本人,并不违反本人明示或可得推知之意思”,解决的是面对他人的事务,该不该管理的问题;管理事务之实施所要求的“依本人明示或可得推知之意思,以有利于本人之方法管理事务”,解决的是一旦管理了他人的事务,应该如何管理的问题。

(2) 从给付义务

一是通知义务,指管理人开始管理时,如能通知本人者,应及时通知本人;如无急迫情事者,应俟本人指示。如果本人指示继续管理,视为对管理事务的承认,则其后适用委托合同的规定;若本人指示停止管理,而管理人仍为管理时,应认为违反了本人之意思,自其违反指示而为管理时起,适用不当的无因管理规定。

举例 瓜农甲的西瓜在地里已长成熟,甲外出未归,邻居乙雇工摘瓜欲明早到城里销售。当晚以手机联系到了甲。情形1:甲说:“既然已经摘下,请你尽早以不低于市价的价格出售,我愿付售价的5%作为酬劳。”后乙在第二天一早以市价全售出。情形2:甲说:“既然已经摘下,请囤积到我家院子里即可,等我后天回去后再出售。”但乙弗听,仍在第二天一大早将甲的西瓜悉数售出。

解析 情形1:电话前甲、乙之间为正当的无因管理关系;电话后为本人对无因管理的承认,甲、乙之间成立有偿委托关系。情形2:电话前甲、乙之间为正当的无因管理关系;电话后为不当的无因管理关系。可见,无因管理之承认的适用范围仅限于(真正)无因管理,不适用于不真正无因管理。承认的效力在于使无因管理转为委托合同。本人对管理事务的承认,系单独、不要式、具形成权性质的行为。

二是计算义务,即准用法律关于委托合同中受托人的计算义务(《合同法》第401

条、第404条和第406条)，内容包括：管理人将管理事务的进行状况报告本人，于管理终止时应报告结果；因管理事务所收取金钱、财物及孳息应交付本人，以自己名义所取得权利应转移给本人；如有损害，并应赔偿。

3. 管理人之权利

(1) 支出必要费用偿还请求权。管理人为管理事务支出必要或有益费用，得请求本人偿还，并得请求自支出时起之利息。

(2) 清偿负担债务请求权。管理人因管理事务而对第三人负担之债务，得请求本人代为清偿；本人拒绝的，管理人可对第三人自行偿付，尔后再向本人追偿。

(3) 损害赔偿请求权。管理人因管理事务而受损害的，得请求本人损害赔偿；管理人因管理事务而丧生者，本人应负担丧葬费、法定扶养费等。

举例　甲、乙是邻居，甲外出。暴风雨将至，甲房有倾覆之危。乙遂雇施工队修缮，直接支出费用(交通、通讯等)50元，欠施工队施工费800元；乙在参与修缮房屋时从房顶跌下，花去医疗费39元。问：乙可请求甲支付哪些费用？

解析　均可；本例之费用即分属上述三种债权。

需要指出，正当的无因管理一经成立，管理人即享有上例三项权利，并不以本人获益为前提。前述所谓“须有利于本人”之规定，重在管理事务之承担本身是否有利于本人，结果是否有利，是否超过本人所受之利益，在所不问。更通俗地说，管理人不担保管理之结果，本人应承担管理事务的风险。比如，甲宅失火，乙奋身扑火，但无奈火势凶猛异常，甲宅尽遭毁焚，乙因救火受伤。于此情形，甲未获任何利益，但仍应支付乙之医药费。

(二) 不当的无因管理

1. 管理行为的违法性

不当的无因管理，就其管理事务之承担而言不具有违法阻却性，属于不当干预他人事务，为保护本人之利益，应适用侵权法的规定，由管理人就其管理事务之承担环节的故意或过失，对本人负侵权行为损害赔偿责任，即使其在管理事务之实施环节并无过失。比如，甲辛苦多年育出兰花新品种，不愿示人。邻人乙明知甲不愿参展，但为使甲名利双收，趁甲外出，径取该兰花参展以趁机出售，不幸被盗。本例中乙虽在管理事务之实施环节尽看管之能事，仍应对甲负侵权损害赔偿责任。

2. 本人可以主张享有无因管理所得的利益

管理事务虽不利于本人，或违反其明示、可得推知之意思，但本人有权利根据自己的意愿主张享有无因管理所得之利益。于此情形，本人也应在受益范围内对管理人承担相关义务。设关于甲培育兰花的上例中，乙在参展会上高价售出该名贵兰花，得款10万元。甲闻之，欣欣然，可主张乙将10万元交付与己；但要偿还乙为参展、出售事宜所支付的必要费用。

3. 本人不主张享有无因管理所得的利益

本人当然也可以不主张享有无因管理所得的利益。于此场合,本人与管理人间的法律关系应依不当得利规定来处理。设上例中,甲不主张无因管理的权利,则可依不当得利之债请求乙返还所得价款。

(三) 误信管理

误信管理,属不真正无因管理之一种,系误信他人事务为自己事务,而为管理。此类管理仅发生于客观的他人事务。

对于误信管理,一不能类推适用无因管理的规定,二不能经本人承认而适用委托的规定,而应该依不当得利之规定处理。如果管理人在管理事务的实施环节有故意或过失,应依侵权行为的规定负损害赔偿责任。

举例 乙父病逝,从外地赶回的唯一继承人乙将其父生前常使用的时值4万元的一辆摩托车加以板金,支出了1万元,再以5.5万元出售于丙。经查该车系乙父之友甲所有,乙父乃长期借用之。设乙并无过失,误信该车系其父所有,应如何处理?

解析 甲因乙板金而受利益(1.5万元),以及乙因出售该车从丙处所受的价金(5.5万元),均依不当得利相互返还。

(四) 不法管理

不法管理,属不真正无因管理之一种,指明知为他人事务,仍作为自己事务为自己之利益而为管理。如上例中,设乙明知该车系甲所有时,即属此类。

对于不法管理,原则上应适用侵权行为与不当得利之规定。但问题在于,受害人于此场合若依侵权行为规定行权,只能请求损害赔偿;依不当得利亦只能以所受损害为最高限度。

上例中,乙将甲时值4万元的车以5.5万元售与丙,由丙善意取得时,无论依侵权或是不当得利规定,甲只能请求4万元(若对该数字有疑问,请参见上一节“不当得利”中关于价额偿还的计算部分);对于超过部分,不得请求。此与情理显然不合,并足以诱导他人为侵权行为。此时,应类推适用正当的无因管理的规定,由受害人甲主张无因管理所得的利益(售价5.5万元),同时偿付乙所支出的必要费用(板金费1万元)。

思维拓展

【主要知识点】

无因管理的构成要件和法律效力、不当得利的构成要件和法律效力。

【实例解析】

案例　2002年8月5日,唐平在中山市明城电业有限公司(以下简称明城公司)门市部见有招工广告,便入内咨询。次日下午1时30分左右,唐平应约由明城公司员工带到中山市石岐区青溪路145号公司新车间面试。其间,唐平根据对方要求对部分机器设备进行了调试操作。下午4时左右,明城公司投资人冯子强驾驶运载一台冲床的叉车驶入厂房,在准备卸货时冲床向外偏斜,站在旁边的唐平便用手帮忙搀扶,结果冲床没扶稳,反被压伤右手掌。唐平当即被送往医院,直至9月19日出院,共住院45天,花去治疗费18306.88元(已由明城公司负担)。唐平治疗期间,明城公司还支付其生活费900元。2003年1月10日,唐平向中山市劳动和社会保障局申请工伤认定,该局以双方不存在劳动关系为由不予受理。原告请求法院判令被告支付伙食补助费、交通费、误工费、残疾者生活补助费和精神损失费等费用。一审诉讼期间,经原审法院委托中山市法医学会鉴定中心对唐平作伤残鉴定,结论为残疾程度六级。

中山市人民法院一审认为,唐平为防止明城公司的冲床倒下,而手扶冲床受伤致残,这是意外,没有故意侵害人。作为受益人的明城公司,医疗费应由其承担(已全额支付),另应给予适当的经济补偿。补偿额参考道路交通事故赔偿的计算标准按50%支付,应支付的补偿费含住院伙食补助费、交通费、误工费、伤残生活补助费等合计41773.19元,明城公司已付900元,还应付40873.19元。明城公司不是侵权者,而是受益者,唐平要求其支付精神损失费没有法律依据,应予驳回,唐平所要求其他费用100元并非必然产生,应由其自负。依照《中华人民共和国民法通则》第一百零九条之规定,判决:一、明城公司于本判决发生法律效力之日起补偿唐平40873.19元;二、驳回唐平其他诉讼请求;案件受理费2165元,伤残鉴定费300元,各负担1232.50元。

唐平不服上述判决,提起上诉称:明城公司应意识到厂房是具有潜在危险性的场所,既允许并带其入内,就有保护其人身财产安全的法定义务;明城公司员工冯子强在笨重的冲床倒下时,应意识到叫唐平帮扶可能会导致伤害的危险,明城公司主观上存在过错。故一审认定事故系意外,属定性错误。唐平所受伤害是明城公司过错造成的,根据《民法通则》规定,明城公司应赔偿唐平全部损失共92197.80元,已付900元,仍应付91297.80元。而一审判决参照道路交通事故赔偿标准按50%计算赔付,以及判决驳回唐平精神损失费等,均属处理错误。请求二审变更赔偿款为141297.80元,一、二审诉讼费用均由明城公司负担。

明城公司也不服上述判决,提起上诉称:事故发生地石岐区青溪路145号系明安电器厂厂房,受益人应是明安电器厂,不是明城公司。作为受益人,在没有受益的情况下,一审判决却要其承担50%补偿责任,显属过重。此外,一台重约1吨的冲床倾斜将要倒下,正常的成年人都知道用双手无法扶住,显然唐平对损害发生也有一定的过失。一审判决认定事实不清,适用法律错误,请求二审予以改判,并由唐平承担二审诉讼费用。

二审审理中,唐平提供明安电器厂的个体工商户登记资料,证实明安电器厂系

2002年9月10日成立,而唐平发生人身损害时间在之前的2002年8月6日。明城公司对该证据没有异议。

中山市中级人民法院二审认为:(一)关于本案责任承担问题。根据本案案情,唐平因帮扶明城公司偏斜的冲床而受伤,依法构成无因管理,理由:其一,是属管理明城公司的事务,即唐平对明城公司提供了劳务帮忙;其二,是为避免明城公司利益损失;其三,唐平这一行为,无法律上义务或无法律上的权利。《民法通则》第93条规定,没有法定的或约定的义务,为避免他人利益受损失进行管理的,有权要求受益人偿付因此而支付的必要费用。唐平作为管理人因管理事务而受到损害,依法得请求本人即明城公司赔偿其损害,赔偿额可按一审判决确定的参考道路交通事故赔偿计算标准支付。(二)关于承担责任主体问题。唐平是由明城公司员工将其带到新车间面谈招工事宜并在为明城公司调试有关机器设备过程中,因帮扶明城公司叉车上偏斜的冲床而受伤,明城公司系损害关系的一方当事人,是本案适格主体,且明城公司在一审诉讼中并未就此提出异议。明城公司在二审诉讼中提出受益人应为明安电器厂,也与本案查明的事实不符。故明城公司关于其不应成为本案责任主体的抗辩理由,依据不足,本院不予支持。本案上诉人唐平所引法律依据虽有不当,但其要求明城公司承担责任的上诉请求,本院予以支持,因无因管理排斥侵权行为,故对唐平要求明城公司付精神损失费,于法不符,本院不予支持;明城公司要求二审减轻其责任的上诉请求,本院不予支持。综上,一审判决认定事实清楚,但定性不准,适用法律不当。本院依照《中华人民共和国民法通则》第九十三条、《中华人民共和国民事诉讼法》第一百五十三条第一款第(二)项的规定,判决如下:一、撤销广东省中山市人民法院(2003)中石民一初字第329号民事判决;二、本判决送达之日起十日内,中山市明城电业有限公司支付唐平损害赔偿金82646.38元。三、驳回上诉人唐平的其他上诉请求;四、驳回上诉人中山市明城电业有限公司的上诉请求。

法律问题 你如何看待一、二审的裁决?

法理分析 正确判定唐平帮扶冲床行为之性质是解决本案的前提与关键。本案发生于明城公司招工面试过程中,唐平与明城公司之间并未建立劳动合同关系,因此,一审在确认双方成立劳动合同关系的基础上将本案定性为工伤损害赔偿纠纷显属不妥。那么,本案是否成立无因管理呢?按照无因管理之债的构成要件看,唐平之行为构成无因管理当无疑义。然而,本案还涉及以下两个问题:一是管理人在管理他人事务时应尽何种注意义务。通说认为,无因管理人无法律上义务而干预他人事务,依其事件之特性,原则上应负善良管理人之注意义务。如《德国民法典》第677条规定:"未受委托或者未受权而为他人管理事务的,应考虑本人真正的或者可推知的意愿,以符合本人利益的方法管理事务。"由此可见,管理人管理他人事务不得任意为之,而应视同自己的事务,在考虑他人真正的或者可推知的意愿的基础上以符合他人利益的方法为之,否则,因管理不当给本人造成的不必要损失,管理人应负损害赔偿责任。本案中,唐平在冲床倾斜即将倒下之时施予援手,因事出紧迫,其行为乃任一善良管理人的正常反应，除其有恶意或重大过失外，实难指责其未尽善良管理人之注意义务及管理方法不当。二是本人对管理行为所生之费用进行补偿应以何为限。根据《民法通则》第93条之规定，管理人之支出费用偿还请求权应以必要或有益为限，是否必要或有益，应依支出当时的客观标准为判断。至于管理人因管理事务致受损害所生之损害赔偿请求权，则应以损害与管理事务之间存在相当因果关系为依据。比照2004年5月1日起施行的最高人民法院《关于审理人身损害赔偿案件适用法律若干问题的解释》第15条规定："为维护国家、集体或者他人的合法权益而使自己受到人身损害，因没有侵权人、不能确定侵权人或者侵权人没有赔偿能力，赔偿权利人请求受益人在受益范围内予以适当补偿的，人民法院应予支持。"其中将"必要费用"具体为"适当补偿"，与本案的处理也是相印证的。本案中，唐平手掌被压伤系帮助明城公司搀扶冲床所致，其所受之损害与管理事务之间显然存在相当因果关系，其据此请求明城公司予以赔偿理据充分，二审的判决是正确的。

【重点法条】

（1）《民法通则》第92—93条。

（2）最高人民法院《关于贯彻执行〈中华人民共和国民法通则〉若干问题的意见（试行）》第131—132条。

（3）《合同法》第58条。

第六编
侵权责任

>> 第二十九章 <<

侵权责任基本理论

侵权责任是违反法定义务的制裁,也是一种依法发生的债。侵权之债和合同之债是最基本的债。《侵权责任法》是一部重要的民事单行法。本章作为一般性规定是整个《侵权责任法》的基础,内容包括侵权责任的概念、保护范围和归责原则。其中,《侵权责任法》第 2 条关于侵权责任的定义,属于整部立法的一般规范;第 6—7 条的归责原则对于《侵权责任法》整体的理解也具有重要的意义。实际上,一般侵权和特殊侵权构成的责任体系主要是依据归责原则划分的。本章的难点在于运用《侵权责任法》的归责原则分析具体案例,讲求活学活用。

第一节 侵权责任概述

一、侵权责任的概念

(一) 定义

侵权责任,是指行为人不法侵害他人财产、人身权益而应承担的民事责任。侵权责任产生的前提是侵权行为。侵权行为是指由于故意或者过失不法侵害他人的财产或人身因而应当承担损害赔偿等民事责任的行为或者虽无过错但法律规定应当承担责任的行为。

(二) 侵权行为的特征

1. 侵权行为是侵害行为,行为侵害了他人的人身、财产权益,是侵权行为的前提。具体而言,侵权行为的侵害对象是绝对权。侵权行为侵害的是他人的物权、人身权、知识产权等绝对权的权益,这就排除了债权此类的相对权成为侵权的客体。

2. 侵权行为一般是有过错的行为。只在法律有特别规定的情况下,才不要求侵权行为的构成具备主观过错的要件。

3. 侵权行为是应当承担以损害赔偿为主要形式,也可包括其他形式民事责任的行为。侵权行为造成损害,必然引起损害赔偿法律关系;行为人承担的主要法律后果,就是损害赔偿。按照我国法律,侵权行为引起的法律后果还包括恢复原状、返还财产、停止侵害、消除影响、恢复名誉和赔礼道歉的责任方式。

辨析 侵权行为与违约行为虽然都会发生民事责任,但存在显著区别:(1) 侵权行为违反的是法定义务,违约行为违反的是合同中的约定义务;(2) 侵权行为侵犯的是绝对权,违约行为侵犯的是相对权即债权;(3) 侵权行为的法律责任包括财产责任和非财产责任,违约行为的法律责任仅限于财产责任。

(三) 侵权责任的保护范围

侵权责任保护的范围是合法的民事权益。注意:权益 = 权利 + 利益。因此除了法定的权利之外,合法的利益也应受到《侵权责任法》的保护。

民事权益,包括生命权、健康权、姓名权、名誉权、荣誉权、肖像权、隐私权、婚姻自主权、监护权、所有权、用益物权、担保物权、著作权、专利权、商标专用权、发现权、股权、继承权等人身、财产权益。其中,隐私权是在民事立法中首次确认的新增民事权利。这些民事权益可以归纳为六类,按照法条规定的顺序可排列为:人格权、身份权、物权、知识产权、股权。继承权应归入身份权。上述六类权利的共同之处在于都是绝对权。

在《侵权责任法》第 2 条的权利中,虽然身体权、名称权、人身自由权等没有规定,但是也应包括在内,因为第 2 条列举的民事权益有个"等"。

《侵权责任法》第 2 条并未明确说明债权是否属于侵权责任的保护范围。一般来说,侵权责任保护的对象主要限于物权、人身权、知识产权等绝对权。与债权不同,绝对权的义务主体是不特定的,该权利的实现无须借助权利人以外的其他人协助。债权作为一种请求权,是相对权,虽然在理论上有观点认为第三人侵害债权也应承担侵权责任,但按照通说及现行立法,债权不能成为侵权行为的对象。

举例 甲欠乙 1 万元,到期未还。2003 年 4 月,甲得知乙准备起诉索款,便将自己价值 3 万元的全部财物以 1 万元卖给了知悉其欠乙款未还的丙,约定付款期限为 2004 年底。乙于 2003 年 5 月得知这一情况,于 2004 年 7 月决定向法院提起诉讼。乙提出请求丙承担侵权责任的诉讼请求能够得到法院的支持吗? 答案是否定的。

二、侵权行为的分类

(一) 一般侵权行为与特殊侵权行为

按照所适用归责原则的不同作此分类,这是《侵权责任法》立法的基本分类。《侵权责任法》第 6、7 条确立侵权行为的一般条款。根据其规定,凡是法律没有特别规定、适用一般过错责任条款的侵权行为,就是一般侵权行为。因此,一般侵权行为是一种概括的、抽象的侵权行为。

对于特殊侵权行为,由《侵权责任法》具体列举,分别规定。因此,特殊侵权行为是《侵权责任法》作出特别规定的侵权行为,其侵权责任构成和免责事由都区别于一般侵权行为。

《侵权责任法》分则中特别规定的具体侵权类型共计 12 种,以下图表示:

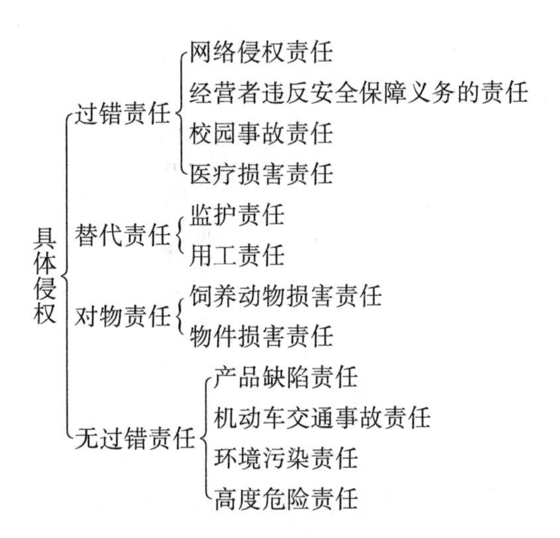

（二）单独侵权行为和共同侵权行为

根据实施侵权行为的主体数量不同作此分类。只要是单一侵权行为主体实施的侵权行为，就是单独的侵权行为；两个或者两个以上的侵权行为主体实施的侵权行为，则为共同侵权行为。共同侵权行为包括共同加害行为（两人以上共同实施侵权行为，具有共同过错）与共同危险行为（两人以上共同实施危险行为，不能确定加害人）等，详见后文。

三、侵权责任的方式

根据《侵权责任法》第 15 条的规定，承担侵权责任的方式有 8 种（其中最重要的是损害赔偿责任），简述如下：

1. 停止侵害

当侵权行为人实施的侵权行为仍然处于继续状态时，受害人可以依法要求法院责令加害人停止侵害人身或财产权的行为。这是一种基本的侵权民事责任的形式，可以及时制止侵权行为，防止侵害后果的继续扩大。

2. 排除妨碍

当侵权行为人实施的侵权行为使受害人的财产权利、人身权利无法正常行使时，受害人有权请求排除妨碍。该妨碍首先应当是实际存在的，如果是未来可能出现的危险，则适用消除危险；其次，该妨碍应当是不法的，如是合法行为则无权要求排除妨碍。

3. 消除危险

当行为人的行为对他人的人身财产安全造成了威胁或存在对他人人身、财产造成损害的危险时，处于危险中的人有权要求行为人采取措施消除危险。很多侵权行为的事后救济手段是无法弥补损失的，例如侵犯隐私权，其后果不可逆转、无法恢复，消除危险更为有效。

预防功能。前三种责任方式属于防患于未然的预防性责任措施。据《侵权责任法》第 21 条，侵权行为危及他人人身、财产安全的，被侵权人可以请求侵权人承担停止侵害、排除妨碍、消除危险等侵权责任。该责任的保护范围是绝对权,包括物权、人身权和知识产权。《侵权责任法》中的预防性保护责任与《物权法》中的物上请求权属于责任竞合,当事人可以择一行使。

4. 返还财产

当侵权行为人没有合法依据,将他人财产据为己有时,受害人有权要求其返还财产。

5. 恢复原状

恢复原状是指侵权行为致使他人的财产遭到损坏或形状改变,受害人有权要求加害人对受损财产进行修理、更换、重作等修复措施,使其恢复到原来状态。

6. 赔偿损失

损害赔偿是以金钱方式对受害人遭受的损害进行弥补,包括财产损害赔偿和精神损害赔偿。其中,财产损害赔偿是指对侵犯他人民事权益而造成的财产损害进行赔偿的责任。侵害他人财产的,财产损失的数额按照损失发生时的市场价格计算。一般来说,财产损害赔偿采取"照价赔偿"原则,实际损害多少,则赔偿多少。但须注意特殊的两种损害赔偿,不是以实际损失为标准的:

(1) 返还性赔偿。根据《侵权责任法》第20条,侵害他人肖像、姓名等人身权益造成财产损失而被侵权人的损失难以确定、侵权人因此获得利益的,按照其获得的利益赔偿。这主要适用于擅自使用明星肖像、姓名而不法获益的侵权行为。

(2) 惩罚性赔偿。主要适用于法定的情形,详见后文介绍。

这两种特殊损害赔偿责任的共同点为:侵犯的客体都是人身权益,而非财产权益;赔偿的都是财产损失,而非精神痛苦的抚慰;赔偿数额都超越了实际损失范围。

关于精神损害赔偿,详见后文的介绍。

7. 赔礼道歉

赔礼道歉是指侵权行为人通过向受害人承认错误、表达歉意、请求原谅的方式以弥补受害人心理上的创伤。赔礼道歉主要适用侵犯人身权的情形,例如对公民的姓名权、肖像权、名誉权的侵害或对法人的名称权、名誉权的侵害。对物权的侵害一般不适用赔礼道歉。

8. 消除影响、恢复名誉

所谓消除影响,是指行为人因为其侵权行为在一定范围内对受害人的人格利益造成了不良影响,应该予以消除。所谓恢复名誉,是指侵权行为人因其侵权行为导致被害人人格评价降低的,应该使受害人的人格利益恢复至未受侵害前的状态。消除影响与恢复名誉是相辅相成的,消除影响的直接目的是恢复名誉,恢复名誉的前提条件是消除不良影响。一般而言,消除影响、恢复名誉都是通过在传媒上刊登更正声明等方式实现。

上述的侵权责任方式可以单独适用,也可以合并适用。如甲侵犯乙的名誉权,可以采取停止侵害、赔礼道歉、消除影响及恢复名誉的方式,也可以请求精神损害赔偿。

第二节　侵权责任的归责原则

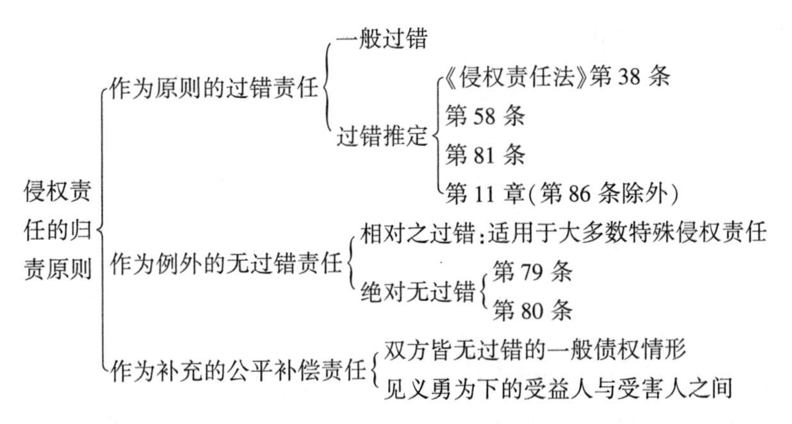

侵权责任的归责原则,是指在行为人的行为致人损害时,根据何种标准和原则确定行为人的侵权责任。侵权责任的归责原则是《侵权责任法》的核心,决定着侵权行为的分类、侵权责任的构成要件、举证责任的负担、免责事由等重要内容。《侵权责任法》主要确立了过错责任、无过错责任的二元归责原则,此外还有公平补偿原则作为补充。细化分析,我国侵权法上的归责原则体系可以分为两个归责原则、五种适用情形。

一、过错责任

(一) 本来的含义

过错责任原则是以加害人对受害人的损失有主观上的故意或者过失为加害人承担侵权行为责任必备要件的归责原则。过错是行为人决定其行动的一种故意或过失的主观心理状态。过错违反的是对他人的注意义务,表明了行为人主观上的应受非难性或应受谴责性,是对行为人行为的否定评价。在过错责任下,对一般侵权责任实行"谁主张、谁举证"的原则,受害人有义务举出相应证据证明加害人主观上有过错。

本来意义上的过错责任的适用范围:法律没有特别规定的,原则上适用过错责任。过错推定和无过错责任原则只有法律明文规定才能适用。

(二) 过错推定的例外适用

这是过错责任适用的一种特殊形态。过错推定,在侵权责任法中是指受害人在诉讼中能够证明损害事实、违法行为和因果关系,如果加害人不能证明自己对损害的发生没有过错的,那么,就从损害事实的本身推定被告在致人损害的行为中有过错,并为此承担赔偿责任。过错推定责任只有在法律有明文规定的情况下才能适用。过错推定原则仍然是过错责任原则,只不过其将过错之有无的举证责任倒置。

过错推定责任的适用范围:

1. 物件致人损害责任,规定在《侵权责任法》第11章,包括大多数的建筑物、工程物、堆放物、树木等致人损害的情形,但第86条的建筑物倒塌致人损害责任采用的是无过错责任。

2. 动物园的饲养动物责任(《侵权责任法》第81条)。

3. 无行为能力学生校园人身损害责任(《侵权责任法》第38条)。

4. 医疗事故责任[《侵权责任法》第58条的三种情形,即:(1) 违反法律、行政法规、规章以及其他有关诊疗规范的规定;(2) 隐匿或者拒绝提供与纠纷有关的病历资料;(3) 伪造、篡改或者销毁病历资料]。

二、无过错责任

无过错责任归责原则,是指只要行为人的行为造成他人损害,不问其主观上有无过错,均应承担民事责任,具体的适用中又可以分为两种情形:

(一) 相对的无过错责任

之所以成为"相对的",是因为在出现某些法定免责事由时,有关当事人也可全部或部分免除其民事责任。如《环境保护法》规定,损害的发生完全是由于不可抗拒的自然灾害,并经及时采取合理措施,仍然不能避免造成环境污染损害的,当事人免予承担责任。

《侵权责任法》上规定的大多数无过错责任是有条件的、相对的无过错责任原则。相对无过错责任的范围:法律规定的大多数特殊侵权责任,例如环境污染责任、高度危险责任、饲养动物侵权责任、机动车交通事故责任、产品责任等。

(二) 绝对的无过错责任

绝对的无过错责任,又称结果责任,是最为严格的责任,它不以过错为要件,法律也没有规定在受害人有故意或者重大过失的情况下可以免责。适用绝对无过错责任的范围,主要是指违规饲养动物的侵害责任(《侵权责任法》第79条)与饲养违禁动物的侵害责任(《侵权责任法》第80条),这是因为动物的饲养人、管理人有不法行为在先,所以只要导致他人损害,都要为其后果承担责任。

三、关于公平补偿责任的适用

(一) 基本含义

公平补偿责任,是指损害双方的当事人对损害结果的发生都没有过错,但如果受害人的损失得不到补偿又显失公平的情况下,由人民法院根据具体情况和公平的观念,要求当事人分担损害后果。公平补偿在理论上也称为公平责任,但到底是否属于一项独立的归责原则,存在争议。准确地说,公平补偿规则并不是侵权法的一个归责原则,而是独立于过错责任与无过错责任原则之外、在两原则不足以公平调整某些利益关系时的补充性法律规则。所以在性质上,此时的责任性质不是"赔偿",而是"补偿”。所以,公平补偿责任的本质是“补偿”而非“赔偿”,是一种损失的分担而非责任的承担。

举例 某甲与某乙是同宿舍的同学,睡上下铺。一天夜晚,甲熟睡时翻身从上铺摔下,把下铺的某乙砸伤。某乙住院治疗,鉴定为九级伤残。该案责任应如何承担?

解析 双方都无过错,适用公平补偿责任,根据双方经济情况分担损失。

公平补偿原则的适用要注意以下几个问题:

1. 适用公平补偿的前提,必须是当事人既无过错,又不能推定其过错的存在,同时也不存在法定的承担无过错责任的情况。如果适用过错责任(包括过错推定)、无过错责任的,就不能适用公平补偿。

2. 当事人如何分担损失,由法官根据个案的具体情况综合衡量。公平原则是法律意识和道德观念结合的产物,以公平观念作为价值判断标准来确定责任。法官在适用公平原则时,重点考虑的因素不是当事人的行为,而是当事人的损害程度和财产负担能力。

举例 甲、乙两家各有小院,隔墙而居,院墙高约两米。一天甲家夫妇下田务农,将两周岁的儿子丙锁在自家的院子里玩。不巧乙家的一只公鸡飞过院墙,将丙的左眼啄伤。甲家为此支出医药费近万元。对甲家所受的损失应如何承担?

解析 本例中,首先不能适用公平补偿责任,这是因为虽然难谓公鸡的饲养人有过错,但饲养动物侵权适用无过错责任,所以自然失去了适用公平补偿责任的前提。既然适用无过错责任,受害人又没有故意与重大过失,所以应该由公鸡的饲养人乙家承担赔偿责任。

(二) 具体适用

1. 适用情形之一:双方无过错的一般侵权情形

《侵权责任法》第24条规定:“受害人和行为人对损害的发生都没有过错的,可以根据实际情况,由双方分担损失。”总结本条的适用于行为人与受害人之间的要件,需要强调的有二:

一是双方皆无过错,但一方的行为导致了另一方的损害发生,也即侵害行为与损害后果之间具有因果关系,只能使用于过错责任的情形;

二是该侵害行为不属于适用无过错责任的特殊侵权行为。如果属于适用无过错责任的特殊侵权行为,既然双方皆无过错,那么自然由侵害方承担全部赔偿责任。

2. 适用情形之二:见义勇为情形下的受益人与受害人之间的公平补偿

《侵权责任法》第23条规定:“因防止、制止他人民事权益被侵害而使自己受到损害的,由侵权人承担责任。侵权人逃逸或者无力承担责任,被侵权人请求补偿的,受益人应当给予适当补偿。”这就是关于见义勇为的民事责任公平补偿规定。很多情形下,见义勇为的发生以加害人的侵权行为发生为前提,那么见义勇为人的损害自然由侵权人承担,比如甲在街头寻衅滋事,无故殴打弱者乙,丙路见不平拔刀相助,救下乙,自己却被甲刺伤。就丙遭受的损害,自然由甲承担侵权赔偿责任即可。但是,也有一些时候,见义勇为的发生没有伴生侵权行为的发生,比如丙跳入河中救下溺水的乙,自己却因为筋疲力尽被河水冲走,或者虽有侵权行为发生,但侵权人没有赔偿能力的,就有了上述第23条的适用问题。对于此种情形下的见义勇为人的损害,受益人有义务给予适当补偿,也即在受益人与受害人之间发生公平补偿责任。

第三节　人身权的侵权损害赔偿

一、人身权的侵害概述

人身权分为人格权与身份权。我国立法上的身份权主要包括亲权(亲子权)、配偶权、亲属权等,人格权则包括一般人格权与具体人格权。在学理上,一般人格权是指以民事主体全部人格利益为标的之概括性权利,包括人身自由、人格尊严、人格独立、人格平等与个人信息等。

关于一般人格权的保护,我国立法上已经有所确立,在司法解释上也有所体现,比如,《消费者权益保护法》第50—51条规定:经营者侵害消费者的人格尊严、侵犯消费者人身自由或者侵害消费者个人信息依法得到保护的权利的,应当停止侵害、恢复名誉、消除影响、赔礼道歉,并赔偿损失;经营者有侮辱诽谤、搜查身体、侵犯人身自由等侵害消费者或者其他受害人人身权益的行为,造成严重精神损害的,受害人可以要求精神损害赔偿。又如依《精神损害赔偿解释》第1条第3项的规定,自然人的人格尊严权、人身自由权受侵害的,可提起精神损害赔偿请求。值得关注的是我国法律对于个人信息的保护立法正在取得进展。最新修订的《消费者权益保护法》第29条规定:经营者收集、使用消费者个人信息,应当遵循合法、正当、必要的原则,明示收集、使用信息的目的、方式和范围,并经消费者同意。经营者收集、使用消费者个人信息,应当公开其收集、使用规则,不得违反法律、法规的规定和双方的约定收集、使用信息;经营者及其工作人员对收集的消费者个人信息必须严格保密,不得泄露、出售或者非法向他人提供;经营者应当采取技术措施和其他必要措施,确保信息安全,防止消费者个人信息泄露、丢失;在发生或者可能发生信息泄露、丢失的情况时,应当立即采取补救措施;经营者未经消费者同意或者请求,或者消费者明确表示拒绝的,不得向其发送商业性信息。上引《消费者权益保护法》第50—51条则规定了侵害个人信息的法律责任。

本节重点讲述各个具体人格权及其保护。

二、生命权、健康权与身体权的侵害

生命权,是指自然人维持生命延续、不容他人非法剥夺的权利。身体权,是指自然人保持其身体完整并支配其肢体、器官和其他身体组织的权利。健康权,是指自然人

保持其自身及器官正常功能安全的权利,包括生理健康与心理健康,实践中,强制纹身、强制抽血、偷剪发辫、致人肢体残疾等,均属侵害身体权的行为,但在我国正式立法上,并没有将身体权独立,而是归属于健康权的范畴。

（一）赔偿权利人

侵害自然人的生命权与健康权的赔偿权利人,依《人身损害赔偿解释》第1条第2款的规定,包括两个层次:一是直接遭受人身损害的受害人,理论上称为直接受害人;二是因直接受害人伤残、死亡而蒙受生活资源损失的被扶养人以及死亡受害人的近亲属,称为间接受害人。

1. 直接受害人

直接受害人为当然的赔偿权利人。但难点在于,生命受侵害以受害人死亡为成立要件,死亡受害人能否成为赔偿权利人呢?依民法原理,死亡结果导致受害人权利主体资格消灭,故死亡受害人非赔偿权利人,当无疑义。因为对于权利能力已经消灭的死亡受害人而言,并不存在生活实态上可以填补的利益损失,因而不存在针对死亡受害人的死亡赔偿。此时需要填补的利益损失,乃是受害人近亲属因受害人死亡导致的生活资源减少和丧失。当然,在受害人因伤后死亡的情形下,死亡前因抢救治疗而支出的医疗费、误工费,受害人本人就是赔偿权利人;受害人最终不治身亡,其就抢救治疗所发生财产损失的损害赔偿请求权,可由其继承人所继承。但应区别的是,此时其作为赔偿权利人,是就其身体权而非生命权受侵害而主张权利。此外,其精神损害抚慰金的请求权,因具有人身专属的性质,除已依契约承诺或已起诉的外,不得继承。

2. 间接受害人

（1）被扶养人,系直接受害人依法承担扶养义务的被扶养人。此处的扶养应作广义理解,包括狭义的扶养即平辈之间的扶养,也包括长辈对晚辈的抚养以及晚辈对长辈的赡养。被扶养人包括未满18周岁的未成年人(但年满16周岁以自己的劳动收入为主要生活来源的除外),以及丧失劳动能力又没有其他生活来源的成年人。在受害人死亡的情形下,被扶养人的损害赔偿请求权具有独立请求权的性质,并非先在受害人身上发生,再由其承继。

（2）近亲属。此处的近亲属范围包括配偶、父母、子女、兄弟姐妹、祖父母、外祖父母、孙子女、外孙子女。关于近亲属享有赔偿请求权的顺位,应区别请求赔偿的客体内容而定:

第一,财产赔偿中的死亡赔偿金,应依《继承法》第10条的法定继承顺序而定,由第一顺序继承人共同继承;无第一顺序继承人者,由第二顺序继承人继承。

第二,办理丧葬事宜支出的费用,实际支出费用的近亲属,依前述继承顺序享有赔偿请求权;近亲属以外的第三人支出的,依无因管理的规定处理,但第三人不享有损害赔偿请求权。

第三,精神损害抚慰金请求权,依《精神损害赔偿解释》第7条确定请求权人。

(二) 赔偿义务人

赔偿义务人,是指对造成受害人人身损害的损害事故,依法应当承担赔偿责任的自然人、法人或其他组织。

(三) 侵权损害赔偿的计算

侵害生命权、健康权与身体权,侵权人承担哪些具体费用的赔偿呢?各个法律文件规定的不尽一致,《人身损害赔偿解释》第 17 条是迄今为止最全面的规定。依该条规定,受害人人身损害主要分为如下三种情形:

1. 遭受人身损害的

赔偿义务人应当赔偿受害人因就医治疗支出的各项费用以及因误工减少的收入,具体包括医疗费、误工费、护理费、交通费、住宿费、住院伙食补助费、必要的营养费等七项。

2. 因伤致残的

赔偿义务人应当赔偿受害人因增加生活上需要所支出的必要费用及因丧失劳动能力导致的收入损失,包括残疾赔偿金、残疾辅助器具费、被扶养人生活费、康复费、护理费、后续治疗费等六项。

3. 死亡的

(1) 基本赔偿项目:赔偿义务人除应根据抢救治疗情况赔偿第 1 项所列费用外,还应赔偿丧葬费、被扶养人生活费、死亡补偿费以及受害人亲属办理丧葬事宜支出的交通费、住宿费、误工损失等合理费用。

《侵权责任法》第 16 条重申:侵害他人造成人身损害的,应当赔偿医疗费、护理费、交通费等为治疗和康复支出的合理费用,以及因误工减少的收入。造成残疾的,还应当赔偿残疾生活辅助具费和残疾赔偿金。造成死亡的,还应当赔偿丧葬费和死亡赔偿金。

(2) 死亡赔偿金的标准。在《侵权责任法》未出台前,根据《人身损害赔偿解释》第 30 条,赔偿权利人举证证明其住所地或者经常居住地城镇居民人均可支配收入或者农村居民人均纯收入高于受诉法院所在地标准的,残疾赔偿金或者死亡赔偿金可以按照其住所地或者经常居住地的相关标准计算。据此,我国一共存在 62 个赔偿标准(即 31 个省、市、区各有城镇、农村赔偿标准),这就是“同命不同价”的规则。

举例 三个人因同一个交通事故损害或者不同的交通事故损害但导致同样死亡的,北京城市户口人、河北石家庄城市户口人、石家庄农村户口人的赔偿标准是不一样的,甚至相差悬殊。

但根据《侵权责任法》第 17 条,因同一侵权行为造成多人死亡的,可以以相同数额确定死亡赔偿金。这一规定部分地改变了《人身损害赔偿解释》第 30 条的“同命不同价”的规则。据此,今后在同一侵权行为(尤其是大规模侵权事件,如空难、矿难、环境污染、机动车交通事故、有毒有害食品等)中造成多人死亡的,可以以相同数额确定死亡赔偿金。这就是有条件的“同命同价”规则。

三、姓名权、名称权的侵害

(一) 内容(权能)与权利限制

姓名权的权能有三:姓名(名称)决定权;姓名(名称)使用权;姓名(名称)变更权。与此相对应,对于姓名权的权利限制也有三:

1. 对决定权的限制:依据公序良俗,不得与他人恶意重名。

2. 对使用权的限制:在具有法律意义的正式场合,应使用正式姓名,如报考国家司法考试,应该用身份证上的姓名,不能用乳名、绰号。

3. 对变更权的限制:正式姓名的变更,须经户口变更登记。

关于对名称权的限制,有兴趣者,详见《企业名称登记注册管理规定》,本书从略。

(二) 侵权形态

依《民法通则》99 条及《民通意见》第 141 条有四种侵权形态:干涉,其中姓名权无专用性,任何人不得干涉他人姓名的决定、使用与变更;盗用;假冒;恶意重名。比如,刁家与马家世邻,素交恶,刁家祖父名刁德一,马家近得一宠物狗或者一孙子,亦取名刁(马)德一,即为侵权。

名称权不同于姓名权的特征主要有:名称原则上只能有一个,姓名则可以有多个;名称权在登记范围内具有专用性,姓名权无专用性;名称权可依法转让,姓名权不得转让。

四、肖像权的侵害

肖像权的主体仅限自然人,内容(权能)包括:(1) 形象再现权;(2) 肖像使用权。所以,肖像权的侵害行为一定要指向特定的自然人,如果不能指明该主体,则不构成侵犯肖像权。

例 1　甲到乙医院做隆鼻手术效果很好。乙为了宣传,分别在美容前后对甲的鼻子进行拍照(仅见鼻子和嘴部),未经甲同意将照片发布到丙网站的广告中,介绍该照片时使用甲的真实姓名。本例,乙医院侵犯了甲的姓名权而不是肖像权。

侵权行为的构成要件,依《民法通则》第 100 条、《民通意见》第 139 条之规定,侵权行为的构成要件有:(1) 主观上以营利为目的;(2) 未经权利人同意;(3) 客观上确有使用行为,如做广告、商标、装饰橱窗等。另外,是我国现行法特别规定侵权人主观上必须以营利为目的。

例 2　某影楼与甲约定:"影楼为甲免费拍写真集,甲允许影楼使用其中一张照片作为影楼的橱窗广告。"后甲发现自己的照片被用在一种性药品广告上。经查,制药公司是从该影楼花 500 元买到该照片的。本例,影楼与制药公司的行为侵害了甲的肖像权。

例 3　某电视演员因一儿童电视剧而出名,某公司未经该演员许可将印有其表演形象的宣传海报大量用于玩具、书包、文具等儿童产品的包装和装潢上。本例,该公司的行为侵犯了该演员的肖像权。

五、名誉权的侵害

(一) 侵权构成要件

名誉是社会对一个民事主体(公民、法人)的信用、声望、品德与才干等方面的评价。侵害名誉权需要四个构成要件:(1) 主观上具有贬低他人人格的故意或者过失;(2) 客观上实施了贬损他人人格的行为;(3) 上述行为为社会不特定的第三人所知晓;(4) 侵权对象指向了特定的个人或者群体。

举例 某广告公司于金某出差时,在金某房屋的院墙上刷写了一条妇女卫生巾广告。金某1个月后回来,受到他人耻笑,遂向广告公司交涉,要求恢复名誉、精神损害赔偿等。该案应如何处理?

解析 本案中广告公司侵害了金某的财产权,应承担恢复原状、支付使用院墙1个月的费用等责任,但不构成名誉权的侵害,因为广告公司此举并没有贬损金某的人格,故也不存在精神损害赔偿的问题。

常见的侵害名誉权的形式有两种:(1) 侮辱:书面、口头、暴力形式进行人身攻击;(2) 诽谤:隐瞒真相、捏造事实并加以传播。根据《名誉权解答》第7—9条,下列行为亦属侵权行为:(1) 新闻报道严重失实,致他人名誉受损的;(2) 批评文章基本内容失实,致他人名誉受损的;(3) 批评文章反映问题虽基本属实,但有侮辱他人人格的内容,致他人名誉受损的;(4) 描写真人真事或事实上以特定人为描写对象的文学作品,对其进行侮辱、诽谤或披露隐私,致人名誉受损的。

(二) 名誉权的诉讼保护

由侵权行为地(包括侵权行为实施地和侵权结果发生地、被告住所地)基层人民法院管辖。原告一般是受害人本人;死者名誉受损害的,近亲属可作原告。新闻侵权中的被告,原则上依原告的起诉确定被告:(1) 只诉作者的,列作者;(2) 只诉新闻单位的,列新闻单位;(3) 诉作者和新闻单位的,列作者与新闻单位为共同被告;(4) 第(3)项情形下,若作者与该新闻单位有隶属关系且系职务作品的,只列新闻单位。

侵权责任的强制执行(重点)。侵权人拒不执行生效判决的,人民法院有权采取以下措施:将判决主要内容及有关情况以公告、登报方式公布;上述费用由被执行人负担;对其主要负责人、直接责任人员予以罚款、拘留,构成犯罪的,追究刑事责任。

六、隐私权的侵害

《民法通则》未明确规定隐私权为一项具体人格权,但司法机关清醒地意识到要对此类的侵权行为予以救济,故1988年《民通意见》第140条规定,以书面、口头等形式宣扬他人的隐私,造成一定影响的,应当认定为侵害公民名誉权的行为。这就是用

“名誉权”这种法定的、独立的人格权来“曲线”保护隐私利益的立法格局。另依《精神损害赔偿解释》第1条第2款，隐私利益被侵害的，受害人也可起诉请求精神损害赔偿。这一司法解释的立场适用了20余年。

举例　某报社在一篇新闻报道中披露未成年人甲是乙的私生子，致使甲备受同学的嘲讽与奚落，甲因精神痛苦，自残左手无名指，给甲的学习和生活造成重大影响。按照我国现有法律规定，对该报社的行为应如何认定？

解析　在《侵权责任法》实施前，依照侵害甲的名誉权案件处理；实施后，依照侵害甲的隐私权案件处理。

实际上，侵害名誉权、荣誉权与侵害隐私（权）存在极大区别：前者需要捏造事实进行侮辱诽谤，后者只需要未经权利人同意公开披露就行了。通俗地说，侵害隐私不但不需要捏造事实，恰恰要求披露的是真实的事实。一般认为，侵害他人隐私权的方式是未经权利人同意而披露，故其侵权构成要件是：（1）未经权利人同意；（2）实施了披露行为；（3）主观上为故意；（4）为不特定的第三人所知晓。

2009年《侵权责任法》第2条正式确立了隐私权的概念，这意味着隐私权已经被我国法律所承认。《民通意见》第140条关于“侵害公民隐私的，应当认定为侵犯公民名誉权”的规定正式被废止。

七、荣誉权的侵害

荣誉权，是指自然人、法人或其他组织所享有的，因自己的突出贡献或特殊劳动成果而获得光荣称号或其他荣誉的权利。侵害荣誉权的主要行为形态就是非法剥夺。《民法通则》第102条规定：“公民、法人享有荣誉权，禁止非法剥夺公民、法人的荣誉称号。”荣誉权受到侵害的，权利人有权要求停止侵害，恢复名誉，消除影响，赔礼道歉。自然人的荣誉权受到侵害的，还可以主张精神损害赔偿。

荣誉权与名誉权都表明了民事主体在社会中的信誉与评价，在一定程度上表现出关联性，如名誉会因当事人获得荣誉称号而提高，荣誉权受到损害往往也会有损名誉权。但二者有很大不同：（1）范围不同。荣誉并非每个社会成员都能取得，只有某些作出了突出贡献或取得了重大成果的人才会获得荣誉称号，具有专属性；而名誉是每个公民都享有的，具有普遍性。（2）取得方式不同。荣誉的取得必须经过特定的程序，由国家机关或社会组织以给予表彰的方式授予；名誉则是法律赋予每个人的，生而有之。（3）客体不同。名誉是社会对每一公民的品德、才干、生活作风等各方面因素的综合评价；而荣誉则是对作出突出贡献的公民、法人的一种褒扬和嘉奖。（4）消灭的要求不同。荣誉权的丧失通常是由授予单位基于法定事由而剥夺，如因弄虚作假骗取荣誉、因为触犯刑法等因素而被剥夺荣誉称号；名誉权则无法被剥夺或受到限制。

八、婚姻自由权的侵害

婚姻自主权的权利主体是自然人,不分男女。权利内容包括结婚自由与离婚自由。侵权形态包括:包办婚姻;买卖婚姻;干涉婚姻自由;胁迫、强迫结婚或者离婚;借婚姻索取财物等。

九、人身权受到侵害后的精神损害赔偿

(一) 适用范围

从《精神损害赔偿解释》第1—4条以及《婚姻法》第46条、《侵权责任法》第2条来看,自然人的人身权以及具有人格象征意义的特定纪念物品遭受损害的,可请求精神损害赔偿,具体包括:

1. 一般人格权(《精神损害赔偿解释》第1条):(1)人格尊严权;(2)人身自由权;(3)其他人格利益。

2. 具体人格权(第1条):生命权、健康权、身体权;肖像权;名誉权;姓名权;隐私权。

3. 死者人格利益(第3条)。

4. 特定身份权:亲权;亲属权(第2条);配偶权(《婚姻法》第46条)。

5. 具有人格象征意义的特定纪念物品。这里有必要对《精神损害赔偿解释》第4条的适用进行深入分析。其适用要件是:对象承载重大感情寄托且具有人格象征意义;因侵权而致永久性毁损、灭失,具有不可逆转性;权利人只能以侵权为诉由时才可要求精神损害赔偿。

举例 一位在大地震中失去双亲的孤儿,将父母生前唯一的一张合影遗照送到照相馆翻拍时被照相馆丢失,因业主只同意退赔洗印费,受害人向法院起诉要求精神损害赔偿,法院是否给予支持?

解析 答案是肯定的。

反之,依《精神损害赔偿解释》第5—6、8条,下列四种情形下为不予受理的精神损害赔偿请求:

1. 受害人为法人、其他组织的(第5条);

2. 在侵权之诉中未提出,侵权诉讼终结后基于同一事实另行请求精神损害赔偿的(第6条);

3. 诉由为违约之诉的(依民法原理);

4. 未造成严重后果的(第8条)。

(二) 起诉主体

一般来讲,限于作为受害人的自然人(《精神损害赔偿解释》第1条)。但在自然人因侵权致死或自然人死亡后受侵害的,死者配偶、父母、子女可作为起诉主体;死者

无配偶、父母、子女的，其他近亲属可作为起诉主体：兄弟姐妹；祖父母、外祖父母；孙子女、外孙子女（《精神损害赔偿解释》第7条）。

精神抚慰金的请求权，不得让与或继承，但赔偿义务人已经以书面方式承诺给予金钱赔偿，或者赔偿权利人生前已经向法院起诉的除外。

思维拓展

【重要知识点】

侵权责任的保护对象；侵权责任的归责原则；过错推定责任的适用情形；无过错责任的适用情形；公平补偿责任的真正含义与适用前提。

【实例解析】

案例1 甲忘带家门钥匙，邻居乙建议甲从自家阳台攀爬到甲家，并提供绳索以备不测，丙、丁在场协助固定绳索。甲在攀越时绳索断裂，从三楼坠地致重伤。各方当事人就赔偿事宜未达成一致，甲诉至法院。

法律问题 本案如何处理？

法理分析 乙应当给予适当补偿。本案中，乙、丙、丁对于甲的损害都没有过错，但是考虑到甲是出于乙的建议而行动，并且由于乙提供的绳索断裂而受损害，因此可以公平责任为由酌情让乙承担部分赔偿责任。注意无责任和公平责任的区别。虽然乙、丙、丁均无过错，且本案不是特殊侵权，损害后果应由甲自行承担，但考虑到公平补偿责任的适用，可以适当分担。

案例2 王某以5万元从甲商店购得标注为明代宣化制品的瓷瓶一件，放置于家中客厅。面对稀罕之物，好友兼访客李某好奇反复把玩，不慎将瓷瓶摔坏。经鉴定，瓷瓶为赝品，市场价值为1000元，甲商店系知假卖假。

法律问题 王某向甲商店请求最大赔偿额是多少？王某可以向李某请求赔偿多少？

法理分析 王某可以要求甲商店最大赔偿15万元。根据《消费者权益保护法》第55条的规定："经营者提供商品或者服务有欺诈行为的，应当按照消费者的要求增加赔偿其受到的损失，增加赔偿的金额为消费者购买商品的价款或者接受服务的费用的三倍。"本案中，甲商店知假卖假，有欺诈行为，应三倍赔偿王某的损失。三倍赔偿为王某的最大权利。王某可以要求李某赔偿1000元。李某由于过失摔坏王某的瓷瓶，应该承担侵权责任，但侵权责任为实际损失的补偿，应以瓷瓶的实际价值为限承担损害赔偿责任。

案例 3 周某将拍摄其结婚仪式的彩色胶卷底片交给某彩扩店冲印,并预交了冲印费。周某于约定日期去取相片,彩扩店告知:因失火,其相片连同底片均被焚毁。周某非常痛苦,诉至法院请求彩扩店赔偿胶卷费、冲印费损失及精神损害。

法律问题 本案应如何处理?

法理分析 彩扩店的行为构成违约行为和侵权行为的竞合。据《合同法》第 122 条的规定,周某有权基于违约或侵权诉因要求彩扩店承担责任,因此,彩扩店应当赔偿胶卷费并返还冲洗费。除此之外,周某的精神损害赔偿请求应当得到支持,前提是"以侵权之诉为诉由"。《精神损害赔偿解释》第 4 条规定,具有人格象征意义的特定纪念物品,因侵权行为而永久性灭失或者毁损,物品所有人以侵权为由可以起诉请求赔偿精神损害。

【重点法条】

《侵权责任法》第 2、4、6—7、24 条。

>> 第三十章 <<

侵权责任的构成和免责

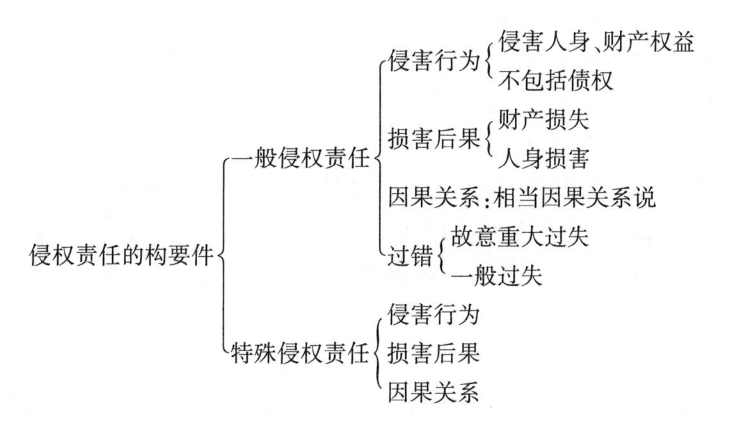

侵权责任的构成和免责,是一般侵权的基本问题。本章主要围绕着一般侵权分析责任的构成和免责。本章适用范围极广,凡是《侵权责任法》没有专门具体规定的,原则上都可适用一般侵权的条款。本章也是《侵权责任法》的核心内容,包括一般侵权责任的构成要件、多数人侵权行为的构成要件、责任承担方式、免责事由等。这些都是准确理解和适用《侵权责任法》的枢纽,也是各类法律考试的重点。本章难点在于因果关系的判断、共同侵权和共同危险行为、无意思联络的数人侵权、免责事由中的受害人过错等。

第一节 一般侵权责任

一般侵权责任的构成要件,一般认为有四。

一、过错

过错是指支配行为人为法律和道德上应受非难的行为时的故意和过失状态。主观过错分为两种基本形态,即故意和过失。故意,是指行为人预见到自己的行为可能产生的损害结果,仍希望其发生或放任其发生。如明知假冒他人商标会侵犯他人的商标权仍为之,明知诽谤他人会侵害他人的名誉权仍为之等。过失,是指行为人对其行为结果应预见或能够预见而因疏忽未预见，或虽已预见，但因过于自信，以为其不会发生，以致造成损害后果。

二、侵害行为

侵害行为，是指加害人侵害他人人身、财产权益实施的作为或不作为。对《侵权责任法》第2条所规定的人身、财产等民事权益的侵犯往往就意味着行为具有侵害性。需要指出，虽然绝大多数侵害行为都具有为法学，但并非所有的侵害行为都具有违法性，有些侵害行为不具有违法性的，照样可以构成侵权，比如工厂排放的污水虽然符合环境保护的标准，但在特定条件下如果造成他人损害的，如农田土壤污染或者农作物绝收的，仍然构成侵害行为。

如前所述，违法行为可分为作为和不作为。这两种行为方式，均可构成侵权行为的客观表现方式。

1. 作为的侵害行为

作为的侵害行为是侵权行为的主要行为方式。人格权、物权均为绝对权，权利人之外的任何其他人均为义务人，均负有法定的不可侵害义务。这些义务都是不作为义务，行为人违反不可侵害的不作为义务而侵害他人的权利，即构成作为的侵权行为。

2. 不作为的侵害行为

不作为的侵害行为也构成侵权行为的行为方式。确定不作为侵害行为的前提，是行为人负有特定的作为义务。这种特定的作为义务，不是一般的道德义务，而是法律所要求的具体作为义务。特定的法定作为义务的来源，有以下三种：

(1) 来自法律的直接规定。如《婚姻法》规定，父母对于未成年子女有抚养义务，《人身损害赔偿解释》规定经营者、教育机构违反安全保障义务的不作为等。违反上述法律上的特定作为义务，即为不作为的违法行为。

(2) 来自职责上的要求。例如游泳场救护员负有抢救落水者的作为义务，消防队员应负扑救火灾的义务等。违反上述职务上或业务上的作为义务而不作为者，为不作为的违法行为。

(3) 来自行为人的先前行为。行为人先前的行为给他人带来某种危险或者危害的，必须承担避免危险或者消除损害的作为义务，否则即为不作为。例如，成年人携带邻居家的未成年儿童外出郊游玩耍，儿童溺水遇险时不予救助的。又如，驴友相约一起结伴野外探险，其中的成员遇险或者生病，其他成员不予以救助的。

三、损害事实

侵权行为只有造成损害事实，行为人才承担侵权责任。损害是一种事实状态，具体是指权利人因他人的一定行为或事件遭受财产以及人身的不利益。损害事实包括人身损害和财产损害。

1. 人身损害

侵害生命、身体、健康等人身权益所造成的损害事实，就是人身损害事实。这种人格利益的损害为有形损害，首先表现为自然人的身体、健康损伤和生命的丧失。当违法行为作用于受害人的物质性人格权时，受害人所享有的作为物质性人格权的客体的人格利益受到损害，造成伤害或死亡。需要指出，人身损害也会带来财产损失，表现为自然人为医治伤害、丧葬死者所支出的费用等财产上的损失，以及人体伤害、死亡也可能造成其他财产上的损失，如伤残误工的工资损失、护理伤残者的误工损失、丧失劳动能力或死亡所造成其扶养人的扶养费损失等，这些损失属于间接损失。

2. 财产损失

财产损害，包括对财产权利的侵害所造成的财产利益的损失，也包括由于人身损害带来的财产损失。财产损失包括直接损失和间接损失。直接损失是受害人现有财产的减少，也就是加害人不法行为侵害受害人的财产权利致使受害人现有财产直接受到的损失，如财物被毁损、被侵占而使受害人财富的减少；间接损失是受害人可得利益的丧失，即应当得到的利益因受不法行为的侵害而没有得到，如房屋受侵占而导致未来可得租金的减少。

四、因果关系

因果关系是指行为人的行为及其对象与损害事实之间的因果联系，具有严格的时间顺序性，原因在前结果在后。由于因果关系的复杂化和多样化，如何确定因果关系，产生了多种学说。

1. 条件说

该说认为凡是引起损害结果发生的条件，都是损害结果的原因，因而具备因果关系要件。其公式就是："没有 A 事实，即没有 B 事实。"

2. 必然原因说

该说主张对原因和条件应加严格区别，仅承认原因与结果之间存在因果关系，而不承认条件与结果之间有因果关系。其主要之点在于：原因是对结果的发生有重要贡献的条件；而其他条件则对结果的发生只起到背景的作用，无直接的贡献，其仅仅为条件，不具有对结果发生的原因力。必然因果说对责任范围的限制最为严格。

3. 相当因果关系说

该说也称为适当条件说，即某一事实仅于现实情形发生某种结果，尚不能就认为有因果关系，必须在一般情形，依社会的通常看法，也认为能发生同一结果的时候，才能认为有因果关系。例如，伤害他人之后送受害人去医院治疗，不幸医院失火致受害人烧死。伤害与烧死就现实情形而言，固然不能说没有关系，但医院失火属于意外，依一般情况，不具有相当因果关系。如果伤害后患破伤风以致死亡，则在一般情形下依通常经验观察，能致死亡，故其伤害行为与死亡结果之间为有因果关系。

在因果关系学说中，一般认为，条件说范围太宽，必然原因说则过严，且认定困难，唯有相当因果关系说符合民法公平原则,为司法实践所采纳。因果关系的具体判断标准一般采取“两分法”予以把握。即“无 A 事实,则必无 B 事实;有 A 事实,通常会导致 B 事实,则有因果关系”。关于“通常”,依照社会合理人的常识和经验判断。

举例 小偷利用一楼住户甲违规安装的防盗网,进入二楼住户乙的室内,行窃过程中将乙打伤。

解析 乙的人身损害只能由小偷承担责任。小偷的行为造成乙的人身损害,而甲的违章安装行为与人身损害的发生没有法律上的因果关系,故乙的人身损害只能由小偷承担责任。本案中甲与小偷不构成共同侵权,主观上既无共同过错,客观上的行为也没有结合,因而没有法律上的因果关系。

第二节　多数人侵权

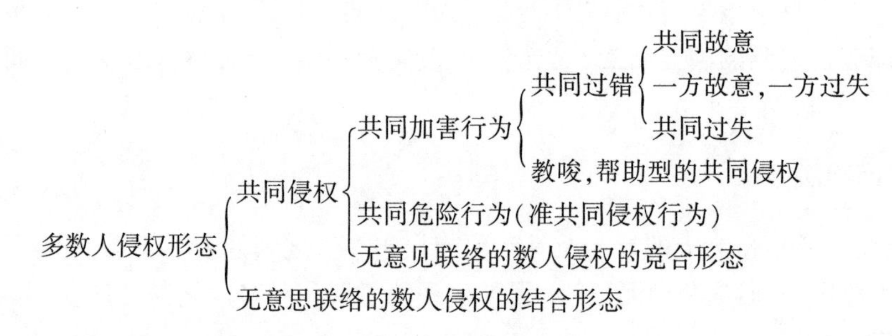

多数人侵权行为包括共同侵权和无意思联络的数人侵权。共同侵权行为导致连带责任的发生,包括共同加害行为和共同危险行为。无意思联络的数人侵权,则可能构成共同侵权也可能不构成共同侵权,相应地也有连带责任与按份责任之别。

一、共同加害行为

共同加害行为是指两个或两个以上的行为人基于共同过错致使他人人身或财产受损的行为。共同加害行为是狭义的共同侵权行为。共同加害行为必须具有主观上的结合,单纯客观上损害结果的结合不构成共同加害行为,只能构成无意思联络的数人侵权。

共同加害行为包括两种:

(一) 主观有共同过错——意思联络型的共同侵权

在共同故意的形态下,各个共同加害人基于意思联络共同实施的侵权行为,多个行为人共同承担连带责任。这是狭义的也是最基本的共同侵权行为。特殊情况下,在共同过失的形式下,也可能构成共同侵权,例如两个值班人员共同违反了同一注意义务导致事故发生。一方过失、一方故意的情形下,也可以构成共同侵权。例如新闻媒体的名誉权侵权案件中有一种类型,甲自由撰稿人为诋毁丙故意捏造虚假故事并撰文投稿,乙报社未尽审查义务,只是觉得该报道颇具市场价值便予以刊载。此时甲的故意与乙的过失,加在一起构成共同侵权。

在特殊情况下,共同过失的形式也可能构成共同侵权,例如,仓库的两个值夜班的保安,秉烛夜聊,后来都沉睡过去,蜡烛点燃可燃物导致仓库失火,这里两保安共同违反了同一注意义务,具有相同的过失,导致事故发生,构成共同侵权。

(二) 教唆、帮助的共同侵权行为——教唆帮助型的共同侵权

在教唆、帮助限制行为能力和无行为能力人侵权的问题上,《侵权责任法》第 9 条修正了 1988 年《民通意见》第 148 条的规定,其内容是:

1. 教唆、帮助者与行为人原则上构成共同侵权行为,承担连带责任。

2. 教唆、帮助无行为能力人、限制行为能力人实施侵权行为的,教唆、帮助人承担责任,也就是单独责任;该无、限制行为能力人的监护人未尽到监护责任的,监护人应当承担相应的责任,也就是与教唆、帮助人一道承担按份责任。

举例 张甲(20 岁)与张乙(14 岁)走到张丙家门口,见张丙家门口卧着一条花狗睡觉,张甲对张乙说,你拿一块石头去打花狗,看它有何反应,张乙照此办理。花狗被打以后朝乙追去,乙见势不妙忙躲在迎面走来的张丁的身后,花狗咬伤了张丁。张丁为此花去医药费 500 元。对此费用应如何承担?

解析 本例先不问饲养人张丙是否承担责任,单就张甲与张乙所承担的责任而言,张甲肯定承担责任,至于张乙的监护人是否承担一定的责任,则要视其有无过错而定。

二、共同危险行为

共同危险行为,又称为准共同侵权行为,是指两个或两个以上的行为人,共同实施同类的可能导致他人权利受损的危险行为,造成了一个损害后果,但不能确定实际侵害人的情形。也即"一因一果",但究竟不知道谁的危险行为构成此处的"因"。如甲、乙共同向空中抛掷石块,导致丙受伤,经验明丙的伤害是被一块石块击中所致,但加害人与受害人均不能证明究竟是甲抑或乙的石块将丙击伤,甲、乙二人的行为即是共同危险行为。

共同危险行为是广义共同侵权行为的一种。共同危险人应当承担连带责任。注意:以前《人身损害赔偿解释》规定,共同危险行为人能够证明损害后果不是由其行为造成的,不承担赔偿责任。但《侵权责任法》已经改为"能够确定具体侵权人的,由侵权人承担责任;不能确定具体侵权人的,行为人承担连带责任",其免责事由更为严格,只有一种情形——能够证明真正的加害人才能免责。

三、无意思联络的数人侵权

无意思联络的数人侵权是一种较为特殊的侵权行为形态,在《侵权责任法》中是首次明确规定。在无意思联络数人侵权的场合,存在着多个侵权行为人,在各个侵权行为人中每个行为人都独立实施了侵权行为,导致受害人遭受同一损害的结果。无意

思联络的数人侵权实质上是多个单独侵权行为,而非共同侵权行为,实际上构成了因果关系上的“多因一果”。注意:与《人身损害赔偿解释》比较,无意思联络的数人侵权不再采用“直接结合”和“间接结合”的概念提法,而是采用新的概念,具体分为以下两种情形。

(一)原因力竞合的,成立连带责任

《侵权责任法》第11条规定:“二人以上分别实施侵权行为造成同一损害,每个人的侵权行为都足以造成全部损害的,行为人承担连带责任。”这就是原因力竞合的无意思联络数人侵权,其特征是:两个以上的人分别实施了各自的侵害行为;事前侵害人不存在主观上的共同过错也即没有意思联络;任何一个行为人的单独侵害行为都足以独立造成该损害后果。其后果是成立共同侵权,形成连带责任。此类行为又被称为“行为关联的侵权”或“客观共同侵权”。

举例 甲对受害人下致命毒药,受害人刚刚喝下,与此同时不知情的乙对受害人捅了致命的一刀,两人的行为都能独立造成受害人死亡,此时则构成两人行为原因力竞合,承担连带责任。

(二)原因力结合的,成立按份责任

《侵权责任法》第12条规定:“二人以上分别实施侵权行为造成同一损害,能够确定责任大小的,各自承担相应的责任;难以确定责任大小的,平均承担赔偿责任。”这就是原因力结合的无意思联络数人侵权,其特征是:两个以上的人分别实施了各自的侵害行为;事前侵害人不存在主观上的共同过错也即没有意思联络;任何一个行为人的侵害行为都不足以单独导致该损害后果,而必须结合在一起共同发挥作用导致该后果,或者各个加害行为分别导致不同的后果。这实际上是说此种情形下不构成共同侵权行为,各个行为人承担按份责任,具体而言:可以区分过错大小或损害份额可分的,分别承担相应责任;无法区分过错大小或损害份额不可分的,分别承担平均责任。

举例 一天夜晚,甲开车逆行迫使骑车人乙为躲避甲向右拐,跌入修路挖的坑里(负责修路的施工单位对该坑未设置保护措施),造成车毁人伤。对乙的损失应如何承担责任?

解析 本案应当由甲和施工单位各自承担责任,因为驾驶人和施工人两者原因力结合共同造成同一损害,不能区分责任大小,则应根据《侵权责任法》第12条规定各自承担平均责任。

举例 甲于晚10点30分酒后驾车回家,车速每小时80公里,该路段限速60公里。为躲避乙逆向行驶的摩托车,将行人丙撞伤,丙因住院治疗花去10万元。关于丙的损害责任承担,如何分配?

解析 甲、乙应承担按份责任,原因是属于原因力结合的无意思联络的数人侵权。甲乙每个人的行为都不足以造成同一损害后果的行为,损害后果是甲乙两人的行为结合导致的,两人之间无意思联络,且任何一个人的行为都不足以导致全部损害后果的发生。

第三节　侵权责任的免责事由

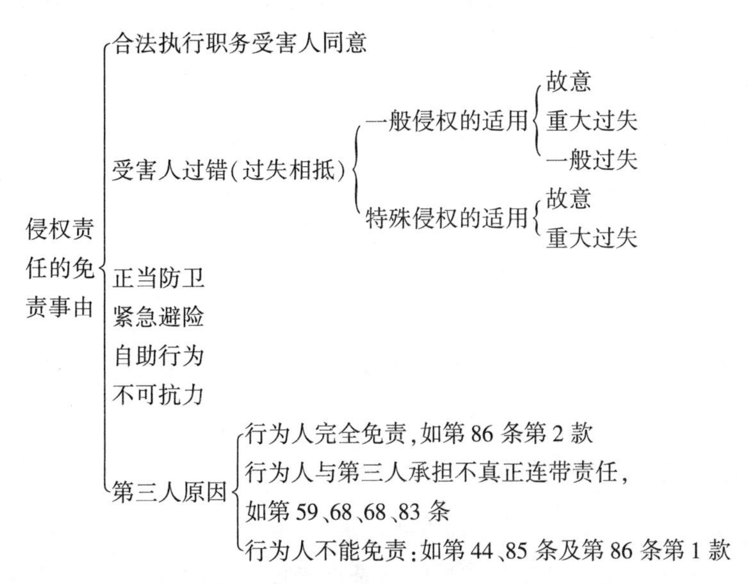

所谓免责事由,是指法定的免除、减轻责任的事由。广义的免责事由既包括免除行为人责任的事由,也包括减轻行为人责任的事由,但狭义的免责事由仅限于前者。《侵权责任法》第三章称为“不承担责任和减轻责任的情形”,为了行文方便,下文一概简称为“免责事由”或“抗辩事由”。需要说明,《侵权责任法》第三章的规定存在漏洞,例如没有规定合法执行职务、受害人同意、自助行为等三种免责事由,但作为侵权责任法的基本理论知识历来存在,本章一并讲述。

一、合法执行职务

合法执行职务,是指依照法律的规定或授权,在必要时因行使职权而损害他人的人身和财产的行为。为了保护社会公共利益和自然人、法人的合法权益,法律允许工作人员在执行自己的职务中必要时“损害”他人的财产和人身。在这些情况下,完成有关行为的人是“有权造成损害”的。因为这种职务授权行为是一种合法行为,对造成的损害不负赔偿责任。例如,警察执行职务击毙逃脱的重刑嫌疑犯,不承担侵权责任。

虽然《侵权责任法》没有明确规定合法执行职务这一免责事由,但民法理论与我国民事司法一直承认之。

二、受害人同意

受害人同意,也称为自愿承担损害,是指受害人做出容许他人侵害其权利、自己自愿承担损害结果的意思表示,且该意思表示并不违背法律和公共道德,如同意放弃自己生命的生死文书一般被认为因违反公共道德而无效。

受害人同意成立,须具备以下要件:(1) 若允许他人侵害权利,要求权利人对于该项权利必须有处分的能力与权限;(2) 受害人承诺的意思表示应当遵守一般意思表示的限制,即须具备一般法律行为的生效要件;(3) 受害人须承诺并采用明示方式,或者是发表单方面的声明,或者是制定免责条款;(4) 受害人事前放弃损害赔偿请求权。如果是损害发生之后,受害人同意不追究,性质上属于侵权之债的抛弃,而不是同意。

辨析 受害人同意与受害人故意不同。受害人同意是侵权行为发生前做出的意思表示,如重病病人同意医生为自己实施安乐死;受害人故意(故意自损)是受害人主动导致自己损害的事实行为,如故意"碰瓷"的行人撞向正常行驶的机动车。

虽然《侵权责任法》没有明确规定受害人同意这一免责事由,但民法理论与我国民事司法一直承认之。比如在我国医院的外科手术室医生实施重大手术如截肢前,都要经过患者或其近亲属的书面同意,此处就是受害人同意的意思,医生虽然截去患者的肢体,但将因此而免责。

三、受害人过错(过失相抵)

(一) 基本含义:在一般侵权责任中的适用

受害人过错,是指损害的发生或扩大不是由于加害人的过错,而是由于受害人的过错而发生。如果加害人对损害有过错,受害人也有过错,则构成与有过失,应当实行过失相抵。

关于过错相抵,《侵权责任法》第26条规定:"被侵权人对损害的发生也有过错的,可以减轻侵权人的责任。"此处的受害人有过错可以减轻责任,至于到底减轻多少,则视具体案情而定。注意此处的"过错"不仅包括"过失",也包含故意。此处的"过失",又包括一般过失与重大过失;此处的"故意",与第27条规定的故意自损如何区别?此处的过错是"对损害的发生也有过错",原行为人与损害之间的因果关系还存在,只不过混合了受害人的故意和过失,所以只是减轻行为人的责任。而第27条的受害人故意自损,则是损害发生的全部、唯一的原因。

(二) 过失相抵在无过错责任中的特别适用

在《侵权责任法》分则规定的若干无过错责任中,如受害人故意导致自己损害,则实际上是自我伤害行为,与行为人的行为根本没有因果关系,因此也可以免除责任。

在《侵权责任法》分则规定的无过错责任中,如受害人只有一般过失则不能相抵;只有受害人有重大过失时,才可以减轻赔偿义务人的赔偿责任。但是在分则中存在大量的特别规定,如果另有规定的,则应当根据特别条款优于一般条款,从其规定。列举如下:

1. 法律规定侵权人可以被侵权人一般过失作为抗辩事由的,如《侵权责任法》第73条:"从事高空、高压、地下挖掘活动或者使用高速轨道运输工具造成他人损害的,经营者应当承担侵权责任,但能够证明损害是因受害人故意或者不可抗力造成的,不承担责任。被侵权人对损害的发生有过失的,可以减轻经营者的责任。"

2. 法律规定只能以被侵权人重大过失作为抗辩事由的,如《侵权责任法》第78条规定:“饲养的动物造成他人损害的,动物饲养人或者管理人应当承担侵权责任,但能够证明损害是因被侵权人故意或者重大过失造成的,可以不承担或者减轻责任。”第72条规定:“占有或者使用易燃、易爆、剧毒、放射性等高度危险物造成他人损害的,占有人或者使用人应当承担侵权责任,但能够证明损害是因受害人故意或者不可抗力造成的,不承担责任。被侵权人对损害的发生有重大过失的,可以减轻占有人或者使用人的责任。”

3. 法律规定不适用受害人过错相抵,只有受害人故意才能免责的,如《侵权责任法》第70条规定:“民用核设施发生核事故造成他人损害的,民用核设施的经营者应当承担侵权责任,但能够证明损害是因战争等情形或者受害人故意造成的,不承担责任。”第71条规定:“民用航空器造成他人损害的,民用航空器的经营者应当承担侵权责任,但能够证明损害是因受害人故意造成的,不承担责任。”也就是说,在核事故、航空事故中,只有受害人故意可以成为加害人的免责事由,即使受害人存在重大过失也不能减轻加害人的责任。

四、受害人故意自损

《侵权责任法》第27条规定:“损害是因受害人故意造成的,行为人不承担责任。”理解此条的关键在于“损害是因受害人故意造成的”这句话,其精确含义是:受害人故意导致自己损害,也即受害人故意是损害发生的全部、唯一原因,此时原行为人与损害之间的因果关系被打破,所以完全免除行为人责任。如上文提到“碰瓷”,行人故意撞向正常行驶的机动车以图讹诈,行人的故意是该车祸发生的唯一原因。

甄别　从过错相抵中单独分列出受害人故意自损,是《侵权责任法》中的特别规定。其后果分解为:受害人故意自损完全免除行为人责任;受害人过错相抵则只能减轻,不能免除。这一点在适用法律或者做试题时要特别注意,到底是减轻还是免除,关键看受害人的故意是不是损害发生的全部原因。

五、第三人原因

(一) 定义

《侵权责任法》第28条规定:“损害是因第三人造成的,第三人应当承担侵权责任。”可见损害是因第三人造成的,第三人应当承担侵权责任,行为人可以据此免责。

截然不同的效果。《合同法》第121条规定,第三人原因导致违约的,债务人不得免责,这是由合同的相对性所决定的。与《侵权责任法》正好相反,违约责任不因第三人原因而免责,但侵权责任可以因第三人原因而免责。

理解此处作为免责事由的“第三人原因”,需要把握以下要点:

(1) 第三人原因中的“第三人”,必须是行为人和受害人以外的人。

(2) 第三人的行为(或过错)是损害发生的唯一原因。第28条规定“损害是因第三人造成的"的含义就是这个意思。如第三人与行为人具有共同过错、共同危险和教唆帮助关系,则据《侵权责任法》第8—10条的规定处理,第三人与行为人可能构成共同侵权行为,对受害人负连带责任。

举例与延伸 某甲将某乙推向马路,被迎面而来的骑车人某丙撞伤,某甲的行为导致某乙和某丙之间的因果关系中断,此处某甲就是第三人,某甲的推人行为就是损害发生的唯一原因。如第三人的过错不是损害发生和扩大的唯一原因,损害是由第三人和被告的行为共同造成的,则需要具体分析。但要注意的前提是,第三人和被告并非基于共同主观过错(共同故意、共同过失)造成对原告的损害的,则不构成共同侵权,而只是因为各自独立的行为在客观上偶然的结合或相互作用,共同造成了对原告的损害。在这种情况下,其实第三人与被告之间构成了无意思联络的数人侵权,应当依照《侵权责任法》第11—12条处理:(1)如第三人和被告分别实施侵权行为造成同一损害,每个人的侵权行为都足以造成全部损害的,第三人和被告承担连带责任(第11条);(2)如第三人和被告分别实施侵权行为造成同一损害,则承担按份责任(第12条)。

(二)免责效果

在一般侵权行为的过错责任中,第三人原因作为免责事由,导致行为人完全免责,自不待言;但在无过错责任中,由于对侵权人的免责要求相对严格,第三人应当承担什么责任,是完全承担还是部分承担,行为人能否免责,这一点需要结合整个《侵权责任法》条文综合判断。

主要有三种责任形态:

1. 行为人完全免责

一般情形下行为人都能完全免责,这是基本原则。比如《侵权责任法》第86条第2款规定:"因其他责任人的原因,建筑物、构筑物或者其他设施倒塌造成他人损害的,由其他责任人承担侵权责任。"

2. 不真正连带责任

面对受害人,第三人与行为人都有义务承担责任。换言之,对于受害人而言,他可以任意选择第三人还是受害人承担责任;不同的是,行为人承担责任后可以向第三人追偿,但反过来不可以,可见最终的责任还是第三人承担。此时实际上构成了不真正连带责任,即受害人可以向任何一个责任主体主张责任,但是就内部而言,最终还是一个人承担。这一规则适用于三种场合:

(1)医疗损害责任。《侵权责任法》第59条规定:"因药品、消毒药剂、医疗器械的缺陷,或者输入不合格的血液造成患者损害的,患者可以向生产者或者血液提供机构请求赔偿,也可以向医疗机构请求赔偿。患者向医疗机构请求赔偿的,医疗机构赔偿后,有权向负有责任的生产者或者血液提供机构追偿。"

(2)环境污染责任。《侵权责任法》第68条规定:"因第三人的过错污染环境造成损害的，被侵权人可以向污染者请求赔偿，也可以向第三人请求赔偿。污染者赔偿后，有权向第三人追偿。”

（3）饲养动物侵权责任。《侵权责任法》第 83 条规定：“因第三人的过错致使动物造成他人损害的，被侵权人可以向动物饲养人或者管理人请求赔偿，也可以向第三人请求赔偿。动物饲养人或者管理人赔偿后，有权向第三人追偿。”

3. 行为人不能免责

在法律特别规定的情况下，虽然对损害的发生第三人有责任，但为了加强对于受害人的保护，应当先由行为人承担责任，再向第三人追偿。这就意味着，面对受害人的请求，行为人是不能免责的，至于其承担责任后再向第三人追偿、由第三人最终承担责任，那是另外一回事，不关受害人的事。这样的规定主要有三：

（1）运输仓储者导致的产品缺陷责任。《侵权责任法》第 44 条规定：“因运输者、仓储者等第三人的过错使产品存在缺陷，造成他人损害的，产品的生产者、销售者赔偿后，有权向第三人追偿。”

（2）建筑物脱落、坠落责任。《侵权责任法》第 85 条规定：“建筑物、构筑物或者其他设施及其搁置物、悬挂物发生脱落、坠落造成他人损害，所有人、管理人或者使用人不能证明自己没有过错的，应当承担侵权责任。所有人、管理人或者使用人赔偿后，有其他责任人的，有权向其他责任人追偿。”

（3）第三人导致的建筑物缺陷，发生建筑物倒塌致损责任。《侵权责任法》第 86 条第 1 款规定：“建筑物、构筑物或者其他设施倒塌造成他人损害的，由建设单位与施工单位承担连带责任。建设单位、施工单位赔偿后，有其他责任人的，有权向其他责任人追偿。”

六、正当防卫

正当防卫，是指当公共利益、他人或者本人的人身或者其他利益遭受不法侵害之时，行为人所采取的一种防卫措施。正当防卫构成要件如下：

（1）针对不法的侵害行为。所谓不法侵害行为是指行为人所实施的对国家、公共利益和公民个人合法权益的违法侵害行为。没有不法侵害行为，则没有实施正当防卫的必要性。因此，正当防卫所针对的不法侵害主要是指对受法律保护的国家、公民合法权益的违法侵害行为。行为人必须是对不法侵害行为才能实施正当防卫，对于合法行为不能实施正当防卫。如执法人员为实施公务而进行的拘留、搜查、扣押物品，是依法执行职务的行为，被拘留的人或者第三人不能以其人身自由或者财产权益受到侵害为借口，实施正当防卫。

（2）不法侵害行为须正在进行。正当防卫只能在不法侵害正在进行时实行，这是正当防卫的时间限制。所谓正在进行，是指不法侵害已经开始，尚未结束。所谓不法侵害已经开始，通常认为是指在一般情况下，应以不法侵害人着手实行不法侵害时作为不法侵害开始的时间，但在不法侵害的现实威胁已经十分明显、紧迫的情况下，即使不法侵害尚未着手,也应认为不法侵害已经开始。

(3) 目的是为了保护公共利益、本人或他人合法权益。正当防卫行为是出于维护合法利益,制止不法侵害的正当目的,是对国家和人民有益的行为。

(4) 针对不法侵害人实施。正当防卫只能针对不法侵害者本人实行,这是正当防卫的对象限制。

(5) 不应超过必要的限度。防卫行为不能明显超过必要限度或造成重大损害,这是正当防卫的限度条件。在一般情况下,正当防卫是有限度的,例如对一些并不严重的侵害行为,防卫人应当采取适当的、能够制止不法侵害人的防卫行为。这种行动的强度和后果应以是否是防卫行为所必要的为限度。如果行为人的防卫行为超过了一定的限度,应当承担一定的责任,此时构成防卫过当。

《侵权责任法》第30条规定:"因正当防卫造成损害的,不承担责任。正当防卫超过必要的限度,造成不应有的损害的,正当防卫人应当承担适当的责任。"

七、紧急避险

紧急避险,是指为了使公共利益、本人或他人的合法权益免受现实和紧急的损害危险,不得已而采取的致他人或本人损害的行为。紧急避险是一种合法行为,是在两种合法利益不可能同时保护的情况下,不得已而采用牺牲较小的利益保全较重大的利益的行为。

紧急避险的构成要件如下:

(1) 危险正在发生,并威胁着本人、他人或者公共利益。尚未发生的危险、想象的危险,都不得实施避险行为。虽有危险发生,但危险已经消除,或者危险已经发生但不会造成合法利益的损害,也不得采取紧急避险。

(2) 采取避险措施须为不得已。所谓不得已,是指不采取紧急避险措施,就不能保全更大的法益,是指避险确有必要。

(3) 避险行为不得超过必要的限度。紧急避险的必要限度,是指在面临紧急危险时,避险人应采取适当的措施,以尽可能小的损害保全较大的法益。民法要求,紧急避险行为所引起的损害应轻于所避免的损害,两者的利益衡量,前者明显轻于后者。只要避险人的避险行为所造成的损害小于可能发生的损害,避险措施就是适当的。如果避险行为不仅没有减少损害,反而使造成的损害大于或等于可能发生的损害,避险行为就失去了意义,就是超过了必要的限度。

关于紧急避险后,第三人所受的损害由谁来承担,《侵权责任法》第31条区分危险的来源作出不同的规定:

(1) 如果是人为的危险,因紧急避险造成损害的,由引起险情发生的人承担责任。

(2) 如是自然原因的危险,或者找不到危险制造人的,则可以向紧急避险的受益人请求适当补偿;紧急避险采取措施不当或者超过必要的限度,造成不应有的损害的,紧急避险人应当承担适当的责任。

八、自助行为

自助行为是指权利人为保护自己的权利，在情势紧迫而又不能及时请求国家机关予以救助的情况下所采取的对他人的财产或自由施加扣押、拘束或其他相应措施，而为法律或社会公德所认可的行为。自助行为具有阻却违法性的效力，排除侵权的构成。

举例　甲在乙经营的酒店进餐时饮酒过度，离去时拒付餐费，乙不知甲的身份和去向。甲酒醒后回酒店欲取回遗忘的外衣，乙以甲未付餐费为由拒绝交还。本案中，乙为维护自己的债权而暂时扣留债务人的随身财物，属于自助行为，不承担责任。注意此处由于不构成双务合同中互为对价的义务，因此不属于双务合同同时履行抗辩权的行使。

虽然《侵权责任法》没有明确规定自助行为这一免责事由，但民法理论与我国民事司法一直承认之。

九、不可抗力

不可抗力指不能预见、不能避免并不能克服的客观情况。不可抗力，是独立于人的行为之外，不受当事人的意志所支配的现象，是各国通行的抗辩事由，广泛适用于违约责任和侵权责任。

我国《合同法》第117条也承认不可抗力在违约责任中的免责效力。在侵权责任中，《侵权责任法》第29条笼统地规定："因不可抗力造成他人损害的，不承担责任。法律另有规定的，依照其规定。"可见不可抗力原则上可以作为侵权责任的免责事由，但并不是适用于所有的领域。一般认为，在过错责任中，不可抗力将导致当事人完全免责；在无过错责任中，不可抗力也可以免责，但法律另有规定不得免责的除外。在无过错责任的特别侵权领域，我国法律不允许不可抗力免责的仅限于个别情形：高度危险责任、饲养动物损害责任等。这些行为大都是具有高度的危险性和危害性，且责任人有违法和过错在先导致的危险增加因而未将不可抗力作为免责事由。

免责的效力分析　不可抗力免责的效力程度，需要个案分析。如被告主张不可抗力全部免责，须证明不可抗力是导致损害结果发生的唯一原因，即只有在损害完全是由不可抗力引起的情况下，才能打破被告的行为与损害结果之间的因果关系，因此应免除责任。如不可抗力是损害发生或扩大的部分原因，而被告对损害的发生或扩大也有过错，也即在不可抗力和被告过错共同构成损害发生的原因的情况下，主张不可抗力只能减轻被告因不可抗力造成的那部分损失，而非全免。

思维拓展

【重要知识点】

因果关系的判断;教唆、帮助侵权;共同危险行为;无意思联络的数人侵权;停止侵害、排除妨碍、消除危险的责任;人格权侵权的责任;精神损害赔偿责任;自助行为;受害人过错。

【实例解析】

请从共同侵权构成与否及其类型的角度,分别判断以下诸案例的行为性质:

(1) 甲、乙为兄弟,二人合谋殴打丙。甲持木棒,乙持铁锤,前后夹击一起将丙打伤。

(2) 甲杂志社为诋毁丙故意捏造虚假故事并撰文刊发。乙报社未尽审查义务,为了扩大所办的报纸影响力便予以转载。

(3) 甲、乙共同抬重物登高,甲觉得负重的木棍似乎不足以承重并对乙表示了此种担忧,乙则称没问题,甲亦表认同,二人遂继续登高。不久,木棍断裂,重物滚落砸伤随后之人丙。

(4) 某市举办了春季名贵花展。甲约女友乙前去参观。两人因说说笑笑,未注意门前挂有"展览之花,严禁采摘"的牌子。在走到一盆花前,乙停下来对甲说:"这花真好看,你摘一朵给我,我想要。"甲上前采摘,因用力过重,造成花根松动,导致该盆花损毁。该盆名花为丁所有,价值50000元。

(5) 甲、乙相约一起去打猎,看见远处的一个猎物同时开枪,枪响,前去一看,一个割草的老人痛苦地躺在地上,心脏处中一弹,当即死亡。法医验尸证明,甲乙任何一人都可能打中,但究竟是谁打中的,始终不能确定。

(6) 甲、乙相约一起去打猎,看见远处的一个猎物同时开枪,枪响,前去一看,一个割草的老人痛苦地躺在地上,心脏处中两弹,当即死亡。法医验尸证明,其中任何一弹都足以当即致命。

(7) 甲、乙相约一起去打猎,看见远处的一个猎物同时开枪,枪响,前去一看,一个割草的老人痛苦地躺在地上,左右大腿动脉各中一弹,血流汩汩。二人赶忙送至医院,路上费时30分钟,抢救不及,老人因失血过多而亡。医院证明说只要早送来一分钟就可抢救过来。

法理分析 (1) 主观有共同过错(共同故意),意思联络型的共同加害侵权行为,成立连带责任。

(2) 主观有共同过错(故意与过失混合),意思联络型的共同加害侵权行为,成立连带责任。

（3）主观有共同过错（共同过失），意思联络型的共同加害侵权行为，成立连带责任。

（4）主观有共同过错（教唆型），意思联络型的共同加害侵权行为，成立连带责任。

（5）共同危险行为（准共同侵权行为），成立连带责任。

（6）原因力竞合的无意思联络的数人侵权行为，成立连带责任。

（7）原因力结合的无意思联络的数人侵权行为，成立按份责任。

【重点法条】

（1）《侵权责任法》第8—12、15、17、19—22、26—29条。

（2）最高人民法院《关于确定民事侵权精神损害赔偿责任若干问题的解释》第3—7条。

>> 第三十一章 <<

特殊侵权行为责任

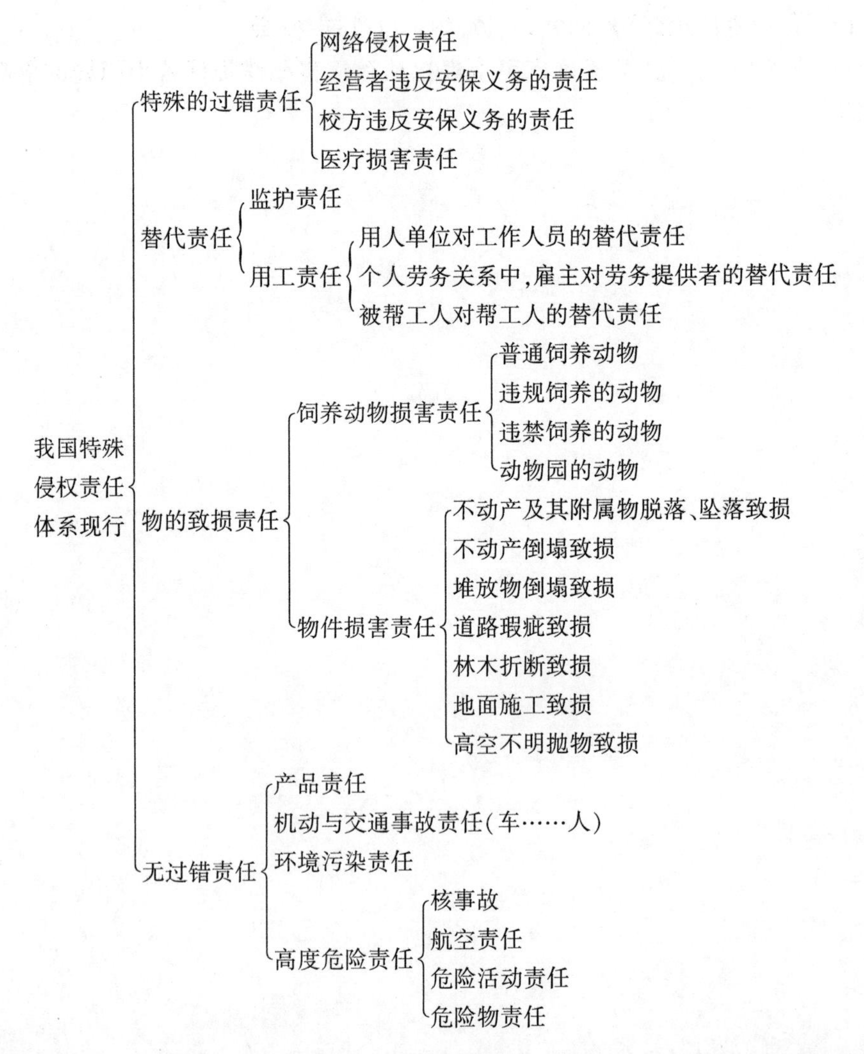

本章主要内容为具体侵权类型。《侵权责任法》规定的特殊侵权类型众多,为了便于掌握,本书主要划分为12种具体类型,并根据归责原则与责任承担的特殊性归纳为四大类。本章的重要内容有网络侵权、安全保障义务、医疗损害责任、饲养动物侵权、建筑物责任等,不可不熟练掌握。本章难点在于条文众多,纷繁复杂,分则与总则错综交叉,不同的特殊侵权各有特色,归责原则和免责适用亦有不同,需要读者认真研读,细心辨析。

第一节　特殊的过错责任

在《侵权责任法》分则(第四至十一章)中,规定了12种具体的侵权责任类型。值得注意的是,这些特别规定的侵权类型并非都是无过错责任,其中有四种责任的归责原则适用过错责任,属于一般侵权行为,只不过因为其侵权形态、责任承担的特殊性,《侵权责任法》具体列举一一规范之,包括:网络侵权责任、经营者违反安全保障义务的责任、校园事故责任、医疗损害责任。

一、网络侵权责任

(一)概念

网络侵权,是指网络用户、网络服务提供者利用网络侵害他人民事权益的行为。网络侵权责任的特征如下:

1. 责任主体是网络服务提供者和网络用户。所谓网络服务提供者,即网络服务商,是指为网络信息交流和交易活动的双方当事人提供中介服务的第三方主体,它包括但不限于网络接入服务提供者、网络空间提供者(包括提供博客空间、BBS空间等)、搜索引擎服务提供者、传输通道服务提供者(如电信运营商)等媒介。也就是说,网络服务提供者在信息交流和电子交易中处于消极中立地位,只是提供技术平台而不对双方当事人的信息和交易进行干预。一般所称"网站"就是指网络服务提供者。

所谓网络用户,是指使用网络服务提供者的网络服务的人,一般是自然人,特殊情况下也可以是法人,生活用语是"网民"。

2. 行为特征是必须利用互联网络。网络侵权的特殊性在于利用互联网为侵权工具,包括作为和不作为。作为的侵权是指网络用户和网络服务商直接利用网络侵害他人民事权益,适用一般的侵权责任,如利用网络诋毁他人、披露隐私、传播病毒等。不作为的侵权是指网络服务商对于网络用户的直接侵权行为没有尽到网络安全的保护义务,没有及时采取删除、屏蔽等措施的行为。

3. 客体一般是人格权,特殊情况下也会是财产权。通常情况下,网络侵权的客体是隐私、名誉、肖像等人格权,但特殊情况下,也会侵犯财产权,如网络盗版侵犯著作权、传播计算机病毒侵害他人财产等。

(二)归责原则

网络侵权其性质是一般侵权,其特殊性只不过是侵权的工具为互联网,也需要行为人主观上具有过错,特别是对于网络服务商的中间责任,只有其未尽到网络安全的保护义务时,才承担责任。

(三) 责任承担——网络服务商的中间责任

这种责任是一种间接侵权的责任,也称“中间责任”。在这种责任中,直接实施侵权行为的是网络用户。例如在博客(包括微博)、BBS 论坛、即时通讯工具(如 QQ、MSN 等)的网络平台中,网络用户发布侵权信息,他们作为利用网络直接实施侵权行为的人,应当承担侵权责任。关键在于提供网络技术平台的网络服务商的责任如何认定。《侵权责任法》第 36 条区分为两种类型:提示规则和明知规则。

1. 提示规则

网络用户利用网络服务实施侵权行为的,被侵权人有权通知网络服务提供者采取删除、屏蔽、断开链接等必要措施,网络服务商接到通知后未及时采取必要措施的,对损害的扩大部分与该网络用户承担连带责任。

特别注意提示规则中的“通知—删除—免责”规则。所谓“通知”,是指利害关系人就第三人利用网络服务商的服务实施侵权行为的事实向网络服务提供者所发出的要求防止侵权行为扩大的法律行为。它既可以是口头的,也可以是书面的。一般对于侵害名誉、隐私等人格权益的侵权行为而言,尤其是对于那些明显包含有侮辱、诽谤或有裸照等内容的侵权信息,根据有关法律规定和基本道德规范,明显属于违法侵权行为,一般人很容易作出判断。在收到通知后,网络服务商知道本网站含有侵权信息,此时有两种反应:及时采取必要措施,不承担责任,只能由直接侵权的网络用户承担责任;未及时采取必要措施的,则对损害的扩大部分与该网络用户承担连带责任。注意:只是就未采取措施而导致的扩大部分而非全部损害承担连带责任。

2. 明知规则

网络用户利用网络服务实施侵权行为的,网络服务商如果明知该侵权事实而未采取必要措施阻止的,此时不需要再考虑是否接受通知,因为网站已经知道,因此网络服务商与该网络用户就造成的全部损害承担连带责任。

网络服务商的间接侵权责任,比如“人肉搜索案”“艳照门案”等实际发生的典型案例,即其适例。

(四)《网络人身侵权解释》的进一步规定

《网络人身侵权解释》,围绕《侵权责任法》第 36 条的基本规定,在一些基本方面又作出了细化规定。

1. 当事人的安排

依照该《解释》第 3 条,如果受害人仅仅起诉网络用户或者网络服务提供者的,法院应予受理;原告仅起诉网络用户,网络用户请求追加涉嫌侵权的网络服务提供者为共同被告或者第三人的,应予准许;原告仅起诉网络服务提供者,网络服务提供者请求追加可以确定的网络用户为共同被告或者第三人的,也予准许。

2. 与信息被采取删除、屏蔽、断开链接的网络用户的关系处理

依照该《解释》第 7 条,其发布的信息被采取删除、屏蔽、断开链接等措施的网络用户,主张网络服务提供者承担违约责任或者侵权责任,网络服务提供者可以以收到

通知为由进行抗辩;但是,被采取删除、屏蔽、断开链接等措施的网络用户,可以请求网络服务提供者提供通知的内容。

依照该《解释》第8条,因通知人的通知导致网络服务提供者错误采取删除、屏蔽、断开链接等措施,被采取措施的网络用户可以请求通知人承担侵权责任,且被错误采取措施的网络用户可以请求网络服务提供者采取相应恢复措施,但受技术条件限制无法恢复的除外。

3. 网络用户、网络服务者的单独侵权责任

依照该《解释》第11条,网络用户或者网络服务提供者采取诽谤、诋毁等手段,损害公众对经营主体的信赖,降低其产品或者服务的社会评价,经营主体可以请求网络用户或者网络服务提供者承担侵权责任;

依照该《解释》第12条,网络用户或者网络服务提供者利用网络公开自然人基因信息、病历资料、健康检查资料、犯罪记录、家庭住址、私人活动等个人隐私和其他个人信息,造成他人损害,被侵权人可以请求其承担侵权责任。但下列情形除外:(1)经自然人书面同意且在约定范围内公开;(2)为促进社会公共利益且在必要范围内;(3)学校、科研机构等基于公共利益为学术研究或者统计的目的,经自然人书面同意,且公开的方式不足以识别特定自然人;(4)自然人自行在网络上公开的信息或者其他已合法公开的个人信息;(5)以合法渠道获取的个人信息。其中,网络用户或者网络服务提供者以违反社会公共利益、社会公德的方式公开上述第(4)(5)项规定的个人信息,或者公开该信息侵害权利人值得保护的重大利益,权利人也可以请求网络用户或者网络服务提供者承担侵权责任。但是,国家机关行使职权公开个人信息的,不适用本条规定。

4. 网络用户、网络服务者与他人的共同侵权责任

依照该《解释》第14条,被侵权人与构成侵权的网络用户或者网络服务提供者达成一方支付报酬,另一方提供删除、屏蔽、断开链接等服务的协议,认定为无效;擅自篡改、删除、屏蔽特定网络信息或者以断开链接的方式阻止他人获取网络信息,发布该信息的网络用户或者网络服务提供者请求侵权人承担侵权责任的,应予支持;接受他人委托实施该行为的,委托人与受托人承担连带责任。依照第15条,雇佣、组织、教唆或者帮助他人发布、转发网络信息侵害他人人身权益,被侵权人请求行为人承担连带责任的,应予支持。

二、经营者违反安全保障义务的责任

(一)概念

违反安全保障义务的侵权,是指经营者、群众性活动的组织者在经营、管理中违反安全保障义务,造成他人人身损害和财产损失的后果,应当承担损害赔偿责任的行为。所谓安全保障义务,是指特定场所的所有人、管理人或者社会活动的组织者,对于进入该场所的任何人的人身或者财产安全负有的合理的注意和保护义务。如《消费者权

益保护法》第18条第2款规定:“宾馆、商场、餐馆、银行、机场、车站、港口、影剧院等经营场所的经营者,应当对消费者尽到安全保障义务。”

(二)归责原则

经营者、组织者违反安全保障义务的责任,其性质是过错责任。住宿、餐饮、娱乐等从事经营活动的经营者及群众性活动的组织者在经营场所或者活动场地对于顾客和其他参与人的财产和人身安全负有必要的保护义务。所谓必要,就是根据经营者或者社会活动组织者提供的特殊经营活动或者社会活动的性质所应当达到的注意程度。例如装备设施未尽安全保障义务,工作人员未尽安全保障义务等。如果未尽合理限度范围内的安全保障义务的,应依法承担民事赔偿责任。

(三)责任承担

在经营者、组织者违反安全保障义务时,可能发生的侵害有两种:

1. 经营者未尽安全保障义务,因自身行为致人损害

宾馆、商场、银行、娱乐场所等公共场所的管理人或者群众性活动的组织者,未尽到安全保障义务,因此主观上存在过错,应当对造成的损害,承担侵权责任。例如:商场清洗地面后未做任何警示标识,导致消费者滑倒跌伤,商场应负赔偿责任。

2. 经营者未尽安全保障义务,因第三人行为致人损害

因第三人侵权导致损害结果发生的,由实施侵权行为的第三人承担赔偿责任。安全保障义务人有过错的,应当在其能够防止或者制止损害的范围内承担相应的补充性赔偿责任。

如何理解相应的补充责任?所谓补充,是补充第三人赔偿不足的份额,甚至在第三人没有任何资产或者下落不明时补充全部的份额。但是,此种补充责任可能导致安全保障义务人责任过重,承担远远超出其过错程度的责任,因此不能动辄就对安全保障义务人施加全部的补充赔偿责任,必须考虑其能够防止或者制止损害的范围,体现在《侵权责任法》第37条上,就是以“相应”限制“补充”。此处所谓的“相应”是指赔偿的责任与自己的过错程度相应,即以经营者或组织者违反安全保障义务的程度限制最终的赔偿数额。因此,相应的补充责任即在过错限度内承担补充性的责任。即先看第一位责任人能不能赔,赔多少;剩下的余额由第二位责任人承担补充责任,但这个补充责任不是有多少补多少,而是根据其过错程度,按比例分担相应的责任。

举例 在宾馆房间发生的一起伤害案,受害人损失30万。第三人仅有可供赔偿的财产10万,则先由其承担10万元的责任;宾馆未尽到足够的安保义务,对余额20万承担补充性的赔偿责任。但在20万的补充范围内,宾馆并非全部承担,而是根据其过错程度划分比例,承担与其过错相应的责任,比如承担其中的12万元责任,其余的8万元即使没有着落,也与宾馆无关。

需要讨论的是,在第三人致损害时安全保障义务人承担补充性赔偿责任后是否有追偿权?最高人民法院2003年发布的《人身损害赔偿解释》规定了追偿权,但《侵权

责任法》第37条没有明确规定。即便如此,民法理论认为,安全保障义务人承担补充性责任后应当有权向真正的加害人追偿。由此可见经营者承担的是一种替代责任,最终还是由第三人承担。

三、教育机构违反安全保障义务的责任

(一)概念

教育机构违反安全保障义务的责任,简称校园事故责任,是指对未成年人依法负有教育、管理、保护义务的学校、幼儿园或者其他教育机构,未尽职责范围内的相关义务致使未成年人遭受人身损害,应当承担赔偿责任。

如何理解受害人"在幼儿园、学校或者其他教育机构学习、生活期间"?这里关涉到在上学、放学、返校、离校途中发生人身损害事故的是否适用本条款。本书认为,应考虑未成年人在途中是否处于教育机构的管理之下,如学校组织上学、放学或者在学校班车之上,则属于"在幼儿园、学校或者其他教育机构学习、生活期间";如学生自行上学、放学、返校、离校的,在途中应当处于其监护人保护之中,此时发生事故的与学校无关。

举例 小牛在从甲小学放学回家的路上,将石块扔向路上正常行驶的出租车,致使乘客张某受伤,张某经治疗后脸上仍留下一块大伤疤。出租车为乙公司所有。本案应如何处理?

解析 张某有权要求小牛的监护人赔偿医疗费及精神损害,也可以主张出租车公司承担违约损害赔偿,但不能向学校主张赔偿责任。

(二)教育机构未尽安全保障义务,因自身行为致人损害

在现实生活中,教育机构在供应饮食、校车接送、校舍安全、体育课堂管理等环节可能存在工作上的疏忽,造成未成年学生的人身、财产损害。对此教育机构如何承担责任,首先涉及归责原则。

1. 对限制行为能力学生的过错责任

根据《侵权责任法》第39条的规定,限制民事行为能力人在学校或者其他教育机构学习、生活期间受到人身损害,学校或者其他教育机构承担的是过错责任。这种过错责任是基于法律的直接规定,即法律规定学校或者其他教育机构对未成年人负有教育、管理和保护的义务,如果这种义务履行不到位,则被认为有过错。

2. 过错推定责任——无行为能力学生

根据《侵权责任法》第38条的规定,只要无行为能力的学生在教育机构学习、生活期间受到人身损害,就推定教育机构存在管理、保护上的过错,应当承担责任,能反证自己尽到职责的除外。

(三)教育机构未尽安全保障义务,因第三人行为致人损害

第三人造成损害的,根据自己责任原则,由第三人承担民事赔偿责任,在第三人有

能力赔偿时,则不存在补充赔偿的问题。当实际侵权人下落不明或没有赔偿能力时,则由学校承担补充性赔偿责任,这种补充赔偿责任则成为一种第二位的替代责任。其赔偿范围限于教育机构的过错程度。关于这一点,《侵权责任法》第40条规定的幼儿园、学校及其他教育机构的补充责任,是比照《侵权责任法》第37条第2款经营者违反安全保障义务的责任处理的,属于过错责任、补充责任、替代责任。

注意一种特殊情况:学生相互侵害。在同一所学校、幼儿园,如未成年学生之间相互发生侵权,属于未成年人侵犯未成年人的,这里有两个责任:一个是未成年侵权的监护人,承担无过错的侵权责任;一个是教育机构,教育机构不是法定监护人,不承担替代责任,而是根据其过错承担补充责任。

举例 在课堂上同桌的小明、小亮互殴,老师未予及时制止。前者无碍,后者受伤。对于小亮的医药费,小明的监护人即家长要承担责任,校方也要担责,二者属于按份责任;校方承担责任后不得向小明的家长追偿。

四、医疗损害责任

(一) 概念

医疗损害责任是指医疗机构基于自身或者其医务人员的过错,对患者在诊疗活动中受到损害所承担的责任。《侵权责任法》第七章对此有详细规定。

(二) 责任主体

医疗损害责任的责任主体是医疗机构。虽然医疗损害责任的行为人是医疗机构及其医务人员,但后者的行为属于执行工作的行为,所以侵权责任均由医疗机构承担。

所谓"医疗机构"是指取得《医疗机构执业许可证》、提供医疗服务的机构及个人诊所。所谓"医务人员"是指在各类医疗机构中担任诊断、治疗、护理等任务的专业技术人员,包括医师、护士、护师、技师、药师等。

为保护患者的合法权益,《侵权责任法》规定了医疗机构及其医务人员的三项义务,这三项义务的违反不会被直接认定为过错而承担医疗损害责任,但可能承担其他不利后果,如行政处罚、推定有过错等:(1) 填写、保管、提供病历资料的义务(《侵权责任法》第61条);(2) 保护患者隐私的义务(《侵权责任法》第62条);(3) 不得过度检查的义务(《侵权责任法》第63条)。

为维护医疗机构及其医务人员的合法权益,保障医疗活动的正常进行,《侵权责任法》第64条也规定了医疗机构及其医务人员的一项重要权利:不得干扰医疗秩序,妨害医务人员工作、生活。

(三) 归责原则

1. 基本规定

关于医疗损害责任的归责原则,虽然最高人民法院2001年发布的《关于民事诉讼证据的若干规定》第4条第1款第8项规定:"因医疗行为引起的侵权诉讼,由医疗机构就医疗行为与损害结果之间不存在因果关系及不存在医疗过错承担举证责任。”即适用过错推定责任。但《侵权责任法》权衡各方利益尤其是平衡医患双方的利益，最终采用“以过错责任为原则，以过错推定为例外”的归责体系。《侵权责任法》第54条规定，医疗机构及其医务人员有过错的，由医疗机构承担赔偿责任。这表明医疗损害一般适用过错责任归责原则。《侵权责任法》第58条列举在三种特殊情况下，应推定医疗机构有过错，实行举证责任倒置：(1) 违反法律、行政法规、规章以及其他有关诊疗规范的规定；(2) 隐匿或者拒绝提供与纠纷有关的病历资料；(3) 伪造、篡改或者销毁病历资料。

上述归责原则的确立同时意味着，只要医疗机构或医务人员有过错即承担责任，不需要在起诉前作医疗事故鉴定。

2. 过错的认定

对于医疗机构和医务人员的过错，只要证明其违反义务，即为有过错。相关义务主要有两大类：告知说明义务和合理诊疗义务。

(1) 告知说明义务。医务人员在诊疗活动中应当向患者说明病情和医疗措施，未尽到该义务，造成患者损害的，医疗机构应当承担赔偿责任。告知说明义务分为三类：① 一般病情：说明即可。② 实施手术、特殊检查、特殊治疗：说明——书面同意；不宜向患者说明的：向患者近亲属说明——书面同意。③ 紧急状态下“说明—同意”义务的免除：因抢救生命垂危的患者等紧急情况，不能取得患者或者其近亲属意见的，经医疗机构负责人或者授权的负责人批准，可以立即实施相应的医疗措施。

(2) 合理诊疗义务。医务人员在诊疗活动中未尽到与当时的医疗水平相应的诊疗义务，造成患者损害的，医疗机构应当承担赔偿责任。该义务结合具体条件判断，因为医疗水准具有时间性和地域性，医疗机构的资质也有很大差异，不同医务人员水准也不一样。例如，北京协和医院与某乡村医疗所的诊疗义务标准肯定不同。

(四) 免责事由

《侵权责任法》第60条规定了三种法定免责事由：(1) 患者或者其近亲属不配合医疗机构进行符合诊疗规范的诊疗；(2) 医务人员在抢救生命垂危的患者等紧急情况下已经尽到合理诊疗义务；(3) 限于当时的医疗水平难以诊疗。这三种其实可以归于两类：证明自己无过错(尽到合理诊疗义务)、受害人有过错(患者不配合治疗)。

需要再次提示的是：因第三人的原因造成患者损害的可否免责？因药品、消毒药剂、医疗器械的缺陷或者输入不合格的血液，造成患者损害的，属于第三人的原因，但此时医疗机构并不免责，由患者选择其一请求赔偿，如患者向医疗机构请求赔偿的，医疗机构赔偿后，有权再向负有责任的生产者或者血液提供机构追偿。实际上就是医疗机构与生产者或者血液提供机构一起对患者承担不真正连带责任。对此，《侵权责任法》第59条有明确规定。

医疗损害责任归纳如下表：

	法条依据	法条内容	责任承担
一般过错责任	第54条	诊疗活动中,医疗机构及其医务人员有过错造成患者损害。	医疗机构承担赔偿责任。
过错的认定	第55条 第57条	(1) 医务人员未尽到向患者或近亲属说明并取得书面同意的义务; (2) 医务人员在诊疗活动中未尽到与当时的医疗水平相应的诊疗义务。	医疗机构承担赔偿责任。
过错的例外	第56条	紧急情况,不能取得患者或者其近亲属意见的,经负责人批准,可立即实施相应的医疗措施。	免除说明并取得书面同意义务。
过错推定责任	第58条	(1) 违反法律、行政法规、规章以及其他有关诊疗规范的规定; (2) 隐匿或者拒绝提供与纠纷有关的病历资料; (3) 伪造、篡改或者销毁病历资料。	医疗机构不能举证自己没有过错的,承担赔偿责任。
第三人原因	第59条	因药品、消毒药剂、医疗器械的缺陷,或者输入不合格的血液,造成患者损害的。	医疗机构并不免责,而是与第三人一起承担不真正连带责任,承担责任的医疗机构有权向第三人追偿。
法定免责事由	第60条	(1) 患者或者其近亲属不配合医疗机构进行符合诊疗规范的诊疗; (2) 医务人员在抢救生命垂危的患者等紧急情况下已经尽到合理诊疗义务; (3) 限于当时的医疗水平难以诊疗。	医疗机构免责。 但在(1)情形下,医疗机构及其医务人员有过错的,承担相应的赔偿责任。
其他义务	第61条 第62条 第63条	(1) 填写、保管、提供病历资料义务; (2) 保护患者隐私的义务; (3) 不得过度检查的义务。	违反其他义务,不会造成医疗损害责任,但要承担其他责任。

第二节　替代责任

替代责任,是自己责任的例外,责任人不是为自己的行为负责,而是为他人的侵权行为负责。《侵权责任法》规定的替代责任主要有两种:监护责任和用工责任。

一、监护责任

《侵权责任法》第32条第1款规定,无民事行为能力人、限制民事行为能力人造成他人损害的,由监护人承担侵权责任。监护人尽到监护责任的,可以减轻其侵权责任。这就是监护人对于被监护人行为的替代责任。

(一) 归责原则

监护人的责任是无过错责任。从《侵权责任法》的规定看,我国民法并不允许监护人以尽了监护义务为由获得免责,"监护人尽了监护责任的,可以适当减轻他的民事责任”，这恰恰证明监护责任适用无过错责任，而非过错推定责任，因为即使监护人没有过错，也要承担少部分的责任。

辨析　在监护责任中，是不考虑被监护人（如一个8岁的孩子）的主观过错的。不但不要求被监护人主观上有过错（因为其行为能力有瑕疵，不具有相当的辨识能力，无法形成过错），而且也不要求监护人存在过错，只要发生被监护人的加害行为，监护人即代为承担责任。

（二）责任承担

《侵权责任法》第32条第2款规定：“有财产的无民事行为能力人、限制民事行为能力人造成他人损害的，从本人财产中支付赔偿费用。不足部分，由监护人赔偿。”这一规定的背景就在于监护责任的替代责任性质。由于监护责任是替代责任，为他人的行为负责，如被监护人行为人自己有财产的，应当首先从被监护人的财产中支付赔偿费用，不足的部分再由监护人承担赔偿责任。随着社会发展，无行为能力人、限制行为能力人通过创作、接受赠与或者继承等方式取得财产的情况将会越来越多，因此本款承继了《民法通则》第133条第2款的内容。

延伸　监护责任和教育机构校园事故责任竞合时的处理：无行为能力人、限制行为能力人在学校、幼儿园学习生活期间致同学损害的，应当由其法定监护人承担监护责任。同时，教育机构没有尽到保护义务的，依《侵权责任法》第38、39条对受害的未成年学生承担责任。

（三）完全行为能力人暂时丧失意识能力后的责任

关于完全行为能力人暂时丧失意识能力后的侵权责任问题，该责任与监护责任关系密切。如无行为能力人、限制行为能力人致人损害，由监护人负责，那么完全行为能力人暂时丧失判断能力后责任由谁承担？如完全行为能力人暂时丧失了意识，不具有预见防范损害的能力，则其主观上很难说具有过错。此时是否承担责任，与造成暂时丧失意识能力的原因有关，可以分为三种情况：

1. 基于过错行为人暂时丧失意识能力

因为自己的过错，丧失了意识后造成他人的损害，行为人应当根据其过错承担赔偿责任。例如，间歇性精神病人在可预见的发病期间内外出，因发病而致人损害的，由于该人对于失去意识存在过错，所以，应当根据其过错承担侵权责任。

2. 非基于过错行为人暂时丧失意识能力

如行为人暂时丧失意识或者失去控制不是由于自己的过错造成，而是由于其他原因导致，在这种情况下，行为人不承担侵权责任。但是毕竟行为人的行为与受害人的损害之间存在因果关系，此时适用公平责任。

举例　李某患有癫痫病。一日李某骑车行进时突然犯病，将一在路边玩耍的6岁儿童撞伤，用去医疗费20000元。该案责任应如何承担？

解析 双方都无过错,适用公平补偿责任,根据双方经济情况分担损失。

3. 因醉酒、滥用麻醉药品或者精神药品行为人暂时丧失意识能力

在出现此种情况时,行为人实际上对于其丧失辨别能力可能致人损害是明知的,对损害的发生存在过失,应当承担赔偿责任。《刑法》也规定醉酒的人应当承担刑事责任,法理与此类似。

二、用工责任

(一)单位用工与工作人员的劳动关系

《侵权责任法》第34条第1款规定,与用人单位有劳动关系的工作人员,在执行职务中致人损害的,应当由用人单位承担民事责任。

1. 责任主体

责任主体,不再将用人者区分为"法人或者其他组织"与"雇主"(最高人民法院2003年《人身损害赔偿解释》第8—9条的用语),也不再将劳动者区分为"法定代表人、负责人、工作人员或者雇员",而是统一规定为"用人单位"与"用人单位的工作人员"。

立法的变迁 《侵权责任法》之所以不提"雇主责任"的概念,是因为在我国学理上和司法实践中一般认为雇佣关系是私有制之下的具有剥削性的用工制度。公有制的机关、企业、事业单位法人的工作人员与法人之间并非带有剥削色彩的雇佣关系。随着我国社会经济生活的深刻变化,立法也要与时俱进,《侵权责任法》摒弃了按照所有制进行分别规定的立法模式,统一规定为用人单位的用工责任。实际上此前的《劳动合同法》颁布后,雇佣关系在我国目前主要适用《劳动合同法》,大都受《劳动合同法》调整,已经被劳动合同关系所吸收。因此本条款适用于几乎所有"用人单位"与"工作人员"之间的劳动用工关系,不论是中国石油公司的员工,还是一个街头餐馆之类的小型私人有限公司的员工,发生职务侵权的,一律适用《侵权责任法》第34条的规范。

2. 归责原则

用工责任的归责原则是无过错责任,只要是用人单位的工作人员执行职务致人损害,用人单位就要承担责任,不能以尽到监督、管理义务而免责。

3. 责任承担

工作人员在执行职务中致人损害的,应当由用人单位替代承担责任,也即用人单位直接面对受害人承担侵权赔偿责任。此处需要明确的是,职务侵权责任中,工作人员不再直接面对受害人承担责任,无论其主观上的过错有无以及过错大小。这样,《人身损害赔偿解释》第9条规定,雇员在从事雇佣活动中因故意或者重大过失致人损害的,与雇主承担连带责任,该条文已被废除。比如,甲在乙承包的水库游泳,乙的雇工丙、丁误以为甲在偷鱼苗将甲打伤。谁来承担赔偿责任?本例中,按照《人身损

害赔偿解释》第9条规定,应该由乙、丙、丁承担连带责任,但按照《侵权责任法》第34条,只能由乙承担赔偿责任。

关于用人单位的追偿权。关于用人单位承担替代责任之后,是否享有对劳务提供者的追偿权,《侵权责任法》第34条没有明确规定。虽然目前有一些国家、地区的法律中规定了追偿权,但从发展趋势看,越来越多的文明国家限制雇主行使追偿权,这主要是为了保护劳动者的权益,且雇主可以通过企业保险等方式来解决赔偿问题。《侵权责任法》没有明确规定,留待以后由司法解释根据社会需要衡量实际情况来具体规定。当然,如果工作人员与用人单位的劳动合同等协议中明确规定了追偿权,根据意思自治,属于有约束力的约定。

4. 劳务派遣关系中的单位用工责任

劳务派遣是指劳动派遣机构与员工签订劳务派遣合同后,将劳务者派遣到用工单位工作。劳务派遣的主要特点就是员工的雇用和使用分离。劳动派遣机构不是职业介绍机构,而是与劳动者签订劳动合同的一方当事人。派遣的员工到用工单位工作,但不与用工单位签订劳动合同,产生劳动关系。

近年来,随着我国经济和社会的发展,劳务派遣迅速发展,但在实践中也造成劳动者利益得不到有效保障、用人单位借以逃避法律责任的问题。对此,《侵权责任法》第34条第2款明确规定,劳务派遣员工在执行工作任务过程中造成他人损害的,由用人单位承担责任;劳务派遣单位在派遣工作人员方面存在过错的,应当承担与其过错相应的补充责任。即用人单位是第一顺位的责任人,劳务派遣单位是第二顺位的责任人。这是由于在劳务派遣关系中,劳务派遣单位虽然与派遣员工签订劳动合同,但并不具体管理派遣员工,而是由用人单位监督、管理的。

(二) 个人之间的劳务关系

个人之间形成劳务关系,如家庭与保姆之间:提供劳务方保姆在劳务过程中造成他人损害的,由接受劳务方承担无过错的替代责任;提供劳务方在劳务过程中自己受到损害的,根据双方各自的过错承担相应的责任。

1. 个人用工的概念

所谓劳务关系,是指由两个以上的平等主体通过劳务服务合同建立的一种民事权利义务关系。劳务合同的当事人大都是自然人,劳务关系仅指个人之间形成劳务服务关系。劳务合同属于无名合同,可以是书面形式,也可以是口头形式和其他形式。劳务关系适用的法律主要是《合同法》而非《劳动合同法》。目前个人之间形成劳务关系的情况越来越多,家庭雇用保姆、家教、小时工等非常普遍,劳务关系中劳务提供者造成他人损害和自己伤害的责任承担问题有必要专门规定。

2. 劳务提供者对他人造成损害的责任

劳务关系中劳务提供者因劳务造成他人损害的,由劳务接受者承担侵权责任,该责任为无过错责任。从归责原则和构成要件可以看出,该条款是比照用人单位代工作人员承担的无过错责任规定的。

关于劳务接受者承担替代责任之后,是否享有对劳务提供者的追偿权,本条款没有明确规定,原理同上述职务侵权相同。

3. 劳务提供者自己受到损害的责任

劳务提供者在劳动过程中造成自身损害的,该责任性质不属于工伤事故责任,而是根据双方各自的过错承担相应的责任。《侵权责任法》第35条调整的所谓"个人之间形成的劳务关系",不属于依法应当参加工伤保险统筹的情形,提供劳务的一方受到伤害后不适用《工伤保险条例》,所以不宜采取无过错责任原则。例如,家庭雇用小保姆做饭,小保姆不听劝阻,违反操作规程做饭时被烫伤,若使接受劳务一方承担无过错责任则显得过于苛责,双方根据各自的过错程度承担相应责任更为合理。

三、义务帮工责任

(一) 义务帮工人致人损害

义务帮工人在帮工过程中致人损害如何承担民事责任,《人身损害赔偿解释》第13条规定了以下三层意思:

1. 一般情况而言,帮工人在帮工活动中致人损害的,由被帮工人承担赔偿责任,这主要是考虑帮工人是为被帮工人无偿提供劳务的人,帮工人是不取报酬的,被帮工人是受益人,帮工活动的结果是被帮工人获得利益。据此,帮工人在帮工活动中致人损害的,应当由被帮工人承担赔偿责任。

例1 甲将数箱蜜蜂放在自家院中槐树下采蜜。在乙家帮忙筹办婚宴的丙在帮乙喂猪时忘关猪圈,猪冲入甲家院内,撞翻蜂箱,使来甲家串门的丁被蜇伤,经住院治疗后痊愈。关于本案中丁的损害,应该由被帮工人承担赔偿责任,因为帮工人丙忘关猪圈的行为不构成故意或重大过失,他只是犯下一般人的过失,一般人不可能预见到猪会跑到他人家中撞翻蜂箱并致使他人被蜇伤。

2. 被帮工人明确拒绝帮工的,不承担责任。一般情况而言,帮工人是应被帮工人请求参加帮工活动的,或虽然被帮工人没有邀请帮工人参加帮工活动,但帮工人得知被帮工人在建房、收割粮食、搬家等方面存在困难时,基于中华民族的善良风俗,主动帮忙,被帮工人接受的,均应适用本条第一层意思。只有被帮工人明确拒绝帮工,帮工人仍坚持参加帮工活动的,被帮工人才不承担责任。之所以规定被帮工人不承担责任,主要是考虑被帮工人拒绝帮工后对损害的发生在主观上没有过错。

3. 帮工人存在故意或重大过失的,赔偿权利人请求帮工人和被帮工人承担连带责任的,人民法院应予支持。被帮工人在帮工活动中受益是有限的,不能要求被帮工人对帮工人的所有侵权行为都承担赔偿责任,如帮工人自身对侵权行为存在故意或重大过失的,应当与被帮工人共同对受害人承担连带赔偿责任。

例2 村民甲一家人在临近街边的自家的宅基地建房,邻居乙、丙、丁等人趁农闲每天前来帮忙,帮助甲一家人在房前屋后运输砖块等建筑材料。一次,乙、丙二人结对配合,由乙在丈高的前墙上投掷砖块,丙在丈高的后墙上接应。其间,乙扔来一块砖头,丙未接住,恰巧砸在路过此地的村民戊的头上,花去医疗费1000多元。问:本案中谁是责任人?答案:甲、乙、丙是连带责任人,本案中可认为乙、丙有重大过失。

(二)义务帮工人遭受人身损害

就帮工人在帮工活动中受伤害和被第三人侵害两种情形,《人身损害赔偿解释》第14条作了如下规定:

1. 帮工人在帮工中遭受人身损害的,适用以下三个规则:

(1)帮工人在帮工活动中遭受人身损害的,由被帮工人承担赔偿责任。这种情况常常是指遭遇人身意外事件,造成人体伤害,这种伤害是在帮工活动中造成的,被帮工人是帮工活动的受益人,理应承担赔偿责任。(2)被帮工人已经明确表示拒绝帮工人帮工的,帮工人坚持帮工,这种情况下,帮工人在帮工活动中遭受人身伤害的,被帮工人不承担赔偿责任。侵权赔偿责任原则上是过错责任,只有在法律有明确规定的情形下,才实行无过错责任原则。本条中,被帮工人已经明确拒绝了帮工人的帮工请求,帮工人执意帮工时,帮工人参加帮工活动不符合被帮工人的意愿,帮工人在帮工活动中发生意外造成人身损害结果更是超出了被帮工人的主观意志,被帮工人在主观上不存在过错。一般讲构成侵权应当包括:主观过错、侵害事实、损害后果、因果关系等要素,本条中的被帮工人不存在主观过错,不构成侵权行为,不应承担侵权损害的赔偿责任。(3)被帮工人虽然对帮工人遭受的人身损害不承担侵权赔偿责任,但不等于说在帮工活动中帮工人受到的损害于己无关,无论如何,帮工人参加帮工活动使被帮工人受益了,根据公平原则被帮工人可以在受益的范围内对帮工人予以补偿。

例3 假设上例2中,乙在砌墙时不小心一脚踩空,从丈高的墙上跌下,扭伤了腰,花去医疗费100多元。问:乙可否向甲主张承担医疗费?回答是肯定的。

例4 假设例3中乙前来帮忙,甲看乙已年迈,体力、眼力不济,故多次婉言谢绝,但乙不服老,在甲不在工地的时候执意上高墙砌砖。问:对乙所受的伤害应如何处理?答案:视乙的劳动成果由甲给予适当的补偿。

2. 帮工人在帮工中受第三人侵害的,适用以下规则:

(1)帮工人在帮工活动中,遭受第三人的不法侵害,造成人身伤害的,由侵权人即赔偿义务人承担侵权赔偿责任。

(2)在第三人不能确定或者没有赔偿能力时,可以由被帮工人予以适当补偿。"第三人不能确定"意味着找不到第三人(侵权人),或不能确定谁是侵权人,出现这种情况即意味着帮工人受到侵害后找不到赔偿义务人,帮工人处于尴尬困难的境况。如果帮工人遭受损害后无人关注,这种现象是不符合社会公共利益的,与中华民族的善良风俗相悖。据此,本条司法解释规定"可以由被帮工人予以适当补偿"。从条文的文义理解,"可以"不是"应当",被帮工人可以补偿也可以不予补偿,是否给予补偿的决定权不在被帮工人而是在人民法院,由人民法院根据案件的具体情况确定是否给予补偿。作者认为,给予补偿应当是常态。被帮工人原则上应当对没有赔偿义务人的帮工人予以适当补偿。这一规定的法理依据是公平原则。

(3) 诉讼主体安排。在第三人不能确定时,是指第三人下落不明,不列其为当事人;第三人确定但没有赔偿能力的,第三人与被帮工人为共同被告。

(三) 关于承揽关系的侵权责任承担:与义务帮工责任的区分

关于承揽关系中的侵权责任承担,《侵权责任法》没有规定,仍然适用《人身损害赔偿解释》第10条,司法实践中承揽人与定作人的责任承担方式有以下几种:

1. 定作人承担完全的替代赔偿责任:定作人具有全部过错,承揽人无过错的,定作人承担全部赔偿责任,承揽人无责任。

2. 定作人、承揽人共同承担连带赔偿责任:双方具有共同过错从而构成共同侵权,故成立连带责任。

3. 承揽人单独承担赔偿责任:定作人无过错,承揽人完成工作时致人损害或致己损害的,承揽人单独承担责任。

例5 甲公司经营空调买卖业务,并负责售后免费为客户安装。乙为专门从事空调安装服务的个体户。甲公司因安装人员不足,临时叫乙自备工具为其客户丙安装空调,并约定了报酬。乙在安装中因操作不慎坠楼身亡。本案中,对于乙的损害,甲公司不应承担赔偿责任。

第三节 物的致损责任

物的致损责任,或称对物责任,是指特定物致人损害,由与物有特定关系的人承担民事责任。《侵权责任法》主要规定了两种,饲养动物致损责任和物件致损责任,都是社会生活中常见的侵权行为类型。

一、饲养动物损害责任

(一) 一般条款:相对的无过错责任

《侵权责任法》第78条是第十章“饲养动物损害责任”的一般条款:饲养的动物造成他人损害的,动物饲养人或者管理人应当承担侵权责任,但能够证明损害是因被侵权人故意或者重大过失造成的,可以不承担或者减轻责任。理解这一规定的要点有:

(1) 此处“动物”的限定:仅指“饲养动物”。

(2) 责任主体:饲养人、管理人,注意不是动物的所有人,即使在动物被遗弃、逃逸期间造成他人损害的,还是由原动物饲养人或者管理人承担侵权责任(《侵权责任法》第82条)。

(3) 归责原则:相对的无过错责任,允许过错相抵规则的有条件适用,即仅限于受害人的故意和重大过失,不包括一般过失。

（二）几个特殊类型

1. 违规饲养的责任

《侵权责任法》第79条规定："违反管理规定，未对动物采取安全措施造成他人损害的，动物饲养人或者管理人应当承担侵权责任。"此处适用的是绝对的无过错责任，换言之，即使被告举证受害人对于损害的发生具有故意、重大过失，也不得免责。

2. 违禁饲养的责任

《侵权责任法》第80条规定："禁止饲养的烈性犬等危险动物造成他人损害的，动物饲养人或者管理人应当承担侵权责任。"此处也适用绝对的无过错责任，换言之，即使被告举证受害人对于其违禁饲养的藏獒等烈性犬伤人事件的发生具有故意、重大过失，也不得免责。

"违规饲养动物"和"饲养违禁动物"采取最为严格的归责原则，没有规定任何免责事由，是一种结果责任。这是基于"违法在先"的理论，即明知或者应当知道自己的行为会造成严重的损害后果，仍然不遵循相关规范，由此而导致的损害结果管理人或所有人是有严重过错的，此时受害人的过错对于损害的发生并不是主要的原因。

3. 动物园动物的饲养责任——过错推定责任

《侵权责任法》第81条规定："动物园的动物造成他人损害的，动物园应当承担侵权责任，但能够证明尽到管理职责的，不承担责任。"这一规定表明在所有的饲养动物侵权中，唯有动物园的动物造成他人损害的，动物园承担的责任最轻——适用过错推定责任，但凡动物园能够证明尽到管理职责的，就可以不承担责任。这是因为动物园一般是公益性饲养动物，而且大都是国家所有资产，因此对其饲养动物的责任归责原则减轻为过错推定责任。

饲养动物损害责任的知识点如下表：

饲养动物的类型	归责原则	免责事由
一般的饲养动物（含遗弃、走失动物）	无过错责任（相对责任）	受害人故意、重大过失
违反管理规定、没有采取防范措施	无过错责任（绝对责任）	无
饲养禁止饲养的危险动物	无过错责任（绝对责任）	无
动物园饲养动物	过错推定责任	管理人无过错

（三）第三人原因的免责效力

按照《侵权责任法》第83条规定，第三人原因导致的饲养动物侵权，即使是第三人的故意也并不能使得饲养人、管理人免责。只是第三人和饲养人、管理人承担不真正连带责任，即被侵权人可以向动物饲养人或者管理人请求赔偿，也可以向第三人请求赔偿，动物饲养人或者管理人赔偿后，有权向第三人追偿。这与原来《民法通则》第127条的规定相比做了重大修改。

立法变迁　《民法通则》第127条规定："饲养的动物造成他人损害的，动物饲养人或者管理人应当承担民事责任；由于受害人的过错造成损害的，动物饲养人或者管理人不承担民事责任;由于第三人的过错造成损害的,第三人应当承担民事责任。”注意此条关于饲养动物侵权的规定,无论在归责原则、过失相抵的适用上,还是第三人原因免责效力,都已经被《侵权责任法》第十章的规定全面废止,不复适用。

饲养动物损害责任的免责事由如下表:

事由	责任状况	责任主体
受害人故意或重大过失	免除或减轻	饲养人、管理人
第三人过错	不免责	饲养人、管理人与第三人承担不真正连带责任

二、物件损害责任

《侵权责任法》中的物件损害责任是对《民法通则》、最高人民法院《人身损害赔偿解释》所规定的建筑物责任、地面施工工程、堆放物、树木等责任的大总结,但第85—86条将建筑物致人损害区分为脱落、坠落和倒塌两种不同的情形,并由此规定不同的责任主体和归责原则,值得注意。

根据适用的归责原则的不同,分为两大类分别讲述。

(一)过错推定责任的物件损害

1. 不动产及其附属物脱落、坠落致人损害

《侵权责任法》第85条规定:“建筑物、构筑物或者其他设施及其搁置物、悬挂物发生脱落、坠落造成他人损害,所有人、管理人或者使用人不能证明自己没有过错的,应当承担侵权责任。所有人、管理人或者使用人赔偿后,有其他责任人的,有权向其他责任人追偿。”这一规定的含义有三:(1)适用过错推定责任;(2)即使存在第三人的原因,所有人、管理人或者使用人仍不得免责,只是事后向其追偿;(3)此处的“所有人、管理人或者使用人”可能是同一人,比如自家房屋自己居住的情形,也可能不是同一人,比如房屋出租的情形,所有人是出租人,管理人或者使用人就是承租人,在后一种情况下,发生共同责任的可能性很小,究竟是哪一方承担责任,关键看谁对于“不动产及其附属物脱落、坠落”负有管理疏忽的责任。

举例 大华商场委托飞达广告公司制作了一块宣传企业形象的广告牌,并由飞达公司负责安装在商场外墙。某日风大,广告牌被吹落砸伤过路人郑某。经查,广告牌的安装存在质量问题。关于郑某的损害,可以根据建筑物责任向所有人、管理人大华商场主张赔偿;大华商场承担后有权向第三人飞达公司追偿。

2. 堆放物倒塌致人损害责任

《侵权责任法》第88条规定:“堆放物倒塌造成他人损害,堆放人不能证明自己没有过错的,应当承担侵权责任。”

3. 道路瑕疵致人损害责任

《侵权责任法》第89条规定:“在公共道路上堆放、倾倒、遗撒妨碍通行的物品造

成他人损害的,有关单位或者个人应当承担侵权责任。”此处的有关单位,是指对道路负有管理义务的公路管理机构和高速公路公司等。

4. 林木折断致人损害责任

《侵权责任法》第90条规定:“因林木折断造成他人损害,林木的所有人或者管理人不能证明自己没有过错的,应当承担侵权责任。”

5. 地面施工致人损害责任

《侵权责任法》第91条规定:“在公共场所或者道路上挖坑、修缮安装地下设施等,没有设置明显标志和采取安全措施造成他人损害的,施工人应当承担侵权责任。”窨井等地下设施造成他人损害,管理人不能证明尽到管理职责的,应当承担侵权责任。这一规定与《民法通则》第125条相比没有变化。

(二) 无过错责任的物件损害

1. 关于不动产倒塌责任的基本规定

《侵权责任法》第85—86条将《民法通则》第126条规定的建筑物物件侵权一分为二,分别规范。其中,不动产及其附属物脱落、坠落致人损害的,适用第85条,仍然采过错推定责任;但对于不动产倒塌责任适用第86条,有两大立法变化:(1) 归责原则,由原来的过错推定责任改采无过错责任;(2) 责任主体,由原来的“所有人或者管理人”改为施工单位与建设单位承担连带责任。立法变化的背景是:建筑物的倒塌,一般是由于建设方面的原因所导致的,理应由建设单位和施工单位承担责任;严重的“豆腐渣”工程对社会危害性更大,在归责原则上也应该采用更加严格的无过错责任。

2. 第三人原因的免责效力

《侵权责任法》第86条第1—2款区分两种情况规定截然不同的免责效力:

(1) 内在原因。由于勘察、设计、监理、建筑材料提供等环节的第三人原因导致建筑物、构筑物质量低劣,致使建筑物、构筑物倒塌致人损害,建设单位和施工单位不得免责;面对受害人承担连带责任后,再向该第三人追偿。

(2) 外来原因。所谓外来原因,比如有卡车司机违规行驶撞断桥墩、有施工人挖塌地基等,导致建筑物、构筑物倒塌。此时直接由第三人面对受害人承担责任,建设单位和施工单位免责。

(三) 公平补偿责任的物件损害

不明高空抛物是随着现代高层建筑出现后而出现的一种新型责任类型。对此,《侵权责任法》第87条规定:“从建筑物中抛掷物品或者从建筑物上坠落的物品造成他人损害,难以确定具体侵权人的,除能够证明自己不是侵权人的外,由可能加害的建筑物使用人给予补偿。”这一规定的要点如下:

(1) 责任主体:可能加害的建筑物使用人,可见这是一个群体性赔偿事件。

(2) 归责原则:公平补偿责任,所有的使用人加在一起的责任不是赔偿受害人全部损失,而是给予补偿。

(3) 免责事由:证明自己不是侵权人或者指明具体侵权人。

辨析 不明高空抛物行为与共同危险行为存在极大类似,但区别也明显:(1) 没有证据证明该建筑物全体使用人具有共同实施危险行为的意思联络,且都实施了共同危险行为,即高空抛物行为。(2) 免责事由不同:不明高空抛物行为的免责事由是证明自己不是具体侵权人,比如能够证明自己当时不在建筑物中或未实施抛物行为,或者指明具体侵权人;而共同危险行为的免责事由是确定具体侵权人。(3) 责任性质不一样:前者是基于公平原则的补偿责任,后者是侵权损害赔偿责任。

第四节　无过错责任

一、产品责任

(一) 概念

产品责任,或称产品缺陷侵权责任,是指有缺陷的产品造成他人财产、人身损害,该产品的制造者、销售者所应承担的特殊侵权责任。该责任区别于合同法上的产品瑕疵责任,产品瑕疵责任是指买卖合同中出卖人交付的标的物质量不合格所发生的违约责任。

产品缺陷责任中的"产品",是指经过加工、制作,用于销售的动产。在这个定义之下,明确了以下用于销售的物被认为是产品:(1) 导线输送的电能,以及利用管道输送的油品、燃气、热能、水;(2) 计算机软件和类似的电子产品;(3) 用于销售的微生物制品、动植物制品、基因工程制品、人类血液制品。

(二) 归责原则与责任承担

这里需要严格区分内部责任与外部责任。生产者、销售者面对受害人承担连带责任、无过错责任。但在承担责任后,生产者、销售者相互内部追偿时,销售者承担过错责任,但生产者承担无过错责任,可见现代工业社会的大生产风险最终是生产者而非销售者承担。

三个法条组成一个完整规范的理解与适用。《侵权责任法》第 41 条规定生产者承担无过错责任,第 42 条规定销售者承担过错责任,可第 43 条第 1 款却接着规定:"因产品存在缺陷造成损害的,被侵权人可以向产品的生产者请求赔偿,也可以向产品的销售者请求赔偿。"那么,第 43 条的连带责任和前两个条文是什么关系,必须予以明确:受害人可以主张连带责任,无论选择生产者还是销售者都承担无过错责任;销售者承担过错责任只是内部分担责任时追偿的依据。换言之,第 43 条讲述的是缺陷产品致人损害的外部责任,无论是生产者还是销售者,对受害人均承担无过错责任;第 41—42 条讲述的才是内部责任,在内部关系上,销售者承担责任采过错责任原则,而生产者承担责任仍采无过错责任原则。

（三）免责事由

1. 第三人原因的免责效力

《侵权责任法》第44条规定，仓储者、运输者有过错的，生产者、销售者赔偿后可向其追偿。可见，因运输者、仓储者等第三人的过错使产品存在缺陷，造成他人损害的，产品的生产者、销售者并不免责，而是对受害人赔偿后，有权向第三人追偿而已。

2. 生产者的法定免责事由

《产品质量法》第41条规定了《侵权责任法》没有规定的下列免责事由：

（1）未将产品投入流通。该抗辩事由主要是保护不知情的生产商，即如果产品并非基于销售目的而由生产者有意投入流通市场（如被盗或遗失），那么对于产品因此造成的损害，生产者可以免责。

（2）产品投入流通时，引起损害的缺陷尚不存在。生产者只对其控制下形成的缺陷负责。如果生产者能够证明造成损害的缺陷在其控制产品时并不存在，或者证明缺陷是脱离其控制以后形成的，那么生产者即可进行有效的抗辩。例如，消费者擅自改装电器引起爆炸，产品没有质量缺陷，当然不用负责。

（3）将产品投入流通时的科学技术水平尚不能发现缺陷的存在。这也称为“开发风险”。如果产品投入流通时的科学技术水平使生产者无法发现产品的缺陷，那么即使日后由于科技的进步证明产品有缺陷，生产者对损害也不负责任。

（四）产品责任的三项特殊规定

1. 缺陷产品召回义务

这是《侵权责任法》规定的一个全新法律制度。根据第46条的规定，所谓缺陷产品召回，是指产品的生产商、销售商（包括外国产品的进口商）在得知其生产、进口或销售的产品存在可能引发消费者健康、安全问题的缺陷时，依法向职能部门报告，及时通知消费者，设法从市场上、消费者手中收回缺陷产品，并进行免费修理、更换的制度。产品召回制度主要适用于汽车、儿童玩具、食品、药品等特殊商品。

2. 排除妨碍、消除危险责任

因产品缺陷危及他人人身、财产安全的，被侵权人有权请求生产者、销售者承担排除妨碍、消除危险等侵权责任。《侵权责任法》第45条规定的排除妨碍、消除危险责任与《物权法》的排除妨碍、消除危险的物上请求权存在区别：前者是侵权责任，是被侵权人向生产者、销售者主张；后者是物权人针对外来的妨害向造成危险和妨害的第三人主张。侵权责任作为侵权之债应当适用诉讼时效；物上请求权不适用诉讼时效。

3. 惩罚性赔偿责任

所谓惩罚性赔偿，是指侵权人的行为具有恶意欺诈等情形导致被侵权人受有损害时，法院因此判给被侵权人超过其所受实际损害的赔偿，目的在于惩罚侵权行为人，并遏制侵权行为人再从事类似行为。惩罚性赔偿必须法定，目前我国的规定有：

《消费者权益保护法》第55条规定，欺诈的经营者对于消费者承担3倍返还的违约性惩罚赔偿金，增加赔偿的金额不足五百元的，为五百元；经营者明知商品或者服务存在缺陷,仍然向消费者提供,造成消费者或者其他受害人死亡或者健康严重损害的,受害人有权要求经营者承担人身损害、精神损害赔偿外,并有权要求所受损失额 2 倍以下的惩罚性赔偿。

《食品安全法》第 96 条第 2 款规定,生产不符合食品安全标准的食品或者销售明知是不符合食品安全标准的食品,消费者除要求赔偿损失外,还可以向生产者或者销售者要求支付价款 10 倍的赔偿金。

最高人民法院《关于审理商品房买卖合同纠纷案件适用法律若干问题的解释》第 8—9、14 条也明确规定在五种情形下,开发商有欺诈行为的,对商品房买受人承担惩罚性违约损害赔偿金。

《侵权责任法》第 47 条概括规定惩罚性侵权损害赔偿制度,但是没有规定惩罚性赔偿金的数额具体怎么计算,只能由法院根据具体案情自由裁量。需要明确,精神损害抚慰金不应当计入此处的惩罚性赔偿金,行为人承担了惩罚性赔偿金之后,并不妨碍受害人请求其承担抚慰金。

《侵权责任法》第 47 条的产品缺陷责任惩罚性赔偿的适用条件:

(1) 仅适用于产品责任。《侵权责任法》总则并没有对惩罚性赔偿作出规定,惩罚性赔偿仅仅规定在第五章"产品责任"中,惩罚性赔偿在本法中仅适用于产品责任领域。

(2) 仅适用于侵权人明知的情形,侵权人重大过失不包括在内。

(3) 仅适用于造成人身损害,也就是造成他人死亡或者健康严重损害,财产性损害并不适用惩罚性赔偿。

(4) 请求权人不仅包括产品购买者,还包括其他受害者,如产品实际使用人、产品缺陷损害波及的人等,只要是受害者都可以依据侵权责任主张惩罚性赔偿。

(5) 责任主体不仅包括缺陷产品的生产者,还包括销售者。

甲是某品牌汽车制造商,发现已投入流通的某款车型刹车系统存在技术缺陷,即通过媒体和销售商发布召回该款车进行技术处理的通知。乙购买该车,看到通知后立即驱车前往丙销售公司,途中因刹车系统失灵撞上大树,造成伤害。本例,乙可以请求甲、丙承担连带责任,但无权请求惩罚性赔偿。

二、机动车交通事故责任

机动车发生交通事故造成人身伤亡、财产损失的,由保险公司在机动车第三者责任强制保险责任的限额范围内予以赔偿。超过责任限额部分,依《侵权责任法》第 48 条、《道路交通安全法》第 76 条的规定,按照下列方式承担赔偿责任:

(一) 机动车之间的交通事故

机动车之间发生交通事故如两车高速路上相撞的,适用过错责任即由有过错的一方承担责任;双方都有过错的,按照各自过错的比例分担责任。

（二）机动车与非机动车、行人之间的交通事故

机动车与非机动车驾驶人、行人之间发生交通事故的，由机动车一方承担相对的无过错责任，其免责事由有二：

1. 过错相抵。非机动车、行人有过错的，适当减轻，机动车完全无过错的，责任减轻到不超过赔偿总额的10%。

甲以正常速度驾驶汽车（已投保）途中，突遇行人乙在非人行道处横穿公路，甲紧急刹车，但仍将其撞伤。保险公司在机动车第三者责任强制保险责任限额内对乙支付保险金后，乙尚有一部分损害未获赔偿。对于这部分损害赔偿费用如何承担？

答案：依法应当由甲在总额的10%限度内承担部分赔偿责任。

2. 受害人故意致损。此时机动车一方完全免责，如非机动车、行人故意碰撞造成损害，机动车驾驶人不承担责任。

（三）机动车所有人与使用人不一致的处理

在机动车交通事故责任中，当机动车所有人与实际使用人不一致的情形下，损害赔偿责任主体的认定，原则上采纳了"实际控制"标准，即谁对机动车的运行在事实上处于支配管领的地位，谁最能控制危险，谁就是损害赔偿的责任主体。依据《侵权责任法》第49—53条的规定：

1. 租赁、借用的机动车。首先由保险公司在强制责任险的限额内赔偿；不足部分，由机动车使用人承担赔偿责任；机动车所有人对损害的发生有过错的，承担相应的赔偿责任。

2. 转让并交付但未办理登记的机动车。首先由保险公司在强制责任险的限额内赔偿；不足部分，由受让人承担赔偿责任。

3. 转让拼装或者报废的机动车。以买卖等方式转让拼装或者已达到报废标准的机动车，由转让人和受让人承担连带责任。

4. 盗抢的机动车。由盗窃人、抢劫人、抢夺人承担完全赔偿责任；保险公司在机动车强制责任险的限额内垫付抢救费用的，有权向责任人追偿。

5. 驾驶人逃逸时的救济。如机动车参加强制保险的，由保险公司在强制责任险的限额内赔偿（保险救济）；如机动车不明或者未参加强制保险的，需要支付被侵权人人身伤亡的抢救、丧葬等费用的，由道路交通事故社会救助基金垫付（社会救济）；道路交通事故社会救助基金垫付后，有权向责任人追偿。

三、环境污染责任

《侵权责任法》第65条规定，违反国家保护环境防止污染的规定，污染环境造成他人损害的，应当依法承担民事责任。

（一）归责原则

采用无过错责任。需要注意，按照《侵权责任法》第66条规定，在民诉程序法上环境污染责任实行举证责任倒置，其含义是关于免责事由、因果关系均由污染人反证

证明即就法律规定的不承担责任或者减轻责任的情形及其行为与损害之间不存在因果关系承担举证责任,但就其过错有无,根本不需要证明。

举例 中海油公司在近海设置钻井平台开掘海底石油,中石油公司的油轮经过不慎撞裂了中海油公司的输油管道。石油泄漏污染海域,导致海滨养殖户的鱼苗大批死亡。本例,受害的养殖户就鱼苗死亡的损失直接可以索赔,无需证明其与漏油存在因果关系。

(二) 免责事由

1. 不可抗力的免责效力。污染事故是由不可抗力造成的,污染人并不当然免责,除非其证明经采取合理措施仍不能避免的,方可免责(《环境保护法》第41条第3款)。

2. 第三人原因的免责效力。如前所述,第三人原因不可免责,而是由污染人与第三人承担不真正连带责任,受害人择一行使;污染者赔偿后,有权向第三人追偿(《侵权责任法》第68条)。

(三) 多数人污染侵权的处理

《侵权责任法》第67条规定:“两个以上污染者污染环境,污染者承担责任的大小,根据污染物的种类、排放量等因素确定。”通说认为,这一规定是关于内部责任划分的规定而不是关于外部责任承担的规定。据此,关于多数人排污行为应当具体分析:

1. 多个污染者有共同过错,适用《侵权责任法》第8条构成共同侵权,承担连带责任。

2. 多个污染者属于无意思联络的数人行为,如果每一个排污行为都足以造成全部损害,适用《侵权责任法》第11条,构成原因力竞合,行为人承担连带责任。

3. 多个污染者属于无意思联络的数人行为,如各个排污行为相互结合造成损害,适用《侵权责任法》第12条承担按份责任。

无论是对外承担连带责任还是按份责任,在其内部总是有责任份额的,如何划分其责任份额适用《侵权责任法》第67条,根据污染物的种类、排放量承担按份责任。

举例 某化工厂排放的废水流入某湖后,发生大量鱼类死亡事件。在是否承担赔偿责任问题上,该化工厂证明,另一家化工厂也排放了废水,且与自己一样,任何一家的废水排放量都单独足以导致湖中鱼类死亡。此时,两家化工厂应该承担连带责任;内部的责任无法划分大小的,推定为均额。

(四) 特殊诉讼时效

依《环境保护法》第42条规定:“因环境污染损害赔偿提起诉讼的时效期间为3年,从当事人知道或者应当知道受到污染损害时起计算。”

四、高度危险责任

（一）概述

高度危险行为，是指在现有的技术条件下，人们还不能完全控制自然力量和某些物质属性，虽然以极其谨慎的态度经营，但仍有很大的可能造成人们的人身及财产损害的危险性活动。因从事这些高度危险作业造成他人损害所应承担的侵权责任，就是高度危险责任。

根据《侵权责任法》第九章的规定，高度危险责任主要包括四种类型：(1) 民用核事故责任；(2) 民用航空事故责任；(3) 危险活动责任（高空、高压、地下挖掘、使用高速轨道运输工具）；(4) 危险物责任（易燃、易爆、剧毒、放射性物质）。

（二）归责原则

一律适用无过错责任，以严格现代社会大工商业生产者、组织者的注意义务与责任，保护人民的合法权益。

（三）免责事由

除了具体高度危险责任类型中特别规定的免责事由之外，《侵权责任法》规定了两种一般的免责事由：

(1) 危险区域的自甘冒险。《侵权责任法》第 76 条规定："未经许可进入高度危险活动区域或者高度危险物存放区域受到损害，管理人已经采取安全措施并尽到警示义务的，可以减轻或者不承担责任。"

(2) 损害赔偿的责任限额。《侵权责任法》第 77 条规定："承担高度危险责任，法律规定赔偿限额的，依照其规定。"

（四）高度危险责任的特殊类型

危险责任类型免责事由：核事故责任（民用）受害人故意、战争；航空事故责任（民用）受害人故意、无减轻事由；危险活动责任（高空、高压、地下挖掘、使用高速轨道运输工具）受害人故意、不可抗力、受害人过失可减轻；危险物责任（易燃、易爆、剧毒、放射性物质）受害人故意、不可抗力、受害人重大过失可减轻。

1. 核事故责任

《侵权责任法》第 70 条规定："民用核设施发生核事故造成人损害的，民用核设施的经营者应当承担侵权责任，但能够证明损害是因战争等情形或者受害人故意造成的，不承担责任。"简言之，核事故的责任主体是核设施经营者；免责事由限于受害人故意与战争。

2. 航空事故责任

《侵权责任法》第 71 条规定："民用航空器造成他人损害的，民用航空器的经营者应当承担侵权责任，但能够证明损害是因受害人故意造成的，不承担责任。"简言之，航空事故的责任主体是航空器经营者；免责事由限于受害人故意。

3. 危险活动责任(高空、高压、地下挖掘、高速轨道运输)

《侵权责任法》第73条规定:"从事高空、高压、地下挖掘活动或者使用高速轨道运输工具造成他人损害的,经营者应当承担侵权责任,但能够证明损害是因受害人故意或者不可抗力造成的,不承担责任。被侵权人对损害的发生有过失的,可以减轻经营者的责任。"简言之,危险活动的责任主体是经营者;免责事由限于受害人故意与不可抗力,受害人过失仅仅减轻责任。

4. 危险物责任(易燃、易爆、剧毒、放射性)

(1) 一般规定。《侵权责任法》第72条规定:"占有或者使用易燃、易爆、剧毒、放射性等高度危险物造成他人损害的,占有人或者使用人应当承担侵权责任,但能够证明损害是因受害人故意或者不可抗力造成的,不承担责任。被侵权人对损害的发生有重大过失的,可以减轻占有人或者使用人的责任。"简言之,占有或者使用危险物的责任主体是占有人、使用人;免责事由限于受害人故意与不可抗力,受害人重大过失仅仅减轻责任。

(2) 危险物所有与占有分离时的责任承担。《侵权责任法》第74条规定:"遗失、抛弃高度危险物造成他人损害的,由所有人承担责任。所有人将高度危险物交由他人管理的,由管理人承担侵权责任;所有人有过错的,与管理人承担连带责任。"

(3) 非法占有危险物的责任承担。《侵权责任法》第75条规定:"非法占有高度危险物造成他人损害的,由非法占有人承担侵权责任。所有人、管理人不能证明对防止他人非法占有尽到高度注意义务的,与非法占有人承担连带责任。"

危险物所有、占有分离时的连带责任如下表:所有、占有分离连带责任的主体前提条件遗失、抛弃危险物所有人将危险物交由他人管理所有人与管理人所有人有过错非法占有危险物占有人非法占有他人危险物所有人、管理人与非法占有人所有人、管理人过错推定。

思维拓展

【重要知识点】

网络侵权中提示删除规则;经营者安全保障义务;校园事故责任;医疗损害中过错的认定与推定;输血事故的免责事由;饲养动物侵权的归责与免责;建筑物倒塌和脱落、坠落的责任;机动车所有与占有分离时的责任分担;高度危险责任的具体类型。

【实例解析】

案例 村民甲一家人在村里的自家宅基地上建房,邻人乙前来帮忙,甲觉得乙已年迈,体力、眼力不济,故多次婉言谢绝,但乙愈加不服老,一天,趁在甲不在工地的时候执意上高墙砌砖。临近中午时分,乙在砌墙时不小心一脚踩空,从丈高的墙上跌下,扭伤了腰,花去医疗费600多元。

法律问题　对乙所受的伤害应如何处理?

法理分析　视乙的劳动成果由甲给予适当的补偿。但是争议在于,被帮工人明确拒绝帮工人的帮工请求后,帮工人仍实际从事了帮工活动,是否构成无因管理?

我们认为,依《民法通则》第93条及《民法通则意见》第132条关于无因管理的规定,可以看出成立无因管理的前提是"为避免他人利益受损失进行管理和服务",对管理和服务支出的费用享有请求权。帮工活动则不同,帮工一般是应被帮工人的请求进行的,被帮工人是受益人,帮工是有因的而不是无因的;帮工是无偿的,帮工人无权请求报酬。帮工与无因管理是两个性质不同的法律关系,帮工不能适用无因管理规定。

类似的情形,又例如:甲为父亲祝寿宴请亲友,请乙帮忙买酒,乙骑摩托车回村途中被货车撞成重伤,公安部门认定货车司机丙承担全部责任。经查:丙无赔偿能力。丁为货车车主,该货车一年前被盗,未买任何保险。关于乙的人身损害,谁来承担赔偿责任,是否适用无因管理的规范?回答:甲予以适当补偿,但不适用无因管理的规定。因为乙帮忙买酒的行为并非无因管理行为,而属于义务帮工行为,根据《人身损害司法解释》第14条第2款的规定,帮工人因第三人侵权遭受人身损害的,由第三人承担赔偿责任。第三人不能确定或者没有赔偿能力的,可以由被帮工人予以适当补偿。故本案中乙所遭受的损失应由被帮工人甲予以适当补偿。

【重点法条】

(1)《侵权责任法》第32—40、43—47、49—60、66—68、70—75、78—83、85—87条。

(2)最高人民法院《关于审理人身损害赔偿案件适用法律若干问题的解释》第13—14条。

(3)《道路交通安全法》第76条。

(4)《产品质量法》第41条。

(5)《环境保护法》第41条。

(6)最高人民法院《关于审理利用信息网络侵害人身权益民事纠纷案件适用法律若干问题的规定》第3、7—8、11—12、14—15条。

第七编
婚姻继承法编

>> 第三十二章 <<

婚姻家庭制度

婚姻家庭关系,包括亲属法与婚姻法两个部分的内容,亲属法的主要内容是规范亲属关系,包括收养法在内。婚姻是家庭关系的起点,它不仅在婚姻当事人之间,而且在一方当事人与对方当事人的近亲属之间形成法律关系,并经由生育产生父母子女关系。本章主要从亲属关系、收养关系、结婚、离婚、夫妻关系、父母子女关系、其他近亲属关系等五个角度阐述婚姻家庭制度。结婚是婚姻的缔结,由此形成的夫妻关系中既包括人身关系,也包括财产关系。父母子女关系除了基于自然生育而产生,还可以基于收养、继父母的抚养而产生。产生的原因不同,法律后果也略有差异。其他近亲属关系则基于夫妻、父母子女关系而生,主要指祖孙关系与兄弟姐妹关系。离婚是婚姻的解除,但并不意味着所有因结婚而发生的法律关系的终止。

亲系与亲等、结婚的实质要件、婚姻无效与可撤销的事由、离婚的条件、夫妻财产制、离婚时夫妻共同财产的处理、离婚损害赔偿和不同种类的父母子女关系等是本章重点。

第一节 亲　　属

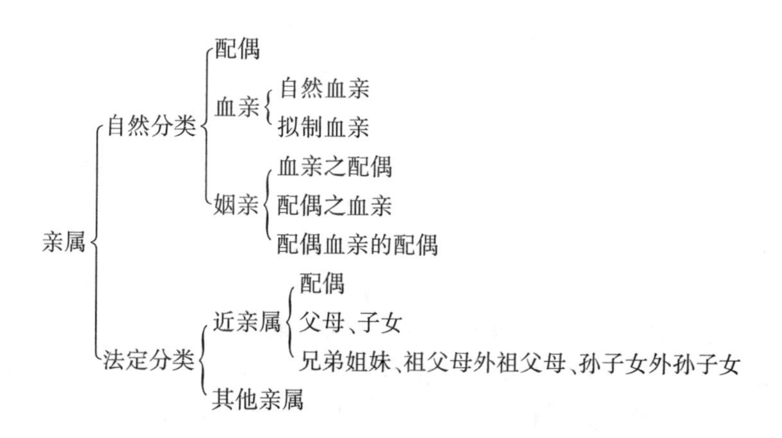

一、基本概念

(一) 含义

亲属,是指基于婚姻、血缘和法律拟制形成的具有一定权利义务的特定人之间的法律关系。关于这一定义,可以从三个方面来理解:

1. 亲属产生于特定的法律事实。亲属关系是一种民事法律关系,这种民事法律关系只能基于特定的法律事实而产生。这种特定的法律事实包括婚姻、血缘和法律拟制。

2. 亲属有固定的身份和称谓。亲属关系产生后,主体间的亲生身份和称谓是固定的,除法律规定的原因外,任何人不对随意变更或解除。例如,基于血缘而产生的父母子女、兄弟姐妹等亲属身份和称谓,当事人不能变更或解除;基于婚姻而产生的配偶身份和称谓因离婚而解除;基于法律拟制而产生的养父母子女、养兄弟姐妹等亲属身份和称谓因解除收养关系而解除。

3. 亲属之间有法律上的权力义务关系。亲属基于特定的法律事实产生后,即在亲属之间产生一定的权利义务关系。例如,相互抚养、相互继承遗产、禁止结婚等权利义务关系。

(二) 自然分类

1. 配偶

最重要的亲属是配偶。配偶即夫妻,是合法婚姻关系的男女双方形成的亲属关系。夫妻结合是亲属关系的起点,配偶是血亲和姻亲赖以发生的基础,在亲属关系中处于枢纽地位。

2. 血亲

血亲,是指有血缘联系的亲属。根据血亲间血缘来源的不同,血亲有自然血亲和拟制血亲之分;根据血亲间血缘联系的程度不同,又分为直系血亲和旁系血亲。

自然血亲,是指由自然血缘联系的亲属。自然血亲的亲属出自同一祖先,在血缘上具有同源关系,是被血缘纽带联结在一起的。自然血亲基于出生的事实发生,不同辈分的血缘同源之人如父母子女之间、祖孙之间以及伯、叔、姑与侄子女之间等为自然血亲;同一辈分的亲属之间,包括全血缘(同父同母)的兄弟姐妹和半血缘(同父异母或同母异父)的兄弟姐妹之间,也属于自然血亲。

拟制血亲,是指相互之间本无自然血缘关系、但法律确认其与该种自然血亲具有相同的权利义务的亲属。拟制血亲一般发生在无自然血缘联系者之间,但也可发生在原有自然血缘联系者之间——如果原来存在某种自然血亲关系,依法拟制后创设的则是另一种拟制血亲关系,因而发生了亲属关系重复的现象,此时采"从近从重"原则,适用亲属关系近者、权利义务重者的法律规定,发生该种亲属的效力,同时停止亲属关系远者、权利义务轻者的亲属效力。例如,舅舅收养外甥,双方原本的亲属关系为自然血亲的三代以内旁系血亲,拟制后则为拟制血亲的直系血亲,双方的权利义务则应当按照父母子女关系确定。

3. 姻亲

姻亲是以婚姻为中介而形成的亲属关系，但配偶本身除外。姻亲分为以下三类：

一是：血亲的配偶。以己身为本位，己身的血亲的配偶均为姻亲，如子之妻（儿媳）、姐妹之夫（姐夫、妹夫），以及伯、叔、舅之妻（伯母、婶母、舅母）等。

二是：配偶的血亲。以己身为本位，己身配偶的血亲均为姻亲，如妻之父母（岳父、岳母）、妻之伯、叔、舅、姨及其子女等。

三是：配偶血亲的配偶。这种姻亲不是以一次婚姻为中介，而是以两次婚姻为中介而形成的，如妻的姐妹之夫（俗称“担挑”之间），夫的兄弟之妻（俗称“妯娌”之间）等。

（三）法定分类

1. 近亲属

顾名思义，近亲属是指法律上存在较为密切法律关系的亲属。此处的“较为密切法律关系”，是指在法定抚养、遗产继承等人身、财产方面的关系。基于历史、文化与传统等原因，各国立法对于近亲属的范围界定并不相同。在我国，根据《民通意见》第12条规定，包括配偶、父母、子女、兄弟姐妹、祖父母、外祖父母、孙子女、外孙子女。此处的“父母、子女、兄弟姐妹、祖父母、外祖父母、孙子女、外孙子女”，包括自然血亲的关系，也包括拟制血亲的关系。

2. 近亲属之外的其他亲属

近亲属之外的其他亲属，也会存在特定的权利义务关系。比如依照我国《婚姻法》第7条规定，直系血亲和三代以内的旁系血亲禁止结婚，据此表（堂）兄弟姐妹之间虽然不属于近亲属，但仍然不得结婚。

二、亲系和亲等

（一）亲系

亲系，是指除配偶之外的亲属之间的联络体系，联络的载体是血缘联系和婚姻基础。血亲之间当然具有血缘联系，姻亲虽以婚姻为中介，但配偶一方与另一方的血亲之间的关系，配偶双方与各自的血亲之间同样具有血缘联系。因此，除配偶本身外，一切亲属关系总是有一定的亲系可循的，各种亲系交织成一个复杂的网络。这一亲属网络，按不同的联系标准可分为不同体系。

1. 直系亲和旁系亲

（1）直系血亲和旁系血亲

直系血亲，是指相互之间具有直接血缘联系的血亲，包括生育自己和自己所生的上下各代血亲，上至父母、（外）祖父母、（外）曾祖父母、（外）高祖父母、下至子女、（外）孙子女、（外）曾孙子女、（外）玄孙子女，皆在网络之中，概莫能外。此处的直系血亲，又可以分为自然直系血亲与拟制直系血亲，后者如，如养父母与养子女等亦属直系血亲。

旁系血亲,是指相互之间具有间接的血缘联系的血亲。旁系血亲之间没有直接的血缘联系,但在血缘上同出一源。包括自然旁系血亲,如自己与兄弟姐妹因同源于父母而属之,与拟制旁系血亲,如养兄弟姐妹间的亲属关系属之。

(2) 直系姻亲和旁系姻亲

直系姻亲,是指己身与直系血亲的配偶或与配偶的直系血亲所形成的亲属关系,如公婆与儿媳、岳父母与女婿均属之。

旁系姻亲,是指与旁系血亲的配偶或与配偶的旁系血亲所形成的亲属关系,如己身与兄弟之妻、姐妹之夫、与妻之兄弟姐妹等皆属之。

2. 父系亲和母系亲

父系亲,是指通过父亲的血缘关系联络的亲属,如祖父母、伯、叔、姑等。母系亲,是指通过母亲的血缘关系联络的亲属,如外祖父母、舅与舅母、姨与姨父等。

3. 长辈亲、同辈亲与晚辈亲

亲属的行辈(或称辈行、辈分)是按世代划分的。以行辈为依据,以己身为中心,可以将亲属分为长辈亲属(尊亲属)、同辈亲属与晚辈亲属(卑亲属)。辈分高于己身辈的亲属是长辈亲属,与己身辈同的亲属是同辈亲属,辈分低于己身辈的亲属是晚辈亲属。

(二) 亲等

亲等,即亲属的等级,是计算亲属关系亲疏远近的基本单位。由于血缘联系是计算亲等的客观依据,所以亲等的计算是以血亲为基准,从而等同适用于姻亲。配偶不在亲系之列,也不记亲等。

关于亲等的计算,主要有罗马法亲等计算法和寺院法亲等计算法,我国则采用世代计算法。我国《婚姻法》第7条第1款规定,直系血亲和第三代以内的旁系血亲,禁止结婚。可见,我国现行法是“代”来表示亲属关系的亲疏远近。这里所说的“代”,就是我国法律规定的计算亲属关系新疏远近的单位。代即世辈,以一辈为一代,具体分为直系血亲和旁系血亲,分别计算。

1. 直系血亲的计算方法

从己身开始,己身为一代,往上或往下数。

举例 从己身往上数,父母为二代,祖父母、外祖父母为三代,以此类推;往下数,子女为二代,孙子女、外孙子女为三代,以此类推。

2. 旁系血亲的计算方法

首先找出与己身最近的血缘同源之人,按直系血亲的计算方法,从己身往上数至最近血缘同源之人,记下世代数;再从最近血缘同源之人往下数至要计算的旁系血亲,记下世代数。如果两边的世代数相同,则取一边的世代数为定代数;如果两边的世代数不同,则取世代数大的一边为定代数。

举例 要计算兄弟姐妹之间的代数,首先要找出最近血缘同源之人——父母,己身为一世代,往上数至父母为二世代;再从父母为一世代,往下数至兄弟姐妹是二世代。两边相的世代数等,因此兄弟姐妹之间是二代血亲。如要计算己身与堂兄弟姐妹的子女的代数,先找出最近血缘同源之人祖父母(对堂兄弟姐妹的子女一边来说为其曾祖父母),己身为一世代,往上数至父亲为二世代,祖父母为三世代;再从祖父母往下数至堂兄弟姐妹的子女为四世代,因此,己身与堂兄弟姐妹的子女为四代的旁系血亲。

三、亲属关系的发生和终止

(一) 配偶的发生和终止

配偶是因婚姻而产生的亲属关系,因此,配偶关系以结婚为发生原因。依照《婚姻法》第8条的规定,配偶关系应以结婚证领取的时间作为发生时间。补办婚姻登记的当事人间的配偶关系的发生时间,应从双方符合婚姻法所规定的结婚实质要件时起算。

配偶关系终止的法律事实有二,即配偶一方死亡或双方离婚。配偶关系因死亡(包括自然死亡和宣告死亡)而终止的,死亡时间即为配偶关系的终止时间。配偶双方离婚而终止婚姻关系时,协议离婚的,以取得离婚证的时间为配偶关系终止的时间;诉讼离婚的,则以法院准予离婚的调解书或判决书生效时间为配偶关系终止的时间。

(二) 血亲的发生和终止

1. 自然血亲的发生和终止

自然血亲是基于人的出生而产生的亲属关系,因此,只要出生的事实发生,无论是婚生还是非婚生,出生者均与其生父母以及生父母的亲属间发生自然血亲关系,无须当事人双方或一方认可,也无需履行法律手续。因此,出生是发生自然血亲的唯一原因。

自然血亲关系因死亡而终止。基于血缘联系而形成的自然血亲关系,死亡是唯一的终止原因,不存在其他的终止原因。即使子女被他人收养,该子女与生父母的权利义务关系消除,但双方的自然血亲仍然存在,婚姻法有关禁婚亲的规定仍然适用。

2. 拟制血亲的发生和终止

拟制血亲是法律设定的血亲,其发生与终止要比自然血亲复杂。由于拟制血亲的种类不同,其发生和终止的原因也不同。

(1) 养父母与养子女关系的发生和终止

养父母与养子女间的拟制血亲关系,因收养关系的成立而发生。收养关系成立后,收养人与被收养人之间即发生父母子女关系。同时,被收养人欲收养人的其他近亲属之间也发生拟制血亲关系。

养父母与养子女的拟制血亲关系除因一方死亡而终止外,还可因收养关系解除而终止。协议解除收养的,收养关系自办理解除收养关系登记之日起终止;诉讼解除收养的,则以法院准予解除收养关系的调解书或判决书生效之日起终止。收养关系解除后,收养人及其近亲属与被收养人的拟制血亲关系终止。

(2)有抚养关系的继父母子女关系的发生和终止

继父或继母与继子女间拟制血亲关系的发生,须同时具备两个条件:一是继子女的生母或生父与继父或继母结婚,二是继父或继母对继子女进行了抚养教育,即继父或继母与继子女之间形成抚养教育关系。

有抚养关系的继父或继母与继子女间的拟制血亲关系除因继父母子女一方的自然死亡而终止外,还可以基于当事人自愿而协议解除,或由一方当事人诉请法院裁决解除。如果生父(母)与继母(父)离婚,继子女与继父或继母已经形成的抚养关系不因生父(母)与继母(父)离婚而自动消除,但如果继子女未成年而继父或继母拒绝继续抚养的,则该继子女与继父或继母间的拟制血亲关系也告终止。

(三)姻亲的发生和终止

姻亲以婚姻的成立为发生原因。婚姻的成立是姻亲关系发生的基础,唯以婚姻为中介,一方与另一方的血亲或血亲的配偶成为姻亲。因此,婚姻的成立的时间即为姻亲关系发生的时间。

相应地,姻亲关系一般也以婚姻的终止而终止,但各国立法存在差别。我国法对姻亲关系是否因离婚而消灭没有规定,但从社会习俗来看,配偶离婚后,姻亲当事人也不再保持姻亲关系,姻亲关系因离婚而消灭。

至于姻亲关系是否因配偶一方的死亡而终止,各国立法分采有条件不消灭主义和有条件消灭主义,我国法则未作规定。但依照《继承法》第12条及《继承法意见》第29条的规定,丧偶的儿媳对公婆、丧偶的女婿对岳父母,尽了主要赡养义务的,不论再婚与否,均可作为公婆、岳父母的第一顺序法定继承人,且不影响子女的代位继承。由此可以推断出,姻亲关系不因配偶一方死亡而终止,也不因生存配偶一方再婚而终止。

四、亲属的民法效力

总结我国多个部门法的现行规定,亲属在民法上的效力包括:

1. 近金属之间有法定的抚养义务。例如,夫妻间、父母子女之间有相互抚养的义务;在一定条件下,祖孙之间、兄弟姐妹之间也互负抚养义务。

2. 近亲属有相互继承遗产的权利。例如,配偶、父母、子女、兄弟姐妹、祖父母、外祖父母等为法定继承人。当这些亲属一方死亡后,除依法被剥夺继承权者外,另一方享有继承权。

3. 近亲属有申请宣告失踪、死亡的权利。配偶、父母、子女、兄弟姐妹、祖父母、外祖父母、孙子女、外孙子女在自然人下落不明时,有权向法院申请宣告失踪人失踪或死亡;对精神病人,近亲属也有权申请法宣告为无民事行为能力人或限制民事行为能力人。

4. 一定范围内的亲属享有共同财产的权利。例如,夫妻在婚姻关系存续期间,双方所得或一方所得的财产,除另有约定和法律另有规定外,归夫妻双方共同所有;其他家庭成员共同劳动所得形成的财产,为家庭共同共有财产。

5. 一定范围内的亲属禁止结婚。例如,直系血亲和三代以内旁系血亲,禁止结婚。

6. 一定范围内的亲属有法定监护的权利(义务)。例如,未成年人的父母、祖父母、外祖父母、成年兄姐等未成年人的监护人;精神病人的配偶、父母、成年子女等为精神病人的法定监护人。

担任监护人的还负有法定赔偿义务。无民事行为能力人,限制行为能力人造成他人损害的,由监护人承担民事责任。担任监护人的近亲属,还是无民事行为能力人、限制民事行为能力人的法定代理人。

第二节　收养关系

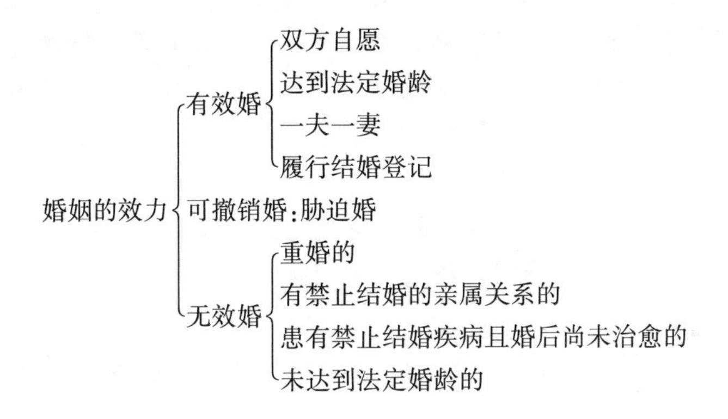

一、收养关系的三方当事人

收养法律关系牵涉到三方当事人,具体而言:

1. 被收养人必须不满 14 周岁,且没有生父母作监护人。具体而言,包括三种情况:(1) 丧失父母的孤儿;(2) 查找不到生父母的弃婴和儿童;(3) 生父母有特殊困难无力抚养的子女。

2. 送养人,包括三类人:孤儿的监护人、社会福利机构、有特殊困难无力抚养的生父母。

3. 收养人的条件是比较苛刻的,应当同时具备下列条件:(1) 无子女;(2) 有抚养教育被收养人的能力;(3) 未患有在医学上认为不应当收养子女的疾病;(4) 年满三十周岁。但是《收养法》第 7 条规定,收养三代以内同辈旁系血亲的子女,与华侨收养三代以内同辈旁系血亲的子女的,可以享受更宽松的条件。

二、收养的成立与生效的要件

（一）收养关系成立的实质要件，也即对收养当事人的要求有六：

1. 原则上，收养人只能收养一名子女；只在收养孤儿、残疾儿童或者社会福利机构抚养的查找不到生父母的弃婴和儿童时，可以不受收养人无子女和收养一名的限制。

2. 无配偶的男性收养女性，二者的年岁相差40岁以上。

3. 生父母送养子女，须双方共同送养。生父母一方不明或者查找不到的可以单方送养。有配偶者收养子女，须夫妻共同收养。换言之，无论送养还是收养，原则上须经夫妻双方同意。

4. 收养、送养双方自愿，且要求征得10周岁以上被收养人的同意意思。

5. 未成年人的父母均不具备完全民事行为能力的，该未成年人的监护人不得将其送养，但父母对该未成年人有严重危害可能的除外。监护人送养未成年孤儿的，须征得有抚养义务的人同意。有抚养义务的人不同意送养、监护人不愿意继续履行监护职责的，应当依照《民法通则》的规定变更监护人。继父或者继母经继子女的生父母同意，可以收养继子女，可以享受较宽松的条件。

（二）收养关系成立的形式要件有三，其中第二个要件最重要。

1. 签订收养协议，或者公证。

2. 经过县级以上人民政府民政部门登记，此为生效要件。

3. 收养关系成立后，办理户口登记。

（三）抚养

1. 孤儿或者生父母无力抚养的子女，可以由生父母的亲属、朋友抚养。抚养不是收养。

2. 配偶一方死亡，另一方送养未成年子女的，死亡方父母享有优先抚养权。

（四）涉外收养的特殊程序

外国人得在中国收养子女。外国人在中国收养子女的，应当经其所在国主管机关依照该国法律审查同意。收养人应当提供由其所在国有权机构出具的有关收养人的年龄、婚姻、职业、财产、健康、有无受过刑事处罚等状况的证明材料，该证明材料应当经其所在国外交机关或者外交机关授权的机构认证，并经中国驻该国使领馆认证。该收养人应当与送养人订立书面协议，亲自向省级人民政府民政部门登记。收养关系当事人各方或者一方要求办理收养公证的，应当到国务院司法行政部门认定的具有办理涉外公证资格的公证机构办理收养公证。简言之，涉外收养的程序如下：

1. 所在国主管机构的同意。

2. 外交机构的认证。

3. 签订书面协议（要式行为）。

4. 完成公证程序，属于自由选择的任意程序。

5. 省级民政部门登记。

三、收养的效力

1. 收养关系一经成立,养父母与养子女间的权利义务关系,适用法律关于父母子女关系的规定;养子女与养父母的近亲属间的权利义务关系,适用法律关于子女与父母的近亲属关系的规定。养子女与生父母及其他近亲属间的权利义务关系,因收养关系的成立而消除。比如,生父母其后死亡的,该养子女不是其法定继承人了,但养父母其后死亡的,养子女与亲生子女一样,是其第一顺序法定继承人。

2. 养子女的姓氏选择有三,随养父姓,随养母姓,保留原姓,均无不可。

3. 收养一经被法院宣告无效,具有溯及力,自始无效。

四、收养关系的解除

收养关系的解除,有三条途径:一是收养人、送养人之间的协议解除,此时需要征求10周岁以上被收养人的同意;二是送养人单方解除,是指收养人有侵害未成年养子女行为的,送养人得要求解除收养协议;收养人不同意的,送样人得起诉解除;三是养父母与成年养子女关系恶化无法共同生活的,双方得协议解除。

解除的程序要件之一,是需要办理解除收养关系登记。

收养关系解除的效力体现在:养子女父母的亲属关系即行消除,与生父母的亲属关系自行恢复,但成年养子女与生父母的关系是否恢复,协商确定。比如,收养解除后,生父母死亡的,则该养子女获得了继承权,但不得对养父母享有继承权了。

在以下三种情况下的解除,养父母有权获得补偿权:其一,成年养子女对缺乏劳动能力又缺乏生活来源的养父母,给付生活费;其二,因养子女成年后虐待、遗弃养父母而解除收养关系的,养子女补偿收养期间支出的生活费、教育费;其三,生父母单方解除收养关系的,生父母适当补偿收养期间支出的生活费和教育费,但因养父母虐待、遗弃养子女而解除收养关系的除外。

第三节 结婚与婚姻效力

一、概念及特征

结婚,即男女双方依照法律规定的条件和程序,确立夫妻关系的法律行为。结婚具有三方面特征:

1. 双方须为异性,同性别的人之间不能结婚。

2. 须符合《婚姻法》规定的实质要件和形式要件,否则不具有合法婚姻的效力。

3. 法律后果是在双方当事人之间确立夫妻关系,伴随的是与对方一定范围内的亲属间产生特定权利义务关系。

二、结婚的实质条件

结婚的实质条件,包括必备条件和禁止条件。

(一) 必备条件

1. 双方完全自愿

《婚姻法》第5条规定:“结婚必须男女双方完全自愿,不许任何一方对他方加以强迫或者任何第三者加以干涉。”这是结婚的首要条件,是意思自治原则在婚姻法领域的具体体现。若婚姻系一方受到胁迫而缔结,该婚姻属可撤销婚姻;若一方当事人、当事人父母或第三人对他方进行强迫、包办或干涉,情节严重的可构成侵权或犯罪。

2. 达到法定婚龄

依据《婚姻法》第6条,结婚年龄,男不得早于22周岁,女不得早于20周岁。凡当事人一方或双方未达到法定婚龄的,婚姻登记机关不予登记。又依据《婚姻法》第50条的精神,民族自治地方的人大基于本民族、宗教、风俗习惯等实际情况,可以对法定婚龄作变通性规定。需说明的是,若婚姻当事人一方或双方未达法定婚龄,而通过谎报年龄等手段骗取婚姻登记的,婚姻仍为无效。但若骗取婚姻登记若干年后,双方均达到法定婚龄,婚姻转为有效,婚姻的效力自双方达到法定婚龄时起算。

3. 符合一夫一妻制

《婚姻法》第2—3条对一夫一妻制、禁止重婚作了明确规定。因此,要求结婚的男女,必须是双方均为无配偶的人。无配偶是指未婚、丧偶或离婚。

(二) 禁止条件

1. 禁止直系血亲之间和三代以内旁系血亲之间结婚

《婚姻法》第7条第1项对此有明文规定,这是基于社会伦理道德、优生优育等因素的考虑。直系血亲,即父母子女之间、祖孙之间等具有直接或间接生育关系的亲属,不受代数限制。三代以内的旁系血亲是指与己身出自同一父母或同一祖父母、外祖父母,除直系血亲外的所有血亲。以己身为中心,包括兄弟姐妹、表(堂)兄弟姐妹、父母的兄弟姐妹。

代数计算在结婚上的运用 如前所述,我国代数的计算以己身为中心为第一代,父母为第二代,祖父母和外祖父母为第三代。当事人之间若存在旁系血亲关系,且上溯至最近的共同祖先均不超过三代的,即为三代以内旁系血亲。譬如,某甲与其堂姐,最近的共同祖先为祖父母,上溯至祖父母均不超过三代,故为三代以内旁系血亲,不得结婚。但甲与其堂姐之女非三代以内旁系血亲,因从甲之堂姐之女上溯至双方的共同祖先为四代,此情形不在我国《婚姻法》禁止结婚之列。

需注意,此处的血亲包括自然血亲和拟制血亲。故上例中即使甲之堂姐为甲之伯父之养女,亦不得结婚。

2. 患有医学上认为不应结婚之疾病者禁止结婚

《婚姻法》第7条第2项和《婚姻登记条例》第6条第5项规定,男女一方或双方患有医学上认为不应当结婚的疾病的,婚姻登记管理机关不予登记。所谓“医学上认为不应当结婚的疾病”,常见者如麻风病等传染病,以及精神分裂症、躁狂抑郁型精神病等重型精神病。

三、结婚登记

(一) 登记的效力

我国实行登记婚,结婚登记是我国自然人结婚的法定形式要件。只有完成了结婚登记程序,取得结婚证,始确立夫妻关系。可见,登记乃婚姻的成立条件及生效条件。对于男女以夫妻名义共同生活且符合结婚实质条件,但尚未办理结婚登记的,应补办结婚登记;补办结婚登记后,婚姻关系的效力应追溯至男女双方均符合结婚的法定实质要件之时,而非补办登记之时。

(二) 登记的程序

依据《婚姻法》第8条,结婚登记须当事人亲为,不得代理。至于婚姻登记前后是否举行结婚仪式,与婚姻的效力无关。

结婚登记程序分为申请、审查和登记三个环节。

1. 申请

自愿结婚的男女,必须双方亲自到一方户口所在地的婚姻登记管理机关申请结婚登记,填写结婚申请书。受理城市居民结婚登记的机关为街道办事处或市辖区、不设区的市政府的民政部门;受理农村居民结婚登记的机关为乡、民族乡、镇的人民政府。离过婚的当事人申请再婚或复婚,还须持离婚证或已经发生法律效力的准予离婚的民事判决书。

2. 审查

审查的对象主要包括两个方面:双方所持证件是否真实、完备;双方是否都符合结婚的法定实质要件。在审查中如果发现申请结婚登记的当事人有下列情形之一的,婚姻登记管理机关不予登记:(1) 未达法定婚龄的;(2) 非自愿的;(3) 已有配偶的;(4) 属于直系血亲或者三代以内旁系血亲的;(5) 患有法律规定禁止结婚或者暂缓结婚疾病的。

3. 登记

经审查当事人符合结婚条件的,婚姻登记机关应当当场予以登记,发给结婚证;不符合结婚条件不予登记的,向当事人说明理由,当事人不服的可依《行政复议法》申请复议;对复议决定不服的,可依《行政诉讼法》提起行政诉讼。

四、无效的婚姻

(一) 概述

根据《婚姻法》第10条,无效婚姻是指不符合结婚实质条件、在法律上不具有合法效力的婚姻,包括违反一夫一妻制的重婚、有禁止结婚的亲属关系的婚姻、患有禁止结婚疾病且婚后尚未治愈的婚姻、未达到法定婚龄的婚姻。

举例 甲患有麻风病,但隐瞒实情与乙结婚,并入住乙家。乙得知实情后并不嫌弃,而是积极帮助甲治疗,经过一段时间后治愈。但乙的父母担心甲的病情复发,遂向法院申请宣告该婚姻无效。问:该申请能否得到支持?

解析 不能,虽然甲婚前患有禁婚疾病,但婚后已治愈。

婚姻无效的,当事人之间不发生夫妻关系,但这并不意味着当事人之间不发生任何法律关系。当事人在同居期间所取得的财产和所形成的债务依然存在分割问题,只不过此时的分割并不按照分割夫妻财产的方式进行;当事人在同居期间所生子女与当事人间的父母子女关系不受无效婚姻的影响,与婚生子女享有相同的权利和履行相同的义务。

确认婚姻无效之请求,既可以向婚姻登记机关提出(行政程序),也可以向法院提出(司法程序)。

通过行政程序确认婚姻效力的,婚姻登记机关在受理申请后,对已办理结婚登记的应依法作出是否有效的决定。在查明存在无效婚姻的情形时,婚姻登记机关应当撤销结婚登记,宣布其婚姻关系无效并收回结婚证。

通过司法程序确认婚姻无效的,下文详细述之。

(二) 申请宣告人

就已办理结婚登记的婚姻,向法院申请宣告婚姻无效的主体,除婚姻当事人外,还包括以下利害关系人:(1) 以重婚为由申请宣告婚姻无效的,为当事人的近亲属及基层组织;(2) 以未达法定婚龄为由申请宣告婚姻无效的,为未达法定婚龄者的近亲属;(3) 以有禁止结婚的亲属关系为由申请宣告婚姻无效的,为当事人的近亲属;(4) 以婚前患有医学上认为不应当结婚的疾病,婚后尚未治愈为由申请宣告婚姻无效的,为与患者共同生活的近亲属。

需注意,在上述有权申请宣告婚姻无效的主体中,第(2)、(4)种情形下的近亲属有条件限制,因此有可能只有一方当事人的近亲属有权申请;第(3)种情形下的近亲属并无条件限制,故双方近亲属均可申请;在第(1)种情形下,除近亲属外,申请的主体还包括基层组织。

(三) 无效婚姻之诉

《婚姻法解释(一)》对当事人提起的婚姻无效之诉,应分别作如下处理:

1. 申请时无效婚姻情形已经消失的,不予支持。在婚姻无效事由中,有一些属于不可补正的事由,譬如,直系血亲和三代以内旁系血亲间的婚姻永久无效,该无效事由无法补正。但有些事由属于可补正事由,譬如,未达法定婚龄、罹患禁婚疾病等。法院判断婚姻是否无效,应以案件受理时而非婚姻成立时作为判断无效事由是否存在的时间基点。

举例　甲男(22 周岁)与乙女(19 周岁)为达到结婚目的,故意隐瞒乙的真实年龄办理了结婚登记。婚后两年间双方经常吵架,于是乙以办理结婚登记时未达到法定婚龄为由诉至法院,请求宣告婚姻无效。问:法院应如何处理?

解析　对乙的请求不予支持。因为甲、乙结婚之时因乙未达法定婚龄该婚姻无效,但这一无效事由属于可补正事由,在乙起诉之时原来的婚姻无效事由已经消失,乙仅以该事由起诉,请求宣告婚姻无效,对这一请求法院不予支持。如果甲、乙婚姻难以维系下去,可以先去补办婚姻登记,然后再离婚以结束不愉快的婚姻。注意一旦补办结婚登记,婚姻并非溯及至婚姻登记之时生效,而是从乙达到法定婚龄之时起有效。

2. 夫妻一方或双方死亡后 1 年内,生存一方或利害关系人依《婚姻法》第 10 条申请宣告婚姻无效的,法院应予受理。

3. 若婚姻无效之诉由利害关系人提起,婚姻当事人双方均为被申请人;夫妻一方已死亡的,生存一方为被申请人;夫妻双方均已死亡的,不列被申请人。

4. 与离婚之诉的关系。法院受理离婚案件后,审查中发现确属无效婚姻的,应作出宣告婚姻无效的判决;法院就同一婚姻关系分别受理了离婚与无效婚姻宣告申请案件的,应先就后者作出判决后再进行离婚案件的审理;一旦婚姻被宣告无效,应当继续审理涉及财产分割与子女抚养问题。

(四) 审理与判决

1. 申请宣告婚姻无效的案件一经受理,经审查确属无效婚姻的,法院应作出无效的判决;原告申请撤诉的,不予准许,以维护婚姻的严肃性。

2. 审理无效婚姻案件,涉及财产分割与子女抚养的,应就婚姻效力的认定与其他纠纷的处理分别制作裁判文书。

3. 对婚姻效力的审理不适用调解。涉及财产分割和子女抚养的,可以调解。达成调解协议的,在婚姻效力判决之外,另行制作调解书。

4. 有关婚姻效力的判决,一经作出即生效,不得上诉。对财产分割和子女抚养问题的判决不服的,可上诉。

5. 法院在审理有关扶养、继承等案件过程中,如果发现是无效婚姻,应依职权在判决中予以宣告。

五、可撤销的婚姻

(一) 概念

可撤销婚姻,是指因受胁迫而成立的婚姻关系,因欠缺结婚的真实意思,受胁迫的一方当事人可依法向婚姻登记机关或法院请求撤销该婚姻。

婚姻自由是我国婚姻法的基本原则,如一方当事人因本人或其近亲属的生命、身体健康、名誉、财产等方面受到加害的威胁而产生恐惧,从而作出结婚的意思表示,则该婚姻因根本违背了婚姻自由原则而可撤销。可撤销婚姻在撤销前,现存婚姻具有法律效力,一旦被撤销则自始不发生法律效力。

需注意,婚姻可撤销的事由不同于合同等其他法律行为,仅限于胁迫,而不包括欺诈、乘人之危、显失公平、重大误解之类的事由。

举例 甲男与乙女通过网聊恋爱,后乙提出分手遭甲威胁,乙无奈遂与甲办理了结婚登记。婚后乙得知,甲婚前就患有医学上不应当结婚的疾病且久治不愈,乙向法院起诉离婚。问:法院应如何处理?

解析 判决宣告该婚姻无效。乙因遭胁迫而与甲结婚,该婚姻可撤销。但同时甲患有禁婚疾病且婚后未治愈,属于婚姻无效之情形。当婚姻的撤销事由和无效事由并存时,法院应宣告婚姻无效。

(二) 撤销权的行使

婚姻的撤销只能由受胁迫一方的婚姻关系当事人提出,其他人包括其近亲属均不得提出。撤销权人行使撤销权的意思表示,须向婚姻登记管理机关或法院作出,而不是向相对人作出。

(三) 撤销权行使期间

为避免婚姻关系长期处于不稳定的状态,可撤销婚姻关系中受胁迫一方如欲撤销婚姻,应当自结婚登记之日起 1 年内提出。如受胁迫的一方的人身自由在结婚后受到非法限制,撤销婚姻的申请应当自其恢复人身自由之日起 1 年内提出。上述 1 年期间为除斥期间,不适用诉讼时效中止、中断或者延长的规定。

六、婚姻无效或被撤销的法律后果

《婚姻法解释(一)》第 13 条规定:《婚姻法》第 12 条所规定的自始无效,是指无效或者可撤销婚姻在依法被宣告无效或被撤销时,才确定该婚姻自始不受法律保护。这意味着,若婚姻无效且无补正事由,须经过依法宣告,方能自始不发生合法婚姻的效力;若婚姻被撤销,自始无效。婚姻无效或被撤销后,当事人之间不产生夫妻人身及财产方面的权利义务关系。

1. 财产处理。当事人同居期间所得的财产,除有证据证明为当事人一方所有的外,按共同共有处理。对于该共同共有财产的分配,当事人可以协议处理;协议不成的，按照顾无过错方的原则判决。因重婚导致婚姻无效的，在财产处理上，应准许合法婚姻当事人作为有独立请求权的第三人参加诉讼。

2. 子女处理。无效、可撤销婚姻当事人在同居期间所生子女为非婚生子女，但与婚生子女享有同等法律地位，适用生父母子女关系，关于子女抚养的判决适用《婚姻法》关于离婚的规定。

第四节　家庭关系

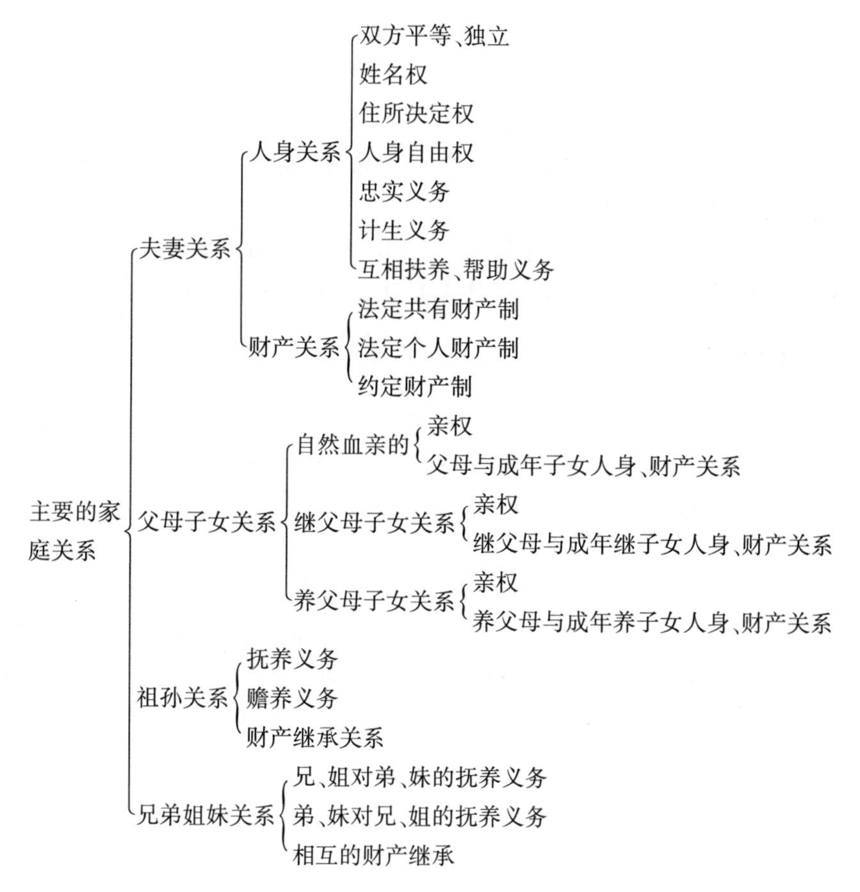

夫妻是婚姻关系存续中的男女双方的称呼，又称为配偶。夫妻关系是家庭关系中最重要的关系，包括夫妻人身关系和夫妻财产关系。同时在结婚形成家庭之后，可能还会存在父母子女关系。

一、夫妻人身关系

夫妻人身关系是指夫妻双方在婚姻中的身份、地位、人格等多个方面的权利义务关系，主要包括下列内容：

1. 双方地位平等、独立。其核心是指男女双方在婚姻、家庭生活中的各个方面都平等地享有权利,负担义务,互不隶属、支配。夫妻双方地位平等表现在人身关系、财产关系、子女抚养等多个方面。

2. 双方都享有姓名权。姓名权由夫妻双方完整、独立地享有,不受职业、收入、生活环境变化的影响,并排除他人(包括配偶在内)的干涉。夫妻一方可合法、自愿地行使、处分其姓名权。对子女姓名的决定权,由夫妻双方平等享有,子女既可随父姓,也可随母姓,还可姓其他姓。

3. 互负忠实义务。这主要是指保守贞操的义务。具体有:不重婚;不与配偶以外的第三人以夫妻名义持续、稳定地共同居住,一般包括通奸与姘居;不从事性交易等。

4. 人身自由权。夫妻双方都有参加生产、工作、学习和社会活动的自由,一方不得对他方加以限制或干涉。这是夫妻双方各自充分、自由发展的必要和先决条件。

5. 住所选定权。夫妻一方可以成为另一方家庭的成员,夫妻有权协商决定家庭住所,可选择男方或女方原来住所或另外的住所。

6. 相互扶养、帮助义务,禁止家庭暴力、虐待、遗弃。

7. 计划生育义务。该义务的主体是夫妻双方,而非仅仅是女方。

二、夫妻财产关系

夫妻财产关系由三部分组成:夫妻财产制;夫妻间互相扶养的义务;夫妻间相互继承遗产的权利。此处仅阐述第一部分。夫妻财产制分为法定共有财产制、法定个人财产制和约定财产制三个主要内容。

(一)法定共有财产制

法定共有财产制是指夫妻双方在婚前、婚后都没有约定或约定无效时,对于婚姻关系存续期间任何一方所得的财产,直接适用有关法律规定,由夫妻共同共有的财产制度。随着社会生活的发展,现在的家庭财产呈现出财产构成向多元化方向发展、投资经营性财产在家庭财产中所占比例增大的趋势。具体而言,法定的夫妻共有财产包括:

1. 工资、奖金。

2. 生产、经营的收益。

3. 知识产权的收益,即在婚姻关系存续期间,实际取得或已经明确可以取得的财产性收益。由于知识产权权利本身的取得和知识产权收益的取得往往不同步,因此,不管知识产权何时取得,只要其收益在婚姻关系存续期间取得或明确可取得,即属夫妻共同财产。

举例 甲、乙是夫妻,甲在婚前发表小说《昨天》,婚后获得稿费。乙在婚姻存续期间发表了小说《今天》,离婚后第二天获得稿费。甲在婚姻存续期间创作小说《明天》,离婚后发表并获得稿费。问:哪些稿费属于夫妻共同财产?

解析 小说《昨天》和《今天》的稿费属于夫妻共同财产。一个简单的记忆方法是，只要作品发表和稿费取得有一项发生在婚姻关系存续期间，该知识产权的收益就属于夫妻共同财产。

4. 继承或赠与所得的财产。此处有两点值得注意：

（1）遗嘱（包括遗嘱继承和遗赠）或赠与合同中确定只归夫或妻一方的财产，应为夫或妻个人财产，即充分尊重遗嘱人或赠与人的意志。

（2）婚前父母为双方购置房屋出资的，该出资应认定为对自己子女的个人赠与，除非父母明确表示赠与双方；婚后父母为双方购置房屋出资的，该出资应认定为对夫妻双方的赠与，除非父母明确表示赠与一方的。该规定体现了对中国家庭中父母的传统观念的尊重。

5. 一方以个人财产投资所得的收益，归夫妻共同所有。

6. 一方或双方实际取得或应当取得的住房补贴、住房公积金、养老保险金、破产安置补偿费，归夫妻共同所有。

7. 一方婚前承租、婚后用共有财产购买的房屋，虽房屋产权登记在一方名下，仍应认定为夫妻共有财产。

（二）法定个人财产制

法定个人财产是指在夫妻双方未作约定或约定无效场合，据法律规定直接归属于一方的财产。据《婚姻法》第 18 条，下列财产原则上应为夫或妻一方个人财产，且不因婚姻关系的延续而转化为夫妻共有财产：

1. 一方的婚前财产；

2. 一方因身体受伤害所得的医疗费、残疾人生活补助费等费用；

3. 遗嘱或赠与合同中确定只归一方的财产；

4. 一方专用的生活用品；

5. 其他应当归一方的财产，如据最高人民法院《关于适用〈中华人民共和国婚姻法〉若干问题的解释（二）》［以下简称《婚姻法解释（二）》］第 13 条，军人的伤亡保险金、伤残补助金、医药生活补助费等。

（三）约定财产制

约定财产制是指夫妻双方通过协商对婚前、婚后取得的财产的归属、处分以及在婚姻关系解除后的财产分割达成协议，并优先于法定夫妻财产制适用的夫妻财产制度，是意思自治原则在婚姻法中的贯彻和体现。其基本内容是：夫妻得自由约定婚前及婚内所得归各自分别所有、共同所有、部分分别所有或部分共同所有；这些约定应采用书面形式，否则依旧适用法定财产制；这些约定，对双方具有拘束力；夫或妻一方对外所负的个人债务，第三人知道上述约定的，可以对抗该第三人；但主张“第三人知道”的当事人（即夫或妻一方）应对此负证明责任，否则不得对抗第三人；为逃避债务的虚假约定或协议离婚分割财产的行为，应被认定为无效行为。

三、父母子女关系

父母子女关系是最近的血亲关系。据血亲形成的性质,可分为自然血亲和拟制血亲的父母子女关系两类,后者包括再婚形成的继父母子女关系、收养形成的养父母子女关系。

(一)自然血亲的父母子女关系

自然血亲的父母子女关系是基于子女出生的法律事实而在子女与父母亲之间形成的法律上的权利义务关系,除非一方死亡或合法送养,不能人为解除。

1. 父母的权利义务。在人身方面主要包括:(1)抚养的权利与义务,即父母哺育、照料未成年子女的生活,提供必要的生活条件,保障其健康成长的权利和义务。(2)管理教育的权利义务。父母有预防、制止未成年子女的各种不良行为的义务,以促进子女全面发展。(3)法定代理。《民法通则》规定父母为未成年子女的法定代理人,代理子女为各种行为。(4)财产上的权利义务,主要表现为对未成年子女财产的管理;未成年人给他人造成的损失,父母须承担赔偿责任。

2. 子女的权利义务。未成年人或虽已成年但不能独立生活的子女,当父母不履行抚养义务时,有权要求父母给付抚养费。其中,不能独立生活的子女是指尚在校接受高中及其以下学历教育,或者因丧失、部分丧失劳动能力等非主观原因而无法维持正常生活的成年子女。在父母无劳动能力或生活困难时,子女有义务给付赡养费,并且不因父母的婚姻关系变化而终止。此外,子女有义务尊重父母的婚姻权利,不得干涉父母再婚以及婚后的生活。父母子女间有相互继承遗产的权利。

3. 非婚生子女享有与婚生子女同等的权利。不直接抚养非婚生子女的生父或生母,应当负担子女的生活费和教育费,直至子女能独立生活为止。

(二)继父母子女关系

继父母是指子女对父母一方后婚的配偶的称谓;继子女则是指夫妻一方对另一方在前婚中所生子女的称谓。

据继子女与继父母之间是否形成了抚养关系,其可分为以下两类:(1)由共同生活的法律事实形成的拟制血亲的继父母子女关系;(2)无直接抚养关系、仅因父母婚姻状况的改变而形成的直系姻亲的继父母子女关系。前者产生的法律后果与自然血亲关系的父母子女间的权利义务关系相同。而在后者,继父母子女间没有法定的权利义务关系。

没有抚养关系的继父母子女关系随生父母与继母、继父间婚姻关系的消灭而消灭;有抚养关系的继父母子女关系原则上不能随之解除,因为其已形成了拟制血亲的父母子女关系。但生父与继母或继父与生母离婚时,对受其抚养的继子女,继父或继母不同意继续抚养的,则继父、继母与继子女间的拟制血亲关系解除,仍由生父母抚养。

即使继子女与继父母之间形成了拟制血亲关系,其与亲生父母之间的权利义务关系不受影响。最明显的表现就是,当继父或继母去世时,形成拟制血亲关系的继子女不但能够继承继父或继母的遗产,还能在生父或生母去世时继承他们的遗产。

举例　钱某与胡某婚后生有子女甲和乙,后钱某与胡某离婚,甲、乙归胡某抚养。胡某与吴某结婚,当时甲已参加工作而乙尚未成年,乙跟随胡某与吴某居住,后胡某与吴某生下一女丙,吴某与前妻生有一子丁。钱某和吴某先后去世。问:钱某的遗产由谁继承?吴某的遗产由谁继承?

解析　钱某的遗产由甲、乙继承,尽管乙由于抚养之事实而与吴某形成拟制血亲,但其与生父之间的权利义务关系不受影响。胡某因与钱某离婚而丧失继承权;吴某的遗产由胡某和乙、丙、丁继承。胡某是吴某的配偶,丙、丁是其亲生子女,均有继承权,乙属于有抚养关系的继子女,亦有继承权。

(三) 养父母子女关系

养父母子女关系是通过收养的法律行为在收养人与被收养人之间形成的权利义务关系。收养是指自然人依照法律规定,领养他人的子女为自己的子女,在本无自然血亲关系的收养人与被收养人间形成拟制血亲的父母子女关系的法律行为。

一方面,在养父母和养子女之间,形成拟制血亲的父母子女关系,效力与自然血亲的父母子女关系相同;养子女与养父母的近亲属之间的权利义务关系,适用法律关于子女与父母的近亲属关系的规定。

另一方面,被收养人与生父母间的父母子女关系以及与生父母近亲属间的权利义务关系依法终止。但婚姻法关于禁止结婚条件——直系血亲和三代以内旁系血亲——的规定仍然适用于养子女与生父母以及生父母的近亲属之间的结婚行为。

收养关系一经解除,根据《收养法》第 29、30 条的规定,养子女与养父母及其他近亲属间的权利义务关系即行消除,与生父母及其他近亲属的权利义务关系自行恢复,但成年养子女与生父母及其他近亲属间的权利义务关系是否恢复,可以协商确定。经养父母抚养的成年养子女,对缺乏劳动能力又缺乏生活来源的养父母,应当给付生活费。因养子女成年后虐待、遗弃养父母而解除收养关系的,养父母可以要求养子女补偿收养期间支出的生活费和教育费。生父母要求解除收养关系的,养父母可以要求生父母适当补偿收养期间支出的生活费和教育费,但因养父母虐待、遗弃养子女而解除收养关系的除外。对于养父母要求解除收养关系的,一般不予补偿其支出的生活费与教育费。

四、祖孙关系

(一) 祖孙关系的产生

祖孙关系,是祖父母、外祖父母与孙子女、外孙子女间的关系之简称,其中相关亲属的范围包括:[1]

---

① 参见房绍坤主编:《民法》,中国人民大学出版社 2009 年版,第 196 页。

1. 祖父母、外祖父母,即孙子女、外孙子女父母的父母。从孙子女、外孙子女父母的角度界定,祖父母、外祖父母包括:孙子女、外孙子父母的生父母、养父母、形成抚养关系的继父母。

2. 祖父母、外祖父母的子女,即孙子女、外孙子女的父母。从祖父母、外祖父母的子女的角度界定,祖父母、外祖父母的子女包括:祖父母、外祖父母的生子女、养子女、形成抚养关系的继子女。

3. 孙子女、外孙子女,即祖父母、外祖父母子女的子女。从祖父母、外祖父母的子女的角度界定,孙子女、外孙子女包括:祖父母、外祖父母的生子女的生子女,养子女;养子女的生子女、养子女;形成抚养关系的继子女的生子女、养子女。

一个细节 继父母与继子女之间因抚养关系形成而产生了父母子女的权利义务关系,并不意味着继祖父母、继外祖父母与继子女、继外孙子女之间也同时产生祖孙间的权利义务关系。只有在继子女与继父母的抚养关系形成之后,继祖父母、继外祖父母对继孙子女、继外孙子女实际进行了抚养,双方的抚养关系形成后,相互间关系才适用《婚姻法》中的有关祖孙关系的规定。

(二) (外)祖父母与(外)孙子女间的权利义务

1. 祖父母、外祖父母对孙子女、外孙子女有抚养的权利义务。《婚姻法》第28条规定,有负担能力的祖父母,外祖父母,对于父母已经死亡或父母抚养能力的未成年的孙子女、外孙子女,有抚养的义务。

2. 孙子女、外孙子女对祖父母,外祖父母有赡养义务。《婚姻法》第28条规定,有负担能力的孙子女、外孙子女,对于子女已经死亡或子女无力赡养的祖父母、外祖父母,有赡养的义务。

3. 祖孙间继承权。《继承法》第10条规定,祖父母、外祖父母是第二顺序法定继承人。但需要指出,反过来,孙子女、外孙子女并非祖父母、外祖父母的第二顺序法定继承人,但在父母先死亡的前提下,有机会通过代位继承成为祖父母、外祖父母的第一顺序法定继承人。

五、兄弟姐妹关系

(一) 兄弟姐妹关系的产生

在兄弟姐妹关系中,兄弟姐妹包括自然血亲的兄弟姐妹和拟制血亲兄弟姐妹,具体包括:同胞兄弟姐妹、同父异母兄弟姐妹、同母异父兄弟姐妹、养兄弟姐妹和形成抚养关系的继兄弟姐妹。

生父或生母与其继子女之间因抚养关系形成而产生了父母子女的权利义务关系,并不意味着继兄弟姐妹之间也因此同时产生兄弟姐妹之间的权利义务关系。只有在继子女与继父母的抚养关系形成后,继兄弟姐妹间实际进行了抚养,双方的抚养关系形成后,相互间的关系才适用《婚姻法》中有关兄弟姐妹关系的规定。

（二）兄弟姐妹间的权利义务

1. 兄、姐对弟、妹有抚养义务。《婚姻法》第29条规定，有负担能力的兄、姐，对于父母已经死亡或父母无力抚养的未成年的弟、妹，有抚养的义务。如果某一未成年人既存在有负担能力的祖父母、外祖父母，又存在有负担能力的兄、姐的，这些抚养人处于同等地位，根据各自的经济情况共同负担抚养的义务。

2. 弟、妹对兄、姐有扶养义务。《婚姻法》第29条规定，由兄、姐扶养长大的有负担能力的弟、妹，对于缺乏劳动能力又缺乏生活来源的兄、姐，有扶养的义务。

3. 兄弟姐妹间的继承权。《继承法》第10条规定，兄弟姐妹互为第二顺序法定继承人。

第五节　婚姻的终止

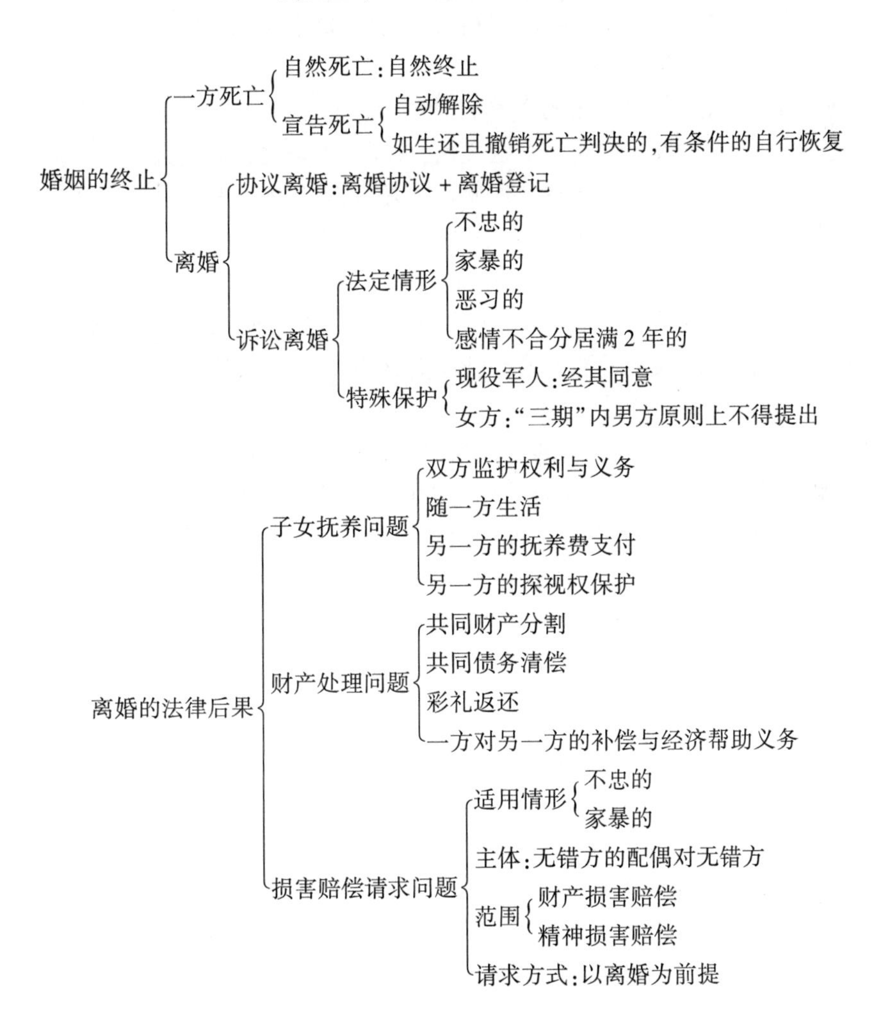

一、婚姻终止的原因概述

婚姻的终止,是指有效的婚姻关系因为一定的法律事实而归于消灭。引起婚姻关系终止的法律事实,称为婚姻终止的原因,不同的终止原因,导致的法律后果不尽相同。婚姻终止的原因分类,不外有二:一方死亡或者离婚。

(一)婚姻因配偶一方死亡而终止

婚姻关系因夫妻两方的身份而存续,如夫妻一方死亡,双方的婚姻关系自然不能维系,必然引起婚姻终止。但需要指出,因配偶一方死亡而终止的婚姻的效力,只限于夫妻双方的内部效力,也即夫妻之间的人身、财产关系不复存在,但夫妻以外的婚姻效力并不当然消灭。

1. 配偶一方自然死亡的

配偶一方自然死亡,夫妻之间的权利义务消灭,婚姻关系自然终止。

2. 配偶一方被宣告死亡的

配偶一方被宣告死亡的,婚姻关系自动解除。依照《民法通则意见》第37条第1项的规定,被宣告死亡人与配偶的婚姻关系,自死亡宣告之日起消灭。

但有一个特殊情况是,一旦被宣告死亡人被发现并没有死亡的,将引发死亡宣告判决的被撤销。依照《民法通则意见》第37条的规定,此时原婚姻关系将自行恢复,条件是被宣告死亡的配偶尚未再婚。可见,只有失踪人被宣告死亡后,其配偶缔结合法的新婚姻关系的,原婚姻关系才随新婚姻关系的缔结而绝对消灭。在死亡宣告被撤销后,即使其配偶缔结的新婚姻关系也已经消灭的,原婚姻关系也不能自行恢复了。

(二)婚姻因离婚而终止

离婚是指夫妻双方依照法定的条件和程序解除婚姻关系的法律行为,在方式上可分为协议离婚和诉讼离婚。与配偶一方死亡相比导致婚姻的自动解除不同,离婚属于人为地解除婚姻关系。离婚作为一种法律行为,具有以下特点:

1. 离婚的前提是男女双方存在合法的婚姻关系。不构成事实婚姻的同居关系、无效婚姻、被撤销的婚姻,均不得按照离婚办理。

2. 离婚的主体只能是合法婚姻的男女双方。其他任何第三人都不得提出离婚请求,也不得对他人提出离婚请求。

3. 离婚只能在夫妻双方生存期间办理。任何一方死亡的,婚姻已告终止,不必进行离婚。

4. 离婚引发后果的复杂性。离婚不仅引起婚姻关系的解除,还会引起夫妻财产关系、子女抚养关系、相关亲属关系、对外债务清偿等一系列法律后果。可见,离婚不仅关系到双方当事人的利益,还涉及子女、其他第三人乃至于社会的利益。

二、协议离婚

（一）概念与条件

协议离婚，是指夫妻双方依据法律规定合意解除婚姻关系的法律行为。协议离婚须符合两个条件：双方自愿；已就子女及财产问题达成协议。

根据《婚姻法》第31条，男女双方自愿离婚的，准予离婚。双方必须到婚姻登记机关申请离婚。但有以下情形的，婚姻登记机关不予受理离婚登记申请：

1. 只有一方当事人请求离婚的。

2. 双方当事人请求离婚，但对子女抚养、夫妻一方生活困难的经济帮助、财产分割、债务清偿未达成协议的。

3. 双方或一方当事人为限制法律行为能力人或无法律行为能力人的。

4. 双方当事人未办理过结婚登记的。

如果婚姻登记机关经过审查，确认双方自愿离婚并对子女和财产问题已经有适当处理的，应当办理离婚登记并发给离婚证。当事人从领取离婚证时起，解除夫妻关系。离婚的当事人一方不按照离婚协议履行应尽义务的，另一方可以向法院提起民事诉讼。

离婚协议中关于财产分割的条款或者当事人因离婚就财产分割达成的协议，对男女双方具有法律约束力。因履行上述财产分割协议发生纠纷提起诉讼的，法院应当受理。男女双方当事人协议离婚后1年内就财产分割问题反悔，诉至法院请求变更或者撤销财产分割协议的，人民法院同样也应当受理。受理后未发现订立财产分割协议时存在欺诈、胁迫等情形的，应当依法驳回当事人的诉讼请求。

（二）离婚登记的撤销

申请离婚的当事人弄虚作假、骗取离婚登记的，婚姻登记机关应当撤销离婚登记，对离婚的当事人宣布解除婚姻无效并收回离婚证。如果当事人认为其符合离婚条件的，可依法申请行政复议；对复议决定不服的，可以依法提起行政诉讼。

三、诉讼离婚

诉讼离婚，是指夫妻双方对离婚、离婚后子女抚养或财产分割等问题不能达成协议，由一方向法院起诉，法院依诉讼程序审理后，调解或判决解除婚姻关系的法律制度。

（一）离婚的法定情形

根据《婚姻法》第32条的规定，“夫妻感情确已破裂”是离婚的法定事由；同时该条第3款列举了准予离婚的具体情形，从而确立抽象概括与具体列举相结合的判决离婚标准。据该款规定，若离婚案件存在下列情形且调解无效的，应准予离婚：

1. 重婚或有配偶者与他人同居的；

2. 实施家庭暴力或虐待、遗弃家庭成员的；

3. 有赌博、吸毒等恶习屡教不改的;

4. 因感情不和分居满 2 年的;

5. 其他导致夫妻感情破裂的情形。

一方被宣告失踪,另一方提出离婚诉讼的,应准予离婚。

即使提出离婚的一方有过错,只要具备上述离婚的法定事由,人民法院也应当判决准予离婚。

当事人仅以一方违反夫妻忠实义务等为由而提起诉讼的,人民法院不予受理;已经受理的,裁定驳回起诉。当事人起诉请求解除同居关系的,法院不予受理;但当事人因同居期间财产分割或者子女抚养纠纷提起诉讼的,法院应当受理。

(二) 对两类人的特殊保护

1. 现役军人

《婚姻法》第 33 条规定:现役军人的配偶要求离婚的,须得军人同意,但军人一方有重大过错的除外。现役军人的配偶是指非军人一方。双方都是军人或军人一方向非军人一方提出离婚的不适用此规定,仍适用一般法定离婚事由。

现役军人是指具有中国人民解放军军籍的军官和士兵,人民武装警察部队的干部和士兵,包括军队中的文职人员。退伍、复员、转业和在部队中不具有军籍从事后勤管理、生产经营的人员,均不属现役军人。

所谓"军人一方有重大过错",指《婚姻法》第 32 条第 3 款所列前 3 项行为,即重婚或有配偶者与他人同居;实施家庭暴力或虐待、遗弃家庭成员;有吸毒、赌博等恶习又屡教不改。

2. 女方

依据《婚姻法》第 34 条,在下列期间内男方不得请求离婚:(1) 女方怀孕期间;(2) 分娩后 1 年内;(3) 中止妊娠后 6 个月内。但女方提出离婚的,或法院认为确有必要受理男方离婚请求的不在此限。所谓"确有必要",据司法解释和审判实践,主要指下述两种情况:(1) 在此期间双方确实存在不能继续共同生活的重大而急迫的事由,已对他方存在危及生命、人身安全的可能;(2) 女方怀孕或分娩的婴儿是因与他人通奸所致。

(三) 出庭

离婚诉讼涉及当事人人身关系和财产关系的重大变动,故应亲自出庭参加诉讼。离婚案件有诉讼代理人的,除本人不能表达意志外,仍应出庭;确因特殊情况不能出庭的,应向法庭提交书面意见;无法律行为能力人的离婚案件,由其法定代理人代为进行。

(四) 一审程序

离婚诉讼的审理,应当进行调解;调解和好的离婚案件,可以不制作调解书。一审判决不准离婚、调解和好的离婚案件,无新理由、新情况,原告在 6 个月内又起诉的,不予受理;但被告起诉的,应予受理。

原告撤诉或按撤诉处理的离婚案件,无新情况、新理由,6个月内又起诉的,不予受理。

一审判决离婚的案件,法庭宣告判决时应告知当事人在上诉期限届满前,不得结婚。若当事人在此期限内另行登记结婚的,构成重婚。

(五) 二审程序

对离婚与否的判决及有关财产分配、子女抚养问题的判决不服的,当事人均可提起上诉;一审判决不离婚,二审认为应判决离婚的,可与子女抚养、财产分配问题一并调解;调解不成的,发回重审。

(六) 再审程序

对离婚的生效判决不服的,不得申请再审;对财产分割的生效判决不服的,可申请再审;对原判决中未处理的共同财产,当事人应另行起诉,而不得申请再审。

举例 小昭与国军早年结婚,后一姜姓男子因与小昭搭档演电影而日久生情,小昭起诉离婚,虽经调解和好,小昭依然与姜某关系暧昧。国军无法忍受,决定起诉离婚。(1)若国军在调解和好后6个月内起诉,法院应如何处理?(2)若法院判决离婚后,国军发现小昭曾用演电影的收入买了一套房,现由姜某居住,应如何处理?

解析 (1)法院应依法受理起诉。(2)若该房屋登记在小昭名下,则属于夫妻共有财产,国军可另行起诉请求分割。

四、离婚后的子女抚养问题

离婚导致了婚姻关系的终止,但并不影响父母子女之间的权利义务关系。离婚后,父母对子女依然有抚养、教育的义务。不过父母离婚后,子女在特定时间段内只能随一方共同生活,由此带来一些需特别处理的问题。

(一) 监护

离婚后,不管子女与哪一方共同生活,父母双方对子女均负监护职责。只有在法定情形下,一方可申请法院取消对方监护资格。不过,与子女共同生活方与非共同生活方所承担的监护责任并不相同。在未成年子女侵害他人权益时,同该子女共同生活的一方应当承担民事责任;只有当其独立承担民事责任确有困难时,方可责令未与该子女共同生活的一方共同承担民事责任。

关于子女随父母哪一方共同生活问题,基本规则是:哺乳期内的子女,原则上由哺乳的母亲抚养;哺乳期后的子女,双方协议;如双方不能达成协议的,法院应从有利于子女的身心健康、保障子女的合法权益出发,结合双方的抚养能力和抚养条件等具体情况进行判决。

(二) 抚养费

离婚后一方抚养子女的,另一方应负担必要的抚养费;抚养费包括但不限于子女生活费、教育费及医疗费;抚养费的多少及支付期限,由双方协议;协议不成的,由法院判决。

抚养费给付的期限,一般至子女 18 周岁止。16 周岁以上不满 18 周岁子女以自己劳动收入为主要生活来源,并能维持当地一般生活水平的,父母可停止给付抚养费。尚未独立生活的成年子女有下列情形之一,父母又有给付能力的,仍然须给付抚养费:(1) 丧失劳动能力或虽未完全丧失劳动能力,但其收入不足以维持生活的;(2) 尚在校接受高中及以下学历教育的;(3) 确无独立生活能力和条件的。由于抚养费给付的周期较长,数额较大,原则上应定期支付,有条件的可以一次性给付。

关于子女抚养费的协议或判决,不妨碍子女在必要时向父母提出超过协议或判决原定数额的合理要求。所谓"必要时",通常表现为原定抚养费数额不足以维持当地实际生活水平,或因子女患病、上学的实际需要已经超过原定数额等。如果子女起诉要求增加抚养费的,法院应作为新案受理。

(三) 探望权

探望权是指离婚后未直接抚养子女的配偶一方依法享有的在一定时间,以一定方式探视、看望子女的法定权利。探望权制度是一种保障亲情交流和维系的法律形式,有利于增进父母子女的沟通和交流,减轻子女的家庭破碎感,有利于子女的健康成长。依据《婚姻法》第 38 条,享有探望权的主体是离婚后未直接抚养子女的父或母一方,另一方有协助义务。探望人可以到子女生活的地点或其他指定的地点进行探望,也可以由探望人将子女领走并按时送回。具体的探望方式、时间由双方协议;协议不成的,由法院判决。子女自己对探望权行使有选择能力的,应听取子女对探望内容的想法。

对法院作出的未涉及子女探望权的生效裁判,当事人可依法另行单独提起诉讼,法院应予受理。若父母一方的探望不利于子女身心健康的,法院得依申请中止探望权。有权请求中止探望权的主体包括:未成年子女本人、直接抚养子女的父亲或母亲以及其他对未成年子女负担抚养、教育义务的法定监护人。探望权确需中止的,法院应以裁定形式作出。行使探望权的中止事由消失后,法院应依当事人的申请通知其恢复探望权的行使。

探望权的行使,禁止对子女强制执行。另外,给付抚养费和探视子女权是两个不同的法律关系,前者是探望权人应尽的法律义务,不能因探望权行使受阻而主张抵销。

五、离婚后的财产处理问题

离婚不仅终止了夫妻间的人身关系,也终止了夫妻间的财产关系,并随之发生夫妻共同生活财产与个人财产的认定和分割、债务的定性与清偿、特定情形下的经济补偿、对生活困难一方的经济帮助等法律后果。

(一) 共同财产分割

离婚时财产分割的对象为夫妻共同财产。如家庭成员除夫妻外,尚有父母、子女等其他成员的,首先应将夫妻财产从家庭财产中分离出来方能进行分割。此外,属夫妻个人所有的财产也不属于分割的对象。

对夫妻共同财产的分割由双方协议处理；协议不成的，法院依照顾子女和女方权益的原则解决。

离婚案件涉及分割发放到军人名下的复员费、自主择业费等一次性费用时，以夫妻关系存续年限乘以年平均值，所得数额为夫妻共同财产。年平均值是指将发放到军人名下的上述费用总额按具体年限均分得出的数额。“具体年限”为人均寿命（70岁）与军人入伍时实际年龄的差额。年平均值即发放费用总额/（70－军人的入伍年龄）。

对于夫妻财产中的房屋价值及归属存有争议的，按以下方式解决：(1) 双方均主张所有权且同意竞价的，予以准许；(2) 一方主张所有权的，依法估价，由取得方给予另一方相应补偿；(3) 均不主张所有权的，拍卖后分割所得价款。

离婚时双方对尚未取得所有权或者尚未取得完全所有权的房屋（如期房）有争议且协商不成的，法院不宜判决房屋所有权的归属，应当据实际情况判决由当事人使用。待取得完全所有权后，双方仍有争议的，可另行起诉。

对于夫妻共同财产中以一方名义在有限公司（股份公司不存在此问题，因股份公司的股份转让自由）的出资额，另一方不是该公司股东时，按以下情形分别处理：(1) 夫妻双方同意将出资额的部分或者全部转让给该股东的配偶，过半数股东同意、其他股东明确表示放弃优先购买权的，该股东的配偶即成为该公司股东。(2) 夫妻双方就出资额转让事宜达成一致后，过半数股东不同意转让，但愿意以同等价格购买该出资额的，人民法院可以对转让出资额所得进行分割；过半数股东不同意转让，也不愿以同等价格购买该出资额的，视为其同意转让，该股东的配偶成为该公司股东。

对于夫妻共同财产中以一方名义在合伙企业中的出资，另一方又不是该企业合伙人的，当夫妻双方同意将其合伙企业中的财产份额全部或者部分转让给对方时，分别处理如下：(1) 其他合伙人一致同意的，该配偶依法取得合伙人地位；(2) 其他合伙人不同意转让，在同等条件下行使优先受让权的，可以对转让所得进行分割；(3) 其他合伙人不同意转让，也不行使优先受让权，但同意该合伙人退伙或者退还部分财产份额的，可以对退还的财产进行分割；(4) 其他合伙人既不同意转让，也不行使优先受让权，又不同意该合伙人退伙或者退还部分财产份额的，视为全体合伙人同意转让，该配偶依法取得合伙人地位。

对于夫妻以一方名义投资设立独资企业的，分别处理如下：(1) 一方主张经营该企业的，对企业资产进行评估后，由取得企业一方给予另一方相应的补偿；(2) 双方均主张经营该企业的，在双方竞价基础上，由取得企业的一方给予另一方相应的补偿；(3) 双方均不愿意经营该企业的，清算后，依法分割相应财产。

离婚时，一方有隐匿、变卖、毁损共同财产或企图侵占另一方财产的情形的，对有过错方，法院可以判决其少分或不分；离婚后发现上述行为的，当事人可起诉请求再次分割共同财产，起诉的时效期间为2年，自当事人发现的次日起算。

（二）共同债务清偿

离婚时，个人债务由一方个人财产清偿。原夫妻共同生活所负债务，应共同偿还。偿还时，先以共同财产偿还；共同财产不足清偿的，或财产归各自所有的，由双方协议清偿；协议不成的，由法院判决确定。详情如下：

1. 共同债务。它是指在婚姻存续期间为家庭共同生活包括为履行抚养、赡养义务所负的债务及家庭生产经营活动所负的债务。具体包括：为夫妻、家庭共同日常生活需要所负的债务；为抚养子女所负的债务；夫妻一方或双方为履行共同义务所负的债务；为一方或双方治疗疾病所负的债务；家庭在生产经营中所负的债务。

2. 一方婚前所负的个人债务，债权人不得向其配偶主张权利，除非能够证明所负债务用于婚后家庭共同生活。

举例 甲于1990年与乙结婚，1991年甲以个人名义向其弟借款10万元购买商品房一套，夫妻共同居住。2003年，甲、乙离婚。问：甲向其弟所借的钱，离婚时应如何处理？

解析 由甲乙以夫妻共有财产偿还。

3. 一方婚后以个人名义所负债务，原则上应当认定为夫妻共同债务。但若夫妻一方能够证明该债务确为个人债务，则由负债一方单独对外清偿。这主要包括两种情形：(1)债权人与债务人明确约定该项债务属于个人债务；(2)夫妻对婚姻关系存续期间所得的财产约定归各自所有，且第三人知道该约定的。

举例 张某和王某系夫妻。张某想借钱炒股，王某不同意。张某说："我自己借钱自己还！"二人书面约定此后各自收入归各自所有。张某以自己名义向不知有此约定的同事孙某借钱。问：借款到期后孙某应如何主张债权？

解析 孙某可以要求张某和王某共同偿还。虽然张某和王某约定分别财产制，但孙某并不知情。

4. 夫或妻一方就共同债务承担连带清偿责任后，可基于合法依据向另一方追偿；夫或妻一方死亡的，生存一方应对婚姻关系存续期间的共同债务承担连带责任。

5. 关于个人债务。它是指夫妻一方以个人名义所负的与夫妻共同生活无关的债务，包括：(1) 夫妻双方约定由个人承担的债务，但以逃避债务为目的的除外；(2) 擅自资助与其无扶养义务关系的亲友所负的债务；(3) 一方未经对方同意，独自筹资进行经营，其收入未用于共同生活所负的债务；(4) 其他个人债务。对于个人债务，由本人用个人财产进行清偿；离婚时，不得要求用共同财产清偿，对方也无须负连带责任。

（三）彩礼返还问题

在我国许多地区，结婚时给付彩礼的情况比较普遍。在离婚时，当事人要求返还彩礼的，在下列情形下应予支持：

1. 双方未办理结婚登记手续的；

2. 已办理结婚登记手续但未共同生活，现已离婚的；

3. 婚前给付并致给付人生活困难,现已离婚的。

(四) 补偿与经济帮助义务

1. 补偿

若夫妻书面约定财产分别所有,一方因抚育子女、照料老人、协助另一方工作付出较多义务的,离婚时有权请求补偿,另一方应予补偿。

举例 王某与周某结婚时签订书面协议,约定婚后所得财产归各自所有。周某婚后即辞去工作在家奉养公婆,照顾小孩。王某长期在外地工作,后与李某同居,周某得知后向法院起诉要求离婚。问:周某能够提出哪些请求?

解析 由于为家庭生活付出较多义务,周某有权要求王某补偿。这是法定权利,不因夫妻双方财产制的约定而受影响。此外,由于王某与他人同居导致离婚,周某还可以要求离婚损害赔偿。

2. 经济帮助义务

离婚时,如一方生活困难,另一方应从其住房等个人财产中给予适当帮助,帮助形式可以是金钱、财物,也可以是房屋的居住权、所有权。具体办法由双方协议,协议不成的由法院判决。"生活困难"是指依靠个人财产和离婚时分得的财产无法维持当地基本生活水平,或无住处。经济帮助不以困难一方无过错为条件。

五、离婚损害赔偿请求权

离婚的损害赔偿是指因夫妻一方有特定侵权行为导致离婚,另一方当事人有权依法请求的损害赔偿。该损害赔偿包括物质损害赔偿和精神损害赔偿。

(一) 情形

一方有下列情形之一,导致离婚的,可产生损害赔偿:(1) 重婚的;(2) 有配偶者与他人同居的;(3) 实施家庭暴力的;(4) 虐待、遗弃家庭成员的。当事人有上述情形之外的其他过错的,无过错方则不得请求离婚损害赔偿。

举例 甲、乙结婚多年,因甲沉迷于网络游戏,乙起诉要求离婚。在诉讼过程中,乙发现甲曾在婚后私自购买了两处房产并登记在其自己名下,于是一气之下追加诉讼请求,要求甲作出离婚损害赔偿。问:乙的请求能否得到支持?

解析 不能。沉迷于网络游戏和私自购房均非离婚损害赔偿的法定事由。

(二) 主体

有权请求离婚损害赔偿的一方为离婚诉讼当事人中的无过错方;赔偿义务人为离婚诉讼当事人中的有过错方,与第三人(即便是所谓插足的"第三者")无关。

(三) 条件

请求离婚损害赔偿,应以判决准予离婚为前提;如判决不准离婚,法院对损害赔偿请求不予受理。如果婚姻关系当事人不起诉离婚而单独据《婚姻法》第46条提起损害赔偿诉讼请求的,法院应当不予受理。

举例 周某与妻子庞某感情不和,经常借故殴打庞某。一日,双方又起争执,周某一记耳光导致庞某右耳失聪。庞某起诉周某赔偿医药费1000元、精神损害赔偿费2000元。问:庞某的请求能否得到支持?

解析 若庞某仅起诉赔偿,该诉讼请求不能得到法院支持。

(四) 请求方式

1. 若无过错方为离婚诉讼的原告,其必须在提起离婚诉讼的同时提出赔偿请求。

2. 若无过错方为离婚诉讼的被告,其不同意离婚也不提起损害赔偿请求的,可在离婚后1年内单独提起损害赔偿之诉;若其一审时未提出,二审期间提出损害赔偿请求的,法院应予调解,调解不成的,告知当事人在离婚后1年内另行起诉。

3. 当事人在婚姻登记机关协议离婚后,可向法院提起损害赔偿之诉,法院应予受理;但协议离婚时已明确表示放弃该请求,或在办理离婚登记手续1年后提出的,则不予支持。

思维拓展

【重要知识点】

结婚的实质条件;无效婚姻;可撤销婚姻;诉讼离婚;离婚损害赔偿;离婚时的补偿义务;夫妻共同财产的范围;以夫妻一方名义对外所欠债务的清偿。

【实例解析】

案例 张丽与李方2005年相识,不久开始同居。为结婚,李方的父母为李方购买了一套房屋,登记在李方名下。2006年,张丽与李方登记结婚,并办理了婚前财产公证。婚后,张丽辞去工作,在家操持家务。由于张丽婚后不能生育,遂于2007年收养了一名女婴,并办理了收养登记。虽然李方同意收养,但一直对此心怀不满。2008年,李方在工作中结识一女子萧三,发生了不正当关系,开始夜不归宿,最后发展至与萧三同居,并生下一子。为了能与萧三长期同居,李方用自己的积蓄并向朋友借了50万元买了一套房屋,登记在自己名下。张丽经常去李方与萧三同居的住处吵闹,于是李方起诉要求离婚。张丽不同意离婚,但一审判决离婚。张丽上诉,在二审中,张丽改变主意同意离婚,但要求李方承担离婚过错赔偿责任,李方拒绝。

法律问题 (1) 李方名下的两套房屋应如何分配?(2) 张丽提出的离婚过错赔偿的请求能否得到法院支持?(3) 张丽能否以抚育子女、照料老人、协助另一方工作付出较多义务为由,请求李方补偿?(4) 假如二审判决离婚后不久,李方在一次车祸中去世,谁能继承他的遗产?

法理分析 (1) 第一套房屋由李方的父母为李方结婚而购买,且房屋登记在结婚登记之前，因此属于对李方的赠与，不属于夫妻共同财产，归李方一人所有。第二套房屋在夫妻关系存续期间购买，属于夫妻共同财产，可按均等原则分配。需注意，双方办理的婚前财产公证并不是夫妻分别财产制的约定，所以本案中的夫妻财产属于婚后共同财产制。(2) 因为李方的行为导致婚姻破裂，张丽有权提出离婚过错赔偿的请求。但该请求应在一审中提出，且以判决离婚为条件。由于张丽未在一审中提出，二审只能就此进行调解；如果调解不成，张丽应在二审判决后 1 年内另行起诉。(3) 不能。提出该项请求权的前提是夫妻双方书面约定了分别财产制。(4) 李方的父母；李方与张丽收养的女儿；李方与萧三生的儿子。张丽与萧三均不能继承，前者因为和李方之间已没有婚姻关系，后者因为和李方之间没有婚姻关系。

【重点法条】

(1)《婚姻法》第 6、7、10—12、17—19、27、32—34、37、40、41、46、47 条。

(2) 最高人民法院《关于适用〈中华人民共和国婚姻法〉若干问题的解释(一)》第 4、7—10、12、15、18、19、29—31 条。

(3) 最高人民法院《关于适用〈中华人民共和国婚姻法〉若干问题的解释(二)》第 1、2、5、10—14、16—18、22—24、27 条。

>> 第三十三章 <<

继承制度

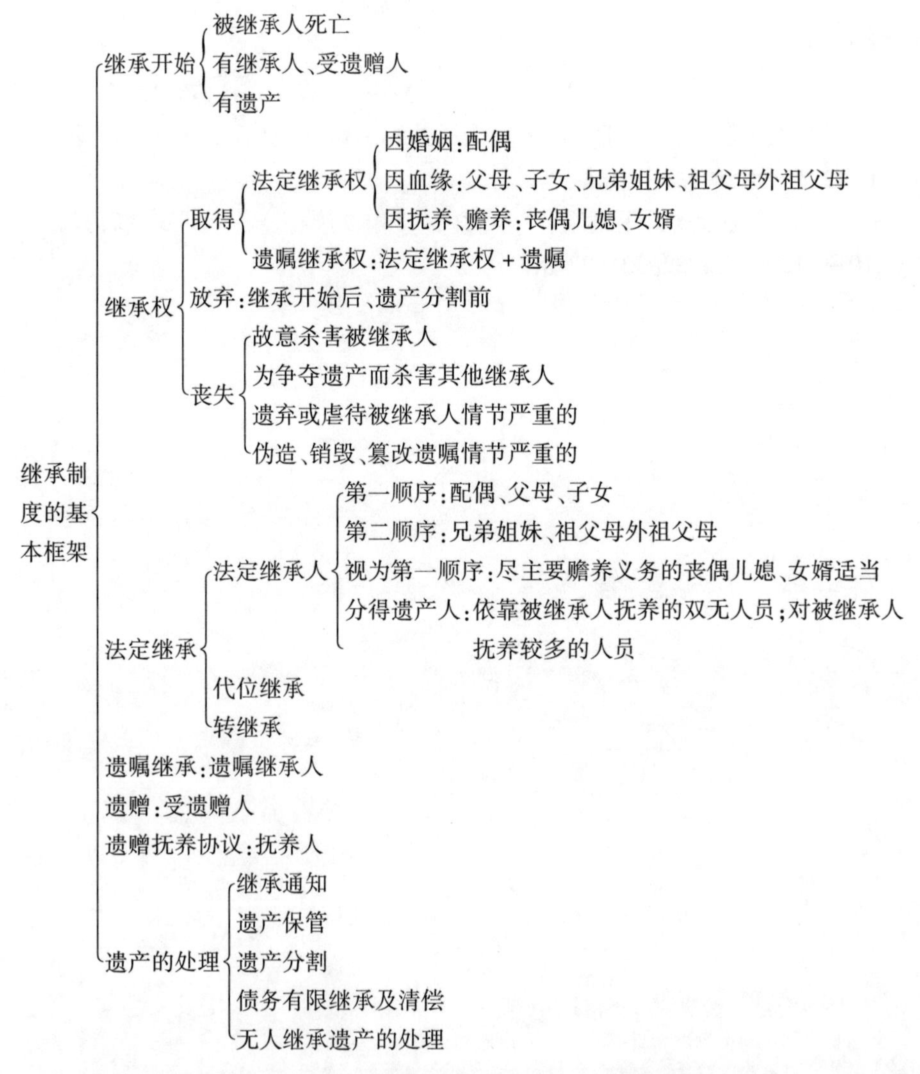

继承是因被继承人死亡而产生的财产移转制度。继承权是一种财产权,其实现的前提是被继承人死亡并且留有一定的个人合法财产。而且,继承权人只能是自然人,而不能是法人、其他组织或者国家,后者只能成为受遗赠人,其中国家还可以接受无人继承又无人受遗赠的遗产。继承中最重要的分类是法定继承和遗嘱继承。前者指继承人不是依照被继承人的遗嘱,而是依照法律的直接规定的顺序和份额继承遗产。遗赠与遗嘱继承相近。严格地讲,遗赠并不是一种继承方式,因为受遗赠人并非继承人。但遗赠同继承一样,都是解决被继承人遗产的分配问题。遗赠扶养协议是我国《继承法》的一个特色制度,严格而言也并非继承方式,但它也解决被继承人遗产的分配问题。所以遗赠与遗赠扶养协议一并被规定在《继承法》里。

继承权的丧失、代位继承、转继承、遗产分配、遗嘱的效力、遗赠、遗赠扶养协议、限定继承原则等都是继承制度的重点内容,其中法定继承、遗嘱继承、遗赠、遗赠扶养协议的内容及相互间的关系是继承制度的难点。

第一节　继承的基本概念

一、继承

继承是指在自然人死亡时,由法定范围内的近亲属依据法律规定或者遗嘱指定,承受死者所遗留的个人合法财产的法律制度。其中,遗留财产的死者称为被继承人,依法承受遗留财产的人称为继承人,死者死亡时遗留的个人合法财产称为遗产。继承具有以下特点:

1. 继承基于自然人死亡而发生。继承是因自然人死亡法律事实而产生的法律现象,死亡属于法律事实中的事件,没有自然人死亡的这一事件,不会发生继承。在现代民法上,继承只能从自然人死亡时开始。只有因自然人死亡而发生的财产转移才属于继承的范畴,不是因自然人的死亡而发生的财产转移不属于继承。

2. 继承主体只能是死者一定范围内的近亲属。自然人死亡后,能够继承其遗产的主体只能是自然人,国家、集体以及其他组织都不能作为继承人,而只能作为受遗赠人。但是,能够作为继承主体的自然人也是有限制的,只能是法律规定范围内的死者的近亲属,除此以外的人只能作为受遗赠人。

3. 继承的客体只能是死者的个人合法财产。首先,现代民法上的继承客体只能说财产权,而不能是其他权利或者利益如身份权、爵位等;其次,继承的客体只能是自然人死亡时所遗留的个人合法财产,他人的财产、国家或集体的财产都被排除在外。

4. 继承产生财产权利变动的后果。自然人死亡后,其财产权的主体必定要发生变更,即死者的继承人成为财产权的主体,因此继承发生后会发生权利变更的后果。

二、继承的分类

(一) 法定继承与遗嘱继承

根据继承人继承遗产的方式作此分类。

法定继承,是指继承人依照法律规定的顺位、继承份额以及遗产分配的原则和方法取得遗产的法律制度。遗嘱继承,是指继承人按照遗嘱的指定取得遗产的法律制度。这一区分的主要意义在于:一方面,二者的适用依据不同,法定继承的适用依据是法律规定,而遗嘱继承的适用依据是遗嘱;另一方面,在继承方式的适用上,遗嘱继承具有优先于法定继承的效力。

(二) 限定继承和不限定继承

根据继承人承受遗产债务的限度作此分类。

限定继承,又称有限继承,是指继承人对被继承人的遗产债务只在其所继承遗产的实际范围内负责清偿的继承。不限定继承,又称无限继承,是指继承人对被继承人的遗产债务承担无限清偿责任,而不以继承人继承的遗产价值为限定条件的继承。这一区分的主要意义在于:继承人对被继承人遗留的债务所负的清偿责任不同,即限定继承的继承人负有限责任,不限定继承的继承人负无限责任。我国实行限定继承,但继承人自己选择不限定继承的,法律从之。

(三) 本位继承和代位继承

根据继承人参与继承时的地位作此分类。

本位继承,是指继承人基于自己的地位依照法律的规定或遗嘱的指定继承遗产的继承。代位继承,是指在直接应继承遗产的顺序者不能成为继承时,由其晚辈直系血亲代其地位的继承。这一区分的主要意义在于:本位继承可以适用于法定继承和遗嘱继承,而代位继承只在法定继承中适用。

(四) 均等份额和不均的份额

根据继承人的应计份额作此分类。

均等份额继承,是指同一顺序的共同继承人在分配遗产时原则上应当均分。不均等份额,是指共同继承人得继承的遗产份额不均等,其中特定的继承人比其他继承人的应计份额要多。这一区分的主要意义在于:在我国,法定继承人在分配财产时原则上属于均等份额继承,特殊情况下实行不均等份额继承。

第二节 继 承 权

一、基本概念

继承权是指继承人依照法律规定或者遗嘱指定所享有的继承被继承人遗产的权利。

在继承法上,继承权有客观意义上的继承权和主观意义上的继承权之分。前者,是指在继承开始前,继承人根据法律规定或遗嘱的指定享有的在被继承人死亡时继承遗产的资格,或者说是继承人享有的一种期待利益。后者,是指在继承开始后,继承人依法实际享有的继承遗产的权利。两个概念的继承权既存在着联系,也有着本质的区别,联系在于:前者之享有是后者之享有的前提,后者是前者的实现方式,前者转变为后者依赖于一定法律事实的发生,即被继承人的死亡。区别在于,前者属于民事权利能力的范畴,被称为“继承期待权”;而后者是继承人实际享有并得通过自身行为实现的权利,被称为“继承既得权”。这一主要意义在于:前者专属于继承人,不可放弃,而后者在现实性上是一种财产权利,可以放弃;前者是一种期待利益,不可强制要求实现;后者是一种既得权,当遭受侵犯或有侵犯时,权利人得请求救济;从诉讼上来说,前者受侵害不可作为诉由,而后者受侵害可以作为诉由。

继承权具有以下法律特征:

1. 主体只能是自然人。虽然法人、其他组织和国家可以受遗赠人的身份取得遗产,但不能以继承人的身份取得遗产。

2. 取得以继承人与被继承人之间存在特定的身份关系为前提。

3. 不可转让。继承人可以放弃主观意义上的继承权,但任何意义上的继承权均不得转让给他人。

二、继承权的取得

在我国,继承权可以通过法律的规定或遗嘱的指定等多种途径取得。

1. 法定继承权的取得原因

(1) 因婚姻关系而取得。配偶之间有互相继承遗产的权利,并且是第一顺序继承人。

(2) 因血缘关系而取得。父母子女、兄弟姐妹间相互享有继承权,祖父母、外祖父母对孙子女、外孙子女享有继承权。

(3) 因抚养、赡养关系而取得。有抚养关系的继父母与继子女间以及有抚养关系的继兄弟姐妹之间有继承权;丧偶的儿媳对公婆,丧偶女婿对岳父母,尽了主要赡养义务的,作为第一顺序继承人。

2. 遗嘱继承权的取得条件

遗嘱继承权的取得需要两个条件,有法定继承权和有合法有效的遗嘱,前一个条件也正是遗嘱继承与遗赠的区别所在。举例来说,被继承人留下遗嘱将遗产留给法定继承人的,就是遗嘱继承;留给法定继承人之外的人的,就是遗赠。

三、继承权的放弃

继承权的放弃,是指继承人在继承开始后,遗产分割前,以明示的方式作出的拒绝接受被继承人遗产的意思表示。

继承权为期待权,故放弃的意思应在继承开始后(转为既得权)表示;在继承开始前作弃权的意思表示的,不生效力。继承开始后,放弃继承权的意思表示,应在遗产处理前作出。因为在遗产处理后,放弃的就不是继承权而是财产权了。

放弃继承的意思表示属单方法律行为,无须经他人同意即可生效;该意思表示只能以明示的方式作出;一经放弃,其效力溯及至继承开始之时。放弃继承权的人不享有请求分割遗产的权利,同时对被继承人遗留的债务也不负清偿责任。

继承人对放弃行为反悔的,若尚在遗产处理前或诉讼进行中,由人民法院决定是否予以承认;若遗产处理已结束,不予承认。

举例 张某有两个儿子,长子收入丰厚,幼子身有残疾,靠张某退休金生活。张某去世后,长子对其妻子说:"弟弟生活困难,父亲的遗产就由他一人继承吧。"问:张某的行为是否构成继承权的放弃?

解析 不能。继承权的放弃需向其他继承人作出。

四、继承权的丧失

继承权的丧失,是指继承人因对被继承人或其他继承人有法律规定的违法行为而被依法剥夺继承权,从而丧失继承权的法律制度。

1. 继承权丧失的法定事由

(1) 故意杀害被继承人的。只要有故意杀害的行为,不问杀害动机如何,亦不问是否既遂,该继承人即被剥夺继承权。

(2) 为争夺遗产而杀害其他继承人的。在此场合,亦不问是否既遂但限于其动机在于争夺遗产,主观状态为故意。若出于其他目的或过失杀害其他继承人,不会导致继承权的丧失。

举例 李某有一次与其兄喝酒,饮酒过量,言谈中说起其父将来的遗产继承之事,李某寻思若只有自己一个儿子岂不是全落己之手?起了歹念,拼命灌醉其兄,致后者送往医院抢救无效,终因酒精中毒而亡。其父闻讯悲伤过度,亦亡。问:李某能否继承其父、其兄遗产?

解析 不能。原因在于上述(1)(2),其中法理读者自己思考。

(3) 遗弃被继承人的,或虐待被继承人情节严重的。但继承人以后确有悔改表现而且被遗弃人、被虐待人又在生前表示宽恕的,可以不剥夺其继承权。

(4) 伪造、篡改或者销毁遗嘱,情节严重的。此处"情节严重",是指伪造、篡改或销毁遗嘱的行为侵害了缺乏劳动能力又无生活来源的继承人的利益,并造成其生活困难的情况。

2. 继承权丧失的效力

当继承人具有丧失继承权的法定事由时,其继承权就当然丧失;若丧失继承权的法定事由出现在继承开始之后,则其效力追溯至继承开始之时。不过,即使继承人丧失了对特定人的继承权,仍享有对其他被继承人的遗产继承权。

在代位继承中,若被继承人的继承人丧失了继承权,则该继承人的晚辈直系亲属不得代位继承。

举例　甲、乙、丙乃祖孙三代人，乙一直严重虐待其父甲，一天遭雷劈而亡。几天后甲亦撒手西天，问：丙可否代位继承其祖父甲的遗产？

解析　不能。因为丙之父乙已经丧失继承权。

五、继承权的法定代理

无行为能力人的继承权、受遗赠权，由其法定代理人代为行使；限制行为能力人的继承权、受遗赠权，由其法定代理人代为行使或追认。法定代理人不得为损害被代理人的行为，如放弃继承权、受遗赠权等；否则，该代理行为无效。

第三节　法定继承

一、概念与适用范围

法定继承，是指在没有遗赠扶养协议和遗嘱，或者遗赠扶养协议和遗嘱无效的情况下，继承人依据法律确定的继承人范围、继承顺序以及遗产分配的原则，取得被继承人遗产的继承方式。

依据《继承法》第 27 条，有下列情形之一的，遗产中的有关部分按照法定继承办理：

1. 遗嘱未处分的或遗嘱无效部分涉及的遗产。
2. 受遗赠人或遗嘱继承人先于被继承人死亡后所涉及的那部分遗产。
3. 遗嘱继承人放弃继承或丧失继承权后所涉及的遗产。
4. 受遗赠人放弃受遗赠后涉及的遗产。

二、法定继承人

法定继承人为被继承人一定范围内的亲属，有继承顺序之分。当存在第一顺序继承人时，第二顺序继承人将没有机会分得遗产。第二顺序继承人只有在第一顺序继承人全部放弃或丧失继承权，或不存在时，才能参加继承。同一顺序的法定继承人地位平等。

1. 第一顺序的继承人包括配偶、子女、父母。其中，“子女”包括养子女和有抚养关系的继子女；“父母”包括养父母和有抚养关系的继父母。养子女只能继承养父母的遗产，不能继承亲生父母的遗产；有抚养关系的继子女既能够继承继父母的遗产，也能够同时继承亲生父母的遗产。养子女如果对亲生父母尽了较多扶养义务的，可作为适当分得遗产人，分得父母遗产中部分财产。另外，收养他人为养孙子女的，视为养父母与养子女的关系，可互为第一顺序继承人。

举例　张某 1 岁时被王某收养并一直共同生活。张某成年后，将年老多病的生父母接到自己家中悉心照顾。2000 年，王某、张某的生父母相继去世。问：遗产如何继承?

解析 张某作为养子,是王某第一顺序继承人,王某的遗产由其继承。张某不是其生父母的继承人,但可以作为尽了较多扶养义务的人,适当分得生父母的遗产。

2. 第二顺序继承人包括兄弟姐妹、祖父母、外祖父母。其中,“兄弟姐妹”包括养兄弟姐妹和有抚养关系的继兄弟姐妹,如果继兄弟姐妹之间不存在抚养关系,则不能互为第二顺序继承人。另外,祖父母、外祖父母可以成为孙子女、外孙子女的继承人,但后者不能成为前者的继承人。因为,当祖父母、外祖父母去世时,若父母在,则父母为第一顺序继承人,孙子女、外孙子女纵使作为第二顺序的继承人亦无实益;若父母已早亡,则此时的孙子女、外孙子女将依据代位继承作为第一顺序继承人(而不是第二顺序)继承其祖父母、外祖父母的遗产。当然,若祖父母、外祖父母在遗嘱中为后者留有遗产份额,则后者可以作为受遗赠人取得该份遗产。

3. 丧偶儿媳、女婿对公婆或岳父母尽了主要赡养义务的,为第一顺序继承人。“尽了主要赡养义务”是指对被继承人生前生活提供了主要经济来源,或在照顾方面给予了主要扶助。

4. 虽不是继承人,但依靠被继承人生前扶养的无劳动能力又无生活来源的人,或对被继承人扶养较多的人,可适当分得遗产。

举例 郭大爷女儿5年前病故,留下一子甲。女婿乙一直与郭大爷共同生活,尽了主要赡养义务。郭大爷继子丙虽然与其无抚养关系,但也不时从外地回来探望。郭大爷还有一丧失劳动能力的养子丁。问:郭大爷病故后,其遗产应如何分配?

解析 甲作为代位继承人、乙作为尽了主要赡养义务的丧偶女婿、丁作为养子,均为第一顺序继承人,有权继承郭大爷的遗产。在遗产分配时,对丁应当予以照顾。继子丙与郭大爷之间无抚养关系,未形成拟制血亲关系,不能继承郭大爷遗产。需注意,此处的丁不属于“可适当分得遗产”的人。

三、代位继承

通过以上分析不难看出,孙子女、外孙子女并非祖父母、外祖父母的当然法定继承人,但孙子女、外孙子女却有机会成为祖父母、外祖父母的法定继承人,答案即在代位继承。

代位继承,指在法定继承中,被继承人的子女先于被继承人死亡时,本应由该子女继承的遗产,由其晚辈直系血亲代位继承的法律制度。其适用条件:

1. 代位继承只能适用于法定继承,遗嘱继承和遗赠不适用代位继承。

2. 被代位人只能是被继承人的子女,且先于继承人死亡。如果被继承人的子女在继承开始后,遗产分割前死亡的,则其应继承的份额转由其合法继承人继承,这不是代位继承而是转继承。此处所称“死亡”,包括自然死亡和宣告死亡。

3. 代位继承人必须是被继承人子女的晚辈直系血亲,且无辈数限制。配偶和旁系血亲无权代位继承。

4. 被代位人必须具有继承权。若被代位人已丧失继承权，其晚辈直系血亲不得代位继承。

5. 无论代位继承人的人数多寡，都只能继承被代位继承人应得的遗产份额。

举例　甲有儿子乙、女儿丙，乙于2008年去世，留下一子丁。2009年，甲也去世，留下遗产现金40万元。在整理遗物过程中发现甲早年所立遗嘱，明确表示死后遗产由子女一人一半继承。问：遗产如何分配？

解析　女儿丙据遗嘱继承20万元。遗嘱中分配给乙的20万元不发生代位继承，因代位继承只适用于法定继承。故该20万元按照法定继承由丙继承10万元，丁继承10万元（代位继承）。最终结果是，丙继承30万元，丁继承10万元。

四、转继承

转继承，指继承人在继承开始后，遗产分割前死亡，其应继承的遗产转由他的合法继承人继承的制度。如甲死后，遗产尚未分割，其子乙不久也去世，乙有母丙、妻丁、子戊，此时便发生了转继承，即乙应继承的甲的遗产由丙、丁、戊继承，此三人为转继承人，乙为被继承人。

转继承与代位继承的区别在于：

1. 效力不同。转继承其实是两次连续的继承，如上例中，甲的遗产先由乙继承，由于乙在遗产分割之前死亡，所以该遗产份额转由乙的继承人丙、丁、戊继承。此处丙、丁、戊所享有的是分割乙从甲处继承过来的遗产的权利，而不是取代乙享有了乙的继承权。而代位继承是一次继承，假设上例中的乙早于甲死亡，那么当甲随后死亡时，戊将作为代位继承人取代乙的地位直接继承甲的遗产，此时戊是作为甲的第一顺序继承人，而不是作为乙的继承人取得遗产。

2. 发生时间、成立条件不同。转继承发生在继承开始后、遗产分割前，且可因任一继承人的死亡而发生；而代位继承只因被继承人的子女先于被继承人死亡而发生。

3. 权利主体不同。转继承人是被转继承人死亡时生存的所有合法继承人，如上例中乙的第一顺序继承人均可继承；而代位继承人只限于被代位人的晚辈直系血亲，假如上例中的乙早于甲死亡，那么当甲死亡的时候，只有戊可以代位继承，丙、丁均无权代位继承。

4. 适用范围不同。转继承可以发生在法定继承、遗嘱继承及遗赠中；而代位继承只适用于法定继承。

举例　李某死后留下一套房屋和数十万存款，生前未立遗嘱。李某有三个女儿，并收养了一子。大女儿中年病故，留下一子。养子收入丰厚，却拒绝赡养李某。在两个女儿办理丧事期间，小女儿因交通事故意外身亡，留下一女。问：李某的遗产如何继承？

解析 大女儿早于李某去世,其子代位继承。二女儿是第一顺序继承人,法定继承。小女儿在遗产分割之前去世,其份额由其女转继承。养子是第一顺序继承人,但由于其有赡养能力而拒绝赡养,在分配遗产的时候应当不分或少分。

五、法定继承的遗产分配原则

一般原则是,同一顺序法定继承人继承遗产的份额一般应均等。但在特殊情况下法定继承人的继承份额可以不均等,主要是指:(1) 对生活有特殊困难又缺乏劳动能力的继承人,分配遗产时应给予照顾;(2) 对被继承人尽了主要扶养义务或者与被继承人共同生活的继承人,分配遗产时可以多分(并非"应该"多分);(3) 有扶养能力和扶养条件的继承人,不尽扶养义务的,分配遗产时,应该不分或少分;(4) 继承人协商一致的,也可不均分。

还有两种人,虽不属于法定继承人,亦可酌情分配遗产:(1) 依靠被继承人扶养的缺乏劳动能力又没有生活来源的人;(2) 对被继承人扶养较多的人。此处酌情分得遗产的权利并非继承权。当该权利受到侵害时,权利人有权在知道后 2 年内起诉;若在遗产分割时明知而未提出请求的,一般不予受理。

举例 唐某有甲、乙、丙成年子女三人,于 2002 年收养了孤儿丁,但未办理收养登记。甲生活条件较好但未对唐某尽赡养义务,乙丧失劳动能力又无其他生活来源,丙长期和甲共同生活。2004 年 5 月唐某死亡。问:唐某的遗产应如何分配?

解析 在遗产分配时,甲应当不分或少分;对乙应给予照顾;丙可以多分;唐某与丁不构成收养关系,丁不属于继承人,但可以分配适当遗产。

第四节 遗嘱继承

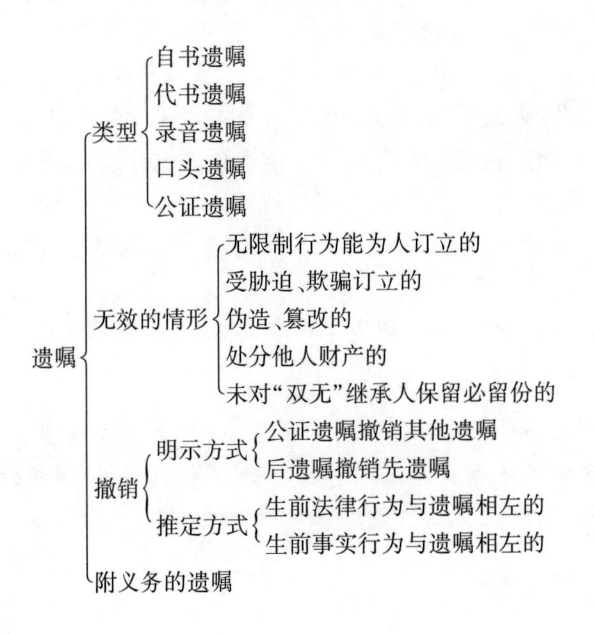

一、遗嘱继承的概念

遗嘱继承,是指在继承开始后,继承人按照被继承人合法有效的遗嘱取得被继承人遗产的法律制度。遗嘱继承以被继承人死亡和立有遗嘱为发生依据,在效力上优先于法定继承。

在被继承人死亡之后,必须具备以下条件时才能依遗嘱继承办理:

没有遗赠扶养协议;被继承人立有遗嘱且合法有效;遗嘱继承人没有丧失、放弃继承权,也未先于遗嘱人死亡。

二、遗嘱的概念

遗嘱,是自然人生前按照法律规定处分自己的财产及安排与财产相关的事务,并于死后发生法律效力的单方法律行为。其特征为:

1. 单方行为。相对人是否接受不影响遗嘱的成立和效力,仅关乎遗嘱继承是否发生。遗嘱效力受《民法通则》调整。

2. 死因行为。遗嘱在遗嘱人死亡后才发生法律效力。

3. 要式行为。遗嘱的形式是否符合法律规定,应以遗嘱设立时的情形为准。

据《继承法》第 17 条,遗嘱的法定形式有以下五种:

1. 自书遗嘱。遗嘱人亲笔书写的遗嘱。自然人涉及死后个人财产处分的书信或日记等文件,有本人签名及日期的,亦按自书遗嘱对待。

2. 代书遗嘱。由遗嘱人口述遗嘱内容,他人代为书写而制作的遗嘱。代书遗嘱须同时具备以下条件方为有效:(1) 有 2 个以上合格的见证人当场见证;(2) 其中一个见证人代书;(3) 代书人、其他见证人、遗嘱人均签名,遗嘱人不会书写名字的,可按手印代替。

3. 录音遗嘱。应当有两个以上见证人在场见证,否则无效。

4. 口头遗嘱。遗嘱人在危急情况下,可以立口头遗嘱,但应当有两个以上见证人在场见证,否则无效。当危急情况消除后,遗嘱人能够用书面或者录音形式立遗嘱的,所立的口头遗嘱无效。

5. 公证遗嘱。以上四种遗嘱,经遗嘱人亲自申请,经公证机关公证的为公证遗嘱。在五种遗嘱中,公证遗嘱效力最高,其他四种遗嘱不得撤销、变更公证遗嘱。

在五种遗嘱中,代书遗嘱、录音遗嘱、口头遗嘱都须有两个以上的见证人在场。为保遗嘱的真实性和严肃性,下列三类人员不能作为遗嘱见证人,违反者将导致遗嘱无效:(1) 无行为能力人或限制行为能力人;(2) 继承人、受遗赠人;(3) 与继承人、受遗赠人有利害关系的人,如合伙人、债权人等。

三、遗嘱无效

依《继承法》第 17、19、22 条,遗嘱无效主要有下列情形:

1. 无行为能力人或限制行为能力人所立遗嘱无效。即使其后来具备了完全行为能力,先前所立遗嘱仍属无效。注意限制行为能力人所订的遗嘱也是无效的而不是效力待定的。

2. 受胁迫、欺骗所立的遗嘱无效。注意并不是可撤销的。

举例 王某早年丧偶,有两个儿子甲和乙。甲常年驻守边疆,很少回家。2005年11月,王某患脑炎住院,生命垂危。次子乙故意向甲隐瞒父亲病危的消息,并且同时向王某编造谎言声称甲已在边防因公牺牲。王某信以为真,悲痛欲绝,并立下书面遗嘱把全部个人财产由次子乙继承。不久,王某去世。乙遂召回远在边疆的甲,并向其出示父亲的遗嘱。甲对此抱有怀疑,并经多方打听才得知事情真相而将其弟告上法庭。问:王某的遗产应如何处理?

解析 由甲和乙继承。王某的遗嘱系受欺骗所立,因而无效。乙虽有欺骗行为,但并不因此导致继承权的丧失。按照法定继承,王某的遗产由甲和乙继承。

3. 伪造的遗嘱无效。即使伪造遗嘱没有损害继承人的利益,或并不违背被继承人的意思表示,亦无效。

4. 遗嘱被篡改的,篡改的内容无效。但不影响遗嘱中未被篡改部分的效力。

5. 若遗嘱未对缺乏劳动能力又没有生活来源的继承人保留必要的份额,对应当保留的必要份额的处分无效。

举例 李某有一子两女,其中儿子甲1989年死亡,当时甲有一女乙尚年幼。次年甲妻携女改嫁,但生活困难。1991年,李某患病不起,遂立下遗嘱,其所有的房屋及存款由两个女儿丙、丁继承。李某死亡后,李某的儿媳戊提出李某所立遗嘱无效,她和乙均有权继承房产和存款。问:戊的请求应否得到支持?

解析 部分可以得到支持。戊作为丧偶儿媳,并未对李某尽到主要赡养义务,不属于法定继承人,不能继承李某遗产。李某的孙女乙作为代位继承人,属于第一顺序继承人,无劳动能力且生活困难,李某应在遗嘱中为其保留适当份额,其余部分的遗产方由丙、丁继承。

6. 处分了属于国家、集体或他人所有的财产时,该部分遗嘱无效。

7. 口头遗嘱人在危急情况消除后,能够用书面或者录音形式立遗嘱的,先前所立的口头遗嘱无效。

四、遗嘱的变更和撤销

在遗嘱发生效力前,遗嘱人可随时变更或撤销所立遗嘱。遗嘱的变更和撤销方式有明示方式和推定方式两种。

(一) 明示方式

明示方式是指遗嘱人以明确的意思表示变更、撤销遗嘱的方式,如以在后遗嘱取代在先遗嘱。公证遗嘱的变更、撤销只有到公证机关办理公证后方为有效。若被继承人留有数份内容冲突的不同形式的遗嘱,其效力原则是:(1) 公证遗嘱优先于其他一切遗嘱;(2) 无公证遗嘱的,以最后遗嘱为准。

举例 甲立下一份公证遗嘱,将大部分财产留给儿子乙,少部分的存款留给女儿丙。后乙因盗窃而被判刑,甲伤心至极,在病榻上当着众亲友的面将遗嘱烧毁,不久去世。乙出狱后要求按照遗嘱的内容继承遗产。问:乙的请求能否得到支持?

解析 能。乙犯盗窃罪,不构成继承权的丧失;公证遗嘱须经公证方得变更、撤销,烧毁不构成撤销。故乙依然有权按遗嘱继承。

(二) 推定方式

推定方式是指遗嘱人虽未有明确的意思表示,但由于其生前行为(包括法律行为与事实行为)与遗嘱的意思表示相左,遗嘱视为被撤销或相应部分被撤销的方式。常见者如遗嘱人通过自己的行为使遗嘱处分的财产在继承开始前灭失、部分灭失或所有权转移、部分转移的。

举例 甲有一子一女,二人请了保姆乙照顾甲。甲为感谢乙,自书遗嘱,表示现居住的房屋将来由儿子继承,另一套出租的商品房由女儿继承,所有现金都赠给乙。甲后来为了治病将出租的房屋卖掉。不久甲去世,卖房所得价款尚余20万元。问:甲的遗产如何分配?

解析 甲的儿子继承房屋,所有现金由乙继承。尽管甲在遗嘱中将出租房屋分给了女儿,但后来又将其出卖,视为对遗嘱的修改。在甲去世后,卖房所得的价款属于现金,据遗嘱应由乙继承。

五、附义务的遗嘱

遗嘱所附义务,继承人应予履行。无正当理由不履行的,经有关单位、个人申请,法院得取消其接受遗产的权利,由提出请求的继承人或受益人负责按遗嘱人的意愿履行义务,接受遗产。

遗嘱所附义务必须合法,否则所附义务无效。

举例 甲死后留有房屋1套、存款3万元。甲生前立有遗嘱,将房屋分给儿子乙,存款分给女儿丙,并要求乙帮丙找份工作。但乙并未帮丙找工作。问:乙能否取得甲的遗产?

解析 能。“找工作”的请求并非乙继承遗产的条件和义务,乙未帮丙找工作,不影响其继承遗产。比较典型的附义务的遗嘱,如将遗产分给某个继承人,并要求其将该遗产用于助学等。

第五节　遗赠与遗赠扶养协议

一、遗赠

（一）概念和特征

遗赠，是指自然人通过设立遗嘱把遗产的全部或一部分无偿赠给国家、社会组织或法定继承人以外的自然人，并在死后生效的单方法律行为。其特征如下：

1. 遗赠乃单方、无偿、要式、死因法律行为。

2. 受遗赠人只能是国家、集体或法定继承人以外的自然人。

遗赠与赠与的区别在于，赠与属双方法律行为，需有赠与人与受赠人的合意，归《合同法》调整。遗赠属单方法律行为，基于遗嘱人的单方意思而生，受遗赠人是否表示接受不影响遗赠的效力；且遗赠属死因行为，归《继承法》调整。

（二）生效

生效条件包括：遗赠的意思表示有效；受遗赠人未先于遗赠人死亡；受遗赠人有接受的明示表示。该意思表示必须在知道受遗赠后两个月内作出，否则视为放弃。

举例　公民甲死后留有房屋一间和存款若干，法定继承人为其子乙，甲生前立有遗嘱，将其存款赠与侄女丙。乙、丙被告知3个月后参与甲的遗产分割。但直到遗产分割时，乙、丙均未作出是否接受遗产的意思表示。问：甲的遗产如何分配？

解析　全部由乙继承。法定继承人在继承开始后未明确表示放弃的，视为接受继承，故房屋由乙继承。丙是受遗赠人，未在知道受遗赠后两个月内明确表示接受，视为放弃，故存款亦由甲的法定继承人乙继承。

（三）执行

遗赠的执行范围仅限于遗产中的指定部分，遗赠人生前负有缴纳税款的义务或负有债务的，则以清偿税款、债务后的余额为执行范围。遗赠的标的物为特定物时，则交付该特定物，该特定物灭失的，则遗赠效力归于消灭。

二、遗赠扶养协议

（一）概念和特征

遗赠扶养协议，是指遗赠人与扶养人（包括组织）签订的，遗赠人的全部或部分财产在其死亡后按协议规定转移给扶养人所有，扶养人承担对遗赠人生养死葬义务的协议。其特征如下：

1. 一方只能是自然人，另一方可以是法定继承人以外的自然人，也可以是集体所有制组织；但当事人之间不能存在法定扶养权利义务关系。

举例　梁某已八十多岁，老伴和子女都已过世，年老体弱，欲立一份遗赠扶养协议,死后将三间房屋送给在生活和经济上照顾自己的人。梁某的外孙子女、侄子、侄女及干儿子等都争着要做扶养人。问:这些人中谁可做遗赠扶养协议的扶养人?

解析　侄子、侄女及干儿子均可做扶养人,因为他们对梁某均无法定扶养义务。外孙子女不可以做扶养人,因为根据《婚姻法》第28条的规定,有负担能力的孙子女、外孙子女,对于子女已经死亡或子女无力赡养的祖父母、外祖父母,有赡养义务。需注意,此处外孙子女不可以做扶养人,与他们的代位继承人身份没有关系。假如梁某还有一个有赡养能力的儿子,则其外孙子女尽管仍为代位继承人,亦可做遗赠扶养协议的扶养人。

2. 遗赠扶养协议是双务、有偿、诺成、要式法律行为。

3. 遗赠扶养协议具有生前法律行为与死后法律行为的双重属性。扶养人应对遗赠人尽扶养义务,这是其在生前的效力;但财产的赠与在遗赠人死亡后才能发生效力。

4. 遗赠扶养协议的效力优先于遗嘱继承和法定继承。继承开始后,应先执行遗赠扶养协议,然后再按遗嘱继承和法定继承处理遗产。

(二) 当事人的权利义务

1. 受扶养人。受扶养人享有依协议请求扶养人扶养和接受扶养人扶养的权利;承担在世时妥善管理遗赠财产的义务。

2. 扶养人。扶养人享有在遗赠人死后取得遗赠财产的权利;承担对遗赠人生养死葬的义务。

举例　甲与乙签订协议,约定甲将其房屋赠与乙,乙承担甲生养死葬的义务。后乙拒绝扶养甲,并将房屋擅自用作经营活动,甲遂诉至法院要求乙返还房屋。问:甲的诉讼请求能否得到支持?

解析　能。遗赠扶养协议在本质上属于合同,乙根本违约,甲可以解除遗赠扶养协议,要求乙返还房屋。

(三) 解除

遗赠扶养协议可因两种原因而解除:

1. 协商一致解除。在此场合,双方应就扶养人的补偿事项作出合理安排。

2. 当事人一方违反协议内容,导致协议解除。若由于遗赠人的行为导致协议解除,则其应支付扶养人已经支付的扶养费用和劳动报酬;若扶养人无正当理由不承担扶养遗赠人的义务导致协议解除的,其无权请求返还其已经支付的扶养费用和劳动报酬。

三、法定继承、遗嘱继承与遗赠、遗赠扶养协议的适用关系

如果多种继承方式发生冲突,则优先执行遗赠扶养协议,继之为遗嘱继承和遗赠,若最后还有剩余遗产的,按法定继承办理。

举例　甲妻病故,膝下无子女,养子乙成年后常年在外地工作。甲与村委会签订

遗赠扶养协议,约定甲的生养死葬由村委会负责,死后遗产归村委会所有。后甲又自书一份遗嘱,将其全部财产赠与侄子丙。甲死后,乙就甲的遗产与村委会以及丙发生争议。问:甲的遗产应如何分配?

解析 甲的遗产应归村委会所有。乙作为养子是甲的第一顺序继承人;侄子丙是受遗赠人;村委会是遗赠扶养协议中的扶养人。三者发生冲突时,优先执行遗赠扶养协议,故甲的遗产归村委会。

第六节 遗产的处理

一、继承的开始

(一) 继承开始时间

继承的开始,是指继承法法律关系的发生,继承开始的时间也就是引起继承法律关系产生的法律事实出现的时间。依据《继承法》第2条的规定,继承从被继承人死亡时开始。这里的死亡包括自然死亡和宣告死亡,可见,被继承人死亡的时间就是继承开始的时间。

依据《继承法意见》第2条的规定,相互有继承人关系的几个人在同一事件中死亡,如不能确定死亡先后时间的,推定没有继承人的人先死亡。死亡人各自都有继承人的,如几个死亡人辈分不同,推定长辈先死亡;几个死亡人辈分相同,推定同时死亡,彼此不发生继承,由他们各自的继承人分别继承。这一规定确立的规则是,相互有继承人关系的几个人在同一事件中死亡,如不能确定死亡先后时间的,推定为无继承人的人先死;如都各有继承人,则长辈先死,同辈同死。

举例 某甲及妻乙同儿子丙、儿媳丁、孙子戊外出不幸遭遇交通事故,发现时已经均遇难身亡。某甲夫妇共有遗产80万元。在处理遗产时,不能确定他们的死亡先后时间。现在有丙的妹妹寅、儿媳丁的哥哥申要求继承。问题是:依照法律规定,这家人推定谁先死亡?如何继承?

解析 戊先死,因为他没有继承人(甲、乙各有继承人,是寅;丙、丁各有继承人,丙的继承人是寅,丁的继承人是申);其次甲、乙同死,相互不发生继承;最后是丙、丁同死。所以,甲、乙的遗产(假设为1)按照法定继承一半归女儿寅(1/2),另一半归丙(1/2);丙取得的遗产由丙、丁共有,对于丙的那份遗产,由寅继承(1/4),对于丁的那份遗产,由申继承(1/4)。

(二) 继承开始的地点

继承开始的地点,是指继承人参与继承法律关系,行使继承权,接受被继承人遗产的场所。在我国司法实践中一般以被继承人生前最后住所地为继承开始的地点,如被继承人生前最后住所地与主要遗产所在地不一致的,则以后者为继承开始的地点。

关于主要遗产所在地,如果遗产中有动产和不动产,则应以不动产所在地为主要遗产所在地;如果遗产属于同类动产,则应以财产的多少确定主要遗产所在地;如果不属于同类动产,则应以各处遗产的价值大小确定主要遗产所在地。

(三)继承开始的通知

继承开始后,继承人及遗嘱执行人由于各种原因如侨居境外等,可能不知道继承开始的事实,从而无法行使继承权。为此,继承开始的通知时继承开始的一个很重要环节。依照《继承法》第23条的规定,继承开始后,知道被继承人死亡的继承人应当及时通知其他继承人和遗嘱执行人。继承人中无人知道被继承人死亡或者知道被继承人死亡而不能通知的,如一些寡居的老人死亡的,由被继承人生前所在单位或者住所地的居民委员会、村民委员会负责通知。

负有通知义务的继承人或者单位应当及时发出继承开始的通知。通知的方式,并无法定要求,可以是口头形式或者书面形式,也可以采取公告的形式。负有通知义务的继承人或单位,如果有意隐瞒继承开始的事实,造成继承人损失的,应当承担赔偿责任。

二、遗产

(一)遗产的含义

现代继承法上,可以继承的对象只能是财产权,不包括人身权,以及爵位等。依据《继承法》第3条的规定,遗产是指自然人死亡时遗留的个人合法财产。可见,遗产具有以下特点:

1. 遗产专指自然人死亡时遗留的财产,自然人在世时所拥有的以及自然人死亡时已经消耗掉的财产,概不能称作遗产。

2. 遗产应是自然人的个人财产。自然人生前合法占有的国家财产、集体财产、他人的财产以及共有财产中他人的财产份额,不属于遗产,在遗产分割时应予分出。比如,夫妻共有房产几处、存款数万元、汽车若干量,一方先死亡的,应该先析分出另一方的共有份额,剩余的部分才是死亡一方的遗产。

3. 遗产应是合法财产。非法财产包括以非法手段取得的财产、没有法律依据而占有的他人财产以及个人占有的法律禁止个人占有的财产等,盖不能作为遗产处理。

(二)遗产的范围

依据《继承法》第3条规定的较为传统的类型划分,我国自然人的主要遗产包括:

1. 自然人的收入。自然人的收入主要是指自然人的劳动收入,当然也包括其他合法收入,如接受赠与、接受遗赠、接受继承所得的财产等。

2. 自然人个人的房屋、储蓄和生活用品。自然人的私有房屋作为重要财产,可以作为遗产。自然人的储蓄是自然人在各类银行、其他金融机构的存款,实质上是自然人的存储收入,本息均归存款人个人所有,属于遗产的范围。自然人的生活用品是自然人所有的为满足其日常物质生活和精神生活需要的生活资料。凡为自然人日常生活所需要的生活资料,不论其价值大小,都属于遗产的范围。

3. 自然人的林木,牲畜和家禽。自然人的林木是指依法归个人所有的树木、竹林、果园,既包括自然人在其使用的宅基地、自留地、自留山上种植的林木,也包括自然人在其依法承包经营开发的荒山、荒地、荒滩上种植的树木。自然人的牲畜、家禽,是指自然人所有的自己饲养的牲畜、家禽、宠物等。

4. 自然人的文物、图书资料。自然人自有的文物和图书资料,是自然人用于满足其精神文化生活需要的物质载体。只要是被继承人生前所有的文物、图书资料,不论其是否属于珍贵文物,不论其是否属于机密资料,都可为遗产。

5. 法律允许自然人所有的生产资料。在我国,自然人对任何生活资料都可享有所有权,但不是对任何生产资料都可享有所有权。因此,只有法律允许自然人个人所有的生产资料,才可以作为遗产。

6. 自然人的知识产权中的财产权利。知识产权中的财产权不具有专属性,可以作为遗产。因此,著作权中的财产权利、专利权中的财产权利可以作为遗产外,商标专用权以及自然人的发现权、发明权等广义知识产权中的财产权利,都可以作为遗产。

7. 自然人的其他合法财产。依据《继承法意见》第 3 条规定,自然人可以继承的其他合法财产包括有价证券和履行标的为财物的债权等。例如,担保物权、依法可以继承的用益物权(如建设用地使用权、地役权等)、有价证券、股权、以财物为履行标的的债权等。

举例 张某一家共四口人:张某夫妇、两岁的儿子及张父。张某 1992 年外出打工,其后音信皆无。经张某之妻王某申请,法院依法于 1999 年 10 月宣告张某死亡。张某和王某共有面积相同的房屋 6 间,现金 6000 元。2000 年 5 月,王某将儿子送与李某收养。问:张某的遗产如何分配?

解析 6 间房屋和 6000 元现金属于夫妻共同财产,其中一半属于王某所有,另一半属于张某的遗产。在张某被宣告死亡之时,其子尚未被送养,因此张父、王某、张某的儿子均为第一顺序继承人,每人可分得 1 间房屋和 1000 元钱。

关于个人遗产的范围界定,实践中还有以下几个问题需要注意:

1. 若被继承人有配偶的,应注意:(1) 应先将夫妻共同所有的财产的一半分出为配偶所有,其余方为被继承人的个人财产(遗产);(2) 符合《婚姻法》第 18 条所列情形之一的,为个人财产;(3) 婚姻关系存续期间,夫妻约定分别所有的财产,为个人财产。

2. 个人承包经营权可否继承,取决于当事人约定或法律规定,无约定且无法律规定的,不得继承;但个人承包已获得的个人收益属于遗产,尚未取得承包收益的,可予以合理折价,其价额亦属遗产。

3. 关于保险金。若保险合同指定了受益人的,受益人取得的保险金不属于遗产;保险合同未指定受益人的,则保险金可以作为遗产加以继承。

4. 关于抚恤金。如果是职工、军人因公死亡、生病或其他意外事故死亡后,由有关单位按规定给予死者家属而产生的,不属于遗产;如果是有关部门发给因公伤残而丧失劳动能力的职工、军人的生活补助,此类抚恤金可作为遗产继承。

5. 遗产包括履行标的为金钱、财物的债权,其他标的的债权不得继承。

(三) 遗产的保管

遗产为全体继承人的共同财产,但在遗产分割前,遗产的最后归属尚没有确定。因此,应当对遗产加以保管,以防止遗产被损害。依照《继承法》第24条的规定,存有遗产的人,应当妥善保管遗产的义务,任何人不得侵吞或者争抢。

遗产保管的标的为遗产,因此遗产的保管只能发生在继承开后、遗产分割前,而不能发生在继承开始前或遗产分割后。依照《继承法意见》第44条的规定,法院在审理继承案件时,如知道有继承人而无法通知的,分割财产时,要保留其应继承的遗产,并确定该遗产的保管人或保管单位。

遗产的保管人负有清理遗产并编制遗产清单、通知继承人(或其他继承人)参加继承、妥善保管遗产以及于遗产分割后及时移交遗产继承人等义务。若存有遗产的人为继承人而故意隐匿、侵吞或争抢遗产,法院可以酌情减少其应当继承的遗产;如存有遗产的人不为继承人,有关权利人得请求其返还遗产。遗产保管人在保管遗产期间未尽妥善保管义务,对遗产受到的损害存在故意或重大过时的,其应对有关权利人负赔偿责任。

遗产的保管人在负有义务的同时,也享有一定的权利,主要指保管期间得排除他人对遗产的不法之侵害、遗产分割时得于遗产中扣除或请求相关权利人支付其所支出的必要的遗产管理费用等,但遗产的保管为无偿行为,保管人不得向遗产的有关权利人请求支付报酬。

三、遗产的分割

(一) 遗产分割的原则

1. 遗产分割自由原则

遗产分割自由原则,是指继承人得随时要求分割遗产,其他继承人不得拒绝分割。当继承人的遗产分割请求受到侵害时,继承人的通过诉讼方式请求法院保护其权利。可见,遗产分割自由原则是就遗产分割请求权的行使而言的。当然,遗产分割自由原则不是绝对的,如果继承人约定不得分割遗产或遗嘱禁止分割遗产的,则继承人不能请求分割遗产。

2. 保留胎儿继承份额原则

保留胎儿原则,是指遗产分割时,若有胎儿的,应当保留胎儿的继承份额。依照《继承法》第28条的规定,遗产分割时,应当保留胎儿的继承份额。胎儿出生时是死体的,保留的份额按照法定继承办理。具体而言,《继承法意见》第45条规定,应当为胎儿保留的遗产份额在胎儿出生后死亡的,由其继承人继承;如胎儿出生时就是死体的，由被继承人的继承人继承。

举例 甲、乙是夫妻，甲有父母丙、丁，甲的个人财产120万元，在乙身怀六甲之际突发疾病死亡，并无遗嘱。这个时候按照法定继承，甲的遗产应该分为四份，乙、丙、丁各取一份，留下一份(30万元)给胎儿。假设3个月后胎儿出生成为婴儿的，该婴儿自然取得该份额；假设是死体出生的，则该份额还是甲的遗产，重新由乙丙丁再进行一次分割，各得10万元，相当于乙丙丁最终各得40万元。

3. 互谅互让、协商分割原则

这是我国继承法独具特色的遗产分割原则，《继承法》第15条规定，继承人应当本着互谅互让、和睦团结的精神，协商处理继承问题。遗产分割的时间、办法和份额，由继承人协商确定。协商不成的，可以由人民调解委员调解或者向法院提起诉讼。

4. 物尽其用原则

物尽其用是指分割遗产应当符合有利于生产、生活需要，充分发挥遗产的效用的要求。《继承法》第29条和《继承法意见》第58条规定，遗产分割应当有利于生产和生活需要，不损害遗产的效用，不宜分割的，可以采取折价、适当补偿或者共有等方法处理；在分割遗产中的房屋、生产资料和特定职业所需要的财产时，应依据有利于发挥其使用效益和继承人的实际需要，兼顾个继承人的利益进行处理。

（二）遗产分割的方式

实物分割。即由继承人对遗产进行实体分割，由各继承人取得分割部分的单独所有权。采取实物分割方式分割遗产的，为可分物，且不违反的物的再利用原则；对于不宜进行实物分割的遗产，应采用其他分割方式。

作价分割。即由某个继承人取得遗产的所有权，并由该继承人向其他继承人补偿其应继份的价金。对于不宜进行实物分割的遗产，继承人中如有人愿意取得该遗产，则由该继承人取得遗产的所有权，然后由该继承人按照其他继承人应继份的比例向其他继承人分别给付相应的价金作为补偿。

变价分割。如果遗产不宜实物分割，且继承人都不愿意取得该遗产，则可以将遗产变卖，换取价金，并由继承人按照各自应继份的比例对该价金进行分割。

保留共有的分割。即继承人对遗产不做实物分割、变价分割和补偿分割，而是继续保持继承人对遗产的共有状态。当遗产不宜采取进行实物分割，继承人又都愿意取得遗产的；或者继承人基于某种生产或生活目的，愿意继续保持遗产共有状况的，可以采取保留共有的分割方式，由继承人继续对遗产享有共有权，各继承人的共有份额按照应继份的比例确定。但经此遗产分割的程序之后，各继承人的关系由原来的遗产共有关系转变为普通的财产共有关系。

（三）遗产分割的效力

遗产分割主要产生以下内外两个方面的效力。

1. 遗产分割的对内效力，即遗产分割在继承人之间产生的效力。遗产分割后，继承人溯及继承开始时取得遗产的所有权,继承法律关系消灭,继承人之间的遗产共有关系转变为单独的财产所有权关系或普通的财产共有关系。为保护继承人的利益,继承人应就其分得的遗产份额对其他继承人负瑕疵担保责任,包括物的瑕疵担保责任与权利瑕疵担保责任。如果某一继承人所分得的遗产因有瑕疵而不能完全取得所有权的,可以要求重新分割遗产或要求其他继承人给予补偿。

举例　甲乙丙兄弟三人在老父去世后协商分割父亲遗留的三头耕牛。在舅父主持之下,三人抓阄各分得一头,但老大甲牵牛回家的第二天早晨,该牛暴病身亡。经查,该头牛在分割之前已经患某种急性病,只是当事人当时均不知情。那么,该案如何处理?

解析　兄弟三人共同担负病死牛的损失,对于剩余的两头牛创新分割,分割方式包括作价与变价等。

2. 遗产分割的对外效力,即遗产分割对遗产债务的效力。依照《继承法意见》第62 条的规定,遗产分割不具有对抗遗产债务的效力,换言之,即使在遗产分割后,各共同继承人仍然要对被继承人的债权人负有连带债务。

四、遗产债务的清偿

(一) 遗产债务的含义

遗产债务,是指被继承人死亡时未得到满足而在其生前个人依法应当缴纳的税款和承担的个人债务。这一定义指明了两点:一是,遗产债务专指被继承人死亡时尚未清偿而在生前个人所应负担的债务,因遗产保管、分割以及遗嘱执行所发生的继承费用不是遗产债务;二是,遗产债务须是被继承人生前所负担的个人债务,应与被继承人的夫妻债权、家庭债务以及他人共同承担的债务区分开来。夫妻债务、家庭债务以及于他人共同承担的债务中的应由被继承人承担的部分才属遗产债务。当然,若这些债务为连带债务,债权人得就遗产主张全部清偿,继承人应以遗产承担全部清偿责任;之后,继承人得就非被继承人承担的部分向其他债务人主张权利,请求返还。

从存在形态看,遗产债务主要包括两类,一是被继承人应当缴纳的税款,债权人为公法主体;二是被继承人因合同、侵权行为、不当得利、无因管理、合伙经营等原因而欠下的债务,债权人为私法主体。

(二) 遗产债务的清偿原则

1. 限定继承原则。依照《继承法》第 33 条的规定,继承遗产应当清偿被继承人依法应当缴纳的税款和债务,缴纳税款和清偿债务以被继承人的遗产实际价值为限。超过遗产实际价值部分,继承人自愿偿还的不在此限。继承人放弃继承的,对被继承人依法应当缴纳的税款和债务可以不负偿还责任。据此,在遗产已分割完毕,但被继承人尚有未清偿债务时,按以下规则办理:

(1) 先由法定继承人用所得遗产清偿;不足的,剩余债务由遗嘱继承人、受遗赠人

按比例偿还,但以遗产价值为限;

(2) 无法定继承的,由遗嘱继承人、受遗赠人按比例偿还,但以遗产价值为限;

(3) 遗赠扶养协议受赠人不承担债务清偿责任。

举例 徐某死后留有遗产100万元。徐某立有遗嘱,将价值50万元的房产留给女儿,将价值10万元的汽车留给侄子。遗嘱未处分的剩余40万元存款由妻子刘某与女儿按照法定继承各分得一半。遗产处理完毕后,张某通知刘某等人,徐某死亡前1年向其借款,本息累计70万元至今未还。经查,张某所言属实,此借款系徐某个人债务。问:该笔债务应如何偿还?

解析 先由徐某的妻、女以法定继承的40万元偿还,然后由徐某的女、侄按继承和受遗赠比例(5:1)偿还剩余的30万元。其结果是,徐妻偿还20万元,徐女偿还45万元,徐侄偿还5万元。

2. 保留必留份原则。依照《继承法意见》第61条规定,继承人中有缺乏劳动能力又没有生活来源的人,即使遗产不足清偿债务,也应为其保留适当遗产,然后再清偿遗产债务。这是人道主义体现,也是中国现时家庭承担社会保障功能的明证。

3. 清偿遗产债务优先于执行遗赠原则。依照《继承法》第34条规定,执行遗赠不得妨碍清偿遗赠人依法应当缴纳的税款和债务。可见,在遗赠和清偿债务的顺序上,清偿债务优先于执行遗赠。只有在清偿债务之后,还有剩余遗产时,遗赠才能得到执行。

(三) 遗产债务的清偿时间和方式

继承人、遗产保管人或遗嘱执行人在清理遗产完毕后,应当及时通知债权人主张权利,以便继承人清偿债务。对于已到期债务,继承人应当及时清偿;对于未到期的,继承人经债权人同意可以提前清偿,也可以在遗产分割时保留相应的遗产数额,待到期时再为清偿。

关于遗产债务的清偿方式,实践中有两种方法:

一是先清偿债务后分割遗产,即继承人先从遗产中划出相应数额的遗产交付给债权人以清偿债务,然后再依据法律或遗嘱分割遗产。这样做的优势有利于债权人,且有利于减少不必要的麻烦。

二是先分割遗产后清偿债务,具体由各继承人根据自己分摊的债务数额向债权人清偿。依照《继承法意见》第62条的规定,遗产已被分割而未清偿债务的,如果有法定继承又有遗嘱继承和遗赠的,面临一个退还顺序的问题。该顺序是:首先由法定继承人用其所得遗产清偿债务;不足清偿时,剩余的债务由遗嘱继承人和受遗赠人按比例用所得遗产偿还;如果只有遗嘱继承和遗赠的,由遗嘱继承人和受遗赠人按比例用所得遗产偿还。

五、无人承受遗产的处理

(一) 无人承受遗产的含义

无人承受遗产,是指无人继承,亦无人收益增的遗产。所谓无人继承,是指在被继承人死亡时,不存在法定继承人,也没有指定的遗嘱继承人,或者在遗产分割前,所以法定继承人及遗嘱继承人均丧失或放弃了继承权。所谓无人受遗赠,是指被继承人生前未以遗嘱方式将自己的财产赠与国家、集体或法定继承人范围以外的个人,或者虽有遗嘱,但受遗赠人均丧失或放弃受遗赠。

(二) 处理规则

依据《继承法》第 32 条的规定,无人继承又无人受遗赠的遗产,归国家所有;死者生前是集体所有制组织成员的,归所在集体所有制组织所有。在处理无人承受遗产时,应当注意以下三个问题:

1. 依据《继承法》第 33 条的规定,继承遗产应当清偿被继承人依法应当缴纳的税款,清偿债务。因而,在处理无人承受遗产时,应先清偿被继承人依法应当缴纳的税款、清偿债务,只有在缴纳与清偿后仍有剩余遗产时,国家或集体所有制组织才能取得剩余部分的遗产。

2. 依据《继承法意见》第 57 条的规定,遗产因无人继承收归国家或集体组织所有时,按《继承法》第 14 条规定可以分给遗产的人提出取得遗产的要求,法院应视情况适当分给遗产。

3. 依据《继承法意见》第 55 条的规定,集体组织对“五保户”实行“五保”时,双方有抚养协议的,按协议处理;没有抚养协议,死者有遗嘱继承人或法定继承人要求集成的,按遗嘱继承或法定继承处理,但集体组织有权要求扣回“五保”费用。如果遗产属于无人承受的遗产,该遗产应当归死者生前所在集体组织所有。

六、继承纠纷之诉

1. 继承遗产之诉,部分继承人起诉的,应通知其他继承人为共同原告参加诉讼。

2. 被通知的继承人明确表示放弃实体权利的,可不列其为共同原告。

3. 被通知的继承人不愿参诉,又不明确表示放弃实体权利的,仍应列其为共同原告。

思 维 拓 展

【重要知识点】

继承权的放弃、丧失;法定继承人的范围;代位继承;转继承;法定继承中的遗产分配;相互有继承关系的数人在同一事故中死亡的继承规则;亲生子女、养子女、继子女的继承规则;遗嘱的变更和撤销;遗赠的接受;遗赠扶养协议、遗嘱继承、遗赠、法定继承的适用顺序;限定继承原则。

【实例解析】

案例1 巧云早年丧夫,2015年3月在女儿陪同下到海外旅游,回家时因飞机失事与女儿遇难而亡,不能确定死亡顺序。家中只留下儿子和女婿,巧云和女儿各有遗产20万元。

法律问题 巧云的儿子和女婿应继承的遗产各为多少?

法理分析 巧云有继承人儿子,其女儿有继承人丈夫,因此推定长辈巧云先死亡,其20万元遗产由儿子和女儿各继承10万元。当女儿死亡时,其遗产30万元(自有的20万元+从张巧云处继承的10万元)由其丈夫继承。故巧云的儿子和女婿应继承的遗产各为10万元和30万元。

案例2 债务有限继承与清偿。案情:段某死后留下1间价值60万元的房屋和40万元现金。何某的遗嘱说40万元现金由4个子女平分,未提及房屋的归属。何某女儿主动提出放弃对房屋的继承,于是3个儿子将房屋变卖,每人分得20万元。现债权人主张何某生前曾向其借款120万元,经查证属实。

法律问题 该笔债务应该如何得到偿还?

法理分析 何某女儿放弃对房屋的继承权,但未放弃对现金的继承权,故其有权继承10万元现金,3个儿子每人分30万元(20万房屋变价、10万现金)。因债务总额超过遗产,故每个继承人只需以继承的遗产为限清偿债务,对于超出部分可以自愿偿还,也可以不予偿还。

【重点法条】

(1)《继承法》第5、7、10—14、17、19、20、22、25—27、31、33、34条。

(2)最高人民法院《关于贯彻执行〈中华人民共和国继承法〉若干问题的意见》第2、4、5、21、24、25、28、29、37、39、42、45、47、49、51—53、56、61、62条。

教师反馈及教材、课件申请表

尊敬的老师：

您好！感谢您一直以来对北大出版社图书的关爱。北京大学出版社以“教材优先、学术为本”为宗旨，主要为广大高等院校师生服务。为了更有针对性地为广大教师服务，满足教师的教学需要、提升教学质量，在您确认将本书作为教学用书后，请您填好以下表格并经系主任签字盖章后寄回，我们将免费向您提供相关的教材、思考练习题答案及教学课件。在您教学过程中，若有任何建议也都可以和我们联系。

书号/书名			
所需要的教材及教学课件			
您的姓名			
系			
院校			
您所主授课程的名称			
每学期学生人数		学时	
您目前采用的教材	书名________ 作者______ 出版社________		
您的联系地址			
联系电话			
E-mail			
您对北大出版社及本书的建议：	系主任签字 盖章		

我们的联系方式：

北京大学出版社法律事业部

地　　址：北京市海淀区成府路 205 号　　　联系人：陈欢欢

电　　话：010-62757961　　　传　真：010-62556201

电子邮件：bjdxcbs1979@163. com

网　　址：http://www. pup. cn

北大出版社市场营销中心网站：www. pupbook. com